意識の起源史

URSPRUNGSGESCHICHTE DES BEWUSSTSEIN

改訂新装版

林 道義＝訳

紀伊國屋書店

Erich Neumann

URSPRUNGSGESCHICHTE DES BEWUSSTSEINS

口絵1　インド神話における宇宙卵（黄金の子宮とも呼ばれる）。混沌と闇が支配する原初の海に黄金の卵が現れ、ヴィシュヌがこの宇宙卵に入り込み、その臍から創造神のブラフマーが生まれることで宇宙の創造が始まる（インド、パンジャブ）。

［本書 38 頁］

口絵2　女神カーリーは女神ドゥルガの命を受けて魔神たちに襲いかかる。カーリーの口には馬が呑みこまれている。

［本書 116 頁

口絵３　ゴルゴ。左脇から天馬ペガサスが出るところ（前 560 年頃、シラクサ）。
[本書 132 頁]

1絵４　太陽の円盤をのせたハヤブサ。円盤の中に太陽
)玉を転がすスカラベ神ケペリが描かれる (ツタンカー
ンの秘宝より、エジプト)。　[本書 291 頁]

三千年の歴史から
学ぶことのできぬ者は、
無知のまま闇にとどまり、
その日暮しをするがよい。

——ゲーテ〔『西東詩集』〕

目次

第二部　人格発達の心理的諸段階

心的エネルギー論と文化心理学のために

A　始源の一体性——中心志向と自我形成
（神話的段階——ウロボロス、および太母）

B　体系の分離——中心志向と分化
（神話的段階——世界両親の分離、および「竜との戦い」）

C　意識の平衡と危機

補遺

解　説――林　道義

凡　例

一、原注番号は〔　〕、訳注番号は（　）によって示し、一括して巻末に置いた。
一、傍点を附した語は原著者がイタリック体によって強調している語である。
一、本文および原注の中の〔　〕内は訳者が補ったものである。
一、『　』は書名、「　」は論文名を表わす。
一、《　》内はラテン語またはギリシア語の慣用句または引用句である。
一、中グロ・は同格または並列を示す。すなわち、・と・の間の語または句は、上の語または句と同格または並列であることを示している。ただし、単語を並列するときは、最後の区切りの・をはぶいた場合が多い。

序文

C・G・ユング

序文として一言書いて欲しいという著者の希望に、私は喜んで応じることにした。なぜならこの稀にみる労作は大いに私の意に叶ったからである。なにしろこの研究は、私がもし生まれ変われるものなら、自分の研究の《ばらばらになった身体》──「手をつけたままで投げ出しておいた」すべて──を集め、整理し、まとまりをつけるべく取りかかっていたはずのまさにその仕事に取り組んでいるのである。本書の原稿を読んで、私は開拓者の仕事がいかに不利であるかを思い知らされた。開拓者は未知の領域につまずき、類比に惑わされ、何度もアリアドネの糸(1)を見失い、新しい印象と可能性に圧倒され、そして──これが最も悪い点だが──後になって初めて、予め何を知っておくべきであったかに気づく。第二世代の強みは、たとえ不完全なものであれ、なんらかの眺望がすでに開かれていることである。彼らは少なくとも本質の近くか周辺に置かれたなんらかの道しるべを知っており、とりわけ新たに発見された土地を徹底的に研究しようとする時に予め知っておかねばならない知識を心得ている。第二世代の代表者はそうした予備知識を携えて、互いに遠く隔たった事柄を一所《ひとところ》に集め、問題のもつれをほどき、この領域全体の関連を描くことができるのであるが、この全体の広がりは開拓者がその一生をかけた研究の最後になってようやく見渡すことのできたものである。著者は困難でもあり功績もまた大きいこの課題を見事に果たしている。彼は関連の網の目を組み立て、それによって全体を構築することに成功したが、それは開拓者では決してなしえなかったし、また挑戦してみる気にもならなかったことである。その証拠に彼の研究は、私がかつて思いもかけず未知の大陸にぶつかってしまった箇所、すなわち母権制のシンボル体系から始まっている。しかもそのシンボル体系の中に見られるものを抽象的に把握するために彼が用いているシンボルは、私の最近の研究である錬金術の心理学の中で初めて私にもその意味がいくぶん明らかになってきたシンボル、すなわちウロボロスなのである。彼はこの基礎の上に、一方では意識の発達史を初めてうち立て、他方ではまさにこの発達の現われとして神話を位置づけることができた。それによって彼が達した結論と洞察は、この領域で達成された最も重要なものの一つである。

もちろん心理学者である私にとって最も貴重なのは、著者が無意識の心理学の基礎づけに貢献した点である。彼は多くの人々にほとんどなじみのないコンプレックス心理学の諸概念を、〔意識の〕発達史の基礎の上に築き、その上に経験的概念を活用した包括的な体系をうち立てた。一つの組織的な体系を樹立するには、客観的な基礎のほかに著者の気質や主観的な仮定に基づいた総括的な仮説を決して無視することはできない。心理学においては特にこの主観的な要素はきわめて重要である。《個人的誤差》[2]が見方を決定する。真理は相対的であり、多数者の賛同を必要とする。

以上をもって著者の業績に対するお祝いの言葉としたい。この短い序文が私の心からの感謝を伝えることを願って。

（一九四九年三月）

序論

意識発達の元型的な諸段階を検証せんとする本書の試みは深層心理学に基づくものである。この試みはC・G・ユングの分析心理学の応用であり、たとえそれを補足しているつもりであろうとも、またその限界を万が一大胆にも踏み越えているにせよ、その点に変わりはない。

意識の発達を自然的・人間的環境といった外的要因との関連から探っていく方法も可能であり、必要であるが、本書の研究はそれとは反対に、意識の発達を決定する内的・心的要因、それも元型的要因を検証せんとするものである。

神話は集合的無意識の投影である

ユングは集合的無意識の構成要素を元型ないし原イメージと名づけた。これらは本能がイメージの形をとったものである[1]。なぜなら無意識はイメージの形においても意識に示され、夢の中でもそうであるが、イメージとして現われて意識の反応や摂取を促すからである。

「これらの空想のイメージは疑いなく神話的な類型に最も類似している。それゆえこれらのイメージはまさしく人間の「こころ《ゼーレ》[2]」のある種の集合的な（個人的でない）構成要素に対応しており、また人間の身体の形態学的要素と同様に遺伝するものである、と仮定することができる[1]」。

こころ《ゼーレ》の元型的な構成諸要素は心の諸器官であり、個人の健康はこれらの機能に依存し、これらの器官が損われると危険に曝される。

「それらはまた神経症的および精神病的障害の確かな原因であり、それらはちょうど、身体の器官やその機能組織がおろそかにされたり、酷使されたときとまったく同じように反応するのである[2]」。

本書で明らかにしようと思うのは、どのような形で一連の諸元型が神話の本質的な構成要素をなしており、法則的に関連し合い、意識の発達段階の順序を決定しているかである。個人の自我意識は、個体として発達していく中で、人類の歴史を通して意識の発達を決定してきたのと同様の元型的な諸段階を通過しなければならない。個人の人生は彼以前の人類が歩んだ軌跡を辿らねばならないが、本書ではその軌跡が元型的なイメージ連鎖となって神話の中に埋もれていることを明らかにしてみたいと思う。ふつうこれらの元型的な諸段階は支障なく体験されていき、意識はその諸段階を踏みながら発達していくが、それは身体の発達が各段階を経て成熟していくのと同じである。心を構成する諸器官であるもろもろの元型は、身体の諸器官と同じく自律的に働き、たとえば生物学的な成分やホルモンが体質を決めるのと同じように、人格の成熟を決定する。

意識発達の元型的諸段階

ところで、元型は永遠に続くという性質と同じ比重で歴史的な側面をも持っている。自我意識は一連の「永遠なるイメージ」を次々と通過しつつ発達し、自我はその過程で変化をとげながらもろもろの元型との新たな関係を繰り返し経験する。自我はいくつものイメージやその永遠性との間に、時間的な前後関係の中で関わりをもつ、すなわちそれらのイメージやその永遠性は段階的に体験される。これらのイメージのうちどれが姿を現わし、理解や解釈が可能となるかは意識の発達につれて、すなわち系統発生と個体発生が進むにつれて変化する。そしてこれによって永遠なるイメージも相対的であることが明らかになり、発達していく自我意識に対するこのイメージの関係が重要となってくる。

意識発達の各段階を性格づけるもろもろの元型は、元型の世界のほんの一部にすぎない。しかしその元型の世界全体を見渡す発達史の観点から見ると、集合的無意識の限りないシンボル体系の中に、ある一本の道筋が浮かび上がってくる。そしてこの道筋は、深層心理学の理論と実践における方向づけを容易にするものである。

意識発達の元型的な諸段階を検証することは、人間の人格発達についての研究に役立つばかりでなく、いくつかの隣接領域、たとえば宗教史学・人類学・民族心理学等に対して、よりよい心理学的な方向づけを可能にする。これらの領域に対しては、心理－発達史的な整理が可能であり、それによってより深い理解が可能になる。

これらの専門分野が深層心理学、特にユングの心理学によって豊かになることをいまだになしえていないのは驚くべきことである。しかし、これらの専門分野が出発点において人間の心理を問題にしていたことはますますはっきりしてきており、人間の「こころ《ゼーレ》」がすべての文化的・宗教的現象の源泉であることも明らかになり始めている。それゆえ、現代の深層心理学との対決は何人も避けることができないであろう。

強調しておかねばならないのは、本書の神話解釈が専門的な研究、つまり考古学・宗教学・人類学から生まれたのではなく、現代人の「こころ《ゼーレ》」の秘密を探った心理療法家の臨床的な研究に基づくことである。したがって、現代人の心理と現代人の中に生きている人類の深層との関連が、本研究のそもそもの出発点であり対象である。もしかすると私が演繹的で体系的な書き方をしているために、初めのうちは、本書の内容が実際的・心理療法的意味を持つとは思えないかもしれない。しかし、心の深層の出来事に通じている人には、この研究の中にすら、臨床との間に重要な関連のあることや治療に応用できることが見えてくることであろう。なお、現代人の実際の資料を使ってそのことを説明するのは、後になされるはずである。

発達史の観点

分析心理学の「比較法[3]」は周知のように、個人に浮かんできたシンボルや集合的内容を、それらと対応する宗教史や未開人の心理などの産物と突き合わせ、「文脈」を構成することによって解釈する方法である。この方法は本書では発達史の観点によって補われるが、この観点とは、意識の発達が達成され、それによって無意識に対する自我の関係が達成された段階を基準にして、資料を観察していく立場である。こうして本研究はユングの初期の基礎文献『リビドーの転換と象徴』を引き継ぐものである。もっとも彼の研究には修正を加えざるをえない。というのは、発達史的観点は、フロイトの精神分析ではきわめて具体的かつ個人的なリビドーの発達理論に狭隘化されていたが、分析心理学においても本質的にはそれ以上に進んでいたわけではないからである。

意識の創造的な性格

人間の集合的基盤は超個人的な現実として浮かび上がってきて、自分の立場が相対的であるという洞察へと駆りたてる。また人間の「こころ《ゼーレ》」の無限の多様性を表現している形象や現象が豊富にあり、また文化・価値・人生観・世界観といった、人間のうちにある生きた心的構造がかつて産み出し、今も産み出しているものがたくさんあることを考えると、普遍的に妥当する枠組を求めて苦労するのが最初から疑わしく思えてくる。にもかかわらずそのような試みはなされねばならないし、たとえ西洋の枠組が数ある枠組のうちのほんの一例にすぎないと承知した上でもなおなされねばならない。創造的発達としての意識の発達は、基本的には西洋人によってなされてきた。自我意識の創造的発達とはすなわち、数千年もの間連綿として、意識体系が拡大していくにつれて無意識の内容が同化されてきたことをさす。古代から現代に到るまで、新しい別の性質をもった文化規範が繰り返し前時代のそれと交代してきたとはいえ、西洋においてはこれらのどの文化規範も次々に統合され、文化史的に一つの連続性をなしている。現代の意識構造はこの統合の上に根ざしているし、またどの時代の自我も発達の過程で過去の文化の本質的な部分——これはその文化の価値規範を教えることによって伝えられる——を摂取しなければならない。

意識の創造的な性格は、西洋の文化規範の中心的な内容である。西洋文化、および一部東アジアの文化には、ここ一万年にわたって継続的な・時には急速な・意識の発達がみられる。これらの文化圏内でのみ、神話という投影像の中に検証できる集合的な段階的発達の規範が個人の発達の模範となっており、この圏内でのみ個人が口火を切った創造的な内容が集団に受け容れられ個々人の発達の模範とされたのである。この意味での創造的な自我意識が発達してきたところ、また発達しているところではどこでも、元型的な諸段階が意識の発達を決定している。停滞的な文化、たとえば人間文化の初期の特徴を留める未開人の文化では、人間心理の最初期の諸段階がきわめて支配的であるために、個人の持つ個性的で創造的な特徴が集団によって同化されない。それどころかより意識の強い創造的な個人は、集団からのけものにされる[3]。

たしかに意識の創造性は、宗教や政治の全体主義の要求によって危険に曝される。というのは、規範を権威ずくで固定すれば意識の不毛を招くからであるが、しかしこの種の固定化は一時的にしか可能でない。西洋人にとって自我意識の旺盛な消化力は概して十分に確保されている。科学がいっそう進歩し、無意識的な力による人類の脅威がますます目に見えるようになってくると、西洋の意識は外的にも内的にも絶えず対決と拡大をせまられることになる。しかし、この創造的な意識の働きの担い手は個人であり、それゆえ西洋の今後のあらゆる発展に決定権を持ち続けるのも個人である。この根本的事実は、個人個人が相互に協力し合い、精神的民主主義の中で互いに制約し合うこととは無関係である。

超個人的要因と個人的要因

分析心理学を基礎にして意識の元型的な発達段階を検証していこうとする試みは、心の超個人的要因と個人的要因とを区別することから始めねばならない。個人的要因とは、個人の人格に属し、また個人の人格が意識的であろうと無意識的であろうと他の個人と共有することのない要因である。これに対し心の超個人的要因とは、集合的・超個人的・非個人的な要因であるが、しかしそれは共同体の集合的・外的条件という意味においてではなく、内的構成要素という意味においてである。超個人的なものは個人的なものから完全に独立した作用因である。というのは個人的なものは、集合的にも個人的にも発達の後に初めて産み出されるものだからである。

　いかなる歴史的考察も、いかなる発達史的観察も、この意味では歴史的なものであり、それゆえ超個人的なものから出発しなければならない。人類史においても個人の発達においても、初めは超個人的要因が優位に立ち、発達過程が進むにつれて初めて個人的領域が目に見えるようになり、自立してくる。個別化された意識を持つ現代人は後期の人間であり、その〔心の〕構造は原初的・前‐個人的な人類の段階の上に築かれている。個人の意識はその段階からゆっくりと解き放たれていったにすぎない。

意識発達は人類史的かつ個体発生的な出来事である

　意識がいくつかの段階をへて発達していくことは、人類の発達にとっては集合的な出来事であり、個人の発達にとっては個別的な出来事である。その際、個体発生的な発達は、系統発生的な発達の、形を変えた繰り返しである。

　「こころ《ゼーレ》」の二つの現われ方は、人類と個体とのこうした関係に対応している。〔すなわち一方では〕人類の原初の歴史は「こころ《ゼーレ》」の中の原イメージによって決定され、儀礼や神話の形をとる。この原イメージは外界に投影されて生きた霊力となり、神々や精霊やデーモンとして現われ、崇拝の対象となる。他方において、集合的・人類的シンボル群は個々人にも浮かび上がり、また各個人の「こころ《ゼーレ》」の発達および発達の歪みは、人類の集合的歴史を決定するのと同様の「こころ《ゼーレ》」の中の原イメージによって導かれるのである。

方法について

われわれは神話にみられる諸段階の規範のすべて、それら諸段階の順番・関連・シンボル体系を説明しなければならないので、一つの文化圏にすべての段階が完全な形で見出されるか否かに関わりなく、*さまざまの文化圏や神話から資料を集めることは許されるばかりでなく、むしろ必要なことである。

* 個々の文化圏や神話圏の元型的な諸段階を、順を追って研究してみるのもおもしろいであろう。なぜならどの段階が欠落しており、あるいは逆に強く現われているかが分かれば、それに類似した文化についても、根本的な心理学的な推論が可能となるからである。いずれそうした研究が必ずや試みられることであろう。

したがって本書は、意識発達のすべての段階が常に、どこにでも、そしてどの神話にも見られると主張するものではないし、また発達史という場合に、人間の発達段階が動物進化のすべての段階を繰り返す、と主張するものでもない。本書が主張するのは、これらの発達諸段階がある法則性をもった順番で配置されており、「こころ《ゼーレ》」のそれぞれの発達を決定しているということである。同様に本書が主張するのは、これらの段階が元型的に、つまり集合的・無意識的に決定されており、人類の神話の中に見出されること、また人類の集合的な発達層と意識の個人的な発達層とを一緒に眺めてみて初めて、人類全体の「こころ《ゼーレ》」の発達も個人の個別的な発達も理解できるということである。

超個人的なものと個人的なものとの関係は各人の人生において決定的な役割を演ずるが、この関係もまた人類史の中で予め形成されている。しかし集合的なものによって型が決まるといっても、それを歴史的な事実が——すなわち一回限りあるいは繰り返し起こることが——遺伝されるのだというように理解してはならない。というのは獲得形質の遺伝はまだ科学的に証明されていないからである。それゆえ分析心理学は、「こころ《ゼーレ》」の構造を決定しているア・プリオリな超個人的優勢因子、すなわち元型が、心の本質的要素や器官として最初から人類史を形成しているとみなすのである。

たとえば去勢のモチーフは、一人の原父の、あるいはより正しく言えば無数の原父たちの、あからさまに無限に繰り返された原初の去勢－脅迫が遺伝化した結果ではない。この〔フロイト〕理論は、そのようにして獲得された形質が遺伝することをも仮定せざるをえないが、この理論を正当化できそうなものを科学は何一つ発見していない。その上、去勢脅迫・父親殺し・両親の性交の観察・等といった個人史的な出来事に還元する見方は、人類の原歴史を十九世紀の父権的－市民的な家族のモデルによって理解できると信じているのであるが、この見方は科学的に不可能である（九一頁の注参照）。

本書の課題の一つは、この種の「コンプレックス」とはじつは象徴的な事柄であることを、すなわちさまざまな形で作用して人類史と個人史を形づくってきた、把握の形式・「こころ《ゼーレ》」のもつカテゴリー・「こころ《ゼーレ》」の構造を示す基本イメージ・であることを示す点にある。*

＊　この意味でわれわれは、たとえば「男性的」・「女性的」という用語をも、性に関わる人格的特徴としてでは決してなく、一つの象徴的な名称として使っている。われわれがある段階・祭礼・人格において女性的因子あるいは男性的因子が優勢であると言うときには、あくまで心理学的な発言をしているのであって、生物学的意味にも社会学的意味にも還元されてはならない。「男性的」・「女性的」というシンボル体系は、元型的・超個人的であり、それらがさまざまな文化において「男性的」または「女性的」な性質を持つとされる個人に投影されているのは誤りである。心理学的にはどの人間も両者を併せ持つというのが本当なのである。ここでもまた、シンボルは個人から引き出されるのではなく、個人に先行している。逆に、個人がこの男性的側面と女性的側面という象徴的な対立原理のうちどちらか一方と同一視され、そのために文化の中で個人が暴力を加えられているということは、個人心理の歪みの一つなのである。

意識が元型的な段階にそって発達することは超個人的な既成事実である。この段階的発達の中にわれわれは、人類史と個人史を支配する「こころ《ゼーレ》」の構造のダイナミックな自己展開を認める。形成に先立つこれらの元型的なものを基準にすることによって、発達の歪みと、それを示すシンボル体系や徴候をも理解することができる。

神話に見られる意識発達の諸段階を論じた第一部では、神話の素材を開陳すること、および意識の発達におけるシンボルの相互関連や発達層の順番を検証することに重点が置かれる。この背景に照らして初めて正常な発達を知ることができ、健康な「こころ《ゼーレ》」と病んだ「こころ《ゼーレ》」の現象が把握できる。そしてこれらの「こころ《ゼーレ》」の現象の中に種としての人類の問題が人間存在の根本問題として繰り返し浮かび上がり、かつ理解されることを求めるのである。

本研究の目的は個人と文化の治療である

意識の発達諸段階および段階相互の元型的関連を発見することと共に、本書が最終的に意図しているのは、人類と個人の治療である。個人の心的現象を、それと対応する超個人的シンボルや段階に結びつけることは、個人の意識のいっそうの発達にとっても、個人の人格の統合にとってもきわめて重要である。*

＊　集合的無意識の中の情動的な要素が癒しつつ全体性を作り上げる働きを持つことについてはここでは述べないで、ただシンボルの内容的－実質的要素のみを強調しておく。その点については、第二部「人格発達の心理的諸段階」を参照せよ。

自我意識がこれらのシンボルの源泉である人類層や文化層に出会うことは、語の本来の意味で「教育的」bildend なことである。意識はイメージ Bilder と教養 Bildung を獲得し、自らの地平線を広げ、多くの内容を手に入れることになるが、この内容は新しい落差すなわち新しい問題と同時に、新しい解決をも布置するものである。単なる個人的内容が超個人的な内容と結びつき、人類の集合的な性質が再発見され、活動し始めるならば、新しい洞察の可能性と生の可能性が開かれることになり、それによって病める現代人の個人主義的に狭隘化し麻痺した人格が克服されるであろう。

われわれの目標は、自我の無意識に対する、すなわち個人的なものの超個人的なものに対する真の関係を示すことに尽きるものではない。われわれはまた、「こころ《ゼーレ》」に対する誤った個人主義的な解釈もまた無意識的な法則性の表現であることを理解しなければならない。この無意識的な法則性が一般に、現代人の自我意識に働きかけて、自分自身の役割と意味についての誤った解釈へと駆りたててきたのである。この誤った解釈、すなわち超個人的なものを個人的なものに還元する解釈が、もともとは意味深い傾向でありながら現代人の自己意識化の危機の中で背理へと転化してしまった傾向に、いかに由来しているかが明らかになって初めて、本書の課題は果たされるであろう。個人的なものがどのようにして超個人的なものから発達し、そこから屹立するか、しかし意識と自我の決定的な役割にもかかわらず依然として超個人的なものに根を下ろしたままであるか、が認識された時に初めて、超個人的要因が再び重みと意味を与えられるが、この超個人的要因なくしては集合的な生も個人的な生もありえないのである。

われわれはここで一つの心理学的現象に言及しなければならないが、これについては第二部で「付随的個人化の法則」として詳しく論ずることになろう。その意味はつまり、本質的に「超個人的」であり、初めのうちも超個人的なものとして登場する内容が、意識と自我が発達するにつれて「個人的な」内容として捉えられるということである。最初は超個人的であった内容を付随的に個人化することはある意味では発達に欠かせないが、しかし現代の西洋人にとってはまさに大きすぎる危険を布置するものである。たとえば最初人類に超個人的な神々と思われていた内容が、ついには人間の心の内容として体験されるということは、人間の人格構造の構築にとっては必要なことである。しかしこうしたなりゆきが心の健康を損わないためには、心そのものがヌミノースな世界として個人を越えてもいる、つまり超個人的なものでもある、ことが理解されていなければならない。その反対に超個人的な内容が個人主義的な心理学の示す事実だけに還元されると、個人の「こころ《ゼーレ》」と生とは恐ろしく貧困化するばかりでなく——それだけならまだ私的な次元に留まる問題であるが——集合的な無意識の心の流れをせき止め、人類にとって有害な結果をもたらすことになる。

心理学が個人の心の深層を探っていき、ついに集合的な層に突きあたると、人類を滅ぼす大衆的現象に打ち勝つための種の治療・文化治療にまで発達していかなければならない、という課題の前に立たされることになる。すべての深層心理学が今後めざすべき最も重要な目標の一つは、その治療を人間種に応用することである。人類の治療としての深層心理学は、人類の生の障害、つまり集団の障害を深層心理学の観点から修正し、防がねばならない。*

＊　この点については、拙著『深層心理学と新しい倫理学』ラッシャー、チューリッヒ、一九四九年、参照。

自我の無意識に対する関係、および個人的なものの超個人的なものに対する関係は、個人の運命を決定するのみならず、人類の運命をも決定する。この対決の舞台はしかし意識である。本研究は、神話の本質的な部分には、人類の意識の発達が無意識のうちに自己表現されているとみなすものである。第一部の問題は、無意識に対する意識の対決、意識の変容、意識の自己解放、そしてこの対決の過程で起こる人間的人格の成立である。*

＊『意識の起源史』の次には、『女性の心理学』が書かれねばならない。その中では、女性の心理が男性的意識の心理とは違った形で発達していく過程が神話的・心理的段階として描かれるであろう。

その次に研究したいのが『幼児期の神話学』であり、そこでは幼児期において系統発生的な段階的発達が個体発生においても現われることが示されるはずである。さらには、『創造的人間の心理学』において創造的人間を正常な発達の変形として捉え、彼らが発達段階に対して異なった関係にあることを探り、そして最後に『ノイローゼの神話学』においては発達障害の問題を意識発達の元型的な諸段階と関連させて扱ってみようと考えている。

第一部　神話に見られる意識発達の諸段階

自然が自然に満足する
自然が自然を打ち負かす
自然が自然を支配する
——ゲーテ『西東詩集』

A　創造神話

Ⅰ　ウロボロス

Ⅱ　太　母

Ⅲ　世界両親の分離

「自然が自然に満足する」

I　ウロボロス

中庸をもたらすものは明らかに
終わりにもあり始めにもありしものなり。
――ゲーテ『西東詩集』

神話に見られる意識発達の諸段階は、自我が無意識の中に包まれている段階から始まり、最後には自我が自らのあり方を自覚し、それを英雄的に主張するばかりか、自らの活動を通して変容していく中で、経験を拡大し相対化することのできる状態にまで達する。

神話の第一幕は創造神話である。創造神話においては、心的なものの神話への投影は、宇宙生成論の形で、すなわち創造神話の形でなされる。世界と無意識が圧倒しており、それらが神話の主題をなす。自我と人間はやっといま生まれたばかりで、その誕生、苦悩、独立の過程が創造神話のさまざまな局面をなす。

世界両親が分裂する段階で、人類の自我意識の核は最終的に固まる。この核は創造神話の範囲内で早くも第二幕である英雄神話の段階に突入する。この段階に到ると自我・意識・人間界・の尊厳が姿を現わし、またそれを自らも意識するようになる。

ウロボロスとは原初を宇宙論的・人類史的・系統発生的にシンボル化したものである

始源に位置するものは完全性と全体性である。この始源の原‐完全性を説明しようとしても、つねに周りを回っているにすぎず、その本質上、神話的に描写する以外に道がない。それというのも、描く側の自我も、自我の目の前にある描かれる対象である始源も、その大きさを測りようのないことが判明するからである。それは自我が意識内容としての対象を概念的に把握するときのようなわけにはいかないのである。

このため、始原にはいつもある一つのシンボル（＝ウロボロス、**図1**、**図2**）が置かれるが、このシンボルは恐ろしく多様な意味を持ち、規定されず、規定しえないものであることが最大の特徴である。

始源は二つの「地点」に、すなわち人類においては人類史の原初に、個人においては幼児期の原初に認めることができる。人類史の原初の自己表現は、儀礼や神話の中に表わされているものから読みとることができる。幼児期の原初も、人類史の原初同様、すでに個体化するに到った自我に現われる・無意識の深みから浮かび上がってきた・イメージの中に見てとることができる。

始源の原初の状態は、神話において宇宙に投影され、世界の始まりとして、すなわち創造神話として描かれる。始源の描写が神話において必ず外界から・世界から・始まるのは、この段階ではまだ世界と心が一つだからである。いまだ、物ごとを自らと関係させる、つまり反省することのできる、反省的・自覚的自我が生まれていないのである。心的なものは世界に対して開かれているばかりでなく、依然世界と同一で分離しておらず、自らを世界であると、世界の内にあると感じ、自らの生成を世界の生成として、自らのイメージを星空として、自らの内容を世界を創造する神々として、体験する。

E・カッシーラー[4][1]は、あらゆる民族、あらゆる宗教において、創造が光の創造として現われていることを証明し、その内容を記述した。要するに、無意識の暗闇に対立する光として現われてくる意識の成立こそ、創造神話の本来の「主題」なのである。カッシーラーはまた、神話に見られる意識のさまざまな段階の中にこそ、主観的な現実が、すなわち自我と個体の形成過程が見出されることを明らかにした。意識の発達の始まりを、世界の始まりとして神話的に表現したものが光の生成であり、この光の生成があって初めて、世界生成がそもそも目に見えるものとなるのである。

原初はしかし、この夜明けにおける光の誕生より以前に存在しており、その領域はたくさんのシンボルに取り巻かれている。

しかし、無意識の表現形式は意識の表現形式とはちがって、対象を一連の論証的な説明や論理的対決によって固定し、限定し、明確にしようとはしないし、またすることもできない。無意識のやり方は別である。つまり、説明されるべき事柄、理解され解釈されるべき事柄の周りにシンボルが集まるのである。意識化の行為とは、対象の周囲にシンボルが集中的に集まって、さまざまな角度からその未知のものを言い換え、表現することである。どのシンボルも、理解すべき対象の別の本質を明かし、別の意味を暗示する。問われるべき中心の周りに集まっているこれらシンボルの一覧表、すなわち同類のシンボル群によって初めて、それらシンボルが暗示し表現しようとしている事柄の洞察が可能となる。あらゆる時代の神話が始源についてシンボルを通してわれわれに語りかけているが、これは疑問と謎を克服しようとする小児的・前科学的人間意識の試みであり、これらの疑問と謎はわれわれ現代人の発達した意識にも手に負えない問題である。もしわれわれの意識

図1　真鍮の楯に描かれたウロボロス（ナイジェリア）

図2　メキシコのカレンダーに描かれたウロボロス（18世紀、スイス）

が認識批判による断念の結果、始源の問題を答えの出せない、それゆえ非科学的なものだと懸命に言いたてるなら、それは〔意識の立場としては〕正しいかもしれない。しかし「こころ《ゼーレ》」の方は、意識の自己批判によって教化されも惑わされもせず、自らにとって本質的なものとしてこの疑問を絶えず新たに投げかけるのである。

　始源を問うとはまた、「どこから」を問うこと、つまり起源と運命を問うことである。宇宙論つまり創造神話が絶えず別の新しい答えを出そうとしてきたのがこの問題である。しかし世界の由来を問う起源への問いとは、いっでも同時に人間はどこから来たのか、意識と自我はどこから来たのかを問うことであり、この問題が自己‐意識化されると、誰の心にも浮かんでくる、「私はどこから来たのか」という運命への問いとなる。

この問いに対する神話の答えは、「こころ《ゼーレ》」の深み・無意識からくる答えがすべてそうであるように、象徴的である。シンボルは具象的なイメージを使って語る。……のようだ、……に似ている、……と本質的に同じだ、と。しかし、これは象徴的な答えであるから、そのものずばりを意味すると思ったり、字義通りに受け取ったりしてはならない。そんなことをすれば、象徴的な答えを、「これはこれ、あれはあれ」といった論理的‐数学的な意識の答えと取り違えていることになる。同一命題とそれに基づく意識の論理は、「こころ《ゼーレ》」や無意識には通用しない。「こころ《ゼーレ》」は夢と同様混然としており、もつれ合いからみ合っている。要するにシンボルとは類比《アナロギー》であり、比較というより比喩であって、そのために意味が豊富で一つに決定できないことにもなる。ある点で矛盾を含む、シンボル群の類比の網の目によってこそ、未知のもの・意識には把握できないもの・が理解でき、意識化できるようになるのである。

始源のシンボル群――完全な円・胚芽・対立を含むもの・永遠に静止せるもの

原初の完全性を表わすシンボルの一つが円である。この同類が球、卵、および《円環》・錬金術の円〔5〕・である。プラトンの場合も始源に位置しているのはまさしく円である。

「それゆえデミウルゴスは世界を球状に造り、あらゆるもののうちで最も完全な、最も自己同一的な姿を与えたのです〔6〕」。

円・球・丸いもの・であるそれは、自己完結的なものであり、始まりも終わりも持たない。世界のできる以前の完全性であるそれは、いかなる時の流れにも先だち、永遠である。なぜなら、円という性質には以前も以後もなく――時がなく――、上も下もない――空間がない――からである。時間と空間は光すなわち意識の発生と共に初めて現われるものであり、この段階ではまだ存在していない。ここではまだ、姿を現わしていない神性――

だからこそそのシンボルは円である――が支配しているのである。

丸いものとは卵〔**口絵1**〕・〔錬金術の〕哲学者の世界卵・始源の胚芽の状態・であり、いたるところで説かれているように、この状態から世界が生成する。[7] 丸いものはまた、対立物を包含している完全なるものであり、始源であり終末である。すなわち、それが始源であるというのは、対立物がまだ分離しておらず、世界が始まっていないからであり、終末であるというのは、対立物が再び総合《ジンテーゼ》されて、世界が再びその中で安らいでいるからである。

対立物を包含するものといえば、中国の太極[2]〔**図3**〕がある。太極は円であって、黒と白、夜と昼、天と地、男と女を内に含んでいる。老子は太極についてこう語っている。

区分できない何か完全なものがある。
天地に先だって生ずる。
　なんと静かな！　なんと空虚な！
独立していて、変わらず、
円を描いて歩み、妨げられず、
世界の母とみなすことができる。[8]
〔物有り混成し、天地に先だって生ず。寂兮《せっけい》たり寥兮《りょうけい》たり、独《ひと》り立って改《か》わらず、周行して而《しか》も殆《つか》れず、以《もっ》て天下の母為《た》る可《べ》し。――『老子』第二五章〕

これら対立の一組一組がシンボル集合の核なのであるが、全部を詳述するわけにはいかないので、二、三の例を挙げるに留めたい。

丸いものは、たとえば瓢箪のように、原両親を内包している。[9] エジプトの神話やニュージーランド、ギリシア、さらにはアフリカやインドの神話でも、原両親は、両者の間を何者かが裂き、原‐一体性から両極性を造り出すまでは、天と地として互いに抱き合っており、円の中で一つになっており、時空を越えて結合している。対立を内包するこのものは、男‐女を含む場合には大いなる両性具有者《ヘルマフロディテ》であり、原初の創造者であり、またインド人のプルシャ[3]・両極を自らの内に結合しているもの・である。

「太初《はじめ》、この世は、人間の姿をしたアートマンのみであった。彼は周囲を眺めたが、己れの他は何ものも認めなかった。そこで彼は手初めに叫んだ、『これは我なり』と。……彼は男と女が抱き合っているほどの大きさであった。この自分自身を彼は二つに裂いた。こうして夫婦が誕生した[10]」。

図3 盤古。手に持つ陰陽をあらわす「二っ巴」は原初の混沌の卵でもある

ここで神格について言われていることは、プラトンの原人[4]にも認めることができる。彼の場合にも初めにあるのは両性具有的な球である。しかし、ここで言う対立を内包する完全なるものは、自足しているがゆえにこそ完全なのである。その自己充足と自己満足、そしてすべての汝や他者からの独立は、それが自己完結的に永遠であることの印である。プラトンもこう述べている。

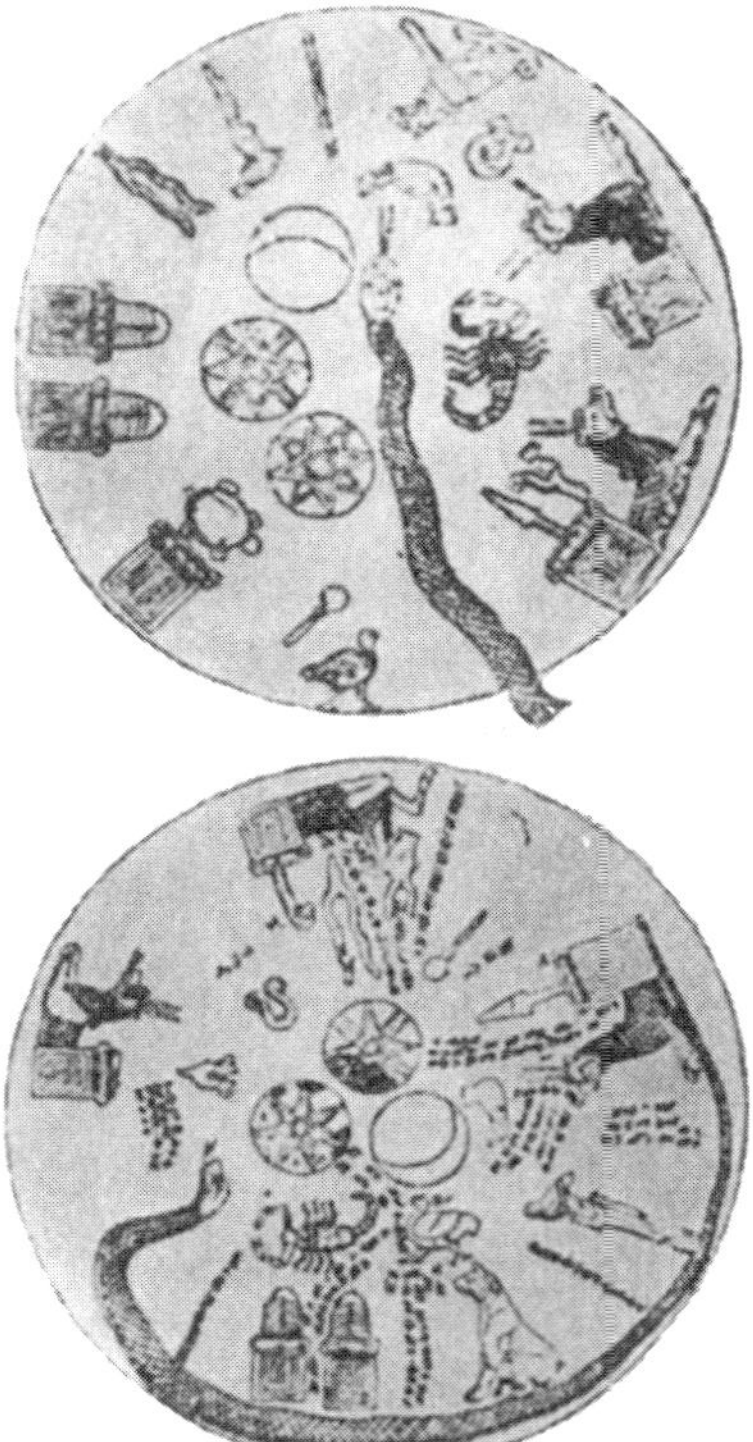

図 4　バビロニアの天の蛇

「こうして〔デミウルゴスは〕、円を描いて回転する、まるい、ただ一つしかない宇宙を据えつけたのでした。しかしこの宇宙は、すぐれた性質を備えているために、自ら自分と交わることができ、他には何ものも必要とせず、自分で十分に、自分の知己たりえ友たりえたのです[11]」。

ここで、自らのうちに安らうものの完全性は、自己回転するものの完全性となんら矛盾しない。安らうものは絶対なるものであるから静的永遠であり、変化もなく、そのため歴史もないが、同時に他方では、創造的なるものが生まれ、芽生えるところとなりうる。自己回転する生き物とは、円をなす蛇、自らの尾を咬む始源の原蛇、自らのうちで自己生殖するウロボロスである。ウロボロスは古代エジプトのシンボルであり[12]、これについては次のような記述がある。《蛇は自らを殺し、自らとつがい、自らを孕ませる[13]》。蛇は男でありながら女であり、孕ませる者でありながら孕む者であり、呑み込みかつ産み出し、能動的でありながら受動的であり、上でありながら下である。

ウロボロスを描いた恐らく最古のものはニップール出土の皿[14]であり、天の蛇としてはすでにバビロニアにみられ[15]〔**図 4**〕、その起源についてはマクロビウス[5]がフェニキア人に伝えている。ウロボロスは、《全は一なり》の元型としていたるところに見られ、たとえばレヴィアタン[6]、アイオーン[7]、オケアノス[8]、それに「私はアルパでありオメガである」と自らを明かした原存在[9]として現われている。古代〔エジプト〕のクネフ[10]は「原蛇」、すなわち

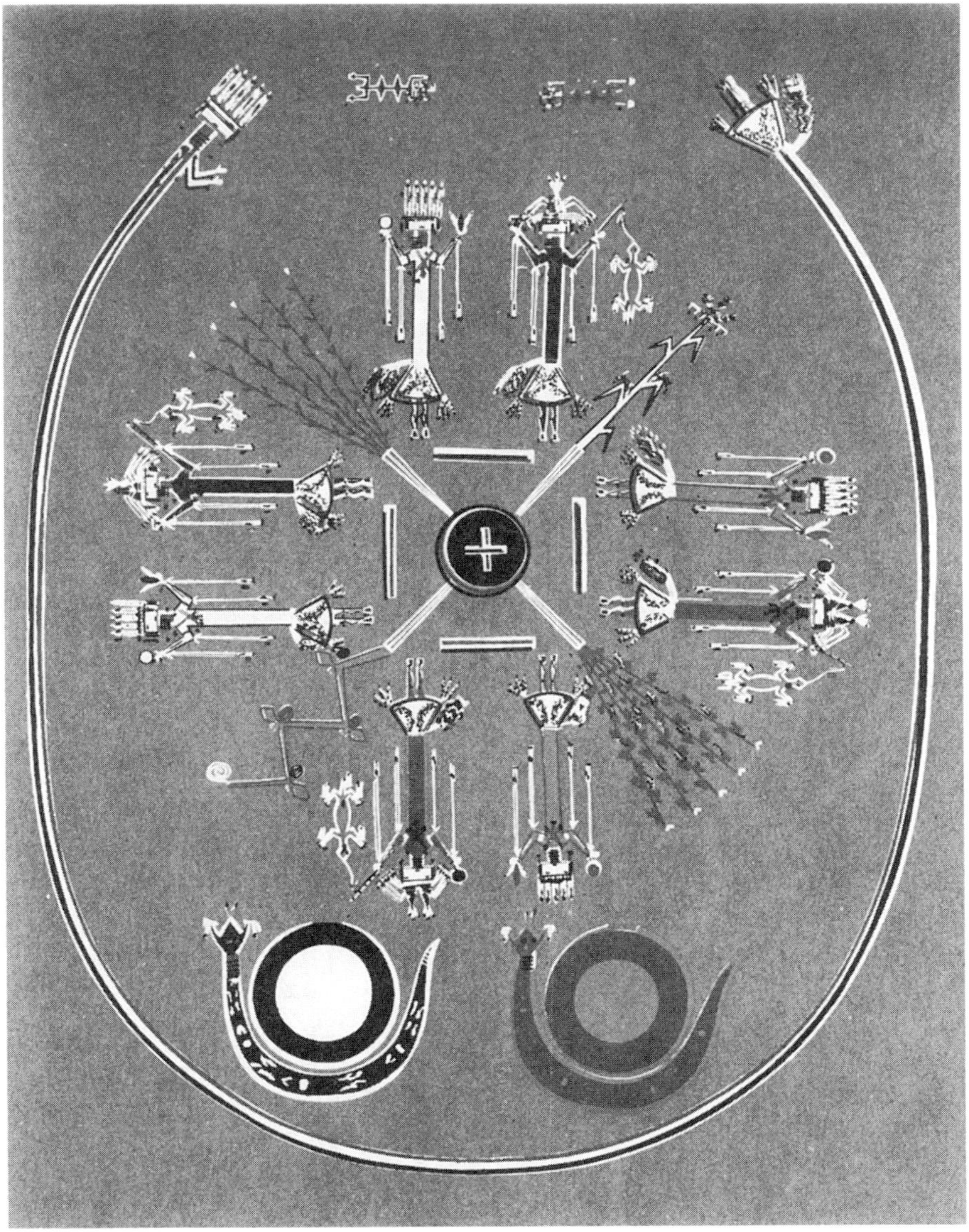

図5　ナヴァホ・インディアンの砂絵

「太古の最も古い神の姿[16]」である。このウロボロスは、ヨハネの黙示録[11]、グノーシス[17][12]、それに諸派混合期のローマ[18]にみられ、その絵は、ナヴァホ・インディアンの砂絵[19]〔**図5**〕やジョットー[13]の絵画[20]に、また錬金術の文献[21]やジプシーの魔よけの護符[22]などにも描かれている。

これら円のイメージで表わされる象徴的な思考は、現代の意識には理解できないために背理としか思えない内容を理解しようとした試みである。もしわれわれが、原初を「全」や「無」で言い表わし、それと関連させて全体性や一者性、零点、非区分性、対立物の非存在を語るときに、これらすべての「概念」について単に思いをめぐらすだけでなく、もっと近づいて凝視し、それらをつかもうとするなら、まさしくこれらの「概念」はいつでも上述の基本シンボルから派生し、抽出されるイメージである他ない。イメージやシンボルは、無限の一者性や形なき全体性を表現するのに優れており、その一者性が目で見られ、それも一目で一つだと分かる点で、意識の背理的哲学的表現にまさるのである。

さらに、人類が「始源」を神話的に捉えるために使ってきたこれらのシンボルは、今日なお太古のころと同様に生きており、芸術や宗教の中ばかりでなく、個人の「こころ《ゼーレ》」の生きた動きや、夢や空想にまで登場する。そして、人類が続く限り、「完全なるもの」は円、球および丸いものとして浮かび上がり、また自らに充足するもの・対立を越えた「自己」・である原神性は円のイメージ・マンダラ＊・として現われるのである。

＊　これについてはユングの諸論文、および健康人、病人、子供などのマンダラについての彼の講義を参照せよ。〔全集9—I所収〕

この円、および円の中の存在・ウロボロスに囲まれた存在・は人類初期の状態の象徴的な自己表現であり、人類、および個人の幼児期初期のあり方を示している。このシンボルの妥当性と現実性は集合的な基礎をもっている。〔というのは〕このシンボルは人類の発達段階の一つに対応しており、各個人の心的構造の中で「想起＝自覚」されうるからである。このシンボルは、超個人的な要素として現に働いており、この要素は心理的な段階としてすでに自我形成以前から存在している。それでいながら、しかし、このシンボルは誰でも幼児期初期に一人一人が新たに体験する現実であり、幼児期の自我－前－段階として、昔の人類の歩んだ道をもう一度辿る個人的な体験でもある。

胎児的でいまだ未発達な・自我と意識の・胚芽は、完全な円の中で眠ったり目覚めたりしている。この場合、この心的段階がシンボルの形で自己表現するのか、それとも後の〔発達した〕自我が自身のこの前段階を〔自らの〕過去として記述するのかは、重要ではない。胎児状態にある自我は、心的な主体であるとはいえ、独自の体験を持たず、持つこともできない――体験する意識がいまだ胚芽の状態でまどろんでいる――ので、後の〔発達した〕自我はこの初期状態を、はっきりとは認識できないが象徴的には認識できるために、「誕生前の」時期とみなすのである。それは、「こころ《ゼーレ》」が地上に来る前に住んでいた楽園の中にいる時期であり、自我の誕生以前の時期、無意識のまま守られている時期、まだ生まれてこない者たちに混じって漂っている時期である。

始源の時代、対立物の成立以前の全体性の時代は、意識がまだ存在しない偉大な時代の自己記述と考えることができる。これは、中国哲学にいう「無為」であり、そのシンボルは中空の円である。[23] ここではすべてがなお永遠なる存在として、「今、そしてつねに」存在する。そして時間のシンボルであり、それゆえ過去のシンボルである太陽や月や星はまだ創造されておらず、昼と夜、昨日と明日、生成と消滅が、すなわち生の過程も誕生と死もまだ産み出されていない。この歴史以前に存在していたのは時間ではなく永遠であり、それは人類が現われる以前の時代、誕生と生殖以前の時代が永遠であるのと同じである。そして人間と自我の誕生以前には時間はなく永遠が存在しており、同様に人間の誕生以前には空間はなく無限が存在しているのである。

円の二つの意味――子宮と両親

最初の闘いであり始源への問いでもある、「どこから」という原－疑問には、一つの答えと、この答えに対する二つの解釈によってのみ答えることができる。一つの答えとは円であり、二つの解釈とは子宮と両親である。

　この問題とそのシンボル体系を理解することは、あらゆる心理学、とりわけ子供の心理学にとって決定的である。

　ウロボロスは丸い容器、すなわち母の原子宮として現われるが、しかしまた男女の対立の統合・原両親・永遠の抱擁のうちに互いに結合している父と母・としても現われる。「どこから」を問う起源への問いが原両親の問題と結びついていることは自明のように見えるけれども、しかしこの両親像は起源のシンボルであって、性や「性理論」とは関わりのないことが認識されなければならない。神話の表現がその周囲を巡り、人類にとって最初から決定的な謎であった問題とは、生命や霊や魂がどこから来るのかという問いなのである。

　しかし、だからといって原初の人間が「生の哲学者」であったというわけではない――この種の抽象的な問いは彼らの意識には少しものぼってこなかった。むしろ神話は集合的無意識の産物であり、それゆえ未開人の心理に通じる者なら誰でも、人間の深層が人間の無意識的な問いに対してこれまで与えてきた、また絶えず新たに与え続けている無意識の答えの妙に驚嘆せざるをえない。生の背景や、それら背景との関わりについて無意識が有する知識は、儀礼や神話の中に貯えられている。その知識とは、自我意識が意識的に問わなくても常に存在し続ける問いに対して、人間の「こころ《ゼーレ》」や精神《ガイスト》と呼ばれるものが与える答えである。

　多くの未開民族は、性交が子供の誕生につながることを知らない。未開人のように子供の年代で性交を始める場合、それが決して子供の出産に結びつかないため、子供の誕生は性交における男性の授精とは無関係とみなされてしまうのである。

　しかし、「どこから」という問いは、つねに変わらず「子宮から」と答えられるにちがいないし、また答えられていくことであろう。新生児がみな子宮から生まれるというのは、人間の原体験だからである。神話の「丸いもの」もまた子宮と呼ばれるが、この起源の場所は具体的な場所と受け取られてはならない。すべての神話が繰り返し述べているのはまさに、この子宮がイメージであり、女性の子宮は人間がどこから来たかを示す原シンボルの中の一つにすぎないということである。この原シンボルは、同時に多くの事柄を示すシンボルであって、一つの内容を表わすのでも、ましてや体の一部を表わすのでもなく、多元的なものであり、世界ないしは世界の一領域であって、その中にはたくさんの内容が隠されており、またたくさんの内容が生きているのである。「母たち」[14]とは一人の母ではない。

深み・深淵・谷・根源、さらには海・海底・泉・湖・池、そして大地・冥界・洞穴・家・町などはこの元型の一部である。小さなものを含み・囲み・隠し・保護し・維持し・養うすべての包み込むもの、大いなるものは、この原母の領地に属している。[24]フロイトが窪んだものをすべて女性的なものとみなした時、それらをシンボルとみなしていたなら、正しい見方になったであろう。それを「女性性器」と解釈する時、彼は大きな間違いを犯す。なぜなら、女性性器は原母元型のほんのわずかな部分にすぎないからである。

母ウロボロスと自我――胚芽――良き母

人間の意識はこの母なるウロボロスに対して自らを胎児的だと感じる。というのは、自我には自分がこの原シンボルの中にすっぽり包まれていると思われるからである。母なるウロボロスに比べれば、自我は小さなもの、後からできた無力なものである。自我が胎児的な胚芽として円の中を漂っている、プレローマ[15]的な生の段階では、いわばウロボロスだけが存在する。それは、まだ人間が存在せず、神だけが、世界だけが存在した時代である。もちろん、人類の生まれつつある自我意識の最初の何段階かは、ウロボロスの支配下にある。これは、自我意識の幼児期であり、もはや胎児ではなく、すでに独自の存在となってはいるが、なお円の中にいて、まだ円から出ておらず、ようやく円から自らを区別し始めた段階である。自我意識がなお幼児期にあるこの最初の段階の特徴は、ウロボロスの中で母性的な性格が支配していることである。

世界は周りを取り囲んでいるものとして体験され、人間はその中でとぎれとぎれに、瞬間的にのみ自らを自らとして体験する。この段階でやっと生きている・発達していない・疲れやすい・幼児の自我が、ほんの一瞬無意識の薄明の中から小島のように浮かび上がったかと思うと再び無意識の中へ沈んでしまうように、原初の人間も世界をそのように体験する。彼は小さく、弱く、ほとんど眠ったまま、つまりほとんど無意識のまま、動物のように本能の中を漂っている。偉大な母なる自然に守られ、抱かれ、支えられ、あやしてもらい、そして善きにつけ悪しきにつけ彼女に身をまかせきっている。彼自身は無であり、世界がすべてである。世界が保護し、養うのであって、彼・人間が意志し、行為することはほんの稀にしかない。無為、無意識の中に抱かれていること、すなわち必要なものがすべて偉大な養母から絶えずこんこんと湧き出してくるような尽きざる薄明の世界、これこそ原初の「至福の」状態なのである。母なるものの肯定的側面がすべて明らかになるのは、自我がまだ胎児的で独自の活動を始めていないまさにこの段階においてである。ここでは母なる世界であるウロボロスが同時に生命でも「こころ《ゼーレ》」でもあり、養分と心地よさを与え、守り暖め、慰め許す。それは、悩める者すべての逃げ場であり、求める者すべての憧れである。なぜなら、この母はいつでも満たす者、与える者、助ける者だからである。この良い偉大な母という生き生きしたイメージは、苦境に陥った人間の逃げ場であり、今後いつまでもそうあり続けるであろう。なぜなら、責任も苦労もなく、疑いも世界との不和もなく、全体の中に包まれているこの状態こそ、まさに楽園というにふさわしく、大人になってからは二度と再びこの始源の生き生きした幸福を実現できないからである。

　太母の肯定的な側面は、最初はこのウロボロスの状態の中で基本的に体験されるものと思われる。この「良き母」が次に現われるのはきわめて高い段階になってからである。しかしその時には彼女は胎児的な自我にではなく、成長し、豊かな世界によって成熟した人格に出会うことになり、彼女自身も別の新たな姿すなわちソフィアや「恵み深き」[16]母として、あるいはあふれんばかりの真の創造力をもってその富を注ぐ「生きとし生けるものの母」として現われるのである。

完全に包み込まれている原初の状態とは、人類の歴史的なある状態を意味しているのではない（ルソーはまだ「こころ《ゼーレ》」のこの状態を歴史的過去に投影して、未開人の「自然状態」と呼んでいる）。これは、人間の「こころ《ゼーレ》」のある段階のイメージであり、極端な形にするとようやく見えるようになるものである。世界が原初人をたとえどんなに現実の中へと駆りたてても、彼がこの現実の世界に意識的に入っていくのは、徐々にしかなされなかった。今日でも未開人を観察すると、重力の法則、「こころ《ゼーレ》」の慣性、つまり無意識のままでいたいという欲求が、人間の本質的な特徴であることが分かる。しかし、この言い方そのものがすでに間違っている。なぜならそれは意識が当たり前の状態であるという前提から出発しているからである。しかし無意識内に固定されること、下に留まろうとする固有の重力は、無意識のままでいたいという欲求ではなく、それが当たり前の状態なのである。意識化への欲求はそれに反抗する力であり、というよりはむしろ人間の中にあって意識化の方向に駆りたてる本能である。無意識のままでいるためには別に意欲する必要はない。むしろ人間は最初は無意識的であり、自分を包み込む海を泳ぐ魚のように無限の中に包まれながら世界の中でまどろみ、無意識の中でまどろむこの原初の状態を克服することさえできるのである。意識化への発達は自然界では当たり前のことではなく、人間という種に特有のものであり、それゆえにこそこの種が《知性ある人《ホモ・サピエンス》》と自称するのも故なきことではない。この人間に特有なものと、普遍的－自然的なものとの対決が、人間意識の発達史を形成しているのである。

自我意識が幼児的で弱く、個人として生きるための緊張がなお大きすぎて重荷であると感じ、まどろみと眠りの方が、心地よい幸福だと感じる間は、自我意識の独自性と特異性はまだ見出されない。その間はウロボロスが生の大車輪として回転しつつ支配しており、その車輪の中では、まだ個人となっていないすべてのものが、いずれ消え去るべきものとしてばかりでなく、まさに消え去ろうとしているものとしても、対立物の統一の中に包み込まれているのである。

ウロボロス近親相姦とは始源の一体感へ戻ろうとする傾向である

人間はまだ自然と対立しているのでもなく、自我が独立して無意識と対立しているのでもなく、むしろ独自の存在であることは荷の重い苦しい体験・克服されるべき例外的体験・である。ウロボロス近親相姦とは、まさにこの意味で言われているのである。この場合、「近親相姦」とはもちろん象徴的に理解されるべきであって、具体的－性的に理解されてはならない。近親相姦モチーフが見られる時にはいつでも、それは英雄だけが真に到達できる《聖なる結婚《ヒエロス・ガモス》》の先駆形態なのである。

ウロボロス近親相姦は、母の中へ入り込み母と一体化する一つの形態であり、近親相姦のその他の後期の形態とは異なる。ウロボロス近親相姦における一体化は心地よさと愛を特徴とするが、これは能動的なものではなく、むしろ溶け込み吸い込まれようとする試みである。この一体化は奪われるという受け身の体験であり、プレローマの中に沈み込むこと、快楽の海と愛による死の中で消滅することである。太母は幼児的な小さなものを自らの内に取り入れ取り戻す。そして死はいつも変わらず最終的な溶解という、すなわち母との一体化という、ウロボロス近親相姦の特徴を帯びている。洞穴・大地・墓・石棺・柩はこの再結合儀礼のシンボルであり、この儀礼は石器時代の屈葬墓にみられる胎児姿勢での埋葬に始まり、現代人の骨壺にまで受け継がれている。

病的希求や憧憬の多くの形態はこの回帰・自己溶解のウロボロス近親相姦・を意味しており、聖徒の《神秘的合一《ウニオ・ミスティカ》》[17]に始まり、酒呑みの我を忘れんとする欲求、ゲルマン民族の死のロマン主義[18]にまで及ぶ。われわれがウロボロス近親相姦と呼ぶ近親相姦は自己放棄と回帰である。これは、まだ母親から離れられずいまだ自分自身に到達していない幼児的自我の近親相姦形態であるが、同時に神経症患者の病的自我の近親相姦形態でもありうるし、また自らを実現した後に再び母のもとへ帰る、後期の疲弊した自我のそれでもありうる。

しかし幼児的・胎児的自我は、ウロボロス近親相姦において深淵のウロボロスを、その溶解と死の性質にもかかわらず、たとえその中で我が身が消滅してしまおうが、敵対的なものとは感じない。大いなる円への回帰は完全に受動的で幼児的な信頼を呼び起こすが、それは幼児的な自我意識がいつも繰り返し死の沈下の後の新しい目覚めを新たな誕生として体験するからである。自我には自らが深淵の原母に守られていると思われるが、それは自我が溶解し、自我自身についての意識がもはやなくなるところでさえ変わらない。人間の意識が自らをこの原深淵の子とみなすのは正しい。というのは、意識が人類史の中では最近になって無意識というこの母胎から誕生したためばかりでなく、個々人の意識もまたおのおの人生において、幼年期の成長過程の中で無意識からの発生を体験するからである。そしてこの意識は毎晩眠りの中で太陽と共に死んで、母なる無意識の深淵へと沈み、帰っていく。そして翌朝再生し、昼の運行を新たに始めるのである。

互いに結合した原両親

しかし大いなる円、ウロボロスは、子宮であるばかりでなく、「原両親」でもある。原父は原母と結合してウロボロス的一者をなしており、両者を互いに引き離すことはできない。ここではなお始源の法則が支配しており、その中では上と下・父と母・天と地・神と宇宙・が互いに相手を映し、決して相手から分離されえない。諸対立の相互結合という始源的存在の状態は、神話の中では、互いに結合した原両親というシンボルをおいて他に現われようがあろうか！

こうして、「どこから」という問いに答えを与える始源の原両親は、全宇宙であり、永遠の生命の原シンボルである。原両親は完全なるものであり、そこからすべてが生成する。また永遠の存在であり、それは自らに授精し・自ら身ごもり・自らを産み・殺し・再び生を与える。原両親の一者性は対立を越えた彼岸の神的存在であり、無限の充満と無とを意味する、カバラの形なきエイン・ソフである。(19)「こころ《ゼーレ》」が浮かび上がらせるこの始源のシンボルがかくも力強いのは、区別を越えた状態・諸対立の彼岸・結合・を含むためばかりではない。それはまさしくこのウロボロスの中に、新しい開始・ひとりでに回る車輪・最初の運動・円を描いて昇っていく運動であり発展である螺旋[25]・これらのものの創造性が象徴されているからでもある。[26]

父性的な性格をもつウロボロス――自己授精による生成の始まり

この最初の運動・自己授精という創造的要素・――これはもちろんウロボロスの父性的側面に属する――は、時間の中での生成の開始を意味するが、これをイメージで捉えようとするのは、ウロボロスの母性的側面の場合よりもなお難しい。

エジプトの神学に次のような箇所がある。すなわち、

「ヘリオポリスにありて自慰者となりしアトゥム、快感を得んと自らの男根をつかみたり。一組の兄妹生まれたり、シューおよびテフヌトなり[27][20]」。

あるいは他の箇所に、

「われは自らの掌の中で性交し、自らの影と抱擁し、自らの口から吐き出せり。われ唾を吐けばシュー生まれ、次いで唾を吐けばテフヌト生まれたり[28]」。

これらは、創造の始まりをシンボルによってつかもうとするときの難しさを、あまりにもよく表現している。ここで言われているのは、われわれがふつう神の原生殖とか自己発生と呼んでいる事柄である。われわれのそうしたいささか抽象的な概念を通してもなお、これらのイメージのもとの力が透けてみえる。相手もなく両性もないまま精子の中で自己発生するというイメージは、授精する者と身ごもる者が一つであるウロボロスの生殖から生じている。

これらのイメージを「猥褻」とみなすのは深い誤解に基づいている。当時の現実生活は後のたいていの文化のそれに比べて性的にいっそう秩序だっていた、つまりいっそう純粋であった。しかも性的なシンボル体系は、祭

礼や儀礼、神話や絵画において宗教的・超個人的なものと考えられていた。それは創造性のシンボル体系に関わることであって、個人の性に関わることではないのである。個人主義的な誤解によってのみ、これらの宗教的内容は「猥褻」とされる。この誤解にはユダヤ教とキリスト教――さらにはフロイト――が重大で有害な役割を果たしてきた。異教の諸価値を脱-神聖化することは、一神教と意識的倫理を守る戦いにおいては必要であったし、歴史的にも一つの進歩ではあったが、反面、太古の始源の世界を完全に歪めるという結果をもたらした。異教との戦いの中で付随的な個人化がなされ、超個人的なものが個人的なものへと還元される（第二部を参照）。今では神聖な儀式は男色とされ、祭礼は姦淫とされている、等々である。超個人的なものに対して再び理解が開かれる時代が来れば、この過程は逆転するにちがいない。

〔さて〕さらに後の時代の創造のシンボルを見ると、もとの意味がいっそううまく表現されているのが分かる。それはここで抑圧が働いたという意味ではない。表現されるべきものは初めから性的なものではなく象徴的なものであったが、原初の人類が言葉にしようと四苦八苦したまさにその努力によって、何が問題にされているかが分かるのである。

この自分自身に授精する原神のイメージはエジプトやインドに新しい変種を産み出すが、それらはある同一方向、すなわち「精神化」の方向に動いている。しかしこの精神化も始源に立つ創造者の本質をつかもうとする努力であることに変わりない。

「現われきたるそれらすべての結果を作り出すものこそ心臓なり[21]、心臓の思想を繰り返す（表現する）ものこそ舌なり……これこそすべての神を、アトゥムと彼の九人家族を、産みし原因《もと》なり、いかなる神の声も心臓の思想と舌の言葉となり現わる」。

あるいは、

「すべての神々およびそのカー[22]を創造せしデミウルゴスは、彼の心臓の中にあり、彼の舌の中にあり[29]」。

最後に最も抽象的で精神的なシンボル体系が出てくるが、ここでは神性は「生命の息吹」とされている。「彼われを口から吐き出せしにあらず、掌に身ごもれるにあらず、彼の鼻よりわれに息を吹き込めり[30]」。創造者を表わすこれらの表現の中にイメージから概念への移行が見られることは、象形文字で「思想」が「心臓」の図で、また「言葉」が「舌」の図で表わされていることを知れば、いっそう明らかになる。

エジプトの神話が創造者を描き出そうとして奮闘しているこの箇所にこそ、数千年後の聖書の創造物語[23]においても、またロゴスの解釈[24]においても、「創造する言葉」として表現されるようになるものの端緒が、つまり「自ら現われ出で」かつ自らを「表現する神性」という原イメージから決して切り離せない表現が、見られるのである。

当然のことながら、世界を産み出す創造者の原理は、人間自身の創造的な本性から引き出されたものである。人間が――今日なおイメージ言語〈=比喩〉を使って話すように――自らの内容を自らの内から、自分自身の深みから創造的に汲み出し、自らを「外化」するように、神々も同じ行為をする。たとえば、ヴィシュヌ[25]は猪となって海底から陸を持ち上げて創造し、神は世界を心に思い描き、それを創造の言葉として口にする。このように、言葉・語り・はより高度な産物であり、自らの内に沈潜した者、すなわち自らの深みに身を投じた者の自己表現である。これはわれわれがいう内-向と同じである。それゆえインドでは、タパス[26]、すなわち内的加熱と「孵化」は創造の基本要素であり、その助けによってあらゆる被造物が生じる。内向の自己授精、自身から授精する精神《ガイスト》という根本体験は、次の文章において明らかとなる。

「彼、プラジャーパティ[27]は子孫を欲して祈りと断食に専念し、かくて自らによりて身ごもれり[31]」。

あるいは、エジプトの文献に曰く、

「わが名は、自らを創造せし者、原神々を造りし原神なり[32]」。

同様の原理に、創造の手段としての「加熱」がある。

「すなわち、この宇宙は太初には完全なる無なり、天もなく、地もなく、大気もなかりし。宇宙は、無の状態でありしため、自らの思いを向けたりき。われはありたし、と。彼、内的に自らを加熱せり」。宇宙生成のための加熱と四元素の誕生が長々と述べられた後に、

「彼、地上に足場をみとめたりき。地上に確たる足場を見出せし時、彼、欲したりき。われ繁殖を望む、と。今や彼、自らを加熱し、そして身ごもれり〔33〕」。

ウロボロスの母性は授精者なしに産み、同様にウロボロスの父性は母性なしに造る。両者は補い合い、対をなして一つである。始源への問いは、生命ある者に生命を吹き込んだ者の始源は何かとの問いである。この問いに対して創造神話は一つの答えを与える。すなわち、創造とは性のシンボルや比喩によっては十分に表現しえないものである、と。そしてその神話は、その言い表わしえないものを、いわばイメージで捉えようとするのである。創造する言葉、創造する息、息吹とは、すなわち創造の精神《ガイスト》である。この精神《ガイスト》概念はしかし、授精する風－ルーアッハ－プネウマ型アニムスのイメージを抽象化したものに他ならず、これはEinhauch, Inspiration〔どちらも「息を吹き込む→霊感」の意〕という言葉になごりを留めている。〔たとえば〕創造的な授精者のシンボルである太陽の男根は、――エジプトの魔法のパピルスや現代の精神病患者の幻覚においては〔34〕――風の源とされている。この風は聖霊の風《ルーアッハ》－鳩となって、太陽の中の父なる神から伸びた筒を通って、処女マリアの衣服を貫いて入り込み、彼女を懐胎させる。風は未開人のいう授精する鳥であり、風となって女性・亀・雌の禿鷹・等に授精する祖霊である〔35〕。

授精者である動物、授精者である神、神である動物、動物といった授精の謎は、つねに息を吹き込むという創造行為の謎と切り離せない。人類は生命ある者の始源を問うが、その始源では人類の生命と魂とが生きた魂・力・霊・運動・呼吸・生命力・を与えるマナ〔28〕として一つに融け合っている。この始源の一者は創造者であり、原両親のウロボロス的な一体性の中に包み込まれている。そしてこの原両親から風が起こり、〔父が〕造り

〔母が〕産み、おのずから動き、呼吸し、語るのである。

たとえ自我がウロボロスを無意識という恐ろしい闇の力としても体験しており、また体験せざるをえないとしても、人類は意識以前のあり方であるこの原段階を、恐れやまどろみの感じとしてのみ体験するのでは決してない。たとえ意識的自我が光と意識を同一視し、同様に闇と無意識を同一視しようとも、人類はさらに別の、より深い――と彼らは思っている――「彼岸の」知を知っている。この光明の状態は、神話の中ではたいてい誕生以前に、あるいは死後に得られる知に投影されている。チベットの死者の書『バルド・トェドル』は死者のための教えの書であるが、この教えの奥義として、死者が生と死を超越した大いなる白い光と同一化する業《わざ》を心得ねばならないとされている。

「汝自身の意識、すなわち光を発し、空《くう》であり、偉大な発光体から分離しえない意識は、誕生もせず死にもせず、不変の光――阿弥陀如来である〔36〕」。

ウロボロスの段階における世界以前の知

この知は意識以後のもの、世界以後、世界外のものであり、死後の完全性における知の状態であると同時に、意識以前の、世界以前の、そして誕生以前のそれでもある。古代ユダヤのミドラッシ(29)も同じことを言っている。すなわち、ここでは母胎内のまだ生まれていないものが知をもつとされ、胎児の頭上には光が燃えており、その光の中で胎児は世界のすみずみまで見通すと言われている〔37〕。あるいはまた、始源以前の存在が知以前のものと結びついているともみなされている。まだ円の中にいる存在は、無形の知、智恵の原‐海の一部をなしている。この原‐海は始源のシンボルでもあるが――というのはウロボロスは輪をなす蛇として大海でもあるから――創造の源泉であるばかりでなく智恵の源泉でもある。それゆえ、原初の智恵の運び手は、しばしばバビロニアのオアネスのように半人半魚の姿で海から浮かび上がり、その智恵を啓示として人間にもたらすのである。

原－智恵は世界以前、すなわち自我以前、つまり意識の成立以前のものであり、それゆえこれは神話では誕生以前のものである。この場合、死後の存在と誕生前の存在はウロボロスの内では同一である。生と死の円環はそれ自身の内に完結しており、これは再生の円環であって、『バルド・トェドル』の教えを受けた者で、死んだ後に最高の認識に到れなかった者が再び生まれてくる円環である。つまり、彼にとっては、死後の教えはすなわち誕生以前の教えなのである。

前－知についての神話の教えによれば、あらゆる知は「想起」であるという見解も説明できる。この世における人間の課題は、意識の成立以前に知っていたことを意識によって再び思い出すことである。ツァディック、すなわち十八世紀末のユダヤ教の神秘主義運動ハシディズム[30]の「全き正義の人」、について以下のように言われているのはその意味である。

「ツァディックは誕生以来失われていたものを見出し、それを再び人間のもとへもたらす[38]」。

これは、誕生以前のイデアの観想および想起についてのプラトン哲学の学説[31]と同じ発想である。いまだ完全性の中に包まれている者の原－知は、子供の心理学において明白になる。子供には原－知がはっきりみられ、それゆえ多くの未開人は子供を尊敬をもって、それも特別の尊敬をもって扱うのである。集合的無意識の大いなるイメージや元型は、子供にとっては生きた現実であり身近なものであって、彼らの言葉や反応、問いと答え、夢と絵の多くは、まだ「誕生前」のあり方に由来するこの知を表現している。それは個人を超えた体験であって、個人的体験から得られたものではなく、「かなた」から持ち込まれた財産である。したがってこの知が祖先の知とみなされ、子供が祖先の生まれ変わりとみなされるのは正しいのである。

遺伝学によって、生物学的に子供が祖先の遺伝を受け継いでおり、それどころかほとんど祖先「である」ことが証明されているが、これは心理学においても真理である。それゆえユングも、集合的無意識の元型や本能といった超個人的なものを、「われわれの内なる祖先の体験[38a]」と定義したのである。同じように子供も、前個人的なあり方の中で生きていて、集合的無意識によって強く左右されているので、自らの内に生きている祖先の体験の真の担い手であるといえる。

身体図のシンボル体系

自我の発達が弱く、無意識が支配している原初的意識の世界には、神話の諸段階で表わされるシンボル体系と並んで、心霊術的な身体図で表わされるもう一つのシンボル系列が存在している。この場合には、特定のシンボル群が特定の身体部位に配置されている。今日でも腹、胸、頭といった単純な身体図式は俗流心理学ではよく用いられており、そこでは簡単に言えば腹が本能圏を、胸と心臓が感情圏を、そして頭と脳が精神圏を意味している。今日でも現代心理学や慣用句はこの原始的な身体図式の影響を受けている。この図式が最も発達しているのはインドの心理学においてであり、その一つクンダリニー・ヨーガ[32]では、意識が上昇しつつ、さまざまな身－心の中枢を呼びさまし動かしていく。ここでは横隔膜が地表に相当し、地表を越えて行く発達が「昇る太陽」、すなわち無意識および無意識との絡まり合いを後にし始めた意識、に相当する。

　身体図は、原人――世界を自らの姿に似せて創造した原人――の元型であり、世界各地を身体各部に対応させる、あらゆる関連づけの基本シンボルである。この同一視は、エジプトやメキシコ、インドやカバラなどいたるところにみられる。神のみならず、世界も人間の姿に似せて創造される。世界と神々を身体図にたとえることは、「人間中心的な世界観」の最も初期の具体的な現われであり、この世界観にとっては、人間は世界の中枢、あるいは世界の「心臓」部に立つのである。この世界観は〔身体には〕マナが宿っているという自己－身体感覚に基づいているのだが、これは「自己愛的《ナルシシズム》」であると誤解されている感覚である。

　身体の各部がすべてもともとマナを宿しているとする考えは、未開人が呪術効果を恐れたり呪術を行なうことに表われているが、これは、抜け落ちた頭髪から排泄物にいたる身体のあらゆる部分が身体全体を代表し、また身体に影響を及ぼしうるという考えからきている。身体から出たものはすべて創造力を持つとする創造神話のシンボル体系も、身体がマナを宿しているという原初の考えに由来する。精液ばかりでなく、尿・唾液・汗・垢・息・言葉・放屁・等が創造に与っている。これらすべてから世界が成立し、これらすべての放出が「誕生」である。

無意識によって支配されている未開人や子供にとっては、植物的な生が中心を占める腹部が、最も強調される。「心臓」はこの世界の最高の中枢であって、これは今日のわれわれでいえば思考を司る頭部に当たるものである。古代ギリシア人は、意識の場は横隔膜にあると考えたが、インド人とヘブライ人は、心臓にあると考えた。この両者にとって、思考は情動的なものであり、感情や激情と結びついている。情動的な要素の〔思考からの〕分離（第二部参照）がまだ完全ではないのである。思考が激情となって、心をつかむ時にのみ、思考は自我の意識に達して知覚される。観念は、元型的なものに近い場合にのみ意識を刺激するのである。心臓はまた倫理的判決を下す場でもあり、人格の中心を表わすシンボルであって、そのため心臓はエジプトの死者の法廷で計量される〔図6〕。ユダヤ教の神秘主義でも心臓は同じ役割を果たしており、[39]われわれも今日なお、まるで倫理的な器官であるかのようにその人の「良い心臓」〔＝善良な心〕と言う。心臓より下に位置するものはすべて、衝動と本能の側面を表わす。ただし、肝臓と腎臓は腹部の中枢として魂が生きていくための重要な場所である。人間の意識や無意識が裁かれねばならない時には「心臓と腎臓」が鞭打たれるし、予言中枢である肝臓の裁きはプロメテウスの罰で知られている。すなわちプロメテウスは、火を盗んだ傲慢な意識肥大のかどで、ゼウスの鷹に肝臓を食われるという、良心のとがめの罰を受ける。しかし、性をも司っている感情中枢として姿を現わす腹部のあらゆる中枢部は、すでにより高い秩序の中枢部でもある。さらに下方には腸・消化系統・にあたる心的地平がある。食欲、空腹は人間の最も基本的な心の衝動であり、腹部の心理は未開人と子供においては決定的な働きをする。満腹か否か、喉が渇いているか否かは、意識と自我の発達がまださほどでない彼らにとっては、なおさら心の状態

図 6　エジプト人の死者の心臓の計量

を決定する。胎児的な自我にとって、養分に関わることは唯一重要な側面であり、幼児的な自我にとっても、母性的ウロボロスが食物を与えて満腹させるものであるため、この領域は依然としてきわめて重要である。

食物ウロボロス——最初の出来事を語る神話における摂取－排泄シンボル群

ウロボロスは元来、「尻尾を食うもの」という意味であり、消化系統のシンボルがこの段階全体にあふれている。ウロボロスの・およびバッハオーフェンのいわゆる初期母権制の・沼の段階(33)は、生き物が互いに食い合う世界である。共食いがこの状態の特徴なのである。この水準では、すなわち性がまだ働いておらず、性の対立緊張がまだ見えていない性以前の段階では、強い方が食い、弱い方が食われる。この動物的な世界では——発情期はたまにしかないので——空腹という腹部の心理が中心となる。空腹と食べることは、人類を動かす最初の動機である。

創造神話の冒頭には、いたるところに性以前の食物シンボル体系が登場するが、このシンボル体系が超個人的なのは、それらが根源的で集合的なシンボル層からきているためである。人間の存在と生成の領域はここでは消化系統の諸機能と関連づけられる。食べること＝摂取、出産＝排泄、食物＝唯一の内容、食物を与えられること＝動植物の生命の根本条件、これが標語《モットー》である。生きること＝力を持つこと＝食べること、つまりある物をわが物とする最も原初的な形態は、すでにエジプトの最古の文献である『ピラミッド・テキスト』(34)に見られる。そこには死者の蘇りに関してこう書かれている。

「天空はかき曇り、星々は降る(?)。山々は揺れ、地の神の雌牛どもは身震いする……。かれら、ウナス(35)がいかに現われ、魂を吹き込まれて神となるかを見ればなり。かれ父たちを食《くら》いて生き、母たちを食う。……ウナスこそ人々を貪り、神々を食いて生きるもの、……ウナスがため、かれらを投げ縄で捕える者は、……頭《かしら》をつかむもの。ウナスがため、かれらを見張り、彼のもとへ駆り立てるは鎌首もたげる（?）〔聖蛇〕」云々。

「かれらのうち大ものはウナスの朝食のため、中ものはかれの昼食のため、小ものはかれの夜食のため、と定められたり。」

「ウナス、途上にて出会う者みな……貪り食う。(36)」

「ウナス神々の心臓をつかみ取りたり。かれ赤冠を食い、緑なる御方(37)を呑み込めり。かれ賢者どもの肺を食物とす。かれ心臓とその呪力を食いて満足す。かれ赤冠をかぶりし……を呑み込みて喜ぶ（?）。かれ成長し、かれらが呪力かれの腹中にあり、かれの尊厳かれより奪わるることなからん。かれ、すべての神の知を呑み込みたればなり(40)。」


同様のシンボル体系はインドにも見られ、その中の、ある創造の記述(41)では、最初の神々は大海に投げ込まれ、「飢えと渇き」が原‐水の否定的な力に引き渡される。次いで以下のように言われている。

「かれ思考したり――。ここに世界と世界の子らいませり、われただ今、彼らの食物を作らん！　しかしてかれ水を抱《いだ》けり。抱かれし水から一つの形生じたり。その生じたる形こそ食物なり。」

食物は捕えられるべき「宇宙内容」となり、アパナ(38)息がまんまとそれを吸い込んだ時、「彼はそれを呑み込んだ」と言われる。同様に他の箇所では空腹が死のシンボルによって表わされ、貪り食うもの・呑み込むもの・とされているが、これはわれわれの言葉で言えばウロボロスの呑み込む死の側面である。

話し言葉は今日なお、これらの基本的イメージから抜け出ていない。呑み込むこと・貪り食うこと・空腹・死・口・は同じシンボル群に属し、われわれも今日未開人と同様に、死や戦争が貪り食う〔＝蔓延する〕とか、病が食い尽くす〔＝消耗させる〕と言う。「呑み込まれ‐貪り食われること」は一つの元型であり、中世のあらゆる地獄絵や悪魔の図に描かれているばかりでなく、われわれ自身今でもある人がある理念・運動・仕事・等に

「食われている」と言うとき、小さなものが否定的な大きな力に「呑み込まれること」を同じイメージで表現しているのである。

宇宙生成では、このウロボロスにあたる段階には、宇宙・「吸収される」べき宇宙内容・「食物」・が置かれる。そこでブラフマー[39]についてこう言われる。

およそ地上にあるすべての被造物
それらは食物から産み出された。
食物によって彼らは生命を得
最後は死んで食物となる。
食物は最古の存在であり
ゆえに万能薬と呼ばれる。
ブラフマーを食物として崇める者
彼はすべての食物を手に入れる。
食物は最古の存在であり
ゆえに万能薬と呼ばれる。
食物から存在は生じ
食物によって成長し
存在を自らによって、自らを存在によって養う
ゆえにそれは食物と呼ばれる。[42]

ここでブラフマーが食物であるというのは、この腹－段階にあるウロボロス、つまり食物ウロボロスのことを言っているのである。[43]

タパスによってブラフマーは広がり
彼から食物が生長する
食物から気息、霊、真理、
世界が生じ、動きの中で永遠が生じる。[44]

同様のシンボル体系は『マイトラーヤナ・ウパニシャッド』[45]でも使われ、その中では神と世界の関係が、食物と食物を食べる者の関係として描かれている。かつて世界を養う者として称えられた神が、ここでは逆に世界を食べる者とみなされる。これは世界が食物として――供物のように――神に仕えるためである。

未開人の心理や神話の中に食物ウロボロスが宇宙的な規模で登場するように、比較的新しいインドの哲学的思弁にも食物ウロボロスのシンボルが見られ、このシンボルによって主体である神と客体である世界との関係、あるいはその逆の関係が説明されている。

同じ意味をもつのが、食物として捧げられ、神に「食さ」れる「供物」であり、これは摂取の行為、すなわち取り入れるという内在化の行為と、我が物とする行為、すなわち力の強化の行為とを、同時に意味している。

このようにインドにおいては世界は「神々の食物」である。ドイセン[40]が詳述しているように、初期の『リグヴェーダ』にすでに見られる思想によれば、世界はプラジャーパティ、すなわち同時に生でも死――あるいは飢え――でもある神によって創造された。宇宙は供物として食い尽くされるために造られ、その供物をプラジャーパティ自身が自分に捧げる。供物の馬の意味はそれであり[46]、このばあい馬は万物の象徴であるが、他の文化園ではたとえば雄牛が使われる。そこで次のように述べられている。

「彼は自らが創造しつづけてきたものをすべて食い尽くそうと決心した。すべてを食い尽くす（ad）がゆえに、彼は無限（aditi）と呼ばれる。彼は世界を食い尽くす者となり、世界は彼の食物となる。それゆえ彼はAditiの本質を理解する」[47]。

この最後の文章から明らかになるのは、時代が下ると古いシンボル体系が――正しく解釈されて――精神化されている、すなわち「内部」に取り込まれていることである。つまり宇宙を食べ、消化し、同化するというイメージは、宇宙を征服し、わが物とすることを表わしている。これは「Aditiの本質を理解する」こと、自らが創造した宇宙を食べて生きている創造者の無限性を理解することを意味している。このように未開段階では意識化は食べることとして現われる。われわれが、意識が無意識内容を「同化する」と言う時も、まさしく食べ、消化する、というシンボルに含まれていることを言っているにすぎない。

同じような例は、エジプトやインドの神話からいくらでも引いてくることができるが、それは食物シンボル体系という基本図式が元型的なものだからである。太古の人間のこうした表現方法は、飲物・果物・野菜・等が生命と不死の担い手として登場するあらゆるところで、さらには生命の「水」や生命の「パン」およびホスチア[41]の儀礼に、ひいては今日でも聖餐と食物祭礼のあらゆる形態に、見てとることができる。霊‐魂の内容が物質化されること、つまり生命・不死・死・等のように「霊《ガイスト》‐魂《ゼーレ》」と呼ばれる内容が、儀礼や神話の中で水・パン・果物・等といった物質として登場するという事実は、原始的な心のあり方に対応している。われわれの言い方では、内的なものが外に投影されるのである。〔しかしこれは〕実際は、外的なものがシンボルとして体験されることであり、いうなれば、われわれが霊‐魂という心の一部であると見ている内容によって「満腹する」ことである。この「物質的外界」は「摂取される」、すなわち食べられる。意識化の行為は食物摂取という基本図式の中に「生きており」、食事のしぐさや食事の儀礼および実際の具体的食事は人類が知る内在化と意識化の最初の形態である。このシンボル圏全体を覆っているのが、母性的ウロボロス・母子関係・であり、この中では欲求は空腹であり、満足は満腹である。

身体と「自体愛的‐自己愛的[42]」身体感覚——この概念の吟味は後で行なう——はウロボロス的に自己完結している。この性以前の段階では、自慰ではなく、食物摂取による満腹が自己満足を与える。何かを得るとはここでは「食べること」であり、「受胎する」ことではない。同様に、出すとか現わすとは、ここでは排泄や嘔吐や——後述のように——排尿であって、産むとか授精することではない。性的な性格をもった・ウロボロスの・自慰による創造段階は、二者性による創造である原両親の性的創造より前の段階であるが、この両者に先行するのが食物‐ウロボロスの創造段階である。

これらの「身体的行為」はすべて、同時に魂《ゼーレ》‐霊《ガイスト》的な過程をも含んでいる何物かのシンボルである。人食いの儀式、死者を食べる儀式、『ピラミッド・テキスト』にみられた神々を食べること、聖餐式の秘儀は、霊的な行為である。

内容・食べた食物・として表わされるものの摂取と取り込みによって変化・変容が起こる。食物摂取による身体細胞の変容は、人間が体験する最も基本的な、まったく動物的な変容体験である。疲労した者・飢えた者・弱い者が元気のいい者・強い者・満足した者・満腹した者になるように、また渇いた者が生き返ったりアルコールによってまさに別人になるように、人類が続く限り変容は人間の根本体験であり続ける。

それゆえそのようなシンボル体系が〔現代人に〕現われるのは、「口唇圏への退行」〔フロイト〕、すなわち幼児的倒錯として克服しなければならない性的快感圏への退行ではなく、無意識が積極的な役割を果たしているウロボロス‐シンボル体系に立ち帰ることを意味している。食べることによって受胎するとは、性行為への無知でもなければ、いわゆる「愚かな置き換え」による代理でもなく、「完全に取り込むこと」を意味しており、「結合する」という意味ではないのである。食物摂取による受胎は、たとえば前述の風による受胎とは別のものである。

食物による場合は体内へ、内部へ取り込むことが強調され、風による場合は生命を授け受胎させる者の不可視性が強調される。*

＊ ある精神分析的な解釈、すなわち一方をリビドー機構のうちの共食い的な口唇期段階へ還元し、他方を肛門期の放屁に還元する解釈は、〔48〕心理療法において人間を深く傷つける。人間の産み出すシンボルがこのような方法で解釈されると、シンボルは誤って理解され、価値を奪われてしまう。

それゆえ母性的な食物－ウロボロスの段階ではつねに乳房が強調され、神話ではたとえばたくさんの乳房をつけた太母の姿〔**図7**〕や、自らの乳房を押さえる無数の女神像が登場する〔**図8**〕。ここでは乳を与える太母は、産む者というよりむしろ授精する者である。乳房や流れる乳は授精の要素であり、それゆえ男根で表わすこともできる。乳はシンボルとして見れば受胎させるものと理解されるからである。乳を与える母――これを表わす最

図7　エフェソスのアルテミス（2世紀、ローマ）

図8　女神ラティ（木像、19世紀、バリ島）

もよく使われるシンボルは雌牛である——は、授精し、創造する者であり、それゆえ父性的な性格さえ持つ。そしてそれに属する子供は、受胎されたものであるから、性別とは無関係に受容的－女性的である。母性的ウロボロスはまだ両性具有的な性以前の存在であり、その点は子供も同じである。母はまた養い授精する者であり、子供は食べ受胎する者であり、排泄し分娩する者である。両者にとって食物の流れは生命のシンボルであり、それは両極の対立を含まず、性とはまったく無縁のものである。

ウロボロス段階における自足

ところで、母の乳房とその男根的性格が強調されることは、すでに一つの移行を示している。原初の状態は、ウロボロス内に完全に包み込まれている状態である。母の乳房が男根の性格を持っていたり、男根をつけた母が現われるなら、それはすでに子供の主体もまた分化しているしるしである。能動的な動きと受動的な動きの違いが徐々にはっきりし、対立が生じる。食べ－受胎することと、排泄－分娩することが、一つ一つの動きとして、等質な食物の流れから浮き上がり、ウロボロスに対する自我の対立が際立ちはじめる。それと同時に、自足と完全性と自己完結的な自己満足を伴う、ウロボロス内での至福のあり方は終わる。自我がただ自我の胚芽としてウロボロスの体内を漂っていた間は、自我はウロボロスの完全性、パラダイスの完全性を共有していた。この自足が母胎の内部を完全に支配しているが、そこでは無意識的であるがゆえに苦しみもない。ここではすべてがおのずから流れており、ほんのわずかな独自の活動も、本能的反応さえ不要であり、ましてや方向を調整する自我意識など無用である。独自の存在と周囲の世界——ここでは母胎——とは、周囲の世界との関係が成立してからではもはや得られない「神秘的融即[43]」の中にある。いかなる快－不快反応によっても妨害されないこの忘我状態は、当然ながら後期の自我意識から見れば、最も完全な自足状態、自己自身の中で完成している充足の状態と感じられる。プラトンが宇宙生成について語る言葉は、ウロボロスの完全性のうちに包み込まれているこの状態を表わしている。

宇宙は目など少しも必要としませんでした。なぜなら外部には目に見えるものがなかったからです。宇宙は耳も必要としませんでした。聞こえてくるものもまたなかったからです。周囲にはまた、吸い込むべき空気もなければ、また宇宙は、自分のうちに入ってくる食物を受け入れたり、すでに消化したものを再び排出したりするための器官をも必要としませんでした。なぜなら、何一つとして出ていくものもなければ、どこからかそこへ入って来るものもなかったからです――なにしろ宇宙以外には何もなかったのですからね――。というのはつまり、宇宙は、自分で自分を分解しては、それを自分の食物の源とし、すべて自分自身の内部で、自分自身によって作用を受け、また作用を及ぼすように巧みに仕組まれていたからです。というのは、宇宙の構築者が、宇宙は自足のものである方が、他をも必要とするものであるより、はるかに良いだろうと考えたからです。[49]

われわれはここで再び、食物段階での自己生殖というウロボロス的循環に出会う。ウロボロスの尾が口によって「食べ」られることによって口に授精するように、ここで言う「自分で自分を分解して自分の食物の源とする」とは、一つのシンボルであり、これは宇宙の独立性と自己充足を表わすシンボルとしてつねに繰り返し浮かび上がってくる。自らのうちで自足するウロボロスというこの原イメージは、錬金術のホムンクルス・球であるレトルトの中で諸要素の回転のうちに産み出される人造小人・の背後にあるイメージとして、さらには物理学の《永久運動》[44]の背後にあるイメージとして、存在しているものである。

自足の問題は、本研究のあらゆる段階で取り組まねばならない問題である。というのは、この問題が人間発達の本質的方向と、すなわち自己形成の問題と最も深いつながりを持つからである。われわれはこれまで、ウロボロス的自足の三つの段階について考察してきた。第一段階は、まだ生まれていない状態におけるパラダイス的な完全性をもったプレローマ的な段階、すなわち自我の胎児状態であるが、この状態は後期の意識によって、世界の中で自足していない自我の苦悩と対比させつつ築かれるものである。第二段階は、食物 - ウロボロスの段階であり、その閉じた輪が「自分で自分を分解して自分の食物の源」を作るのである。第三の性的 - 自慰的段階は、アトゥムが「自らの掌の中に授精する」段階である。これらすべてのイメージや、後期での自足の精神的形態である自己抱卵・タパスによる自己懐妊・のイメージは、自らの内で一体化している創造者のイメージである。

ウロボロスの自足は、たとえ支配的な元型であることが確かであっても、自体愛や自己愛の概念に還元されてはならない。両概念が当てはまるのは、発達がウロボロスによって支配されている段階で止まってしまい、そこに不自然に長く留まっている場合のみである。しかしその時ですら肯定的な側面は尊重されねばならない。自足は適応と同様、生と発達の不可欠な目標である。自己を発達させ、分化し、形成することは、リビドーの正当な方向であり、それは客体へ向かう外向的方向や、主体に向かう内向的方向が正当なのと変わらない。自体愛、自閉、自己愛といった概念がはらんでいる否定的な評価は、この自然な基本態度を踏みはずした病的ケースにのみ当てはまる。というのは、自我・意識・人格・ひいては個性・の発達が、まさにウロボロス－シンボルに含まれる自足の要素を基礎にしているからである。したがって、ウロボロスのシンボル体系が出てきた場合、それも特にたとえばマンダラにおけるようにその形態性[45]と安定性がはっきり見られる場合には、それは多くのばあい客体－適応の方向と対立する自我－自己の発達を意味している。

ウロボロスからの分離——自我が世界や無意識と対決する基礎としての中心志向

ウロボロスから分離し、世界の中へ・そして世界を支配している対立原理との対決の中へ・入っていくことは、人類の発達にとっても個人の発達にとっても本質的な課題である。外界や内界の対象との対決、人間の外的および内的世界への集団的適応と組み入れは、強弱の差こそあれ、さまざまな局面において各人の人生を支配している。その際、外向的な人間では外の対象つまり人々・物体・環境の方に力点が置かれ、内向的な人間では内の対象つまりコンプレックスや元型が優先する。両者に共通するのは、対象との関係であり、対象が内にあるか外にあるかが違うだけである。その意味では、主に「こころ《ゼーレ》」という背景に関係づけられている内向型の人間の発達も「対象と結びついて」おり、このことは、たとえここでいう対象が内にあって外にはなく、「こころ《ゼーレ》」の諸力であって社会的・経済的・身体的対象ではないとしても変わらない。

しかし、この発達方向と並んで——同等の権利をもって——もう一つの方向がある。それは、「自己に関係づけられた」、中心志向的方向であり、これは人格の展開と個性的な実現をめざすものである。この発達は内容を外からも内からも受け取るため、内向と外向の両方から栄養を供給される。しかし重点はあくまでも対象――内的外的対象を問わず――や対象との対決にではなく、自己形成、すなわち人格構造の構築と拡張にあり、この人格が人生における対決の核・中心となって内界や外界の対象を材料として使いながら自らの全体性を達成するのである。この全体性は目標を自らの内に持ち、それゆえ自足的である。つまりこの全体性は、外部の集団のためのものであれ、内面の諸力のためのものであれ、自身が持っている利用価値からも独立しているのである。にもかかわらず、ここには文化にとって決定的に重要な創造の原理が関係しているのだが、それについては他の箇所で述べることになろう。

ウロボロスは個性化の完成シンボルでもある

人生の後半期における自己形成の働きをユングは「個性化」と名づけたが[50]、この働きは人生の前半期においても、いやそれどころかすでに幼児期においてもその決定的な発達の前形態を持っている。自己形成の前兆は遠く自我と意識の形成の中に見られるのである。確固とした自我、すなわち無意識と世界の溶かし込もうとする傾向に対して自分を持ちこたえることのできる自我の能力は、早くも初期のうちに発達するが、自己形成にとって同様に重要な前提である意識拡大の傾向も同じく初期に発達する。自我と意識は、たしかに人生の前半では主に適応の達成に向けられ、そのため自己形成に向かう力は弱くなっているように見えるが、それにもかかわらずこの自己実現の傾向は、高度に「成熟」して初めて明らかになるとはいえ、その萌芽をすでに幼児期に持ち、自己実現をめぐっての最初の戦いのいくつかもすでに幼児期になされるのである。ウロボロスのいわゆる自己愛的、自足的、自体愛的、自己中心的段階、およびすでに見てきた人間中心的な段階は、幼児の自足的で素朴な自己関与に非常にはっきりと認められるものであり、これは後の自己‐発達の重要な前段階をなしている。

個体の自我発達以前の始源にはつねに同一のウロボロス的なシンボル体系が現われるが、これは自我－発達の終わり、つまり自我－発達が自己－発達・個性化・に取って代わられる時に、再び浮かび上がってくる。もはや世界の対立原理が支配的でなくなり、世界を食べることも、世界に食べられることも、もはや最も重要なことではなくなるところではどこでも、ウロボロス－シンボルがマンダラとして成人の心に現われるのである。

今や人生の目標は世界から自らを独立させ、際立たせ、一人立ちすることとなる。ウロボロスの自足的性格が発達に新しい方向を与える肯定的なシンボルとなる。神経症患者のウロボロス近親相姦やプレローマ的段階への固着が、始源からの非分離と生まれたくない願望とを意味する一方で、成熟した人間に浮かんできたマンダラ－ウロボロスのシンボル体系は、彼が今「満腹して」いるこの世界から再び自由になり、自己自身に到達しなければならないことを暗示している。彼は、発達した自我をもって入っていかねばならなかったこの世界から、外へ出て新しい過程を歩まねばならないのである。

こうして未開人や子供の無意識界の中心にある、完全性を表わすウロボロスのイメージ*は、同時に人生後半の中心シンボルでもあり、われわれが自己形成傾向とか中心志向と呼んでいる発達方向の中核的なイメージである。円形のシンボル・マンダラ・は始源にも終末にも現われる。神話においては、始源では楽園の形をとり、終末では天上のエルサレムの形をとる。完全な円の形は中心を持ち、また中心から発する四分割によって諸対立を秩序づけているが、この円は、発達史的に見ても、最初期のシンボルであると同時に最後期のシンボルである[46]。最初期のシンボルは、たとえば石器時代の神殿〔の構造〕[47]に見られる。〔聖書では〕四本の川が流れ出す楽園がこのシンボルであり、カナンの神話では、偉大な神エールが「河々の源、二つの海のそれぞれ源の中央に」[51]坐している中心が、このシンボルの形をとっている。

＊　これについては、幼児が描く最初期の絵において、円の形が大きな役割を果たすことを想起されたい。

あらゆる時代と文化に見られるウロボロスは、個人において今度は「こころ《ゼーレ》」の発達の最後期のシンボルとして浮かび上がってくる。すなわちそれは「こころ《ゼーレ》」の円熟のシンボルであり、人生において再び獲得された全体性と完全性のシンボルである。ウロボロスは神化と開悟の地点、終末の地点であると同時に、神話における始源・原初の地点でもある。

このように、ウロボロスの大いなる円は、始源においては幼児期初期に人間を包み込み、終末においては――変化した――彼を再び受け入れて、人生の初めと終わりを架橋する。しかし全一なるプレローマは、人生の中間地点においても、宗教的体験の中で求められ見出される。神秘主義では、それ自身において無限なウロボロス像が「神の海」として登場するが、これは多くはウロボロス近親相姦に相当する自我解体、つまり恍惚とした忘我状態である。しかし死の恍惚である自我解体ではなく、「死して成れ」の再生が前面に出ている場合にはいつでも、重点は別のところに置かれる。つまり、再生の性格が死の性格に打ち勝つなら、それは退行ではなく、創造の過程が進行中なのである。創造とウロボロス段階との関係については、他の箇所で詳しく論ずることになろう。というのは、創造的な過程と病的過程の区別はまさしく深層心理学にとって最も大きな意義をもつからである。

ウロボロスは、原-始源のシンボルとして、そのどちらの過程にとっても重要である。人生の全体にわたって現われるこの円のイメージは、宗教的な現象においてばかりでなく創造の営みにおいても、再生させる海であり、生を高揚させる源泉である。しかし、その拘束力のために神経症患者が生の中へ入っていくのを妨げるのも、この同じイメージなのである。もちろんそうなると、これはもはや根源的なウロボロス像ではなく、自我が発達してきたさらに先の段階、すなわちウロボロスが自我を支配している段階、言い換えれば「太母」像と言うべきである。

Ⅱ　太　母

一　太母、すなわちウロボロスの支配下にある自我

太母からの自我の出立、および太母の二つの性質

自我が自らをウロボロスとの同一状態から切り離し始め、母胎内での胎児状態である原結合がなくなると、世界に対する自我の新しい構えが生じてくる。個人の世界観は彼の発達の段階ごとに変化するが、この変化を表現し、またこの変化の手段ともなるのが、別の元型やシンボル・神や神話・の出現である。ウロボロスからの出立は、危険と不快をはらんだ下方の現実世界への誕生であり下降である。自らを形成しつつある自我は快と不快の性質を感じ分けるようになり、それによって自らが快あるいは不快に満たされていると感ずる。しかしまさにそのことによって、世界は自我にとって両義的なものとなる。自然という無意識的な生は、ウロボロスの生でもあるが、この自然が自らの内に意味のない殺人的な破壊と、最も高い意味をもった本能的創造的建設の、両面を結合しているからである。自然も、有機体を侵食する癌も、ともに有機体の意味深い単位である。まったく同じことがウロボロス内の存在の単位についてもいえる。ウロボロスは、沼と同じように、永遠の自己－内－完結をなす無限の輪の中で子をつくり、産み、殺すのである。この目覚めつつある人類－自我によって体験される世界は、バッハオーフェンの母権制の世界、母なる運命の女神の世界である。貪り食う悪い母も、養う良い母も、この心

的段階を支配するウロボロス的な大いなる母神の両面なのである。

　元型の両義性、両面性がはっきりと姿を現わしてくると、元型の掌中にある以上、自我も元型に対して両面的な構えを取らざるをえなくなる。

世界と無意識の圧倒的な力――心理的な段階としての母権制

　無意識の威圧的な姿は呑み込み破壊する側面に由来し、またそうしたものとして自らを明かしもするが、この側面は悪い母としてイメージされ、具体的には死・ペスト・飢饉・洪水・本能の猛威・奈落へ引きずり込む甘美さ・などを司る残酷な女主人としてイメージされる。一方、良い母としての側面は、豊かに贈り与える世界であり、生に至福を与える幸福の授け手、自然の豊饒な大地、産み出す子宮としての豊満の角[1]である。これは本能に包まれた状態の中で体験される世界の深みであり美であって、救済と再生、蘇生と新生を日々約束し成就する、創造的な根源の慈悲であり恩寵である。

　これらすべてに対して、自我・意識・個人は小さく無力なままである。彼は自らが無防備かつ微小であり、包み込まれていて情ないほどに依存的であり、無限に広い原-大海に漂う小島であると感じる。この段階においては意識はまだ、打ち寄せる無意識の存在に対して、自らが立つべき確たる地盤を戦い取っていない。幼い自我にとって、すべてはなお底なしの奈落に隠されており、自我はこの奈落の渦の中で方角も距離も分からず、無気味な生命力をもつ原-渦に対してほとんど無防備のまま、木の葉のように翻弄される。この原-渦はそれ自身の深みと世界の深みの両方から絶えず新たに自我を圧倒するのである。

　原始人のように世界や無意識の未知の威力に曝されていると、必然的に、いつも危険に曝されているという存在感覚を持つ。世界と「こころ《ゼーレ》」が混じり合っている未開人の生は、偶然と不確実とに満ちた生である。そしてわれわれが外界と呼ぶもののデモーニッシュな威力は病気や死、飢饉と洪水、旱魃と地震をもたらすものであるが、この威力はわれわれのいう内界と混じり合うために無限に強められる。いつ襲ってくるか分からない非合理的な世界は未開人にとっては存在するだけで恐ろしいものであるが、この恐ろしさは法則性を知ったからといってなくなるものではなく、むしろ死者・亡霊・魔神・神々・魔女・魔法使い・によって極度に高められ、無気味なものとなる。これらすべてのものから目に見えない力が働いており、この力の現われが不安・興奮・狂躁的憑依・心的な集団感染・春の性本能の襲来・殺人衝動・幻視・夢・幻想である。かなり高度に発達した意識をもつ西洋人でさえ今日なお世界不安や原不安をどれほど強くもっているかを考えてみさえすれば、未開人の世界不安や存在感覚をおぼろげながらでも理解することができよう。

このような世界の不確かさを幼児もまた体験する。幼児はまだ意識的に自らを方向づけたり世界を認識したりすることができず、どの事態に対しても新しい突発事として向かい合い、世界と人間のあらゆる声に身を曝している。幼児の内部にも原始人と同じ不安がある。それは内面によって変えられ、投影によって無気味なものとなった外界から来る不安であり、このような〔内面の投影をうけた〕外界は人類の持つ力動観[2]やアニミズム[3]の世界像として知られている。この不安は、小さく弱い自我や意識が恐ろしい世界と相対している、原初人の生の状態の表現である。こうした物の世界と無意識の世界の威力は現に存在しており、またあるがままに体験されざるをえない。それゆえ不安は幼児の心理の正常な現象である。不安は意識が強化されるにつれて克服されるが、他面では意識を発達させる超個人的な原動力である。自我形成と意識の発達・文化・宗教・芸術・科学・の本質的な部分は、不安を表現し克服しようとする動機から生まれる。それゆえ、不安は個人的な環境因子によるものだとして、あっさり片づけようとするのは間違いである。

定位のできない幼児的な自我は、系統史的にも個体史的にも、快の要素と不快の要素を互いに分離しないまま体験しており、あるいは、何かを体験するとき恐らく快－不快を同時に感じている。対立物の非分離とそれによって生じるあらゆる対象に対する自我の両義性は無力感と不安感を引き起こす。世界はウロボロス的・圧倒的であり、この点はこのウロボロス的なものが世界として体験されようが無意識として体験されようが、あるいは外的環境として体験されようが自らの身体領域として体験されようが変わらない。

幼児的な自我と意識の段階におけるウロボロスの支配は、バッハオーフェンが母権制と呼んだ時期の支配であり、彼がこの時期に属するとしたシンボルはすべて、今日でもこの心的段階と関連して登場する。この場合もう一度強調しておきたいのは、ここでいう「段階」とは深層の構造に関わることであって、歴史的な時期を指すのではないということである。そして個人の発達においても、またおそらくは種の発達においても、これらの層は整然と積み重なっておらず、大地の地層のように、初期の層が上になり後期の層が下になることもありうる。

男性と女性の発達の対立し合う面については後に述べるつもりである。しかし根本法則として一つだけ予め述べておくべきことがある。すなわち、初めはどんなに逆説的に思われようと、意識は女性の場合でも無意識に対しては男性的な性格を持つのである。意識－光－昼という系列と、無意識－闇－夜という系列は性とは無関係に成り立つ。これは精神《ガイスト》と自然の対立が男性と女性の場合で異なった様相を見せるとしても変わらない。自我意識そのものは女性の場合でも男性的性格をもち、同様に無意識は男性の場合でも女性的性格をもつ。*

* ユングが、女性の場合、自我は女性的性格を持ち、無意識は男性的性格を持つと言う場合も、これと矛盾するものではない。英雄の戦いの一部を引きうけるのは女性の男性的な意識、つまり分析心理学の用語でいう「アニムス」である。しかしこの種の戦いは、女性にとって唯一のものでも最終的なものでもない。しかし、ここで重要な「母権的意識」の問題については、『女性の心理学』〔邦訳『女性の深層』松代洋一・鎌田輝男訳、紀伊國屋書店〕で論じることになろう。

バッハオーフェンの母権制は、自我意識が未発達で自我が依然として自然－世界に包み込まれ囚えられている段階である。それゆえこのウロボロス的な原理の特徴は、大地の支配および植物とそのシンボル体系との支配である。「大地が女性にならうのではなく、女性が大地にならうのである。古代人は婚姻を農業的な関係と考え、婚姻法の用語をすべて農耕に関わることから借用した」〔52〕。バッハオーフェンのこの発言は次のようなプラトンの言葉に依ったものである。「妊娠や出産においては、大地が女を見習うのではなく、女が大地を見習っているのです」[53]。これらの文章の根底にあるのは、超個人的なものが最初にあって、個人的なものはそこから派生したのだという認識である。しかも婚姻、すなわち性的な対立原理を秩序づけるものは、母権制の大地原理から生まれるのである。

食物のシンボル体系とそれに対応する身体諸器官は、この段階にとって決定的に重要である。この段階に属しているのが「母神の文化」とその神話であり、これらは豊饒・植物・とりわけ農耕と・つまり食物領域と・すなわち物質や身体領域と・密接なつながりを持っている。

幼児

母性的ウロボロスの段階は、乳児と乳を与える母の関係によって示されるが、それは同時に、大地と自然に対する人間の依存度が最も高い人類史的段階でもある。そしてこれら二つの側面と結びついているのが、無意識に対する自我と意識の依存であり、この無意識の圧倒的な力がこの存在段階の性質を決定している。幼児－人間－自我－意識の系列が、母－大地－自然－無意識の系列に依存することは、個人的なものの超個人的なものに対する関係を、つまり後者への前者の依存を表わしている。

この発達段階は幼児神を伴う母神のイメージで表わされる〔**図9**〕。つまり幼児の欠乏や頼りなさと、母の保護する側面とが強調されているのである。たとえば、母神は雌山羊の姿でクレタの幼児ゼウスに乳を与え、取って食おうとする父の口から彼を守る。(4) また母イシスはサソリに刺された息子ホルスを魔法で生き返らせ、(5) マリアは神なる幼子イエスを守ってヘロデ王から逃れ、(6) 同様にレートーは敵意のこもった女神の怒りを避けるため、自分と神〔ゼウス〕の間に生まれた二人の子〔アポロンとアルテミス〕を隠す。(7) 幼児神は太母に付き従う神である。彼は幼児として、カベイロイとして、(8) 太母の傍や下にいて、彼女に身を委ねる彼女の被造物である。少年神にとってさえ、太母は運命である。ましてや幼児にとってはなおさらであって、母に属し、母に頼りきり、母の生の一部であるというのが彼の本性である。

この関係が最も明瞭に見えるのは、「人間以前の」シンボル体系においてであり、そこでは母は海・湖・川などの水として、また幼児はこれに抱かれ、包み込まれて、その中を泳いでいる魚として表わされている。[54]

図9 幼児神を抱く母神（前5世紀、エトルリア）

イシスの息子である幼いホルス・ヒュアキントス[9]・エリクトニオス[10]とディオニュソス[11]・イーノーの息子メリケルテス[12]・その他の無数の幼児神は、圧倒的な母神の支配下にある愛児を象徴している。彼女はここではまだ良き産婦・保護者であり、若き母マドンナである。葛藤はまだ生じていない。というのは、幼児が母性的なウロボロスの中に包み込まれている根源的状態が、かき乱されることのない幸福な相互関係の中にあって、なお働いているからである。マドンナとは成長した自我をこの幼児的段階と結びつけるイメージである。幼児的な自我自身は、まだ自我と意識が中心にはなっていないこの段階に応じて、形のないプレローマ的な母ウロボロスの性格を体験しているのである。

にもかかわらず、幼児の運命はさらに後期の、母の愛人たる少年と同じである。つまり彼は殺されるのである。幼児神の生贄・死・再生は、幼児神供犠を頂点として行なわれる太古の人類の祭礼の中心である。この幼児は植物の一年の周期にならって、生まれ、殺され、死んで蘇る。クレタの幼児ゼウスは雌山羊・雌牛・雌犬・雌豚・といった動物の姿の、あるいは鳩や蜜蜂としての、太母に育てられ[55]、年ごとに生まれ、年ごとに殺される。しかしこの少年は単に植物としてではなく、すでに光として存在している。

「記録されたのはたしかに後世になってからであるがその素朴さからみて非常に古いある神話の教えるところによると、幼児ゼウスは年ごとに産み返された。というのは『ゼウスの誕生の血が流れた時に』毎年ある洞窟から光が発せられたと神話が語っているからである[56]」。

しかし死んで生贄とされる幼児神は、母の愛人である少年神のような悲劇的運命を辿らない。死の母――ローマ人のいう Mater larum〔家の守護霊・死者たち・の母〕――への回帰は、相変わらず庇護と親密を意味し、太母の中に包み込まれている状態が幼児的なあり方の特徴であり、これは幼児が生きていようと死んでいようと変わらない。*

＊　ユングとケレーニイの共著『神話学入門』は、本書の試みをいくつかの重要な点で補うものである。しかし本書との関連で二、三の問題点を

指摘しておく必要がある。ケレーニイが、コレー＝デメテル神話について論じた章は、女性の心理についての〔私の〕著書――そこでは男性の段階的発達とのちがいを論ずる予定である――にとって重要な意味を持つが、その点についてはその書で述べる。ある一群の元型を発達史の関連において見るわれわれの考察方法は、まさにケレーニイが拒否した意味において「伝記的」である（5）。もちろん、どの元型も時間を超越しており、その意味では神と同じように永遠である。したがって、童児神が少年神に「成長する」ことは決してなく、両者は永遠の観念として無関係に独立している。にもかかわらず、神々の成長、神々の運命というものは存在し、ゆえに「伝記」が成り立つのである。われわれの試みは、この永遠なるものの成長という性質を、実際に存在している・また存在しうる・他の多くの性質の中の一つとして追求することである。幼児段階は、本書ではウロボロスから少年への移行期としてのみ論じられ、「独自の存在」としては扱われない。その意味で、「童児神」についてのユングとケレーニイの研究から、本書はきわめて多くを負っている。

童児元型（13）においては、意識の自己からの離脱はまだ完全ではなく、原神性であるウロボロスに包み込まれていることがいたるところで感じられる。このことは、ユングが「童児の両性具有性」や「始源存在にして終末存在である童児」について述べているところに明白に現われている。「童児の無敵さ」の中には、一方ではたしかに無敵な神性の「母体」であるウロボロスがなお表現されているが、しかし他方では破壊しえない新しいもの・童児が光や意識として代表しているもの・の無敵さがすでに名のりをあげている。どちらも童児神の「永遠性」に関わるものである。

しかし童児神が「捨てられる」という現象とともに、数奇な運命を辿るという問題が現われてくる。ここでは子供の〔親からの〕分離・〔親との〕違い・異質性・が強調されるが、しかしそれによって原両親との運命的な対立が始まり、この対立が子供の伝記的な成長過程と人類の精神的な発達過程を決定する。

太母の息子＝愛人、自我の少年段階――植物シンボル群と男根崇拝

意識が自己意識を持ち始める時期、すなわち自らを自我・個人・個別者として認識し区別し始める時期においては、母性的ウロボロスの優越はこの自我にとって暗い悲劇的な宿命となる。この自我に映るウロボロスの姿は彼に無常・有限・無力・孤立の感情を引き起こすが、このイメージはウロボロス内に包み込まれていた根源状態と完全に対立している。初めのまだ弱かった自我意識にとっては覚醒がただの重荷であり、眠りが幸福であったし、また後のウロボロス近親相姦の段階においてもなお自我意識は喜んで自らを放棄して「大いなる円」へ立ち返ったが、この回帰は今やますます気のすすまない困難なものとなり、代わって個としての存在がそれだけ強く切実に求められるようになる。今や母性的ウロボロスは闇となり夜となり、反対に意識は昼となり覚醒となる。

生のはかなさと、それにまつわる死の問題が生活感覚を支配する。だからバッハオーフェンは、母から生まれた者たち、すなわち大地や母のみから生まれたと思っている者たちを、「生まれながらの憂愁の人」と呼んだのである。なぜなら誕生と生がウロボロスの一面であるからこそ、はかなさと死の不可避性がそのもう一つの側面となるからである。宇宙の車輪、うなりを発して時を織る織機《はた》、運命を司るノルンたち(14)、誕生と死という永遠の循環の中に包み込まれた誕生の車輪、これらのシンボルはすべて少年段階の自我の生を覆う悲哀の表現なのである。

この第三の時期では、自我の胚芽はすでにある種の独立を果たしている。胎児と幼児の段階は克服され、少年はもはやウロボロスと幼児的に向かい合うことはないが、しかしウロボロスの優位はまだ打ち破られていない。

自我が発達するにつれて、自我が関係する相手も高度な姿をとるようになる。人間の姿をとっていなかった母性的ウロボロスの代わりに、今や太母の姿が現われる。

太母のウロボロス的な性格は、たとえばキプロス島やカルタゴにおけるように〔58〕、彼女が両性具有として、ひげのある女神の姿で崇拝されるところではいたるところに認められる。ひげや男根をつけた女性は、男性性と女性性を分離していない点でウロボロスの性格を表わしている。後になって初めてこの両性体は性的に一義的な姿と交代するが、この両性的－両義的性格は原初の段階を示しており、そこから後になって初めて対立物が分化する。

幼児的な意識は、自らを産んだ母なる基盤と結ばれていることや、そこに依存していることを絶えず感じているが、次第に独立した体系となる。すなわち意識が自己－意識となる、つまり自らを知る反省的な自我が生まれて意識の中心となる。中心に自我ができる前にすでに意識が存在する点は、自我－意識が現われる前の乳飲み子に意識的な行為が観察されるのと同じである。しかし自我が自らを無意識と区別して、それとは対立する何か別のものと感ずる時に初めて、胎児段階は踏み越えられ、自らの独自性にのっとる独立した意識体系が形成される。この初期段階の意識と無意識の関係を反映しているのが、息子＝愛人と母神の関係を描いた神話である。アッティス(15)、アドニス(16)、タムズ(17)、オシリス(18)といった近東文化圏の神々は〔59〕、母によって産み出されたというだけではないものをもっている。むしろこの性質は完全に背後に退き、彼らは母の愛人となり、彼女に愛され、殺され、葬られ、悲しまれ、再び産み返される。この息子＝愛人の像は胎児と幼児の次の段階を示している。無意識とはちがう性質・男性的な他‐在というあり方・が強化されると、彼は母性的無意識の同伴者《パートナー》に近くなり、息子でありながら愛人となる。しかし彼はこの母性的‐女性的なものにまだ太刀打ちできず、それに敗れて死に、そこへ回帰し、それに呑み込まれる。母＝愛人が恐ろしい死の女神に変貌するのである。いまだ彼女は息子を・彼の生と死を・弄ばんばかりであり、彼の再生さえもいまだ彼女の威力のうちに握られている。若者神が死んで蘇る神として大地の豊饒や植物的なあり方と結びついているところでは、地母神の側の優位が明白であり、その分だけ少年神の独立性が疑わしくなる。男性はここではまだ母性‐女性に対して父親としての同権を獲得しておらず、少年‐思春期に留まっており、母胎および幼児的依存関係から自らを解放すべく独自の発達を始めたばかりである。

この関係の記述と要約が、またもやバッハオーフェンに見られる。

母は息子より先にある。女性的なものが先頭に立ち、力という男性的な姿はやっとその後から、二番手として現われる。女性は既にあるものであり、男性は生成するものである。初めから存在しているのは大地、すなわち母性的な土壌である。彼女の子宮から目に見える被造物が生じ、この被造物において初めて二つに分かれた性が現われる。ここでようやく男性の姿が登場する。要するに女性と男性は同時に現われたのでもなく、同列でもない。女性は既にあるものであり、男性は彼女から初めて生まれたものである。彼は可視であるがつねに変化する被造物である。彼は死すべき身をもってのみ生まれてくるのである。初めから存在し、既にあり、不変であるのは女性のみである。生成し、それゆえ消滅するのは男性である。したがって、物質的な生の領域では、男性原理は第二の地位に甘んじ、女性原理に従属する。ここに女性支配制の模範と基礎がある。ここに、不死の母と死すべき父の結合という、あの太古のイメージが根づいている。母は常に同一人であるが、男性の側には無限の系譜が続いている。常に新しい男性と結合するのは同一の原母である。可視の被造物、母なる大地の子は授精する者の観念となる。年ごとに枯れては蘇る外の世界を象徴するアドニスは、自分自身に授精する者パパス[19]となり、その名で呼ばれる。これに当たるのがプルートス[20]である。デメテルの息子であるプルートスはつねに若返る可視の被造者であり、ペニアー[21]の夫であると同時に彼女の父であり彼女を産ませた者である。彼は大地の子宮から生まれた富であり、同時に富の授け手である。つくられるものであって積極的な生殖力であり、創造者にして被造物であり、原因にして結果である。しかし男性的な力が初めて地上に現われるのは息子の姿においてである。息子から父親が推論され、息子において男性的な力の存在と性質が初めて明らかになる。男性原理の母性原理への従属はこの点に基づいている。男性は授精者ではなく被造者として、原因ではなく結果として現われる。その逆が母親である。彼女は被造者以前に存在し、結果ではなく原因として、最初の生命の授け手として登場する。彼女は被造者によってではなく、まず自分自身によって知られる。一言でいえば、女性はまず母として存在し、男性はまず息子として存在するのである。[60]

こうして女性から男性が生まれるが、これは男児の誕生においていつも繰り返される、驚くべき自然の変身である。母親は息子を通じて父に変身する。しかし雄山羊はアプロディテの印にすぎない、つまり彼女に従い、彼女に仕えるべく定められている。――プルターク『対比的史話集』第九に引用されている、エラトステネスの詩「エリゴーネ」に出てくるエントリアの娘の息子たちは類似の意味を持つ。――女性の子宮から男性が生まれると、母親自身珍しい出来事であるかのように驚く。というのは彼女もまた息子の姿に、彼女を母親にしたあの授精力の姿を認めるからである。彼女はうっとりとその姿に見とれる。男の子は彼女のお気に入りとなり、雄山羊[23]は彼女を乗せ[23]、男根はいつでも彼女につれそう。キュベレー[22]は母親としてアッティスを従え、ディアーナはウィルビウスを、アプロディテはパエトーン[24]を従える。物質的・女性的自然原理が優位を占める。女性原理は男性的な自然原理を、第二の・生成した・死ぬべき形でのみ存在し・永遠に変化する・ものとして、いわばデメテルが小箱を抱くように膝に抱いたのである(61)。

図10　ハルポクラテス（オシリス神とイシス神の息子ホルス神の幼年期の神格化）

母から愛人に選ばれた少年は、たしかに母に授精し、豊饒神の性格さえもつが、実際には彼らは太母に連れ添う男根にすぎず、女王蜂に仕える雄蜜蜂と同じで、授精の務めを果たすと殺される。

そのため、これら若いお伴の神々はたいてい小人の姿で登場する。キプロス島、エジプト、それにフェニキアなど太母の支配圏で崇拝されているピュグマイオン(25)は男性的な性格を示しており、その性格はハルポクラテス(26)〔**図10**〕・ディオスクロイ(27)・カベイロイ・ダクテュロイ(28)の姿にもなお認められる。お伴の蛇もまた——普遍的ヌミノース的本性を別とすれば——授精する男根のシンボルである。太母がよく蛇と共に登場するのはそのためである。クレタ–ミケーネ文化とその流れを汲むギリシア文化ばかりでなく、すでにエジプト・フェニキア・バビロニアにおいて、また同様に〔『創世記』の〕楽園物語の中でも、蛇は女性の同伴者である〔**図11・12**〕。

ウルとウルク(29)の遺跡の最下層部には、母神とその子供による最古の祭礼の様子が稚拙に描かれているが、そこでは二人とも蛇の頭を持っている(62)。ウロボロス的な最古の母神像は大地・奈落・冥界の女主人としての蛇であり、それゆえ彼女からまだ分離していない幼児も彼女同様蛇である。両者は変容過程の中で次第に人間の形をとっていくが、頭部は依然として蛇のままである。その後に発達の系列が分かれる。つまり一方は幼児や男根を意味するお伴の蛇をつれた人間の母の姿をとり、他方は大蛇をつれた人間の幼児の姿をとっていくが、最後には人間の幼児をつれた人間の聖母という完全に人間的な姿となる。

円形の蛇であるウロボロスは、たとえばバビロニアのティアマト[30]・混沌の蛇・に、あるいは大海として「陸の周りに弓状の腹を巻きつけている[63]」レヴィアタンにそのイメージが保持されているが、後に分裂し、あるいは分裂させられる。

太母が人間の姿をとると、ウロボロスの男性的な側面は、もとは両性具有的であったウロボロスの性質からはみ出したものとして、蛇の形をした男根‐デーモンとなって太母の傍に現われる。

特徴的なように、男根の性質をもつ少年たち・植物の神々・が大地への授精者であるばかりでなく、大地から成長する者として植物でもある。植物はその存在によって大地を実り豊かにするが、同時にまた成熟すると殺され、刈り取られ、収穫される。小麦の穂、小麦の息子を持つ太母は一つの元型であり、この元型の力はエレウシ

図11　シリアの女神アタルガティス（ブロンズ像、ローマ）

図 12　蛇女神（前 1600 年頃）

スの密儀[31]やキリスト教の聖母、それに息子の体である小麦を食する小麦のホスチアにまで及ぶ。太母に属する少年は春の神であり、彼は殺されて死なねばならないが、その死は太母によって嘆かれ、彼は再び産み返される。

母神の愛人たちはみな共通の特徴を持っている。彼らは少年であるのに、その美しさと愛らしさ、それに自己愛的な性格が際立っている。彼らは繊細な花であり、神話ではアネモネ・水仙・ヒヤシンス・スミレによって象徴されているが、これらの花はわれわれの男性的＝父権的心性ならばむしろ若い娘と結びつけるはずのものであ

図13　母神のお気に入りの少年（前4世紀、ギリシア）

る。これらの少年がどう呼ばれているにせよ、彼らには特徴と言えるほどのものは一つしかなく、彼らはその身体的な美しさによって女神の恋心を惹きつけるだけである。それを抜きにすれば、彼らは神話の英雄たちとは対照的に、力も特色もなく、個性と行動力に欠けている。これはいかなる意味においても「お気に入りの少年」〔**図13**〕であり、自己愛的な自己関係性は明らかである。自己関係性とは、ナルキッソス[32]の神話に最も明瞭に表わされているように、自分の身体への関わりである。そして特にこの少年段階に特徴的なのは、身体と自己愛的な人格の化身として、男根が自己愛的に強調されていることである。

男根の授精力の祭りや、男根に関係した性的な無礼講の祭りは、どこでも太母につきものである。豊饒の祭典と春の祭典は、少年の男根とそのありあまる性力に捧げられた。あるいはむしろ逆に、少年神の男根とその性力が太母に捧げられたと言うべきである。というのも、太母にとって本来重要なのは少年ではなく、彼が持っている男根だからである。* 後の付随的な個人化の段階になって初めて、残酷な去勢の儀式を伴う元来の豊饒の祭典が愛のモチーフと交代する。その時、非個人的・超個人的な儀礼、すなわち宇宙的に集団のための大地の豊饒を保証せねばならない儀礼に代わって、人間が関与する神話が登場する。ここで初めて、女神や神と人間との恋愛が語られるが、その延長線の行きつくところは、最後には、後の個人主義的な、心理学〔＝フロイト〕の方がよく当てはまる長編小説や短編小説なのである。

＊ この種の豊饒の祭典の記録で、われわれの手に入る最古のものは、おそらく石器時代に描かれたコーグルの図〔64〕ではないかと思われる。この図には男根を象徴する少年の周りを踊る九人の女性が描かれているが、この九という数が単なる偶然でないとすれば、これは多産の性格をさらに強化するものである。

少年が男根として中心的な役割を果たす狂躁的な祭典と、それに続く去勢と殺害の儀式との間には死の緊張がみなぎっているが、この緊張感は太母の支配下にある少年－自我の状況を元型的な形で表わしている。この元型的な状況は、文化史的に説明できると同様、発達史的に自我の心理的な歴史から理解することもできる。太母と息子＝愛人の関係は元型的に働く状況であって、その克服は今日でも自我と意識がさらに発達するためには欠かせない前提条件である。

花のような少年は、太母の威力から身を守れるほど強くなく、まして彼女を打ち負かすことなど思いもよらない。彼らはまだ、愛する者というより愛される者である。女神の方こそ自分にお気に入りの少年を選び、その性を目覚めさせて求愛する側である。少年の方から行動が起こされることは決してなく、彼らは生贄であり、花のように手折られる寵児である。この段階にある少年はまだ男性性・意識・高い精神的な自我・を持たない。彼は自己愛的に自らの男性的な身体とその印である男根とに同一化している。母神が彼を男根としてのみ愛し、自分の懐胎のために自らの去勢によって彼の男根を手に入れるばかりでなく、少年自身も依然として男根と一体であり、男根の運命が彼の運命である。

自我が弱く、人格もないこの少年たちは、集合的な運命を担うだけで、独自の運命を持たない。彼らはまだ個人ではなく、したがって個性を持たず、単に儀礼的な存在であるにすぎない。そしてまた母神の方も、個人と関わりを持つのではなく、元型的な姿としての少年と関わりを持つのである。

太母の救済的なプラスの側面が現われ、太母によって〔少年が〕産み返されたとしても「何の変わりもない」。自我が産み返されるのでもなければ、ましてや固有の自我・人格が産み返されるのでも、自らを産み返された者として自覚するのでもなく、再生は「生」一般と同じく宇宙的・無名的・一般的である。地母あるいは太母から見ればどの植物も同じであり、どの幼児も愛児であり、自分が変わらず同一人物であるように、春ごとに新たに産み返される幼児も同一なのである。これはつまり、彼女にとってのみ新生児が再生児であり、どの愛人も同一人である・つまり愛人一般である・ことを意味している。そして祭礼の中で女神が、どの王・父・息子・孫・彼女の主祭司・と交わろうと、彼女には彼らはつねに「同一人」なのである。なぜなら彼女にとって性的結合はいつも同一のことであり、男根のみが重要なのであって、その持主が誰であろうと関係ないからである。女神が彼女に仕える女祭司たち、つまり強力な子宮をもつ聖なる娼婦たちの姿をとっても同じであって、彼女は実際にはいつも彼女自身であり、女神として同一人なのである。

処女であり娼婦である太母

太母は、父権制が後に彼女を無垢の象徴と誤解したのとは別の意味で、処女である。懐胎し、出産してもなおかつ、彼女は処女である、すなわち誰にも所属せず、どの男性からも独立している。[65] サンスクリット語では「独立した女性」は娼婦の同義語である。このように、[33] 男性に所属しない女性は一般的に一つの女性の型《タイプ》であるばかりでなく、古代の宗教上の型《タイプ》でもある。アマゾネスは男性を寄せつけず、独立を守っているが、しかし大地の豊饒を体現し、それに責任を持つ女でもある。つまりアマゾネスもこれから産み落とされる者とすでに産み落とされた者との母である。しかし彼女が燃え上がるのは短い発情期の間だけ、それも一段に目的の三段にすぎず男根の所有者にすぎない男性的なものに対してだけである。男根崇拝はいかなるところでも必ず女性によって行なわれるが、これはつねに同一の特徴を、つまり授精者の無名の力・男根の独立性・を表現している。人間的なもの・個人・は不滅なるものの担い手にすぎず、それも交換しうる束の間の担い手にすぎない。不滅なるものは交換しえないが、それは不滅なるものが男根としてつねに同一のものだからである。

　それゆえ豊饒の女神は母でも処女でもある。彼女は売春婦であって、誰のものでもないが、誰にでも我が身を与えることができる。彼女は自分と同じように豊饒に仕える男性なら誰にでも身を任せる。彼は彼女の子宮との関わりにおいて、偉大な豊饒原理の代表者である聖なる彼女に仕える。「花嫁のヴェール」も同じ意味に理解できるが、これはケドゥシャ[34]、すなわち娼婦のシンボルである。彼女は「知られていない」、つまり彼女も無名なのである。この場合ヴェールを取られることは裸を意味するが、これは無名の別の形にすぎない。女神はいつでも超個人的なものであり、現に働いているもの、現実のものである。

　この女神〔の性質〕を担う個人は、つまり個人としての女性は、問題にならない。男性もまた彼女を聖なるもの・ケドゥシャ・として、性において彼の深層をゆさぶる女神として体験する。ヨニとリンガム[35]、すなわち女性と男性は超個人的な――神聖な――ものとしての自らに出会うのであり、個人は溶け去りどこまでも無意味である。

　思春期の少年たちは太母のものである。彼らは太母に属し、太母の持物であるが、それは彼らが太母の息子であり、太母から生まれたためである。それゆえ彼ら去勢された者たちは、大いなる母神のために選ばれた従者であり祭司である。彼らこそ太母にとって最も貴重なものを、すなわち男根を彼女に犠牲として捧げた者たちである。去勢の現象が少年＝愛人と太母の段階に結びついているのはそのためであり、ここで初めてこの去勢現象は本来の意味において、つまり現実に、男性性器の問題となる。去勢の脅威は太母とともに登場するが、これは死の脅威である。太母にとっては、愛することも殺すことも去勢することも一つである。祭司だけは少なくとも後代にはこの死の運命を免れたが、それは彼らが去勢という死の運命を、つまり太母のための死を、自ら志願してわが身に引き受けたからである。*

* 誤解を避けるためにここでもう一度だけ強調しておくと、本論文でも去勢について述べる時はいつでも、去勢のシンボルが考えられているのであり、個人が幼児期に脅迫によって持つようになる個人主義的な去勢コンプレックスを意味しているのではない。すなわち男性性器に具体的に関係するコンプレックスを意味しているのではない。

息子＝愛人の段階と彼の太母への関係においては、男根が中心的役割を果たしている。すなわち少年の活力は男根に象徴され、豊饒儀礼が彼の世界を支配している。そのために少年への脅迫と殺害が去勢のシンボルと結びつけられることになるが、去勢は儀礼においてしばしば実際に行なわれたのである。しかし去勢という用語が少年の男根期からきているとしても、去勢シンボル体系は普遍的なものとして理解すべきである。このシンボル体系は初期の男根期以前の幼児的段階に登場し後期の男根期以後の男性的・英雄的段階にも登場する。たとえば後期の盲目化も一種の象徴的な去勢である。否定的な去勢シンボル体系は自我と意識に対する無意識の敵対的な活動を表わす典型的なものであるが、これは肯定的な生贄シンボルと密接な関係にあり、このシンボルの内容は無意識への自我の積極的な自己奉献を表わしている。去勢シンボルと犠牲シンボルは、両者とも献身の元型として近しい関係にあるが、この元型は能動的にも受動的にも、肯定的にも否定的にもなることができ、さまざまな発達段階において自我の自己への関係を支配している。

恐ろしい母の豊饒性——血の渇望・残酷性・去勢・八ッ裂き

この少年－自我の段階における重要な特徴は、女性の太母としての否定面が、魅力として体験されることである。とりわけ頻繁に、かつはっきりみられる特徴は次の二点である。すなわち一つは大いなる母神の血に飢えた残酷な本性であり、いま一つは彼女の魔力である。

太母は、古代エジプトからインドまで小アジアやギリシアからアフリカ奥地にいたるまで崇拝されてきたが、つねに狩猟と戦いの女神とみなされており、その祭礼は血なまぐさく、その祝祭は狂躁的である。これらの特徴はすべて本質的に関連し合っている。大いなる地母のこの深い「血の層」がいかに不気味であるかを考えると、彼女の少年＝愛人の去勢恐怖が理解できる。

大地の母胎は授精されることを望み、また授精されねばならない。そして血の供物と屍体は彼女の大好物である。これは大地の性格の恐ろしい側面、死の側面である。最初期の豊饒の祭礼では聖なる生贄は八ッ裂きにされ、その血まみれの各部分が高価な宝として分配されて大地に捧げられ、大地の豊饒性を作り出した。大地を豊饒にするためのこうした人身御供は世界中に普遍的にみられ、それぞれ独立してアメリカ・東地中海・アジア・北ヨーロッパの儀式の中に現われている。豊饒の儀式ではいつでも血が決定的な役割を果たし、血を抜くこと・自分を鞭打つこと・去勢・人身御供などが行なわれた。大いなる大地の掟《おきて》、「死なくして生はならず」は早くから理解され、さらに古くは儀礼の形で表現されたが、それは生の強化は生贄の死によって贖われるべきだという意味でなされたのである。この場合、「贖う」という言葉は後に合理化された表現であり誤りである。殺害と生贄、八ッ裂きと血の奉納は豊饒の魔術の道具であり、大地の豊饒性を保証するものである。それゆえこれらの儀式を残酷であるとみなすのはまちがいである。これらの意味関連は初期の文化にとっても、その生贄の人間にとっても必然的かつ自明なことである。

女性・血・妊娠という関係が出てきた背後には、恐らく妊娠中の月経の停止という原現象が関わっていると思われる。原始人の考えでは月経の停止によって胎児が形成される。*この関連づけは直観的なものであるが、これが妊娠に対する血の関係の核をなしている。つまり血が妊娠と生命を決定し、同様に流血が生命の喪失と死を意味するのである。それゆえ血を注ぐことは元来つねに宗教的な行為であり、注がれる血は野獣のものでも、家畜あるいは人間のものでもかまわない。大地は妊娠するためには血を飲まねばならない。それゆえ魔力を持つ者が強い力を持たねばならないというとき、また持ちたいと思うときは、その力は血の供物によって与えられるのである。しかし血の領域での主人は女性である。女性は生命を産み出す血の魔術を握っている。だからこそ同一の女神が豊饒・戦い・狩猟の女主人をかねる場合がきわめて多いのである〔図14〕。

図14 豊穣と戦いの女神としてのイシュタル（前3世紀、バビロニア）

図15　ネイト（神の母と呼ばれた）

図16　ハトル（愛の女神、牛の角を持つ）

図17　バステト（猫の頭部を持つ女神）

図18　ムート（アモンの妻）

＊　この見方は今でも古代世界全体を支配しており、ユダヤ教のミドラッシにもインドにも確認される。すなわちこの見方は後期の文化段階にまで達しているのである〔65〕。

大いなる母神の両面的な性格が最も明瞭なのは、インドを別にすれば、エジプトである。ここでは大いなる母神が、ネイト(36)〔**図15**〕・ハトル(37)〔**図16**〕・バステト(38)〔**図17**〕・ムート(39)〔**図18**〕のいずれの名をもつにせよ、単に養い、織り、生命を与えて保護する神であるばかりでなく、乱暴で血に飢えた破壊する女神でもある。

ネイトは天の雌牛、原‐産婦であり、「太陽を産みし母、産み出されることなく、産み出す母」であるが、これについてエルマン(40)は注目すべきことに「彼女はまさしく古代において、とりわけ女性たちに崇拝された〔67〕」ことを発見している。彼女は戦いの女神であり、戦場で先導する者である。しかしこの同じネイトが、イシスの子ホルスをめぐる争いの裁き手として呼び出され、こう威嚇する。「さもないと私は怒り狂い、天は地に落ちるであろう〔68〕」。

同様にハトルは雌牛、乳を与える者であるから、母である。彼女も太陽の母であり、とくに女性たちに崇拝され(41)、愛と運命の女神である。踊り・歌・シストラムを打ち鳴らすこと・首飾りを鳴らすこと・タンバリンをたたくこと・これらは彼女の祝祭の特徴であり、激しい狂躁的な彼女の本性を表わしている。彼女は戦争の女神であり、それも血に飢えた狂躁と狂気のうちに人間を滅ぼす女神である。「間違いなく、私は人間どもの命運を握った。それは私の心をさわやかにした」[69]。このハトルの言葉は、彼女が人間を裁くために遣わされた時の言葉である。彼女が血に酔いしれているのを見て、神々はハトルが人間を完全に滅ぼしてしまうのを防ごうとして、赤いビールを多量に用意し、彼女に血だと思い込ませなければならなかった。「それを飲んで彼女は気に入った。そして酔っぱらって家に帰り、人間のことを忘れた」。ハトルは猫・バステトとして親しまれる一方、雌ライオン・セクメト[42]として恐れられる女神と同一視されている。それゆえ上エジプト全体で雌ライオン崇拝が優勢であることは、キースが言うほどには少しも「珍しい」ことではない。なぜなら雌ライオンは、大いなる女神の破壊的性質を表わすのに格好の、最も分かりやすいイメージだからである。セクメトも戦闘の女神であり、火を吐く神である。彼女は温和なバステトとして踊りと歌とシストラムで祝われるが、他方では雌ライオンの頭をかかえて小籠を持つ猫であり、その姿は「恐ろしい頭が自分の支配下にあることを誇示しようとするかのようである」[71]。

これと関連するのがライオンの女神テフヌトの伝説である。テフヌトは砂漠からエジプトへ連れ戻されることになっている。この任務を託されるのが智恵の神トートである。テフヌトは怒りのためにエジプトを見捨てたが、エジプトがどんなに哀れかをトートに聞かされて、「驟雨のように」泣き出す。そして突然悲しみが怒りに変わり、彼女はライオンに変身する。「その鬣《たてがみ》は火炎を発し、その背は血の色に燃え、その顔《かんばせ》は太陽のごとく輝き、その目は火と燃えた」[72]。

トエリス[43]〔図19〕・大いなる女・もライオンの足と人間の手を持つカバやワニであるという意味で、こうした対立の結合を示している。トエリスは妊娠した直立の怪物であり、その崇拝は有史以前にまで溯る[73]。彼女は妊婦と子持ちの保護神であるが、その姿は多分に恐ろしい母の性質をも示している。そのため彼女は後にクマ座と結びつけられるが、クマが母の性格をもつことはよく知られている。

女性がタブーとされる場合にも血は重要な役割を果たしている。このタブーのために、原初の時代から後の父権的な文化・宗教にいたるまで、男性は女性をヌミノースなものとして避けねばならなかった。月経・処女喪失・出産・の血は、女性が血の領域と自然な結びつきにあることを男性に示している。しかし他方で、男性は血と太母が関係あることに気づいており、太母が生と死を司る大地の女主人として血を要求し、血を注がれることによって生きているらしいと感じている。

われわれは人類の太古の歴史から神である王の役割を知るが、王が衰弱してもはや彼自身では受胎を保証できなくなると、彼は殺されるか自殺しなければならない。こうした儀式と祭礼関係の全体は太母に仕えるものであり、太母の豊饒に関わるものである。その意味と分布についてはフレイザー[44]が論じている[74]。今日なおアフリカでは、聖なる王が雨を降らす人物であり、雨であると同時に植物でもある[75]。これは王が太古から大いなる地母の息子＝愛人であったことを示している。フレイザーは次のように述べている。「最古の時代にはたびたび生きた人

図19　トエリス（受胎と妊娠の女神、前3〜1世紀、エジプト）

間がアドニスの化身とされ、神の性質を持つ者として強制的に殺された、という仮説にはいくばくかの根拠がある[76]」。これだけではあまりに簡単すぎるが、古代の人身御供はつねに神・王・神官の生贄の代わりであって、その目的は大地の豊饒であったことを示すには十分である。

本来はどこでも生贄に捧げられるのは男性-授精者であるが、これは授精が生命の源である血を捧げることによってのみ可能であるためである。女性的な大地は男性の血-精子による授精を要求するのである。

ここにいたってようやくわれわれは女性的な女神の意味を理解することができる。女性の持つ情動的な荒々しい情熱の性質は、その放縦さのゆえに、男性と意識にとっては恐怖である。女性的な奔放さが持つ危険な側面は、父権的な時代には抑圧され誤解され、欺瞞的に矮小化されているが、初期の時代にはまだ生きた体験であった。この危険な側面は少年期の発達層で体験されるとはいえ、すべての男性の深層に不安として潜在し、意識が抑圧し偽ってもこの層とその働きとを無意識のうちにもっている場合には、いつでも有害な働きをする。

女性の情動的な野蛮と残忍はしかし、神話が語るように、より高い自然法則、すなわち豊饒の法則の下にある。この狂躁的な本性は、乱交の祭り、つまり豊饒の祭りで発揮されるばかりではない。女性たちも、いや女性たちこそ共に入り乱れて狂躁的儀式を祝うのである。これらの儀式は後の密儀によって初めて知られることがしばしばであるが、この儀式の中心はほとんどすべて、神-獣ないし獣-神を狂躁的に八ッ裂きにすることが中心であり、その八ッ裂きにされた血まみれの肉片は食べられる、つまりその死と八ッ裂きこそが女性の豊饒を、したがって大地の豊饒を決定する。

殺害と八ッ裂き、あるいは去勢は男根的な少年神の運命である。どちらも神話や祭礼の中にはっきりと見られ、いずれも太母崇拝の血なまぐさい狂躁と結びついている。この場合、その年度の王の屍体が八ッ裂きにされ、その肉片は埋められるが、これが太古の豊饒の呪術である。たしかに神を引き裂くことも、八ッ裂きも、肉片による大地の受胎も、神話の中に認められる。しかしこれらの断片を全体として見たときに初めて本来の意味が見えてくるのである。豊饒を保証するものとして男根を保存し、それに防腐処置を施すのも儀礼のもう一つの部分であり、これが去勢を補完し、両者相俟って象徴的に一つの全体をなしている。

恐ろしい地母元型の背後には死の体験があり、この死によって大地は自らが産んだものを死者として取り戻し、死者を引き裂き溶かし込んで、それによって自らが受胎する。地母の性格は恐ろしい母を祀る儀礼に保持されているが、大地に投影されて肉を貪り食う女神となり、ついには石棺(45)となるが、これは太古から長い間受け継がれてきた人類の豊饒儀礼のなごりである。

この圏内では去勢・死・八ッ裂きは同じ意味である。この圏内に入るものに植物の枯死・刈り取り・木の伐採がある。去勢と木の伐採は神話の中では密接な関係にあり、シンボルとしては同じことを意味している。この二つは、プリュギアのキュベレー・シリアのアシュタルテ(46)・エフェソスのアルテミス(47)・のアッティス神話や、オシリス圏のバータ・メルヘン(48)に見られる。いろいろな特徴が分化して並列的に現われること、たとえばアッティスが松の木の根元で自ら去勢したり、松の木に変身したり、松の木に吊されたり、松の木として切り倒される、といった分化については、ここでは深入りしないことにしよう。

豊かな頭髪が力強い男性性の象徴であるのと反対に、宗教的な頭髪供犠は去勢の象徴である。男性の頭髪供犠は古くは祭司のしるしであり、エジプトの神官の剃頭や、カトリックの司祭や仏教の僧侶の剃髪がそれを示している。頭髪供犠は、神理解や宗教がどれほど異なってもつねに性の放棄と独身、すなわち象徴的な自己去勢を意味している。剃髪は太母圏でも公に去勢の意味とされたが、しかもそれはアドニスの死を悼む儀式であったばかりでなく、この場合にもまたもや木の伐採・穀物の刈り取り・植物の枯死・剃髪・去勢・が同一視されているのである。女性の場合これにあたるのは貞操を犠牲として差し出すことである。人間は自己犠牲によって太母の所有物となり、最後には太母そのものになる。ガデス(49)の神官はイシスの神官と同じように「剃髪した者」であり、髪を切る者はその職務は定かでないが、アシュタルテの従者であった。[77]

女性の衣服を身につける場合にも、それは犠牲であるにとどまらず、太母との同一化を意味している。女性の衣服をまとう習慣はガロスたち、すなわちシリア・クレタ・エフェソス等における去勢された太母の神官たちに見られ[50]、現在でもカトリックの聖職者の僧衣に名残りを留めている。男性的なものが太母に捧げられ、それによって男性は彼女の代理となり、女性となり、女性の衣服をまとう。この場合、男性的なものが去勢によって太母に捧げられても、性交によって捧げられても、それは同じことである。去勢された男性は神官であると同時に聖なる男娼だからである。彼らはケドゥシム[51]であり、聖なる娼婦ケドゥシャたちと同様に女神の代理人であり、彼らの狂躁的な性の性格の方が豊饒の性格をしのいでいる。これら去勢された者である神官たちがシリア、小アジア、さらにはメソポタミアにおける青銅器時代の祭礼の指導的役割を果たしていたことは[78]、太母の領土ではどこでも同じ前提が働いていたことを示している。

ウロボロス近親相姦と対照的な母権的近親相姦

死・去勢・八ッ裂きといった少年＝愛人を脅かす危険も、まだ十分に少年と太母の関係を特徴づけてはいない。太母が恐ろしい死の女神であるだけならば、たとえ巨大な姿をしていても、彼女は恐らくはそれ以上に恐ろしい者でありながら同時に限りなく熱望される者とはならないであろう。ところがじつは太母はまた欺きかつ魅了する者、禍いに導きかつ幸福にする者、ねじ伏せかつ魅惑する者でもある。ここでは性の魅力と、陶酔・無意識化・死・の狂躁とが、互いに結びついている。

ウロボロス近親相姦は溶解と消滅であり、すなわち性の性格ではなく全体的な性格を持っていたが、少年期の近親相姦は性的であり、それどころか性に限定され、性だけに関係づけられている。太母は子宮に、少年＝愛人は男根になってしまい、万事は性的水準に限定されている。

少年段階の性の性格を表わしているのが男根と男根崇拝であり、この段階の死の側面もまた男根の殺害、つまり去勢として示される。アドニス・アッティス・タムズ・ディオニュソスの祭礼にみられる狂躁的性格は、この性領域のものである。太母に愛された少年は性の狂躁的な性格を体験し、狂躁のうちに自我の放棄・敗北・死を体験する。それゆえこの段階にとって、狂躁と死も、狂躁と去勢も、一つに結びついている。

　少年神のように自我が未発達な者にとって、性における肯定的側面と否定的側面はあまりにも密接に結びついている。彼が陶酔のうちに自我を放棄し、自我以前の存在であった子宮の中へ、太母の中へと立ち戻るとすれば、それは最初期の段階の至福なウロボロス近親相姦ではなく、もっと後の段階の死の至福を伴う性的近親相姦である。そしてこの段階には《動物はみな性交の後で悲しむ》という諺が当てはまる。ここでは性は自己喪失であり、女性的なものに征服されることであって、少年の典型的な、というより元型的な思春期体験である。性が男根や子宮といった圧倒的で超個人的な次元のものであるため、自我は死んで消滅し、非‐自我の猛威と魅力に屈する。依然として母があまりにも大きく、無意識という故郷が近くにありすぎるため、押し寄せる血の波に対して自我を確保することができないのである。*

＊　特徴的なことに、思春期の参入儀式は必ずこの点に関わっており、男性的なものを男性的なものによって強め、太母の威力を減じるものである。
狂躁的なものがこの段階の女性の心理に対して及ぼすいま一つの意味についてはここでは論ずることができない。

　恐ろしい母は惑乱し、感覚を麻痺させ、狂気へと突き落とす者である。少年段階の男性は彼女に太刀打ちできず、男根として彼女に捧げられる。彼は力ずくで奪われるか、自己去勢し狂気に駆られた少年たちによって、彼らを支配する太母に生贄として捧げられる。

　狂気もまた個人をばらばらに引き裂くものであり、これはちょうど、豊饒の呪術としてなされる身体の八ッ裂きが身体の統一を解体するシンボルであるという意味で、人格の破壊を意味するのと同じである。

　人格と個性的な自我意識とを解体し引き戻すのが太母の本質である。それゆえ狂気は、彼女や彼女の代理人たちにからめとられた徴候として、つねに繰り返されるものである。というのは、このからめとることこそ女性の呪術と豊饒性の本質をなしているのであり、少年とは、たとえ死の恐怖に脅かされようが、欲望を満たすことが死と去勢を意味していようが、狂気に走るものだからである。それゆえ太母は、魔法によって男たちを動物に変え、動物たちの女主人として男性を生贄とし、引き裂くキルケー(52)である。男性はまさに動物として彼女に仕える。それは太母が本能的な動物界を支配しているからであり、この動物界こそ彼女と彼女の豊饒性を支えているものである。太母の従者である男性の祭司や生贄が動物の姿で出てくる理由もこれで明らかになる。それゆえたとえば太母に聖別され、彼女の名のもとに売春をする男性たちは、ケラビムすなわち犬と呼ばれ、女性の衣服をまとうのである。*(79)

＊　ケラビムという語をケレブ＝犬と結びつけず、祭司の意味に解釈する研究者もいる(80)が、その場合にも、『イザヤ書』六六章三節で述べられている生贄の犬が犬の姿をした祭司であるということも、考えられないわけではない。

少年神は太母にとって幸福、光輝および豊饒を意味するが、彼女の方は少年神に対してつねに不実であり、不幸をもたらす。したがって「気高きイシュタル(53)がギルガメシュ(54)の美しさに目をとめた」とき、ギルガメシュがイシュタルの誘惑に対して早くも次のように答えているのは正当である。

女神よ、お前の富は大事に取っておくがよい！
私はこの衣服と上着で満足だ、
私はこの料理と食物で満足だ！
それでも私は神にふさわしい食事を摂り、
それでも私は王にふさわしい酒を飲む！……
お前は風や嵐を防いでくれない後扉だ、

英雄たちを傷つける宮殿だ、
自らの皮膚を引き裂く象だ、
運ぶ者を押しつぶす瀝青《ビッチ》だ、
運ぶ者の重荷となる革袋だ、
石垣を支えない石灰岩だ、
敵国から奪われた碧玉だ、
主人を押しつぶす靴だ！

お前が永遠に愛する夫などいようか、
お前をつなぎとめることができた恋人などいようか？
よかろう、おまえの恋人たちを残らず数えあげてやろう！
お前はお前の若い恋人タムズが
毎年嘆かれるよう定めた。
お前は華やかな恋人を愛した、
ところがお前は彼を打ち、その翅を引きちぎった、
彼は今森に住んで、「私の翅《カッピ》よ」と鳴く。
お前は獅子を愛した、あの猛獣を、
七度、そしてもう七度、お前はその獅子に罠の穴を掘った。
お前は戦い好きの馬を愛したが、
彼に鞭と拍車と殴打を与えよと命じ、

七マイル駆けさせよと命じ、
泥水を飲むことを命じ、
その母シリリには嘆きを与えるようお前は命じた。

お前は羊飼いを愛した、
この羊番は、お前のためにいつも灰にまみれて〔パンを焼き〕
お前のために毎日子山羊を殺した、
ところがお前は彼を殴り、狼に変えてしまい、
彼の部下の羊飼いの少年たちにこの狼を追い払わせ、
番犬をけしかけて足に咬みつかせた。

お前は父の〔椰子園の〕庭番イシュラヌを愛した、
彼はいつも花束を運び
毎日お前の食卓を飾った、
お前は彼を見上げ、誘惑した、
「イシュラヌよ、お前の力を共に味わおう！」
……
イシュラヌはこう返事をした、
「一体あなた様は私めに何をお望みなのですか。
わが母が焼き上げぬものを私は食べたことがありません、

悪と呪いをもたらす食物を私は食べようなどとは思いません！」……
これを聞いたお前は
彼を殴りつけ、コウモリに変えてしまった。
今お前が私を愛しても、結局は彼らと同じ目に合わせるにちがいない[81]！

強靭な男性的自我－意識によってこそ、解体と去勢、破壊と呪縛、殺害と惑乱という太母の性格が次第次第に見抜かれていくのである。

二　恐ろしい太母の支配領域としてのエジプト、カナン、クレタ、ギリシア

イシス－オシリス

恐ろしい太母とその息子＝愛人という元型の特徴は、オシリスとイシスの神話という典型的な例によって示すことができる。この神話は父権的な形式をとっているが、それでも母権制から父権制への移行を示す特徴がはっきりと保存されており、変更・移動・修正にもかかわらず、もともとの性格をつかむことができる。この神話は、世界文学の中でも最古のメルヘンであるバータ・メルヘンとしても保存されており、神話からメルヘンへの移行に当然つきものの付随的な個人化にもかかわらず、もとの意味を知ることのできる諸関係やシンボルが明白に保存されていて解釈が可能である。

イシス－オシリス神話では、イシス〔図20〕・ネフテュス〔図21〕・セト〔図22〕・オシリスが兄弟姉妹として四者性をなしている[55]。イシスとオシリスはすでに母胎にある時から結合しており、イシスは神話の最終段階におい

て妻と母の愛を示す肯定的なシンボルとして現われる。イシスはしかしオシリスとの関係において、妹‐妻の属性と並んで魔法を操る母の属性も持つのである。オシリスが弟であり敵でもあるセトに殺され引き裂かれた時、彼の再生を助け、同時に兄‐夫オシリスの母であることを明かすのが妹‐妻イシスである。後代の発達した姿においては、彼女は太母としての性格をほとんど消してしまい、妻の性格だけを受け継ぐ。しかし亡き夫を捜し、嘆き、発見し、夫と認め、生き返らせるイシスは、今なお少年＝愛人の大いなる女神である。彼女に典型的な儀式は、死・嘆き・探索・発見・再生の系列である。

図20　イシス（オシリスの姉妹にして妻）

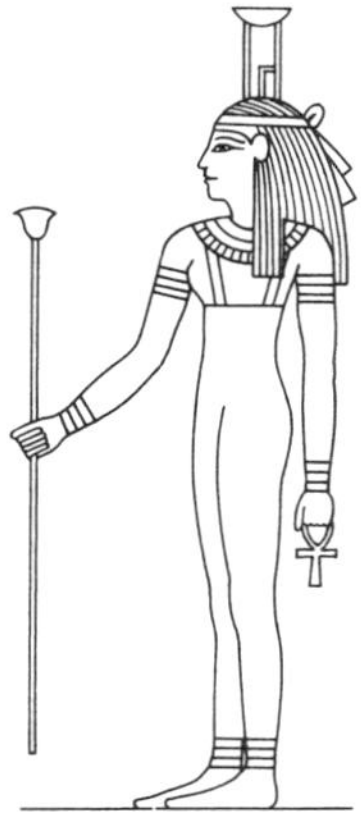

図21　ネフテュス（女神イシスの妹、姉とともにオシリスを復活させたとされる）

図22　セト（オシリスの弟、二度オシリスを殺害した）

　母権的な支配はエジプト原初期の女王‐母権制にきわめて明瞭に認められるが、その支配権を放棄することが「良き」イシスの大切な務めである。この自己放棄と父権制への移行を特徴づけるのが、息子ホルスの正統性を勝ち取るための戦いである。ふつうA・モレー[82]のいう子宮‐体系の中にいる息子がきまって母親っ子であるのに対し、イシスはここで、じつにホルスに対するオシリスの父権を承認させ、ホルスが父権を受け継ぐために戦うのである。エジプトの歴代の王たちが「ホルスの子」を自称するのはここからきている。そこでオシリスについて次のように言われるのである。「彼こそは二つの国〔＝上・下エジプト〕に正義を定め、父の位を息子に委ねる者なり[83]」。

明らかに全体に合致しない奇妙な特徴が一つ残されており、そこには妻であり母であるというイシスの良い性格の裏面があばかれている。ホルスは父オシリスを殺したセトに対して父の代わりに戦いを引き受けるが、イシスはこの戦いで彼を励ます側である。ところがそのイシスの投げた槍がセトに命中したとき、セトは彼女に次のように憐れみを乞う。

「『あなたはあなたと母を同じくする弟に対して敵対するつもりか』。その言葉に彼女の心は憐れみを感じた。そして彼女は槍に向かって叫んだ。『離れよ、離れよ。それは私と母を同じくする私の弟なるぞ』。すると槍はセトから離れた。そこでホルスの威厳は母イシスに対して上エジプトの豹のように怒り狂った。そのため彼女は、反逆者セトとの戦いが行なわれたその日に、ホルスの前から逃げ去った。そこでホルスはイシスの首を撥《は》ねた。しかしトート神が魔法によってその頭を〔雌牛の頭に〕変え、再びイシスの首に据えた。これこそ『最初の雌牛』である[84]」。

特徴的なのは、姉イシスに対してセトがこう嘆願していることである。すなわち自分は同じ母から生まれたイシスの同胞《はらから》であり、彼女はセト以上に「他の男」を愛せるはずがない、と[85]。ここでいう「他の男」とはオシリスであるか――この場合にはイシスの兄ではなく夫と考えられている――、あるいはエルマンが言うように〔イシス〕自身の息子ホルスをさす。〔いずれにせよ〕これはセトの考え方が純粋に母権的なものであることを意味しており、この考え方は族外婚の時代のものである。つまり族外婚の時代には、息子がいる場合にも母の兄弟が家族の長であった。母権的系統と対立する父権的系統は、ある神〔トート〕がホルスの相続権争いにおいて述べた次の言葉に典型的に言い表わされている。

「実子があるというのに、母の弟に職務が与えられてよいものか」。

これに対立するのがセトの訴えである。

「いったい私という兄[56]がいるのに、弟[56]に職務が与えられてよいものか[86]」。

要するにこれはイシスの退行、つまり姉－弟関係への逆行であるが、バッハオーフェン以来知られているように、この姉－弟関係は妻－夫関係に優先するものである。イシスはセトに自分の夫を殺され八ッ裂きにされたにもかかわらず、同じ母から生まれた弟としてセトをかばう。ホルスは父の復讐者として母殺しとなる。ここにはオレステス問題[57]が、すなわち息子が母に属する代わりに父に属するようになるための闘いが現われており、これが母権制から父権制への過渡期に重要な役割を果たすイシスと絡まり合っている。この問題については後に詳しく論ずることにする。


　イシスのもとの恐ろしい本性の名残りはさらに他の箇所にも窺える。ホルスがセトと闘ったときイシスが介入するが、奇妙なことに彼女の槍は最初、息子のホルスに当たるのである。これは手違いで彼女はすぐにそれを改める。イシスの恐ろしい側面はさらにいくつかの他の副次的な特徴において、つまりイシス－オシリス物語の本筋には属さないが、しかしきわめて特徴的な部分において、明らかになる。イシスはオシリスを求めてビブロスに辿り着き「女王アシュタルテ」[58]付きの乳母になる。彼女は王子に不死の生命を与えようとして彼を炎の中に置くが、失敗する。下の王子は、イシスがオシリスの柩の上に泣き伏した時、彼女の激しいすすり泣きのために死に、上の王子はイシスがエジプトに連れ去る。彼はイシスが死んだオシリスの顔に泣きながら口づけしている時に彼女を驚かせたため、怒りにかられた恐ろしい眼差しを浴び、恐怖のあまり死んでしまう[87]。これは、「イシスが」ビブロスの女王アシュタルテ——イシスとつねに同一視されている——の子供たちを殺した話として、筋の上では傍へ押しやられているとはいえ、イシスの魔女的な性格を十分に伝えている。エジプトの良きイシス・「模範的な」ホルスの母・は、ビブロスで自分の子供たち・アシュタルテの子供たち・を殺す恐ろしい母の側面をも併せ持つのである。

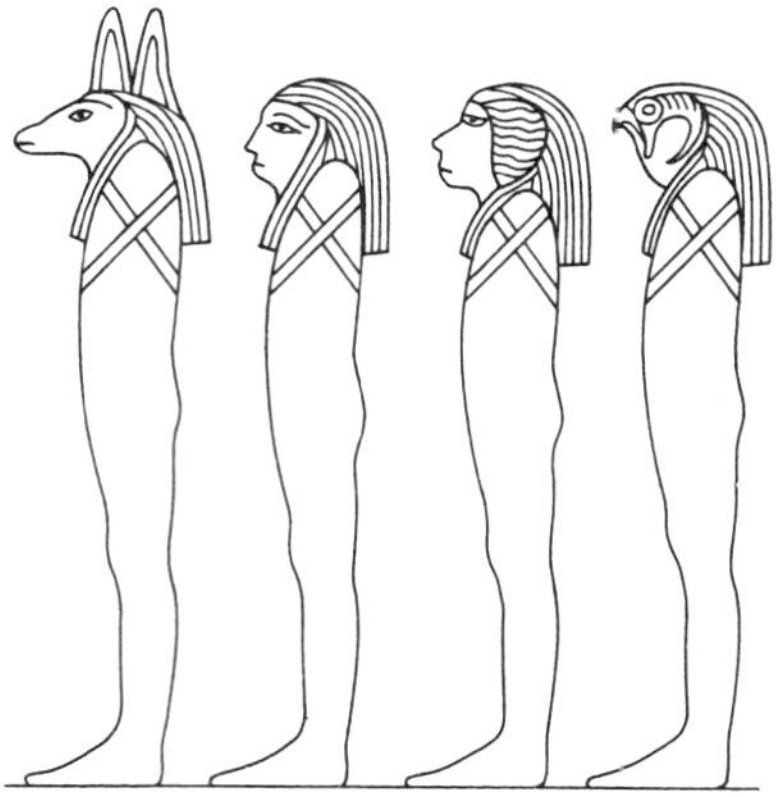

図23　ホルスの4人の息子（死者の内臓の守護神。左より、胃を守る山犬頭のドゥアムトエフ、肝臓は人頭のイムセティ、肺はヒヒあるいは犬頭のハピ、腸は隼頭のケベフセヌエフ）

アシュタルテと彼女の分身の一人であるアナト[59]は、フィラエの神殿[60]ではイシスとなっており[88]、アシュタルテとイシスの両女神が同一視されているのは明らかである。アシュタルテ－アナト像は、弟セトと手を組んだ母権的なイシスに対応している。そしてホルスの相続権争いにおいても、アナトはセトに「賠償」として引き渡される[89]。父権制が発達し、良き妻、良き母としてのイシスが完成されると、彼女の恐ろしい母権的な側面は伯父セトに転嫁されるのである。

もう一つ注目すべき事実は、ホルスの四人の息子〔図23〕がホルスとその母イシスから生まれていることである。ここでもまた太母の領域のいたるところにみられる同一事態が繰り返されている。彼女は男性側の世代がどんなに交代してもつねに同一人物なのである。

イシスの恐ろしい性格は、イシスの助けで再生したオシリスが去勢されたままである、という事実にも現われている。オシリスの男根は発見されず、魚に呑み込まれてしまう。オシリスを引き裂き去勢する役割はもはやイシスにではなく、男性のセトに負わされている。しかし結果は同じことである。

さらに奇妙なことは、イシスが息子ホルス――ギリシアではハルポクラテス――を死んだオシリスによって身ごもる点である。第一の謎は、この息子－神が母胎に宿るのがなぜオシリスの死後でなければならないかである。このシンボルはバータ・メルヘンでも繰り返され、ここでは切り倒された木－バータの木片によって妻が受胎する。このシンボルは、男性的なものの死こそが太母の受胎の前提であること、また地母は死・伐採・去勢・犠牲によってのみ受胎できることを示しているのである。

死んだオシリスによって授精された幼児ホルスは、一方では足が弱いと言われ、他方では勃起した男根をもつと言われている。彼は指をくわえており、おしゃぶりをしているものと解されている。彼はたいてい花の中央に坐り、彼の目印は唯一の大きな巻き毛であり、さらに豊満の角と壺を手にしている。彼は幼い太陽とみなされ、この場合は疑いなく男根の意味を持つ。勃起した男根や指、それに巻き毛がこの点を暗示している。しかし彼は同時に女性と結びついており、言葉どおりの「甘えっ子」Schoßkind〔母胎・膝・ふところ・の子〕である。彼は指を口・壺・豊満の角・の中に入れており、奇妙にも老人の顔をしている場合でさえも、籠を携えている。このハルポクラテスはウロボロス内存在の幼児的形態、すなわちおしゃぶりをしている幼児を表わしており、彼は母に囚われており、彼の父は風＝霊、死んだオシリスである。このように彼はウロボロス的‐母権的段階に属しており、この段階においては個人的な父親はなく、大いなるイシスのみが存在するのである。

豊饒儀礼の最古の部分をなすのは、オシリスを八ッ裂きにし男根を奪うという、後にセトのしわざとされた行為であり、それを補完するものとして、イシスは〔オシリスの〕男根の代わりに祭礼用の男根を木で作り、死んだオシリスによって身ごもる。八ッ裂きにされたオシリスの体は——儀礼を再現すると——その年の豊饒を保障するために農地にばらまかれるが、男根は除外される。というのはオシリスは去勢されており、彼の男根は防腐処置が施されて次の豊饒の復活祭まで保存されるからである。イシスはしかしオシリスから豊饒性を受けとる、つまり息子ホルスを宿す。イシスの母権は、息子としてのホルスにとっても、太陽神としてのホルスにとっても、オシリスの父権以上に重みがある。

イシス像が完成されるのは、このビブロスの女主人が他ならぬ雌牛の頭を持つハトルと同一視され、イシスがホルスとオシリスを裏切ったために雌牛の頭を受け取ることによってである。『死者の書』にもこの恐ろしいイシスを思わせる箇所があり、「イシスがホルスの肉を切り取った小刀〔90〕」とか、「イシスの斧」といった記述がみら

図24　トート（智恵の女神）

れる。ホルスに関して、彼が「彼の母の洪水[91]」を制したと言われている箇所にも、イシスの貪り食う性格が強調されている。

同様のことはハトルにも見られる。ハトルはカバと雌牛の姿を持っている。カバは本来セトの従者であるが、オシリス神話ではオシリス－ホルス側に移ったと記されている。ここでもまた身重のカバとして登場する恐ろしい太母の克服と、彼女の良き母・雌牛・への変容が焦点である。

イシスの恐ろしい側面は、ホルスが父オシリスの息子として恐ろしいイシス・セトの姉・の首をはねた時に初めて破壊され、変容する。今や彼女は智恵の神トート〔**図24**〕によって良き母のシンボルである雌牛の頭を授かり、ハトルとなる。このイシス－ハトルこそ、父権制時代の良き母、良き妻である。彼女の権力はオシリスの嗣子である息子のホルスに、そして彼を通してエジプトの父権的な王たちに譲られ、彼女の恐ろしい側面は無意識の中に抑圧される。

これが抑圧された姿は、エジプトでは別の神話的な姿で示される。オシリスが死者の審判を行なう際、死者の心臓を量る秤の横には怪物アマムあるいはアム－ミト、すなわち「呑み込む者」あるいは「死者を貪り食う者」が坐っている〔**図6**〕。審判に合格しなかった死者はこの「雌の怪物[92]」に呑み込まれる、つまり永久に消し去られる。しかもこの怪物は異様な姿をしている。「彼女の頭部はワニ（のそれ）であり、彼女の尾部はカバ（のそれ）であり、彼女の腹部はライオン（のそれ）である[93]」。

トエリス[94]もまたカバ、ワニ、雌ライオンの特徴を併せ持っているが、この怪物はそれよりもライオン女神セクメトの特徴の方をやや多く持っている。要するにこの呑み込む女、死者を貪り食う女は恐ろしい死の母、冥界の母であるが、しかし、本来なら立派な姿をしているはずの恐ろしい母とは様子がちがっている。彼女は「抑圧」

され、もはや死者の審判官の傍に怪物としてうずくまるだけである。彼女は、エルマンが述べているように、「人々の空想をかき立てる対象」[95]ではなかった。

『死者の書』にはこうした見方の別の証拠も見出され、その中でここでは死神として現われるアマムについてこう言われている。「彼は杉の木が育たないように、アカシアの木が実を結ばないように画策した」[96]。恐ろしい母を特徴づける表現としてこれ以上のものは考えられない。というのもシンボルとしての杉とアカシアは、オシリスと、すなわち再生する不死の者と密接な関係にあり、オシリスの生と永続の原理を表わすからである。

バータ・メルヘン

イシスのこの恐ろしい側面は、バータの兄弟メルヘン[48]によって裏づけられる。このメルヘンとイシス＝オシリス神話との関連は広く認められており、ビブロスにおけるごく最近の発掘によって自明なものとなった[97]。

ここでオシリス神話とバータ・メルヘンに共通するモチーフについて簡単に述べておこう。イシスが探し求めるオシリスの屍体はレバノンのビブロスで発見される。しかも彼は木の姿をしている、つまり木の幹に閉じ込められている。彼はそこからエジプトへ運ばれる。オシリスの中心シンボルはジェド柱[61]という木幹シンボルであるが、これは木が育たないエジプトではよく目立つものである。そしてビブロスにおいてさえ亜麻布に包んで香油をぬった木が「イシスの木」として崇拝されている[98]。木材がレバノンからエジプトに輸入されたことはエジプト文化が成立する重要な前提であったが、なかでも死者崇拝にはかかせない前提であった。早くも紀元前二千八百年にはビブロスの女主人にエジプトから貢物が送られたことが分かっている。しかしシリアの中心部とエジプトの中心部との緊密な関係は疑いなくさらにはるか過去にまで溯る。

少年＝愛人のシンボルとしての男根的な聖なる木幹は多くの神話に登場する。穀物＝息子の刈り入れが地母から生まれた者の死を意味する儀礼的な行為であったとすれば、木の伐採はそれ以上に同じ意味をもつ儀礼的な行為であった。大地の息子が木の姿で表わされると力強いものとなり、それだけその生贄はより印象的で意味深いものとなる。われわれはすでに、息子＝神官＝愛人が木につるされ、木の上で殺されること、および彼らの去勢と殺害を木の伐採と同一視せざるをえないこと、について述べた[99]。われわれの見解の正しさは、逆の現象、すなわち戴冠祭やセド祭[62]の際に立てられるオシリス＝ジェド柱がエジプト王の力の更新を象徴する、という現象によって確認される。

バータ兄弟のメルヘンはビブロス近郊の杉の谷が舞台である。物語の女主人公はバータの兄の妻であり、この女がバータを誘惑しようとする。ここに古いヨセフ－モチーフ[63]が現われる。すなわち、バータは拒絶し、彼女はバータに罪を着せて夫に訴え、そのため兄は弟を殺そうとする。そこでバータは無実の証として自らを去勢する。次にメルヘン的な繰り返しが続く。神々は去勢したバータに妻としてたいへん美しい女を与える。バータは彼女に対し、奇妙なことに、海に気をつけろと言う。

「外に出てはいけない。海にさらわれるから。私にはお前を海から救うことはできない。私もおまえと同じ女だから[100]」。

海に対する警告というこの特徴はきわめて興味深い。思い出されるのは、オシリスの男根が魚に呑み込まれたことであり、そのためエジプト人は魚を神聖視して決して口にしなかった＊。海の泡から生まれたアプロディテ同様、アシュタルテも海の女主人であることは、ウガリット[64]の発掘によって明らかとなった。原－海、あるいはユダヤの諺にいう「奈落の水[65]」はいつでも恐ろしい母の支配領域である。またたとえば幼児を貪り食うリリト[65]・男性の敵対者・が、アダムに屈するのを潔しとせず戻っていったのも海の深淵である[105]。バータの妻は海にさらわれるという危険、すなわち海の否定的なアシュタルテ的性格に打ち負かされる危機に立つ。アシュタルテはたとえばアタルガティス[66]のように初めは魚の姿をしていた。彼女はまたデルケトー[66]のように魚、あるいは水の精《ニクセ》の性格を持ち、多くの神話において海に飛び込んで故郷に帰るとされている。

＊　嫌忌を表わす言葉は魚のしるしで表わされるが、しかしこれについてキース〔101〕は、「古王国では祭式上の不浄なものを全体として表わす絵文字はたいてい、いわゆるビニ魚、時にはバルブス－ビニであるが、この魚はおそらく古代のレピドトス（67）、すなわち非常にしばしば神聖な魚と呼ばれる魚の種類をさす」と断定している。
　これとの関連においてはっきりしているのは、古代の魚崇拝がたいていのばあい女神と関係しており、男性神との関わりは例外であるという事実である。女性的なハトルの王冠を頂いた魚の絵はこのことを証明している。

　オクシリンコス魚（68）は忌み嫌われると同時に神聖視もされた。この魚はオシリスの男根を呑み込んだ者とも、オシリスの傷口から生まれた者ともみなされていた。ストラボン（69）は、レピドトスもオクシリンコスも広くエジプト人に崇拝された、と述べている〔102〕。キースは、このストラボンの主張がローマ時代に書かれたファジュムの漁業組合についての記録によって確認される、と述べている。

　アビドスにある魚の姿で表わされたオシリス像は、女性的－母性的なものが基本的に魚を包み込む水を意味していることを確認させる。ここでもまた生命を与え、授精させる水の力が魚＝男根として表わされていると考えられる。魚は男根でも幼児でもある。シリアの女神の像にも母性的ウロボロスが湖や海として登場するが、この女神像は「魚の棲処」として描かれている〔103〕。さらにギリシア－ボイオチアの太母、ヨルコスのアルテミス〔104〕は三つの王国――天、地、海――の動物の女主人であるが、彼女のまとっている衣服は、一匹の大きな魚を包み込んでいる水域としてはっきり特徴づけられている。

　良き母は胎児である子供たちを包み込む水である。彼女は魚の母として大いなる生き物であり、この魚は幼児であったり、授精する男性、あるいは生きた個人であったりする。しかし同時に恐ろしい母としての彼女は死をもたらす水であり、呑み込む海、氾濫する深みの洪水、深淵の水でもある。


　もちろんバータ・メルヘンには、バータを脅かすもの・去勢して女性となった者では太刀打ちできず男性のみが太刀打ちできるもの・が登場する。バータの妻はエジプトの王妃となり、バータと一体である杉、バータの「心臓がその花の上にあった」杉を切り倒させる。しかし死んだバータは兄によって生き返らされ、雄牛となってエジプトに赴く。彼は再び殺され、その時滴った血からイチジクの木が生え、この木もまた妻がそそのかして切り倒させる。しかしこの時バータは木片となって妻の口に飛び込み、それによって妻は懐胎する。こうしてバータは恐ろしい妻を通して自分の息子として産み返され、エチオピアの王子になり、ついにはエジプトの王となる。彼が父権的に支配権を握った時、彼は妻であり同時に母である妃を殺し、兄を皇太子にする。

　ここでは兄弟のモチーフや自己授精のモチーフに、あるいはまたこのメルヘンが心理学的に「竜との戦い」や男性性との対決といった後の段階にどの程度属しているかといった問題に、立ち入るべきではない。ただここで一つだけ指摘しておきたいのは、オシリス神話や恐ろしい母親像との関連であり、この恐ろしい母親像が良き妻・良き母としてのイシス像の背後に潜んでいる点である。

バータは、ビブロス一帯の文化圏から知られるように、太母の息子＝愛人である。われわれはすでにヨセフ－モチーフ、木の伐採と自己去勢のモチーフ、雄牛という動物の姿で捧げられる生贄、授精原理としての生贄の血、この血から植物として木が生え、この木が再び切り倒されること、これらすべてを明らかにしてきた。いずれの場合にも女性は「恐ろしい」者である。彼女は誘惑しようとし、去勢――ここでは自己去勢――、木の伐採、雄牛の屠殺、そして再び木の伐採をそそのかす。それにもかかわらず彼女は単に恐ろしい女性であるばかりでなく、受胎する女性、すなわち木片を受け入れる母神であって、誘惑し・伐採し・生贄に捧げた・バータを息子として再び産み返すのである。

オシリスもバータ同様、木と雄牛の姿を持つ。切り倒された木はオシリスの印であり、実際に杉がビブロスからエジプトに輸入されたばかりでなく、神話が明瞭に語るところによれば、木の姿になったオシリスはビブロスでイシスに発見され、そこからエジプトへ運ばれた。オシリスは神話全体を通して植物の神としてアドニス－アッティス－タムズ像の系列に連なる。オシリス崇拝もまた、死んで再生する神への崇拝である（これと対比して二七六頁を参照せよ）。

既に見てきたように、母親ウロボロスの支配からの移行はまさしくイシス像において完成される。バータ・メルヘンでは明らかに見られるビブロスの女王の恐ろしいアシュタルテ的性格は、イシスから取り除かれている。その代わりに良き母としての彼女の傍には今やセトという否定的な像が並び、セトが男性原理として、双子の兄弟として、殺害の仕事を引き受ける。アッティスの場合には、両性的ウロボロスの否定的な男性的側面を代表する雄猪はアッティスの死に際してのみ登場するのに対し、オシリス神話ではこの像は独立しており、オシリスの敵であるばかりか、最後にはイシスの敵にもなる。

エジプトのバータ・メルヘンでは、太母の恐ろしい野蛮な性質は女性一般の性質として描かれている。エジプトの支配権が女王たちの母権的支配から、王たちの父権的な太陽‐ホルス的性格へと移行するに及んで、イシスは父権的家族の母という良き母の元型と融合する。イシスの魔術的な本性、すなわち自分の兄であり夫であるオシリスを産み返す者という本性は後退する。

アシェラ、アナト、アシュタルテ

これらの諸関連に重要な確証を与えるものが、最近発見されたカナンの神話であり、これはラス・シャムラ(70)の発掘によって陽の目を見た。ここではウロボロスと太母のシンボル圏に属する特徴だけを挙げてみることにしよう。

オールブライト(106)(71)は、カナンの神話は周辺民族の宗教と比較すると、より単純で原初的である、と結論している。彼はその例として神々の親族関係や性さえも変化する点を挙げ、さらにカナン神話が対立を一つにする傾向をもつとし、たとえば死と破壊の神は生と救済の神でもあり、同様に女神アナトは破壊者である一方、生と繁殖の女神でもある、と述べている。したがってこの圏内でも諸対立のウロボロス的な溶解が、肯定的特徴と否定的特徴の並存、男性的属性と女性的属性の並存として表わされている。

アシェラ(72)、アナト、アシュタルテの三女神はウロボロス的な太母元型の具体的な姿にすぎず、三女神の間に際立った差異は見られない。なるほどアシェラは英雄バールの敵であり、バールに死をもたらす荒野の怪物を産んだ者であり、アナト・バールの妹神・の敵でもある。しかしここでもまたイシスの場合と同じように、母＝愛人と妹・破壊者と援助者・が一人の女神の両面をなしている。元型はまだ固定した〔善悪の〕女神像へと明瞭に分化していない。

アナトも死んだ兄‐夫を再生させ、殺人者である兄モート(73)＝セトを征伐する。われわれはアシュタルテ――オールブライトはこの名前を羊飼いと翻訳している——に、母羊であるラヘル[74]の原像を認める。しかし同時にアシュタルテとアナトは処女でありながら民族を産む者でもある。「この二人の大いなる女神は、身ごもるが産むことはない、すなわち毎年受胎するが決して処女を失うことはない。それゆえ彼女たちは母なる女神でありながら聖なる娼婦である」。

さらに二人の女神は、アシェラと同様、性と戦いの不気味な女神でもあり、その残酷な狂暴さはハトルやインドのカーリー＝ドゥルガ[75]のそれである。馬を駆りつつ槍を振り回す裸の女神という後代のイメージ〔**口絵2**〕は、バール叙事詩の中にはっきりと描かれている。

彼女が人間たちを打ち殺した時、
人間たちの血潮は溢れ、
彼女は膝まで血に浸った、
いや首まで血に浸った。

その描写によれば、

彼女の足元には人間の首がころがり、
頭上には手首がイナゴのように飛びかい、
彼女は喜びにあふれて
生首を吊るして自分を飾り、
手首でベルトを飾った。

殺戮の歓喜はもっと残酷に表現される。

アナトの腹は笑いでふくれ、
心は喜びに満ち、
腹は歓喜に溢れた。

このタイプの女神すべてに言えることであるが、血は大地にとって露であり雨であって、血が実りをもたらすとして血を飲む。アシュタルテにはまた海の女主人・および呑みつくす海・という女神の原イメージも見出される。すなわちアシュタルテは、海から生まれたアプロディテの初期の野蛮な形態であり、またエジプトのあるメルヘン[107]においてさえ、海に苦しめられた神々がシリアのアシュタルテを崇拝によって鎮めようとエジプトに連れてくる。

カナンの神話では、産み出す者と殺す者が共存しているばかりではない。ここではウロボロスの両性具有的な前形態が、男性的な暁の明星アシュタル[76]あるいはアッタルと、その女性的な形態である宵の明星、メソポタミアのイシュタルとの組み合わせとして登場する。[108]神が両性的なのは原始的な形態であり、この形態は女神の場合には処女性と多産性の結合となり、男性神の場合には授精力と去勢の結合となる。ここではまだ女性的なものの中に男性的な特徴が保持され、男性的なものの中に女性的特徴が保持されている。この女神が女性のシンボルであるユリを片手に持ち、他方の手に男性のシンボルである蛇を持つことと、去勢された男性たちが他方では男娼・踊り手・神官であることとは完全に符合する。[109]このようにカナンには、大いなる母神のウロボロス的な像によって決定され、また男性的なものがいまだ独立せず未解放であることによって決定される、基本的性格の特徴がすべて見出される。

クレタ＝ミケーネ文化圏における豊饒シンボル体系

クレタ＝ミケーネ文化圏も典型的な太母の支配領域である。この文化圏にも同類をなす一群の象徴的儀礼的な特徴が認められるが、これはエジプト・カナン・フェニキア・バビロニア・アッシリア・近東の文化圏に、あるいはまたヒッタイト人にもインド人にも見出されるのと同じものである。エーゲ文化圏は一方でエジプトとリビアの中継点をなし、他方で小アジアとギリシアの中継点をなす。この場合、文化の影響が歴史的にどのように波及したかは、われわれにとって重要ではない。われわれの論述にとっては、時間的にどちらが先かという問題よりも、元型的な像がどれだけ純粋であるかの方が重要だからである。

わたしが依拠したのは主にクレタ＝ミケーネ宗教の絵画的な描写である。この宗教文書はまだ解読されていないが、しかし絵画に依るだけでもシンボルの比較解釈は可能であり、それによって太母元型が視覚化できるようになる。クレタ＝エーゲ文化は太母である自然女神によって支配され、その祭礼は初めは洞窟の中で行なわれ、女性が祭司を務めた。この女神は山と動物の女主人である。彼女にとって蛇と地中の動物は神聖な動物であるが、鳥も彼女がそこに居合わせることを示すシンボルである。特に鳩は彼女のお伴の動物であり、鳩の女神としてのなごりはギリシアのアプロディテや、聖霊の鳩を伴うマリアに留められている。この女神の崇拝が明らかに石器時代に溯ることは、儀礼の際に着用された毛皮の衣服から推測できる。太母の性格は、女神・女神の巫女・一般の女性・の胸をあらわにみせる衣服に示されており、また動物＝母としてのさまざまな描写に表わされている。この錦絵風陶器に描かれた雌牛＝子牛および雌山羊＝小山羊の神話的な意味は、クレタと交流があったギリシアが伝える神話と明らかに関連している。すでに述べたように、ゼウスは幼い時クレタで育った。地母ガイアのもとに預けられた彼は、彼女の代理の雌山羊・雌牛・雌犬・または雌豚に養われたのである。(110)

＊ 雄牛＝子牛シンボル体系は最も古くはエジプトに見られる。すなわち、イシスの出身地である第十二管区の紋章には子牛をつれた雌牛が描かれている。

クレタの大いなる豊饒儀礼の中心は雄牛、男根、および授精力の供犠であった。雄牛は狩りと祝祭劇の中心であり、その血は生贄として捧げられる血であり、その頭と角は雄牛を生贄にする神聖な道具である両刃の斧ラブリスと共にクレタの各神殿の典型的なシンボルである。(111) この雄牛は少年神のシンボルであり、ギリシア神話のエウローパーとしてクレタを支配する太母の息子＝愛人である。(78) エウローパーはクレタの雄牛の妻であるが、これはゼウスが雄牛の姿で彼女をさらったことからきている。

ラブリスについては、エシュムンがアストロノイア、つまりアシュタルテ－アプロディテから逃れるためにこれを使って自らを去勢するように、巨人たちもザグレウス－ディオニュソスをラブリスで打ち殺す。(79)(112) ラブリスは後に彼の代理となった雄牛を生贄にする神聖な去勢の道具である。火打石－小刀も石器時代の祭礼で行なわれた去勢の形態を示しており、小アジアのガロスたちが自らを去勢したのもこの道具によってであったが、エジプトにおいてもオシリスを八ッ裂きにして殺害したセトがこの小刀を使っている。犠牲・去勢・八ッ裂きは後代になるともはや人間に対してではなく動物に対して行なわれるようになる。雄猪・雄牛・雄山羊がディオニュソスやザグレウス・オシリス・タムズ等の神々の代理となる。後には男根を生贄にする代わりに雄牛の頭を切り取るようになり、雄牛の角が男根シンボルとして登場する。エジプトでは聖なるオシリス－アピス(80)〔図26〕－雄牛の頭を食べることは許されず、この頭はナイル川に投じられたが、このことはオシリス神話において引き裂かれたオシリスの体のうち男根がナイル川に消えることと対応している。男根と頭の関連は神話にみられる意識発達のいずれの段階にとってもきわめて重要である（二〇五頁以下参照）。ただしここでは、両者が互いに相手の代理として交換されうること、しかしそのさい特徴的なことに雄牛の頭が人間の男根を象徴していること、を示唆するだけに留めておこう。この交換については、雄牛が現代人の夢の中でも元型的象徴的には性的シンボル、すなわち男根－授精力シンボルとして浮かび上がってくる、ということが分かればもっと理解しやすくなるであろう。

われわれの解釈、すなわちクレタにおける豊饒儀礼もまた元来は太母と男性的な息子＝愛人によって行なわれ、彼の供犠によって幕を閉じたが、これが後に雄牛の供犠に取って代わられた、という解釈はさまざまな根拠を持つ。個々の特徴はいずれも全体像、すなわち太母像の元型的な支配という全体像、の中に置かれた時に初めてその意味が明らかになる。他の太母圏と同じくここでもクレタの大いなる母神、ギリシア神話のデメテル[113]は、冥界の女主人として大地の深みの女主人であり、死の女神である。プルタークにならって《デメテルの従者たち》と呼ばれる死者たちはここでもデメテルの所有物であり、彼女の大地－子宮は死の子宮であるが、しかしそれは同時にすべての生命あるものを産み出す豊饒の子宮でもある。

タムズ・アッティス・アドニス・エシュムン等とクレタのゼウスとの同一視は、さらに次のテオドールの発言によっても確証される。「クレタ人たちは、ゼウスが王の息子であったと、また彼が狂暴な猪に八ッ裂きにされ、その後で埋葬されたと、語っている[114]」。猪は、破滅し生贄にされる息子＝愛人を表わす典型的なシンボルであり、猪の屠殺は太母による息子の生贄を神話的に表現したものである。エトルリアの青銅の浮彫には太母の太古の姿ゴルゴ[81]が描かれ、彼女は両手で二匹のライオンの喉元をつかみ、両足を開いて儀礼的な陰部露出の姿勢をとっている[115]〔**図25**〕。そして同じ部分に彫られているのが猪狩りの様子である。この猪狩りの図はクレタばかりでなくクレタ文化の影響下にあったギリシアにも見ることができる。

猪の屠殺は太母による息子＝愛人殺しの知りうる限り最古のシンボルである。この場合には豊饒の女神は豚であり、たとえばイシスや後のエレウシスのデメテルがそうである。雌豚としての母神が雌牛によって駆逐される時、たとえば豚の姿をしたセトとまだ結びついている豚－イシスがハトル＝イシスに取って代わられる時、猪も雄牛に取って代わられる。

豊饒儀礼においては刈り入れと木の伐採は殺害・八ッ裂き・去勢と等価であり、クレタの儀礼においては木の

図 25　ゴルゴ（前 6 世紀、エトルリア）

枝を折り取ること、あるいは果物をもぎ取ることは、狂躁的な聖なる踊りや嘆きとともに重要な位置を占めていたらしい。(116) 後のアドニス祭の式事はこれらの行為によって成り立っており、またこの祭りの際に祭司たちが女性の衣服を着たこともこれらの行為と同じ意味をもっている。さらにクレタ王の更新儀式は、クレタにおいて八年続く「大いなる年」の後に行なわれたと言われるが、そうだとすればこれがエジプト王のセド－更新祭と同じものであることは明らかである。

王位の更新は元来季節王や年度王を生贄にしたことに対する後代の置き換えと考えられるが、クレタにおいてもまた例年の供犠や季節王の去勢は、人身御供と最後には雄牛の生贄による代役を経て、更新の祭典に到り、この祭典の中で王の力が(82)儀礼的に回復された。クレタの雄牛王ミノタウロスへの人身御供は、ギリシアの言い伝えによればもともとは七人の少年少女からなっていたが、(82) これも確実にミノタウロスの母、王妃パーシパエの雄牛への恋と同じように解釈できる。

人身御供によって王の力の延命が保証されるという思想は、エジプト・アフリカ・アジア・さらにはスカンジナビアにまでみられる。(117) エジプトと同様明らかにクレタでも、父権制が進行し王侯や王への権力集中が進むにつれて、母神の宗教的な支配がゆるんでいく。この過程で年度ごとの王位は恒久的な王位に取って代わられた。この王位は初めは戦いによって延命されたが、後には持続的なものとなり、代わりの生贄・自己更新・再生の儀式によって儀礼的に神聖化された。

クレタ＝ミケーネの太母圏が近東の影響下にありながら、リビアやエジプトの影響をも受けていたことは証明されているが、しかし今やギリシア神話およびその伝説史との関連が新たに明らかにされつつある。この場合にもまた神話が歴史と一致していることが証明されたのである。このことが疑われたのはエーゲ文化が知られていなかった時代のことである。ただ一人見抜いていたのがまたもやバッハオーフェンで、彼の神話を見抜く目は、エーゲ文化の資料がまだ発掘される以前に早くも、クレタ文化の内容が伝播によることを認めていたのである。

神話によれば、クレタの王家はミノス(82)・ラダマンテュス(82)・サルペドン(82)を産んだ暗闇の女エウローパーから始まる。彼女は雄牛・クレタのゼウス(83)・ドドナのゼウス(84)・ディオニュソス(85)に結びつけられている。彼女の兄は東方の人カドモス(86)であるが、彼の物語は今でもギリシアで語りつがれている。二人の父はフェニキア人アゲノル(87)である。そしてこのフェニキアの父はリビュエー(87)を母とし、聖牛エパポス(87)とイーオー(87)を祖先に持つ。イーオー・ミケーネの白い月＝雌牛・さまよう女・はエジプトでは雌牛の姿をしたイシスとなった。

リビア、エジプト、フェニキア、クレタ、ミケーネ、ギリシア――これらは歴史的な関連としても系譜をなしていると言われている。同様に象徴的＝神話的系列をなしていることも知られている。たとえば白い月＝雌牛であるミケーネのイーオーは、エジプトのイシスであり、クレタのエウローパーである。またこの雌牛たちに属する雄牛は、エジプトの雄牛アピス〔**図26**〕、クレタのゼウス＝ディオニュソス＝雄牛およびミノタウロスである。

同様に重要なのがカドモスの物語である。彼は伝説ではエウローパーの兄であり、〔エウローパーを探して〕

図 26　アピス（聖牛、生命力と豊穣の象徴）

フェニキアからテーベに到り、この地に都を建てる。ヘロドトスは、カドモスがエジプトのオシリス－ディオニュソス密儀をピュタゴラスに伝えたとしている。すなわちヘロドトスによれば、後代のギリシアの密儀とそのピュタゴラス的・オルフェウス的な先行形態は、エジプトからフェニキアを経てギリシアに入ってきたのである。彼はまたドドナのゼウス、男根像としてのヘルメス、(88) およびサモトラケの前ギリシア的ペラゴイ的なカビリ秘儀(89)をエジプトのオシリスやリビアのアモンと結びつける。こうした関連づけは以前は学界から拒否されていたが、今日ではリビア、エジプトからカナン－フェニキアやクレタを経て、ギリシアに到る文化的連続性が多くの資料によって証明されたため、これらの諸関連は明白なものとなっている。

　テーベの設立者カドモスは、アテナとは同盟するがアプロディテとその夫アレスとはきわめて両義的な関係をとる。彼はアレスの子・下界のアレスの竜(90)を打ち殺すが、アレスとアプロディテの娘ハルモニアと結婚している。三日月の印をもつ雌牛はカドモスをクレタ人が建てたデルポイの神殿から都を築くべきテーベへと導き、そこで彼によって生贄にされるが、この雌牛は前ギリシア時代の古い母＝月の女神である。彼女はカドモスとその子供たちの一生を支配し、彼の援助者アテナよりも強い力を持つことが分かる。＊

＊　P・フィリップソンの論文「神話的形態としての系譜学」(118)は、以上の系譜解釈を重要な点で補足してくれるものである。

　カドモスの娘たちに対して力ずくで自らの意志を通す古い雌牛女神とはアプロディテのことである。彼の娘たちに自己を顕現するものは、母神の原威力という大いなる神話的なイメージである。カドモスの娘の一人はディオニュソスの母セメレー(91)である。彼女はゼウスの雷霆に打たれて焼け死んだり、その前には神なる愛人〔＝ゼウス〕の死すべき〔＝人間〕愛人であったが、それでも神を産んで変身し女神となっている。カドモスの二番目の娘がイーノーである。彼女は〔アプロディテによって〕狂気に追いやられ、息子メリケルテス[91]〔の屍〕を抱いて海に飛び込む、メリケルテスは息子＝愛人の類に属し、負けて殺される神、嘆かれ、狂躁の中で祀られる神である。三番目の娘が、ペンテウス[91]の母アガウエ[91]である。彼女もまた恐ろしい母であり、狂躁の狂気のうちに息子を殺して八ッ裂きにし、凱歌をあげてその血まみれの首を持ち帰る。すなわちペンテウス自身、自分がまさに敵対しようとしていた当のディオニュソス－ザグレウス・八ッ裂きにされる神・になるのである。四番目の娘は、若き狩人アクタイオン[91]の母アウトノエ[91]である。アクタイオンは水浴中の処女アルテミスの裸身をたまたま覗き見たため、恐怖に襲われて動物になってしまい女神の前から逃げ出すが、雄鹿の姿になったため自分の猟犬たちによって八ッ裂きにされてしまう。ここにもまた動物への変身、八ッ裂き、そして死がみられる。処女アルテミス・山野の女神・はエフェソスやボイオチア等のアルテミスと同様、恐ろしい大いなる母神の前ギリシア的形態である。

　以上がカドモスの娘たちである。彼女たち全員の上に大いなる母、恐ろしいアプロディテが君臨している。カドモスの一人息子がポリュドロス[91]であり、ポリュドロスの孫と曾孫がそれぞれライオス[91]とオイディプス[91]である。曾孫に及んでなお母－息子結合の運命は破滅《カタストロフ》へと通じている。オイディプスにおいて初めて太母と息子＝愛人との関係の糸が切れるのである。

　エウローパーとカドモスは、イーオー－リビュエーに発しフェニキアを経てギリシアに到る神話伝説の流れの一面をなしている。同じくイーオー－リビュエーから出たもう一つの流れは、ダナイスたち[92]に到り、アルゴスに向かっている。アルゴスはギリシアにおける重要なクレタ文化圏であるが、伝説ではこの地にリュキアのアポロン崇拝[93]を持ち込んだダナオス[94]と結びつけられている。ヘロドトスによれば[119]、ダナオスの娘であるダナイスたちはギリシアの太母デメテルの祭典、テスモフォリアの祭典[95]をエジプトからギリシアにもたらしたという。このテスモフォリアの祭典とその密儀は豊饒の祭典であり、その中心は大地の深淵、大いなる地母の子宮である。この大地の子宮に生贄が、それも男根、木＝息子の男根としての松かさ――これはディオニュソスの祭礼でも男根のシンボルとして登場する――および生きた子豚たち、すなわち大いなる豊饒の地母である雌豚の子供たちが投げ入れられる。この大地の底には蛇が、太母につねに従う者が、太母のゴルゴ－子宮とつねに結びついている者が、住んでいる。子豚の腐敗した肉片はその後、太古の豊饒儀礼と同じく、壮厳な儀式のうちに再び引き上げられ、豊饒をもたらすものとして引き裂かれて耕地にばらまかれる。

ギリシアにおける母神と英雄神話

バッハオーフェンはすでに、自分たちに押しつけられた夫たちを殺したダナイスたちが、処女－母の解放区に属することを、詳しく論じている。ヒュペルムネストラ(96)はただ一人父や姉妹たちとの申し合わせにそむいて夫を殺さなかったが、このことによって神話の中では各自の決断に基づく男から女への愛の関係が始まる。まさしくこの行為によって、彼女は子孫の英雄たち、すなわちペルセウス(97)やヘラクレス(98)のように太母の否定的な支配をはねのけ、人間的・男性的文化の基礎を築いた英雄たちの原母(99)となる。この二人は男性的な神を父としアテナ〔図**27**〕を味方に持つ英雄のタイプに属している。したがってペルセウスの神話は、後にテセウス(100)がクレタのミノタウロスを退治したように、リビアのゴルゴの首をはねることによって、母親支配のシンボルを打ち負かす英雄神話である〔**図28**〕。

このようにイーオーの末裔の神話圏の内で、しかしこの圏内にのみ限定されるものではないが、父権的世界と母権的世界の対決がギリシア神話の英雄物語として、また個人化されて家族物語として、見出される。間違いなく今日の宗教学および歴史学は、〔神話の発達を〕民族史的な諸関連へと還元して事足れりとすることであろう。しかし人間意識の発達に着目する心理学的な考察にとっては、太母と彼女の少年＝愛人の段階が一つの新しい神

図 27　アテナ（上なる女性性の象徴）

話的段階と交代する場合、それは偶然的・歴史的な出来事ではなく、必然的・心理的な出来事なのである。この新しい神話的段階をある人種とかある特定の民族集団のものとみなすのは、少なくとも今日われわれが概観する限りでは不可能である。母元型の克服は、ギリシアーインド・ゲルマン語圏においてばかりでなく、ヘブライーセム語圏においても同様に徹底的な形で認められる。

図28　メドゥーサを殺すペルセウス（左はヘルメス）（前6世紀、アッティカ）

母元型を克服する段階は英雄神話に属しており、これについては後に論ずることとする。その前に太母の段階および太母が息子＝愛人を支配する段階についてもう少し見ておかなければならない。

クレタ－エーゲ圏とギリシアの神話的・歴史的関連は、ギリシア神話の他の登場人物たちにおいても明らかである。恐ろしい女神ヘカテー[101]は、人間を食うエムプーサ[102]の、および少年の血を吸いその肉を貪り食うラミアー[103]の、母である。しかし三つの身体を持つウロボロス的なヘカテー、天・地・冥界の女主人は、魔法をかけて破滅させる女神としてキルケーとメディア[104]の女師匠でもある。彼女は人間を迷わして命を奪ったり、動物に変えたりする魔法を持つが、それと同時に彼女や月の女主人たちすべての属性である狂気を持つ。女たちはこの太母をエレウシスにおけるように祭礼や密儀の中で平和的に祀ったばかりでなく、ディオニュソス祭礼においては残酷な祭りをも行なった。また雄山羊と雄牛を狂躁のうちに八ッ裂きにすることと、その血まみれの肉片を食べることによって聖なる受胎を体験することとは、オシリスからディオニュソス＝ザグレウスやオルフェウス、あるいはペンテウスやアクタイオンにまで見られるものである。オルフェウスの密儀の唱句にも、「生贄は八ッ裂きにされ、呑み込まれねばならない[120]」と言われている。母神は動物の女主人、《野獣たちの女王》であり、クレタや小アジアでは雄牛に乗る女神タウロポロスとして登場し、蛇や鳥やライオンを絞め殺したり、あるいはキルケーのように男性たちを動物に変えて支配する。

　われわれはすでにバッハオーフェンから、地母および死の母の崇拝がしばしば沼地と結びついているが、これはにごった存在段階のシンボルとして理解すべきことを学んだ。この段階には、産んでは呑み込むウロボロスの竜が住んでいる。戦い・鞭打ち・血の供犠・狩猟はこの母神を祀るより緩和された形態である。こうした太母の姿は必ずしも太古にだけみられるわけではない。彼女は後期ギリシアにおけるエレウシスの密儀にも登場している。エウリピデスでさえデメテルをバッカスのガラガラ・太鼓・シンバル・笛を鳴らしながら獅子車を駆る、怒れる悪しき女神として描いている。彼女は〔善悪の〕二面性のためにアジアのアルテミスやキュベレーと緊密な関係にあり、またエジプトの女神たちとも深い関係にある。スパルタのアルテミス＝オルテイア[105]は人身御供と少年たちへの鞭打ちを要求するが、タウリスのアルテミス[106]も人身御供を要求する女神である。またアルペイオスのアルテミス[107]は夜、女たちの踊りの中で祀られるが、この時女たちは顔に泥を塗る。

　ここでは「野蛮な」女神たちが「アジア的・官能的」慣習によって祀られているのではなく、どこにでもある太母の深層的な儀礼が行なわれているのである。彼女は愛の女神であり、大地・雌牛・人間・種子の豊饒を支配しているが、誕生の女主人でもあり、それと同時に運命・智恵・死・冥界の女神でもある。彼女の崇拝はどこでも狂乱的・狂躁的であり、彼女は動物の女主人としてあらゆる男性の上に立ち、男性は雄牛やライオンとして彼女の玉座をかつぐのである。

この女神たちが儀礼的な陰部露出として自らの性器・本源の子宮・をあらわにしている図[121]は、インドやカナンにおいて、またエジプトのイシスやギリシアのデメテルやバウボー[108]としても、数多く描かれている。「大地に伏して愛欲にふける」裸の女神は太母の初期段階であり、石器時代人の巨大な女性偶像の次の段階にあたる。彼女を象徴するのが多産のシンボルである豚である。女神はこの豚に、あるいは豊満の角と並んで女性のシンボルである丸籠に両脚を開いて乗っているが、この姿勢はエレウシスの高度な密儀においてさえみられるのである*[122]〔**図29**〕。

図29　両脚を開いて豚に乗るイシス（テラコッタ）

太母の太古的なイメージである豚は大地の豊饒のシンボルとして現われるばかりでなく、天空への宇宙的投影の最初期にすでに見られる。「アビ

* ネズミもまた多産の動物として神聖視されていたことはほぼ確実である。ネズミは豚と共通する生来の多産のために、フェニキア人のもとで、すなわちユダヤ人にとっては異教の周辺地域カナンにおいて崇拝されていた。フレイザーは、『イザヤ書』の箇所を挙げ、ユダヤ人がひそかに異教の儀礼を行ない、そのさい豚とネズミを食べていたことを指摘している〔123〕。これは明らかに大いなる母神崇拝と関連するカナン人の儀礼慣習である。またたとえば、太母としての性格を確認されているカルタゴの女神の聖なる手の左右にネズミが描かれていることも、同じ意味を示している〔124〕。太母と同様、ネズミのシンボルにも否定面があり、この否定面は、ネズミがペストの運び手として登場する場合、たとえば『イーリアス』・ヘロドトス・旧約聖書にみられる。

ドスのオシリス神殿にあるセト一世の偽墳墓に保管されていた、言語上非常に古い戯曲のテキストは、天母の異教的なイメージを豚として描いている。天母は、母豚が時には子豚を食べるように、星辰という子供たちが彼女の口に入るという形で、自らの子供たちを食べる[125]」。イシスと宇宙の乙女《コレー・コスム》[126]ヌートは「白い雌豚[127]」として登場し、イシスの弟である古い大いなる神セトは豚の頭と解される頭をつけている[128]。トロイではシュリーマン[109]が、星座を描き込まれた豚の彫刻——したがってこれも豚の姿をした天母である——を発掘した[129]。母神としての神聖な豚の崇拝はさらに他の地方でも探究することができる。

　豚への関連づけで最も原始的で古いものは、恐らく女性性器との結びつきであろう。この結びつきはギリシア語やラテン語においてなお女性性器を示す言葉が豚を意味していたこと、また恐らく最も古いところでは子安貝を示す言葉が豚の意味でもあったことによって証明される[130]。この系譜はさらに、両脚を開いて性器を露出させて豚に乗るイシスの形で、クレタや近東を経てギリシアまで辿ることができる。ファーネルは、豚がミノスあるいはゼウス－ディオニュソスに乳を飲ませたとされるクレタについて、次のように述べている。「クレタの人々は豚を神聖な動物と信じ、その肉を食べようとはしない。またプラエソスの人々は雌豚を祀る密儀を催し、このとき雌豚を生贄の最初の供物とする[131]」。

　ルキアノス[110]の時代にヒエラポリスのシリア人が豚が神聖か不浄かで議論したことがあったとしても、それは誤解による頽廃の徴候にすぎない。豚が神聖な動物であることは、ビブロスの近くで発見された、恐らくアドニス祭礼に属すると思われる、母豚の浮彫[132]から証明されるばかりでなく、さらにフェニキア人の慣習によっても、すなわち豚の肉を食べず、その代わりアドニスの命日に豚を生贄にした慣習によっても、証明される。アッティス・アドニス・オシリスの同一性と、彼らが豚と同一視されたことについては、フレイザーの詳しい証明がある[133]。豚の肉を食べることが禁止されているところではどこでも、また豚が不浄だとされるところでも、豚が本来宗教的性格を持っていたことは確実である。豚がシンボル体系の中で多産および性と結びついていたことのなごりは、現代の言葉にも認められ、われわれは性的な事柄を否定的な意味で「卑猥なこと」Schweinereien〔豚のようなこと〕と呼ぶのである。

大地の「子宮－動物」としての豚とデメテルおよびエレウシスとの関連については、ケレーニイ*がすでに言及している[134]。エレウシス市が独自の貨幣を鋳造する許可を得た時、密儀のシンボルである豚を選んだことは[135]、思い出してみる価値がある。

＊　ケレーニイ、前掲書、七一頁の注の箇所参照〔前掲訳書、一六二頁〕。ただし彼はギリシア神話から外に出〔て比較をし〕ないために、諸々の現象の他ならぬ元型的性格を十分に明らかにしえていない。

アルゴスの大いなるアプロディテ祭には、女性が男性として参加し、男性が女性としてしかもヴェールをかぶった女性として参加したが、この祭典は豚を生贄としたことからヒステリアと呼ばれた。アプロディテ祭についてスミスはこう述べている。

「毎年行なわれるこの祭典において、アプロディテの巫女たちは荒々しい狂乱状態に達した。そこでヒステリアという用語はこのような狂躁と関連する、情動的な錯乱状態を意味するようになった。……ヒステリアという語はアフロディテと同じ意味で、すなわち女神アプロディテの祭典の同義語として用いられた[136]」。

この点についてさらに補足すれば、《アプロディテ祭の狂乱》の送り主は、太母としての原姿におけるアプロディテ自身であった。

ここでは太母元型が性や「ヒステリー」と関連していることが強調されるだけではない。男性と女性が入れ代わり、それゆえウロボロスのシンボル体系に属するこの両性具有的な祭典は、さらにヒュブリスティカとも呼ばれた。不法な侵害、傲慢《ヒュブリス》を表わすこの命名は、ウロボロス的な混合状態が父権的なギリシア精神の立場から拒否されたことを特徴的に示している。

このように豚は産みかつ孕む子宮としての女性のシンボルである。子宮－動物としての豚は大地に属する。この大地はテスモフォリア祭では、大地の口として子豚‐子供の生贄を自らの受胎のために呑み込む。

呑み込む口というこのシンボルに属しているのが、恐怖を呼び起こす子宮、ゴルゴとメドゥーサのヌミノースな頭部〔口絵3〕、ひげと男根をもつ女性、そして呑み込む恐ろしい女としてのクモである。口を開けた子宮は、特に男根のシンボルと一緒に出てくる場合には、ウロボロス的な呑み込む母のシンボルである。これらの特徴は猪の牙をむき出したメドゥーサの口に最も明瞭に現われている。突き出された舌は女性が男根と結びついていることを明らかにしている。食いちぎる子宮、すなわち去勢する子宮は地獄の口として登場し、メドゥーサの頭髪をなす蛇は個人主義的に解釈された陰毛ではなく、このウロボロス的な母の子宮がもつ、噛みつき・傷つける・男根的な恐怖要因である。クモは、性交の後で男性を呑み込む女性としてのみならず、網を張って男性を捕える女性一般のシンボルとしても、これらのシンボル集団に連なる。

この危害の性格は織るという特徴によって強められる。この特徴はさらには運命を織る原母たち、すなわち生命の糸の大いなる織り手であるノルンたちに通じる。彼女たちは世界という織物を織り、[111]生まれてくるものはその中に「織り込ま」れる。こうしてこの〔シンボル〕集団はついにはマーヤーのヴェールとその危害の性格にまで達する。そして男性はこの性格を、あらゆる女性的で本能的なものと同様に、「空虚な仮象」・危険な空虚・パンドラの箱[112]・として告発するのである。

この太母の危害を加える性格が支配していたり、この性格が太母の肯定的・創造的な面と背中合わせに登場する場合には、また受胎し‐産む子宮とならんで太母の破壊性が男根的‐男性的なものとして登場する場合には、例外なく今なおウロボロスが太母像の背後で働きかけている。そしてその場合にはつねに、自我の少年段階はまだ克服されておらず、無意識に対する自我の独立はまだ達成されていない。

三　太母に対する少年＝愛人の関係を表わす諸段階

太母に対する少年＝愛人の関係はいくつかの段階に分けることができる。

植物的段階――運命随順と母権的去勢

第一段階は母親あるいはウロボロスが持つ圧倒的な力への明白な運命随順によって特徴づけられる。この段階で死ぬ子供は無名のままであり、彼らは死すべき花のような少年－植物神であり、生贄にされる幼児の段階にまだ近い。この段階では自然存在の希望と信頼がはっきりと生きている。つまり人間は自然と同じように自分で活動したり苦労したりせずに、完全で圧倒的な恩寵の力を持つ太母によって産み返されるはずだという希望が生きている。ここではウロボロス的な母に対する無力は、ギリシア悲劇、特に『オイディプス』において明らかになる、全能なる運命に対する無力である。男性性と意識はまだ独立していない。ここではウロボロス近親相姦の代わりに母権的な少年近親相姦が現われる。自我解体をともなう極度に至福な性的近親相姦は思春期自我の徴候であり、この自我は太母が象徴する力に太刀打ちできない。

反抗者――逃亡・防御・抵抗・自己去勢・自殺

第二段階への移行を示すのは反抗者たちである。彼らの太母恐怖は、中心志向が強まり、自己が形成され、確固とした自我が成立しつつあることを示す最初の徴候である。少年＝息子の恐怖はさまざまな形の逃亡と防御をひきおこす。第一の、まだ完全に太母の呪縛のうちにある逃亡の表現は、自己去勢――これはもう一度繰り返すならば、たとえばアッティス・エシュムン・バータに見られるものである――と自殺である。しかしここでは愛したくないという反抗の行為は、たとえ否定的な形をとろうとも、恐ろしい母が要求すること、すなわち男根を差し出す行為となる。太母から愛を要求されて恐れ、狂気にかられた逃亡者は、自らを去勢することによって、なお彼が太母崇拝の中心シンボルである男根に決定的に固着していることを示している。すでに彼の意識は拒否し、自我が抵抗するにもかかわらず、彼は太母に男根を差し出すのである。

中心志向の表現としての太母からの離反は、ナルキッソス・ペンテウス・ヒッポリュトス[113]の姿に明らかである。彼らはみな大いなる女神たちの焼き尽くす恋の炎に反抗するが、女神やその代理人によって罰せられる。ナルキッソスは愛そうとせず、ついには自分自身の姿に恋して死んだが、彼の場合には自分自身への執着と、愛を要求する呑み込む対象からの離反がはっきりみられる。しかしここで自身の肉体への関心とそれへの愛といった点を重視するだけでは十分でない。自己自身を意識化し始めた自我と意識、すなわち自意識と自省、が自らを鏡に映そうとする傾向こそ、この段階の必然的・本質的な特徴なのである。ここにおいて自己形成と自己認識が、人間意識の自己意識化として決定的に発達し始める。この特徴は人類の少年期と思春期にみられるばかりでなく、各人の意識の少年期と思春期にもみられる。これは人類に課された、認識〔発達〕の必然的な一段階である。この段階が命取りになるのはここに固着したときだけである。太母への固着から離反するという発達史的に必然的でかつ正しい傾向に注目すれば、この段階が象徴的には自体‐愛ではなく中心志向を表わすのがわかる。

ナルキッソスに報われぬ恋をするニンフたちは、アプロディテ的な力が個人化された姿に他ならずそれゆえ彼女たちに反抗することは太母に反抗することと同じである。元型の細分化が意識の発達に対して持つ意味については他の箇所で考えることにする。ギリシア神話はこの細分化がどのように個々に進行するかをはっきりと示している。太母の恐ろしい性格はほとんど完全に抑圧され、アプロディテの愛らしい誘惑的な性格の背後に時おり見え隠れするにすぎない。しかもアプロディテ自身、もはや超個人的な力の威厳をもって登場するのではなく、細分化され個人化された姿で、すなわちニンフやセイレーン[114]〔図30〕・水の精《ニクセ》や木の精・あるいは母・継母・愛人・あるいはヘレナ[115]・パイドラ[116]として登場するのである。

このことは、諸宗教の発達史の中でこの〔細分化の〕過程がいつでも明白に認められる、という意味ではない。われわれの考察は元型、および元型と意識の関係から出発している。歴史的にはたとえばニンフたち、すなわち〔太母〕元型の一部分は、〔太母〕元型が歴史的に尊重される以前にも以後にも同じように現われうる。構造的に

図30　泣くセイレーン（前4世紀、アテネ）

は彼女たちはいつまでも〔太母〕元型の一部分であり、ニンフ崇拝が歴史的にはむしろ太母崇拝より以前のものだと証明されうるとしても、心理学的には〔太母〕元型から分裂したものに他ならない。集合的無意識の中ではすべての元型は同時的であり、横に並んでいる。意識が発達して初めて、集合的無意識そのものの内部に階層的な段階ができる（第二部参照）。

自分自身の姿に誘惑されたナルキッソスもまた太母アプロディテの生贄に他ならない。彼は太母の死の法則に捕えられる。彼の自我体系は恋という恐ろしい本能の力によって征服され解体される。そしてこの本能の力を支配するのが太母である。この時太母がナルキッソス自身の姿を借りて彼を死へと誘惑するところは、彼女の狡猾さをいっそう際立たせている。

同様にペンテウスも、まだ英雄的行為によって自身を解放できない、反抗者の系列に属する。なるほど彼の反抗はバッカス－ディオニュソスに向けられているが、しかし彼の運命や罪が示しているように、ここでもまた本来の敵は恐ろしい太母像である。ディオニュソスが太母の狂躁的な領域に属し、太母の息子＝愛人オシリス・アドニス・タムズの仲間であることはよく知られている。ここではディオニュソスの母セメレー像の問題と新解釈には立ち入らないでおこう。バッハオーフェンはディオニュソスを太母に付属させているが、現代の研究は彼の正しさを立証している。

「ディオニュソスはデルポイにおいて穀物入れの中の乳児あるいは童児として崇拝される。これは地母としての月の女神セメレーと結びついた大地崇拝である。ディオニュソス崇拝はトラキアで起こり、小アジアに移ってこの土地の太母《マグナ・マーテル》崇拝と融合する。そのため彼の崇拝にはおそらく、当時広く普及していた前ギリシアの宗教に発する原崇拝がなお生きていると思われる[137]」。

理性を誇る英雄的な王ペンテウスと、ディオニュソスの近親にあたる彼の母は狂躁に反対するが、ディオニュソスの狂躁的な暴力に屈する。ペンテウスは太母の生贄になったすべての者と同じ運命を辿る。つまり彼は狂わされ、女装して狂躁に加わり、狂気に襲われて彼をライオンとまちがえた自分の母によって引き裂かれ、八ッ裂きにされる。彼女が凱歌をあげて彼の血まみれの首を持ち帰ることは、去勢のなごりである。というのは去勢は本来、身体の八ッ裂きと並んで行なわれ、それを保証するものだからである。こうして母は自らの意識に反して太母像となり、息子は自我の抵抗に反して太母の息子＝愛人となる。狂気・女装・動物への変身・八ッ裂き・去勢、これら元型的運命が二人によって成就する。つまり松の木の上に隠れるペンテウスはディオニュソス－アッティスになり、彼の母は太母《マグナ・マーテル》になるのである。

図 31　王子ヒッポリュトスが義母パイドラ（左）の求愛をしりぞける（1 世紀、ポンペイ壁画）

ヒッポリュトス像もペンテウスやナルキッソスの像に近い。彼はアルテミスへの愛から、そして自分自身への貞節と愛から、アプロディテを拒絶し、継母パイドラの求愛をはねつけた〔**図 31**〕ため、自分の父にそそのかされた神ポセイドンの力によって自分の馬に引きずられて死ぬ。

ここでは、ヒッポリュトスの深い葛藤について、すなわち実母アマゾンの女王とアリアドネの姉妹である継母との間で翻弄されパイドラへの抵抗とアルテミスへの拒否という形で具体化される葛藤について、論ずる余裕はない。本論に関連する範囲で、ごく簡単にヒッポリュトス神話を分析するに留める。この神話からエウリピデスの同名の悲劇が生まれ、そこでは付随的な個人化がなされ、個人史的な事情からなる個人の運命となっている。しかし溯ってもとの神話の意味をつきとめることは十分に可能である。

拒絶されるアプロディテと、愛をはねつけられる継母のパイドラは同類である。二人は、恋しい息子を追い回し、反抗されて殺す、あの恋する太母である。ヒッポリュトスは処女アルテミスと結びついている。彼女は原母＝処女ではなく、女性的な精神像《ガイスト》としてのアルテミスであり、アテナに比すべき「女友達」である。

ヒッポリュトス自身は、太母への反抗を決断した段階、すなわち自立と独立を果たそうとする若者として自己意識化を始めた段階に立っている。この特徴は、太母の愛に対する拒否と太母の男根的狂躁的な性の強調への拒否に、それも「純潔」という形で現われている。しかしこの純潔は性の拒否以上のものを意味している。というのは純潔は同時に、われわれが「下なる」男根的男性性に対して「上なる」男性性と呼ぶものの意識化でもあるからである。主観段階で言えば、地上の男性性に対して、バッハオーフェンが「太陽の」男性性と名付けたものの意識化である。この上なる男性性は光・太陽・目・意識と同類である。

ヒッポリュトスのアルテミスへの愛と自然の純潔への愛は、父からは「高慢」「自己崇拝」として否定的に特徴づけられる。〔138〕これらの特徴と、ヒッポリュトスが〔従者の〕少年団と深く結びついているという事実とは、一つのことの両面である。われわれは後に、男性性が男性との友情や同性愛によって強化されることについて、また精神的‐女性的姉妹が男性的意識の自己発達にとって大切な意味を持つことについて、論ずることになろう。しかしヒッポリュトスの場合は、悲劇的にも彼を破滅させるのはこの少年の反抗的態度である。アプロディテの復讐、愛をはねつけられて自殺した継母の中傷を父テセウスが鵜呑みにして息子を亡きものにしようと呪いをかけること、これらは個人化である。ポセイドンはテセウスの願いを叶える約束をしていたため、彼の願いを機械的に聞き入れざるをえず、ヒッポリュトスを殺す。このいささか馬鹿げた、われわれの感覚からすれば少しも悲劇的ではない、アプロディテの奸計の物語は、分析にかけられるとまったく別の意味を持つ。

オイディプスが母との英雄的近親相姦に逆らえなかったように、ここでヒッポリュトスは母に対して抵抗の姿勢を守れない。恋に狂った太母アプロディテの力は彼の意識や自我の抵抗よりも強い。彼は自分の馬に引きずり殺される、すなわち彼は制御しているつもりでいた自らの本能界に敗れるのである。馬たち、特徴的にも雌の馬たちは、アプロディテの意志を叶えて彼を殺す。太母が神話の中でいかなる復讐の手段をとるかを知れば、この〔殺す者と本能界との〕関連が理解される。アッティス・エシュムン・バータにおける自己去勢と自殺、ナルキッソスの場合のような自己陶酔による破滅、アクタイオンや多くの少年のように動物にされることや八ッ裂きにされること、すべては同類である。そしてアイトンが自らの情熱の火に焼き尽くされようと、ダフニスかアプロディテから送られた女を愛さなかったために抑えることのできない恋に陥らされて死のうと――われわれがヒッポリュトスの死や引きずられたことを狂気・恋・悔恨のいずれと解そうと――いずれの場合も太母の復讐であり、誇り高い自我が深みの諸力に打ち負かされたことに変わりはない。(117)

特徴的にもポセイドンは、つながりは間接的であるとはいえ、愛らしさの背後に恐ろしい太母の顔を覗かせているアプロディテに操られる道具である。彼が海中から送った恐ろしい雄牛は、ヒッポリュトスの馬を狂わせ、主人を引きずり殺させる。ここでもまた大地と海を支配する深みの主の男根像が太母に連れ添う。アプロディテが復讐するのは、自我意識の発達したヒッポリュトスが彼女を「軽蔑」し、「神々の中で最も忌まわしい者」と呼ぶためである。(139) この展開はすでにわれわれがイシュタルに対するギルガメシュの告発の中で見たものと同じである。しかしヒッポリュトスが破滅型の英雄像であるのに対し、男性性がさらに発達したギルガメシュは真の英雄である。彼は友エンキドーに支えられ、太母から解放された英雄の生涯を生きる。一方ヒッポリュトスは、意識の面では太母に逆らい彼女を否定しても、無意識的には彼女と結合したままである。

太母の価値逆転と抑圧

独自の意識を持つにいたった少年は個人として、そして個人である限り、個人的な違命を持ち始める。ところが個人にとっては太母は危険で不案な母となる。というのは彼女はつねに別の少年たちを選んでは、彼らを愛し破滅させるからである。つまり太母は「娼婦」となるのである。太母は多産の担い手であるがゆえにつねに聖なる売春婦であるが、これは少年にとっては否定的な女性となり、気まぐれな破壊者となる。女性が否定的なものへと大きく価値逆転し始め、この傾向は西洋宗教の父権制において極限に達する。この太母のイメージは男性の自己意識化と強化が進むにつれて後退し、父権制の中で二分される。すなわち意識内には良き母としてのイメージのみが留められ、太母の恐ろしい側面は無意識へと追放されるのである。*

＊　太母が意識的な良き母と無意識的な悪しき母に分裂するのは、神経症心理の根本現象である。つまり状況はこうである。神経症患者の意識には母親との「良い関係」があるが、この甘い「お菓子の家」には、子供に受動的・無責任で自我喪失のままいることを特権として保障してくれる、貪り食う魔女が隠れている。分析によってこの片割れ、つまり恐ろしい母が発見される。恐れをかき立て、禁止・脅迫・威嚇によって性を禁ずるのはこの像である。この場合恐ろしい母の像は自慰・実際的あるいは象徴的な性的不能・自己去勢・自殺・などを引き起こす。この恐ろしい太母像が無意識に留まるにせよ投影されるにせよ、どちらの場合にも性交・女性との結合・を空想するたびに去勢恐怖が呼び起こされる。

太母像の分裂がさらに発達すると、もはや太母〔自身〕が殺すのではなく、たとえば猪や熊といった敵対的な動物が殺すという形になる。この動物たちに対して、嘆きの母親像、つまり良き母親像が置かれる。しかしたとえばこの熊こそ、キュベレーと熊の同一視を強調したバッハオーフェンのおかげで、母親シンボルであることが今ではよく知られている(140)。今日では母親シンボルとしての熊は人間の元型的な財産であることが知られており、このことはヨーロッパにおいても、アジアやアメリカにおいても証明される(141)。バッハオーフェンはまた、後に雌熊がライオンと交代したこと、そしてこれは母親崇拝から父親崇拝への交代と関係のあること(142)をすでに指摘している。以上の見方は、ヴィンクラー(118)が占星術では太陽神の破滅は「大熊座」で起こることになっているが、この星座は「猪」とも呼ばれたと確認した(143)時に、決定的となる。星座が心的イメージの投影である以上、われわれはここに神話におけると同様の関連を見出すのである。こうして以後、太母のイメージは、動物で表わされる否定的な部分と、人間の姿をした肯定的な部分とに分裂した形へと作り変えられていくことになる。

　アッティスもクレタのゼウスも猪に殺されるが、これは去勢モチーフの別の表現である。この型は、アッティス祭礼で豚の肉を食べることがタブーとされたり、太母が豚の姿で表わされることと関係している。猪を父親と解し、妬み深い父＝神から送られたものと見なすのは後に持ち込まれたものである。父親は夭折する少年神の段階ではまだ何の役割も果たしていない。少年神自身が、それとは知らず、他の姿をとるにせよ、自分の父なのである。ここでは父性的な授精者はまだ息子と対立していない。母性的ウロボロスは恐るべき太母像をも含んでいるが、その支配の特徴は、後に父親に帰属される「男性的」性格がいまだ彼女のウロボロス的な本性の一部として登場することにある。例えばグライアイ(119)の一本の歯、運命の織り手や魔女たちの明らかに男性的な特徴が挙げられる。髭と男根が彼女の両性的な本性を表わす一部であるように、彼女は産む者としては豚、殺害者としては猪である。

太母の神話領域に男性的殺害者が登場することはしかし発達上の一つの前進であり、少年＝息子像の自立が大いに進んだことを意味する。猪は最初はウロボロスに属しているが、最後には少年像自身の一部となる。こうなった猪は、神話では自己去勢として現われる自己破壊の等価物である。この段階ではまだいかなる父性的性格も持たない殺害者の男性は、自分自身に対して向けられ自己を生贄にしようとする破壊傾向のシンボルである。そこでこの分裂は、敵対する双生児の兄弟というモチーフとして、すなわち自己分裂という元型的モチーフとして現われる。フレイザーもエレミアス(144)も、解釈こそふさわしくないとはいえ、豊かな資料に基づいて英雄と英雄を殺害する動物が非常にしばしば同一である点を指摘している。

敵対する双生児、および敵対者像

敵対する双生児の兄弟のモチーフは太母のシンボル圏に属する。このモチーフが現われるのは、男性性が破壊的・殺人的要素と肯定的・産出的要素に自己分裂して対立し、自己意識をもつに到る時である。

反抗者たちは無意識・太母から自我と意識を引き離そうとするが、しかし自我は原両親を分離させたり、英雄の戦いを勝ち抜けるほどには、まだ十分に強く固まっていない。すでに強調したように、中心志向は初めは否定的に恐れ・逃走・反抗・抵抗として表わされる。しかしこの自我の否定も、英雄の場合と違って、まだ太母という対象には向けられず、自我自身に向けられて、自己破壊・自己切断・自殺に到るのである。

ナルキッソスが自らの姿を水鏡に映して見るのは、無意識の力から自らを解放せんと望む自我の行為であるが、これは死をもたらす自己愛となる。溺れ死んだナルキッソスの自殺的な死とは、意識の・自我の・死である。これは現代でもヴァイニンガー[120]やザイデル[121]の作品に登場する少年たちの自殺として繰り返される。サイデルの書『宿命としての意識』も、ヴァイニンガーの女嫌いの精神的な言動も、太母に愛される少年の特徴を明瞭に示している。少年たちは反抗はするものの、太母の姿に魅了されて命を落とし、抵抗もむなしく自らの元型的運命を辿るのである。

反抗する少年＝愛人の元型的な状況は、現代の神経症患者の自殺心理において重要な役割を果たすばかりでなく、思春期の心理にも規則的に現われる。思春期の心理にとって反抗者は元型といえるほどに代表的である。この時期にみられる否定・自己否定・世界苦・自殺傾向の増大・は、女性が発する――呪縛的で危険な――魅力とともに、この元型的状況に属している。思春期を終わらせるのは、この段階のイニシエーション儀礼が示すように、英雄の戦いに勝利することである。死にゆく反抗者たち、思春期に自殺に近い死を遂げる者たちは、この英雄の戦いの危険の中で倒れ、次の段階に移ることができず、思春期のイニシエーション――これは今日なお無意識の中で相変わらず遂行されている――の危険に打ち負かされる側に属している。とはいえ、この自己破壊と悲劇的な自己分裂はすでに英雄的である。反抗者は破滅型の、敗北する英雄像である。彼らと同じ破壊傾向をもつとはいえ、男性の殺害者は我知らずいまだ太母の道具であり、それゆえアドニスを殺す猪はゴルゴの猪の牙が独立したものに他ならない。しかし自らを殺す自我は、死にゆく少年＝愛人の痛ましい服従に比べればはるかに行動的・自立的・個性的である。

このように男性の敵対者たちがウロボロス的・両性具有的太母から分離し、太母が大いなる良き母と男性的－破壊的な従者へと分裂する時、意識の分化と元型の細分化がすでに部分的に始まっているのである。この分離と、それに伴って男性側に現われる敵対する双生児の対立は、ウロボロスの最終的な解体・すなわち原両親の分離と自我意識の自己強化・にまで進む道程の重要な一段階である。ここでもう一度この現象の神話的原イメージを示しておこう。双生児モチーフはセト－オシリスの対立としてエジプト神話の性格を決定しており、またカナンではバール－モート、ラシャプ－シャルマンの対立として決定的役割を果たしている[145]が、同じモチーフは個人化された形では聖書の物語やユダヤ教のミドラッシにおけるヤコブ－エサウ[122]の対立にも見られる。

しかも興味深いことには、このシンボル集団に属する描写が存在し、これについてオールブライトは次のように指摘している。「ベト・シャーンから出土した紀元前一二世紀頃の祭壇には注目すべき図が浮彫にされている。すなわち裸の女神が陰部露出の姿勢で両脚を広げ、手には二羽の鳩を乗せている。女神の下には二人の神が腕を組み合って争い（？）、一人の足元には鳩がいる。二人を狙って下からは蛇が這い、一方の側からはライオンが近づいている[146]」。ここに見られる蛇とライオンの対立、および生と死の対立は、はるか後代のミトラ教[123]においても同じ意味で保持されている。ミトラ教はもちろん父権化された宗教ではあるが、雄牛を生贄にしている祭礼図の中に、雄牛の下に二匹の動物が、つまり夜と昼、天と地の象徴動物である蛇とライオンの姿がみられる〔図32〕。両側には松明を上げたり下げたりしている、生と死を代表する少年たちが配されている。しかし元来は対立を含んでいた太母の子宮は、ここではもはや噴火口というシンボルの形でのみ現われており、そこへ二匹の動物がまっしぐらに飛び込み再生を保障される。男性的なミトラ教においては、女性神がそのままの姿で登場することはもはやないのである。

（ここでは、「こころ《ゼーレ》」の原イメージとして神話に投影されている元型が今日なお無意識内でどのように働いているか、については立ち入ることができない。しかし注目されてもよいことであるが、ベト・シャーンの原イメ

図32　ミトラ教の祭礼図（自我の象徴である雄牛を殺す）

ージが、一人の現代作家スティーブンソンにおいて数千年の昔と同じ意味で無意識的に現われているのである。彼の『ジキル博士とハイド氏』という小説は、双生児の兄弟オシリスとセトの神話的な戦いを現代的な個人化された形で繰り返すものであるが、その中に小説全体の主題をなす、以下のようなジキル博士の日記の一節がある。

「これら〔二つ〕の不調和な部分が一つに結びつけられているために、まるで両極に立つ双生児が意識という苦しい子宮の中で（無意識の中で、の意――著者）絶えず戦い続けねばならないことは、人類にかけられた呪いであった。この二つが分離していたなら、どんなによかったことか」。現在のところ、心理学の中でこの問題を意識化しているのはやはりフロイトの精神分析であり、彼は無意識の中に生の本能と死の本能の対立を設定し、探求しようとする。これはユングの分析心理学における、無意識のもつ対立原理に当たる。太母の子宮内における生と死の対立を表わす双生児の兄弟は、「こころ《ゼーレ》」から発する同一の元型であり、それゆえこの元型は絵画彫刻・神話・小説・心理学の概念・として現われるのである。）

この分裂問題および双生児問題が男性性の発達に対して持つ意味については、「恐ろしい男性」と「恐ろしい父」の対立を解明する箇所（二二八頁以下）で総括的に論じることになろう。[147] ここでは、男性がもはや太母の威力に対してではなく、敵対する男性に対して立ち向かうことによって戦う姿勢が作られ、それが初めて自己防衛を可能にする、という点だけを指摘しておく。

こうした心理的発達は、この神話の背景をなす本来の豊饒儀礼が変化していくことと対応している。この儀礼では最初、豊饒の少年神を毎年殺害し、その屍体を八ッ裂きにして農地にばらまく一方、男根は翌年の豊饒を保障するものとして防腐保存された。そのさい大地の神を代理する女性も生贄にされたかどうかは不明だが、初期にはありえたと思われる。しかしこの大地の神を代理する女王・大地の女主人・はその後母神支配が発達するにつれて延命され、毎年新しく豊饒の少年王と結婚させられるようになった。この供犠は後代には戦いによって代用されたようである。つまり年度王はその地位を強化し、次期の王と戦って命を守ることが許された。次期の王が勝った時には、彼は旧年として生贄にされ、彼の方が勝った時には、挑戦者が彼の身代わりとして死んだ。後に母権制から父権制への交代に際して、年ごとにあるいは一定期間ごとに王位更新祭が行なわれるようになると、王は延命された。というのはこの祭式――エジプトでは「ジェド柱建立」と呼ばれる――において、王の代理として人身御供や後には動物－生贄がなされ、王を殺す必要がなくなったためである。要するにここでは、初めは女王－女神について演じられたのと同じ発達が進行したのである。

この発達の最終段階、すなわち男性的により強化された意識が無意識というウロボロスと戦うという段階については、その発達段階を論ずるときに学ぶことにするが、その段階では父権制が女性を締めつけ、単なる「容器」にしてしまうのに対して、男性は自らの造り手、自らの再生の源となっている。

移行段階をなすのは、大いなる再生力、すなわち母の創造的な魔力が、男性性と並んで保存されている段階である。この再生力は全体性を作り上げ、更新する、つまりばらばらの破片を一つにまとめあげ、腐敗した屍体を新しい姿、新しい生命に変え、死を超越させる。しかし男性的な人格の核はこの母性‐女性の再生力から独立して保たれている。この核は死ぬことはなく、来るべき自らの再生を予感し、あるいは知っている。それはあたかも、死に際して、ユダヤの伝説にいうルツの小骨にあたるものが破壊されないで残り、将来の再生の保障と力を自らのうちに宿しているようなものである。胎児的な自我が死のウロボロス近親相姦の中で水の中の塩のように溶解するのとは対照的に、強化された自我は死を乗り越えて生に向かっていく。この生はたしかに母親から送られたものではあるが、しかし同時に謎めいた方法で、この保存されている自我の核によっても決定される。『リグヴェーダ』の次の詩にはこの意味がこめられている。

今こそここにて母なる大地に這い込むべし、
信仰篤きものにとりて大地は和毛《にこげ》のごとく、
広大なる至福の地なり。
そは汝の旅路を守る。
〝高く〔弓なりに〕なれ、汝広きもの〔＝大地〕よ、押し潰すなかれ、
彼がたやすく入りこめるために。
母が子を衣の端でくるむごとく、
汝彼を覆いたまえ、おお大地よ。〟

死は終焉ではなく移行である。死は休息ではあるが、母が与えるべき保護でもある。死にゆく自我は、再び「逆戻り」してもはや存在しなくなることを喜ばない。むしろ自我は死を越えて生の意志を発射し、死を通りぬけて「旅を続け」、新しい生に到る。

この発達、すなわち死が決定的な終焉を意味せず、個人が死んでもそれで生が終わるわけではないという発達は、しかしもはや少年‐愛人と太母の関係の中で達成されるものではない。ここではすでに男性は強くなり、自己意識を持っている。いまや自我と意識はもはや母性的ウロボロス・無意識の威力・に依存する息子ではなく、真に自立した存在、つまり自らの足で立つ大きな存在となっている。*

＊　これらの諸段階をアメリカの神話を材料にして証明してみるのは、個別的な研究においてなされるべきである。

次の意識の発達段階は、「原両親の分離、すなわち対立原理」という標題によって表わされる段階である。

Ⅲ　原両親の分離、すなわち対立原理

原両親の分離による意識の誕生――光の創造神話

マオリ族(1)の創造神話

《われわれの上なる天と、われわれの下なる地とは、人間の創造者であり、万物の根源である。

かつて天は地の上に横たわり、すべては闇につつまれていた。二人が分けられたことは一度もなかった。そこで天と地の子供たちは、光と闇――夜と昼――を分けようとした。というのは、人間の数がおびただしく増えたのに、闇がまだ続いていたからである。

今でも「夜の間に」とか「最初の夜に」、「第一夜から第十夜まで、第十夜から第百夜まで、第百夜から第千夜まで」と言われるのは、この時代を思い出しているのである。つまりそれは、闇に限りがなく、光がまだ存在しなかったことを意味しているのである。

そこで天ランギと地パパの息子たちは互いに相談して、「何とかして、天と地を殺すか、あるいは引き離すことにしよう」と話し合った。「二人を殺してしまおう」とツマタウエンガが言った。するとタネ－マフタはこれをさえぎり、「いやそれはよくない。二人を引き離すことにしよう。一方を持ち上げて、われわれには遠い人とし、他方はこのまま足元に留めて、われわれの母としよう」と言った。そこで天と地の子供たちは、両親を引き裂くことに決めた。ただ一人、タウヒリ－マテアだけは二人に同情した。二人を引き離すことに五人が賛成し、同情したのは一人だけだった。

そこで彼らは、両親を裂いて人間の数を増やし、栄えさせることにした。今でも「夜だ！　夜だ！　昼だ！　昼だ！　光をさがせ、手に入れよ！　光を！」と言うのは、このときのことを思い出しているのである。

さて、ロンゴ－マタナが地から天を離そうとして持ち上げたが、うまくいかなかった。次にハウミア－チキチキが挑戦したが、やはりだめだった。今度はタンガロアが立ち上がって両親を引き裂こうとしたが、できなかった。次にツマタウエンガが試みたが、彼の骨折りも同じように失敗した。

最後に森の神であるタネ－マフタが立ち上がり、天と地に戦いを挑んだ。腕だけではどうにもならなかったので、彼は逆立ちして頭を地につけ、両足を上に当てて、二人を引き裂いた。すると天と地は苦痛の叫びを上げた。「この殺害は何のためか。この大罪は何故《なにゆえ》か。なぜわれわれを殺そうとするのか。なぜわれわれを引き離そうとするのか」。しかし委細構わず、彼は一方を上へと押し上げ、もう一方を下へと押しやった。だから今でも、「タネが押しやった、そして天と地は離された」と言われているのである。彼こそは、夜と昼を分けた者である。[149]》

この文献はマオリ族の創造神話であるが、これには人間の意識の発達段階のうち、ウロボロスの支配段階に続く段階の要素がすべて含まれている。つまり、他の多くの神話では一つの特徴だけが切り離されて現われるのに対して、ここでは原両親の分離、統一体からの対立物の分立、天地・上下・昼夜・明暗・の成立――これらの行為は犯行・罪業とされた――のすべてが一つのまとまりをなして現われているのである。

この原両親の分離についてフレイザーは次のように述べている。

未開人たちは一般に、天と地がもともとは結合し合っていた、と信じている。すなわち天が地の上にぴったり横たわっていたか、ほんのわずかしか浮き上がっていなかったため、天と地の間には人間が立って歩けるような隙間がなかった、と信じているのである。そのように信じられている場合にはしばしば、現在天が地よりも高い所にあるのは、力のある神か英雄が、天をひと突きし、そのため天が持ち上がり、以来ずっとその高さにある、とされているものである。[150]

フレイザーは別の資料を挙げ、原父の去勢をも世界両親の分離であると解釈している。ここにもまた、天と地が「二人の母」と呼ばれるような最古のウロボロス的状況が示されている。

創造神話の中心に位置しているのは、いつでも基本シンボルとしての光である。この光こそは意識の・開明された状態の・シンボルであり、それゆえあらゆる民族の宇宙神話の大いなる対象である。だからこそ「ほとんどすべての民族の・そしてほとんどすべての宗教の・創造伝説において、創造の過程は明るくなる過程と一つに融け合っている」[151]のである。マオリ族のテキストでも、「夜だ！　夜だ！　昼だ！　昼だ！　光をさがせ、手に入れよ！　光を！」と言われている。

この意識の光の中で初めて人間は識別ができるようになる。そしてこの識別の行為、意識的な区別の行為が世界を区別し、分離して、多くの対立を産み出す。この対立の中でのみ世界体験が可能となるのである。ここでもう一度指摘しておかなければならないが、神話の中に浮かび上がる・人類の発達段階を理解するのに役立つ・シンボル体系は、決して作り出された哲学でもなければ、「……についての思弁」でもない。豊かな意味をもった芸術作品や夢は「こころ《ゼーレ》」の背後の深みから浮かび上がり、精通した解釈者にその意味を明かすとはいえ、芸術家や夢み手自身がその意味を自動的に理解することは稀にしかない。同じように神話の表現は、人類の

「こころ《ゼーレ》」の過程で起こる事柄が素朴に示されたものであるが、人類自身はその神話をまったく別のものとして体験し、伝えるのである。おそらくいつでも儀礼、すなわち演ずること・行為の過程・が先にあって、神話はその報告であることが分かっている。また行為が知識に先行すること、つまり無意識的行為が述べられる内容に先行すること、も明らかである。したがってわれわれの定式化は要約しつつ抽象化したものであるが——いずれにせよそうしなければ目の前にある豊富で多様な資料を見渡すことはできない——、しかしもし原始人が意識的に自己表現できるとしたら、このような言い方はしないであろう。しかし人類の発達過程を導いてきたイメージ—元型を認識して初めて、この発達路線の中心部をいたるところで取り巻いている変形や類似物を理解できるのである。

「意識は救済なり」という言葉は、人類がウロボロス的な始源の竜に巻きつかれた状態から自らを解放しようと奮闘する際に、掲げられる標語である。自我が自らを中心として据え、自我意識として自力で立つことによって、始源の状況は強引に解体される。この自我を伴う目覚めた人間的人格の自己同一化が何を意味しているかは、これと対立する「神秘的融即」の状態、すなわちウロボロス的な無意識が支配する状態、を想像してみて初めて理解することができる。一見無意味にみえる「私は私である」という、意識の基本命題としての論理学の同一命題は、実際には一つの偉業を意味する。自我を持つことによって人格が自我定立と自己同一化を果たすと——もっともそれができたと思うのは思い違いであることが後に判明するとはいえ——、初めて意識が自らの指針を持つ可能性が生まれる。この関連において、すでに引用した『ウパニシャッド』の箇所をもう一度挙げておきたい。「太初《はじめ》、この世は、人間の姿をしたアートマンのみであった。彼は周囲を眺めたが、己れの他は何ものも認めなかった。そこで彼は手初めに叫んだ、『これは我なり！』と。すると我という名が生まれた[152]」。

前に、ウロボロス内存在が「神秘的融即」の内にあると述べたのは、世界を自身と関係づけ・また自身を世界と関係づける・自我中枢がまだ成立していないことを意味するのではなく、人間がまだ同時的にこれでもあれでもあること、そして彼が何にでも変身できること、を意味するのである。彼は同時的に集団の一人でも、「赤いアララ・インコ」*でも、祖霊の化身でもあった。内部のものはどれも外部のものであった、つまり「思いつき」はどれも外から、霊か魔法使いか「まじない鳥」から出される命令であった。しかし同時に外部のものはすべて内部のものでもあった。猟獣とそれを狩ろうとする猟師の意志の間にも、傷の治癒と傷つけた武器の扱いの間にも――というのはこの武器を怒らせると傷が悪化するから――、魔術的－神秘的つながりが存在していた。この区別がつかない状態こそまさしく自我の弱さと頼りなさのもとであり、これがまた逆に「融即」を強めている。こうして原初においては、すべてが二重であり、両義的であり、分かちがたく融合していたが、これをわれわれは前にウロボロスの男－女的、善－悪的あり方と表現した。しかし同時にこのウロボロス内存在は、無意識と自然とがきわめて深く結びついていることをも意味していた。そして両者の間には連続的な流れが自己内循環的な生命の流れとして存在しており、この流れは人間をも貫いて流れていたのである。人間は無意識から世界へ、世界から無意識へと循環するこの流れに呑み込まれていた。そして滞っては逆るこの流れは、生の対立－リズムの中で人間を翻弄したが、人間はその正体を知らぬままそれに身を委ねていたのである。人間は自我を際立たせることによって、すなわち原両親を引き裂き、原竜を切り刻むことによって、初めて息子として自由になり、光の中へ歩み入り、初めて自我を備えた人格として誕生するのである。

＊　これはK・フォン・デン・シュタイネンが挙げている例で、人間と動物との間の「神秘的融即」を表わす有名なものである〔153〕。

人類の最初の世界イメージにおいては、世界は単一であった。ウロボロスがあらゆるものの内に生きていた。すべては意味を孕んでいたか、あるいは少なくとも意味を孕むようになることができた。この連続した世界の中で、動きのある箇所のみが、驚愕させる力やマナを持つものと感じさせる力をもつために、いつも異なった目で見られるようになった。しかしこのように感じさせる力はいたるところに存在していた。つまり世界のどの部分もそれぞれに感銘を与えることができたのである。すべてのものが「聖なる」ものとなる可能性を、あるいはもっとうまくいえば驚嘆に値するもの・それゆえマナを充溢させたもの・として現われる可能性を、内包していた。光が射し込むことによって初めて、天‐地の対立があらゆる他の対立の基本シンボルとして布置され、世界が始まる〔**図33**〕。それ以前はマオリ族の神話にあるように「無限の闇」である。太陽が昇るとともに、あるいは上のものと下のものを分けるもの・エジプト人が大気と呼ぶもの・が造られるとともに、人類の夜明けが来て、世界‐空間がその内容すべてとともに目に見えるようになる。

この光の創造としての・太陽の誕生としての・創造は、自我や人間が関わると、原両親の分離と・また分離させた者たちにとってのプラスやマイナスの結果と・結びつく。この点については後に詳論する。

この創造はなるほど人間とは無関係な宇宙の現象・世界そのものの発達段階・としても描かれている。しかしたとえばここに引用する『ウパニシャッド』に見られる描写においても、世界を開幕させる者の行為は、この文献では目立っていないけれども、読みとることができる。

一、「太陽はブラフマンである」、と教えにある。その意味はこうである。太初において世界は無の状態であった。これ（無なるもの）が存在者であった。同一なるものが生じた。そこに卵が育った。それは一年の間そこにあった。その後卵は割れた。二つの卵殻のうち、一つは銀色、いま一つは金色であった。

二、銀色のものがこの大地であり、金色のものがかの天である。……

三、次に誕生したのが、かの太陽である。それが誕生した時、その背後から騒々しい歓声が沸き起こり、この世の一切の存在と一切の欲望が現われた。そこで、太陽が昇って帰ってくるたびごとに、騒々しい歓声が沸き起こり、一切の存在と一切の欲望が現われるのである。[154]

カッシーラーは、光‐闇の対立がいかにすべての民族の精神世界を規定し、形づくってきたかを、膨大な資料

図 33　神による「光と闇の創造」（ミケランジェロ：周囲の4人の裸体像は朝、昼、夕、闇をあらわす）

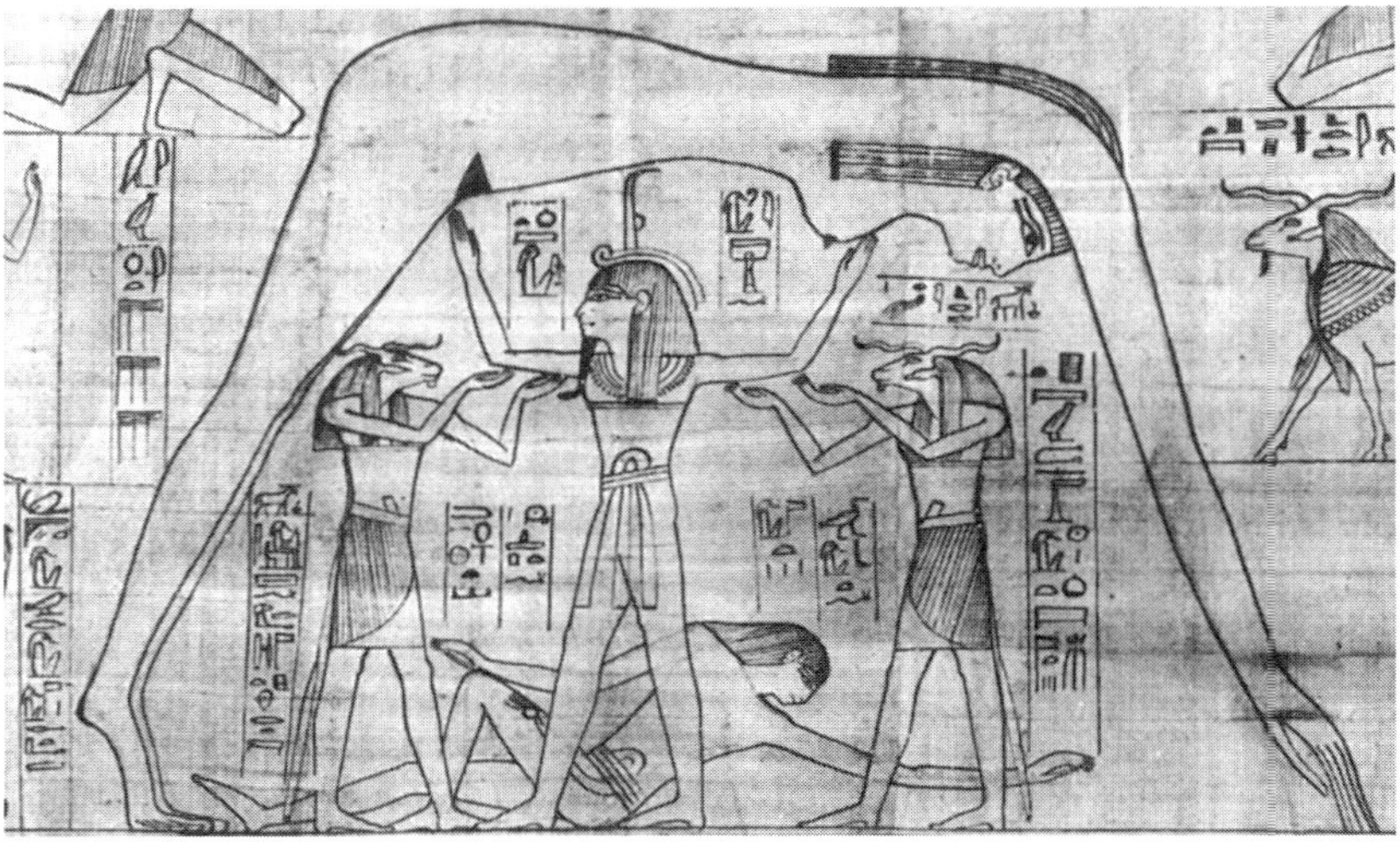

図 34　ヌート（天空）とゲブ（大地）を分けるシュー（大気）

によって証明している。本来の聖なる空間と聖なる世界秩序は、この対立に基づいて「方向づけられて」きた。[155]しかし人類の神学や祭礼、儀礼のみならず、後にそれらから発達した法秩序と経済秩序、国家の建設、世俗的な生活の形成、ひいては所有のシンボル体系や概念発達に及ぶまで、すべてはこの光によって可能となった区分と境界設定の行為から、産み出されたのである。

世界像、都市像、神殿の構造、あるいはローマの兵営やキリスト教教会の空間－シンボル体系は、光－闇の対立から出発して、対立を分化させつつ世界を細分化し秩序づける、原初の空間神話と対応している。

空間は、エジプトの神話によれば、大気の神シューが天と地の間に踏み込んでそれらを分ける時に初めて成立する〔**図 34**〕。シューが干渉して光－空間を作ることによって初めて、上には天が下には地が生じ、前と後、右と左が生じる。すなわちここで初めて空間諸要素が自我と関係づけられるのである。

空間の構成要素はいずれもともとは抽象的なものではなく、身体と魔術的に等置され、神話的な情動性を持ち、[156]神々やさまざまな色・意味・暗示と結びついている。意識が発達するにつれて、次第にさまざまな物や場所が抽象化されつつ区別され、際立たせられるが、物と場所とはもともとは連続体をなして一つになっており、変転する自我と流動的に関わっている。この原初の状態においては、我と汝・内と外・人間と事物・は互いにまだはっきりと区別される輪郭を持たず、人間と動物・人間と人間・人間と世界・も同様である。ここではすべてが互いに「融即」しており、無意識や夢の世界におけると同じ非分離や交錯の中に生きている。こうした原初の原状況の縮図は、まだわれわれ自身の内部にも、シンボル・イメージ・事物・によって織りなされた無意識や夢の中に、もとの混成状態のまま生きているのである。

しかし世界空間ばかりでなく、時間と時間の推移も、神話的な空間イメージを基にしている。未開人の一生を年齢の区切りごとに段階区分することから始まって、現代の深層心理学における「年齢心理学」(2)に到る流れの中には、光の推移・昼‐夜の対立イメージ・を基にして形をきめる——すなわち意識を可能にし生を把握する——力が働いているのである。それゆえほとんどすべての文化圏において、世界の四分割と世界の昼‐夜‐対立はきわめて重要な役割を果たしている。原両親の分離によって初めて光・意識・文化が可能となるからこそ、始源のウロボロス‐竜がかくも頻繁に混沌‐竜として登場するのである。意識によって秩序づけられた光‐昼の世界観からみれば、それ以前に存在しているものは闇・夜・混沌・トフ‐バボフ(3)でしかない。人類の外的な文化の発達のみならず、内的な文化の発達も光の出現および原両親の分離とともに始まる。この対立が展開していくと、昼と夜・前と後・上と下・内と外・我と汝・男性的と女性的・という対立が明確となり、始源の混成状態から区別される。そして聖と俗・善と悪・の対立もここで登場する。

自我の胚芽がウロボロス内に包み込まれている始源の状態は、社会学的には「集団表象」が圧倒的であった状態、すなわち集団と集団意識が支配していた状態である。この状態の自我は識別能力もなければ道徳的でもなく、意志の力もなければ一人で行動するときも自発的ではなかった。自我は集団の一員としてのみ機能し、真の主体は上位権力を持つ集団であった。

自我の解放と意識の独立化――他在、支配意志

自我の解放、すなわち「息子」が自らを自我として確立し、両親を分離することは、さまざまな次元で実行される。

この段階の叙述が複雑をきわめているのは、意識が発達し始めたばかりの段階ではまだすべてがからみ合いもつれ合っているためであり、またこの「原両親の分離」のような元型的な変容を経験すると行為・作用・効力のありとあらゆる次元が展開し分化しているさまが突然見えてくるためである。

「他‐在」の体験とは自我‐意識化という原‐事実を表わしており、光が生成して区別がなされるときに生じる体験であるが、これによって世界は主体と客体の対立へと分けられる。場所と時間が定位され、それによって先史の原‐黎明の中にあるともなく存在していた人類の存在が解き放たれ、初期の歴史が形成される。

自我は自然との融合状態――これは自然との結合状態などという簡単なものではない――や集団との融合状態から自らを解き放ち、その中で今や非自我と向かい合い、それを他者として経験するが、それと同時に自然からの独立を身体からの独立として布置し始める。われわれは後に、自我と意識が自らの特性を身体との対立において経験するということ、またいかに経験するかという問題に、もう一度立ち帰らなければならないであろう。この事実は精神《ガイスト》の生来の基本性質を表わしている、つまり精神《ガイスト》が自然との対立において自らを見出すことを意味している。乳児や幼児にとって身体や内界は未知の世界であるが、この点は原初人にとっても同じである。随意の筋肉運動ができるようになること、つまり自我が言葉の真の意味において「自分の体を」体験するということ、すなわち自我意識の意志によって体を思うがままにできるということこそ、もしかするとすべての魔法の根底にある基礎経験であるかもしれない。自我がいわば大脳皮質・頭部に座を占め、下位のもの・身体をよそよそしいもの・働きかけてくる別世界・として経験する時、自我はこの下位のものの本質的な部分・身体‐世界・が彼の

意志や恣意に服従することをしだいに認識し始める。自我はいわゆる思考の全能が正真正銘の事実であること、手は前の方で足は下の方で自我が命じるままに動くことを体験するのである。しかしわれわれはこの事実が自明のものとなっているからといって、ごく初期のこの体験がすべての幼児的な自我-核に与えるにちがいない、いや疑いなく与えてきた強烈な印象を見失ってはならない。技術というものを、外界を支配する手段としての「道具」の延長と考えるならば、この道具はさらに随意筋の延長に他ならない。自然や世界に対する人間の支配欲は、こうした自我が身体を支配できるという基礎経験——自我が筋肉を自由に動かせるようになるという経験——の延長や投影にすぎないのである。

今述べたように、身体と対立している状態が自我の本来の状態である。自我がウロボロスの中に包み込まれ、ウロボロスに圧倒されている状態は、身体との関わりで考えるならば、初期の自我と意識が身体界に発する本能・衝動・感覚・反応の世界によって終始圧倒されている状態である。この自我はまず点のような存在であり、次に島のような存在となるが、初めは自らについて何も知らず、それゆえ、自らが周囲と異なることを知らない。しかし自我が強くなるにつれて、身体界から、すなわちここでは自らの身体界からますます際立ってくる。この際立った状態は、最後には周知のように自我意識の組織化という状態に到る。この状態においては身体の部位はどこもみな無意識的であり、意識体系は無意識的な過程を代表する身体から切り離されている。もっともこの分裂状態は実際にはそのように極端に現われるわけではないけれども、しかし自我にとっては錯覚によるきわめて強い現実味を帯びており、そのため自我が身体や無意識の領域を再発見するには非常な努力を要することになる。そこでたとえばヨーガにおいては、まず初めに意識を無意識的な身体過程と連結させようとする困難な行が追求される。この試みは、やりすぎると病気になるとはいえ、本来は深い意味を持つものである。

初めのうちは自我意識の領域と「こころ《ゼーレ》」―「精神《ガイスト》」の領域とは、身体と結合して、分離しえない一体性をなしていた。すなわち衝動領域と意志領域の間にも、本能領域と意識領域の間にも、なんら境界はなかったのである。しかし深層心理学が発見したところによれば、現代人においてもなお、文化発達の過程で事実上なされたこれらの領域の分離は——この分離によっていわゆる文化が成立するとはいえ——この上ない錯覚なのである。自我が自分の決断と意志によるものと思っている行為の背後には衝動の働きがひかえているし、意識的な態度や定位の背後にはなおさら強く本能や元型が働いている。もっとも現代人には曲がりなりにも意志による決断や意識的態度の可能性が存在しているが、原初人や子供の心理ではこれら〔衝動・本能と決断・意識〕の領域が混ざり合っているのが特徴である。つまり意志表現・気分・情動・本能・身体反応がいまだ完全に、あるいはほとんど完全に溶け合っている。同様のことは、後には対立項に分かれるとはいえ、最初は両義的であった感情についても言える。すなわち憎しみと愛、喜びと悲しみ、快と不快、好きと嫌い、是と非は、最初は同時的に現われ、互いに混ざり合い、後になると持つように見える対立の性格を持たない。

対立原理の発生——男–女、内–外、善–悪

前述のように、深層心理学は、今日ではもろもろの対立項が見事に分離したと思われているが、実は今でも依然として密接に組み合わさっており、互いに緊密に結びついていることを発見した。対立する両極は、決して神経症患者だけでなく正常人においても、密接に共存しており、想像するよりはるかに容易に快が不快に、憎しみが愛に、悲しみが喜びに急変する。この点は子供をみると一番はっきりする。笑うことと泣くこと、始めることと止めること、好きと嫌いがあっという間に入れ代わる。どの状態も確定的なものではないが、どの状態もその反対の状態と争わず、両者は平和的に共存し、くるくると交代して現われる。影響を与えるものは四方八方から流れ込み流れ去る。つまり環境・自我と内界・客体の傾向・意識・身体の傾向・が同時に働きかけ、無に等しい自我が、あるいは少なくとも初めは非常に小さい自我が、それらを秩序づけ・中心化し・受け入れ・締め出すのである。

男－女の対立項についても同じである。人間の最初の両性具有的な素質は、子供にはまだ十分に残っている。子供たちは周囲の影響にかき乱されなければ、つまり早期から性差の現われを騒ぎ立てられなければ、子供は子供のままであり、少女が男性的－能動的特徴を示すことも、少年が女性的－受動的特徴を示すことも、同じくらい頻繁に強く認められる。自我が自らを同じ性の人格傾向と同一視するようになり、対立する性の素質を圧迫ないし抑圧するようになるのは文化の影響であり、それがもたらす分化傾向によって初期教育が決定されているためである(第二部参照)。

内－外の分離は、原初人の場合も子供の場合も、善と悪の分離と同様に、成就していない。空想上の友達も現実の事柄も、現実的であって同時に現実的でない。また夢のイメージは外界の現実と同様に現実的である。ここにはまだまぎれもない「霊魂の実在性」、すなわち変身能力が支配している。芸術やメルヘンの世界で魔法が幅を利かせるのはこの能力の名残りである。ここではまだ誰もが誰もでありうるし、たとえいわゆる外的現実といえども同じくらい強い内的現実をまだ忘れさせてしまうことはなかった。

子供の世界がまだもっぱらこれらの法則によって規定されているのに対し、原初人の世界においては彼の現実の特定の部分だけがこの意味で幼児的・原初的であった。というのは彼はそうした幼児的な世界の他に現実の世界をもっており、その中で彼は合理的・実際的に環境を支配し組織し加工する、すなわち文化をもっているからである。現代人はこの現実の世界をより広範にもっているにすぎない。

善と悪の分離も初めはまだ存在しない。世界と人間はまだ浄と不浄、善と悪に分けられておらず、せいぜい強力に働きかけるもの・マナを持つもの・タブー視されるもの・働きのないもの・が区別されるくらいである。しかしこの場合に働きかけるものとは「際立った」ものであり、善悪を越えたものである。働きのあるものとは力があるもののことであり、それさえあれば黒であろうが白であろうが、同時に両者であろうが、また並んでいようが相前後していようがかまわない。ここでは原初人の意識は、幼児の心理と同様に、区別をしない。善い魔術師と悪い魔術師の区別があるにはあるが、しかし大切なのは力の善悪以上に力の大きさなのである。われわれがなかなか理解できないのは、この存在段階の信仰の物凄さである。すなわちここでは、われわれには悪と思われるものが善と同様に当然のように受け入れられ、後代の人間が経験したり認識したりできると主張している道徳的世界秩序などは、まったく働いていないように思われる。

シンボルや生のたくさんの層は、原初のウロボロス的統一体の中で互いに結合しており、分離の段階で初めて区別され、姿を現わす。ここにおいてもまたユングの見解、すなわち幼児の性向と発達史の初期の性向がいずれも多義的であるという見解の正しさが証明される。後の段階になって、さまざまなシンボル層が原初の混成状態から解放され、自我と対立する。世界と自然、無意識と身体、集団と家族は別々の座標をなしており、独立した諸部分として自我から分離され、相互に多様な影響を及ぼし合い、自我と並んで多様な作用体系をなしている。しかしこの相互分化と対立も、「原両親の分離」段階によって生じた事態の、ほんの一部をなすにすぎない。

ウロボロスから少年段階への移行は、恐れや死の予感の出現によって特徴づけられたが、これはまだ全権を得ていない自我が、ウロボロスの優位を危険で威圧的なものと感じたためである。自己発見におけるこうした情動の変化は、意識のあらゆる発達段階において特徴的であり、この自己発見が共通の感情を伴って見られるのは情動的な要素が存在する証拠であるが、これらの要素の意味については場所を改めて論ずることにする。

すでに見てきたように、少年＝息子にみられる受動性から能動性への変化において、この能動性は第一に防御・抵抗・自己分裂の形で現われた、つまりこの能動性はこの段階では自己破壊をもたらしたのである。原両親を分離する息子の段階においても、またその等価物である「竜との戦い」においても、われわれは内容の変化ばかりでなく情動の段階的な変化をも問題にしなければならない。

原両親を分離する自我の行動は業《わざ》であり、戦いであり、創造である。われわれはこの点について後の「竜との戦い」の段階で取り上げることにする。またその際、危険を克服すべきこの決戦と結びついている、人格の決定的な変化についても論ずる予定である。

自我の英雄的活動の否定的な結果──楽園喪失・根こぎにされた状態・原罪

しかしこの業《わざ》の別の側面については、すなわちこの業が罪として、しかも原罪や堕罪として体験される側面については、ここで詳しく検討しておきたい。ただしその前に感情のあり方を検討し、世界・光・意識の創造として登場するこの業には苦悩と原喪失の性格がつきまとっていることを理解しておかなければならない。この性格はあまりに強すぎるために、初めは少なくとも、創造によって得たものをまったくあるいはほとんど帳消しにしてしまうと思われるほどなのである。

自我の英雄的な活動によって、すなわち自我が世界を創造し、対立項を分離しつつウロボロスの魔圏から外に出ることによって、自我は孤独で引き裂かれたと感じられるような状態に陥る。自我の浮上によって楽園状況は止む。つまり幼児的状況──まわりを取り囲む一つの大きなものが生を調整し、この取り囲むものに身を委ねるのが当たり前である状況──は終わりを告げる。この楽園状況は、宗教的にはすべてが神自身によって導かれていた状況として描かれようし、倫理的にはすべてがまだ善であり、この世にいかなる悪も存在しなかった状況として表現されよう。他の神話では「苦労のない」黄金時代として性格づけられ、その時代には自然がすべてを与え、仕事・苦悩・苦痛はまだ存在しなかったとされる。また別の神話はこのあり方を「永遠の生」すなわち不死として性格づけている。

これらすべての原初段階に共通しているのは、心理学的にみた場合、それらが自我以前の段階・意識的な世界と無意識的な世界がまだ分離されていない段階・について語っている点である。まさしくその意味でこれらの段階はすべて個体以前の集合的な段階でもある。孤独という存在感は自我と、それも特に自らの独自性を自覚している自我と、必然的に結びついているが、この存在感はこの段階ではまだ生じていなかった。

自我や意識の成立と共に生じるのは孤独ばかりではない。苦悩・労働・苦難・悪・病気・死もまた、自我によって知覚されるが故に姿を現わす。孤独を感じている自我は、自己－存在に気づくと同時にマイナスのものにも気づき、自らと関連づける。つまり両方の事実（＝自我とマイナスのもの）を関連づけ、自我の成立そのものを罪と、また苦悩・病気・死を罰と見なそうとする。原初人の存在感は被害感に充たされており、同時にまた自分の受ける被害はすべて自分のせいであるという意識をもっている。要するに原初人にとって偶然は存在せず、被害はすべてタブーを犯した——たとえ無意識的であるにせよ——等々の結果なのである。しかしこの場合、これらの諸関連についての原初人の「世界観」すなわち「表象」は本質的に情動によって色づけられている。つまり彼らの表象は、自我と意識の形成によってかき乱された生の感覚を基礎にしている。原初のウロボロス的な生の感覚がかき乱されるのは、自我意識が抜きん出て独立した存在となればなるほど、自我意識が自らの微力と無力をいっそう強く感じとり、それに伴って力あるものに頼りたいという感情が支配的となるからである。こうしてリルケが言うような、動物のもうろうとした天真爛漫な状態はもはや失われてしまった。

しかし、用心深い温血動物の内にも
重くるしさと懸念を伴う大いなる憂愁がある。
かれらにも、つねにまつわりついているもの、
われわれをしばしば圧倒するもの、
思い出があるからだ。
求めてやまぬものが、
かつてはもっと身近にあり、もっと信用でき、
限りなく優しい関係にあったときの、

あの思い出だ。
いまでは一切が遠くにある。
かつては一切が息づいていた。
最初の故郷を後にしたいま、
第二の故郷は汚く空しい。
ああ、小さき生き物たちのなんと至福なことよ。
かれらはいつもかれらを宿した母胎の内にある。
ああ、蚊のなんと幸福なことよ、
かれらは番《つが》いのときでさえ
なお母胎の内を飛び回る。
母胎こそすべてなのだ。(157)

しかし今や、生まれたばかりの自我には別の言い方が当てはまる。

これが運命だ、対立していることが。
それ以外のなにものもなく、
絶えざる対立。

この対立し、もはや母胎に包み込まれていない感じは、自我が自らを孤立した孤独なものと感ずるところではどこでも、意識の暗い予感として漂っている。

世界と対立することは人間だけの特徴である。それは人間の苦悩であり、また人間の〔優れた〕特色でもある。というのは最初に喪失と思われたことが肯定的なものとなるからである。しかしそれだけではない。より高い段階で人間は、そして人間だけが、「関係をもつ存在」という決定的な特徴を手に入れる。つまり相手が人間であれ、物・世界・魂・神であれ、人間は個体としてそれらと「関係をもつ」。人間はこの時、より高い質的に異なる統一体の一部となるが、この統一体はもはやウロボロスに包み込まれた状態である自我以前の統一体ではなく、自我を、あるいはより正確には自己ないし全体的な個体を内包する一つの結合体である。しかしこの新たな統一体も、原両親の分離および自我意識の誕生によって生じた、根本的な「対立」を基礎にしている。

原両親の分離によって初めて世界が創造されるが、それはユダヤ教のミドラッシに言われるように、二者性すなわち対立の性質をもっている。この分離は、人格が今や二つの部分に・自我を中心とする意識的な部分とより大きな無意識的な部分とに・根底から分離し始めたことに基づいている。この分離と分割は両面性の原理を変化させる基礎でもある。対立の両項は原初においては何の困難もなく、また互いに排除し合うこともなく同時的に働いていたのに対して、今や意識と無意識の間に対立が発生し、発達し、完成していくにつれて、互いに対立し始める。そうなると好きなものを同時に憎むということは、もはや「できない」。自我と意識は原理上、対立の一方と同一化し、他方を無意識内に留めておく。無意識内に留まるのは、第一には浮かび上がるのを妨げられる場合であり、第二には意識的に抑制される場合であり、第三の場合は抑圧される、つまり意識が知らない間に意識から締め出される場合である。意識の立場とは逆の立場が無意識内にあることは深層心理学の分析によって初めて発見された。自我が深層心理学以前の段階にあって無意識的な反対の側面を知らない限り、この別の側面は自我にとっていつまでも失われたままであり、そのために自我の世界観や自我の世界の、全体性や完全性もまた失われたままである。

この全体性の喪失と世界内に――たとえ無意識的とはいえ――全面的に包み込まれている状態との喪失は、原喪失として体験され、奪われた欠損の状態という原現象として人間の自我成立の初期に現われる。

この原喪失は原去勢とも呼ぶことができる。しかし注意しなければならないのは、この原去勢が――母権的な段階での去勢とは反対に――性器とは無関係なことである。ここでは分離・喪失・切断がある大きな関連からの切断として、たとえば個人の場合には母胎からの分離として、体験される。この場合の喪失とは自我が自ら決心したものであり、自我による分離として実行されるものでありながら、にもかかわらず自我によって喪失や罪と感じられるものである。この自己解放は臍《へそ》の緒を切る行為であって、〔体の一部を〕切り取る行為ではなく、これによって一つの大きな統一体・ウロボロス内に包み込まれた母－子の同一性・が最終的に解体される。

母権的な去勢はまだ太母との関係が切れていない自我を脅かす。というのは、すでに述べたようにこの段階の自我にとっては自我喪失と男根喪失は象徴的に同じだったからである。世界両親の分離の段階における原喪失は、この〔分離〕行為によって独立した完全な個人に関係している。この段階の喪失は情動を伴い、罪悪感として表現され、その根源には「神秘的融即」の喪失がある。

両性的なウロボロスからの離別は父性的か母性的な特徴を持ち、神－父－状況からの離別として、あるいは楽園－母－状況からの離別として、あるいはその両方として体験される。

この原去勢の現象と同じ意味をもつのが原罪と楽園喪失の現象である。しかしユダヤ－キリスト教の領域では古い神話のモチーフが意識的に手を加えられ、意味を変えられているため、ここでは原両親の分離という神話はそのなごりを留めているにすぎない。バビロニアの文献でも、神々から主権を認められた英雄マルドゥクが、混沌＝母の蛇ティアマトを二分し、世界創造のために利用したとされているが、この文献においても原両親の分離の神話はかすかな余韻を響かせているにすぎない。神観と世界観のイスラエル的変更に応じて、道徳的な要因が前面に押し出され、善悪の識別を得ることが罪へと、またウロボロス的な原初状態を捨てることが罰としての楽園追放へと退化したのである。

しかしこのモチーフはギリシア以外の文化圏に限られるものではない。

原罪の原理はすでにソクラテス以前の哲学者アナクシマンドロス(4)において宇宙的に捉えられている。「万物は無限なるものから生ずる。生じ来たる所、その中へ万物はまた必然的に消え去っていく。じつに万物は、時の秩序に従って、自ら犯した不正に対して、互いに償いと報復を行なうのである」(158)。この文章は原罪について語っているとも解釈できる。すなわち世界と神との原初の統一は人間以前の罪によって引き裂かれ、この分裂から生じた世界はこの罪に対する罰に苦しむ、という意味にも受けとれる。同じ原理はオルフェウス教(5)やピュタゴラス学派(6)をも支配している。

またグノーシスの思想においては、欠如感が世界生成を促す力(7)となった。もっともこれは独得な逆説的変化を受けているが、その変化の原因についてはここでは詳しく分析することはできない。一般にこの世の内なる存在はこの喪失というコンプレックス感情から見ると、孤立状態や切り離された状態として、また異郷で道に迷ったり見捨てられている状態として体験される。人間内部の救済されうる部分はプレローマ的な原故郷に由来するものであるが、この原故郷は、精神《ガイスト》－プネウマの側面が強調されすぎているとはいえ、明らかにウロボロス的である。上なる霊界《ガイスト》と下なる物質界というグノーシスの二元論的な基本思想は、世界両親の分離を前提としている。プレローマ界はウロボロス的な性格である充満・全体性・非区別性・智恵・前世界性などを持っているが、ただこのウロボロスは男性的－父性的な性質の方が強く、女性的な性格はわずかにソフィアから窺われるにすぎない。これは母性的ウロボロスでは男性的特徴が垣間見えるだけであるのと対照的である。したがって、太母によるウロボロス的な救済では意識的な原理の放棄と喪失、そして無意識への還帰が要求されたのに対して、グノーシスでは意識を高め、無意識的な面を無くして超精神的なものへと還帰することが救済の道とされる。

こうした「こころ《ゼーレ》」の元型的な基本イメージがどれほど強い力を持つかは、カバラの例による方が、何か別の精神史的な現象によるよりも、はるかによく証明することができる。ユダヤ教は意識と道徳を重んずるがゆえに、つねに神話化と「こころ《ゼーレ》」の領域とを徹底的に排除しようとしてきた。しかしカバラの中には、すなわちユダヤの秘教であり、ユダヤ教の中に本来生きているが隠されている生命線としてのカバラの中には、補償的な逆の動きがひそかに貫かれてきた。その中には無数の元型が浮かび上がっているばかりでなく、それら元型はカバラを通してユダヤ教の発展と歴史にも影響を及ぼしてきた。

たとえばアリのカバラに収められた、悪に関する教えについての注釈にこうある。[159]「人間は創造の最終目的であるばかりでなく、また人間の支配は此岸に、すなわちこの世に限られるばかりでなく、より高い世界の完成および神の完成さえも人間にかかっているのである」。カバラの決定的な人間中心の立場を特徴づけるこの一節は次のような断言の基礎となっている。「カバラの見解によれば、原罪とはそもそも神性に汚点をつけた行為である。この汚点の性質については諸説がある。しかし最も承認されている説は、最初の人間アダム・カドモン(8)が王と女王を分離し、シェヒナー(9)をその夫との結合から、またセフィロート(10)の全序列から切り離した、とするものである」。

この箇所には原両親の分離という古い元型が、純粋な姿で現われているが、この元型はカバラに影響を与えたかもしれないグノーシスにはまったく認められない。そもそも、カバラの中でサバタイ・ツヴィ(11)の弟子で予言者のガザのナータン[160](12)のような、元型的な表現や形姿が浮かび上がる多くの箇所において、グノーシスの影響があったかどうかはきわめて疑わしいと思われる。われわれは影響や伝播の理論を副次的なものとみなし、その代わりにユングによって発見され、すべての深層心理学的な分析によって証明されている事案を据えることに慣れなければならない。つまりその事実とは、もろもろの元型があらゆる人間の内部でもろもろの力やイメージとして現に働いており、また集合的な無意識の層が生きている所ではどこでも内部から自律的に浮かび上がる、ということである。

世界両親の分離という原有為は、さまざまな宗教の中で神学化されている。そこで企てられているのは、自我と自我の解放にはつきものの現実の欠乏感を、合理化し道徳化することである。本当は人間の根本的な解放行為であるものが、すなわち無意識の猛威から自らを引き離し、自我・意識・個人として自己を確立する行為が、罪・堕落・反逆・不服従と解釈される。このように状況判断が狂わされるのは、この解放行為が、行為と解放のあるところ必ずついてまわる犠牲と、それに伴う苦悩とに結びついているためである。

攻撃性と自我の発達

原両親の分離は単なる原初的な共棲の妨害でもなければ、またウロボロスが意味する完全なる世界状態の単なる破壊でもない。たしかにこのことも、われわれが原喪失と特徴づけたことともども、原罪感を形成するかもしれない。なぜなら、すでに述べたように、ウロボロス的状態はその本性上世界と人間を包み込む全体性の状態を表わすからである。しかし決定的なことがもう一つある。それは原両親の分離が受動的苦悩や喪失としてだけではなく、能動的－破壊的行為としても体験される、ということである。この分離は象徴的には殺害・犠牲・八ッ裂き・去勢と同一である。

ここで注目されるのは、少年＝愛人に対して母性的なウロボロスの側からなされたのと同じことが、今度はウロボロスに対してなされることである。息子－神が老いた父－神を去勢したり、原竜を引き裂いて、その屍体から世界を造った、という記述は神話にたびたび登場する。この引き裂く行為こそ――このモチーフは錬金術でも繰り返されているが――あらゆる創造の前提である。われわれはここで、いずれの創造神話にも繰り返し登場する元型的モチーフが、基本的に同一のものであることを知る。老いた者を殺し、引き裂き、無力にすることが新たな開始の前提である。この親殺しの問題については後に詳しく論ずることにする。しかしこの殺害が、たとえやむをえぬ罪であるとはいえ、間違いなく罪であることは自明である。

少年＝愛人は、象徴的には否定的な行為、すなわち破壊行為として表現された行為によって、ウロボロスから自らを解放する。この事実を心理学的に理解することによって、われわれは重要なまさしく決定的な認識に、シンボルの世界で「男性的」だとされ意識の本質と深く結びついている事柄の本性の認識に、辿りついた。

われわれは少年の自立と解放への移行を自己分裂として特徴づけた。自己意識化とは、いやそもそも意識化とは、否を言うことから始まる。ウロボロス・太母・無意識に対して否を言うこと。そしてもしわれわれが意識形成・自我形成の行為を企てようとするなら、その行為が最初はすべて否定の行為であることを知っておかねばならない。自らを際立たせ・自らを区別し・区切り・ある関連から孤立させること・これが意識の基本活動である。まさしく科学的方法としての実験はこの過程の典型的な例であり、この中で自然関係が解体され、何かが遊離され切り離される、すなわち分析がなされる。なぜなら《限定とは否定である》は意識であるからには従わざるをえない標語だからである。すべてを結びつけ、すべてを混然と溶かし込む無意識が「これがおまえだ」と言うのに対し、「それはわたしではない」と言うことこそ意識の決定的な反撃なのである。

自我形成は非自我からの区別としてのみ起こりうるし、意識は無意識から自らを引き離し・分離し・際立たせ・自由にする場合にのみ登場し、個体は無意識的な集合体から分離される場合にのみ個性化に到達する。

ウロボロス的な始源状態が解体されると、二者性への分化が生じ、原初の両義性は分極化され、両性具有的な胚芽は〔男性と女性とへ〕分離し、世界は主体と客体、内と外に分けられる。同様に善と悪も生じるが、これは諸対立を内包するウロボロス的な楽園から人間が追放されることによって初めて識別される。もちろん人間は、意識的になって自我を得ても、この意識化過程に抵抗する別の強力な面を持っているので、自らを分裂した存在と感ずる。つまり彼は迷いを経験する。そしてこの迷いは、自我がまだ少年期ほどに幼い時には、絶望や自殺に到りかねない。自殺はまさしくつねに自我の死と自己破壊を意味し、太母の内での死によって終わりを告げるのである。

少年-自我の最終的な自己確立と独立は、後に見ていくように、「竜との戦い」に勝つことによって初めて現実的に可能になるのであり、それ以前には自我はまだ不確かである。この不確かさは対立する二つの心的体系へと内的に分裂していることから来ている。二つの体系のうち、自我が同一化している意識体系の方はまだ弱く、未発達で、自らの独自の原理の意味を分かっていない。この内的な不確かさが、すでに述べたように、迷いとなって現われ、この少年段階に特徴的な、相補的な二つの現象をもたらす。一つは過度の自己強調・自己愛・自己関与・を伴う自己陶酔《ナルシシズム》であり、いま一つは世界苦である。

自己陶酔《ナルシシズム》は自我の自己確立のための不可欠の移行形態である。自我と意識が無意識の威力から解放されると、すべての解放がそうであるように、まず初めは自分の立場と自分の価値が過大評価される。この「自我意識の思春期」には出生地である無意識の価値低下が伴っている。この無意識のデフレーション化は、付随的な個人化および情動的要素の縮小と同じ方向を向いている（第二部参照）。すなわちこれらの過程はすべて自我意識の原理の強化を意味しているのである。この発達方向の危険性はこれが自己過大評価に、つまり勝手に思い違いをする自我意識の誇大妄想に通じている点にある。つまりこの自我意識はまず無意識の価値を低下させ、無意識を抑圧し、最後には否定さえするのである。意識の未熟さを示す一つの徴候である自我過大評価は、抑鬱的な自己破壊によって補償される。そしてこの自己破壊は、世界苦や自己貶価の形をとり、思春期の特徴的な徴候である自殺にまで到ることがある。

この状態の分析によって明らかにされるのが罪悪感であるが、その源泉は超個人的である、すなわち筋のもつれ合った個人主義的な家族小説[13]を越えてはるかな過去にまで溯る。世界両親の分離という犯行は原罪として登場する。しかし、そしてこれが決定的な点だが、告訴するのは自我ではなく、いわば原両親であり、無意識自身である。旧い戒の代理人であるウロボロス的な無意識は、息子である意識の解放に抵抗する——これによってわれわれは再び息子を殺そうとする恐ろしい母の勢力圏に陥る。意識－自我がこの告訴に屈服し、死刑判決を甘んじて受け入れるなら、またその限りでは、彼はそれによって自らが息子＝愛人であることを明かすのであり、息子

＝愛人と同じように自殺に終わるのである。

しかし自我意識が言葉の真の意味において「矛先《ほこさき》を転ずる」なら、つまり恐ろしい母の破壊的な姿勢を受け継ぎ、しかし今度はそれを自分自身に向けるのではなく、恐ろしい母に向けるなら、状況は変わってくる。この過程は神話では「竜との戦い」として表わされる。心理学的にはこの過程は――後に「竜との戦い」の結果として論ずる人格変化を要約していえば――意識－自我の形成および英雄の自我のような「高度な自我」の形成に対応し、また認識という宝を発掘することに対応する。にもかかわらず自我は疑いなくその攻撃を罪として体験せざるをえない。というのは、殺害・八ッ裂き・去勢・犠牲は、たとえそれらが敵の・ここではウロボロス竜の・征圧に必要であるとしても、罪であることに変わりないからである。

この破壊はここでもまた食べて同化する行為と結びついており、またしばしばそのように表現される。意識形成とは、連続した世界を個々の対象・部分・形姿に分解することと同じである。それらは分解されて初めて消化され・内部に取り入れられ・「取り込まれ」[14]・意識化される、すなわち食べられうるのである。たとえば太陽－英雄は夜－竜に呑み込まれるが、竜の心臓を切り取って食べてしまう。これはわれわれが挙げた他の多くの例と同様に、対象の精髄を同化することを表わしている。それゆえ攻撃・破壊・八ッ裂き・殺害はそれらを行なう身体機能、つまり食べる・嚙む・嚙みつく・と、また特にこれらの行為の道具である歯のシンボル体系と結びつき、独立した自我や意識を形成するための前提となっている。この点に発達段階初期の攻撃が持つ深い意味が見られる。攻撃はサディスティックなものではなく、世界同化の不可欠の準備として肯定的なものである。

しかし原始的な心性は、まさに本源的に世界や自然と結合しているために、いかなる殺害をも、動物と植物の殺害でさえも、世界関連を犯すものとみなし、罪の償いを要求してきた。殺されたものの亡霊は鎮められないと復讐する。世界両親の分離に対して、また神的なウロボロスの猛威からの傲慢な解放に対して、原－霊力が復讐してくるという恐怖こそ、人類史の初めに存在する恐怖と罪の感覚であり、原罪なのである。

この恐怖に立ち向かう戦い、つまり解放を帳消しにする退行に征服されて再び始源の状態の中へ呑み込まれるという危険に立ち向かう戦いが、さまざまな変形を持つ「竜との戦い」であり、この戦いによって初めて自我と意識の独立が完成する。この戦いにおいて原両親の息子は英雄の証しを立てねばならない、つまり自我は生まれたばかりの力のない存在から力をもった授精者へと変容しなければならない。「竜との戦い」で勝利を収めた英雄は一つの新しい始源であり、人間によって起こされた創造の開始である。この創造は自然の創造——人間存在より以前から存在しており、生まれたばかりの人間を圧倒的に覆っていた——とは対照的に文化と呼ばれる。

すでに強調したように、無意識が主に女性的なものと、意識が主に男性的なものと理解されることは、意識-無意識という対立構造の本質に属している。この対応関係は明白である。なぜなら無意識は産み出しもたらすものとしても、呑み込み吸い込むものとしても、女性性に対応しているからである。この元型の姿をとるものを神話学では女性性として理解する。そしてウロボロスも太母もともに女性的な元型であり、それらに支配されている「こころ《ゼーレ》」の布置はすべて無意識の元型の支配下にある。逆に無意識の体系と対立している意識と自我の体系は男性的である。この体系は意志・決断・行動力といった諸特性と結びつき、意識以前の・まだ自我のない・状態の中で規定され、動かされているあり方と対照的である。

以上で探求してきたように、意識と自我の発達とは、無意識による圧倒的な包囲から、すなわちウロボロスには完全な形で見られ、太母には部分的な形で見られる包囲から、徐々に解放されることである。この過程を詳しく観察してみると、そこで進行しているのは、原初には胚芽としてしか存在しなかった男性性を独立させること、また人類史の原初にも、幼児期の最初期にも、萌芽としてのみ存在していた自我と意識の体系を発達させること、であるのが分かる。*

＊　ウロボロスや太母のような女性の元型が、女性の心理の中で、男性の心理におけるのとはどれほど異なった役割を果たしているか、については後に研究しなければならない課題である。われわれが恣意的にではなく神話に従って「男性的」と特徴づけた意識と自我の体系は女性にもあり、

それを発達させることは女性が文化的になるためには、男性の場合と同様に重要である。逆に「女性的な」無意識体系は男性にも存在し、女性の場合と同様に、彼の自然なあり方、および創造的な基盤との関係を規定している。ただしここではこれまであまり力点を置いてこなかった、男性と女性の構造上の本質的な違いについて強調しておかなければならない。つまり、男性は「男性的な」意識構造を「自分のもの」として・「女性的な」無意識を「他人のもの」として・経験するが、逆に女性は女性的な無意識に「自分のもの」として向き合い、自分の意識を「他人のもの」として経験するのである。

自我の男性性の強化

世界両親を分離する段階は、対立原理が生まれる中で自我と意識の独立が始まるという内容を含んでいるが、この段階は同時に男性性が強化される段階でもある。自我意識は女性的な無意識と対立して男性的にふるまう。この意識の強化は、タブーの設定においてすなわち善悪の区別の設定において顕《あらわ》になる。この設定は無意識的・本能的行動の代わりに自覚的行為を置くことによって、意識を無意識に対して区切るのである。儀礼の意味は、未開人が儀礼に期待した実用的な効果を別とすれば、まさしく意識体系の強化にある。原初人は呪術によって世界と対決するが、この呪術は人間中心的な世界支配の数ある形態の中の一つである。人間は儀礼において責任ある世界中心となり、太陽の上昇・収穫物の豊饒・霊力の行動・はこの中心に依存する。われわれはこうした投影と、大いなる個人たちを族長・呪術師《まじないし》・聖なる王として集団から浮上させ、悪霊・亡霊・神々を「霊力」一般から析出する過程とを中心化・すなわち一見混沌とした無意識の出来事から意識の活動可能性を引き出す中心化・の表現とみなす。未開人は一般に自然と無意識を「霊力によって左右されるもの」と、すなわち偶然が入り込む余地のない存在と感ずるが、この存在は自我-胚芽にとっては、その霊力について知ることができないために、混沌として暗く、測り難いものである。この霊力を位置づけるのが儀礼行為、すなわち世界秩序を産み出す呪術的な世界支配である。たとえこの秩序が、世界を秩序づけるわれわれの方法とは異なるにしても、われわれの意識秩序と原初人の呪術的な秩序が関連しているという証明はいたるところで可能である。そのさい重要なのは、行動の中心としての意識の方が認識の中心としての意識に先行し、同様に儀礼は神話に、呪術的儀式と倫理的行為は自然科学的世界像と人間学的な認識に先行するという点である。

しかし意志の世界における意識的行為と、認識の世界における意識的な知との、共通の中心は自我である。この自我はゆっくりと発達して、影響を及ぼされる状態から影響を及ぼす者となり、また浮かび上がってくる啓示の知に圧倒されている状態から意識的な認識に到る。この過程の遂行には、初めは集団の誰もが参画するわけではなく、偉大な抜きん出た個人たち、すなわち集団の意識の代表的な担い手である個人たちによって進められる。彼らは共同体の先駆者であり指導者であって、集団は彼らにつき従う。授精者と地母神の、王と女王の結婚という模範的な儀礼は、成員相互の結婚の模範となる。オシリス－神王の不死の魂は各エジプト人の不死の魂となり、キリスト救世主は各キリスト教徒のキリストの魂となり、われわれの内なる自己となる。同様に族長の意志機能と決定機能は、各個人の自我における後の自由な意志決定の模範となる。また法を設定する機能は本来は神に、後にはマナ人格(15)に属していたが、現代人においては個人の内的道徳的な法設定に委ねられている。

この「取り込み」の内的過程については後に論じるが、さしあたってここでは意識の男性化の事実とその原理的な意味を次のように定式化したい。すなわち、自我は自我意識の解放と男性化によって「英雄」になる、と。英雄神話としての彼の物語は、自我の自己解放のための、つまり自我が無意識の威力から自らを解放し、この猛威の危険に対して独自の存在を確立するための、模範的な物語である。

B

英雄神話

Ⅰ　英雄の誕生

Ⅱ　母殺し

Ⅲ　父殺し

「自然が自然を打ち負かす」

I　英雄の誕生

英雄神話とともに発達段階の新しい時期が始まる。重心が大きく移動し、創造神話ではつねに見られるような、神話の世界の宇宙的な性質はもはや優勢ではなくなり、代わって人間の居る場所としての世界の中心が最終的に姿を現わしたのである。段階的発達の視点からみれば、これは英雄神話において自我と意識が独立するばかりでなく、人間の人格全体が自然――世界であれ無意識であれ――から際立ってくることをも意味している。本来すでに英雄神話に属している世界両親の分離において、まだ世界的‐宇宙的にしか表現されえていなかった内容が、今や人間の姿や人格の形をとる段階に入ったのである。こうして英雄は人間一般の元型的な先駆者となり、その運命は鑑《かがみ》とされるべき模範となる。そして彼の運命は人類の内で、たしかにそのとおりにはできないにせよ、英雄神話の諸段階が各個人の人格発達の構成要素をなしているという意味で、つねに鑑とされてきたのである。

男性化の過程がここで最終的に結晶を結び、自我と意識の本質構造にとって決定的なものとなる。英雄の誕生によって、原両親との対決という英雄の原＝対決が始まる。原両親問題は、超個人的な形においても個人的な形においても、誕生・戦い・変容における英雄のあり方を規定する。父性的でも母性的でもない男性性と女性性の獲得においても、また新たに獲得された段階とすでに克服された段階とがどちらも生かされている内的な人格構造の構築においても、ある発達が成就するが、この発達は英雄神話の神話的な諸投影の中に集合的に予め存在しており、また人間の人格形成の中にその痕跡が発見されたものである（第二部参照）。

二組の両親

われわれは英雄の本性をより深く理解した時に初めて、原両親の殺害を内容とする「竜との戦い」の部分を真の意味で理解することができる。しかし英雄の本性は英雄の出生および二組の両親の問題と密接な関係にある。英雄が二人の父あるいは二人の母を持つことは標準的な英雄神話の核心部をなしている。個人的な父親と並んで「高い」父像、つまり真に元型的な父像が登場し、個人的な母親と並んで「高い」母像が登場する。二重の出生、ならびに個人的両親像と超個人的両親像の対立が、英雄の人生のドラマを構成する。「竜との戦い」の分析の本質的な部分はすでにユングの『転換』の中に見られるが、この先駆的な仕事が提出した問題は、その後の分析心理学の成果によって修正され、完成され、体系化される必要がある。

原両親問題におけるこの二重性と対立の意味が不明瞭であったからこそ、治療もまた今日に到るまで本質的な点において混乱してきたのである。今日の西洋の精神界をエディプス・コンプレックスとして徘徊しているものが最終的に消滅することが、ここで論じている心的諸現象についての真の研究のための基盤である。この心的諸現象の真の研究は、西洋人の今後の心理学的な発達のみならず、倫理的、宗教的発達にとっても基本的なものである。

すでにA・エレミアス[161]は、英雄が父なし子か母なし子であることが英雄－救済者の神話的な標準的目印の一つであること、二組の両親の一方の組がしばしば神であること、また英雄の母がよく母神自身であったり「神の花嫁」であることを指摘し、豊富な資料を挙げて証明している。*

＊ 神話学の資料は民族学のデータによって補足され、基礎づけられる。ブリフォールト[162]も証明しているように、英雄が処女から生まれたとする信仰は世界中に分布しており、南・北アメリカ、アジア、ポリネシア、ヨーロッパ、それにアフリカにおいて支配的である。

処女－母

この母は処女－母であるが、このことは精神分析が見出そうとしてきた意味とはちがう意味をもっている[163]。ここで処女性が意味しているものは、古代では普通のことであるが、個人的な個体としての男性に所属しているのではないということである。つまり彼女は、肉体的な処女としてではなく、心的な神－開放性として、本質的に神聖なのである。われわれは処女－自然を太母の本質面と、すなわち個人的な男性に依存しない太母の創造力と、みなしてきた。しかし彼女の傍にも授精する男性が働いている。この男性は始源のウロボロス内においては無名であるが、後に男根的な力として太母の下位または横に立ち、かなり後に初めて夫として彼女と対等になる。父権的な世界では太母は自分の王子－夫に王位を奪われ[164]、自らは夫の横または下位に立つ。しかし彼女の元型的な影響力はつねに保持されている。

英雄はまさしくこの処女から生まれる。処女と、英雄が退治しなければならない鯨－竜は、母元型の両面、すなわち明るく至福を与える面と暗く恐ろしい面である。太母の恐ろしい竜の側面すなわち「西方の老女」が人類の元型的イメージとして永遠であるとすれば、太母の優しい側面すなわち慈愛豊かに子供を産む・永遠に美しい・太陽－英雄の・処女－母は、「東方の乙女」として、母権制・父権制を問わず元型的に永遠である。*

＊　ドリュースの提出している豊富な資料参照[165]。もちろんドリュースが、太陽－英雄の誕生を、冬至点の十二月二十四日に東の空に昇ってくる乙女座に由来させているのは、原因と結果を取り違えているのである。この星座が乙女と命名されたのは、処女元型が天空に投影されたからに他ならない。この星座は太陽－英雄がこの位置で年度の太陽として誕生するために乙女と呼ばれるのである。

ケドゥシャたちも、またマリアに到るまでの英雄の処女－母たちも、たとえばアシュタルテのように男性に抱擁されて進んで超個人的なものを・すなわちここでもまた神を・そして神のみを・進んで受胎する女神の典型である。このように定式化される女性心理の特殊性については、他の箇所で論じなければならない。いまここで重要なのは超個人的なものに対する彼女たちの関係だけである。それゆえ他の母たちとちがって、処女－母たちの

図35　黄金の雨としてダナエーに降るゼウス（前3世紀、アッティカ）

〔人間界の〕夫は、たとえばマリアの夫ヨセフや、あるいは人間である双生児の片割の人間界の父親のように、影が薄い。この場合授精する神格が怪物として現われるか、聖霊‐鳩として現われるか、あるいはゼウスの変身した姿、つまり雷霆・黄金の雨[1]〔図35〕・動物として現われるかは重要でない。英雄の誕生においてつねに決定的なのは、英雄の異常性・異質性・超人間的非人間的性質が、異常なもの・異質なもの・超人間的なもの・非人間的なものから、要するに悪魔か神から造られたためとみなされることである。この時母親を襲う出産――それも英雄出産――の体験が神話を形成するのである。異常なものを産んだという驚きは出産体験そのものが高まったものにすぎず、とりわけ女性が自分の体から男性を産むことができるという驚きの高まったものにすぎない。周知のように、もともと未開人の女性はこの驚くべきことをヌミノースなものの、すなわち風・霊・祖先のせいにする。この体験もまた前‐父権的であり、つまり子供を造ることと性交との間に因果的関連が認められる以前の時代のものである。出産に関する女性の原体験は母権制的である。夫は子供の父親ではない。授精の奇蹟は神格に由来するのである。つまりこの母権的な段階に属するのは超個人的な授精者像あるいは授精力であって、「個人的な父」ではない。女性の創造力はこの出産の奇蹟の中にあり、出産によって女性は「太母」や「大地」となる。しかしそれと同時にまさにこの最も深く最も早い段階においてこそ、処女‐母および神の花嫁の心理状態が女性の中で生き生きと働いているのである。ブリフォールトは正当にも、人類の初期の歴史を父権的な観点から捉えることは不可能である、なぜならこの観点そのものが発達の結果であって、多様な再解釈をもたらしたからである、と指摘している。このように神の花嫁であり処女である英雄の母たちの原イメージの中には、女性の前‐父権的体験の本質的部分が生きている。この母権的な初期段階は、後の父権的な体制のもとで書き換えられた英雄神話にもはっきりと認められる。初め太母は――たとえばイシスが死んだオシリスを再び産み落とすように――正真正銘にして唯一の創造者であったが、後には彼女は超個人的な授精の神によって受胎する。すでに見てきたように、この神は古い豊饒儀礼ではまず神を体現する年度王として登場し、次第にその地位を強化し、ついには――エジプトにみられるように――父権的な神‐王となる。最初期の母権的段階はエジプトのエドフの祭りに明らかである(2)[166]が、そこでは狂躁を伴う盛大な「ホルスとの抱擁の成就」と同時に幼いホルス‐王が受胎される。ここでは、太母の領域で見てきたように、授精者と授精される者とはなお一つである。「処女‐神の花嫁」の形態はルクソール(3)の祭りにみられる。ここではハトル‐女王‐女神官が太古の前王朝的儀礼の中で太陽神と結ばれ、新しい神‐息子を産む。後の、すでに父権的な時代では、この役割は太陽神の代理者である王によって受け継がれる。神にして王であるという二重性は以下の言葉によって明瞭に言い表わされている。「彼らは美しい王宮の中で眠っている彼女を見出した」。ブラックマンはこの文章の「彼ら」の後に（神と王の結合）と挿入している。この場合、父の二重性が、父によって授精されたホルス‐息子の二重性をも規定し、ホルスは「父の子であると同時にいと高き神の子でもある[167]」。

英雄の二重構造

この英雄の二重構造は、一方が死すべき身で他方が不死である双生児兄弟という元型的モチーフの中に認められるが、それが最もはっきりと現われているのはギリシアのディオスクロイ神話、もしくはヘラクレスにおいてである。すなわち前者では、母親が同じ夜にゼウスとの抱擁からは不死の息子〔ポルックス〕を、夫のテュンダレオスとの抱擁からは死すべき息子〔カストル〕を得、後者ではヘラクレスの母は彼をゼウスによって身ごもり、彼の双生児の兄を〔夫〕アムピトリュオンによって身ごもる。同様にテセウスの母も同じ夜にポセイドンと王アイゲウスによって身ごもったと言われる。死すべき母と不死の神を両親とする英雄は非常に多い。数ある例のうちから、ヘラクレスやディオスクロイの他に、ペルセウス[4]、イオン[4]、ロムルス[4]、そしてディオニュソス[4]、ブッダ[4]、カルナ[4]、ゾロアスター[4]等だけを挙げておく[168]。この英雄の「二重性」の体験は発達史的にきわめて重要なものとなったが、この体験が出産する女性の自己体験のみに由来するのでないことは今や明らかである。

英雄が人間的規準から外れた英雄と見え、神によって造られた者と見えるのは、たしかに人類全体から見たときのことである。しかし英雄の本質が二重性であると理解されるのは英雄の自己体験に由来する。英雄は一面では他の人間と同じ人間であり、地上的な・死すべき・集合的存在である。しかし同時に彼は自らを集合とは異質なものとして体験するばかりでなく、「自らに」属し、いわば「自分自身」でありながら、異質なもの・異常なもの・神的なものと呼ばざるをえないような何ものかを自らの内に体験する。英雄は高揚した状態の中で、すなわち行動・認識・形成という英雄的活動の中で、自らを「霊を吹き込まれた」もの・超日常的なもの・あるいは神の子・として体験する。つまり英雄は自らの他在の中に超個人的な造り親、つまり神を体験するのであり、この神はこの世の彼の個人的な父親が彼と肉体的・集合的性質を共有するのとは対照的である。このことから今や母親像の二重化も理解できる。すなわち授精する神の相手である女性的存在は、同様にもはや「個人的な母親」

ではなく、超個人的な像である。英雄が英雄でありうるのはこの母が処女‐母であり、彼女に神が顕現したからである。彼女も今や超個人的な諸特徴を持つ「精神像《ガイスト》」である。この精神像は、英雄の肉体を産み、彼を――動物‐母あるいは乳母として――育てる個人的な母親とともに生きている。このように英雄の二組の両親像は二重の存在であり、個人的でありかつ超個人的である。これらの像が混同されること、特に超個人的イメージが個人的な両親に投影されることが、幼児期の問題の本質的部分をなしている。

　この超個人的な〔母〕元型は養い‐産む地母として登場することもあれば、神に授精される処女‐母として、あるいは魂‐宝を司る女性として登場することもある。神話の中ではしばしば乳母や女王などと対立して登場する。父親像の場合には状況はいっそう複雑であるが、これは父権的な時代にはめったに元型的な地父が登場しないためである。ここではたいてい個人的な父親は「妨害する」人物として、授精する神の像と並んでいるが、その理由は分からない。しかし処女なる母、すなわち神から授精されて英雄を産む女性、は天に対して開かれた女性像として霊的‐女性的である。この女性像は多くの形態をもっており、神のお告げに圧倒される無垢な処女に始まって、神から授精されることを熱望して没我の恍惚にひたる女性、そして苦しみの中で認識するソフィア像にまで到る。ソフィアは自分の息子が神を父とすること、そして彼の英雄‐運命がまさしく運命、すなわち苦悩を意味すること、を知りつつ神の子ロゴスを産むのである。

男性集団と意識の発達

　英雄の誕生と彼の「竜との戦い」の章は、男性性とその発達の意味が理解された時にのみ明らかになる。英雄神話において初めて自我は男性的なものとしての独自の地位を得る。それゆえにこそこの男性的なものの本質はまさに象徴的な内容としても解明されなければならないのである。この点を明確にしておくことは、なにより「男性性」から「父性性」を区別するための前提であるが、この区別がとりわけ必要なのは、精神分析がいわゆるエディプス・コンプレックスからトーテム‐神話を説明するという誤った解釈を行なったために、この点で大きな混乱が起きているからである。(5)

目覚めつつある自我にとっては、彼の男性性、すなわち上昇する活動的な自意識は、同時に良い働きと悪い働きをする。この自意識は母性から追放され、この母性とは異なることを自覚する。男性は成長する、つまり独立すると、社会的にも母性的な女性から突き放され、追放されて、自らの他者性と独自性を体験し強調するほどにまでなっていることが、理解されなければならない。男性の基礎体験の一つは母性を、つまり原初において共に「神秘的融即」の内にあったものを、遅かれ早かれ、汝・非‐自我・他者・よそよそしい人と感じざるをえないことである。およそ意識発達に関する基本的な見方すべてに言えることであるが、われわれは父権的な家族状況の偏見から自由にならなければならない。人間集団の原初の状況は、母権的といういささかまぎらわしい用語を避けようと思えば、前‐父権的ということができる。

すでに動物において若い世代の雄が追い出され、母親と若い雌が残るという状況がよくみられる。(169) 男性の特徴である放浪癖は、母と子の母権的な家族集団が根源的であるということによって、初めから決定されているのである。男性は、母権的な集団の中に留まる場合には、他の男たちと共に母権的・女性的中核に従属する狩猟‐戦士集団を作る。この男性集団は当然遊動的・進取的で、絶えず危険な状況に身を曝す中で、意識を発達させる強い傾向をもつ。もしかするとこの段階ですでに男性集団の心理と母権的‐女性的心理の間に対立が生じるのかもしれない。

母権的集団は母子間の情緒的結合がまさっており、またよりいっそう地縁的、非遊動的であり、高度に自然および本能と結びついている。現代女性の心理も示すように、月経・妊娠・授乳期間は本能面を活性化し、植物的なものの支配を強化する。その上、女性による果樹園作りや農耕の発達により、またそうした仕事が自然の移り変わりに依存しているために、大地との強い結びつきが生ずる。さらに母権的な母子集団が洞穴・家・村で近密な共同生活を営むことによって、「神秘的融即」も強化される。これらすべての要因が女性集団における無意識的なあり方を強化している。

それに対して放浪し、狩をし、戦いを交わす男性集団は、たとえ母権的な家族中核と結びついて定住する場合でも、動物を飼いならして家畜‐遊牧生活に入るはるか以前は、狩猟集団として放浪生活を送っていた。男性集団の成立は族外婚の母権制によって阻まれる。というのは男性はなによりも母方居住制[6]によって妻の氏族のもとでよそ者として暮らさねばならないために、外へ、拡散へと強いられたからである。[170] 男性は入婿として氏族のよそ者であり、自分の氏族とは異なる土地に住む。つまり男性が――原初には一般的であった――母方居住制によって妻の土地で暮らす場合、彼は定住地では肩見の狭いよそ者である。男性は自身の権利が通用する出身地にはほんのわずかしか暮らさない。ブリフォールトが指摘しているように、この制度によって女性集団の自治が支えられ、女性集団[7]は祖母から母へ、母から娘へと引き継がれて行くが、他方男性集団の成立は妨げられる。それゆえ以下のプロイスの発言は男性集団に当てはまるが、その場合社会の中核集団が母‐妻‐子の連鎖として母権的に規定されているならなおさらである。

「両親と姉妹たちからなる全体の補足的な一部である兄弟たちは、この全体の中にあっては、絶対的な距離を置くことによって彼女たちから自由でない限り、女性の影響に絶えず打ち負かされる危険に最初から曝されている、と結論せざるをえない。しかし同様のことは族外婚集団の成員一般に当てはまるのである[171]」。おそらくこの事実が男性結社を成立させた一因ではないかと思われる。時が経つにつれ男性集団は絶えず強化されて行き、後には政治‐軍事や経済‐産業の発達に伴って、都市や国家における組織化された男性集団となる。この男性集団の内部では競争の展開よりも友情形成が重視され、相互の嫉妬よりも男性同士が似ていて女性とは違っていることが大いに強調される。

若者たちの年齢集団[8]・若者組・は同年代の仲間集団であるため男性が真に自己発見する場となる。母‐女性集団を他者とみなし、男性集団を自分とみなすことは、自我意識の自己発見に当たる社会的状況である。ただしここでいう男性は父親をさすのではなく、ましてや前父権的家族の中で力を持っていたとはとうてい思われない個人的な父親像をさすのでもない。女性集団の頂点に立つのは老女・姑・母であり、彼女たちは、動物集団の多くがそうであるように、閉じられた単位をなし、これは女性全員とある年齢までの少年を含んでいる。この集団に男性が族外婚によって加入しても、女性に対する男性のよそ者としての性格がしっかりと保たれるようにできており、彼はそれによって男性のリーダーの配下に入るのではなく、姑の悪意に曝される。承知のように、姑は最も強いタブーの対象の一つである。

男性集団はまた世代結社である原初的な年齢結社によっても、厳格かつ階層的に秩序づけられている。男性がある年齢集団から次の年齢集団に移る際の儀礼が参入儀礼である。男性結社はどこでも、男性性と男性的自己意識の発達にとってばかりか、広く文化の発達にとって最も重要である。

年齢結社の縦構造は個人的敵対的な父－息子関係という意味での個人的衝突を排除しているが、それは「父」と「子」が集団の特徴を示す呼び名であり、個人的な関係を示す呼び名ではないからである。老人は父、若者は息子であり、このように集合的な集団所属が重視される。したがってもし衝突があっても、それは世代的かつ集合的であり、個別的個人的特徴よりもむしろ元型的特徴を持つ。若者たちは参入儀礼によって集団のさまざまな役割へと進級できる。このとき、試験は男性性と自我の強さを試す試験であり、個人主義的な「老人の復讐」でもなければ、われわれの卒業試験のように若者の昇進に対する老人の復讐でもなく、集団に加入するための成熟の証明なのである。ちなみに老人たちはたいていどこでも、参入儀礼を重ねて知識を増すことによって、力と意味の増大を感ずるため、〔年下の者への〕怨恨を抱く理由はほとんどないのである。

「上なる」男性性、父たち、および「天」――精神面

男性結社・男性的な秘密結社・その中での友情関係・はもともとは母権的状態に附属したものである。それらは母権制の女性優位に対する自然な補償である。* 自我が自分の世界である男性世界に帰属することによって自らを知り、母性的な女性性から離れるという、自我の自己体験は自我発達の決定的な前進であり、いわば自我の自立の前提である。自我が男性結社によって、あるいは自己意識化によって体験する参入は一つの「秘儀」への・奥義への・参入であり、その内容はつねに「上なる男性性」に関わる。ここで問題とする上なる男性性とは男根的‐世俗的なものではなく、その内容は――たとえば少女の参入儀礼によくみかけられるような――性ではない。まさにその対極が、すなわち光‐太陽のシンボルあるいは頭や目のシンボルと共に意識のシンボルとして登場する精神《ガイスト》が、ここでは強調されるのであり、精神《ガイスト》への「参入」なのである。

* それゆえ今日なお男性の同性愛者の無意識には、ほとんど例外なく太母の優位と母権的心理が見出される。

男たちは「法と秩序の砦[172]」である父たちに、つまり老人たちに従い、共に一つの世界体系に従うが、この体系は象徴的に「天」と呼ぶことができる。というのはこの体系が女性的な大地と対照をなすからであり、また呪術的な世界秩序であるタブーから国家の法と現実にまで及んでいるからである。このとき「天」とは神の御座でも天国でもなく、息‐精神《ガイスト》‐風《プネウマ》の原理であり、この原理こそ男性的文化において父権的な神ばかりでなく学問的な哲学をも産み出した原理である。われわれが「天」という象徴的な用語を用いるのは、後に多様に分化する複雑なこの領域を一まとめにして、原初の象徴的神話的事態に合致する一つの名を与えるためである。* その際この「天」にはどんな霊力が住むのかはっきりしなくても、あるいは決まった像・霊・祖先・トーテム動物・神々が住んでいようとかまわない。これらはみな男性的精神《ガイスト》と男性世界の代理人であり、女性的な母親世界から出て来る若い新参者に、強制的あるいは非強制的に伝えられるものである。それゆえ参入儀礼においては少年たちは男性世界に属する精神《ガイスト》に呑み込まれるのであり、再生する場合にも、母親から生まれた者ではなく精神《ガイスト》から生まれ

た者となり、大地の子のみならず天の子ともなるのである。この精神《ガイスト》の誕生としての再生は、「上なる人間」としての上なる男性性の誕生である。そしてこの男性性は原始段階ですでに意識・自我・意志と同一グループをなしている。それゆえ天は原理的に男性性に属している。男性性には無意識の諸力に翻弄されない意識的な行為・行動・創造・認識の活動力としての「上なる活動力」が潜んでいる。そして男性集団がその「自然の本性」のためのみならず特にその社会的および心理的性質のために責任ある自我としての個々人の独自の活動を必要とするまさにそのゆえに、男性社会への参入儀礼はつねに意識という「上なる男性性」を試し、強化する、すなわち——神話的に言えば——「産み出す」ことに関わりをもつ。

＊ たとえばエジプトには女性の天の神〔ヌート〕と男性の地の神〔ゲブ〕が存在するが、これはバッハオーフェンが正しく認識していたように、太母が支配していたためであり、太母が、まだ自己展開の段階にまで高まっていない男性原理を内包していたためである。

火、および覚醒させるもろもろのシンボルは、参入儀礼において重要な役割を果たしている。少年たちは「目覚め」続けなければならない、すなわち疲労との戦いの他に肉体との戦いおよび無意識の惰性との戦いに打ち勝つことを学ばねばならない。この意味で疲労・恐怖・飢え・苦痛との戦いは自我強化や意志訓練のための本質的な契機として密接に組み合わされている。同様に伝承の習得と伝承への参入も、またやりとげねばならない意志の〔強さの〕証明も、参入儀礼に属する。男性性の試金石は、意志の堅固さを証明すること、すなわち必要とあらばいつでも自我と意識を維持し、無意識的・幼児的な恐怖心と衝動性を克服する能力を示すことである。思春期の参入儀礼は今日に到るまでなお男性的な精神の秘密の世界への参入という性格を持っている。いまこの精神が祖先の産んだ神話という宝の中に隠されていようと、集団の法と秩序の中に、あるいは宗教の秘蹟の中に隠されていようと、それは同じことである。これらはみな段階や序列こそちがえ、同じ男性的精神《ガイスト》の、そして特に男性集団に属する精神《ガイスト》の、刻印に他ならない。

まさしくこの理由から、たとえば女性が参入儀礼に同席することは禁じられ、違反した場合には死刑とされてきたのであり、またこのためにこそ女性は初めから、世界宗教においてさえ、教会堂に入ることを許されなかったのである。男性世界は天として現われ、祖先・前時代・神々――男性的神々である限りで――・の法と伝統を代表する。西洋文化のみならず、およそ人間の文化がギリシアからユダヤ-キリスト教文化圏、さらにはイスラム、インドに到るまで男性的文化であることは偶然ではない。文化への女性の関与は目に見えず、きわめて無意識的でもある。もっとも、だからといってその意味と影響力を見誤ってはならないが。それに対して男性が向かうのは精神《ガイスト》・自我・意識・意志が集まっている方向である。男性性が意識を自己本来のものとみなし、逆に無意識を自身とは異質のものとみなす――なぜなら意識は無意識を女性的なものとして体験せざるをえないから――、まさにそのために男性的な文化の発達は意識の発達となるのである。

文化史的に見ると、「天」の・男性的な精神《ガイスト》世界の・発達にとって重要なのは、まさしくトーテミズムの現象であると思われる。じつにこの現象は――たとえそれが母権制の時代に発生したものだとしても――特別に精神《ガイスト》的・男性的な現象なのである。

創造的な精神《ガイスト》の側と同一化することはすでに未開人のもとでも巨大な役割を果たしていた。ここでもまたフロイトは重要な発見をしたが、いっそう重要な歪曲と誤解を残した。トーテムはたしかにある意味では父親でもあるが、しかし決して個人的な性格を持たず、まして個人的な父親の性格など持っていない。逆に、創造的な精神《ガイスト》が遠くの他者でありながら、にもかかわらず自らの一部として体験されるということこそ、この儀礼の核心なのである。それゆえトーテムはたいていは動物であるが、時には植物や「物」でもある。未開人の心は現代人以上にはるかに緊密にこの「物」と結びついているが、しかしそれとの同一化は呪術的な儀礼において初めて作り出されなければならない。参入儀礼の中で活躍する変装用仮面の助けを借りて、トーテムの創造的な精神《ガイスト》界へ、すなわち祖先の時代へと儀礼的な変容をとげることは、超個人的なもの・大いなるもの・ヌミノースなもの・の力を、参入者である自分たちを産み出したものとして体験することを意味している。これがこうした儀礼の意味であり、その中ではまさに純個人的なものは克服されねばならない。少年の参入儀礼も、他の参入儀礼と同様、まさに超個人的なものを、すなわち個人における超個人的かつ集合的な部分を、創造せんとしている。それゆえこの部分の創造は、まだ成人していない者の純‐家族的あり方とはまさに正反対に、男性的精神《ガイスト》による第二の誕生、新たな創造であり、この中で奥義・祖先の知・世界知が伝授される。

参入と英雄‐自我の創出

男性集団は意識と「上なる男性性」の誕生の場であるだけでなく、個性と英雄の誕生の場でもある。われわれはこれまで何度か中心志向と自我発達の関連を指摘してきた。中心志向が表わす全体性傾向は最初期の段階では完全に無意識的であるが、形態化の段階では集団の全体性傾向として現われる。そしてこの集団の全体性はもはや必ずしも無意識的ではなく、投影されてまさしくトーテムとして体験される。トーテムとは捉え難いものであり、集団の成員はトーテムと「融即」関係にある、すなわちそれと無意識的に同一化している。他方集団とトーテムの間には世代関係もあって、トーテムは集団の祖先である。ただしこの場合トーテムは授精者的性質ではなく、創始者的・霊的な性質を持つ。しかし何よりもトーテムはヌミノースなものであり、超個人的霊《ガイスト》的存在である。トーテムは、動植物などではあるけれども、超個人的である。というのは動植物などとしてのトーテムは個体や個人としてではなく、理念あるいは種であると考えられているからである。すなわち原始段階ではトーテムは、マナを持ち・タブー視され・呪術的な力を持ち・儀礼によって関係を結ぶことのできる・霊的存在だからである。

このトーテム組織はトーテム仲間集団全体の基礎をなすが、この全体は生物学的な自然単位ではなく、精神的‐心的組織である。この意味でトーテムはすでに、今日われわれが精神的な集団であると理解する、結社あるいは盟友団である。トーテム、およびトーテムに基づく社会秩序は、生物学的な単位である母権的集団とは対照的に、「創立される」、すなわち精神的な行為によって成立するのである。

　知られているように、個々人が自らの守護霊を獲得することは、南アメリカのインディアンのもとでは、また彼らのもとでのみならず、参入の重要な内容をなしている。[173] 個人が体験するこの霊は動物等の中に宿ることができるし、また参入者の一生にわたってすべての儀礼的および文化的義務を課するが、この霊は未開人や古代人のあらゆるシャーマン・祭司・予言者の間で決定的な役割を演じている。この現象は世界中のどの民族にもつねに認められる。それは神の「個人的啓示」の表現であって、あらゆる次元であらゆる形態で現われる。トーテミズムの成立は、いま参入儀礼において霊の観照によって資格を得た個々人が霊との関わりという点で結集して集団を作ると仮定すれば、完全に原始段階における伝道宗教として理解できる。この種の集団形成は今日に到るまで宗派《ゼクテ》(9)の創立にみることができ、また未開人の参入儀礼、古代人の密儀、大宗教の創設も同じようにして成立する。それゆえ創立されたばかりの宗教というトーテムの初期形態においては、その創立者は祭司－予言者である。彼は彼の個人的な霊と初めて交流した人物であり、その祭礼を伝授する。彼こそは、神話が繰り返し示しているように、トーテム史の英雄であり、霊的祖先である。

　彼とトーテムとは一体をなしており、特に後に結成される共同体にとってはそうである。体験する個人的な自我である英雄＝創始者と、自我が体験する霊的存在としてのトーテムとは、霊的存在としての自己がなんらかの形で自我に「現われる」という意味で、心理学的に一体をなしているばかりではない。英雄＝創始者とトーテムとは後の共同体にとってもつねに繰り返し一体となって現われるのであり、それゆえたとえばモーセはヤハウェの特徴を持ち、愛の神はキリストの姿で崇められる。「我と父は一つなり」という聖句は、心理学的には自我と自我に現われる超個人的なもの——これが動物・霊・父あるいはいかなる形で現われようが——との間にいつでも見られるものである。

　それゆえ精神《ガイスト》としてのトーテムと、トーテムを最初に体験した祖先とは、一つに融合して創立的－精神的な父親像となる。この場合「創立的」とはまったく文字どおり「精神的－創出的」あるいは創始者的という意味である。この創立が霊感によることは、どの参入儀礼およびトーテム祭礼についての記述と分析を見ても明らかである。

参入・秘密結社・宗派《ゼクテ》・密儀・宗教といった精神的な集合は精神的－男性的であり、共同体的な性格にもかかわらず個人的な色彩が強い。というのは、各個人は個人として参入するのであり、参入の中で自身の個体性を刻印する個人的な体験を得たからである。これらの集団のこうした個人的な色彩、つまり選民性は、〔母〕元型および太母的意識段階が支配する母権的集団とは真向から対立している。男性結社や秘密結社組織という対抗集団の中で支配しているのは、英雄元型および「竜との戦い」の神話、すなわち元型的な意識発達の第二段階である。男性原理の集合は、ウロボロスと太母の支配を解体すべく定められたあらゆるタブー・立法・制度の発生基盤である。天－父－霊と男性性は一体であり、母権制に対する父権制の勝利を表わしている。これは母権制が法を持たないという意味ではない。母権制は本能という、すなわち無意識的自然的機能という形をとった法に規定されている。しかしこの機能は個々の個人の発達ではなく、種のためのものであり、種の繁殖・維持・発展をめざしている。男性的な自己意識が強まれば強まるほど、妊婦・子持ち・子供等を含む女性集団の生物的な弱さが意識され、この集団を防衛する戦士集団の力をますます自覚させることになる。男性の生の構えは意識強化的・自我強化的であり、女性の生の構えは本能強化的・集団強化的である。狩猟と戦いは個人を発達させて、危険状況の中で責任を取れる自我を作り出し、同時に指導者原理の発達を促す。この場合の指導者は、緊急時の指導者であっても継続的な指導者であっても、またカヌー建造や狩猟遠征といった特定の目的のために選ばれたとしてもまったく同じことであって、男性集団内部の指導者と被指導者の関係は、たとえこの集団がまだ母権的な核に従属している場合にも、発達せざるをえなかった。

男性集団の内部に指導体制が現われ確立されるにつれて、集団はさらに個体化する。指導者が実際に英雄とみなされるだけでなく、逆に精神《ガイスト》－授精者・創始者－神・祖先・指導者像が不確定なトーテム原像から浮かび出てくる。「背後の神」・「創始神」・一般に宗教史的に最初期の神像・の特徴は、この神が授精者ではなく創始者－父とみなされることである、つまり本来的に自然との関係をもたない・歴史の曙である太古に属する・精神《ガイスト》像とみなされることにあり、またこの神が文化と医療の授け手として登場することにある。彼は時間を超越している、つまり時間の中に現われるのではなく、ここでもまた時間の背後に、時間を規定する原－時間の中に、現われるのである。特徴的なのは彼が歴史および道徳と関係している点である。しかし同時に彼は種族の祖先であり、権威・権力・智恵・奥義の代理人である呪術師《まじないし》や長老は彼と関わりをもっている[174]。

この創始者像はヌミノースな神の投影像であり、英雄が神－王として現われる形態はこの神像からきている。英雄は、神自身でない場合には、たいてい神の子として登場する。この創始者神は具体的なもので示せば神話の「天」に当たるものであり、この「天」とは男性的－精神《ガイスト》的な・上なる・ウロボロス的な・背景である。ただしこの場合「天上的なもの」とは「天上神」と同じではない。祖先を創始者神や文化英雄と混同するのは、形の不確かなものに形を与えるこの個人化の過程からきている。

われわれが「天」と名づけた男性性と同一化することは、英雄が「竜との戦い」に入るための前提である。この同一化は彼が天の全権を体現する神の子であると自覚する時に完全になる。このことはまさしく英雄たちがいつでも神によって授精された者であることを示している。このように天に支えがあって初めて、つまり家長としてではなく精神的に授精する者・精神《ガイスト》－創始者・としての父神に根差すという上方への根差しによって初めて、太母である竜と戦うことができる。英雄は竜を倒して開いた授精的精神的世界の代表者として解放者・救済者になり、また新しい事柄の告知者に、救世主に、智恵と文化の授け手になる。

ユングは、英雄の近親相姦が彼の再生を目的とすること、英雄は二度生まれることによって初めて英雄となること、また逆に二度生まれた者はすべて英雄とみなすべきことを証明している。この再生は未開人における思春期の参入儀礼の目的であるばかりではない。密儀への参入者と同様に、グノーシス主義者もインドのバラモン(10)も洗礼を受けたキリスト教徒もみな再生者である。この再生によって、英雄近親相姦において呑み込む無意識の中へ入り込んだ自我は、本質的に変容し、「他者」となる。

「竜との戦い」における英雄の変容は一つの光明化(11)であり、栄光化であり、神化でさえある。このとき重要なのはより高い本質の人格が成立し誕生することである。この質変化と本質変化が英雄を普通人から区別している。このことは、すでに述べたように、神話の中では英雄が二人の父を持つこととして描かれる。すなわち一人は個人的な何のとりえもない父親で、彼は肉体的な下なる人間の父、つまり英雄の死すべき部分の父であり、もう一人は天の神的な父であり、この父が英雄部分の父、つまり非凡かつ不死である上なる人間の父である。

それゆえ英雄神話の原型はたいてい太陽神話か月神話である。栄光化とは神となることである。英雄は太陽あるいは月であり、つまり神である。事実彼は死すべき者としては単なる個人的な父親の息子であるが、英雄としては神の息子であり、神と同一視されるか、あるいは自ら同一化する。

再生儀礼としてのエジプトの王権儀礼

このことを示す歴史上おそらく最古の例はまたしてもエジプトの王である。エジプトの王たちは父系的にオシリスの相続人ホルスの子孫である。この王権の発達過程で王はもはやオシリス＝月とばかりでなく、まさしくラー＝太陽と繰り返し同一視される。王たちは「神ホルス」を自称する。王は「神」と呼ばれるが、これはエルマンが考えているような「装飾語」ではなく、象徴的な事実であったものが、近代の王権神授説によって初めて慣用句へと堕したものである。

同様にエジプト王は「人間〔の姿をとった〕太陽」あるいは「神の地上に降りた姿」〔現人神〕と呼ばれる。すでに第四王朝以来、王は〔太陽神〕ラーの子でもある。「ラーの子」という表現は王の称号のゆるぎない一部となる。

「この表現はわれわれが他の場所や時代でも出会う観念から、すなわち王は外見上は父の子であるが、同時に至高の神の子でもあるという観念からきている」[175]。

精神分析の中にも表わされている、「二人の父」という現象に対する現代人の無理解は、この報告に対するエルマンの結び[の]言葉の中にはっきりと示されている。

「もちろんわれわれは、このようなことがどうしてありえるのかを、われわれの限られた悟性で探ろうとしてはならない」。

これがキリスト生誕からほぼ二千年後の学者の「啓蒙された」発言なのである。心の二重性現象はエジプトの儀礼の中ではっきりと語られ、宗教においては数千年後に有名なニコデモとキリストの会話によって表現されるが[176][12]、この心的二重性は今日の現代人にもよくみられる、誰それの息子や娘でありながら「神の子」であるという感情の中に生きている。この両親の二重性に対応しているのが、人間の、ここでは英雄の、二重性である。

こうした母および父の像よりなる元型像は最初は英雄の運命とだけ、つまり非凡かつ一回限りの人間の人生とだけ、結びついていた。ここでもまた、かつてのオシリスの不死性や、聖なる結婚等の場合と同様に、発達過程における一回限りの模範的な出来事が後に人類の普遍的な財産となる。人類の個性化が進行し、「神秘的融即」の朦朧とした状態から人類が解放されるにつれ、各人の自我と自我発達が強調されるが、しかしそれによって一人一人が英雄となり、また「竜との戦い」の模範的な神話を通過しなければならない。

ここでもう一度強調しておくと、神話における英雄の運命は自我と意識の発達が辿るべき元型的な運命である。英雄の運命は人類のその後の発達の模範であり、一人一人の子供の自我発達の諸段階で繰り返される運命である。

われわれの論述が「個人化」しているとしても、つまりたとえば英雄の個人的体験について述べたり、あるいはある神話的状況を女性の立場から描いているとしても、これはもちろん表現を簡潔にするための方法であると理解していただきたい。われわれが原初の現象を後から心理学的に解釈する場合に、原初の人々の意識的な理解に合わせて行なうのではなく、〔心的な〕内容を、意識化して展開しているのである。この内容は原初の時代に神話への投影によって無意識的象徴的に外界へと投げ出されたものである。しかしこれらのシンボルは〔心的〕内容として、つまりシンボル産出の基にある心的状況を溯って読み取ることができるような内容として、理解することができるのである。

英雄とその二組の両親〔の段階〕に属しているのは、母殺しと父殺し、および超個人的な母と超個人的な父の獲得である。

Ⅱ　母殺し

男性的自我、および恐ろしい母の克服

ウロボロスが分裂して一対の世界両親の対立が生じ、その真中に「息子」が立ち上がった時、彼はこの行為によって男性性を確立し、彼の自立の第一段階が達成された。世界両親の真中に立った自我はこのウロボロスの両側に戦いを挑み、この敵対行為によって上なるものと下なるものの両方を敵に回す。いまや彼はいわゆる「竜との戦い」に、すなわちこの両側の敵との決戦に直面する。この戦いの結果いかんによって初めて、自立が本当に成功したかどうか、ウロボロスの拘束力から最終的に解放されたかどうか、が判明する。

あらゆる神話素の基本型であるこの「竜との戦い」に取り組むためには、この戦いをさまざまな段階と内容ごとに比較検討しなければならない。心理学的な解釈の可能性が多様であるということは、この無意識の中心主題に対してはとくに言えるので、われわれは慎重を期さねばならない。互いに対立するいくつかの解釈も一つの基本状況の異なる段階に対するものであるから一体をなしており、これらすべての解釈を統一して初めてことの真相がつかめるのである。

「竜との戦い」は英雄・竜・宝物の三つの基本要因からなる。英雄は竜を倒すことによって戦果としての宝物を得るが、この宝物は「竜との戦い」が象徴している過程の最終的産物である。

この宝物は具体的には、得難い貴重な性質・救い出すべき囚われの女性・真珠・生命《いのち》の水・財宝・不死の薬

草・として登場するが、これについては後に扱うことにする。そこでまず「竜というシンボルは何を意味するか」という基本問題から取りかかることにしよう。

この竜は、ユングがすでに確認している——もっとも彼の解釈の中で十分に考慮されてはいないが——ように、[177]ウロボロスの特徴を持っている。すなわち竜は男性的であると同時に女性的である。したがって「竜との戦い」は原両親との戦いであり、その中では父殺しと母殺しが、その一方だけではなく両方が、中心的な役割を演ずる。「竜との戦い」の章は人類と個人の発達の中心に位置し、また子供の個人的な発達においては、精神分析がエディプス・コンプレックスと呼び、われわれが原両親問題と名づける、出来事や経過と結びついている。

フロイトの父殺し理論は、その後ランクが完成させようとしたが、[178]次のような諸特徴を結びつけて一つの体系にまとめたものである。すなわち、つねに男の子を主役とする家族小説は、母に対する息子の近親相姦願望で頂点に達するが、この願望にとって父親は敵であり邪魔者である。それゆえ父を殺し母と結婚する者こそ英雄なのである。英雄神話はこの願望観念を直接、間接に満たしてくれる空想の産物である。この理論はフロイトの不合理な、人類学的に不可能な、ゴリラ‐父‐仮説によって「基礎づけ」られている、というより本当はこの仮説の方が後で継ぎ足されたものである。暴力的なサルの家長が息子たちから女たちを取り上げ、〔追放された息子たちの作った〕兄弟結社に打ち殺される。父親を負かすことは英雄的行為である。フロイトはこの勝利を文字どおり現実に起きたことと受け取り、この勝利からトーテミズムと、文化や宗教の本質的な基本特徴が成立したと考えた。フロイトはここでも——いつでもそうだが——決定的な事柄を個人主義的な偏見から誤って解釈した。父殺しが「竜との戦い」の一つの重要な要因であることは確かだが、しかしそれは最も重要な内容ではない。まして父殺しから人類の全発達史を説明することはできない。

英雄近親相姦における再生

ランクが一面的にフロイトの理論に依拠しているのに対して、ユングがこの問題について初期の著作『リビドーの転換とシンボル』で出した答えはまったく異なっている。彼はここで私には決定的だと思われる、二つの結論に到達している。その一つは、英雄の戦いが母との戦いであり、しかもこの母は家族小説的な個人像ではない、という証明である。現われているシンボルやシンボル集団から分かるように、母の個人像の背後にはユングが後に母元型と名づけたものが存在している。ユングが英雄の戦いの超個人的な意味を証明できたのは、人間の発達の出発点を現代人の個人的な家族関係に置くのではなく、リビドーの発達とその転換に置いたためである。この人類の変容過程において、英雄の戦いはリビドーの惰性の克服としてきわめて根本的な役割を果たしている。このリビドーの惰性は、つかんで離さない・無意識の・母親竜というシンボルで表わされる。

第二の結論については今日なおその意義が心理学では一般に認められていないが、英雄の「近親相姦」は再生の近親相姦であるというユングの証明である。母親に打ち勝つことはしばしば彼女の中に入るという形で、つまり近親相姦の形で表わされるが、これは新生をもたらす。すなわち近親相姦によって英雄を英雄たらしめる、つまり人類のより高い模範的な代表者たらしめる、人格の変容が起こるのである。

こうしたユングの発見から最も本質的な部分を受け継ぎながら、われわれの試みは「竜との戦い」をいくつかの段階と類型に分けようとするものであり、それによって互いに対立しているフロイトとユングの理論をある意味では修正し、かつ結びつけようとするものである。『転換』を書いた当時のユングでさえまだかなりフロイトの父親－理論の影響下にあり、それゆえ彼の解釈を彼自身の後の新発見の立場から修正し、新たに解釈し直すことが必要なのである。

母の克服すなわち母殺しは英雄の「竜との戦い」神話の中の、一つの層である。自我が男性化に成功したことは、自我が戦士としていつでも闘う用意のあることに、また竜によって表わされる危険に自らを曝そうという意

図36　「イアソンの帰還」、右はアテナ神

志に、表われている。自我が男性的な意識面と同一化したときにそもそも心に分裂が生じたのであり、そのために自我は無意識の竜に立ち向かわざるをえないのである。この戦いは洞穴や冥界へ入っていくこととして描かれたり、呑み込まれることとして、つまり母との近親相姦として描かれる。この点は太陽神話として現われる英雄神話において一番はっきりする。つまり太陽神話では、英雄が夜－海－冥界－竜に呑み込まれる〔**図36**〕ことに当たるのが、太陽の夜の道であり、太陽はこの夜の道を勝利のうちに夜を打ち負かしつつ通り抜けるのである。

呑み込まれることは、〔フロイトの〕解釈においてはいつでも、去勢と同じであり、竜への恐怖と同じであり、そして母親との近親相姦を許さない父親への恐怖と同じである、と主張されている。それによれば、母親との近親相姦は本来は望まれるものであるが、父親への恐怖によって恐ろしいものとなる。母親はプラスの願望目標であり、父親は現実に願望を妨害するものである。しかしこの解釈は誤りである。なぜなら去勢不安と近親相姦は父親が・まして嫉妬深い父親が・何の働きもしていない段階で早くも現われるからである。

これはもっと深い、もっと根源的な事柄に関わる問題である。すなわち竜への恐怖は父への恐怖から来たものではなく、もっと根本的な、女性一般に対する男性の恐怖から来ているのである。英雄近親相姦は恐ろしい太母との近親相姦であり、またこの母はその本性そのものが恐ろしいのであり、第三者の妨害のために間接的に恐ろしいのではない。竜の中に英雄の恐怖も共に象徴されているとみるのは正しいが、竜は恐怖を追加されずともそれ自体恐ろしいのである。奈落へ、海へ、暗い洞穴へと入って行くことは、行く手を阻む父親を想定せずとも、それ自体十分に恐ろしいことである。ウロボロス－竜の両性的構造は太母が男性的特徴を持つことを示すが、父性的特徴を持つことを示してはいない。〔息子を〕殺すような太母の攻撃的破壊的特徴は、男性的な特徴とみなすことができ、われわれも彼女の目印として男性的－男根的シンボルを認め、またその点はユングもすでに指摘している。これはヘカテーの目印である鍵・鞭・蛇・短刀・松明に特にはっきりとみることができる。[179] それらはたしかに男性的なシンボルであるが、だからといって決して父性的なシンボルではない。

太母の去勢された神官たちが去勢や供犠を実行する場合には、彼らは太母の恐ろしい性格を表わしてはいるが、しかしこの去勢された神官たちを父親像とみなすのは不可能である。父親の役割を担うものがあるとすればむしろ男根的な人物像の方であるが、こちらは特徴的なことにつねに太母の傍や下にあって彼女に支配され利用される存在であり、父親像が独立しているのとは反対の性格を持っている。太母の攻撃的破壊的要素は象徴的かつ儀礼的に彼女から離脱して彼女の召使い・神官・手下等の別の姿をとって登場することもある。クレタ人等のような男性的－狂躁的戦士集団も、太母の破壊意志の実行者となりうる男根的な同伴者も、しばしば太母崇拝に属する。後になってもなお、母権制に支配された北アメリカのインディアンのもとでは酋長は執行に際して老母の指図に従う。既述した中でこの系列に加えることができるのは、少年神を殺す猪像の他に、[15] たとえばイシスの子ホルスに対する〔セトの〕ように、権威コンプレックスの担い手である母の兄弟である。さらに男根的－下界的な海神ポセイドンと彼が造り出した怪物もその本性から太母の支配圏に属しており、大いなる恐ろしい父の支配圏に属するのではない。

しかし後に父権制が太母の支配に取って代わった時、太母の恐ろしさを代表する男性に、恐ろしい父の役割が投影されるのは明らかである。このことは特に、父権的な発達が母親の恐ろしい側面を抑圧し、良き母親像を前面に押し出そうとする時に起こる。
ウロボロス近親相姦においては、まだ胚芽的であった自我は溶けこんで消滅したが、他方母権的近親相姦は受動的な近親相姦であり、ここでは少年＝愛人は母親から近親相姦へと誘惑され、最後には母権的な去勢をうける。これに対して英雄を特徴づけるのは積極的な近親相姦であり、つまり危険をもたらす女性の中へ意志的、意識的に入って行くこと、そして女性に対する男性の恐怖を克服することである。去勢恐怖の克服は、男性にとっては去勢の危険と結びついている母親支配を克服することに他ならない。

このように段階ごとに分けてみると、その人にとって近親相姦のどの形態が問題になっているのか、自我と意識がどの位置にあるのか、つまりどの発達状況にあるのか、を見分けることができるようになるが、これは原理的に重要であるばかりでなく、診断と治療にとっても重要である。ユングでさえ『転換』においてはフロイトの呪縛の内にあり、この状況を表わすさまざまな元型的段階があることを認識しておらず、そのために英雄の問題を還元的に単純化している。

ユングは両性具有的な息子＝愛人の女性的要素に言及し[179]、それを母親への退行から説明しているが、息子＝愛人がまさに両性具有的な、すなわち構造的に未分化の体質をもつことが示しているように、その女性的要素はまだ原初的であり、一度発達した男性性が退行したものだとはいえない。この体質はまだ太母が支配的で、男性性がしっかり確立されていない、かなり初期の段階に由来している。それゆえこの段階では「男性性が放棄される」のではなく、むしろ男性性そのものがまだ自立に達していなかったのである。少年の男性性を太母に捧げる自己去勢はたしかに一歩後退である。しかしこれは部分的退行、もっとうまく言えば発達の芽の喪失、であるにすぎない。

少年の女性的‐両性具有的本性は、中性的な中間段階とも見られる、一つの中間段階である。予言者や神官をそのような中間タイプと解釈することは[180]、心理学的には正しいが、生物学的には正しくない。しかし成長した自我と太母との創造的な結びつきと、自我がまだ太母の威力から解放されえていない発達〔段階〕とは、区別されねばならない。

ところでこの英雄近親相姦の段階で去勢恐怖は何を意味しているのであろうか？　女性に対する男性の根源的な恐怖という言い方は、神経症－心理学を誤って一般化したものではないであろうか？

自我と男性にとって女性とは無意識や非－自我と同義であり、つまり暗黒・暗闇・無・穴・空無と同義である。ユングの言葉を借りれば、「要するに空無こそが女性の偉大な秘密なのである。それは男性にとっては根源的に未知のもの、空洞、底なしの他者、陰《いん》である」[181]。

ここでは母・子宮・奈落・地獄が互いに同一である。女性の子宮は人間を産み出す根源の場である。それゆえ女性はだれも子宮としては母の・起源の太母の・無意識の・原子宮である。この女性が脱－自我、自己喪失の危険によって、つまり死と去勢によって自我を脅かす。すでに見たとおり、男根および性と同一化した少年＝息子の自己陶酔的な本性こそ、性と去勢恐怖を本質的に結びつけるのである。ここでは女性の中での男根の死は象徴的には太母による去勢と同じことであるが、心理学的には無意識内における自我の溶解と同じである。

上なる男性性のシンボル群

しかし英雄の男性性と自我は、もはや男根や性と同一ではない。この段階では身体の別の部分が象徴的に「高められた男根」として、高められた男性性として登場し、自我がそれと同一化する。すなわちその別の部分とは意識の象徴としての頭部であり、意識が支配するための器官としての目である。

頭部と目で象徴される「上なる」原理が危害に会うことは、英雄が「天」と呼ばれるものによって支えられていることと深い関係にある。この「より高い部分」は「竜との戦い」の当初からすでに英雄の内部で発達し働いている。これに当たるのは神話においては英雄の神による産出、つまり「英雄の誕生」であり、心理学的には彼が英雄として——下なる普通人とは反対に——「竜との戦い」に挑むことである。
英雄の本性であるこの「上なる」部分は、「竜との戦い」に勝利を納めた時に確証され、最終的に作られ、産み出されるが、逆に敗北すると破滅の危機にみまわれる。

挫折——「上なる」去勢の危険——サムソン、オイディプス、およびバールラッハの『死んだ日』

頭部と目がいつでも男性的な意識面と精神《ガイスト》面の・「天の」・太陽の・精神的な上なる・シンボルとして登場することは、ここでは証明する必要はない。息吹《ハウフ》・呼気《アーテム》・煙といった系統の言葉も言語・ロゴスといった系統の言葉と同じシンボル系列に属しており、上なる男性性が下なる男性性から、すなわち男根段階から抜きん出てくることを示している。それゆえ打首《うちくび》や目をえぐることを去勢と解釈するのは正しいが、この去勢は下方ではなく、上方で起こるのである。これは決して「上方への移動」[16]ではない。なぜならこの観点にしたがえば「首を失うこと」と「性交能力がないこと」が同じことになるが、この見方は神話的にも象徴的にも、また心理的にも正しくないからである。去勢者には上なる去勢者と下なる去勢者があり、たいていは男根の所有者が上なる去勢者であり、頭部の所有者が下なる去勢者である。この二つの領域が一緒になって初めて男性性の全体が成立する。ここでもまたバッハオーフェンは下界的男性性と太陽的男性性を区別することによってすでに問題の核心をつかんでいる。

これに対応するシンボル体系はサムソン[17]の物語に見ることができる。この物語は付随的に個人化された神話であり、あるいは同じようによく使われる言い方によれば、付随的に神話化された英雄物語である。

サムソンの物語は、旧約聖書の別の箇所でもよく見られるように、ヤハウェとカナン－ペリシテのアシュタルテ原理との対立を主題としている。話の大筋は分かりやすい。ヤハウェに召されたサムソンは彼の衝動のためにデリラ－アシュタルテの手に陥る。これによって彼の運命は極まる。すなわち彼は頭髪を切られ、目をえぐられ、そしてヤハウェの力を失う。

ここでは去勢は断髪として登場するが、この意味はヤハウェに召された者が、つまりアシュタルテ原理を敵とする者が、頭髪を切ってはならないとされていることを考えるとさらにはっきりする。なお毛髪＝力の喪失は太陽英雄の元型的な去勢状態および呑み込まれている状態に当たるものである。

次に第二の要素は目をえぐられることである。これもまた下なる去勢に対立する「上なる去勢」である。上なる去勢によって、すなわちヤハウェの力の喪失によって、英雄はペリシテ人たちのアシュタルテ世界に囚われる。彼は下界に留まって「臼を挽かなければならない」。エレミアスはこの臼を挽く行為が宗教的なモチーフであると指摘している。[182] これは特にサムソンが捕えられていたダゴン神殿との関連において確証される。というのは、ダゴンはカナンの穀物神であり、つまりオシリスと同じ植物神だからである。ダゴンはなるほどバールの父ではあるが、[183] しかしヤハウェに敵対するバールの全支配圏はカナンの太母の支配下にある。したがってサムソンの捕囚は敗北した男性性が太母のもとで奴隷奉公を行なうことを意味しており、これはヘラクレスがオムパレーのもとで女装して働いた[18]のと同じ意味をもつ。女装は、すでに見てきたように、太母への帰属を表わすもう一つのシンボルであり、挽臼もまた豊饒のシンボルとして太母に属している。[184]

しかしアシュタルテ世界への帰属状態は、結局は太陽のように無敵な英雄の力の復活によって克服される。サムソンがダゴン神殿の主柱である二本の支柱を押し倒して犠牲的な死を遂げた時に、このナズィル〔＝ヤハウェに召された者〕のかつてのヤハウェの力は蘇る。神殿が崩れ、その中でサムソンが死んで蘇る時、ヤハウェは敵なるアシュタルテ原理に勝利を納める。

英雄の「竜との戦い」のテーマはつねにウロボロス竜による精神的男性的固有原理への危害である、すなわちこの原理が母性的無意識に呑み込まれる危険である。英雄の「竜との戦い」の元型のうち最も広く分布しているのは太陽神話である。その内容は、英雄が夕方、西方で夜の海－怪物に呑み込まれ、この子宮－空洞の内部でそ

図37　「ヘラクレスの夜の航海」（テラコッタ壺絵、前480年頃、アッティカ）

こに現われるいわば竜の分身と戦い、勝利を納める。そして東の空に勝利の新しい太陽として、《不滅の太陽》として再生するというものである。あるいはもっとよくいえば、彼は自らを積極的に怪物から切り離すことによって、自らの再生を実現するのである。われわれが何度となく意識の意味をもっと強調してきた光は、この一連の危険・戦い・勝利において、英雄が存在することの中心シンボルである。英雄はつねに光の担い手であり光の代理人である。太陽−英雄が下界を通り抜け、「竜との戦い」を勝ち抜かねばならない「夜の航海」〔**図37**〕の最も深い地点で、真夜中に新しい太陽の光が点《とも》され、英雄は闇を克服する。同じようにキリストが誕生するのも、一年のうち最も深い真冬の時点であって、キリストは一年の間この世を照らす光の救世主として生まれ、冬至の時にクリスマス・ツリーによって崇められるのである。新しい光と勝利は頭部が光り輝く有様によって、また戴冠や光輪によって象徴される。このシンボル体系のより深い意味は後になって初めて明らかになるが、ここでも英雄の勝利が少なくとも一つの新しい精神的立場を、一つの新しい認識と意識変化を、意味していることは理解できる。

密儀の参入儀礼においても参入者は冥界の危険を克服して進まねばならない。すなわちイシュタルの地獄行[19]にすでにみられるように七つの扉を通過したり、イシスの密儀についてアプレイウスが報告しているように[20]、夜の十二時間の内に闇の半球を体験しなければならない。密儀の終幕は神化である。これはたとえばイシスの密儀では太陽神との同一化である。参入者は生命の王冠を、より高い開悟を手に入れ、その頭は光によって浄化され、塗油によって聖別され、上なる栄光を担う。

ヴント(21)は英雄の時代を、英雄によって代表される個性的な人格が優勢な時代と特徴づけ、さらに神は英雄像の強化したものにすぎないとして、神像を英雄像から導き出している〔185〕。この見解が正しくないとしても、意志の強い・人格形成的な・自我の持ち主である英雄と、非個人的な霊力から神々が結晶してくる形成段階との間には、たしかに一つの関連がある。英雄神話の中には、意識体系がその中核をなす自我とともに発達し、無意識が優位を占める段階から自らを解放していく様が、先取りされている。

ところで克服されたばかりの心的状態である無意識的な諸力は今や自我英雄と対立し、怪物や竜、悪魔や邪悪な猛威となって英雄を再び呑み込もうと脅かす。それゆえ無意識のこの貪り食う側面を総括的・元型的に象徴する恐ろしい母はすべての怪物を産む太母である。さらに無意識のあらゆる危険な・情動・衝動・災いの布置・は、その力によって自我を征服するが、これらもすべて無意識の産物である。同じことは、「理性が眠れば怪物たちが目覚める」というゴヤの『気まぐれ』(22)の標題にも、あるいはギリシア神話でいえば人間を貪り食うエムプーサの母であり、また少年の肉を貪り食うラミアーたちの母でもあるヘカテー、すなわち原-老女・原-強暴にも見られる。ヘカテーは英雄の、すなわち騎士として無意識の本能面というあばれ馬を雄々しく乗りこなし、あるいはミカエル(23)として敵なる竜を退治する英雄の、大いなる敵である。英雄はカオスに対抗して、すなわち原母的な充溢と自然の怪物性に対抗して光と形と秩序をもたらす者である。

われわれが英雄と彼の戦いのさまざまな段階を研究する時に、最初に出会う英雄がオイディプスである。彼の名前は現代の心理学に大変ゆかりがあり、しかも彼についての誤解は深層心理学に重大な結果を残した。彼は「竜との戦い」に部分的にしか成功しなかった英雄のタイプである。彼の悲劇的な運命はこの挫折の反映であり、それはいままで述べてきた超個人的な背景からのみ理解できるものである。

オイディプス神話を人類の意識の発達史の中に位置づけうるためには、この神話における運命的な三つの特徴を理解しなければならない。その第一はスフィンクスに対する勝利、第二は母との近親相姦、第三は父殺しである。

彼を英雄にし、竜の殺害者にするのは、スフィンクスに対する勝利である。スフィンクスは宿敵、奈落の竜、地母のウロボロス的な力である。彼女は太母であって、父のいない地上世界とその死の法を支配し、また彼女の問いに答えられない人間をすべて破滅させると威《おど》している。彼女が投げかける運命の問いの答えは「人間」であるが、これを解けるのは英雄だけである。英雄だけが運命に答えるのは、彼が運命に打ち勝つからであり、彼が運命に打ち勝つのは、彼が自らの答えによって運命に答えることができるからである。彼は「英雄の答え」によって人間となるが、この答えはカオスに対する精神《ガイスト》と男性性の勝利であるから、運命に対する勝利である。つまりオイディプスは、スフィンクスに対する勝者として、英雄であり、竜の殺害者である。そして竜の殺害者として、英雄の例に洩れず母との近親相姦を行なう。この英雄近親相姦はスフィンクスに対する勝利と同じであり、同じ過程の別の側面にすぎない。彼が女性性・奈落・原子宮に対する恐怖の克服者として、また無意識の中に踏み込んでいく危険に対する恐怖の克服者として、勝ち誇って結婚する母は、いつも少年たちを去勢している太母であり、またいつも彼らを殺しているスフィンクスである。英雄となった彼は自立を果たした男性であり、その自立の力は女性性や無意識の力と肩を並べるどころか、それらに授精することもできるのである。

少年が男性となり、積極的な近親相姦が授精の近親相姦となっているこの時点で、男性は対立する女性と結合し、彼女に新たなもの・第三のもの・を生ませる。つまりここで総合が成立し、男性と女性が初めて互いに対等の立場で結合して全体性を作り出す。英雄は母性の征服者であるだけでなく、彼は女性の豊饒な側面と至福を与える側面とを解放するために、その恐ろしい側面を殺すのである。

この線をさらに追求していくならば、父殺しの意味をまだ考慮に入れなくても、オイディプスがなぜ半人前の英雄でしかなかったのか、また彼がなぜ英雄行為を完全には遂行しえなかったのかを、理解することができる。オイディプスはたしかにスフィンクスを打ち負かすが、彼は母との近親相姦とそれに結びつく父殺しを無意識的に犯しているのである。

彼は自分が何をしたのかを知らず、そしてそれを知った時には自らの行為・英雄行為を直視することができない。すなわち運命が彼をつかみ、運命につかまれた彼にとって女性は再びもとの太母となる。つまり彼は息子の状態に格下げされ、息子＝愛人の運命に甘んじるのである。彼は自らの目を潰すという形で自己去勢する。彼が目を潰すのに使った〔イオカステの衣の〕留め針をバッハオーフェーンのように古い母系制のシンボルとみなす解釈は別としても、彼の使った道具が母＝妻の持ち物である点に変わりはない。彼が目を潰した行為はわれわれにはもはや謎ではない。それはまさしく英雄の特徴である上なる男性性の破壊なのである。そしてこの自己去勢の精神的な形は、スフィンクスに対する勝利によって彼が得たものが何であったかをもう一度思い起こさせる。一度は成功した英雄の男性的な前進は、行為の後に彼を捕える古傷・太母への恐怖・によって、帳消しにされる。彼は一度は打ち負かしたスフィンクスの生贄となるのである。

ソフォクレスの『コロノスのオイディプス』(24)において、老人となったオイディプスは、かつての母の猛威の代理人であるエリニュスたちの聖林(25)についに安らぎと救いを見出すが、ここにおいて彼の生涯はウロボロス的円環の輪を閉じる。彼は高い神秘的な厳かさの中でその悲劇的な生の有終を飾る。盲《めしい》となって力尽きた彼は神秘に満ちた大地の深淵に消えて行く。彼を導くのは後代の正真正銘の英雄テセウス、すなわち魔女にして恐ろしい母である継母のメディアに勝利を譲らなかった英雄である。大いなる地母が「腫れた足」(26)オイディプスを、彼女の男根的な息子を、その懐に取り戻す。彼の墓は聖所となる。

「彼は自らの苦悩から人類のすばらしい文化を産み出すあの偉人たちの一人である。すなわち彼らはいまだ古い秩序に安んじており、古い時代の子でありながら、その時代の最後の大いなる生贄であり、それによって同時に新時代の創設者となる」[186]。

オイディプスの出生物語に、彼を神と結びつける、英雄の出生特有の特徴がすべて欠けていることは偶然ではない。ソフォクレスが書いた物語は英雄の悲劇ではなく、人間を凌駕する運命への賛美であって、この運命は局外にある神々の掌中にある。このドラマには、人間的なものと神的なものとがまだ出会わず、霊力に対する自我の依存度が圧倒的である、母権的な原初の諸特徴がなお認められるのである。ここでは太母の支配が哲学的な色合を帯びて、運命への完全な依存として登場する。物語全体の悲観的な筋立ては軽いヴェールにすぎず、それを透かしてわれわれは自我と意識に対する太母の支配が描かれているのを見てとることができる。

つかんで離さない無意識＝地母は征服する竜となって英雄に対立する。「竜との戦い」がまだはっきりした形をとらない初期のころには、母は敵意をもって息子を呑み込み、胎児のままに留めおこうとし、こうして彼の誕生を妨げようとするか、それとも彼を永遠の乳児や母親っ子にしてしまう。このように彼女はウロボロス的な死の母・西方の奈落・黄泉《よみ》の国・下界・呑み込む大地の口・であり、この口に普通人が呑み込まれると、疲れ・萎え・溶解して、ウロボロス近親相姦あるいは母権的近親相姦のうちに沈みこんで死んでしまう。呑み込まれることはよく戦いの最初の敗北として現われる。勝利者神話の典型であるバビロニアの英雄神マルドゥクの神話にさえ、ティアマト－竜との戦いの中で囚われ敗北する段階が認められる[187]。あらゆる再生にはこの捕囚段階と死の段階が必ず先行するのである。

しかし英雄は見事に英雄になり、高貴な生まれを立証し、神として授精する父の息子であること、またこの父に帰属することを立証する。そして彼は太陽＝英雄として恐怖と危険を体現する恐ろしい母の体内へ侵入し、この鯨の腹の暗闇から・家畜小屋の暗闇から・大地の性質をもった子宮的な洞穴の暗闇から・太陽＝英雄の輝きをおびて出現する。母殺しと父＝神との同一化は一体である。英雄が積極的な近親相姦の中で暗い大地－母の側に侵入することができるのは、彼がまさしく「天」に帰属するがゆえ、神の息子であるがゆえである。彼は暗闇から自らを切り離す英雄として・神の似姿として・生まれるが、同時にまた神によって受胎して英雄を産む処女の息子としても、また産み返す良き母の息子としても、生まれるのである。

　太陽が西方で入って行く鯨の夜の世界の前半が暗く、呑み込むものであるとすれば、太陽＝英雄を東方で産む準備をする後半は、明るく、産出的である。夜の中心点では、どちらになるかが、つまり太陽が新しく生まれて英雄として更新されるべき世界に新しい光を与えるか、それとも恐ろしい母が英雄を英雄たらしめる天の部分を破壊することによって英雄を打ち負かし・去勢し・呑み込む――つまり殺す――か、が決定される。後者の場合彼は闇に留まり、闇に捕えられる。そうなると英雄だけがテセウスのように冥界に縛りつけられ、プロメテウスのように岩に鎖でつながれ、イエスのように十字架に磔《はりつけ》にされるのではない。その時は世界も英雄を欠き、エルンスト・バールラッハ[27]の戯曲の言葉を借りれば、「死んだ日」[188]が生まれるのである。

　この戯曲はたいていの古代の悲劇よりも深い神話的、象徴的内容を含んでおり、少し詳しく論じてみたい。というのもここには現代人における「竜との戦い」の神話的なシンボル体系が浮かび上がっているからである。

　作品の大筋は、母親がそれまで彼女と、そして彼女とだけ一緒に暮らしてきた息子から、どこかへ行ってしまうと威されて、少年＝息子の成長を阻もうとする、というものである。この神話的な母親は太陽神である神によって息子を受胎したが、神はその後で姿を消す時に、子供が成人したら戻って来て、彼女がりっぱに育てたかどうか確かめると言い残す。こうした状況の中に、この太母の夫である盲目の個人的な父親が登場する。彼は息子が英雄であり、神の子であることを悟り、息子と妻に英雄の運命とその不可避性を理解させようと思う。つまり彼は母のない霊《ガイスト》である・目に見えない・妻の・守護霊の側に立つのだが、この霊を見ることができるのは息子の持つ神の目だけである。この霊は息子に、「きみの母さんは大人の赤ん坊を家においているって噂だ」とか、「男は男から生まれる」ことを教えようとする。しかしこの霊は母親に押さえつけられ、口を封じられてしまう。

霊が語る「母親はもうたくさん、でも父親はひっこみすぎ」とか、「男はみんな父親似。どんな乳母でも子供に父親の話をすれば、父親のことを話さない母親なんかより、ずっと上手に育てられる」という言葉は、「息子は英雄だ」という夫の言葉同様、母親にとっては毒なのである。盲目の個人的な父親は言う。「あの子はおそらく殻を割りつつあるひよこのようにこの世界に留まっているだけなのだ。目はすでに別の世界を見ている――そしてその世界もあの子を必要としている」、「神の子は母親の子ではない」。それに対して母親は「わたしの息子は英雄なんかじゃありません。英雄の息子なんてたくさんです」と答える。「世界を救うための、母親を殺すための、息子なんて」と。

息子の夢に父が、つまり「太陽の頭を持つ男」が現われ、息子は夢の中で、父から贈られた、彼の未来である太陽馬に乗った。「体内に風を持つ馬」、「太陽の感じのする馬」であるこの「ヘルツホルン」は、本当に馬小屋につながれていて、息子の友達になる。この太陽馬の生死をめぐって目に見えない戦いが行なわれる。

盲目の地上の父親は息子に世界を説こうとする。彼は夜から脱出しようとし、また脱出しなければならない未来の人々について語り、また世界をよりよくするためには英雄がそれらの人々を目覚めさせなければならないと説く。彼は真実について語り、「かつてあり、いまもあり、これからもある」太陽について語り、自分の子ではない息子を奮い立たせようとする。しかし母親は断乎として彼に逆らう。「息子の未来は母の過去です」、「彼が英雄ならとっくに母を殺しているはずです」と答える。息子は、「われわれの命はひょっとすると神々の命であるのかもしれない」と気づき始めるが、母親は彼の未来の権利を否定し、子供を一人立ちさせまいとする。つまり彼女は夜半ひそかに太陽馬を殺し、この殺害によって息子と世界の未来を破壊する。そして訪れるのが「死んだ日」であり、あるいは母親が知ってか知らずか皮肉をこめてこの日について語るように、「まさしく闇の生んだ本当の子供、光と意識を持たない新生児」なのである。

絶望した息子は、「しかし誰もがかけがえのない人間だ。他の誰も僕ではない。僕だ、僕だ、他人ではない」

と叫ぶが、それを聞いた母親は彼に平手打ちをくらわせる。彼女は息子を母親っ子のままでいさせようとし、自立することを許さない。

息子は自分の馬を殺したのが母親だとは気づかないまま、自分があの家霊のように単純ではないし、一人の親からだけ造られたのでないことに気づいていく。彼は母親だけでは彼を産み返すことができないと分かって希望を失う。「母一人が僕を産んだのでない以上、母には僕の生命を産み返すこともできない、彼女だけでそれを僕に贈ったのではないのだから」。

彼は父がいないことを嘆き、実際に姿を見せて手本を示して欲しいと訴え、父の「不可視性」をなじる。この息子は母親の「夢の中で焼いたパンで生きられようか」という常識によって育てられているので、父親だけから生まれた家霊にばかにされ、諭される。「やい、おねしょ坊や。私なら父親の手本なんかなくても父親の夢から受け継ぐことを教わっているがね。生身の体なんかどうでもいいんだ、そんなもの精神にくっついているだけのものさ」。

こうして息子は上なる原両親と下なる原両親の間に挟まれて恐ろしい分裂に陥る。彼は「霧の上では太陽がごうごうと唸《うな》りを発し」、「地の底では大地の大いなる心臓が破鐘《われがね》の如くに打つ」のを耳にし、「上と下からの反響で耳が張り裂けてしまう」と訴える。

母と父の挟間で彼は二度父を求めて叫ぶ。しかし三度目の叫びは逆に——母を求める。彼が再度母の手を逃れる時、彼女は息子に呪いをかけて自殺する。彼は決断に迫られる。自殺用の死の小刀を拒んで、彼は「父ならこんなことはすまい」と言う。しかし結局は、「やはり母のやり方が僕には合っている」と言い置いて母の後を追う。

母親が彼の馬を殺し、彼を去勢した。そのため死んだ日が、太陽のない日が、訪れる。自己去勢を意味する神−父の否定は自殺をもって終わる。父の祝福でさえ対抗しえない、母の呪いが彼の上に成就する。彼は自分を生んだ母の後を追い、呪われた母親っ子として、母の呪いのために死ぬ。

この戯曲は原初の神話である。これは人類史的には太母の時代と、「竜との戦い」との、中間に位置する。この中間段階とは、古代のオイディプス・英雄ではない敗北者としてのオイディプス・によって表わされる段階である。

『オレステイア』と母親支配の終焉

この中間の世界に続く人類的段階は戯曲『オレステイア』[28]によって表わされる。これは息子の勝利の物語であり、彼は父の復讐のために母を殺し、この父‐太陽面の助けを借りて父権制の新時代を開く。ここでいう父権制とは純粋にバッハオーフェン的な意味での、精神‐太陽‐意識‐自我の世界の支配、すなわち男性優位の文化世界の支配をさす。これに対して母権制においては無意識が、そして前意識的・前論理的・前個性的な思考のあり方、あるいは良くて感情のあり方が、支配的である。*

* この意味でつねに母権制が父権制に先行する。今日でも神経症患者の全体が母権制的心理を持っていると言えるが、この心理は父権制の心理によって置き換えられねばならない。

『オレステイア』において、父を殺した母に復讐する息子は明らかに父の側に立っている。母からの解放がさらに一歩前進しているのである。インド神話のラーマ[29]が父の命令によって母の首を斧で打ち落とすように、[189]またシェイクスピアの『ハムレット』にその変型がみられるように、『オレステイア』においても父の霊に急き立てられて罪人である母を死においやる。ここでは父との同一化があまりにも進んでいるため、母性的原理が父性的原理に背いた時には、それだけの理由で、母性的なものは——竜というシンボルの形でなく実際の母親であっても——殺されかねないのである。[190]
母殺しの犯人を追いかけて殺そうとする復讐の女神エリニュスたちの母親世界に対して、オレステスには光の世界が味方する。すなわちアポロン〔光の神〕とアテナがこの「父に固着した者」に、母権に対抗する新しい権利を、つまり母を殺すのに許しも償いもいらないという権利を与える。女神アテナが父親っ子であるオレステスに味方するのは、彼女自身が母親から生まれたのではなくゼウスの額から飛び出したためであり、それゆえ彼女の本性が、母親や母から生まれた女性なら誰でも持っている大地－女性の特徴から、最も遠いからである。女性のこうしたアテナ的な側面は、心の中で姉妹または姉妹的なものが意味するもの[30]と結びついている[191]。ここでふたたび現われる処女的な女性要素こそ、母＝竜と戦っている英雄の傍に現われて、彼が無意識的な女性性の持つエリニュスや竜の側面への恐怖を克服するのに手を貸すのである。

III　父殺し

さて、英雄の「竜との戦い」は母との近親相姦であった。またとくにわれわれは「竜との戦い」と母親近親相姦を前父権的なものと、すなわち社会や家族の父権的形態と無関係なものと、みなしてきた。しかしそうだとすると、父殺しは何を意味しているのであろうか。もし竜が、フロイトや初期のユングが考えたように・母親への接近を妨げる父親に対する恐怖を象徴する・のではなく、この母親自身の恐ろしさを象徴しているのだとすると、英雄の戦いがなぜ父殺しと結びつくのかが説明されなければならない。

死をもたらす無意識の危険な性格、すなわち引き裂き・破壊し・呑み込み・去勢する性格は、英雄が打ち負かさねばならない怪物・妖怪・野獣・巨人等として英雄に向かってくる。これらの形姿を分析すると、それらがウロボロス的－両性的であり、男性的でも女性的でもあるシンボル特性を持つことが分かる。このことは英雄が原両親のいずれとも、すなわちウロボロスの男性面とも女性面とも対立し、克服しなければならないことと対応している。これらの形姿と猛威をすべて父親像に還元するのは、事実に対して恣意的独断的な暴力を加えることである。英雄状況を理解するには「両親との関係」を理解しなければならないが、しかし「両親との関係」といっても、この言葉からすぐに思い浮かぶ単純なフロイト的な家族小説の関係ではなく、それより複雑な関係である。たとえばヘラクレスは、父親に助けられ、継母である意地悪な母親から迫害されるが、このタイプの英雄の生涯は、たとえばオイディプス－神話と同じ図式で解釈することはできない。

父殺しを解釈する前に、父親原理について基本的な説明をしておかなければならない。

父親像

「父」の構造は、個人的か超個人的かを問わず、母の構造と同じく二義的であり、肯定面と否定面をもつ。神話には子供をつくる肯定的な父とともに子供を殺す否定的な父も登場する。この両方の父親像は現代人の「こころ《ゼーレ》」の中にも、神話への投影の中にも、同じように生きている。

しかし父や父親像に対する自我の関係と、母や母親像に対する自我の関係との間には相違がある。この相違は男性と女性の心理にとって看過できない重要性をもっている。母親像は自我との関係において呑み込む性質と産み出す性質を持つが、しかしそれとは別に、ある種の不変性をもつという意味で、永遠・不変でありつづける。母親像はなるほど多くの顔を持ち、多くの姿を取りうるが、しかし自我と意識に対してはつねに始源・出所・無意識・の世界である。それゆえ母は一般に生き生きとした衝動面や本能面を代表する。この側面は、それが善か悪か、助け産む性質か呑み込む恐ろしい性質かにかかわらず、自我の状態と意識とが変化するのとは対照的に、不動であり変化し難いことが明らかである。人間の自我と意識がここ六千年来きわだって変化してきた一方で、無意識・母は外見的にほとんど不変の、永遠に固定した心的構造を示している。母親像が精神《ガイスト》－母であるソフィアの性格をとる場合でさえ、彼女は不変性なる性格を留めており、永続し包容する者・治療し養育する者・愛し救う者である。このように母親像は父親像とはまったくちがう意味で永遠である。根源の中の創造的な一面の変化と発達は、無意識のシンボル体系においてはつねに男性的力動的な動きとして示され、後にロゴス－息子として登場する。しかしこの動かされ動かす息子に対しても、ソフィアは母性的な静止者である。このことは現代人の心理においては、個人的な母親よりも母元型の方が重要な意味をもっており、この傾向は父の場合よりもはるかに強い、という形で示されている。母の像は父の像ほどには時間に制約されないし、文化とも関わりをもたない。

これに対して父の場合は、元型的な父親像と同じくらいに、個人的な父親像もまた、つねに重要な意味をもっている。しかしこの個人的な父親像は個々の人格によって決定されるというより、彼が代表する文化および変転する文化価値の性格によって決定される。母親像は原始時代・古代・中世・現代を通して互いにきわめて似通っており、つねに自然のままである。しかし父親像は自らが代表する文化の変遷と共に変化する。この父親像の背後にもたしかに創始者－神格という意味での精神《ガイスト》－父という曖昧な元型像が潜んでいるが、しかしこの元型像は純粋形態であって、文化発達と共に変化する父親像によって肉づけされる。ここでも次の命題があてはまる。「神話がたとえば神を『父』と呼ぶのは、現実のあり方を基礎にして呼ぶのではなく、現実の父親像のすべてが手本とすべき父親像を作り出しているのである[191]」。

男性原理の集合は神話が創造される際に元型的な父親像を目に見える形にするが、この集合は自らの文化状況によって決定されるアクセントと色合を与え、これによって元型の発現形態を規定する。父親イメージと母親イメージが本質的に異なるというこの命題は、男性のアニマ心理と女性のアニムス心理に関するユングの重要な発見を驚くほど適切に確証し補足する[192]。すなわちこれまでなかなか説明しえなかった経験、つまり男性の無意識内には一つの二面的な「こころ《ゼーレ》」－アニマ像が活動しているだけなのに、女性の無意識内には多数の男性的な精神《ガイスト》－アニムス像が活動しているという経験が、今やより理解しやすくなる。人類内部の各文化ごとに多層な「天」、すなわち多層な父－男性像が女性の無意識的な経験の中に沈殿し、同じく単一の母親－女性像が男性の無意識的な経験の中に沈殿しているのである。

父性的世界の権威、および文化集団

前父権的な状態のもとではわれわれが天と名づけたものを代表するのは男たちと長老たちであり、彼らは時代

と共同社会の集合的な文化財の継承者である。「父たち」は原始時代のタブーの掟から現代の裁判に到るまでの法と秩序の代理人であり、母たちが自然と生の最高の、すなわち最深の価値を司るのとは対照的に、文明と文化の最高の財産を継承する。こうして父親世界は集合的価値の世界であり、また歴史的である、つまり集団の意識発達と文化発達の程度いかんに関わっている。文化価値の支配的な体系すなわち価値規範は、その文化に特徴と堅固さを与えるものであるが、この価値規範はその基礎を父たち・成人した男たち・に置き、彼らが集団の宗教的・倫理的・政治的・社会的構造を代表し堅持する。

この父たちは男性性を司る者であり、すべての教育の監督者である。つまり彼らの存在は単なる象徴ではなく、文化規範を代表するもろもろの制度の担い手として個々人の教育と成人宣言を裁決する。その際この文化規範がいかなる内容のものであろうと、すなわちその規範の内容である法とタブーが首狩り人種のものであろうが、キリスト教民族のものであろうが、同じことである。父たちが絶えず気を配るのは、集団の支配的な価値が成人たちに刻み込まれること、また成人の間でこの集団の価値規範と同一化する人間だけが評価されることである。父たちによって継承され、教育によって貫徹されていくこの価値規範を、個々人の心の中で代表するのが、個人における良心と言われるものである。*

* 前掲拙著『深層心理学』を参照せよ。

この父たちの権威が文化と意識発達にとって不可欠であることは疑う余地がない。それは文化機関として個人の自我に集団の価値と内容を伝達する。しかしこれは母たちの権威とは対照的にその本質上相対的であり、時代と世代に制約され、母性のような絶対的性格を持たない。

父たちによって代表される価値規範と文化規範が世代を越えて通用する、安定した文化の通常時においては、父－息子関係は、息子が思春期の参入儀礼の試験期間を耐え抜くことによって、この文化価値を譲り受け、それを刻印されるという形をとる。こうした通常時には、またそのもとでの心理には、父－息子問題がまったく・または単に暗示的にしか・存在しないのが特徴である。われわれは現代という「異常な」時代の変わった体験に惑わされてはならない。安定した文化の中で父たちと息子たちが単調な同一性にある状態が普通なのである。この場合の同一性とは、父たちの代表する価値規範が、また少年を成人にし父を長老にする移行諸儀式と諸制度をも含む価値規範が、議論の余地のないほど支配的であるため、少年は成人へ、父は長老へと、予め定められたとおりに何の疑いもなく移行する、という意味である。

「声」と良心

しかし例外がある。例外とは創造的な個人——英雄——の場合である。英雄は、バールラッハの言うように、世界を新しくより良くするために、夜から脱出しようとしており・またそうしなければならない・未来像を目覚めさせねばならない。そのため彼は必然的に古い法の破壊者となる。彼は古い支配体系の・古い文化価値と支配的良心の・敵であり、それゆえ必ず父たちやその代理人たちと・息子の周囲で支配的な文化体系を体現する個人的な父親と・対立する。

この闘いの中で「声」が、古い法を体現する個人的な父親に対抗して、世界変革を欲する超個人的な父・父元型・の命令として登場する。この対立の宗教史における最も有名な例がヤハウェのアブラハムに対する命令である。「汝の国、汝の故郷を出で、汝の父親の家を離れて、我が汝に示さんその地に到れ[193]」。ミドラッシはこれを、彼の父の奉じる神々を破壊するように、とのアブラハムへの命令であると敷衍している[194]。この命令はイエスの新しい福音にまで到り、また革命のたびに繰り返される。この場合、新しい神 - 世界像がある時は古い神 - 世界像と対立し、ある時は個人的な父親と対立するという問題は、この関連では重要でない。というのは父親はいつでも古い法の代理人であり、それゆえその文化規範の古い神 - 世界像の代理人でもあるからである。*

* この論点はすでにA・エレミアスに見られる。しかし彼の正当な超個人的解釈はランクによって個人化され、そのために退歩させられている。

英雄は超個人的父の息子であり、個人的父親の敵である

ランクの要約に従えば、(15)初めに二つの特徴を挙げることができる。その一つは、英雄が高貴な両親の子供であり、たいていは王子である――ちなみにこれは部分的にしか正しくない、なぜなら英雄と救済者のほとんどはまさに「下賤」の出である――という特徴であり、いま一つは父親に対する神の警告である。しかしこの二つの特徴の他に、異常な出産、すなわち神による授精と処女‐母という特徴をつけ加えなければならない。そうすればもろもろのシンボルや神話が英雄の本性について何を語っているかが容易に理解できるようになる。処女‐母は新しいものを創出する神と直接関係し、夫とは間接的にしか関係しないからこそ、新しいものをもたらすべく、また古いものを破壊して取り換えるべく召命されている英雄の、母にふさわしいのである。英雄がしばしば母と一緒に「危難に会う」のは、まさにその婦人から生まれる者は古い王に代わって支配権を受け継ぐよう召命されている、という予言がなされるからである。

英雄が支配者の家系の出身であることは支配体系をめぐる戦い――これこそが問題の核心である(31)――にとって象徴的である。この戦いを典型的に示すものこそ、〔この神話類型の〕変型であるモーセ物語であり、そこでは新しい神‐世界‐体系であるヤハウェが古いファラオ‐エジプトと対置されている。この物語をフロイトは彼の古い図式に引き寄せて解釈しよう(32)と無駄な努力をしている。(196)

ふつう英雄児は敵意ある父‐王の家から追放され、後に勝利を収めてそこへ戻る。ところがこの物語ではちょうど反対になっている。神話的な恐ろしい父であるファラオは英雄児を殺そうとする――長子殺害――が、それに失敗するばかりか、神話的な図式ならば子供が王家から排除されるはずなのに、それとは反対に、超個人的な父であるヤハウェがエジプト王の娘の助けを借りてこの救済児を、征服されるべき異国の支配体系の中へ引き入れる。この神話のこうしたヘブライ的な変形においては、個人的な父子関係は脇役ではあるが肯定的に保たれて

いる。しかしヤハウェに従う子供〔＝モーセ〕は敵の支配体系の中心である恐ろしい神－王ファラオの家に引き取られる。このことは英雄の誕生が引き起こす葛藤のまさに超個人的な意味を明らかにしている。

これと類似するのが別の文化圏と生活圏に属するヘラクレスの境遇である。

ここでは悪意ある王－父エウリュステウス[33]が敵意を抱く継母－女神ヘーラーと組んで、英雄ヘラクレスを功業[34]に向かわせる〔図38〕が、その遂行を助けるのが神なる父ゼウスである。

まさしくこの英雄に敵対する王像あるいは父親像が課する迫害と危難こそが、英雄を英雄にする。このように古い父－体系に由来する抵抗と危難こそが英雄を産む内的な前提条件であり、その意味では、英雄神話の父殺しに関する限り、ランクが次のように定式化しているのはまったく正当である。「英雄らしさとはまさに、迫害や難題を課す父の、克服にある」。英雄は「父が彼を殺そうとして課した難題を解決することによって、未熟な息子から、社会的に価値ある改革者に、人間を食い国々を荒らす怪物の征服者に、創立者に、都市の建設者に、文化の担い手に」なる、というのも同様に正しい。しかし超個人的な背景が理解されて初めて、人類史を形成する英雄像を正しく評価する解釈が可能となる。というのはそう理解してこそ、英雄神話は人類によって称えられる大いなる模範的な出来事として理解されるからである。

「成長して権力欲をもつ息子たちの暴行から身を守るために」息子たちを追放するのは、《家長》である好色なゴリラ－父ではない。悪い王が怪物である彼自身を殺させるために息子を派遣する、などという精神分析の解釈は馬鹿げている。――今や明らかなように、「竜との戦い」の意味は、もっと別のところにあるのである。

まず二人の父および二人の母の像について考察してみよう。古い支配体系の代表者である「悪い王」あるいは個人的な父親像が、英雄をスフィンクス・魔女・巨人・野獣などの怪物との戦いに、すなわち竜との戦いに送り出し、この戦いによって英雄が死ぬであろうと考える。この戦いはウロボロス的な太母との、無意識の力との、戦いである。英雄がこの無意識の力に負かされそうになるのは、この場が自我にとっての正念場であり、ここに

図 38　壺に隠れた王・父エウリュステウスがヘラクレスのつれる怪犬ケルベロスを見て驚くところ（前 530–25 年頃、カエレ）

自我を打ち負かし無力にする危険があるという意味である。しかし英雄は神－父の助けによって怪物を倒すことに成功する。彼の高貴な本性と生まれが勝利を納め、この勝利によって彼の高貴な本性と生まれが証明される。これによって英雄にとっては、否定的な父が彼を殺そうと目論んだことは、英雄の上昇の、また否定的な父の破滅の、第一歩となる。こうして古い父－王による息子の追放・英雄の戦い・父殺しは意味深い関連をなしている。これらは必然的に生起する一連の出来事であり、これらの出来事は、新しいものの授け手として古いものを破壊しなければならない英雄の本性に由来するものであり、象徴の世界にも現実の世界にも存在しているものである。

英雄の味方をするのが善き母であるが、これは英雄を産む者、および姉妹である処女という役割をもつ。この二つの役割は一人の女性が担うことも、二人の女性として現われることもある。英雄の神－父は決定的瞬間に助力者として干渉する場合もあれば、背後で見守る場合もある。見守るというのは、英雄である証拠を示して初めて正真正銘の神の子と証明されるからであり、ホルスはセトに勝って初めてオシリスの嫡子として認知されうるからである。この神－父像は、見守り試練を与えるものであるから、英雄を危険に追いやる否定的な父と重なってくるようにみえる。というのは英雄を危険に追いやる父は二重化するから、つまり個人的特徴と超個人的特徴を持つからである。

しかし英雄は新しいものをもたらす者でもあるから、つねに新しい神－父の告知に従い、それを実現する。たとえば太母に対して父権的な神々を、原住民の神々に対して征服者の神々を、異教徒の神々に対してヤハウェを実現する。この場合戦いは二つの神像ないし神々の間の戦いであり、元型的な神々の戦いのつねであるが、老いた父－神が若い息子－神に抵抗し、また老いた神々の世界体系は若い神の世界体系に乗っ取られまいと抵抗する。

この構図が複雑になるのは、英雄が人間として神々と対立して独自の自立した役割を果たし始める時であり、また英雄がついには現代人におけるように、超個人的な世界の戦いに決着をつける戦場となり、この戦場で人間の自我が神と決定的に対立する時である。ここでは人間は古い法の破壊者として古い神－世界－体系と戦う戦士となり、古い神の意志に逆らって人類に新しいものをもたらす。この典型的な例が火を盗んだプロメテウスであり、別の例が——グノーシス的に解釈された——楽園物語である。この物語ではヤハウェは古い悪神として登場し、エヴァや蛇と組んだアダムが人類に新しい認識をもたらす英雄である。しかしこの英雄は新しい父‐神の息子であり、救済者として新しい神‐世界‐体系を実現させる。彼は、グノーシス体系の救済者がみなそうであるように、今や古い神との戦いを引き受けねばならない・上なる未知の神の・息子である。

「恐ろしい男性世界」に対する戦い

ここで「恐ろしい男性」として英雄に対立するものの多様性を、その異なる層ごとに説明しておかなければならない。

英雄はウロボロスの両性的な像と戦う。天の戦いの宇宙への投影として最初に見られるのが光と闇の戦いである。このとき闇はさまざまなシンボル内容と結びついているが、光はいつでも英雄——月‐英雄であれ太陽‐英雄であれ星‐英雄であれ——と同一視されている。しかも呑み込む闇の力はティアマトや混沌等の女性的なものとしても、雄の怪物であるセトやフェンリル狼[35]等の男性的なものとしても登場する〔**図39**〕。

このように子供を食う父親像はすべてウロボロスの男性的な面を、原両親の男性的‐否定的側面を、示している。彼らにおいてはつねになによりもまず呑み込むもの、つまりまたもや子宮の空洞という性質が強調される。たとえばクロノスやモロック[36]の場合のように、後の父権制において彼らが真の恐ろしい父親像として登場する場合でさえ、貪るというシンボル体系が前面に出て、そのため恐ろしい母に近いという意味では、ウロボロス的性格が透けて見えるのである。

男根的な地下の大地神と海神もまた、バッハオーフェンが見抜いていたように、太母の傀儡にすぎない。たとえばヒッポリュトスの場合にはアプロディテが、ペルセウスの場合にはメドゥーサが太母を表わすが、しかしどちらの神話においてもポセイドンは、独立した神として登場するとはいえ、太母の破壊傾向の道具にすぎない。
われわれは自我－意識－英雄の発達段階のうち破滅型の少年像の段階を太母の支配として描いてきたが、この段階はさらに二つの段階に分けられる。すなわち最初の段階では英雄は苦悩し破滅して太母に屈服してしまい、第二の段階では英雄の反抗は強まるが、彼はむなしい戦いの状況に陥る。この反抗が強まった第二の段階は、太母からの自己陶酔的な離反に対応している。この段階においては、倒され・殺され・去勢され・狂わされる代わりに、自己去勢と自殺が現われる。

図39　北欧の戦闘の神テュールがフェンリル狼を捕獲
（スウェーデンの兜の飾り板より）

男性性を強めた少年英雄は、今や太母の破壊的側面を男性的なものとして体験する。太母の殺人的・破壊的傀儡こそ実際に手を下して少年＝息子を生贄にするのであり、彼らはたとえば石や鉄といった破壊要素と結びついている。*この側面は神話では男性的・殺人的な闇の力として、危険な動物として、特に太母のシンボルである雌豚に従う猪として登場し、後には太母の男性的－戦闘的従者として、あるいは殺人と去勢を行なう神官として登場する。この時点で男性の自己体験が始まる。男性の自己体験とは、たとえば古代の豊饒儀礼において男性が男性として男性によって生贄にされるということである。自己意識化が進んで男性が相手とのつながりを知り、生贄にされる者が彼を生贄にする者との同一性を見抜く場合、あるいはその逆の場合、それまで宇宙的な対立としてとらえられていた光と闇が神－人間の双生児の対立として体験され、オシリス－セトやバール－モートの兄弟の争いを始めとする多くの兄弟対立が神話に登場する。**

＊　たとえばイシスの兄セトは火打石－小刀と関係づけられ、アプロディテの愛人マルス（37）は鉄と関係づけられる等々。

＊＊　精神分析がするように〔197〕、双生児問題を安易に兄と弟の対立に変え、それをさらに息子と父の対立に変えることによって、再びエディプス・コンプレックスに還元するのは間違っている。これら〔双生児・兄弟・父子の対立〕は発達史的にも心理学的にも互いにはっきりと区別すべき別々の重要な段階なのである。

敵対する兄弟としての双生児対立の最初期のものは、春－夏、昼－夜、生－死という自然の周期の形をとっており、いまだ太母の支配に属している。まず初めに敵対的－男性的なもの、つまり否定的な死－闇の力が太母の破壊道具として体験され、この男性的なものが母親に帰属することが明瞭になる。この段階に当たるのが、ホルスの母方の伯父セトであり、彼は社会的にも神話的にも、母権の敵対的な執行力の担い手である。

　この母権的段階に続くのが、男性の自己意識の強化によって起こる二分化の段階である。この移行状態を典型的に示すのが神話における双生児モチーフであり、このモチーフは対立する二者が一つになっている状態を表わしている。この二分モチーフが自己自身の破壊へと向かうと自己去勢や自殺となる。かつてはウロボロス的去勢にせよ母権的去勢にせよ、太母が自ら実行していた。しかし中心志向の傾向が発達すると、それは自我英雄の自己保存傾向を基礎にしているので、初めはその傾向は後込《しりご》みとして現われるが、やがて受動的－自己陶酔的段階を越えて、太母への防御・反抗・攻撃へと進んでいく。この傾向は神話ではたとえばヒッポリュトスによく表わされている。無意識に対して抵抗する自我体系の破壊は、神話では迫害・八ッ裂き・狂気として象徴されるが、これはすでに自我がある程度独立し、発達していることを前提としている。太母にとって息子も父も同様に授精のための男根にすぎないことは、男性の側からは、勝つ者も死ぬ者もつねに同一人である、と表現される。生贄を捧げる勝者も必ずいずれは生贄とされる敗者になる。対立する二人の男性が一つであるというこの意識から、初めて男性的な自己意識が始まる。このことはもちろん、儀礼において生贄を捧げる者と生贄にされる者がいま互いに「個人的な」感情を発達させるという意味ではない。われわれは超個人的な出来事について論じているのであるから、つねに典型的な出来事の経過からのみ推論することが許される。その典型的な経過とは、母権制の中で下位に置かれていた男性集団が次第に独立と自立を経験し、勝ち取り、もはや自分たちと敵対する・異質な本質をもった・儀礼の道具にはならない、という経過である。男性的な自己意識の発達はこうした男性の自己―発見の、原因であり結果である。こうして男性間の対立状態は次第に男性結社へと移って行く。

母権制から父権制へ

発達の過程は、この男性同士の関係の強調から、さらに父権的な男性支配による母権制の克服へと進んで行く。スパルタとその母権的な諸条件の中に、すでに少年戦士の二人組という男性同士の関係の強い特徴が見られるが、さらにずっと溯ってギルガメシュ叙事詩と他の多くの英雄神話においてすでに友情の契りが強調されている。ギリシア神話における無数の男性同士の契りは、ギルガメシュ―エンキドー―友情と同様に、太母の怪物に対する英雄の戦いの中で意味づけられ確証される。

敵対する兄弟という対立原理から友情が生まれる。この友情の契りはよく不釣合いの兄弟の間でさえも、つまり一方が人間で他方が不死であり、それでいて双生児とみなされる兄弟間でも結ばれる。それで思い出されるのは、英雄の誕生をめぐって、双生児の不死の片割れと人間の片割れが同じ晩に別々の父から授精されたという話である。今やこの片割れ同士が結合する。男性同士の関係はいずれの場合にも意識と自我原理の強化を意味しており、このことはこの契りが心理学的には自我と影の、もしくは自我と自己の、結合として現われても同じである。前者は自我による地上的な影兄弟の、たとえばその衝動的・破壊的・自己破壊的な力の、同化を表わしており、後者は地上的な自我と不死の双生児兄弟との、すなわち自己との、契りを表わしているのである。

今や自我の男性同士の関係によって意識が強化されると、母親への受動的・自閉的・自己陶酔的抵抗、すなわち逃走と自己破壊に到る反抗とは反対に、母権的な支配に対する戦いへと移って行くが、この過程は、社会学的にも心理学的にも確かめることができる。社会学的にはそれは母方居住的‐母権的結婚から父方居住的‐母権的結婚への、そして最後には父権的結婚への過程である。女性からの権力の剝奪は以下の経過において最も明らかである。すなわち初め女は産む者として生まれる子供に対して完全な支配権を持ち、父は存在しなかった。特に性交と出産の関係が知られていないときはそうであった。後になると父は〔母方居住制という〕制度上よそ者として子供に対する権力から除外された。父権制においては逆に父だけが子供をつくる者としてつくられた子供の主人であり、女性は器・通路・乳母である。心理学的にもこれと対応する過程がある。すなわち男性性と自我意識が強まるにつれて、母＝竜との戦いが自我の自己解放のための英雄の戦いになる、という過程である。この戦いにおいて英雄は男性的な天と結びつくことによって自己再生を可能にし、この時男性は女性なしに自己を新しく誕生させる。

父権制への移行は新しい価値観をもたらす。今や母権制は、すなわち無意識の支配は、否定的なものとなる。それだからこそ母が竜とか恐ろしい母の性格を持つことになるのである。彼女は老いた克服されるべき者である。彼女の味方として登場するのが兄、すなわち母方の伯父であり、彼は母権制において権威コンプレックスを担うが、このことはセト‐ホルス‐対立においてなお明瞭に表現されている。

この母方の伯父と息子との対立は、最後に父権制において父と息子の対立と交代する。まさにこの発達過程が示すように、古い悪いものとか敵といった元型的なものは、いくつかの発達段階と意識段階を経るうちにその投影の担い手を変えるが、しかしそれ自体は元型的なるがゆえにいつまでも存在し続ける。新しい意識を代表する英雄にとって、敵対する竜は古いもの・心理的に克服された段階・であるが、これが彼をもう一度呑み込もうとする。この段階を示す最も包括的かつ初期の形態が恐ろしい母であり、次に続くのが母権制を代表する権威ある男性・母方の伯父・であり、その次に他国の老人や他国の王が続き、その後に初めて父が現われる。

神話における英雄の父殺しは原両親問題に属するのであり、個人的な両親に起因するものでもなければ、いわんや母親への息子の性的な固着に起因するものではない。最初に父権的な家族があったとする〔フロイトの〕想定は、ブリフォールトが正しく認識しているように、＊心理的には聖書研究に依存したために生じた残滓である。聖書研究が反駁されれば、父親殺害理論・エディプスコンプレックス・および『トーテムとタブー』の中で試みられたこの仮説に対する人類学的な基礎づけ・は崩壊する。

＊　ブリフォールトは、社会の根源は父権的な家族にではなく母権的な家族に求められうることを証明し、また類人猿の心理にも父権的な家族が最初にあったことを示す材料は何もないことを明らかにした〔198〕。

われわれは神話においてホルス－息子が父に対しては肯定的な態度をとり、セトに対しては、すなわち承知のように母権的な家族の中で高い権威を持つ母方の伯父に対しては、否定的な態度をとっていることを見出す。このことはマリノフスキーが未開人について証明した事実、〔199〕(38) 母権的社会形態の中では父を殺したいという願望ではなく、「家族内の規律・権威・執行力を代表する」母方の伯父を殺したいという願望が存在するという事実を確証する。要するに殺意は、あるいはもっとうまく言えば殺意の根底にある両面性は、決して性に基づくものでもなければ、母親の所有と関係するものでもないのである。

父親が母親を性的に所有していても、息子は父に対して優しい態度をとる。しかし母方の伯父に対しては――この伯父にとっては息子の母親は乳幼児のころから性的にも一般的にもタブーであったにもかかわらず――殺したいという願望を抱く。そしてこうした文化の中で性的に禁じられた姉妹が無意識的に渇望されるとしても、彼女は母方の伯父に対しても少年自身に対しても禁じられているのであるから、〔伯父の〕姉妹をめぐって〔殺したくなるほどの〕性的な嫉妬の動機などありえないのである。

ではなぜ殺したいという願望が働くのか。それは母方の伯父が、われわれが男性性の代表という意味で「天」

と名づけたものの担い手だからである。この伯父についてマリノフスキーは、彼は子供の人生に「義務・禁止・強制」をもたらすと述べている。「彼は力を持ち、理想化され、母と子は彼に従属する」。その代償に子供は彼を通して「社会的な名誉心、名声、自分の血統と一族についての自覚、将来の富と社会的地位に対する希望」といった観念を獲得する。集団の法を代表するこの権威こそ[200]――それが幼児的側面からは威圧と感じられ、英雄的側面からは妨害と感じられるにせよ――子供の殺意をうけるに価するものなのである。父元型の中の集合的に規定された超自我部分、すなわち良心は母方の伯父において経験される。この伯父の殺害は母の取り合いとは何の関係もないし、また何の関係も持ちえない。というのはそんな取り合いなど存在しないからである（この「父元型」という用語もわれわれの父権的な文化によって色づけられていることは承知しているが、それでもこの用語を使うのは、これによって問題の核心が分かりやすくなるためである）。

精神分析の命題に対してこのように明瞭に反駁しておくことは、精神分析が歴史的に後の個人主義的な現象を誤って普遍化している点を明らかにするという意味で、特に有益である。しかしこの反駁はまた、まさに超個人的要因――ここでは父元型の権威的な側面――の重要性を証明するという意味でも、大きな意味をもつ。この超個人的要因は社会的、歴史的にさまざまな状況においてさまざまな対象へと投影される。すなわちある時は母方の伯父へ、ある時は父へと投影される。しかしいずれの場合にも超個人的要因の担い手との対決は避けられない。というのは「父」を殺さない限りいかなる意識発達も人格発達もありえないからである。

男性の支配の開始と共に、今度は男性集団の間に激しい争いが生じ、この争いは個々の町・部族・国家の広さと蓄財が増大するにつれて激しくなる。原 - 文化は個々の集団が孤立を強めるという特徴をもつが、この孤立は未開人の場合には極端に発達するため、いくつかの諸部族が同じ島に住んでいながら互いに知らず、原始時代のよそ者敵視の状態のまま固定化することになる。文明が普及するにつれて横の結合と横の争いが増える。この人類の政治的時代の始まり――これは父権制の台頭とほとんど同時であるが――とともに、双生児対立はなくなり、老人と若者の男性的対立が始まるが、しかしこの対立は最初はまだ決して父と息子の対立を意味していない。

王権儀礼の変化

もともと豊饒儀礼における季節王の供犠においては、殺されるべき古い年度または季節の代理人も、彼と交代する新しい王も、どちらも若かった。つまり彼は年度と同一化されているために象徴的に老いているにすぎず、またそれゆえに死を宣告されたにすぎない。この儀礼的な供犠と継承は、後代にまで残された儀礼において嘆きのあとに中断しないですぐに再生が続くことによって証明される。このことは同時に、夏の暑さで枯れた植物が春に再生する〔ことを表現している〕という自然主義的な解釈に対する反証でもある。この解釈に従うと、枯死と再生の間には乾期と冬期が、すなわちかなり長い期間が挟まれることになるが、決してそうはなっていないのである。むしろつねに再生――もともとは新しい年度王の再生――は、古い年度王の死に直ちに続いていたのである。両王間の対立は老若の対立を示す象徴的なものであり、〔自然の〕事実を表わすものではなかった。後に父権制への移行期には、この年度王あるいは数年間統治する継続王の代わりに、戦いによって自らの生命を守ることのできる王が現われた。年度ごとに・あるいはそれより長い期間をおいて・更新される王は、生贄の代役としての季節王を従えていたが、これは後に動物生贄に変わった。継続王の活力は集団の豊饒を代表するが、彼がいま実際に老いて衰えると、彼は代役の生贄との戦いに、あるいは誰であれ彼に挑戦する者との戦いに勝たねばならない。勝てば、彼は王のままである。敗れると彼は生贄として捧げられ、勝者が後継者となる。

このフレイザーが示した継続王への移行において初めて、老若の対立が生じる。すなわち継続王が老いた側を、彼と戦う者が若い側を、代表するのである。父権制が始まりつつあるこの状態は神話の中では英雄神話にとって重要であった。というのはここで――ここで初めて――英雄神話に老王と若い英雄の対立が登場するからである。この場合にも、英雄と継父の対立という神話的特徴は、個人的な父親と息子の対立の隠蔽ではない。古代史の中には何度でも英雄による王朝建設と、老いた王・古い王朝・の絶滅が歴史的事実として見られる。この対立原理は、それが象徴の形で現われる場合でも、父権的な家族よりはるか以前のものであり、決してそこから引き出しうるものでもなければ、そこへ還元しうるものでもない。

挫折――父権的去勢――精神による破壊

こうして、殺されるべき「恐ろしい男性」〔図40〕――その最後の形態が「恐ろしい父」である――は、恐ろしい母にはない前史を持っている。ここでもわれわれの仮定の正しさが、つまり母元型は不変の性質を持ち、父元型は文化によって変化する性質を持つという仮定の正しさが、確証される。母＝竜の恐ろしい性質が分化していないのとは反対に、父＝竜は文化的に層をなしている。この点から見ても、母＝竜は自然であり、父＝竜は文化である。恐ろしい男性は恐ろしい女性と同様いつでも古いもの・悪いもの・克服されるべきものであり、いずれにせよ非凡なことを行なわなければならない英雄にとってはそうである。しかしこの恐ろしい男性は意識を解体する原理として働くばかりでなく、むしろ意識を誤った方向に固定する原理として働く方が多い。それはいつでも自我と意識の一層の発達を妨げ、古い意識体系を固定化する。恐ろしい男性はまず母権制の破壊道具である手先として現われ、次にこの古い体系の権威である母方の伯父として現われ、その次にはマイナスの自己破壊であり固有の退行意志である双生児として現われ、最後には父権制の権威である恐ろしい父として現われる。

この恐ろしい父としての恐ろしい男性は二つの超個人的な姿で、すなわち恐ろしい男根的な大地の力および恐ろしい精神父《ガイスト》として、英雄に対立する。地下的な力をもつ恐ろしい地父は、心理学的には太母圏に属している。彼はたいていの場合、本能－男根として、あるいは破壊的・攻撃的怪物として、圧倒的な攻撃力を発揮する。しかし自我が男性的な性－攻撃－権力本能によって打ち負かされる場合も、あるいは他のなんらかの本能形態一般によって打ち負かされる場合も、太母が支配したのであることは明らかである。なぜなら太母は無意識の本能－

図 40　雄牛ミノタウロスを殺すテセウス（前 5 世紀、アテネ）

女主人であり、動物の女主人であるが、一方男根的な恐ろしい父は彼女の傀儡にすぎず、彼女と対等の男性原理ではないからである。

しかし息子を征服する・息子が英雄となり自立することを妨げる・恐ろしい父のもう一つの側面は、男根的な存在ではなく、精神《ガイスト》的な存在である。バールラッハの戯曲『死んだ日』に登場する地母である恐ろしい母は、息子が英雄になるのを許さず、結局「去勢」するが、これと同様に恐ろしい父も登場し、彼も息子を去勢し、息子の成熟と勝利を妨げるのである。そしてこの恐ろしい父もまた超個人的である。彼は一つの精神《ガイスト》体系として働くが、この体系はいわば別の面から、つまり上から、息子の意識を捕え、殺害する。この精神《ガイスト》体系は強力な古い法・古い宗教形態・古い道徳・古い社会として、良心・因習・伝統として、あるいは息子をつかんでその新しさと未来を妨げる他のなんらかの精神《ガイスト》的事柄として、登場する。力動的–情動的な側面から働きかける内容は、すなわちたとえば惰性の拘束的な力や、本能面による圧倒は、母親圏に・自然に・属する。しかしある意識的な内容・価値・理念・道徳的規範との、あるいは他の精神的事柄との、対決がなされる時にはつねに、この対決は母親体系とではなく、父親体系と関係するのである。

父権的な去勢には、捕囚と憑依の二つの形態がある。捕囚の場合には自我は集合規範の代表者である父に完全に依存している。つまり自我は下なる父と同一化し、それによって創造性との結びつきを失っている。自我は伝統・道徳・良心に束縛されている、つまり因襲的に生存しており、去勢されて自らの二重性のうちの上部を失っている。

父権的な去勢のもう一つの形は、逆に神的な父との同一化である。これは「精神《ガイスト》による破壊」の中で、肥大化した天の憑依を引き起こす。ここでも英雄は、大地面との・自らの地上的な部分との・接触を断つことによって自らの二重性の意識を失う。

肥大化という父権的去勢の背後にはウロボロスの呑み込む威力が見えるが、このウロボロスの中では男性的な呑み込むものも女性的な呑み込むものも一つになる。プレローマ・神的充溢・の魅力の中ではウロボロスの父性面と母性面は溶け合う。どの精神病からも分かるように、精神《ガイスト》・天父による破壊と、無意識・地母による破壊は互いに同一である。集合的な精神《ガイスト》の力も、集合的な本能の力も、方向は反対であるが共に大いなるウロボロスの一部である。

「精神《ガイスト》による破壊」のモチーフは、すでにバビロニアのエタナ神話(39)に見られる。この神話では鷲によって天まで運ばれた英雄が墜落してばらばらになる（この場合、到達できないほどに高い天は、なおウロボロス的に大地であると同時に天でもある母神イシュタルに属している）。同じ神話的状況は、飛行中に太陽に近づきすぎるク

図41　天馬ペガサスに乗るベレロポン

レタのイカロス[40]にも、天馬ペガサスに乗って天に達しようとし、墜落して気が狂うベレロポン[41]〔**図41**〕にも、描かれている。テセウスや他の英雄たちの傲慢にも類似の布置が働いている。英雄は、まさに神の子であるがゆえに、「敬虔」でなければならず、また自らの行為を完全に意識していなければならない。しかしもし彼が、ギリシア人たちが傲慢《ヒュブリス》と名づける、自我妄想の高慢から行動したり、また戦いの相手であるヌミノースなものに対して畏敬を払わないと、彼の行為は挫折する。あまりに高く飛翔したいという意志と墜落、あまりに深く潜行したいという意志と監禁は、自我の過大評価およびその結果としての破滅・死・狂気の徴候である。上なる・あるいは下なる・超個人的な霊力を自我の不遜から蔑視すると、それらの生贄にならざるをえない。すなわち英雄はエタナのように墜落するか、イカロスのように海で溺れるか、テセウスのように冥界に幽閉されるか、プロメテウスのように岩に縛りつけられるか、あるいはティターン[42]たちのように償いをすることになる。

父権的な去勢は大地の側面を生贄にするのであるから、母権的な去勢と同様に結局は男根生贄の形をとる。この点でもまた父性的ウロボロスと母性的ウロボロスの秘かで不気味な同一性が証明される。それゆえ去勢シンボルはよく、精神《ガイスト》面に比重が置かれた思想、たとえばグノーシス主義やさまざまの秘教の中に登場する。グノーシス主義のアッティス祭礼歌[201]の中ではアッティスがアドニス・オシリス・ヘルメス・アダマス・コリュバス・パパと同一視され、彼らすべては「遺体・神・授精できない者」と呼ばれている。ここでもまた母権制への抵抗者の特徴が、すなわち太母への反抗としての自己去勢が、繰り返されている。この抵抗するグノーシス主義者たちは精神《ガイスト》＝父に憑かれた者たちである。精神《ガイスト》＝父に魅惑されて彼らは父権的に去勢され、ウロボロス的なプレローマ界に帰るが、この世界こそ彼らがまさに抵抗しようとしたその太母に他ならない。このように彼らは神話における抵抗者たちと同じ運命を辿るのである。

にもかかわらず父権的な去勢の性格には別の色合がある。すなわち母権的去勢は狂躁的性質を、父権的去勢は禁欲的性質を持っている。もっともこの場合でも、極端な状態がいつでもそうであるように、二つの形態は互いに移行する。たとえば個々のグノーシスの宗派で性的－狂躁的傾向が達成されても、これらの傾向はグノーシス主義に典型的なやり方で無くされる。[43] つまり性的狂躁は恍惚の現象として父－精神《ガイスト》－原理に帰せられ、これに対して母神あるいはデミウルゴスのものである豊饒原理は否定されて、ついには組織的な流産や子殺しまでが現われる。

したがって父の息子たちは母の息子たちと似た姿をしている。父の息子たちが不能なのは彼らが父権的に去勢されているためであるが、この捕囚形態は「イサク・コンプレックス」と呼ぶことができよう。[44] アブラハムは自分を信頼しきっている息子のイサクをいつ生贄に捧げてもよいと思っている。われわれはここでアブラハムの宗教的、心理的状況を考察するつもりはない。ここで重要なのは息子の心の状況だけである。それには二つの特徴的な徴候がある。一つは、聖書ではきわめて明白であるように、イサクが父に依存し、すべて父を「手本」とし、父から独立していないことである。もう一つは彼の宗教的経験の独自性であり、つまりまさしく彼の人格の一部分の独自性であるが、この部分はもちろん独立しており、その部分に対しては神は「イサクの怖れ」Pachad Jizchak として現われる。*

＊ 文献学的には「pachad」は血縁関係という意味であり、怖れと解釈するのは誤りであることが証明されているそうであるが〔202〕、それでもこの後者の解釈は今日まで人々の間に広く受け入れられてきたし、そのようなものとして作用してきた。

イサクの父－息子－心理はユダヤ人に特有のものであり、今でも彼らにイサク・コンプレックスとして現われる。ここには掟と古いものの保護が働いており、また新しいものの要求からの逃避が働いている。掟は「アブラハムの子宮」となり、律法は男性的な精神《ガイスト》－子宮となるが、これは固定化して新しいものの誕生を許さない。

不能者や、掟に束縛された者にとっては、古い集合的な父の権威である「良心」によって、新しい神啓示の権威である「声」はかき消されている。母親－息子たちの場合、神－父が恐ろしい母によって抹殺され、そのために彼らが無意識のうちに母胎の中に閉じ込められ、創造的な精神《ガイスト》－太陽面から切り離されたように、父親－息子たちの場合も英雄を産む処女－女神は恐ろしい父によって抹殺される。そのため彼らは「単に意識的」であるに留まり、一種の精神《ガイスト》－子宮に閉じ込められるが、この子宮は決して彼らを豊饒な女性面へ、創造的無意識へ近づけようとはしない。こうして彼らは母親－息子たちと同じように去勢される。この場合には英雄性は抹殺されて頑固な保守主義が、また息子が父と同一化して革命や革新に敵対する形が、現われるが、この同一化には父－息子対立という世代間の生きた弁証法が欠けている。

　この逆が「永遠の息子」、すなわち永遠の革命家であるが、しかしこれもこの種の父親コンプレックスから決して解放されているのではない。ここでは彼は竜を殺した者としての英雄とは同一化しているが、しかし彼には神－父の子であるという意識が欠けている。父との同一化の面が欠けている限り、永遠の少年は決して支配権と王権を握れない。彼には、父となることを・また支配の地位に就くことを・拒否することが永遠の若さを保証するように思われる。なぜなら支配の地位に就くとは、支配権を再び未来の支配者－息子に譲らねばならないことを知るということだからである。しかし個々の人間はその性質上元型のままではいられない。すなわち永遠の革命家は年を取るにしたがって、自分の年齢と限界を認めようとしない神経症患者となる。イサク・コンプレックスを否定しても、このコンプレックスを克服したことにはならない。

　こうして英雄は「竜との戦い」において母だけでなく、父をも克服しなければならない。しかし彼の対決は決して個人的ではなく、つねに超個人的である。そのさい個人的な両親がある役割を果たし、また原理的につねにそうするとはいえ、彼らの個人的な部分はほんのわずかな役割を持つにすぎず、彼らを通して働きかける超個人的な両親像が決定的かつ圧倒的である。個人史を見ると、元型の力に押されて両親の実際の姿が歪曲されるばかりか、完全に逆転している例さえ見られる。驚くべきことにはすでにフロイトが当時、たとえば親が一度も禁止したことがないのに、その事実に反して親から禁止されたと頑固に言いはる例を観察している〔203〕。このようなことを引き起こす力が無意識の超個人的な内容であることは再三明らかにしたとおりであり、この作用は誤った個人化したイメージを自我に伝える付随的な個人化がなされていても働くのである。

自我が超個人的な諸要因と対決することによって初めて人格が成立し、人格の判断中枢が形成される。英雄は模範であり、英雄の行為と苦悩の中には、後に各個人に起こることが現われている。英雄の生涯には人格形成が象徴的に示されている。英雄は最初の「人格」であり、これから人格となる者はすべてそれを見習うのである。

英雄神話の三つの基本要素は、英雄・竜・宝であった。英雄の本性は英雄誕生の章で明らかになった。英雄が戦いをいどむ竜の本性については母殺し・父殺しの中で明白となった。しかし第三の要素・「竜との戦い」の目的・の分析はまだなされていない。

この目的は、それが宝として現われようが、救済されるべき囚われの女性あるいはなんらかの「得難い貴重な性質」として現われようが、英雄の戦いの中で英雄の身に起こることと本質的に関わりをもっている。

英雄の戦いを経て初めて英雄は英雄となり、彼の本性は変容する。というのは彼が行為者として救済しようと勝利者として解放しようと、彼によって解放され変容させられた者が逆に彼を変容させるからである。それゆえ神話の最後の、第三の段階は変容－神話である。〔意識の発達過程は〕第一段階では自然神話・創造神話の形をとり、次に英雄－神話では自然同士の戦いを引き起こしたが、変容神話ではついに変容の勝利にまで到達する。「自然が自然を支配する」とは、その勝利を意味しているのである。

C　変容神話

Ⅰ　囚われの女性と宝物

Ⅱ　変容、すなわちオシリス

「自然が自然を支配する」

I　囚われの女性と宝物

神話における「竜との戦い」の目的は、ほとんどいつでも処女・囚われの女性・であるか、さらに一般的に言えば宝物・「得難い貴重な性質」・である。ただし、たとえばニーベルンゲンの財宝のような有形の黄金の宝は、原モチーフが後に退化したものである。原初の神話・儀式・宗教・秘文・メルヘン・伝説・文学に登場する金と宝石、とくにダイヤモンド[204]と真珠[205]は、もともとは無形の価値を象徴する担い手なのである。同様に命の水・薬草・不死の妙薬・賢者の石・奇蹟の指輪と願掛けの指輪・隠れ頭巾・飛行マントも宝物を意味するシンボルに他ならない。

神話的モチーフの二重構造——客観段階と主観段階

心理学的解釈にとって重要な現象の一つに、神話やシンボルのタイプ論的な二重構造と呼ぶことのできるものがある。つまり神話やメルヘンの本性や表現法の中には相反する心理的タイプ[206]へ同じように働きかける——といっても働きかけ方は異なるが——という性質がある。すなわち、外向型の人も内向型の人も神話の中に「自分」が描かれており、また「自分」に語りかけられているように感ずる。それゆえ神話の解釈は、外向型の人に対しては客観段階で、内向型の人に対しては主観段階[207]でなされなければならないが、どちらの解釈も必要で意味深い。

一つの例を挙げると、たとえば「囚われの女性」は客観的にはこの世の現実の女性と考えることができる。この時、男性－女性関係の問題、その困難と解決は神話の中に模範として描かれ、それゆえこのモチーフは誰からも単純に外的出来事として理解される。しかし人類の原初期には現代人の場合と同じ意味での伴侶問題は存在しなかったのであるから、囚われの女性の奪取と救出はもっと多くの意味を持っているのである。彼女を得るための戦いは男性が女性と対面する一つの形態であるが、この女性的なものは——原母および原父と同様——超個人的である、すなわち人間の内面の集合的な「こころ《ゼーレ》」を表わしている。

　このように初めから客観段階と並んで別の解釈が成り立ち、それによれば囚われの女性は「内的なもの」、すなわち「こころ《ゼーレ》」そのものである。神話において重要なのはこの「こころ《ゼーレ》」に対する男性的自我の関係であり、「こころ《ゼーレ》」を得るための戦いにおける冒険と危険、および救出をもたらす奪取である。それゆえ「竜との戦い」の目的が特に際立って奇蹟的なことや非現実的なことであるのは、疑いなく、内向型の人の関心の中心である「こころ《ゼーレ》」という内奥の出来事が、神話のシンボル体系の中に写し取られたためである。

　こうしたタイプによる反応の違い、すなわち「こころ《ゼーレ》」の内奥が強調されるか外的客体としての世界が強調されるかは、もちろんつねに無意識的なままである。「こころ《ゼーレ》」という内奥で起こる出来事でさえ外部に投影され、外的現実とこの外のものが心の中で生命を与えられたものとが客体において統合されて一体となっている如くに体験される。しかし神話とそのシンボル体系の特徴はこの内的心的要因に比重が置かれている点であり、そのことは神話の出来事と「実際の」出来事が違うという点に示されている。

　しかし解釈をする場合には神話的モチーフのこうした二重構造の他に、個人的要因と超個人的要因の共存という問題をも考慮に入れなければならない。この場合個人的な解釈と超個人的な解釈は、前述の外向型と内向型による理解の相違とは対応しない。どちらのタイプも元型的な経験を持つこともできれば、逆に個人的な領域内に限定されることもありうる。たとえば内向型の人が彼の意識や個人的無意識の・彼にとっては重要であるが・単なる個人的な内容に留まることもあれば、逆に外向型の人が客体において宇宙的な超個人的な性質と出会うこともありうる。それゆえ「囚われの女性」は主観段階的に内的なものとして、個人的にも超個人的にも体験されうるし、同様に現実の女性として、個人的にも超個人的にも体験されうる。要するに個人的解釈が客観段階的解釈と同じでないように、超個人的解釈は主観段階的解釈と同じではない。

超個人的な集合的無意識の投影である神話は超個人的な出来事を描いており、客観段階的に解釈されるにせよ主観段階的に解釈されるにせよ、個人主義的な解釈は絶対に適切でない。しかし、さらに言うならば、前述のように、神話を超個人的な心的出来事とみなす主観段階の解釈の方が、集合的無意識から成立した神話にはふさわしいのであり、神話をたとえば気象学的な出来事とか星辰界の出来事として客観段階的に解釈する試みよりも妥当である。

このように英雄神話に表わされているのは、ある任意の個人の個人主義的な個人史では決してなく、つねに典型的な、すなわち集合的な意味をもった超個人的出来事である。一見個人的なものでさえ、たとえ個々の英雄・彼らの運命・「竜との戦い」の目的・が互いにどんなに異なったものであっても、ここでは元型的特徴を持っている。

われわれが戦いとその目的とを英雄の心の中の一つの過程であるとして主観段階的に解釈する場合でも、その出来事は超個人的である。英雄の勝利と変容は、それらが内的出来事として浮かび上がる場合でも、誰にでも当てはまる出来事であり、この出来事をよく味わってみることによって、同じ生き方をしてみるなり、あるいは少なくとも追体験してみるべきである。現代史がその個人主義的な狭さのためにいろいろな民族や人類の集合的出来事までも往々にして君主や指導者の個人的利害に左右されるものとして描くとすれば、神話は逆に一人の英雄の出来事を通して超個人的な現実を表現しているのである。

「竜との戦い」の目的は囚われの女性の解放である

ほとんどの神話において英雄の戦いの目的は怪物の支配から囚われの女性を解放することである〔図42〕。この怪物は元型的なものとしては竜として現われ、元型的だが個人的な特徴をも帯びているものとしては魔女あるいは魔法使いとして、個人的なものとしては意地悪な父親あるいは母親として現われる。

これまでわれわれは竜との戦いを母元型と父元型に対する英雄の対決として解釈してきた。しかし囚われの女性や宝物が、拘束する諸力・両面的な竜・といかなる関係にあるか、およびそうした戦いの目的が英雄自身にとってどんな意味をもつかは、まだ説明されていない。

囚われの女性は最後には決まって英雄の妻となる。彼女との結合はいつでも「竜との戦い」の主要な収穫である。太古の豊饒神話と豊饒儀礼はあらゆる春の祭りと新年の祭りの基礎であるが、これは英雄神話をその一幕として含む模範的な祭礼である。怪物＝敵の征服は若い英雄王と地母神との勝利の結合の前提であり、この結合が呪術的にその年の豊饒をもたらす。

「竜との戦い」における囚われの女性の解放と獲得とは、この古い豊饒儀礼が発展したものである。われわれはすでに、「竜との戦い」によって英雄の男性性が発達すること、またそれは恐ろしい母を打ち負かすことでもあること、を明らかにした。今や囚われの女性の解放と獲得は、男性的意識の自己展開の中で、さらに進んだ段階を形作る。

男性の自己変容による女性の変容——母元型からのアニマの解放

英雄の「竜との戦い」の中で男性が変化すると、男性が女性に対して持つ関係も変化する。この変化は竜の猛威から囚われの女性を解放することに、すなわち恐ろしい母の像から女性像を救い出すことに象徴されている。これは分析心理学の用語を使えば、母元型からのアニマの分離といえる。

図 42　アンドロメダを救うペルセウス（1 世紀、ポンペイ壁画）

少年＝息子が圧倒的な母と結合する段階の次に、成人した男性が彼と同質同年代の女性の伴侶と《聖なる結婚》によって結ばれる段階が続く。ここで初めて男性は成熟し、子供をつくることができるようになる。この男性はもはや上位の地母の道具ではなく、自ら父親として自らの子供の養育と責任を引き受け、女性と継続的な関係を保ちながらあらゆる父権的文化の核である家庭を築き、さらには王朝や国家を建設する。

囚われの女性の解放と新王国の建設によって父権的な時代が幕を開く。父権的といってもそれはまだ女性を抑圧するという意味ではなく、男性が自分の子供に対して独立した支配権をもつという意味である。そのさい女性が共同支配するか、あるいは父権制の独裁的な形態のように男性が完全に支配を独占しているかは、自らが産んだ子供に対する女性的母性の独裁がここで幕を閉じたことに比べれば、二次的な意味しか持たない。

女性に対する原恐怖の克服

われわれはさきに男性が女性に対して抱く原恐怖について述べた。この原恐怖は、男性がもはや至福と乳を与える善き母に乳児的‐幼児的に依存せず、彼女から切り離されるちょうどその時に生じたものである（二〇二頁および二〇五頁参照）。この分離は当然かつ必然のものである。つまりこれは外から要求され強制された自立というよりはむしろ自立をめざす内的な自己衝動である。悪意ある外的父親像でも乳児から母親を奪いはしない。この悪い父親像が登場する場合でさえ、自我の自立を要求したり、父親として英雄の戦いを督促する、内的権威たる「天」が投影されているにすぎない。呑み込む太母に対する少年の恐怖も、ウロボロス的な善き母に頼り切った幼児の幸福も、男性が女性を体験する基本的形態であるとはいえ、男性が女性と現実的な関係を結ぼうというのであるならば、それは唯一の形態であってはならない。男性が女性の中の「与える母」の部分のみを愛する限り、彼は幼児の域を出ない。また男性が女性を去勢する原子宮であるとして恐れるなら、彼は女性と結合することも、彼女に子を産ませることもできない。英雄によって女性の恐ろしい面のみが殺されるならば、女性は解放され、それとともに彼女の至福を与える多産な面も解放され、このよい面によって彼女は男性と結合する。

このように肯定的な女性が解放され、それが恐怖を呼び起こす太母像から分離することこそ、英雄による囚われの女性の解放と、彼女を監禁する竜の殺害とが意味しているものなのである。それまで女性として体験される、唯一圧倒的な形態であった太母は殺される、つまり克服される。

神話の中に見られるこの過程の先駆形態である「恐ろしい母」の変容について、キース[208]は、ここで問題にしている諸関連を意識してではないが、「猛獣の馴致[209]」のモチーフについて次のように書いている。「まさしく猛獣の野性の力を馴致することや、『毒気をもった』自然神たちの有害な力を呪術によって鎮めること、とりわけ〔古代エジプト人が〕コブラをブトの王冠の紋章にした[1]ことは、有史時代の思考様式の生成に対してきわめて大きな意味をもった」。

恐ろしいものの馴致は有史以前の神話の時代にまで遡る。たとえばエジプトではハトルが、その「憤怒」を踊り・歌・酒の力によって取り除かれるという形で、鎮められ、宥められる。同様に獅子女神セクメト〔**図43**〕の温和な形態であるバステト〔**図17**〕は癒しの女神になり、またセクメトの神官たちは医者になっている。しかしこうした発達はすでにエジプトの神話の中でさらに高い段階へと到達している。「時として奇蹟が起こった。動物の姿をした女神がその本性を捨て、彼女の神なる夫の『善き姉妹』として人間の女性に変身したのである」。

図43　獅子女神セクメト

恐ろしい女性の変身はここではまだ神々の間の出来事である。特徴的なのは、もう一人の恐ろしい獅子女神テフヌト[210]を宥める役割を、高い智恵の神トートが引き受けることである〔九五頁〕。しかし英雄神話では舞台が人間界に移っているため、女性の変容と解放は英雄の課題となる。

囚われの女性は、もはや高踏的な超個人的な元型ではなく、また無意識の圧倒的な充溢や力でもなく、男性が個人的に結合しうる人間的な存在・伴侶となっている。いや、それどころか、この女性はさらに解放され、救助され、救出されねばならない何ものかであり、また男性が男性的であることを証明することを要求する。それも男根的な授精道具の担い手としてではなく、一つの精神的能力としての、つまり英雄としての、証明を要求するのである。この女性が期待するのは力・才智・尽力・勇気・保護・闘う姿勢である。女性の救済要求はたくさんある。すなわち牢獄の破壊・殺したり魔法をかけたりする母性的および父性的な威力からの救済・阻止や恐れを表わす茨や炎の垣根の突破・鎖につながれてまどろんでいる女性性の解放・謎かけの智恵比べにおける勝利・無気力な鬱状態からの救出などである。しかし解放されるべき囚われの女性はつねに個人的であり、それゆえ男性の伴侶になりうるが、それに対して克服されるべきものは超個人的な諸力であり、これは客観的には囚われの女性を拘禁し、主観的には英雄が女性と関係するのを妨げる。

愛人・伴侶・援助者としての女性の獲得

女性が救済されるべきものとして・竜が殺害されるべきものとして・登場する神話の形態と並んで、もう一つの神話形態がある。それは英雄の怪物殺害が女性の援助によって可能になるという神話形態である。この系列は、例を挙げれば、メディア、アリアドネからアテナにまで達するが、これはいずれにせよ呑み込む母元型としての竜に対立する女性を示している。ここには女性の姉妹的援助的な精神的な側面が現われている。この側面は愛人・女指導者・女援助者・救済的な永遠の女性として英雄を助ける。これらの形姿のうち、とくにメルヘンの中では、姉妹の姿がよく出てくる。そしてこの姉妹の姿のもつ、異質であることによって補償する純粋に人間的な愛と献身が、危険に陥った英雄を助ける。多義的なイシス像が、オシリスの妻であり、オシリスを再び産む母であるのみならず、まさしく彼の妹でもあることは決して偶然ではない。

この姉妹的なものは、人間性と連帯性を特徴とするため、男性にとって自我と身近な・意識と親しい・女性像を意味するような、男女関係の一つのあり方を示している。もちろんここで扱っているのは類型としての関係形態であって、実際の関係を論じているのではない。母・姉妹・妻・娘はあらゆる男女関係における自然の四元素である。これらは類型として異なるばかりでなく、個人の正常な発達においても歪んだ発達においてもそれぞれの現われ方が法則的に決まっている。しかし実際の関係の中ではこれらの基本類型は混ざり合って現われる。すなわち現実の姉妹との関係の中には、たとえば母や妻の要素が混ざることがある。重要なのは、女性的な「こころ《ゼーレ》」像である姉妹が、個人的にはエレクトラ[2]として、また超個人的にはアテナとして、一つの精神《ガイスト》存在を表わしていることである。この精神《ガイスト》存在としての女性は、母たちの集合的‐女性的性質とは対照的に、単独のもの、自我を持った意識である。

アニマ‐姉妹の側面は囚われの女性を通して体験され、解放されるが、この側面は人類の発達において男女関係の本質的な前進を可能にする。解放される女性は単に、狭い意味での女性との性愛的関係を表わすシンボルではない。むしろ囚われの女性をめぐる英雄の活躍を通して、「汝」との生きた関係が、すなわちこの世の生きとし生けるものすべてとの生きた関係が、解放されるのである。

男性の原始的心理の特徴は、近親相姦的な家族結合を強めようとするリビドーの傾向であり、この傾向をユングは近親リビドー[3]と名付けている〔211〕。つまり、ウロボロス内での「神秘的融即」という根源状態が、最も近い家族関係の原初的な結合に留まろうとする惰性の形をとって表われるのである。この家族関係は個人に投影される場合には母や姉妹との関係となり、また彼女たちとの象徴的近親相姦は、ウロボロス内への固着と関係するために、個人と自我を無意識の中に拘留する「下なる女性性」との関係という性格をもつ。

男性性や自我‐意識を発達させる中心志向の傾向に従う英雄は、囚われの女性を解放することによって自分自身をも族内婚的な近親リビドーの拘束から解放し、「族外婚」へと向かう、すなわち他所の女性の救出的な奪取に乗り出すのである。このアニマの女性的な異質性はつねに「上なる女性性」の性格をも持つ。というのはアニマ－姉妹は救出される女性としても援助する女性としても「上なる女性性」として、英雄の「上なる男性性」と関係づけられるから、すなわち英雄の自我*－意識の活動と関係づけられるからである。

＊　この要因だけが「上なる女性性」を布置することは明らかである。すなわちたとえば、「精神的な」議論であっても近親リビドーを刺激して近親相姦への固着をもたらす場合には「下なる女性性」に属するし、また性的動機といえども竜との戦いをもたらす場合には「上なる女性性」に属するのである。

囚われの女性と女援助者を、あるいはそのどちらかを体験することによって、母たちに属する危険な怪物的な無意識世界から一つの領域が解き放される。それは「こころ《ゼーレ》」・アニマであり、英雄・意識の自我領域・の人間的－女性的伴侶をなす領域である。このアニマ－像は超個人的な諸特徴をも持つとはいえいっそう自我に近づいており、この像と接触することは可能であるばかりか豊かな創造力の源泉でもある。

男性が「上なる女性」の性質と親しくなることは、牙をむき出して去勢する子宮としてのゴルゴを――すなわち囚われの女性に近づくことを妨げ、創造し・孕み・産む・女性の真の子宮に近づくことを妨げるゴルゴを――倒す重要な助けとなる。

ソフィア－アテナ像・永遠の女性・「上なる女性性」・といった輝き救済する女性像と同様に、王女・囚われの女性は単に引き「寄せる」のみでなく引き「入れ」、それによって英雄・勝利者を少年から・子供を造る男性・支配者へと変身させることができる。それゆえにこそアリアドネやアンドロメダ[4]などの囚われの女性はとりわけ愛人・アプロディテなのである。アプロディテはもはや原－海そのもの・太母のシンボル・ではなく、原－海から生まれた者であり、別の形で原－海の諸特徴を担う。われわれはここでは囚われの女性の多様な王女－アニマ面と、その太母との関係に詳しく立ち入ることはできない。今はこの面を指摘し、また英雄が自分で解放したこの女性と結合し、彼女によって子供を儲け、共に王国を建設するということを指摘するに留める。

婚姻儀礼は古い豊饒儀礼の一部をなす王権儀礼から派生したものである。大地の女主人と神－王の結合は婚姻の模範・原像となり、またこの儀礼とそのシンボル体系が登場することによって初めて、数百万年の間無限に繰り返されてきた性交が意識化され始める。それまで無意識的であった・つまり本能だけに導かれていた・性交が意味を持つということ、何ごとかを意味しているということ、が今やイメージとして目に見えるようになる。超個人的なものと結びつくことによって、無意識的で自明な出来事が、儀礼における一つの「荘厳かつ重要な行為」となる。

「こころ《ゼーレ》」の世界の発見

こうして英雄による囚われの女性の救出と獲得は「こころ《ゼーレ》」の世界の発見に相当する。この世界はきわめて大きいものであり、男性が女性のために成し遂げ、女性において体験し、女性のために形成してきたものすべてを含む、エロスの世界に匹敵するほどである。囚われの女性が解放されるさまを演技や絵画、詩や歌の形で描く芸術の世界が新しい領域として、すなわち原両親の世界から解き放された世界として、登場する。芸術のみならず、人間文化の大部分は両性の、すなわち男性と女性の協力と対立から生まれる。しかし囚われの女性の救出と関わりをもつシンボル体系は、もっと多くのことを意味している。

囚われの女性の解放によって、無意識の女性的－敵対的な他者としての世界は、女性的－友好的な自分の世界となる。もっともそうなると世界とはもはや意識の世界ではなく、人格〔全体〕の世界となっているが。

人格の構築は大部分が同入の行為によって行なわれる。すなわち同入によってそれまで外部のものとして体験されていたものが内部のものとなる、つまり内部に受容され、取り込まれる。この種の「外的客体」は外部の客体界の内容、たとえば事物や人物でもありうるし、内部の心的客体界の内容でもありうる。その意味で囚われの女性の解放と竜の八ッ裂きは単なる「解体」ではなく、同時に無意識の同化でもあり、この同化の結果として人格の中の一つの判断中枢であるアニマが形づくられるのである（第二部参照）。

理解することが困難とはいえどうにか可能である女性的なものあるいは姉妹的なものが、「私の愛人」あるいは「私の『こころ《ゼーレ》』」として、男性的な自我と意識に付け加えられうるとすれば、それは発達上の巨大な前進である。この「私の」によって、自分の領域、自分の人格の一部と感じられる領域が、無名で異質な無意識から区別される。男性はこの領域をなるほど女性的なもの、すなわち「異質なもの」と感ずるが、しかしこの領域は自我と共属関係にあり、そうした関係は太母との間では考えられなかったものである。

英雄の「竜との戦い」は個体発生における意識発達のさまざまな段階に対して心理的な関係をもっている。戦いの前提条件・目的・年齢・は段階ごとに異なる。戦いは幼年期段階・思春期・人生後半の意識の変化期・に起こる。すなわち意識の新生あるいは新‐方向設定が示される時にいつでも起こる。というのは囚われの女性は新しい何かであり、それを解放することによって発達の前進が可能になるからである。

囚われの女性を求める英雄の戦いの中で要求される、男性たることの証し、および自我の堅固さ・意志・勇気・「天」などに関する知識・の要求は、歴史的には思春期儀礼に相当しており、これに合格することによって初めて大人の仲間入りができる。神話の中で原両親問題が「竜との戦い」によって解決され、代わって伴侶や「こころ《ゼーレ》」としての女性との対決が登場するように、参入儀礼を通して参入者は両親の支配圏から解放され、結婚が可能となり、家庭を築くことができる。しかし神話や歴史の中で起こることは、同様に――元型的に制約されて――個々人にも起こる。思春期の心理の中心は「竜との戦い」の症候群である。「竜との戦い」の失敗が、すなわち原両親という問題圏への固着が、人生前半期の神経症の中心問題であること、また伴侶との関係を持てない原因であること、が繰り返し明らかとなる。この状況の個人的な局面は、すでにその一部が精神分析によって個人主義的なエディプス・コンプレックスとして定式化されたが、これは原両親・両親元型・との対決という問題の表面的な局面にすぎない。この時期には、両親元型による原初的支配を破らねばならないという意味で、男性によってばかりでなく、他の箇所で論じなければならないことだが女性によっても、「親殺し」が行なわれなければならない。原両親を殺して初めて原両親‐葛藤から抜け出し、自分の人生を歩み始めることができるのである。

原両親‐葛藤とその魅力の中にいつまでも留まっているのが、多くの神経症者の特徴であるばかりか、ある種の男性的‐精神的タイプの特徴でもある。このタイプの限界は、まさしく、「竜との戦い」において女性的な「こころ《ゼーレ》」の獲得に失敗した点に認められる。

原両親との対決が前面に出ている限り、意識と自我はこの原両親の圏内に捕えられている。ここにはたしかに無限の領域が含まれ、またそれとの対決は生の原諸力との対決であるとはいえ、個人の活動がこの圏内に限定されたままだと本質的に否定的な特徴を帯びる。個人の働きが孤独になり閉鎖的になってしまうのである。原諸力・原両親だけとの対決に巻き込まれている人々は、錬金術の言葉を借りれば、レトルト内に留まり、決して「赤い石」[5]の段階には到れない。彼らが女性面の奪取と救出を逃したことは、心理学的には個人的‐人間的な面を排除する、普遍的なもののしばしば熱烈な献身となって現われる。彼らの人類に対する英雄的‐理想主義的な関わり方には、愛する者の自制が欠けている。つまり愛する者のように一人の人間と強く結びつこうとするのでなく、人類とか普遍的なものとのみ結びついてしまうのである。

救済者像・救世主像が勝利しても、囚われの女性の救出も彼女との聖なる結婚も行なわれず、それゆえ王国も築かれないとすると、それらすべての像は心理学的な意味でそれ自体何か問題を含んでいる。女性に対する彼らの明白な無関係は、太母との無意識的で強烈な結合によって補償されている。囚われの女性を解放しないということは、太母とその死の性格に支配され続けるという形で表わされており（三一一頁以下参照）、またこれは肉体と大地に対する疎遠、生の敵視、世界拒否をもたらす。

宝物とは得難い貴重な性質・「こころ《ぜーレ》」の創造的な働き・を表わす

しかし囚われの女性が意識の発達に対して持つこのきわめて重要な意味は、神話の中では囚われの女性の特殊な個人的特徴として表現されるのではない。そうした特徴づけはアニマの本質にもそぐわないであろう。囚われの女性は宝物・得難い貴重な性質・と結びつけられる時に初めてその性質が明らかとなる。なぜなら囚われの女性は宝物そのものであるか、宝物と組になっているからである。宝物には不思議な力が備わっている、すなわち魔法・望みの実現・見えなくなったり傷つけられなくなったり変身したりする能力・智恵を与えること・時空の克服・不死・である。

この魔法の宝物が「幼児的願望思考」の再発見であり、またこの宝物によって手に入る能力は願望的観念にすぎない、という主張をわれわれは繰り返し耳にする。もしそうであるとすると、ここにはフロイトが後に「思考の全能」[6]と名付けて有名になったこと、すなわち幼児や未開人のものといわれている特質――願望や想念には力がある・つまりそれらは現実である・と信じこむ性質――が現われていることになろう。この点についてもユングはすでに『転換』の中で決定的なことを認識していた。しかし彼の理解の多くは当時まだ精神分析的に一面的かつ不十分であり、それらの理解は心理的タイプ論によって初めて修正された。特に内向すなわちリビドーの内への流れを解釈するためには、主観段階の解釈つまり心という内的空間の中での解釈が不可欠であるが、この解釈にあたってはユングでさえも、外向型と内向型という心的構えの二つのタイプが同等の世界態度であることを認識する以前は、太古的・退行的なものとして、つまり原始的な機能への逆行として還元的に理解するという過ちを犯していたのである。

こうした〔誤った〕理解が一番はっきり現われているのは、たとえばユングが英雄の戦いの目的である得難い貴重な性質を、自慰とみなされる火の強奪と関連させて解釈する時である[212]。まずよく分からないのは、なぜ自慰が「得難い」貴重なものなのかである。なにしろ精神分析の発見によれば、自慰は幼児の性の自然な状態であるということであるから、「得難い」というのがなおさら説明できなくなるのである。この主張が矛盾をきたすのは、解放されるべき囚われの女性がこの貴重な性質と結びついて登場する時である。にもかかわらず精神分析はこの神話的状況について、ある本質的なことをつかんでいた。精神分析は象徴的な事実に目をつけたのはよかったのであるが、個人主義的であったために解釈を誤ったのである。つまり自慰が得難い貴重な性質であるということは、火の強奪を創造的な原‐自己授精のシンボル（五〇頁以下参照）と考えて、これと関連させれば理解することができる。つまりこのシンボルは火の強奪や火の創出に対応するが、そればかりでなく不思議なことに不死になること・再生・正気に戻ること・〔213〕とも対応する。確かに、囚われの女性の解放と宝物の獲得によって「こころ《ゼーレ》」が創造的になることができ、この生産性によって個人が創造の行為の中で神々と等しくなると感ずるとすれば、神話がなぜそれほどまでに情熱的に宝物のシンボルに執着するかが理解できるのである。

　われわれは創造神話について述べた際に、生命はどこから来るのかという問いが子供の場合にすでに両親についての問い、および父親と母親が子供をつくることの意味についての問いと結びついていることを指摘した。そのときと同様、ここでも性の領域だけを考えに入れた個人主義的な解釈や説明では不十分であることが分かる。事実子供の問いが生きとし生けるものの「原両親」を問うていたのと同様にここでも「こころ《ゼーレ》」の創造性と自己産出の秘密が問われているのであり、自慰が問題とされているのではない。

　人類は幼児的でもなければ願望思考に満足してもいない。なるほど人類の本性にはいろいろと特異なところがあるとはいえ、原初人の場合でさえ、思考が単に幻想的にしか働かないということはありえない。そのことは原初人が生活の適応力や天才的な現実感覚をもっており、そこから文明の基本的な発見のすべてが生まれたことを考えてみれば明らかである。

　たとえば儀礼的に動物を殺している絵と実際の屠殺との呪術的関係は、「現実的なもの」ではない。恐らく原初人も現実的だとは思っていなかったであろう。ましてわれわれがこの呪術効果を論理的思考法によってまず因果的なものとして理解し、次にこの因果関係を存在しないものと説明するような意味で「現実的」なのではない。むしろ原初人はこの呪術効果を別の形で、より正しく体験する。野獣を殺している絵が野獣に対してもつ効果は、いずれにせよ「考え出された」ものではなく、それゆえ考え出されたものの全能という視点から論ずるのは大いに疑問である。われわれは自然科学的にみて儀式が野獣に客観的な効果を及ぼすことはありえないと断言できる。しかしだからといって呪術的な儀式が幻想的・幼児的であり願望思考であるということには決してならない。

というのは儀式の呪術的作用は現実的なものであって、幻想的なものではないからである。その作用は、原初人が思っているとおり、狩猟の結果に効果を及ぼす。ただしこの作用は客体にではなく、主体に働きかけるのである。呪術的儀式は——呪術とはすべてそうであるし、より高い・たとえば宗教的な・意図でさえすべてそうであるが——呪術や宗教を取り行なう主体に働きかけて変化させ、その活動力を高める。この意味で行動・狩猟・戦争などの開始は全く客観的に呪術的儀礼の作用に依存している。呪術的作用が世界の現実に関わるものではなく「こころ《ゼーレ》」の現実に関わるものだということは、現代人によって初めて心理学的-分析的に確証された事実である。初めは「こころ《ゼーレ》」の現実は外の現実に投影される。今日でもたとえば勝利のための祈禱が心の中の変化としてではなく、神への働きかけとして理解されることがよくある。全く同じ意味で狩猟の呪術は野獣への働きかけと感じられ、狩猟者への働きかけとは感じられない。どちらの場合にも啓蒙主義的合理主義は、客体は影響を受けないことが確証されたとする科学的な高慢によって、呪術と祈禱を幻想であると誤解する。どちらも誤っている。作用は主体を変化させるように働いているのであって、その意味で客観的かつ現実的なのである。

「こころ《ゼーレ》」の現実についての基礎体験は人類にとっては直接的な体験である。すなわちこの基礎的体験は、もちろん内的体験であると意識されているわけではないが、未開人の生の理解全体を貫いている。世界を活気づけるマナ・呪術の作用・霊魂の魔法の力・集団表象の働き・夢や神託の働き・は内的現実の法則によって支配されている。この法則こそ現代の深層心理学がそれなりの方法で意識化しようとしているものである。忘れてはならないことだが、客体界・外界の発見は二次的なものである。この発見は、西洋の自然科学的精神の道具と公式を使って企てられた、困難をきわめた人間の意識の試みであり、この試みは人間の第一次的な現実、つまり「こころ《ゼーレ》」の現実から独立した客体そのものを捉えようとするものである。しかしこの第一次的な現実・心的な支配因・元型・イメージ・本能・即応態勢・と関わりをもっているものこそまさに原初人なのである。彼の知識はこの現実に対して向けられているのである。そして祭礼や儀礼の中でこの現実と交わりをもとうとする原初人の試みは、無意識の内的諸力を封じ込め操作するという点では、少なくとも現代人が自然界の外的諸力を封じ込め操作しようとする場合と同じくらいには成功していたのである。

「こころ《ゼーレ》」の現実性の発見は、神話の中では囚われの女性の解放と宝物の発掘に相当する。「こころ《ゼーレ》」の創造性と原-創出力は、創造神話の中では宇宙に投影されていたが、今や人間的なものとして、すなわち人格の一部として、「こころ《ゼーレ》」として経験される。ここで初めて英雄は人間となり、この解放の行為によって初めて超個人的無意識のレベルでの超個人的な原両親の出来事が一人の人間内部の心的な出来事となる。

囚われの女性の解放と宝物の発掘に成功した者は、「こころ《ゼーレ》」という宝物を手に入れたことになる。この宝物とは、今は持っていないが持ちたいもののイメージとしての単なる願望ではなく、まさに可能なもののイメージ、つまり、持つことができるし持つべきであるもののイメージなのである。この「夜から出たがっておりまた出なければならない」イメージを呼び醒まし、「世界によりよい様相を与える」[214]という英雄の使命は、決して自慰ではない。にもかかわらずこれは自分自身への関わりであり、伴侶を持たないものか自らのリビドーを自分自身の内へ流入させることであり、つまりウロボロスを思わせる一種の自慰的な自己授精である。そしてこの自己授精によって初めて、自己自身から踏み出す創造の過程が、すなわち「こころ《ゼーレ》」の創出や出産という過程が可能となるのである。

現実のわれわれの・またすべての・文化と文明はこれらの「こころ《ゼーレ》」のイメージが実現されたものである。あらゆる文化・宗教・科学技術の領域およびあらゆる活動・信仰・思想はこの創造的な根源から出ている。「こころ《ゼーレ》」の自己創出的な力は人間の真の、また最後の秘密であり、この秘密によって人間は創造神の似姿とされ、またとりわけ他の生物から区別される。無意識の宝物が表わすこれらのイメージ・理念・価値・可能性は、救世主や功業をなす者・予言者や賢者・創立者や芸術家・発明家や発見者・研究者や指導者の姿をした英雄によって産み出され実現される。

創造の問題は中近東において支配的であった神話類型の中心に位置するというのが通説である。つまり死んで蘇る神の、あるいは囚えられて解放され勝利を得る神の豊饒儀礼――この神の後継者である王が新しい年の始めに執り行なう――では、当時の創造の物語が朗吟されたのである。[215]

今われわれが英雄の中で演じられている心理的な過程――これが外に投影されたものが神話の出来事である――を理解するならば、創造と新年儀礼と再生の間の関連が明らかとなる。すなわちなぜ人類が儀礼や祭礼においてあれほど疲れを知らず、情熱的な浪費をして、一見無意味に、自然現象を「再現する」のかという問いが今や答えを与えられる。未開人が世界の豊饒の保証を儀式に求め、両者の間に呪術的な関連を認める時、なぜ彼はそんなことをするのか、という疑問が生じる。彼がいなくても植物が成長し、自然が多産であるという事実を彼が見逃しているように見えるのはどうしたことか。

人間中心主義への転換を表わす儀礼にみられる「こころ《ゼーレ》」の働き――英雄・偉大な個人・文化の担い手

この呪術的‐宗教的態度は、人間中心主義的に人間の活動を本質的なものとして自然の経過の中に組み入れるがゆえに、文化の創造的な原点である。人間は絶対に自然を「再現」するのではなく、むしろ類似のシンボル系列を組み立てることによって、外の自然の中で出会うのと同じ創造的な過程を自分の「こころ《ゼーレ》」の中に作り出すのである。この内部の創造と外部の創造とを同じものと見る態度は、人類と集団を代表する「偉大なる個人」

——たとえば豊饒の王——と創造神とを同一視するという形で表現される。英雄は文化の担い手であると同時に神であり、王はこの神と同一化している。オシリスはエジプト人たちを野蛮な食人の状態から脱却させ、彼らに法を与え、神々を敬うことを教えたと言われるが、同時にまた穀物の耕作・果実の取り入れ・ぶどうの栽培を導入したと言われる[216]。つまり彼は文明と農耕の創始者なのである。ではなにゆえ彼がそうなのか。それは彼が自然の成長を司るという意味で豊饒神であるからだけではない。彼はたしかに豊饒神でもある、しかし彼はその段階に留まらず、もっと広い創造性を持っているのである。

《聖なる結婚》は意識と無意識の統合の神話的イメージである

文化をもたらす者はみな意識と創造的な無意識との統合に成功している。彼は自らの内に創造の中心点を獲得した。これは更新と再生の中心点であり、この中心点こそ新年祭の豊饒儀礼において創造の神と同一視されるものであり、また世界を存続させているものである。このことこそ儀式が、また儀式の中で人間が、「考えている」ことである。つまりこの創造の中心点・水底の宝物——これは生命の水・不死・豊饒・未来の生・を一つにしたものである——に関する知識を得ようとして、人類は飽くことなく努力を続けてきたのである。この中心点を布置することは自然の再現ではなく、真の創造であり、新年に創造の物語が象徴的に朗吟されることは「正確に」この中心点の代わりをしているのである[217]。その朗吟こそこの中心点にふさわしいのである。儀礼の内的な対象は自然の経過ではなく、それと対応する人間内部の創造的要素を通じて自然を支配することである。

しかし宝物の発見は、英雄が自分自身の「こころ《ゼーレ》」を、すなわち受胎し・胎内で育て・産む・彼自身の女性性を、発見し救出していない限り不可能である。この内部の受胎する側面は主観段階では救出される囚われの女性であり、聖なる風-精神《ガイスト》によって受胎する処女-母である。この処女-母は霊感を与える女・魔女・女予言者・愛人・母が一つになったものであり、それに対して英雄はその愛人であり父である。

図44　少年神トリプトレモスに文化と豊穣のシンボル、麦の穂を与えるデメテル

豊饒儀礼の両面性

太母の豊饒性の場合には、それが体現する集合的無意識が圧倒的になると、無意識内容の洪水が人格の中へ侵入し、その心を奪うが、そうなると太母の強大な自然力によって人格は破壊されてしまう。ところが囚われの女性を獲得する英雄の豊饒性は、人間性と文化の豊饒性である〔図44〕。バッハオーフェンがデメテルおよび結婚段階に属するとした多くの特徴が、ここでもなお妥当する。認識し・形成し・世界を実現する・英雄の自我意識が「こころ《ゼーレ》」の創造的な側面と結合する時に、両者の統合としての真の誕生が起こる。

自我‐英雄とアニマとの象徴的な結婚は豊饒性の前提である。しかしこの結婚はまた、竜の猛威――この呑み込む竜が世界であろうが無意識であろうが――に太刀打ちできる堅固な人格領域を作る。英雄と王女・自我とアニマ・夫と妻・の組み合わせが今や人格の中心となる。この中心は原両親と似てはいるが、それにもかかわらず原両親とははっきりと一線を画し、人間的な次元を開く。この結婚は原初の神話にのっとった太古の年度祭の祝祭劇においてすでに、竜の克服〔劇〕の次に上演されたが[218]、この結婚において天‐元型と父‐元型は英雄の姿の中に組み入れられ、また母性の豊饒をもたらし至福を与える側面は、解放された処女という若返り人間化した姿の中に組み入れられる。囚われの女性の解放によって、処女‐妻と若い伴侶‐母がウロボロス的な母から分離された。ウロボロス的な母の中では竜の側面と処女＝母とはまだ一体をなしていたが、今やこの統一は意識の英雄的な男性性の活躍によって互いに分離される（第二部参照）。

ペルセウスは英雄神話の模範である

これまで「囚われの女性」のシンボルが多義的であることを述べてきたが、ここでまとめとして、英雄神話をペルセウス[219]の例によって説明してみよう。というのはいま初めて、神話の中の個々の事実について、その背景や象徴的意味を理解することができるからである。

ペルセウスは、黄金の雨に変身したゼウスによって受胎した、ダナエーから生まれる。「否定的な父」は二人の人間の姿をとって現われる。一人は祖父であり、彼は〔息子を得たいと思って神託に伺ったところ〕息子は得られず、娘の息子によって殺されるであろうと予言され、そのためダナエーを冥府の牢に監禁するが、予期に反して神の子が生まれた時、娘とこの子供を箱に入れて海に捨てる。第二の否定的な父親像はポリュデクテス[7]＝「客を厚遇する男」である。彼はダナエーと結婚するために彼女の息子であるペルセウスを亡きものにしようとして、ゴルゴの首を取ってくるように命ずる。

ゴルゴたちはポルキュス＝「恐怖」の娘である。ポルキュスは姉妹のケートー＝「恐ろしい女」・エウリュビア＝「強力な女」・彼の兄弟のタウマス＝「驚愕させる男」・と同様、「原＝海の深み」＝ポントスの子である。彼ら全員から神話の恐ろしい怪物が生まれる。ゴルゴたちは、翼をもち・髪が蛇であり・蛇を体に巻きつけており、また猪の牙・髭・突き出した舌・を持つために、恐ろしい女性の原勢力を表わすウロボロス的なシンボルである。彼女たちの姉妹であり見張人がグライアイであるが、この名前は「不安」と「恐怖」の意味である。彼女たちも一つの目と一つの歯しかもたず、また夜と死の境界・西の果て・原太洋の岸・に住んでおり、ウロボロス的存在である。

図45　アテナの助けでメドゥーサの首を切ったペルセウス（前530–510年頃）

神の子ペルセウスの側には、智恵と意識の神であるヘルメスとアテナがついている。二人の援助によって彼はグライアイを騙して善き海の神であるニンフのもとに行く道を聞き出し、ニンフたちから姿を消すハデスの帽子・空飛ぶサンダル・袋・をもらう。ヘルメスは彼に刀を与え、アテナは彼女の楯を鏡として貸し与える。彼はこの鏡に映してメドゥーサの首を見ながら、彼女を殺すことができる。というのはゴルゴの顔をまともに見ると、石と化して死んでしまうからである〔**図28・45**〕。

ここではこのきわめて興味深いシンボル体系に深入りすることはできない。知性と精神化のシンボルが重要な役割を果たしていることは疑いない。飛ぶこと・姿を消すこと・反射させてみること・は同じ意味である。同様の意味をもつのはゴルゴの首を入れて見えない無害のものにする袋であり、これは抑圧のシンボルである。

しかし特に目を引くのは、初期のギリシア芸術に描かれているペルセウス像である[220]。その中心的な主題は、ゴルゴの殺害かと思うとそうではなく、追いかけてくる姉妹からの逃亡である。英雄ペルセウスが繰り返し疾走する逃亡者として描かれているのを見ると、実に奇妙な感じを受けるのである。

英雄にとって殺害用の刀よりも翼のついたサンダル・姿を消す帽子・首を納める袋の方が重要であることは英雄の恐怖を表わしてい

るが、このことは殺されるゴルゴや追跡してくるゴルゴの恐ろしい側面を際立たせる。このペルセウス像は、エリニュスたちに追跡されるオレステス像の神話的な先ぶれである。ペルセウスもオレステスも恐ろしい母を殺害したからこそ英雄なのである。

ゴルゴのウロボロス的性格は象徴的にばかりでなく、宗教史的にも証明できる。ウッドワードは、コルキラ(コルフ)[8]のアルテミス-神殿に据えられていた〔紀元前〕六世紀初頭の作であるゴルゴ像について、次のように書いている。[221]「この異様な、しかめ面の像が、神殿の破風のような名誉ある場所を与えられたということは奇妙に思われるかもしれない。しかしその背後にある思想を考えると、われわれはこれらのゴルゴ-像がペルセウス伝説の登場人物であるとされる時代より、はるか以前の時代へと連れ戻される。ライオンを伴うことによって、彼女は原始的信仰に登場する大いなる自然霊を体現している。この自然霊は初期のアジアとイオニアの芸術作品の中で、鳥・ライオンまたは蛇を先ぶれのように両脇に従えた女神として登場する。これがプリュギアのキュベレー崇拝やギリシアのアルテミスの原型である。彼女の本性の持つこうした一面から、彼女は部分的にメドゥーサと同一視されたのである」。

この見方に対する批判は措くとして、はっきり言えることは、ペルセウスに退治されるゴルゴと恐ろしい母・動物の女主人・の像との同一視が、神話の独特な背景を知らない研究によっても証明されている、ということである。

英雄の逃走や救助は太母の圧倒的な性格を如実に物語っている。英雄はヘルメスとアテナの援助を受け、ニンフから奇蹟をもたらす品々を贈られたにもかかわらず、また顔をそむけつつも殺害行為に成功したにもかかわらず、太母たちを殺すまでには到っていない(メドゥーサの恐ろしい顔を見るために起こる硬直と石化のモチーフは、後のテセウスにおいて繰り返される。ペルセポネを冥府から連れ出そうとした際、彼は石に貼り着けられ、ヘルメスに救い出されるまでエリニュスたちに苦しめられる)。太母の圧倒的な力がまだ強大であるため、意識は直接その力に対抗することができない。間接的に、アテナの鏡に映すことによってのみ、すなわち意識を支える女神——ここではゼウスの娘として天の性格を代表する——の助けによってのみ、ゴルゴを殺すことができるのである。

この母殺しの帰途ペルセウスは陸地と処女とを呑み込もうとしている海の怪物からアンドロメダを救い出す。この怪物はポセイドンが送ったものだが、ポセイドン自身は「メドゥーサの愛人」と見なされ[222]、また海の支配者として怪物そのものでもある。彼は恐ろしい父であり、メドゥーサの愛人として明らかに太母に属し、男根の原始的な力を表わす従者である。彼は何度となく、怒りにかられて、陸地を荒らし人間を殺す怪物を送る。この怪物はまた竜や雄牛などの姿をしているが、これはウロボロスの男性的‐破壊的側面が独立したものに他ならない。この怪物を打ち負かすことは、ベレロポン・ペルセウス・テセウス・ヘラクレスといった英雄たちの使命である。

こうしてペルセウスの場合には、英雄神話の典型どおりに、まず超個人的な母と父——ここではメドゥーサと海の怪物——の殺害があって、その次に囚われの女性アンドロメダの奪取が現われる。神なる父と神の花嫁である母・敵意ある個人的な父親・超個人的な両親の殺害・囚われの女性の解放・は「英雄の道」の諸段階である。しかしこの道を最後まで見事に歩み切ることができるのは、神——ここでは神なる父の代理のヘルメス——の援助と、アテナ——われわれはその太母と敵対する精神《ガイスト》の性格を強調してきた*——の援助が必要である。ペルセウスがその後ゴルゴの首をアテナに送り、彼女がそれを自分の楯につけたことは、男性と意識の味方である戦闘的なアテナ面の、原母に対する勝利として、発達の完成に華をそえるものである。このアテナ面の勝利はオレステスにおいても見られる。アテナ像には新しい女性的精神《ガイスト》‐女神による古い母‐女神の克服がきわめて明瞭に表われている。アテナはなおクレタの大いなる女神の特徴をすべて持っている。たとえば多くの壺絵では彼女は蛇を巻きつかせており、また大蛇は最後まで彼女のお伴である。同様に彼女が木を伴うことと鳥の姿で現われることも、彼女がクレタ圏の出身であることを示している。しかし彼女は女性の原初的な猛威を打ち負かし、その猛威を示すゴルゴの首をシンボルとして楯につける。こうしてすでに早くから領主の個人的な守護女神であった彼女は、領主の祭礼や宮殿で働いていたが、[223] このことは時代が転換して父権主義が母神の支配に取って代わったことを示している。ゼウスの頭から飛び出したアテナは、父から生まれた者として母を持たないが、これは原初期の神像が母から生まれた者として父を持たないのと対照的である。彼女は、恐ろしい母が男性に敵対的であるのとは逆に、男性的な英雄のより高い伴侶・援助者である。男性の側に立つ女性というこの特徴は、〔紀元前〕六世紀の第二・四半期の作である壺に描かれている。ここではペルセウスは怪物に向かって石を投げつけて戦っている。そしてアンドロメダはいつものように受け身でも鎖に縛られているのでもなく、仲間・援助者としてペルセウスを助けている。

＊　ヘルメス・アテナ・ペルセウスは無意識＝メドゥーサと戦う、自己・ソフィア・自我の協力を表わしている。この三者性はセトと戦うオシリス・イシス・ホルスという古い三者性に対応しているが、これについては次章で扱うことになろう。この時アテナは英雄の処女－母ソフィアの代理であり、英雄が救い出すアンドロメダはソフィアの地上的なアニマ－代理人である。

この神話のもう一つの重要なシンボルは、首を切られたゴルゴの胴体から飛び出した天馬ペガサスである。この馬は地下の男根的世界に属し、[9] ポセイドンが造ったものとされ、自然面・本能面を代表している。この本能面はたとえ半人半馬のケンタウロスにおいてはさらに強力である。海馬・荒れ狂う波・としての馬も同じ原モチーフの変形にすぎない。実際の馬では自然で従順な面の方が強いのに対して、海馬としての馬は無意識という荒れ狂う海の動かし動かされる力として、嵐のように破壊する衝動である。興味深いことに、メドゥーサ殺しを扱った〔紀元前〕七世紀の古い絵[224]では、メドゥーサが女ケンタウロスとして描かれている。* これらのシンボル群は原初のものとみなすことができ、また殺されたメドゥーサからペガサスが飛び出す基礎でもある。天馬は、空を飛ぶ[10]男が女ケンタウロスを殺す時に解き放たれるのである。

＊　ペライア[11]－ヘカテー－デメテルとしての太母がメドゥーサや馬とどんな関係にあるかは、P・フィリップソンの『テッサリアの神話』、ライン出版社、チューリッヒ、一九四四年、を参照せよ。

太母から解放されたリビドーが精神《ガイスト》方向へと高まって行くことを象徴するのが天馬である。このペガサスに助けられてベレロポン[12]は英雄的行為を成し遂げる。彼はアンテイア[12]の誘惑を拒んだために戦いに送り出され、キメラとアマゾネスを打ち負かす。ここでもまた母権制の勢力に対する男性的-精神的な意識の勝利が象徴されているのは明らかである。

しかしこの神話が示す心理学的な深い洞察は、これらの例からよりも、創造的・大地的な仕事をするのがペガサス——メドゥーサから解放され、ゼウスの雷霆を運ぶ馬——であるという事実から引き出される。ペガサスは大地を打ってムーサ[13]の泉を湧き出させる。馬と泉との元型的な結びつきは、本能-衝動-自然と創造的な生産性との結びつきである。ただしペガサスの場合には同様のことが変形され、高められた形で起こる。この天馬は大地から詩の泉を打ち出すのである。ペガサス神話のこの発想が創造性の本質にとっていかに中心的であるかについては、他の箇所で見て行くことになろう。

英雄によって竜の殺害が起こる。この殺害は囚われの女性の解放であると同時に、リビドーの上昇でもある(次章「変容、すなわちオシリス」参照)。コンプレックス説が母元型からのアニマの解放と名付けたことが、ペガサス神話においてエネルギーの流れとして表現される。高い創造性は原竜の殺害によって解き放たれる。ペガサスは空飛ぶ精神《ガイスト》的な力として、ヒッポノオス・馬をよく知る者・とも呼ばれる英雄ベレロポンを勝利に導くリビドーであり、また内部に向かうと芸術の創造性を沸き上がらせるリビドーでもある。どちらの場合も方向を持たないリビドーが解き放たれるのではなく、上昇するリビドー、精神《ガイスト》へと向かうリビドーが解き放たれるのである。

したがって英雄ペルセウスは、抽象的に言えば、精神《ガイスト》面を代表している。彼が無意識との戦いに臨む時、彼は空飛ぶ男・精神《ガイスト》-神々と手を組む男・である。ウロボロス的なゴルゴは、原深淵に属する姉妹とグライアイたちに取り囲まれて西方の死者の国に住むが、彼女こそ打ち負かすべき相手である。ペルセウスは典型的な意識化の行為によって無意識に打ち勝つ。つまり彼は硬直させる力をもつウロボロスの像を、それを直視するだけの力はないので、反射させてそれを意識へと引き上げることによって殺すのである。奪った宝物は一つはアンドロメダ・解放された囚われの女性・であるが、もう一つはペガサス、すなわち救済され、変容したゴルゴの精神リビドー《ガイスト》である。つまりペガサスは創造性と超越のシンボルが一つになったものでもある。彼は鳥の精神的性格と、ゴルゴのもつ馬の性格とを、結合させる。

人格の発達は原則として三つの次元で起こる。一つは外部への・世界と事物への・適応と発達、つまり外向であり、第二は内部への・客観的な心と元型への・適応と発達、つまり内向である。そして第三はこの心の内部での自己形成傾向あるいは個性化傾向、つまり中心志向であるが、これは前記二つの心的な構えの方向およびその発達から独立している。

これまでわれわれは、「竜との戦い」の目的と内容・囚われの女性と宝物・が、外向的な構えと内向的な構えに対して持つ意味を特徴づけてきた。最後にこれらが中心志向に対して持つ意味、すなわち「竜との戦いの結果としての変容」について述べねばならない。

II　変容、すなわちオシリス

英雄の活動の三つの形態――外界を変える・内界を救出する・人格を変容させる

外向的なタイプの英雄とその戦いがめざすのは仕事である。彼は自らの行為によって世界を変える創立者・指導者・解放者である。内向的なタイプの英雄は文化をもたらす者・救済者・救世主であり、知識や智恵・戒律や信仰形態・芸術作品・といった内面的な価値を発掘する。どちらの英雄のタイプにも共通なのが宝物を発掘するという創造的な行為である。またその発掘の前提となるのは解放した囚われの女性との結婚である。この女性と英雄とは創造的な出来事の父母となるのである。

第三のタイプの英雄がめざすものは、内面あるいは外面との対決を通して世界を変化させることではない。彼がめざすのは人格の変容である。今や自己変革こそ英雄本来の目的であり、世界を解放する働きは彼の変容の副産物にすぎない。英雄の自己変容はなるほど典型的ではあるが、しかし彼は狭い意味で集団を意識しているのではない。彼の中心志向は人間の心に初めから存在している根本的な自然な発達傾向であり、この傾向は単に自己保存の基礎であるだけではなく、まさに自己形成の基礎でもある。

われわれは自我意識と個人の誕生を元型的な諸段階を次々に辿りつつ明らかにしてきたが、この発達は英雄の竜との戦いにおいてクライマックスに達する。この発達の中で中心志向は、自我の堅固さと意識の安定とを求める傾向として確実に成長を続ける。中心志向は一つの立脚地を成立させ、世界と無意識の魅惑的ではあるがそれゆえに意識を低下させ人格を解体させようとする力と戦ってそれを守り抜く。人格のどちらの構えも、すなわち内向型も外向型も、この危険に打ち負かされる危険がある。中心志向は自我と意識を形成し確立することによって、人格を支え、解体の危険から守ろうとする。この意味で、個性を形成し発達させることには、人類を内側から脅かす「霊魂の危難」[14]と、外側から脅かす「世界の危難」に対する、人類の生産的な回答である。呪術・宗教・芸術・科学・技術こそは、この二方面の危険に対処するための人間の創造的な試みであった。この努力の中心に立つのが創造的個体、すなわち個人・英雄であり、彼は集団の名において、またたとえ孤立者として集団と対立する場合にも集団のために、自らを形成して形あるものとなる。

この過程の心理学的な側面である人格の形成について論じる前に、この過程の元型的な沈殿物である神話について詳しく見ておかねばならない。

中心志向と不滅性――オシリス神話

中心志向の目的である堅固さと不滅性は神話の中では死の克服として、つまり人間が死の猛威に打ち勝って不死身になることとして象徴化されているが、この死の猛威とは人格の解体と破壊とを象徴的に表わす原像である。未開人が自然死を認めないこと・エジプトにおける王の永遠化・祖先崇拝・世界諸宗教における魂の不死性への信仰・は、表現形態こそちがえ、自らを永続的なもの・不滅なもの・とみなそうとする、人間の同一の基本傾向である。

人類の中心志向傾向とそのシンボル体系を最も特徴的に示しているのがエジプトの例、すなわちオシリス像をめぐる祭礼と神話である。オシリス物語には人格の変容過程の最初の自己表現がみられるが、それと密接に関連して、生や自然の原理とは異なる精神《ガイスト》原理も現われている。このオシリス像において、生が強調される母権的な世界から精神《ガイスト》が強調される父権的な世界への転換が起こっているのは偶然ではない。それゆえオシリス神話は初期人類の重要な一幕を解き明かしてくれるばかりでなく、英雄神話の重要な一幕への、すなわち「竜との戦い」の結果である変容の一幕への、また英雄＝息子が父親像と関係する一幕への、鍵を与えてくれるものでもある。

オシリスと母権的豊饒儀礼――生きた男根・穀物神・八ッ裂き

多様なオシリス像のうちでも最も原初的な形態を観察すると、彼は疑いなく豊饒神である。すでに見てきたように、母権的な豊饒儀礼の時期には太母が支配し、少年王を残酷にも八ッ裂きにすることによって大地の豊饒が約束された。八ッ裂きにされたオシリスのイシスによる再生はこの段階に属している。『ピラミッド・テキスト』では次のように言われている。「汝の母は汝のもとに来たりぬ、汝が朽ち果てぬために。大いなる組立者たる彼女は来たりぬ、汝が朽ち果てぬために。彼女は汝の頭を据え、彼女は汝の手足を組み立てる。彼女が汝に持ち来たるものは汝の心臓なり、汝の胴なり。かくして汝は先祖を司る者となり、汝は先祖に命令し、汝はまた汝の家を後の代まで栄えさせ、汝の子らを苦しみから守る」[225]。またオシリスの死に対するイシスの挽歌にはこうある。「汝の家に帰れ、汝の家に帰れ、汝、柱よ！　汝の家に帰れ、うるわしき雄牛よ、人間の主人よ、女たちの愛人にして主人よ」[226]。この挽歌は後代のパピルスに記されていたものであるが、「マネロス挽歌」[15]の名で知られる太古の挽歌で、「生きた男根」を失った悲しみを歌っている。オシリスの印である柱シンボル＝ジェドが、雄牛と並んでいるのは、この歌に由来している。オシリスと男根を勃起させたミン[16]〔**図46**〕との同一視は後にホルスとミンとの同一視へと移されたが、地上的なオシリスの意味づけは、すなわち女たちの愛人であり主人であるという意味づけは太古からのものである。この同じオシリスはイシスの息子化して「母の雄牛」ホルスと呼ばれ、またヘリオポリスの他の場所では「白い雌豚の息子」と呼ばれる[227]。彼は下なるオシリスとして母権的な豊饒圏に属するとともに、恐らくは、豹の毛皮と長い尻尾を着けたセム－祭司の一人でもあろう。というのは彼らは「母の柱」という称号を持つからである[228]。

図46　ミン

オシリスが生きた男根とみなされたことは、彼がオシリス－崇拝地でもあるメンデスやその地の聖なる雄羊と関係のあることを示している。メンデスでは女王が崇拝の中で特別な役割を果たし、その像は神殿に据えられ[229]、「雄羊に愛される女」と呼ばれたがこれは偶然ではない。神獣が一人の聖なる巫女と性的に結合するのが古い儀礼であった――すなわちここには、再び古い母権的な豊饒儀礼とその男根的な神格が見出される。

　この段階に属するのが主神たる大地女神と、穀物神としてのオシリスである。豊饒神を穀物とみなす解釈は普遍的であり、同様に豊饒神の死と復活を穀種の「埋葬と蘇生」と解する豊饒の類推解釈も普遍的である。エジプト王の戴冠儀礼においてオシリスを穀物とみなしたのは、エジプトの最も古い時代に属する[230]。このオシリス＝穀物は宿敵セトによって切りきざまれる。「大麦は脱穀場に置かれ、雄牛たちに踏まれる。雄牛たちはセトの家来を表わし、大麦はそうして粉砕されるオシリスを象徴する」。ここには語呂合わせがあり、i-t「大麦」とi-t「父」はどちらもコプト語[17]のESWTを音声化したものである。雄牛たちが脱穀場を引き回されることは、ホルスがセトの家来を打ち殺す行為になぞらえられるが、これについてホルスは言う。「我は汝（オシリス）のために汝を打ち殺せし者共を打ち殺せり」。穀物は脱穀されるとロバの背に乗せられて運び去られる。これはオシリスがセトとその家来に付き添われて天に昇ることを象徴している」。

　このブラックマンの解釈は、オシリスの復活に関する最後の部分に到るまで疑いなく正しい。『死者の書』でもセトは屠殺されるべき雄牛と同一視されているが、この同一視は王朝以前のものであるとはいえ最古の時代のものではないであろう。最初の段階とは恐らく、セト・イシス・オシリスが豚あるいは猪として登場する段階である（二二九―二三二頁参照）。フレイザーは、穀粒は最初は豚の群によって大地に踏み込まれたと指摘している。これがセトによるオシリス殺害の最初の形態であると思われる。打穀は恐らくこの殺害の第二の形態であろう。*

＊　エジプトにおける豚の役割は豚がタブーとされていたためにきわめて不明瞭である。初めは種を地中に埋めこむのに手が使われ、新王国になって初めて豚が使われたとする見解は、新王国以前に豚を使っている図が発見されていないというだけでは決して証明されない。豚は恐らく新王国時代に初めて描かれるようになったが、それはこの時代になってようやくタブーが緩んだために他ならない。人殺しの猪が、アッティス・アドニス・タムズ・オシリスたち穀物神である少年神を八ッ裂きにする敵であるとされているために、豚が儀礼的には否定的な役を演じていたことは明らかである。初期の戴冠儀礼においてすでに牛と驢馬は敵役であった〔231〕が、死者の書においてさえセトは猪や牛として登場している。

セト・猪・豚の抑圧は太母とその祭礼やシンボルの抑圧と関連している。豚は母権制のお気に入りの動物であり、また大いなる母神たちイシス・デメテル・ペルセポネ・ボナ＝デア（18）・フレイヤ（19）にとっては聖獣であるが、父権制へ転換すると悪の権化となる。猪としての「大いなる神」セトはなお白い雌豚イシスに隷属している。しかしこの猪は初めこそはウロボロス的な太母の狂暴な破壊的下界的な力である〔232〕が、後には殺人的な伯父セトとなり、最後には悪の権化となる。

豚は非常に神聖であると、それゆえ不浄であるとみなされたためキリスト紀元までエジプトで食されなかった、とする主張〔233〕は、第十八王朝時代の領主が一人で千五百頭の豚を所有しながら、牛は百二十二頭しか所有していなかったという事実〔234〕と合致しない。エジプトで豚がどんな経済的意味を持っていたかは依然として不明である。恐らくは豚も魚と同じように民衆の食物であって、上流階級からは神聖―不浄として食されなかったものと思われる。

周知のようにオシリス神話にはセトによるオシリスの殺害が二度出てくる。一度目はナイル川で溺れさせる、あるいは棺に閉じ込めるという形をとる。二度目は八ッ裂きであり、これは踏みつけて打穀することに対応する。豊饒儀礼の際に屍体を八ッ裂きにし、その各部分を耕地に埋めることは、呪術的には穀種を大地に蒔くことに相当する。この儀礼は恐らく、前王朝期のエジプトの住民たちが初め屍体をばらばらにして埋葬したことと関係すると思われる〔235〕。

オシリスは不滅である――長い陰茎をもつミイラ

母権的な豊饒儀礼のもう一つの特徴は重要な意味を獲得した。恐らく八ッ裂きにされた年度王の男根は男性の授精力のシンボルとしてミイラ化され、次の年度王が死ぬまで保存された。この儀式の最後のなごりについてはフレイザーが数多くの例を挙げて証明しているが、それによれば植物霊は穀物束などの形で次の種蒔きや収穫まで保存され、聖なる物とみなされた[236]。豊饒王、あるいは動物や穀物束などの形をとった彼の代理物は、二面的な運命を辿る。一方では彼は殺されて八ッ裂きにされるが、しかし彼の体の一部である神聖な男根あるいはその代理物は「生き続ける」。この不滅なるものは、種子や屍体と同じように、「地中」ないしは「地下」に保存される。それが下界に「降下」する際には殺された者を嘆く悲歌・挽歌が歌われる。この地中への「降下」は、すなわち農民たちの祭暦における《降下《カタゴギア》》は、穀物が次の種蒔きのために地下の貯蔵庫に保存されることに対応する[237]。それゆえ降下と納棺は死者の埋葬および大地への種蒔きと一致するばかりでなく、「豊饒の永続化」の儀礼とも対応している。そのさい不滅なるものは元来は生贄にされた豊饒王のミイラ化された貯蔵男根によって、あるいはそれに代わる男根のシンボルによって代表され、これらは降下した種子用穀物と共に地下に、つまり死者の傍に、新しい種子の「復活祭」まで保存される。

しかしオシリスは初めから若い豊饒神たちとは異なっている。彼はごく初期のころすでに少年像に特有の一過的な性格と並んで、永続的で不滅な本性を強調されていた。彼は植物・穀物として、またビブロスにおいては木として、大地神・自然神・豊饒神であり、従って太母の息子-神たちの特徴を内に含むが、彼はまた水・液汁・ナイルでもある、すなわち植物を活かすものである。たとえばアドニスの園[20]ではアドニスはただ単なる植物であるが、儀礼におけるオシリス像をみると、オシリス像から穀物が生えており、彼は穀物以上のもの、すなわち湿気でもあり、また穀物が生える根源でもある。彼は死んで再生する者であるばかりでなく、不死なるもの、「不滅なる者」である。彼は逆説であり、「長い陰茎を持つミイラ[238]」である。

この呼び名がオシリス像の本質に属することは簡単に証明できる。この呼び名は神話の奇妙な特徴と関連するが、それらの特徴についてはこれまで決して十分に強調されたこともなければ、いわんや理解されたこともない。神話の語るところによれば、八ッ裂きにされたオシリスの体が復元された時、彼の男根は発見されず、イシスが木製の、つまり祭礼用の男根によって代用したとあり、またイシスはまさにその死んだオシリスによって妊娠したとある。要するに男根を失くしたオシリスあるいは木製の男根を付けたオシリスがホルスの父となるが、これは豊饒神としてはじつに奇妙な特徴である。

上なるオシリスと下なるオシリス

母権的な豊饒儀礼においては去勢・豊饒・祭礼用の男根・八ッ裂き・は一つのシンボル系列に属するが、しかしオシリスの問題はいっそう包括的であり、それゆえその解明はいっそう多層的となる。オシリスの豊饒性を、大地の男根的な下なる豊饒性・授精するナイル・水・植物の鮮やかな緑・穀物・として捉えただけでは、彼の働きの全領域を捉えたことにはならない。まさにこの下なる豊饒性を踏み越える点にこそ彼の本質があるのである。「下なるオシリス」と対立するより高いオシリスの本性は変化・変身として、すなわち彼の自己顕現の新しい段階として、捉えることができる。どちらの段階も同一の対象と、すなわちオシリスの祭礼用男根と関係している。

これまで見てきたように、原初の豊饒神が死ぬと、体の八ッ裂きと男根の永久保存という二つの異なる儀礼が行なわれた。八ッ裂きや引き裂き、種蒔きや打穀は共に人格の死滅と生きた統一体の破壊を意味している。これが屍体・オシリスの体・の本来の運命なのである。これと反対の原理は男根のミイラ化・永遠化の内に体現されており、そのシンボルがミイラとしての、長い陰茎を持つミイラとしての、オシリスである。

このオシリスの逆説的な二重の意味は明らかに最初から存在するものであるが、この基礎の上に彼はエジプトの宗教の中で重きをなしていったのである。彼は一方では八ッ裂きにされる者として豊饒をもたらす者であり、去ってはまた帰る少年王であるが、他方長い陰茎を持つ授精するミイラとしての彼は、不滅なる者、不死なる者である。彼は生きた男根であるばかりでなく、ミイラ男根としても授精力を持つ。こうして彼は息子ホルスをつくり、また精神《ガイスト》として、つまり死者でありながら不滅なる者として、いっそう高い豊饒の意味を獲得する。人類はこの産出力を持つ死者という謎にみちたシンボルによって、無意識のうちに本質的な内容を捉え外部へと投影してきたが、この内容を人類はそれ以上には明瞭に定式化できなかった。すなわちその内容とは、生きた自然の永遠性と豊饒性とに対立する、精神《ガイスト》の永遠性と豊饒性である。

セト・黒豚はオシリスの敵・八ッ裂きにする者・のシンボルとなっており、また彼の印は太古の火打石－小刀、つまり屍体を八ッ裂きにする死の道具である。このセトは闇・悪・解体するもの・を一つにした存在であり、オシリスの敵対者が双生児の兄弟であるという元型的な像である。セトは宇宙論的には闇の力であるからそうした特性を持つが、歴史的にも同じことが言える。というのは彼が母権制の諸々の特徴を示し、イシスの弟として、つまり彼女の破壊面として、父権制に属するオシリスと対立するからである。

「セトの小刀」・アポピ－大蛇[21]・デモーニッシュなさそりの従者全体・蛇・怪物・ゴリラ・によって象徴される八ッ裂きの危険は、死者を脅かす危険である[239]。それは心と身体の壊滅と消滅の危険である。エジプトの祭礼の中心的な部分と『死者の書』全体はこの危険を防止するためのものである。

死の克服者としてのオシリス

中心志向の傾向は、すなわち固定化による死の克服は、神話的－宗教的にはオシリスによって代表される。ミイラ作成・肉体の永遠化・肉体の統一性の表現としてのその形の保存・には、セトに敵対するオシリスの対抗原理が生きている。

オシリスはセトを打ち負かし、八ッ裂きの危険を克服した自己完成者である。一方で母権的段階にあるオシリスは母のような妹－妻から生命の息を吹き込まれて生き返ったり[240]〔**図47**〕、あるいは『ピラミッド・テキスト』では母神ムートから統一性のシンボルである頭を返されたりするが、最後にはまさに自分自身を更新する者とし

図47　オシリスを生き返らせるイシス（前14-13世紀、アビドス）

て祭られる。『死者の書』は彼についてこう記している。「我は我自らをつなぎ合わせたり。我は自らを全体的かつ完全なるものとせり。我は自らの若さを更新せり。我はオシリス、永遠の神なり[241]」。

ここで八ッ裂きという太古的な屍体埋葬習慣が後の移住民層によって拒否され、それどころか忌避されているのは、よくみられる歴史的な契機に他ならず、そこには「こころ《ゼーレ》」の変化がはっきり読み取れる。屍体を八ッ裂きにする習慣は人格を知らない原初の人々にのみ見られるが、それは彼らが死者の帰還を何よりも恐れるためである。自我意識の強化と中心志向の発達はエジプトにおいて特に明らかである。この発達にとって八ッ裂きはまさに最高の危険であり、ミイラ作成による形の維持は最高の善である。ミイラとなったオシリスはこの傾向の正統な代表者となることができた。というのは彼がすでに最初期の時代・母権的な豊饒儀礼の時代・においてさえ、祭礼用男根の持主・代表者として「不滅なる者」であったからである。

ジェド柱のシンボル体系――下なる豊饒性・永続・下なるものの高まり

オシリスの最初期のシンボルはジェドである。その最古の崇拝地は三角州にあるジェドゥ、すなわちかつてのブシリスである。ジェドは柱であり、その象形文字は「永続」を意味する。このジェド柱の意味は今日なお謎である。ジェドはふつう上部の脇に、数本の太枝の切株をつけた木幹と解されている。いずれにせよ祭礼に使われるジェドは、祭りの際のジェドの建立を描いた図から見ると、大きく重い木幹であった。ジェド柱が木幹であることは、オシリス神話によっても完全に証明される。イシスは木幹に閉じ込められたオシリスの屍体をフェニキアのビブロスから運び出すが、ビブロスではこの木幹は「女王アシュタルテ」の夫であるビブロス王によって広間の支柱として使われていたのである。イシスが「棺を切り取った[242]」この木は、亜麻布で包まれ香油を注いで聖別され、プルタークの時代までもビブロスで「イシスの木」として崇拝された。われわれはビブロスにおける樹木崇拝の解釈をすでにイシスやオシリスとの関連において論じ、息子＝愛人が母神に対して持つ関係の中へ組み入れておいた。

ここでは別の特徴に、すなわち木・レバノン杉がエジプトにとって何を意味するかに注目しなければならない。ビブロス－フェニキアとエジプト間の祭礼交流および文化交流はきわめて古い。＊

＊　オシリスはもともとはシュメールの神アサル〔22〕で、これがメソポタミアを経てエジプトに到ったとする主張〔243〕は信憑性が薄いが、もしこれが証明されるなら、ビブロスは中継地としてさらに重要になるであろう。イシスがオシリスをビブロスからエジプトへ運んだとする神話の筋から推して、原初の母権的な豊饒儀礼の時代にはエジプトはビブロスに依存していたように思われる。

木は・特にレバノン杉のような巨木は・木に乏しいエジプトで年々生えては枯れる一年草とは対照的に、永続的なものである。それゆえ木が原初の時代に、成長を遂げたものでありながらしかも永続するものとして、ジェド・永続するもの・のシンボルとなったことは不思議ではない。原始エジプトにとって木は生きた永続するものであり、死んだ－永続するものである石や、生きた－一過性のものである植物とは対照的である。＊ ビブロス－カナン祭礼圏において木幹は太母＝「女王アシュタルテ」〔245〕が礼拝したものであり、しかもこの木幹はまさに切り落とされた太枝の切株のついた木柱でもあった。いずれにせよそれは聖なる木や柱という普遍的な意味をもっている。

＊　木の加工品も神聖なものとしてこの系列に属する。木は乳や酒と同じく、またミイラ化の際に永続化の働きをする杉の油と同じく、ホルス－オシリスの生命原理である〔244〕。

いま一つの本質的な特徴はこの木幹と、〔オシリスを〕閉じ込める木棺との、すなわちエジプトの中心的な死者儀礼との、同一視である。

オシリスがセトによって木棺に閉じ込められるという神話も、ビブロスにおける場面も、柱木－神でありミイラであるオシリスのジェド－本性を特徴づけている。しかしミイラとミイラ棺とは永続化の手段であり、また柱・木・ミイラとしてのオシリスは、季節王のミイラ男根の代用品である、木製の祭礼用男根と同一である。

八ッ裂きにされたオシリスの各部分があちこちの祭礼地に分配されているとするエジプトの信仰によれば、ジ

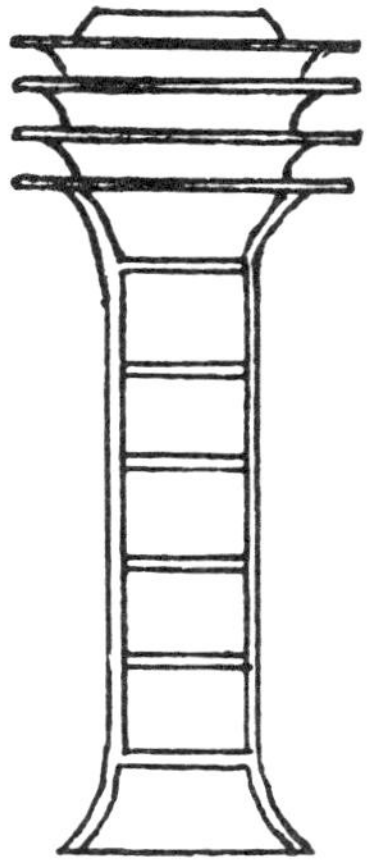

図48　ジェド柱

ェドゥにはオシリスの背骨が埋葬されている。そしてこの背骨のイメージと幾重にも枝分かれしたジェド柱の形とは密接な関係にあった。ジェド柱は二つの部分からなる〔図48〕。木幹は初めは上部に四本の「太枝の切株」を持っていたが、発達の後期になると幹は背骨にみたてられ、上部の樹冠の部分は首・頭部にみたてられる。明らかにジェド柱の場合には、エジプトの他の多くの呪物と同様、もとの形が擬人化される。まずアビドスの神殿の西壁に見られるようにジェド柱から腕が伸び、後に目が書き加えられ[246]、最後にジェド柱はオシリスの全身を表わすものとなる〔図49〕。

バッジ[247][23]はジェド柱の成立のいわれを明確に証明したと言ってよいであろう。すなわち彼が図を比較して確証したところによれば、ジェド柱は「仙骨」・オシリスの背骨の下部・がブシリスの旧い神を表わす木幹と結合し、この木幹の上に置かれてできた形である。普通ジェド‐シンボルはこの結合を様式化したで表わされる。

これは三つの要素からなる。一つは男根的なものである、というのは仙骨とは「オシリスの背骨の下部であり、彼の生殖力の源と信じられていた」からである。

第二の要素は「永続」である。仙骨がすなわち背骨の骨質部が男根に代わって登場することによって、柱の本性と同じ「不滅なるもの」の性格が強調される。この理由から形の上でも内容の上でもジェド‐シンボルは枝の切株をつけた幹のイメージと容易に融合することができる。

しかし第三の、そしてわれわれにとって最も重要な要素は、「高まり」の要素である。すなわちオシリスの背骨である仙骨が木幹の上に置かれたという事実である。

こうして「高められた」「上なる」男根としての「永遠につくり出すもの」は頭部となり、永遠につくり出すものであることが、つまり精神《ガイスト》シンボルであることが明らかとなる（三〇四頁参照）。太陽の男根が精神《ガイスト》シンボルであるように、ここでは木の頭部が精神《ガイスト》シンボルであり、木からの誕生という形で産み出す力をもつようになる。この場合には「永遠につくり出すもの」も誕生したものも下なるものではなく、「高められたもの」として描かれるが、このことは儀礼においても証明される（二九七―二九八頁参照）。

このように「昇華」（三〇八―三一〇頁参照）が、すなわち下なる原理を上なる原理へと高め変容させること、が、ジェドーシンボルの最も重要な要素であったために、ジェドの上部が後にたやすくオシリスの頭部と同一視されたのである。

オシリス祭礼の重要な部分をなすのは、頭と胴体の結合であるが、これは八ッ裂きにされた体を復元し、完全なる姿を回復させるためである。『死者の書』のある章[248]は「人間の頭を切り取って下界へ送らせざるの章」という表題を持つ。頭部を取り戻すことはオシリスの体を復元するための前提であった（二七五頁参照）。そして頭部

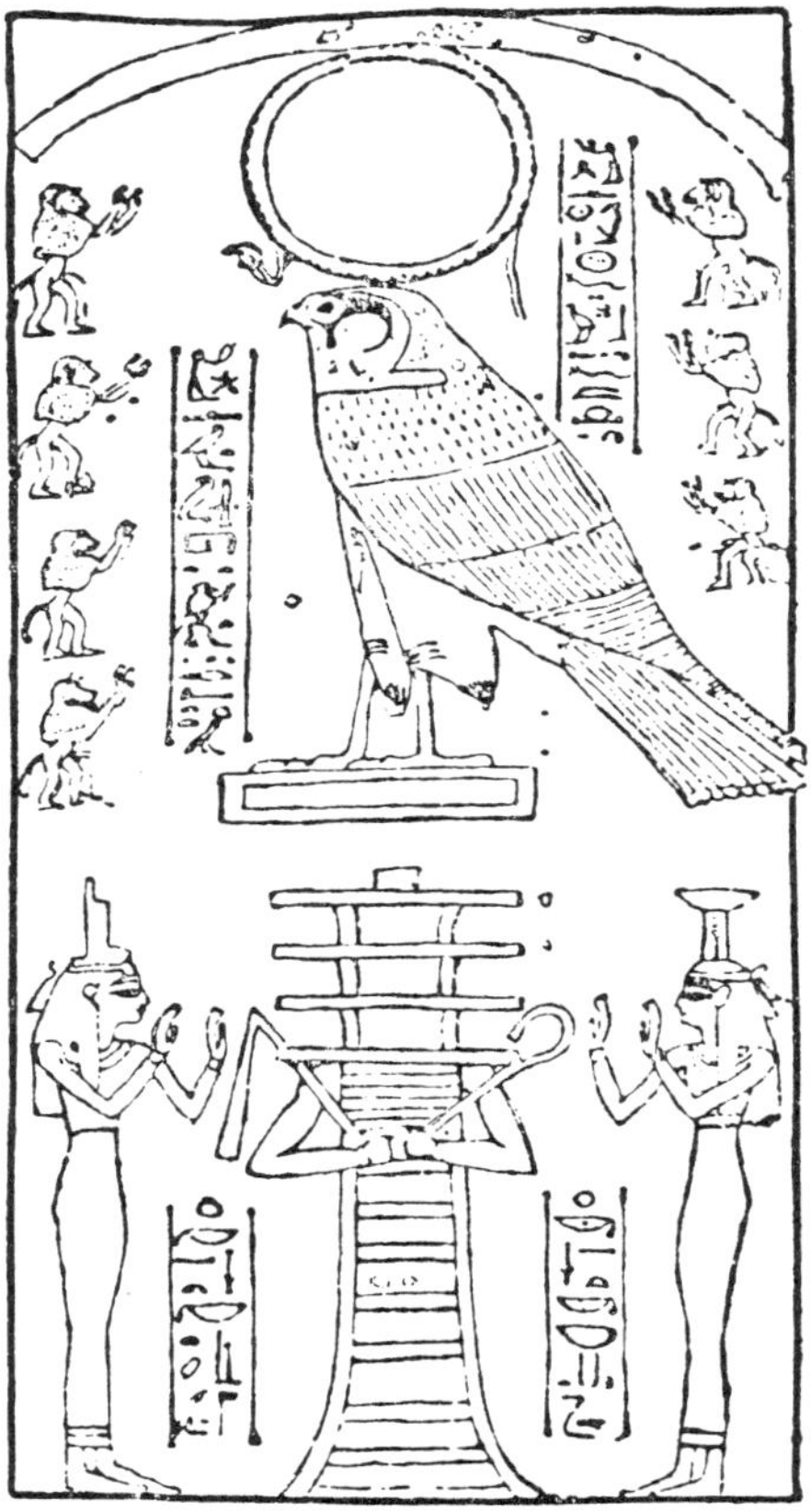

図49　上は、蛇が形どるリングをつけたホルス＝ラー神が天空の下に立っている。それを、猿が礼拝している。下のジェド柱には腕と手が描かれ、オシリス神の力のシンボルである杖と杓を握っている。その左に聖母イシス、右にネフテュス

と胴体ないし背骨を再結合させる意味は、アビドスの密儀祭礼に関する研究によって確証される。この祭礼の内容は「オシリスの身体の復元」である、すなわち「最高頂の場面はオシリスの背骨を建立し、その上にこの神の頭を据えることであった[249]」。

こうしてジェド柱は、復元されたオシリス・頭部と胴体を結合した不変なる者・のシンボルとなり、それゆえ彼は「我は自らを全体的かつ完全なるものとせり」と自称することができる。

このジェドにおける頭部と背骨との結合の意味はとりわけ一つの祈りから確証することができる。それは死者の首すじの上に黄金のジェドを置く時に唱えられるものである、すなわち「立ち上がれ、おおオシリスよ、おん身はおん身の背骨を持ちたり、おお静かなる心臓よ、おん身はおん身の首すじと背中の留め具を持つ、おお静かなる、心臓よ。おん身自らをおん身の土台の上に据えよ*[250]」。

＊　このとき死者は完全な霊体クー（24）となることが約束され、また新年祭においてオシリスの従者の一人になることが約束される。このことは新年祭におけるオシリスのジェド柱としての意味を論じる上で重要な示唆を与えてくれる。

エジプトの未来信仰は二つの主題によって決定されており、そのどちらもオシリスと結びついている。一つは永久化であり、これは死者祭礼による・つまりミイラ作成とピラミッド内へのミイラの安置による・形姿の保存とそれによる人格の保存である。今一つは復活と変容である。

オシリス、および上昇のシンボル体系

オシリスの姿は最初から上昇の原理と結びついている。彼は最古の記述の中で「階段の頂点に立つ神[251]」と呼ばれている。彼は地上から天への案内人であり、それゆえアビドスの地に埋葬されることのできなかった者も、せめてかの地で「大いなる神の階段に」石を一つ置こうと苦労したのである[252]。

これについてバッジは次のように書いている[253]。「この梯子は『ピラミッド・テキスト』の中に言及されている。

これはもともとオシリスのために作られたもので、彼はこれを使って天に昇る。これはホルスとセトによって立てられ、それぞれが片側を支えて神が昇るのを助ける。古王国と中王国の墓からはいくつかの型の梯子が発見されている[254]」。

オシリスは豊饒神であり、八ッ裂きにされる者でありながら八ッ裂きを克服する者であり、同様に上昇の主人であり天への梯子の主人であるが、神話の宇宙論的な段階では月の神である。

ブリフォールトが集めた豊富な資料によれば、オシリスはもともと月の王であった[255]。しかしここにも元型的な関連が認められる。母権制においてはいつでも少年＝愛人である豊饒‐王は月と結びつけられており、また彼は八ッ裂きにされ再生する者として豊饒の保証である。しかし重要なのは、オシリスの姿がこの母権的な諸関係をまさに乗り越えていることが、どれほど意味深いかを認識することである。

オシリスは、地上を去って天に昇り復活したこと[256]・および死と八ッ裂きを克服したこと・によって変容と復活の模範として人類の導き手となる。それゆえ『死者の書』の中で、オシリスと一体化した死者は言う。「われ神々に交わりて天への梯子を立つ、かくてわれは神々の一人なり」。

図 50　太陽神ラー

オシリスの二重構造――オシリスとラー

オシリスの上昇と復活は「こころ《ゼーレ》」の変容と対応している。この変容は神話に投影されて、下なる地上のオシリスと上なるオシリスの結合として登場する、すなわち引き裂かれ死んで復元される身体的なオシリスと上なる霊魂・霊体との結合として登場する。この自己変容・復活・高まりは同時に自己結合でもあるが、この出来事は冥界の神オシリスと太陽神ラ

図51　生命シンボル・アンクとジェド柱の結合、および朝の山から昇る太陽

ー〔**図50**〕の結合として描かれる。

オシリスの上昇は、たとえば『死者の書』の挿絵[257]では、ホルス太陽あるいは生命の印がジェド柱から昇るさまとして描かれている〔**図51**〕。この時ジェド柱は日の出の山と日没の山を同時に表わす山にはめこまれている。この場合ジェド柱は「物質的な身体」、つまりわれわれの言う肉体であり、そこから太陽－魂が上昇する。これに対してメンフィスの祭りではジェドを伴うミイラが頭部として祭られた[258]、すなわち頭部と結合した肉体という全体として祭られたのである。

最古のオシリス崇拝地ジェドゥ－ブシリスは三角州の一地方に位置するが、この地の象徴はオシリス－シンボル体系の発達にとって重要なものとなった。ブシリスからアビドスへのオシリスの発達[25]には象徴の基本的布置の発展がはっきりと見られる。オシリスはブシリスのもとの主人、古い導師神アンツティのシンボルである鞭と杖を継承した〔**図52**〕。さらにアンツティ－シンボルは頭部に二枚の駝鳥の羽根をつけた柱状の身体からできており[259]〔**図53**〕、オシリスがこの二つのシンボルと、つまり柱および頭部と簡単に同化することができたことは明らかである。

同じことはアビドスのシンボル体系がオシリス宗教によって同化されたことについてもいえる。ここでもアビドスの古いシンボル体系が「西方の第一人者」のすなわち死者の神の・地方祭礼を伴っていたために、オシリスの本質と十分に合致した。

オシリスがアビドスを征服した時、アビドス－シンボルは、すなわち同じように二枚の駝鳥の羽根と太陽をつけた頭の形をしたものを柱の上にのせたシンボルは、アンツティ－シンボルおよびオシリスの頭部と同一視された。古代の彫刻によれば、太陽と羽根をつけた頭部－聖遺物を先端に持つこのアビドスの柱は、「山の象形文字の中に立てられている[260]」。

図 52　鞭と杖と杓をもつオシリス

図 53　二枚の羽飾りのついた王冠をかぶるオシリス

この柱と太陽との関係は次の点によってさらに強まる。この柱・アビドス－シンボル・の根元は両側を二頭のライオンすなわちアケルによって支えられているが、この二頭のライオンは夕日と朝日の、昨日と今日の、シンボルである〔**図54**〕。他のいくつかの図の中では彼らは太陽の下降と上昇を両脇で守っている[261]。アビドスのオシリス・シンボルは、ヴィンロックは見落としているが、落日のシンボルであった。つまりアビドスの神はオシリスと同様その地で「西方の第一人者」として、すなわち夕日として、また死者の神として崇拝された。またアビドスは後にオシリスの頭が埋葬されている土地とみなされた。

この「諸派混合的な」発達のシンボル体系をまとめてみると、それらがきわめて意味深いことが分かる。オシリス・オシリスの頭部・太陽としてのオシリス・は同類である、なぜなら太陽と頭部は

図54 昨日と明日をあらわす二頭のライオンの間で、永久に繰り返される太陽（今日）の誕生。ウロボロスの原型でもある。葬祭パピルス、第21王朝。

オシリスの精神《ガイスト》－シンボル体系に当たるからである。アンツティの頭部・アビドス－シンボルの頭・オシリスの頭部・は一つである。しかしアビドスが「西方」に位置するために、ここはオシリスを夕日および死者の神として崇拝する地となり、「オシリスの頭部が安らう」地となるのである。

しかしオシリスは落日であるだけではない。このアビドス－シンボルはラー－頭部－魂のシンボルともみなされるのであり、その崇拝者はホルス頭やジャッカル頭をもつ守護神として登場する、すなわち彼らは朝日と夕日を共に崇拝するのである。

オシリスには二つの姿がある、つまり彼は冥界の神・死者の神・であると同時に永遠なる者・天の主人・でもある。オシリスはもともと大地神・冥界の神・として西方の神であり、逆にラーは天の主人として東方の神であったが、オシリスを二重構造・二重魂へと結合しようという試みは非常に早くからあった。たとえば、「日毎、おん身の肉体はジェドゥ（と）ニフ－ウルテトに住み、おん身の魂は天に住む」[262]と言われている。

[26]神話が語るオシリスの二重構造は、すなわちオシリスとラーの一者性は、心理学的に言えば、心臓－魂（バー）・超個人的な体の中枢・が（個人的な）霊魂あるいは霊体（クー）と結合することである。この結合こそオシリスの密儀の中心である。それゆえ次のように言われる。「われは聖なる双生児神に宿る聖なる魂なり。問

い―そは誰ぞ。答え―そはオシリスなり。彼ジェドゥへ赴き、かの地にラーの魂を見出せり。二人の神は相抱く、かくして聖なる魂たちが聖なる双生児神の中に生まれる[263]」。

同じ章にはこの二重の性質についてさらに別の表現がみられる。たとえば「昨日はオシリスが、今日はラーが、オシリスの敵を打ち破り、息子ホルスを王子・統治者として立てる日なり」、あるいは「われはその中に宿る神を知る。しからばそは誰ぞ。そはオシリスなり、またの名をラー（という者あり）、（あるいは）オシリスが一体化せしラーの男根なり」。

あるいは『今ある事どもについて、また後に生ずる事どもについて』という本にはこうある。「しからばそは誰ぞ。そはオシリスなり。あるいは彼の死体なり（という者あり）、あるいは彼の汚物なり（という者あり）。今ある事どもと、後に生ずる事どもは、彼の死体なり、あるいは永遠と永久なり（という者あり）。永遠とは昼なり、永久とは夜なり」。

ところで、この自らを創造する神は特に神聖甲虫「ケペリ[27]」として描かれる〔図55〕。この甲虫は玉ころがしをすることから太陽を動かす原理として崇拝される〔口絵4〕。さらに重要なのは、彼が地面の穴の中へその太陽球を埋めて仕事を完了した時その穴の中で死ぬことであり、春になるとこの球から、つまり大地から新しく生まれた甲虫が新しい太陽として這い出すことである。それゆえ甲虫は「自らを創造する者」のシンボルであり、「神々の創造者」とみなされる*。甲虫についてバッジは次のように述べている。「甲虫は昇る太陽の形をしており、また太陽神の舟に座している。甲虫は不活性なるものから生命への通過点にあるものの神であり、また霊体すなわち栄光を与えられた体が今まさにそこから飛び出さんとしている屍体の神でもある[264]」。

図55　ケペリ神

図56　ベンヌ鳥

しかし、この「ケペリ」は、心臓（「アブ」）のシンボルでもある。たとえオシリスが肉体に生気を与える人間の心臓魂と同じとされ、またこの心臓魂が「わが心臓、わが母」と呼ばれるにせよ、彼は超個人的な存在である。心臓は自らを創造する神聖甲虫の形をしている。心臓は死者の審判において証言し判決を下す良心の力の宿る場所であり、またメンフィスの創造神話では真の創造の場である（五一—五二頁参照）。「それらすべての結果を産み出すものこそ心臓なり、創造したる心臓の思想を繰り返す（表現する）ものこそ舌なり」[265]、あるいは「すべての神々とそのカーを創造したるデミウルゴスは彼の心臓の中にあり」。

「思想」を表わす象形文字が「心臓」の図で表わされることは、心臓魂が精神《ガイスト》の原理であることを意味している。しかし心臓魂は同時に地上の生き物のリビドー原理でもあり、そのため男根の形をしたオシリス・メンデスの雄山羊‐雄羊（バー）・が心臓‐魂（バー）と同一視されるのである。

しかしオシリスは下なる男根的な原理であるばかりでなく、上なる太陽的な原理でもあり、またギリシアの不死鳥《フェニックス》に当たるベンヌ鳥（**図56**）でもある。それゆえ次のように言われる。「汝は大いなる不死鳥なり、ヘリオポリスの偉大なる王家の内なる木の枝より生まれたり」[266]。

自己更新と木からの誕生は、「上なる」誕生という意味では同じである。木から生まれたオシリスはまさにその意味で、棺から復活した者として自分自身から生まれた者である。というのはオシリス・木・棺は一つだからである。こうして木からの誕生は再生と同じであり、オシリスは木から昇る太陽であり[267]、同様にジェド柱から昇

＊　ここで重要なのはケペリの自己更新の性質である。ここではブリフォールトが考えているように、もとの月の意味が太陽に移されたのかどうかは、この文脈においては重要ではない。

る生命の印である。このイメージは『死者の書』の最古の章である第十四章を視覚化したものである。この章の成立は恐らく紀元前四二六六年にまで溯り(?)、その最初の文章にはオシリス密儀の決定的なことがすべて要約されている。「われは昨日なり今日なり明日なり。われは再び生まる力をもてり。われは神々を造る隠れし神聖なる魂なり」。

死の問題は原初においては、来世を現世の延長としてのみ捉えることによって解決されていた。彼岸についての問いに対して、もはや物質的ではない心的な答えを与えるようになった変化は、オシリスの変容と対応しているが、この変化はオシリスである死者と一種の創造神であるアトゥム[28]〔図57〕との会話によって明らかとなる。アトゥムは「我は水と空気と快楽の代わりに栄光を与え、パンとビールの代わりに安らぎを与えたり」と言い、最後に約束する。「汝は何百万年の何百万倍よりも長く、何百万年の時を生くべし。しかし我はわが造りしものをすべて破壊すべし。大地は再び原大洋となり、もとの洪水の状態とならん。我は再び蛇に変身せし後オシリスと共に残るも、この蛇を知る人間もなく、この蛇を見る神もなし[268]」。

図57　アトゥム

この神の答えは来世を越えている。この答えは終末論的であり永続を約束しているが、その結果世界は再びウロボロス的な原状態に戻るのである。「オシリスと共に」とはこの不死の魂が創造神の変わらぬ同伴者であるという約束である。オシリス・人間の魂・原創造者・の同一性はここでは神の創造性との同一性を保証する。そこから次の死者の謎めいた言葉も理解できる。つまり死者は自分のオシリスへの変容を変容の参入密儀として述べているのである。「我は分別なき人間として入りたり。我は強き霊の姿にて現われるべし。我は永遠に男と女の姿なる我を見るべし[269]」。

この内容とシンボルは後の精神化の表現であると理論化され

やすいが、それは誤りである。特徴的なことにこの言葉は後半の章に属するものではなく、『死者の書』の真髄を一つの章にまとめた、きわめて荘厳な文献の中にあり、さらにそれを要約したものは第一王朝時代のものとされている＊。

＊　その際、第一王朝をフリンダーズ・ピートリ（29）に従って紀元前四三〇〇年頃とするか、それともブレステド（30）に従って紀元前三四〇〇年頃とするかは重要ではない。いずれにせよ歴史時代の幕開けである点に変わりはない。

こうしてオシリスは二重魂として下界の太陽であると同時に天界の太陽である。彼は自らを結び合わせる者、自らの姿を守る者であるが、天に昇って変容する者でもある。彼は死の克服者であり自分自身を創造する者である。すなわち彼は創造の秘密を、つまり復活と再生の秘法を握っており、またこの復活と再生によって下なる力は上なる力へと変容する。

自己更新と変容——エジプト王のオシリス儀礼、魂の各部分の結合

王もまた死ぬとオシリスにならって霊や天の住人〔270〕へと変容するが、これが王の「オシリス化」である。その本質は魂の各部分を結合することにあり、そのためにはミイラの保存と呪術によるその蘇生が前提となる。『死者の書』の儀礼の目的は、地上の肉体の各部分を結合し、八ッ裂きを防止することによって、その肉体を永遠化することである。

肉体をミイラにして保存すること、肉体の浄化、そして肉体に宿る成形魂カーの浄化、はオシリスの基本密儀の前提である、すなわちミイラ体から霊体が発生する＊ための前提である〔271〕。

＊　穀物とその変容の意味が、そればかりか霊的な密儀における変容シンボルとしての意味さえも、発酵・酒を作ること・ともともと同じ意味ではなかったか、という問いに対しては今のところ答えることはできない。この問いが出てくるのは、オシリスが穀物神であると同時に酒神でもあるためであり、また一月六日——この日には水からブドウ酒への変容を伴うカナの婚礼（31）も行なわれた——の顕現祭がオシリスが水から酒への変容を果たした祭である〔272〕ためである。酒と豊饒狂躁との結びつきは古代世界と未開世界の全体にみられ、また穀物の酒への変容は、つねに人類にとって最も注目すべき変容現象であったにちがいない。酒の原料である小麦・米・とうもろこし・タピオカ等はどこでもとれる大地の産

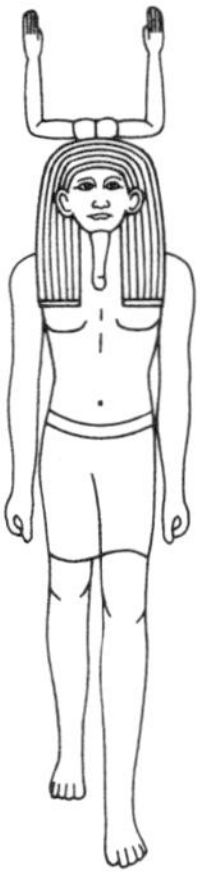

図 59　カー

図 58　死者の魂「バー」（前 1450 年頃、テーベ、王家の谷 36 号墓）

物・大地の息子であり、これは豊饒儀礼において中心的な位置を占めている。この大地の産物はその不思議な変容のために酔わせる（感激させる）精神《ガイスト》の性格を受け取り、秘蹟となり、高い啓示・知・救済の媒体となる。この密儀の原始的な基礎は今でもよく見ることができる——たとえばブドウ酒シンボル体系におけるディオニュソス–キリストにおいてばかりでなく、聖なる陶酔が重要とされているところではいたるところで。この変容の基本現象は、古代から錬金術の時代にまで到る変容に関する秘教と必ずや関連しているはずである。屍体としての《第一質料《プリマ・マテリア》》（32）・精神《ガイスト》の浄化と上昇・精神《ガイスト》の肉体からの離脱・精神《ガイスト》への変容・は酒密儀の各段階であり、同時に大地＝穀物＝息子の霊的な物語の諸々のイメージであり、それゆえ密儀における霊的変容の象徴的な模範といえるかもしれない。これらの関連は元型的なものであり、西洋の文化圏のみに限られるものではない。たとえばメキシコにも同様に、少年＝穀物神と、竜舌蘭の酒神たちに代表される陶酔との、関連がみられる。

心臓–魂（バー（273）〔図 58〕）・人頭の鷲・肉体とミイラとの生命原理・は霊–魂（クー）と、すなわち霊体（サーフ）の生命原理と、結びついている。霊魂（クー）が不死であるのに対し、それと結合した下なる、心臓–魂は自らの意志によって物質的にも非物質的にもなる。心臓魂・霊–魂・心臓・神聖甲虫は同類である。

もちろんこれらの部分魂あるいは魂部分は神話に投影されたものであり、定義することはできない。決定的なのはそれらが上昇しながら変容し、またそれら同士が結合するという課題である。この結合から二重存在である不死のオシリス–ラーが生まれる。それはオシリスとその後継者の王が果たす「大いなる業《わざ》」である。

この時カー〔図59〕‐魂は特に重要な役割を果たす。カーの理解が困難[33]であるのは、カー‐魂が現代の意識の概念と対応しない、元型的なものだからである。カー‐魂は分身・ゲニウス・守護神・名・滋養と解釈されていた。それは若者のような不死のものであり、それゆえ「死ぬこと」とは「まさに彼のカーと共に生きること」[274]と同じである。カーの意味をモレーは次のようにまとめている。「したがって、カーの名のもとに、神であり人間であるファラオの生命原理のみを考えるべきではなく、むしろそれは生命力の総体と養分を与える糧とを意味しており、それなしにはこの世に存在するすべてのものが消滅する」[275]。このカー‐魂については次のように言われる。「カーは父であり、また人間に生をもたらし、知力と徳力を統轄し、霊の生命と肉の生命を授ける、存在である」[276]。カーは食物たるカー‐ウと関係している、すなわちカーは基本的なリビドーと生のシンボルでもある。「神々はこの本質的・集合的なカーから、つまり天の原初的な実体から、王のために個人的なカーを切り離す」。カーと肉体が浄化され結合されると、王は——王以前にはオシリスが、王以後には各個人が——「完全なる存在となって、完成に達する」。

カー‐魂はわれわれが今日自己と呼ぶものの元型的な前形態である。カー‐魂と他の魂部分との結合、およびこの結合による人格の変容は、われわれが今日「個性化」ないしは「人格の統合」と呼ぶ心の出来事を——神話的な投影において——示す最初のものである。

魂の各部分を結合することによって王は[34]バー‐魂・心臓‐魂となり——これは神々とともに暮らし生命の呼吸を握っている——、完全なる霊‐存在アクとなる。すなわち、「王は東方の地平アケトの栄光の内に再び生まれる。そしてこの東方に生まれた者はアク（光り輝く者）となる」[277]。

ここでは光・太陽・霊・魂・の元型的な同一性が、一様にオシリスおよび彼の変容に関係づけられて、稀にみるほど明らかとなっている。

オシリス儀礼の三つの部分——新年祭・戴冠祭・セド祭

この象徴的‐神話的背景に照らしてみると、儀礼の中でなされる行為の意味がさらに分かりやすくなる。われわれの知るところでは、オシリス儀礼は次の三つの部分から成り立っている。すなわちオシリス祭——とくにジェドゥ‐ブシリスの新年祭でのジェド柱の建立——、戴冠祭、そして王の力の強化と更新を目的とする王のセド祭(35)である。

われわれはオシリスが豊饒の意味をもつこと、および太母と関係をもつことについてたびたび指摘してきた。しかしこの段階は早くもジェドゥのオシリス儀礼が新年祭として祝われた時に克服された。今でも季節王権の名残りはあるが、しかしジェド柱と〔ジェドゥという〕都市の名の由来を示す永続の性格が勝っている。

オシリスは、その月‐性質が後退したことによって一年全体を体現することになるが、このことを示しているのがコイアク月の二二日の万霊節に彼の小舟のお伴をする三六五の燈火(36)である(278)。それまで埋葬されていた年度‐オシリスの像は、新しい像と地下で取り替えられた後、無花果《いちじく》の樹(279)の枝の上に置かれて、その年の——その年の太陽の——上昇・復活・木からの誕生・のシンボルとされる。ジェド柱の建立はオシリス復活祭の中心的内容であり、「オシリスの復活」を、すなわち死者の蘇りを象徴する。したがって若くて強い植物神の再生を象徴する(280)のではない。デンデラーの祭暦にもこうある。「アケトの第四月の最終日に、オシリスがイスドの木の下の地下の墓室に埋葬されてブの領域に入るその日に、ジェド柱の建立が行なわれる。というのは、この日オシリスが布で被われた後にオシリスの霊体が彼に宿るからである」。

この建立と復活の翌日に元日が祝われたが、この日はエドフのホルスの元日でもあり、同時にエジプト王の即位のために定められた日に当たる。同じ日にエジプト王の周期的な更新祭であるセド祭が祝われた。

この儀礼においてもなお、殺され‐死んだ古い年度王の埋葬と新しい年度王の即位というもとの形が認められ

図 60　ホルス

る。すなわち以前の豊饒儀礼において、ジェド柱の建立に当たるのが男根の聖なるミイラ作製と季節王の殺害であり、このことはジェド柱の建立と新王の即位との関係によって証明される。秋の収穫祭の儀礼においてもホルス‐王は老いた植物霊のシンボルである穀物の束を鎌で刈り取る。

父権制が母権制に取って代わる――オシリスの息子としてのホルス

ホルスの即位〔**図60**〕が同時になされるオシリスの上昇と復活に結びつけられている点には、新しいものが古いものに取って代わることとは別の新しい事柄を見ることができる。豊饒儀礼における旧王と新王の原初的な対立のなごりは、オシリス‐ホルス神話の中では「こころ《ゼーレ》」の新しい布置によって完全に払拭され、父と息子の関係は肯定的なものとなる。

オシリス‐神話においては、恐ろしい母権的なイシス像とその儀礼とは、オシリスの父権的な後見を受けるホルス‐王の支配と交代する。オリシスについては「彼は父の座を息子に譲る」と言われている。その際かつては母権的であったイシスが彼を助け、今や嫡子相続と即位請求の正当性をめぐって訴えを起こす。つまり彼女はホルスがオシリスの嫡子であることを、すなわち父権制の基礎を、神々に確認させるのである。

父権期が母権期に取って代わることは元型的な過程である、すなわちそれは人類史の中では普遍的かつ必然的である。この過程をわれわれはこの意味で解釈する、すなわち父権的な「ホルスの民」によって母権的な前王朝期のエジプトが征服されたのかどうかは顧慮しないし、また後のホルス‐太陽の崇拝が以前のオシリス‐月の崇拝と結びついたものかどうかについても論じない。

モレーはこの母権的な子宮‐体系が解体する過程について言及し、それは「氏族《クラン》のひとりひとりの女性が自分はトーテムによって妊娠すると信じている子宮体系から、夫が本当の父親とされる父系制への社会の発展」であると述べ、氏族《クラン》から家族への移行および共同体の力から個人の力への移行をこの発展と結びつけている。なお、英雄に代表される意識によって太母支配が取って代わられる時に、「偉大なる個人」である神－王がどのような役割を果たすかについては、後に論ずるであろう（第二部付録参照）。

　興味深いことに、この重要な意味をもつ移行の痕跡もまた、エジプトの儀礼と神話の中に認めることができる。上・下エジプトの初期の首都は太古の母神たち・「永遠に栄えある二人の女主人」・の都である、すなわち上エジプトのネケンは禿鷹女神ネクベト〔**図61**〕の都、下エジプトのブトは蛇女神ウアジェト〔**図62**〕の都である。ブトはオシリス神話の中で恐ろしいことに八ッ裂きモチーフと結びついている。たとえばこの地でホルスはイシスの動物であるさそりに殺され、再び発見されたオシリスの屍体はこの地でセトに八ッ裂きにされている。

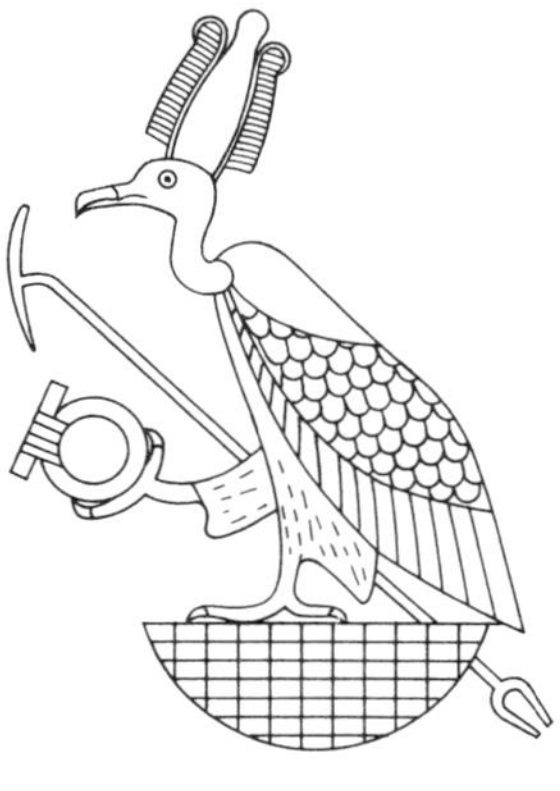

図61　ネクベト（禿鷹の姿をした）

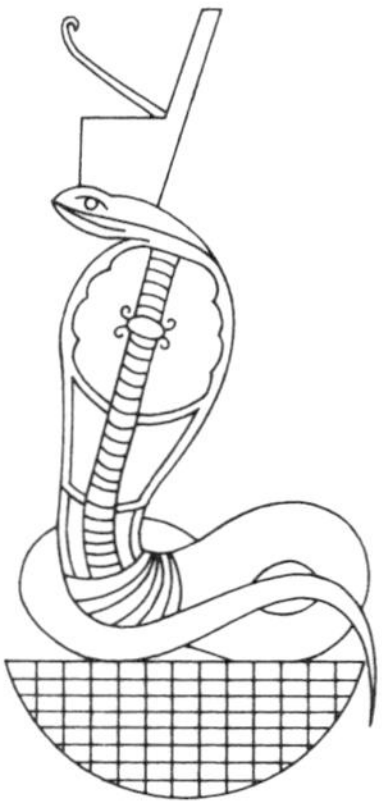

図62　ウアジェト（王冠を載せた聖蛇ウラエウスの姿をした）

　ブトもネケンも二重都市であり、それぞれペおよびデプとして、またネケブ－ネケンとして知られている。南部でも北部でも母親都市とホルス都市がナイル川をはさんで向かい合っていることは注目すべきことである。

　父権的なホルスと古い母親－支配者たちとの原初の対決は今なお儀礼の中に認めることができる。たとえばペとデプの戦いという祭礼的な催しの中で、最初ホルスは捕えられるが、戦いの終わりにはホルスは勝って母と近親相姦を行ない、これによってホルスは自らが英雄であることを証明する。[281] 有史時代・王朝時代になると、征服された女神の蛇シンボルと禿鷹シンボルとはホルス王たちの王冠のシンボルとなり、蛇名と禿鷹名とは五つからなる王名の一つとなる。(37)

父と息子の同一性——オシリスは精神−王であり、ホルス王はその世継ぎの息子である

それゆえ父オシリスの世継ぎである、エジプトの父権的なホルス−息子−王たちは、必然的に父の仇を討つ復讐者ともなり、またオシリスの宿敵である母権的な伯父セトを倒す者ともなる。ここでは「年下のホルス」が「年上のホルス」(38)の役割を引き継ぐかどうかは重要ではない。ホルス−息子に対するオシリス−父の後見は、セトとオシリスおよびセトとホルスとの古い戦いと結びついている。この戦いにおいてホルスはセトの睾丸を奪う。初めセトによって傷つけられたホルスの光の眼は癒され、このホルスの眼によって死んだオシリスが復元される。他方ホルス(282)はセトから奪った睾丸を組み込んだ二本の笏を授与されることによって力を得る。オシリスの復元とは彼の復活および変容を意味しており、それによって彼自身は精神《ガイスト》−王となり、他方息子ホルスは地上の王となる〔図63〕。

このように息子ホルスの即位と支配のための前提は父オシリスの高まりと精神化《ガイスト》である。死者の高まりは、象徴的にはジェド柱の建立および前の年度オシリスを枝の上に乗せることと同じであり、ホルス即位とセド祭に先立ってそのつど行なわれる。

この関連の中には、生者を援助してほしいという死者への頼みが込められているにすぎないとする解釈は、まったく不十分である。オシリス儀礼が王権儀礼・戴冠式・セド祭と密接に結びついていることを考えれば、そのようなあまりに一般的な解釈は不可能である。

トーテミズムと参入儀礼の基本的な出来事は、トーテムあるいは祖先が参入者の中に再生し、彼の中に新しい住処《すみか》を見出して彼のより高い自己を形成することである。このような働きは、父オシリスの変容神化と関連した

英雄ホルスの嫡子権の中にも、キリスト教における神の人間化の中にも、また現代人の個性化過程の諸現象の中にも見られる。

英雄として自らを再生する息子、彼が神‐父から生まれたこと、そして死んだ父が息子の中に再生すること、これらの間には次の句によって表わされるような基本的な関係がある、すなわち「我と父は一つなり」。この関係の神話的な前形態はエジプトでは、「父オシリスの息子であり復讐者であるホルスが世界の主となる」という、

図 63　鷲の神ホルス（前 370 年頃、エジプト）

われわれがたびたび指摘してきた出来事の中に見出される。それと同時にホルスの地上の支配権は、精神領域《ガイスト》に対するオシリスの心的な支配に基づいている。

ホルス即位とセド祭のクライマックスはオシリス‐ジェド柱の建立である。エジプトのホルス王たちの継承権はこの儀式に基づいている。この儀式中で息子――彼はいつでもホルスである――の継承の正当性と、父親――彼はいつでもオシリスである――の上昇とが、元型的に確立され普遍的な法として崇められる。父権的な父‐子の系列は世代の交代と両世代が呪術的につながりをもつことを精神的に表現しているが、それはまさしく、世代間の対立にもかかわらず存在する同一性の上に成り立っている。どの王もかつてホルスであり、今オシリスとなる。どのオシリスもかつてはホルスであった。ホルスとオシリスは一つである〔**図64**〕。

この同一性は、二人に対して母・妻・妹として現われるイシス像によって強められる。産婦としては彼女はホルスを産み、死んだオシリスを蘇らせる。妻としてはオシリスによってホルスを儲け、ホルスによってホルスの子らを儲ける。そして妹としては――妹の役割をここではペルセウスとオレステスに対するアテナの役割と同じと考えるなら――死んだオシリスと生けるホルスの、支配権のために戦う。(39)

相続者であるホルス‐息子‐王は「地上の世界」の統治者であり、男根的な大地豊饒の代表者である。ホルス王がかつての豊饒の年度王の永続的相続者となった経過については、戴冠儀式から知ることができる。初め行なわれていた王の生贄は、対立候補との戦いによって取って代わられた。今や英雄や無敵な王の生命は決定的にこの悪人との戦いにかかっている。ホルスによるセトの征伐は、エドフの儀式においても、また戴冠式・ジェド柱の建立・セド祭・においても重要な役割を果たしているが、これは王‐神の勝利をもたらす豊饒性の前提である。(283)

このことはホルスが男根的な雄牛神ミンや創造神プタハ(40)〔**図65**〕と同一視されることに表わされているばかりでなく、セトの睾丸力の取り込み・穀物神の勝利・エドフにおけるハトルとの聖なる結婚・王たちの秋の収穫祭・にも表わされている。

図64 聖廟に立つオシリス（中央）とホルス（左）（前14-13世紀、アビドス）

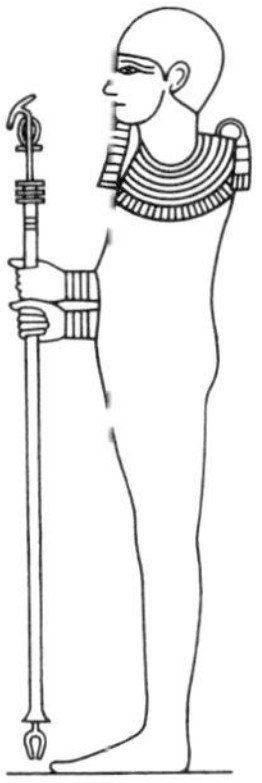

図65　プタハ（メンフィスの主神とされる創造神で工芸職人の守護神）

ホルス－息子－王はもはや年度王のように母－大地女神に従属して一時的な授精の役割を果たすのではない。今や彼は永遠に大地に授精し、自らの子孫の上に父権的に君臨する創出的な父である。

彼の機能は、古い豊饒儀礼の中で神聖な表現を与えられていた、自然周期のリズムから解放された。しかしこの解放は支えとなる権威を得てこそ、しかもその権威自身が自然の経過と周期から独立してこそ可能となる。地上の王にも、また彼が自らと同一視する神－息子－ホルスにも、後楯が必要である。彼らはそれを永続・不滅・永遠という精神《ガイスト》原理の中に見出す。この原理を代表するのがオシリス、父である。

母権制においては死と復活は同じ地上的水準で演じられていた。すなわち死は豊饒性の死であり、復活は生きた植物の復活であった。そして両極は自然のリズムの中に包み込まれていた。

ところが今やオシリスの復活が意味するものは、彼が上昇によって永遠不滅の性質を得ること、完成された魂となること、不滅となり下なる自然の経過から免れていること、である。つまり、神であること、星であること、不滅であって世界の成り行きの彼岸に立つことである。そしてこれと同じ意味をもつのがオシリスの息子としてのホルスの即位である。イシスの息子であるならばホルスは一時的な春の王・植物王であり、永遠の・しかし永遠に変化する・太母の自然を地盤とするであろう。しかし今や彼は父と、永遠不変の精神《ガイスト》－父と、つまり神オシリス・霊魂の王・と結びついている。ホルスは父と同じく永遠であり、父の復讐をする者・父の世継ぎ・父を高める者・である。戴冠式においてオシリスが昇るための梯子が立てられる時、またホルス即位の前にジェド柱の建立と古い王の上昇が行なわれる時、それはホルスをもはや下なる母にではなく上なる父に基礎づけることが成就したことを意味している。

精神男根と変容

今こそ他ならぬ死んだオシリスがホルス・息子をつくるという特徴も理解できる。このイメージは精神《ガイスト》による授精を表わす原始的象徴的表現である。それは地上的な授精ではない。父は死んでおりミイラである。しかしそれは授精である。この父は長い男根を持つミイラである、あるいは別のイメージによれば男根をつけた甲虫であり、永遠であり授精力をもつ。

そのため復活したオシリスには男根がない。失われた男根はイシスが木製の祭礼用男根を作って代用した。ここでもまた去勢された者が——あえてこの言葉を使いたいが——「授精する」のであり、これは精神《ガイスト》による授精を表わすよくみられるシンボルであり、このシンボルは密儀や秘教の中に繰り返し登場する。こうしてオシリスは授精する去勢者であると同時に、祭礼用男根によって授精する者でもあり、また授精する死者でもある。

死者は精神《ガイスト》‐祖先であり、授精力をもつ。死者は授精する精神《ガイスト》である。その働きは風‐精神《ガイスト》のそれと同じように授精力をもち、動きまわり、目に見えない。おもしろいことに現代の精神病患者[284]の集合的無意識も、エジプトの魔法のパピルスと同じように、息《ルーアハ》‐風《プネウマ》‐精神《ガイスト》‐風の源が太陽であると述べている。そこでは太陽の男根が風の源であると言われている。しかし太陽とはラー——ホルスとオシリス——である。

ホルスとオシリスは自我と自己に当たる

創造性とは初めから精神《ガイスト》の創造性の問題であるが、この点はエジプトのオシリス神話の中に決定的象徴的に表現されている。「我と父は一つなり」、つまりオシリスとホルスは心理学的に言えば一つの人格の二つの部分に他ならない。

大地的‐男根的な下なるホルス‐息子は、男根‐喪失者の・あるいはもっとうまく言えば精神《ガイスト》男根を備えた・オシリス‐父と、合体しており、両者は一つである。両部分の創造性は互いに依存し合っているが、ホルス部分が世界を向いており、地上を支配するのに対し、オシリス部分はホルスの背後の永遠の力であり、霊魂の主人である。息子と父はそれぞれ現世と来世の神である。彼ら相互の関係は、心理学的に言えば、自我と自己の関係である。

オシリス像を取り巻くシンボル体系は、人間心理の最も原始的な段階から最高の頂点にまでわたっており、先史時代の太古的な葬制に基づきながら現代心理学が統合過程と名づけた過程の投影されたものにまで達している。ここでもう一度、人格の変容過程の意識化がさまざまなシンボル段階を経て次第に上昇していくさまを観察してみるならば、われわれは中心志向と名づけたものが最初からはっきりと人類の内で自己を貫徹しようとしてきたことに気づかざるをえない。

その最も原始的な段階は、八ッ裂きにされた者を一つにまとめること、および不滅化と保存の試みであり、同時に彼を「高めること」でもある。この高めることとはオシリス－屍体を木の上に上げることとして、また木からの誕生のシンボル、地下に隠されていたものを引き上げること、仙骨をジェドｰシンボルの木の上に乗せること、建立──特にジェドｰ柱の建立──として現われる。しかし建立密儀と上昇密儀は全体化および一体化と結びついている。その基本は八ッ裂きにされた者を一つにまとめること・ミイラ作り・形の保存・であるが、この原始－儀礼はさらに上昇と変容のシンボル体系に変わっていく。

胴体と頭部の結合は下なるオシリスと上なるオシリスの結合であるから、オシリスとラーの結合となる。しかしこの結合は自己変容と同じであり、この変容によってオシリスは彼のラー－魂と結合して完全な存在となる。一方ではこれらはすべて元型的である、すなわち神々の間で演じられているが、他方ではこの過程は、模範的なオシリス－出来事がエジプト王によって、つまりホルスとしてオシリスと結合している王によって受け入れられると、人間的となる。ホルス－オシリス関係は象徴的にはオシリスとラーの関係であり、下なるオシリスと上なるオシリスの関係である。王がホルス－王として神々の出来事の中に組み込まれることによって、神話的な出来事が心理的な出来事として見え始める。こうしてこの過程の最後の形態は魂が変容して一つになるという出来事であり、そこでは魂のさまざまな部分が統合され、また人格の中の地上的なホルス‐自我‐部分が精神《ガイスト》‐神‐自己‐オシリスと結合するのである。この両方によって、つまり一体化と、上昇に伴う変容とによって不滅化と死の克服が達成されるが、これは原始的な人類の「こころ《ゼーレ》」の中ですでに最高の目的として生きていたのである。

オシリス神話は変容の英雄神話である——完全なる存在

父権的な父‐息子‐関係は最初に支配していたイシスの母親像に、宗教的・心理的・社会的・政治的に取って代わった。エジプトにおける最初の女王‐イシスの母権支配のなごりは今でも確認することができるが、しかし歴史時代に入ると王と父の役割が早くもそれを凌駕してしまった。息子の叙任と即位はオシリスの復活、および彼の敵の征伐に基づいている。ホルスが悪人セトと交えた戦いは、ある意味では、後に彼の息子たち一人一人が成し遂げねばならない「神の戦い」の模範である。

そしてこれによって輪が閉じられ、われわれは再び英雄神話と「竜との戦い」の神話に戻ってきた。ただしオシリス物語の場合は、英雄ホルスをもオシリスの一部として含めるという読み方をしなければならない。

これまで見てきたように、英雄物語の中には一連の要素がすべて含まれている。英雄とは自我‐英雄である（二七四頁参照）、すなわち英雄は無意識に対する意識と自我の戦いを代表する。英雄の戦いの中に現われている自我の男性化と強化（一九〇頁参照）は、母‐竜との戦いの初めから存在しており、恐ろしい母——エジプトの場合には恐ろしいイシスとその代理人であるセト——に対抗するための恐怖の克服と勇気とを与える。英雄は上なる人間・「高められた男根」・であり、その作用は頭‐目シンボルおよび太陽シンボルによって表現される（二〇五—二〇八頁参照）。英雄の戦いによって彼が天に属することが、つまり彼が神なる父の息子であることが証明される。また彼が竜と戦うために天の支えを必要としながら、他方ではこの戦いによって自らが天に属することを証明しなければならない、という二重関係が成立する。「竜との戦い」の中で再生した英雄は儀礼的には父なる神と同一であり、その化身である。息子が父と同一化し父が息子と同一化するこの相互同一化を示すのが「我と父は一つなり」という命題である。再生した者とは神なる父の息子であり、彼自身の父であり、父を自らの内に再生させる授精者としては父の父である。

このようにオシリス－ホルス神話には英雄神話の本質的な要素がすべて含まれている。ただし恐ろしい母に対する父権的な克服に関して一つだけ注意しておかなければならないことがある。恐ろしい母イシスの名残りはたしかにあるし（一〇四－一〇八頁参照）、イシスが征服されたことはホルスによってイシスが頭を切り落とされることや、メンフィスの祭りの戦いでホルスが母に近親相姦を強要することから、[285] もはや明らかである。しかし全体としては、イシスの否定的な役割はセトによって引き受けられ（一〇八頁参照）、イシスは本質的には「良き母」となっている〔**図66**〕。

オシリス－ホルス神話の中心は息子が死んだ父と儀礼的に同一化することである。ホルスが死んだオシリスによって授精され、そのため個人的なオシリス－父親を知らないことは、英雄－父も英雄－息子も共に神的超個人的性質をもつことを強調しているのである。ホルスは戦士の役割を受け継いだ。彼がセトに勝利することはオシリスの息子として認められたという証である。彼は上なる人間であるから、オシリス、すなわちジェド柱の再建において高められた――「精神《ガイスト》」へと変容した――男根でもあるし、ホルス、すなわち典型的な太陽シンボルである鷹でもある。彼はオシリスを自らによって・ホルスの眼によって・復活させる点でオシリスの父であるが、しかし死んだ父との儀礼的な同一化によっても自らを更新し再生させる。彼は生者としては王としてセド祭において、死しては死せるオシリスとして、神となりオシリスとなる。彼はホルス－ラー－魂としてオシリスと結合し、オシリスはホルスと結合する。[41]

オシリスは「再生者それ自体」であり、それゆえ彼の独自の活動力はこの過程が進むにつれて高まる。

オシリスは初めは男根として不滅なる者であるが、しかし他方では母神ムートによって産み返され、あるいはイシスに息を吹き込まれて再生する。その後、彼は彼の霊によって授精した息子ホルス・彼自身の生命力の化身・によってもう一度復活させられる。そして最後には上昇する者として、またラー（ホルス）と結合する者として、自らを結合し産み返す者となる。これらの段階すべては、神話の場合にはつねにそうであるが、共存したり、相互に移行する。彼はジェド柱やミイラ男根としては永遠なる者であるが、しかしまた最初から月として自らを産み返し若返らせる者である。セド祭の記述にもこうある。「汝は更新され汝は再び始まる、汝は幼い月神の如く若返る」。

しかし決定的なのは、変容と再生が宇宙的なシンボル体系から――一般的に言えば自然のシンボル体系から――自らを解放しようとしていることである。このことは結局、すでに明らかにしたように、逆説的な諸シンボルの総合によって成し遂げられる。すなわち死者は生きており、男根を失った者が授精し、埋葬された者が昇天し、過ぎ去る者が永遠となり、人間が神となり、神と人間は一つである。

図66　良き母・良き妻としてのイシス

これらの表現はみな人類にとって中心的な一つの内容のまわりを、すなわち「完全なる存在」・完全なる魂・になるという目標のまわりを巡っている。これは定式化することが限りなく困難な精神《ガイスト》原理の作用や効果を表現しようとするものであり、今やこの原理はもはやトーテム・天・父・といった原始的な無名なものによってではなく、神・形姿をもつもの・自己・として表わされる。*

＊　オシリス－ホルス神話と対応する女性的な神話がデメテルとコレーの神話である。その内容はケレーニイの論文〔286〕とユングの解釈〔『元型論』第五論文〕の中で明らかにされている。

英雄神話はここで自己変容の神話となる。その神話とは神と息子との関係――これは初めから存在しているが英雄の行為によって初めて現実化する――を示す神話である、すなわち自己－オシリスと自我－ホルスの関係――これは地上における英雄の生涯において実現する――を表わす神話となる。この関係は初めは神話のホルスによって表わされ、彼以降は歴代のエジプト王によって表わされる。そして王たちの後には、もちろん原始的－呪術的にのみこの段階と同一化した個々のエジプト人が続き、最後に人類のその後の精神的な発達の中でこの不死の魂の原理は各個人の内容となり財産となる。

オシリス神話のさまざまな影響

オシリス－神話は明らかにきわめて大きな影響を世界に及ぼしてきた。その影響はもろもろの古代の密儀〔287〕・グノーシス主義・キリスト教・錬金術・神秘主義、ひいては現代人にまで認められる。

古代の密儀の一つ、参入儀礼を例にとれば、その目標は上なる男性性を確立すること、より高い人間へと変容すること、そうして神と同一化し神のようになること、あるいは神の一部となることとである。一方ではたとえばイシス密儀の《太陽化》のように太陽神との同一化が強調されるが、他のいくつかの密儀では神格との「神秘的融即」によって神の一部となることが目標となる。目標に到る道はさまざまであり、参入者が忘我状態に陥って《神が乗り移った者》となったり、再生儀礼の中で新しく生まれ変わったり、また聖餐において神を食べたりするが、最後はつねに上なる人間が、すなわち光－「精神《ガイスト》」－天の側面が確立される。こうして参入者は、グノーシス主義が後に言い表わしたように、「ヌースの人」、ヌースを持つ者あるいはヌースの乗り移った者、つまり《霊的人間《プネウマティコイ》》となる[288]。

そのさい密儀儀礼にはしばしば去勢がシンボルとして登場する、それも明らかに上なる男性性を生かすために下なる男性性を殺すという意味で登場する。たとえば去勢がアッティスと同一化したアッティス－参入者になされる場合、またアドニス－密儀において「授精力を封ずる」チサ＊・死人の食物・去勢者たちの野菜・によって臥《ふし》所《ど》が作られその上にアドニスが横たえられる場合[290]、また最後にエレウシスの密儀において毒ニンジンがチサと同じ役割を果たす場合には、それは下なる男性性の生贄が上なる男性性を確立する前提条件であることを意味している。

＊　しかし同じチサがエジプトでは「精力を高める効果」のため神聖であるとされ、コプトスのミンに捧げられている[289]。

これらの禁欲的－神秘的宗派はみなウロボロスと太母の支配下にあり、苦悩する息子の密儀に属している。その行きつく先は去勢の背後で誘惑する神秘的なウロボロス近親相姦である（二六七－一六八頁参照）。これらの密儀祭礼はどれも、元型的な段階的発達の観点から見ると、英雄の戦いの段階にまだ到っていないか、あるいはその段階に固着している。

英雄の戦いの目標は上なる男性性と下なる男性性の確立であり、男根－地上の段階と精神《ガイスト》－天の段階との結合であるが、この結合はアニマとの創造的な結合・《聖なる結婚》・この結婚が創造的な実を結ぶこと・という形で示される。密儀の中では「竜との戦い」は母竜との・無意識的な大地面との・戦いとしてのみ理解され、また一般に密儀の中で「竜との戦い」の状況にまで達している限り、父－精神《ガイスト》－面との同一化が起こる。しかし父＝竜との・精神《ガイスト》が圧倒しているものとの・戦いがなされないと、父権的な去勢を・自我インフレを・忘我的昇天による肉体喪失を・つまり神秘主義の世界喪失を・引き起こす。この現象はグノーシス主義やグノーシス主義的なキリスト教において特に顕著である。イラン的‐マニ教的要素[42]が混入しているためにたしかに英雄の戦いの要素が強まってはいるが、しかしこれはグノーシス主義的であるために、世界・肉体・物質・女性に対してあくまでも敵対的である。グノーシス主義におけるいくつかの特徴は対立物の統合という意味での総合をめざしてはいるが、それは結局は崩壊する。天の側面の勝利が大地面を犠牲にしてなされるからである。

父権的な去勢の背後で、すなわち忘我的‐神秘的な昇天における精神《ガイスト》＝天による圧倒の背後で、魅惑しかつ脅かすのがウロボロス近親相姦である（二三九頁参照）。ウロボロス的な太母とウロボロスが活性化される。それゆえ密儀は圧倒的に再生密儀であり、そこでは再生する者は、英雄神話におけるように能動的に自らを新生させるのではなく、自らを死者として受動的に甘受するのである。ここにもまた、たとえばプリュギアの密儀におけるように、死者の肢体の接合が見られる。死者の蘇生が再生密儀であるのは人類にあまねく認められる特徴であるが、重要なのは、それが母神によってなされるのか、自己の代理人であり秘伝の授け手である祭司によってなされるのか、あるいは自我自身によってなされるのかである。密儀や儀礼の中で起こる状況とは、自我が自らを死んだ者として体験し、それと同時に再生させる自己が神の姿で登場することである。英雄神話は自我がこの自己と同一化する時にのみ、すなわち自我が死ぬ瞬間に神に授精された独特のものとして天の支えを受ける時にのみ完結する。人格が自らを死に行く者としても授精し産む者としても体験する、この逆説的な両面的状況によって初めて、全体性を備えた両面的人間が本当に誕生する。

この局面と対応するのがチベットの『死者の書』に見られる死者の参入儀礼であり、ここでは死に行く死者が授精行為としての洞察的認識を得るよう勧告されている。参入者が神を蘇生させるというよくみられる密儀形態は自己生殖を表わす一つの神話的‐儀礼的前形態である。これに対して参入者が儀礼の中で象徴的な死を体験しながらも、更新させる神格が祭司の姿で現われる場合は、父と息子の間の同一性という基本認識は十分には実現されない。ヘレニズム時代の密儀の中でさえ、神話を儀礼化した所作として表わされていた模範的内容が次第に

「内面化し」、まず参入者が宗教的に追体験する出来事となり、ついには個々人の心の中の内的出来事となる、という発達が見られる。

この内面化の進行は人類の個性化と意識発達の強化とに対応している。そしてこの原理は人間の人格形成を促してきたが、また人格のその後の発達をも規定している（第二部参照）。

グノーシス主義に感染したキリスト教〔が一面化したの〕とは反対に、英雄の戦いの段階を含む総合の道を歴史的に歩んだのは、まず錬金術、カバラ、とくにハシディズムであった。

その際、錬金術には――ウロボロスという用語はここから借用したものである――もろもろの元型的な段階がそのシンボル体系全体をも含めてほとんど余すところなく見出されるばかりでなく、オシリスのシンボルさえも、変容する物質という基本シンボルの形で登場しており、それゆえ錬金術の変容過程と昇華過程全体はオシリスの変容と同じ意味に理解することができる。*

＊ 錬金術が実際エジプトに端を発する以上、オシリス神話とオシリス儀礼を解釈する秘教が錬金術の基礎の一部となっていることは、決してありえないことではない。オシリスは錬金術の中では船を表わすシンボルの一つであり、その黄金－太陽－ラーへの変容は大いなる業の対象である。上昇と昇華の性質もラーとの結合も、オシリスの特徴である。

こうして意識発達の元型的な段階はオシリスとその変容において頂点に達する。それは何千年もの後に個性化過程として現代の個々人に現われてくる現象を神話的に先取りしたものである。ここにおいて初めて一つの新しい発達が点火される。意識が内側へのコペルニクス的な転回によって向きを変え、意識の前に自己が姿を現わす。この自己のまわりをそれと同一でもあり非同一でもあるという逆説をもって自我が回っている。そのことによって現代人の意識による無意識の同化という心理学的過程が始まり、その結果中心が自我から自己へと移動するが、このことこそ人類の意識発達における最終段階の印である。

第二部　人格発達の心理的諸段階

心的エネルギー論と文化心理学のために

［第二部　序論］

この第二部は、第一部において神話に投影されていることが明らかにされた諸過程を、心理学的－分析的に理解するための理論的な試みである。この中で神話が現代西洋人の人格形成に対していかなる意味をもっているかが明らかにされるはずである。

ここでは第一部で明らかにされた心理的発達が要約されるが、それとともに思索を補い広げるものとして少々「メタ心理学」(1)が登場する。われわれは自らの知見が断片的であることを承知しているが、だからといって発達史の全体を概観して予め見通しをつけていけないということにはならない。それに照らしてみて初めて、個々の状況がどこに位置するかが分かるのである。この方法は分析心理学の一つの側面にすぎず、他にもさまざまな側面が可能であり必要であるが、元型的諸段階の発達史的な側面は、理論にとってだけでなく、実際の心理療法にとっても重要であると思う。第二部で概観しようとする段階心理学は、しかし単に個人的な人格の心理学に寄与するだけではない。そもそもこの論述は文化の心理療法という観点から出発しており、またこの観点に照らして初めてC・G・ユングの深層心理学が人間にとって意味していることを正しく認識できるのであるが、この観点は、分析心理学が単なる個人主義的な心理学に留まらず、集合－心理学にまで進んだことを基礎にしているのである。第一部で明らかにされた自我の段階的発達を心理学的に解釈する前に、序論として、自我および段階という概念、並びにわれわれが依拠する解釈の方法について二、三注意しておかなければならない。

コンプレックスとしての自我

コンプレックス理論は分析心理学の基礎の一つである。この理論は無意識がコンプレックスの性質をもつという認識に、すなわちコンプレックスは「無意識的な心の生きている単位〔1〕」であるとの認識に基づいており、同様に自我もコンプレックスの性質をもつことを前提にしている、つまり自我は意識の中心として心の中心的コンプレックスをなしていると仮定しているのである。

こうした自我観は、心理学や精神病理学の資料によって裏づけられており、分析心理学に特有なものである。というのは、ある心的要素は、自我コンプレックスと関係をもつ場合に限って、私に意識されるからである。ただし自我が単に私の意識野の中心にすぎないという意味では、これは私の心全体と一致するものではなく、他にもたくさんあるコンプレックスの中の一つにすぎない〔2〕。」

われわれは〔第一部で〕この自我コンプレックスの発達を神話の中に跡づけ、同時にそれによって意識の発達史の一端が神話に投影されていることを学んだ。自我の無意識に対する関係の発達・変遷は、無意識がウロボロス・太母・竜といったもろもろの元型的な姿をとって自我の前に自らを布置したり、あるいは自我によって布置される、という形で神話の中に現われている。われわれは元型的な諸段階を自我および意識の発達諸段階として理解することによって、神話に登場する幼児・少年・英雄の像を、自我が変化していく諸段階を示すものであると解釈した。心の中心的コンプレックスである自我コンプレックスは、第一部で述べた出来事の中心に位置している。

解釈の構造論的な側面と発生論的な側面

戯曲や小説のような芸術作品の登場人物と同様、自我の神話的な像は二重の解釈を必要とする。すなわち、その登場人物自身の性格に基づく「構造論的」解釈と、登場人物は心に由来するものでそれを表現しているとみる解釈――これをわれわれは端的に「発生論的」解釈と呼ぶ――の二つである。

こうしてたとえばファウスト像を構造論的に解釈する場合には、ゲーテの作品の中でファウストに与えられた特徴や振舞いから出発しなければならない。しかし発生論的に解釈するならば、ファウストはゲーテの人格の一部すなわち彼の心のコンプレックス像と見なければならない。どちらの解釈も可能であり、互いに補い合うものである。すなわち構造論的――客観的――解釈は、描かれている構造――ここではファウストなる人物――の全体を把握し、次にそれを発生論的解釈と結びつけようとするが、後者の解釈によってはファウスト像が――意識的および無意識的な――ゲーテの心の全体の状況および彼の発達史のすべてを表わしていることが分かる。詩人の意識が創作にあたって外界の材料――たとえば既存のファウスト博士の物語――を利用しているからといって、発生論的解釈が前提としている内的な諸連関が現われていないとは言えない。というのは、材料を選択し変更を加えることは重大なことであり、その時の心的状態を浮かび上がらせるものだからである。ちょうど夢の中の昼間の残滓のように、既存の文芸や歴史等の材料は、まず創造的な人の無意識の中の・次いで意識の中の・「編集者」によって加工され、自らを投影せんとしている内的状況に同化されて、心の自己表現のために使われるのである。

このように文芸作品の登場人物を、その人物をそのまま表わすものとして構造論的に解釈したり、作者の人となりや生き方の歴史の一部として発生論的に解釈するのと同じように、神話の登場人物も二重に解釈されなければならない。われわれはこれまで自我意識の発達が神話の中に現われている様を描いてきたが、その記述は今や一見複雑なものとなる。というのは、一方でわれわれは神話を文字どおりに受け取り、たとえば少年＝愛人の体験を「あたかも」彼が現実に生きている人物であるかのように描きながら、他方で同時にこの少年＝愛人を人類の発達における特定の自我段階を表わすものとして神話的－象徴的に解釈するからである。

神話に登場する人物は、集合的無意識の元型が投影されたものである。言い換えれば、人類はその意味をまだ自分では意識していない何ものかを自分の中から取りだして神話の中に記すのである。夢や空想といった無意識的な内容が、それを見る者の心の状況を語っているのと同様に、神話はそれを産み出した人類史の段階を明らかにし、またそのときの無意識の状況を表わしている。このどちらの場合においても、つまり夢を見る人も神話を作った人類も、意識的には投影されている状況について何も知らないのである。

時系列としての元型的諸段階

われわれが意識発達の諸段階と言うときには、第一部で明らかにしたように、それらを元型的な諸段階として理解しているが、しかしそれとともに、その発達史的つまり歴史的な性格も繰り返し強調してきた。これらの諸段階は、各段階における自我意識のさまざまなあり方とともに、元型的である、すなわち現代人の心の中に「永遠の実在」として見られ、実際にも働いており、また彼の心的構造の一部をなしている。これらの段階は心の中で構成的性格をもっていて、個々人の発達の中で歴史的な前後関係となって展開する。しかし恐らくは反対に、心の構造の方が人類の発達が辿った歴史的前後関係にならって構築されたのであろう。この段階という概念は、それゆえ「プラトン的」にも「アリストテレス的」[2]にも理解すべきである。つまり各段階は、心の元型的な構造 - 段階として心の発達の構成要素をなすが、しかしまた人類史における発達の結果や痕跡でもある。*意識の変遷は神話の各段階の中にその痕跡を残しているが、その変遷は人類 - 先史と人類史に分けられる歴史内的な過程に対応している。ただしこの分け方は、絶対的なものではなく、相対的なものにすぎない。

＊　このパラドックスには、明白な根拠がある。つまり、元型は心的体験を制約し構成するが、しかしそうした体験そのものは歴史の流れの中で初めて人類の自己体験となりうる、という点に根拠をもっている。人間は元型の助けを借りて世界を体験するが、しかし元型そのものがすでに人間が無意識的に体験した世界の刻印なのである。

エジプトの先史は、フリンダーズ・ピートリ[3]によって、「SD」(sequence-dating)すなわち時系列として把握されることになった。これによれば、年代が分からなくても、「前」「後」関係を言い表わすことができる。たとえば、SD三〇は時間的にSD七七の前にくるが、しかしSD三〇ないし七七がどの年代に当たるのか、あるいは両者の間にどれほどの時間的な隔たりがあるかについては、何も語っていない。

同様にわれわれも、元型的諸段階を扱うにあたって、心理学的なSD系列を使わざるをえない。ウロボロスは太母段階の「前」、太母は「竜との戦い」の「前」に位置するが、これを時間の中に絶対的な形で位置づけることは不可能である。これは歴史上の個々の民族や文化の歴史的な相対性を考慮に入れなければならないというだけで不可能である。こうして、たとえばクレタ－ミケーネ文化は、太母崇拝が優位を占めていたところから、ギリシアより前の時代である太母〔段階〕ということになる。ギリシア神話は、ほとんどが自立せんとする意識を描いた「竜との戦いの神話」であり、この意識は精神史におけるギリシアの意味にとっても決定的な要因となったものである。ところがこの発達はギリシアにおいてはおおよそ〔紀元前〕一五〇〇年と五〇〇年の間になされたのに対して、エジプトにおいては同様の過程は恐らく〔紀元前〕三三〇〇年よりはるか以前から進行していた。というのは、この発達はすでにオシリス－ホルス神話において完了しており、王をオシリスと同一視することは第一王朝にまで溯って確かめられているが、この時に初めてこの同一視が生じたのでは決してないからである。

これらの段階の位置づけはあくまでも相対的であり、さまざまな時代のさまざまな文化圏に検出されるが、このことから二つの重要な結論が導き出される。まず第一に、このことはそれらが元型的な構造を持つことを立証している。それらがどこにでも必ず現われていることは、人類に共通の等しく機能する心的基本構造が存在することを示しているのである。ところがこのことはまたさらに、ある段階を説明するためにいろいろな文化圏や時代から類例を収集し比較するというわれわれの方法を正当化してくれる。たとえばフロベニウス[3]は、太母の祭礼または儀礼的王殺しの祭礼がアフリカのある特定の地域で重要な役割を果たしていることを発見した[4]。これらの現存する類例は、およそ七〇〇〇年前のエジプト宗教の原始儀礼をわれわれに解き明かしてくれる。この例が元型的なシンボル体系の自発的な出現を示すものであろうが、古代エジプト文化の影響〔5〕を示すものであろうが、いずれにせよ諸段階およびそのシンボル体系が存在するという事実は変わらないし、またわれわれがさまざまな文化圏から得た資料を使うことを妨げるものではない。元型的シンボル体系を問題にする場合にはつねに、われわれにとって神話の資料は文化史の資料と同じ価値を持つ。それゆえ、しばしばバッハオーフェンに言及してきたのも、たしかに彼の神話に対する歴史的な分析は時代遅れになってしまったが、そのシンボル解釈の方は深層心理学の経験によって広範に裏づけられているからである。

こうして今やわれわれの課題は、神話に投影されている姿を通じて明らかにしてきた意識発達の元型的諸段階が、人格の形成および発達に対してもつ心理的意義を、理解することである。われわれはすでに、自我と意識の最初期の発達はウロボロスおよび太母のシンボルのうちに現われるものであり、それはまた自我のそれらに対する関係の変遷のうちに読み取れることを見てきた。それゆえ、われわれはこれらの最初の二つの元型的段階およびそのシンボル体系を心理学的に解釈することにまず取りかからなければならない、すなわち自我が自我‐胚芽から発達する様とその無意識との関係を究明しなければならない。

A　始源の一体性——中心志向と自我形成

（神話的段階——ウロボロス、および太母）

一　始源状態たるウロボロスに包まれた自我－胚芽

われわれが出発点とする最初の元型的段階としてのウロボロスは、心理学的に言うと境界体験を意味する。この体験は、体験することのできる主体が登場して・すなわち自我と意識が登場して・初めて歴史が始まるという意味で、個人的にも集合的にも先史的である。原初の段階はウロボロス－シンボルの支配下にあり、先－自我段階に当たる。そして、この段階は、人類史的には先史に当たるのと同様に、個人の発達史においては自我－胚芽がまさに生まれようとする最初期の幼児期段階に当たる。にもかかわらず、この段階が境界体験としてであっても体験されうるばかりでなく、その徴候群・シンボル体系・効果は集合的および個人的な生の中心的な諸領域を支配している。

三つの戦線――自我と世界・自我と集団・自我と無意識〔――における融合状態〕

人類の先史において、神話ではウロボロスとして現われる始源の状態に当たるのは、個人と集団・自我と無意識・人間と世界・がなお互いにしっかりと結合したままであるため、これらの間に「神秘的融即」・無意識的な同一性・の法則が支配している心理的な段階である。

重要な運命、少なくとも成人した現代人のそれは、相互に連関はしているが互いにはっきりと分離されうる、三つの戦線の上で繰りひろげられる。人間の外で起こる出来事からなる外界としての世界・人間同士の関係の場としての共同態・人間の内的な体験の世界としての心・が三つの基本要素であって、これらが人間の生を規定している。つまり個人の発達はこれらと対決しつつ自らを形成していくという形で決定される。しかし原初の段階においては、これらすべての領域はまだ互いに分離されていない、すなわち人間は世界から・個人は集団から・自我意識は無意識から・分離されていない。

基盤が分化しておらず、その中で人間・集団・世界が互いに融合していると、さまざまな発達――それらの相互作用や反作用をわれわれは順を追って調べてきた――はまだ始まらない。発達とは一面では自我が無意識から生まれ、無意識に依存したり無意識から独立する関係であり、他面では集団とほとんど同一化していた構成員が個人・個体となることであるが、始源の状態ではこのどちらも見られない。同様に、集団と個人で構成される人間の世界も、客体＝外界と呼ばれるものから分離していない。たしかにわれわれは原‐状態について、それが境界体験であることしか分からないが、それでもその徴候を記すことはできる。というのは、心の自我意識でない部分を通して、われわれは今でもこの元型的状態と関わりをもっているからである。

人間集団と個人が外界と融合している状態は、心的内容――今日のわれわれの意識が心的なものであると認め、したがって人間の内なる世界に属すと考える内容――が外界に投影される・すなわちそれが外へ出されて外部のものとして体験される・ところではつねに見出される。この種の内容は、それが人類初期・異質な文化圏・他人・のものであるときには、投影であると容易に見分けがつく。ところが、それがわれわれの時代・われわれの文化・われわれ自身の人格・の無意識的な部分と近くなるほど、見分けがつきにくくなる。樹木に精霊を・偶像に神々を・聖地に霊力を・人間に呪術の天分を・与えることによって生命を吹きこむことは、投影であると容易に「見破られる」。樹木・偶像・場所・人の姿・をわれわれは外界の認識可能な客体とみなすが、原初人はそれらに内的な心的内容を投影したのである。こうした「原始的投影」はわれわれの認識によって「解体」され、つまり自己暗示かその類いのものであると診断され、そのようにして外界の客体と人間の融即による融合が解消される。ところが、世界史の中で働く神の手・国旗や国王の中にある祖国の神聖性・国境――どこかにある――の向こう側の人々の邪悪な企み・あるいは嫌いな人の悪い性格・好きな人の良い性格・を投影として体験するとなると、われわれの心理学的な洞察力はあまり働かなくなってしまう。もっともそれらの適切な例を挙げることはもちろん不可能である、というのはそれらがわれわれにとって自明な世界像の・いまだ完全に無意識的な・前提をなしているからである。

原初人が世界・風景・動物などと融合している様を表わしているものとして、人類学で最もよく知られているのがトーテム崇拝〔図67〕である。これは動物を祖先、友人ないしある種の運命を定める存在とみなすものである。トーテム成員と、トーテム動物－祖先・およびそれに属す動物種・との一体感は、同一化の状態にまで到る。この種の結合状態は、単にそう信じられているというのではなく、現実的なもの、すなわち狩猟呪術の離体感応《テレパシー》にまでなりうる心理的作用でもあることには、豊富な証拠がある。[6] 原初人の呪術的な世界像は疑いなく、こうした心的な同一化の関係に基づいている。

人間と周囲の世界とを結びつけている始源状態の融合現象と同じ現象は、個人と集合・すなわち集団の一部としての人間とその集合・との間でも働いている。人類史の教えるところによれば、原初では個人はまだ独立した単位になっておらず、集団心が支配しており、個々の自我が自立することは許されなかった。こうした状態は、社会的文化的生活のあらゆる領域において、とくに集団が没個性であった初期においてはいたるところに、見出される。

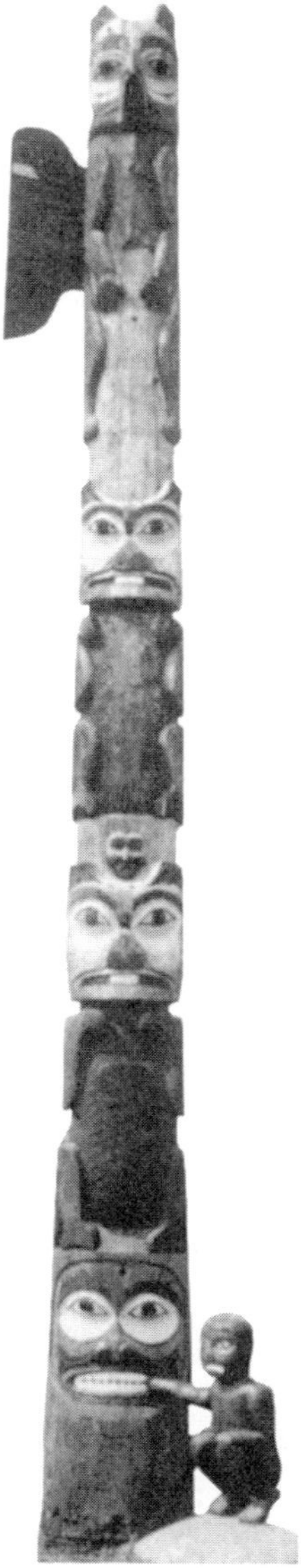

図67　動物の形をかたどったトーテム・ポール

この時期には倫理的には、集団責任の段階が支配する。つまり、個人は集団から独立した個人としてではなく、集団の部分としてのみ存在する。*[7]

＊　前掲拙著『深層心理学』を参照せよ。

この原初的な集団一体性があるということは、もちろん、その担い手たちとは別に客体的な集団心が存在する、という意味ではない。もっとも、初めからたしかに集団の成員には個人差があり、個々人に一定の独立した領域が許されていた（付論一を見よ）。しかしそれにもかかわらず、始源状態では、個人が集団によって広範に統合されているのである。こうした統合は、必ずしも――「神秘的融即」という曖昧な表現から想像されるような――神秘的なものではない。これが意味しているのはただ、器官と身体・部分と全体形状《ゲシュタルト》・という比喩を用いた方が、部分と総体という比喩よりも、原初の集団における成員の一体性をイメージとして思い浮かべられる、ということであり、また原初においては全体の力が強力に支配しており、自我はゆっくりと時間をかけて初めて集団の支配から解放される、ということである。このように自我・意識・個人の誕生が後のものであったことは、疑いえない事実である。*

＊　マリノフスキーが代表する人類学の学派が、未開人の集合心に関する見解に加えた修正〔8〕にもかかわらず、このことは言える。集合心と・個人がその中に埋没しているという・発見は、初め過度に強調された。それゆえ、すでに原初段階においても個人は一定の役割を果たしていたという、マリノフスキーの指摘は重要である。この修正は個人と集団の弁証法的対立を正当に強調しているが、デュルケーム〔4〕学派の発見の基本的な正しさを損なうものではない。レヴィ＝ブリュールが「神秘的融即」および前論理的思考と名づけたものは、カッシーラー〔9〕がデュルケーム学派との論争の中で生あるものすべての一体性および感情の優位と名づけているものと、同じものである。この「前論理的思考」という概念は、必ずしも、論理的に考えたり理解することができないということではない。未開人はそうすることが十分できるのだが、しかしその世界像が無意識に規定されていて、意識や思考の論理に導かれていないのである。これと同じ意味で、現代人においても、無意識的である限り、科学的に作られた意識的な世界像とは別の、前論理的思考が存在することになる〔10〕。

たとえ調査によって、未開人にもすでに個人と集団との葛藤が存在することを実証できるとしても、やはり人類史を遡るほど個性は稀薄になり、未発達になることは確かである。それどころか今日においてもなお、深層心理の分析によって、現代人の心の中では集合無意識的な非個人的な要素が優勢であることが明らかにされている。これら二つの事実からだけでも、確実に、人間は原初においてその集団の集合心の一部であり、個人としてはごく狭い活動範囲しか持っていなかった、と言うことができる。あらゆる社会的・宗教的・発達史的な要因からみて、個人が集団や無意識から誕生したのはずっと後のことである、と言うことができる。*

＊ ここで、第二部の目次立てのもとになっている、型破りな構成について指摘しておかなければならない。本論では自我の発達・中心志向の問題・人格の形成・が論じられるのに対して、付論では個人の集団との関係・人間と集団の間で働く投影ならびに取り込みの現象・を概観しようと試みる。こうして、関連し補完しあってはいるが互いに独立した、二つの系列が明らかになる。しかし、始源段階・ウロボロス段階を描くときには、このような区分は不可能である。たとえ個人の心理的な発達を集団のそれと区別しようとしても、個人と集団とは絶えず一体化し合うので、個人が集団から分離していない原初の段階において、そうした区分をすることはまったく不可能である。

集団と大衆の心理学には無数の理論家が携わっており、ここでその一人一人と対決している余裕はない。[10a]この問題に深層心理学を適用することがコペルニクス的転回であるというのは、決定するのは集団の集合心であるから、そこから出発すべきであって、個々の自我とその意識から出発すべきではない、という意味である。

超個人的心理学が明らかにした根本的な認識は、集合的な心・無意識の深層・は基盤であり底流であって、個々の自我と意識はすべてここから生まれるということ、および自我はこの流れに基盤を持ち、これによって育まれ、これなくしては存在することができない、ということである。集団心――これと大衆心との違いについては後に詳述する――を特徴づけているのは、主として無意識的な要素と内容が支配していること、および意識や個々の意識が薄れることである。もっともこの原初的な層においては、薄れる・解体する・退行すると言うべきではなく、意識がまだ発達していないとか、断片的にしか発達していないと言うべきである。「社会的な状態は、催眠状態と同様に、夢の一形態にすぎない」[10a]というタルド[5]の命題は集団の始源状態をうまく表現している。ただし、現代的な覚醒‐意識状態を自明なこととしてそこから出発した上で、次に集団心の「神秘的融即」を――たとえば催眠術の比喩を用いて――この覚醒状態が制限されたものと説明してはならない。逆が真である。すなわち、意識状態が後から生まれた稀なものであり、完全なものに到っては現代人が自負しているよりはるかに少ないのであって、無意識的な状態の方が心の原初的で優勢な基本的状態なのである。

融即状態における集団の一体性は今日の人々にも依然として広く認められる。そのため、無意識的な「文化の型」としてわれわれ一人一人の生と死を司り支配している心的要素は、個々の天才の非凡な意識的努力によってのみ徐々に意識化されるのである。たしかにわれわれは人類がこれまで達成した最も進んだ意識発達の状態にある。しかし、そのわれわれにおいてさえ、個人とその意識的働きは、依然として彼の所属する集団とそれを支配している無意識の体系の中に組み込まれている。

個人の集団との結合は規模の大小を問わず見出すことができる。たとえば、未開人の憑依状態について、すなわち精霊とみなされている特定の無意識的内容に人格を乗っとられてしまうことについて、次のような報告がある。[11]

「憑依が意図的に引き起こされることもあるが、思いがけず生じることもよくある。後者の場合、本人の家族も、しばしば同じ状態に陥る。」[12]

この情動的感染は、その家族成員相互の無意識的な融合によるものである。基本的なのは彼らの同一化の状態である。なるほど「感染」という用語は、たとえわずかでも分離状態が存在することを前提としている。しかしたとえこうした分離が存在するとしても——これはたとえば個性化した西洋人に当てはまることだが——、それは基本的には後に述べる理由から意識構造の差異に関わるだけである。これに対して情動は〔他人と〕結合している無意識的な心の層に属しており、この層は一般に「個体化した」個人の意識よりもはるかに多くのエネルギーを潜在的に持っている。

集団の成員同士の情動的結合は、意識的な感情関係や愛とは別のものである。その起源についてここで論じている余裕はないが、それはさまざまな源泉から生まれてくる。同じ血筋・共同生活・なかでも共通の体験・は周知のように今日でも情動的な結びつきを作り出す。社会的・宗教的・審美的・その他の集合的な体験は——共同の首狩りから現代の大衆集会に到るまで——、集団心の無意識的・情動的な基礎を活性化させる。個人はまだ情動的な底流から解き放たれず、集団の一部の興奮はすべて、熱が有機体のあらゆる部分に伝わるように、その集団を捉えることができる。情動的な結合は、こうなると、個人とその意識構造の間でようやく発達しかけた差異などどこかへ押し流し、興奮状態の中でまたもや原初の集団的一体性を回復させてしまう。こうした現象は、再集合化現象および大衆現象として、今日でもなお個人の生と彼の共同社会との関係に決定的な影響を及ぼしている（付論I、IIを参照せよ）。

原初のウロボロス的な状態においては、人間は世界と融合しており、同様に個人は集団と融合している。この二つの現象の根底にあるものは、自我意識の無意識からの未分化、すなわちこの二つの心的体系が心理的にまだ互いに分離するに到っていないという事実である。

心の外在化は取り込みおよび投影の基礎である

心的内容の投影とか取り込みと言う場合、つまり心的内容が外のものとして体験されるとか内へ取り入れられるとか言う場合、われわれは輪郭をもった人格構造がすでに存在することを前提としており、それを基準にして「外」とか「内」とか言うのである。しかし実際には、心的内容はもともとはほとんど外在化されていたのである。投影ということは、投影されるもの・ある働きによって外に置かれるもの・が、その前に心的なものとして内在していたことを前提としている。ところが心的内容の外在性と言うときには、投影という概念とは違って、初めから人格の中にはなく外にあるという意味である。内容の外在性が初めにあったのであり、そのことは、後に意識が発達したときに初めてその内容が心に帰属するものとして認識される、ということを意味している。この立場に立って初めて、外在化された内容を投影であると診断することが可能となる。たとえば、神は外在化されている限り「現実に外にいます神」とみなされるが、しかし後の意識から見れば神は心の中の神イメージが投影されたものと診断することができる。* 人格の形成と発達はほとんど、こうした外在化された内容が「内へと」取り込まれるという形でなされる。

＊　超個人性の概念を外在性の概念と混同してはならない。人格の内容も――集合的無意識である限り――われわれが言うところの「超個人的」になりうる、というのはそれが個人的な人格領域ないし個人的無意識の領域に由来するものではないからである。他方、たとえば個人的無意識の内容も、外在化されうる。

集団反応と神話的な感じ方における集合的無意識の支配

集団のウロボロス的なあり方・およびその成員が集団に包み込まれた状態・が示す本質的な現象の一つは、集団が集合的無意識の指導者《ドミナンテ》であるもろもろの元型や本能に支配されていることである。集団の情動的な興奮はまさしく集合的無意識の中のこれらの内容によって引き起こされ、それは個人の意識よりもはるかに多くのリビドーを持っているため、それが現われると今日でも集団や個人を感動させたり不安にさせたりするのである。個人が集団に・また自我意識が無意識に・包み込まれた状態を示すものとして、G・トロッターによる、群れについての興味深い観察がある。

「……個々の動物は、群れから受け取った刺激にしたがってしかるべき反応を示すのであって、目の前で警報を発しているものに直接反応するのではない。恐らくこのようにして、個体は恐怖によって麻痺してしまうのを免れるのであろう。さもなければ、パニックという恐るべき強烈な興奮（激情）が個体を襲うことになろう。」

ライヴァルト[6]の著作の次の部分も引用されている[10a]。

「群れに対する個々の個体の受動的な態度は、ある程度まで、群れの能動的な態度の前提条件である。」

個体が集合的な反応によって破滅に到るような危険に曝されることもあるのだから、こうしたトロッターの目的論的な解釈は疑わしいが、この現象そのものは重要な意味をもっている。始源状態においては、集団の成員は外界よりも集団によって左右されている、つまり集団を手本にし、集団に左右され、集団に反応しつつ依存している。世界＝外界との関係はたいてい、直接個人によって結ばれるのではなく、仮想の存在である「集団」によって結ばれる。そして、この仮想の存在は指導者・動物界では先導獣・に体現され、彼の意識が集団の成員にとって集団を代表するものとなる。*

* これと同じ事態が今日なお西洋人に破局的な形で生じていることは明らかである。今日でも依然として、個々の「部下」は自分で判断することなく、たいていのことを指揮される集団成員である。指導者・国などが彼らの意識を代表し、彼らを目隠ししたまま大衆運動・戦争等へ引きずり込んでいる。このことについては付論Ⅰ、Ⅱを参照せよ。

周知のように、融即は幼児期においても決定的な役割を果たしており、このとき幼児は両親の無意識的な心理の一部である。[13] われわれがここで論じているウロボロス状態の集合的なあり方は、幼児期においても個体発生的に繰り返される。

意識が無意識から・自我が集団から・十分に分離していない状態では、反応は、集団の成員が集団反応によっても無意識の布置によっても同じように支配されるという形で起こる。集団の成員が先‐意識的・先‐個体的であるため、彼は個人的ではなく集合的に、概念的ではなく神話的に世界を体験し、世界に反応する。世界の神話的な感じ方、および世界に対する元型的‐本能的な反応は、それゆえ、人類の原初期の特徴である。集団とその成員は世界を、客体‐世界としてでなく、神話的な世界として元型的なイメージやシンボルの形で体験し、個人的‐意識的にではなく元型的‐本能的かつ無意識的に世界に反応する。

成員が集団に包み込まれていながらその関係に無意識であると、必ず集団心や集合的意識やその類いのものが繰り返し実体化される。全体をこの世のすべてであると感じている成員の経験が基になっている限り、当然そうなるであろう。われわれもまた今なお民族や国民等という言葉をそれと同じ意味で使っている。たとえ民族が実体であっても、心理的にはこうした実体化は真実であり必要である。というのは、民族は全体として作用する時、心理的には部分の総計以上のもの・それとは別のもの・となり、また集団の成員は民族をつねにそのようなものと感じているからである。個々人の人格全体が無意識的であればあるほど、また個々人の自我が胚芽的であればあるほど、全体はますます集団への投影という形で体験されることになる。自我‐胚芽と集団‐自己とは互いに直接結びついており、その反対に、個々人の個性化・自我発達・ついには個性化における自己体験・はこうした集団への投影を解体させる。個々人が個体化されていないと、その分だけ自己が集団の上により強く投影されるようになり、また集団の成員が互いに間‐人間的・無意識的により強く融即するようになる。集団が個体化し自我や個人の意義が増大すると、間‐人間的な関係はますます意識化され、無意識的な融即は解体されざるをえない。しかしウロボロス状態においては、自我はなお自我‐胚芽であり、意識は体系にまで発達していない。

二　ウロボロスからの自我の発達

ウロボロスとは意識がゼロになる状態である

初め意識とその内容はそのつど小島のように浮かび上がり、再び無意識へと沈んでしまい、意識の連続性は存在しない。こうした状態は未開人のものとしてしばしば報告される。彼らは積極的になにごとかに没頭していないと意識が薄れてくるし、意識的な努力にすぐ疲れてしまう。意識内容の体系化が進んで初めて、現代人における自我意識の特徴をなしている、意識の連続性の増大・意志の強化・自発的行為の能力・が生まれるのである。意識が強くなれば、それだけ多くのことを〔自分の意志で〕行なえるようになるし、弱まればそれだけ物事が「〔偶然に〕起こった」ことになる。「ウロボロス状態」とは間違いなく〔意識が〕ゼロになる状態である。

われわれが心のウロボロス段階を一番簡単に再発見できるのは夢の中においてである。この段階は、これまでに通過した他のすべての世界段階と同様に、われわれの内になお存在し続けている。そして睡眠中だけでなく衰弱・病気・他の要因による意識の低下・といった一定の意識変化が生じる度に、それは再び活性化されうる。

夢の世界へ沈んで行くと、人類発達の後期の所産である自我や意識は再び解体されてしまう。夢の中に現われる像はすべて内的過程のイメージ・シンボル・投影であるため、夢の中で自我は、それと気づかずに、内的世界を体験している。同様に黎明期の人類が住んでいた世界も、その大部分は、内と外が互いに区別されていない状態で内的世界が外的世界として体験されたものである。夢の世界と人類の黎明期とは、感情が完全に融合している状態・類比や象徴的一体化の法則に従って内容を交換し変形する能力・世界の象徴的な性質・空間とその各部分——たとえば上下左右——の象徴的な意味づけ・色彩の意味づけ・等のすべてにおいて同じ性質をもっている。

いずれにおいても、精神的な内容が「物質的な姿で」すなわちシンボルとして・事物として・現われる。ここでは光は開示を、衣服は「着ている者の性質」を意味する等々である。夢は人類の黎明期の心理学からのみ理解されうるものであり、この黎明期は今日でもなおわれわれ夢の中に脈々と生きているのである。

ウロボロスのプレローマ的性格、およびウロボロス近親相姦の危険性

無意識が自我－胚芽を子宮の中の胎児のように完全に包み込んでいる段階を、われわれはこれまでウロボロス的・プレローマ的と呼んできた。この段階ではまだ自我は意識－コンプレックスとして姿を現わしておらず、また意識－自我体系と無意識の間に緊張はない。これをウロボロス的と言うのは、この段階ではウロボロス・輪になった蛇〔図68〕・のシンボルが支配的であり、このシンボルが完全な非分離を表わしている、つまりここでは万物が万物に流入し・万物に依存し・万物と関連している・からである。またプレローマ的というのは、ここでは自我－胚芽がまだ「充溢」・プレローマ・形姿以前の神性・の中にあり、意識がまだ誕生していないため原卵・楽園の至福・の中で「原状態にある」からである。このプレローマ的なあり方は後の自我からは原－至福とみなされる、というのはこの段階にはいかなる苦悩もないからであり、苦悩は自我と自我体験の出現によって初めて生まれるのである。

自我－胚芽・および目覚めてはいるがリビドーが貧困であるため疲れやすい幼児期の自我・はきわめて受動的である、すなわち本来の意味での自律的な活動をしない。というのはこの自律的活動は、使うことのできるリビドー量――たとえば意志としての――を使いこなす自我があって初めて可能となるからである。このように意識といえども最初は主として受容的である。とはいえこの受容するというだけでも努力を要し消耗を強いるものであり、そのため疲労による意識の喪失をもたらすのである。

自我が解体されて無意識へ戻ろうとする傾向を、われわれはウロボロス近親相姦と名づけた。これは、自我－

胚芽が浮上してきた源である無意識の始源状態へ再び立ち帰ろうとする傾向に当たる。こうした回帰は――自我がまだ弱々しく、独自の意識を持っていない段階においては――心地よいものであり、そのことは乳児の状態や睡眠によって代表されるウロボロス段階の肯定的なシンボル体系によって示されている。ただし心地よさはこの段階では、萌芽的に存在していた緊張した自我と意識の世界がなくなることを意味している。しかし自我と意識は意識と無意識の間の対立-緊張を前提にしており、意識は両者のエネルギー落差によって生きているのである。

こうした最初期の段階、自我と無意識がまだ互いに分離していない段階では、自我が無意識との関係の中で体験することは、すべて快と不快の性質を同時にもっているのである。ウロボロス近親相姦の布置はその典型である。自らの解体もこの段階では心地よい体験となる。というのは解体される者すなわち自我が弱いのに対して、解体する者・解体を心地よいと感じる者・が強いからである。より強力な解体者であるウロボロス的母と無意識的に同一化すると、後に倒錯した形をとって「マゾ的」と呼ばれるようになる快感がもたらされる。[14] ウロボロスの解体するサディズムと解体される自我-胚芽のマゾヒズムは、両義的な快-不快の感情となって互いに融合している。この感情の主体は形がなく、ウロボロスと自我-胚芽が無意識的・心的に一体化したものである。この死と至福の状態はプレローマ・「充溢」によって示される。その場合この集合的無意識の充溢が楽園の至福・イデア界・「充溢せる」空無・のいずれと解釈されようが、この充溢が自我のなくなる体験であることは明らかである。

図68　ウロボロス

ウロボロス段階とウロボロス近親相姦は、自我史の最も古い最も初期の段階である。この段階への固着と回帰は、普通の人間の生においてはきわめて否定的な・病人の生においてはきわめて否定的な・創造的な人間の生においてはきわめて肯定的な・役割を演じている。ウロボロス近親相姦が退行的破壊的なものとなるか、それとも進行的創造的なものとなるかは、意識がどれだけ高く強く発達しているか、また自我がどの発達段階にあるかによる。ウロボロスとその世界は始源の原世界であると同時に再生の原世界でもあり、昼が夜から生まれるように、そこから生と自我がつねに新しく再生されてくるので、ウロボロスは創造するものとしての意味をも持っている。このため創造神話の大部分がウロボロスの印をもっており、その印は、ウロボロス近親相姦の中で死のシンボルになりうるばかりでなく、母なるウロボロスとして、光の誕生としての、自我と意識の再生や創造的誕生のシンボルにもなりうる。

ライヴァルトは上述の著書の中でレオナルド・ダ・ヴィンチの次の一節に注目しているが、これは以上との関連で重要な意味をもっている。

「見たまえ、原初の状態へ回帰せんとする希求と願望は、あたかも蛾が光に誘われるのに似ている。人間は、つねに歓呼の声を挙げて新しき春・新しき夏・新しき月・新しき年に、それらが来るのがいつでもあまりに遅すぎると言って永遠に恋い焦がれるが、実はこれによって願っているのがつねに自己解体であることを知らないのである。しかしこの憧れとは秘密の力（第五元素[7]）であり、これは諸元素を活動させるものであり、人間の肉体の中に囚われている魂としてつねに生まれた地へ戻ろうとするものである。この願望こそ秘密の力にして、自然とは切り離せぬことを知れ。じつに人間は世界の似姿なのである。[15]」

「ウロボロス近親相姦」という用語がそもそも意味しているように、この死への憧れは自我と意識の解体傾向を象徴的に表現したものであり、この傾向は根底に愛とエロスの性格を持っている。第一部において示したように、この近親相姦の中には、母なるウロボロス・太母元型・死と生の母・の作用が表わされており、その像は超個人的であって個人的な母親像には還元されえないものである。ウロボロス近親相姦の元型的心像は、レオナルドからゲーテ、そして現代に到るまで永遠に作用し続けている。その現代的な表現の好例は、D・H・ローレンスの詩の中に見出される。

……漕げよ、小さき魂よ、どこまでも
果てなき旅路の末、大いなる目的地に向けて

直行するとも曲がるともなく、こちらともあちらともなく
だが影のみは次第に深まりゆき
どこまでも深く、ついには
影なる貝の渦巻きのごとき
あるいは巻き込み包み込む子宮のごとき
全き忘却の芯に届くまで

漂え、どこまでも、わが魂よ、無垢なる極みの
暗い極みの忘却に向けて。
そのとば口に到れば
肉体の記憶なる暗紅色の覆いは滑りおち、吸いこまれゆく
貝や子宮のごとき、渦を巻いた影の中へと。
かくて永遠なる闇の最後の大いなる角《かど》を曲がれば

精神の経験の境は溶け去り
櫓は小舟から流れ去り、小さな皿は
次々と去り、小舟は真珠のように砕け
ついに魂は完全に目的地に滑りこむ
全き忘却の、全き平安の、芯へと
命ある夜の静けき子宮へと。

おお愛らしき最後の、無垢なる忘却への最後の、死の歩みよ
果てなき旅路の果てに
平安、全き平安!
これをしも生殖と呼びうるか?

おお、汝の死の船を造れ
そうだ、造るのだ!
おお、果てなき旅路に比すれば、すべては無なり。

ウロボロス近親相姦は死の側面を含んではいるが、これをある衝動傾向——死の本能と呼んでもよい——の基盤と見てはならない。
無意識的な状態はア・プリオリで自然なものであり、意識的な状態はリビドーを使い果たすような努力の産物である。心の中の慣性傾向・いわば心的な重力・は始源の無意識的な状態に立ち帰ろうとする傾向を持っている。

しかしこの状態は無意識的ではあるが、生の状態であって死の状態ではない。無意識に向かう自我が死の本能を持っていると言うのは、ちょうど大地に落ちるリンゴに死の本能があると言うようなもので、間違っている。自我がこの状態を死のシンボルの下で経験するのは、意識発達のこの元型的段階に根ざしているのである。しかし死の本能を想定するような思弁的科学的な理論をこの状態から引き出すことはできない。*

＊ ウロボロス近親相姦は「死の本能」の仮定にとって唯一の心理的な根拠であるが、これを攻撃・破壊傾向と混同するのは誤りである。このウロボロス近親相姦は病理現象などでは決してなく、これをより深く理解しさえすれば、「個を解体し、原初の無機的な状態へと戻ろうとする」〔15a〕——心のどこにも存在しないような——本能とこれとを混同しないですむのである。ウロボロス近親相姦にみられる「死の本能」は「エロスの対立者」ではなく、エロスの原始的な形態の一つである。

無意識の巨大な「塊」・強大なエネルギーをもつ集合的無意識・の引力は、自我-意識体系の特別な努力によってのみ一時的に克服され、あるいは特定のメカニズムを形成することによって変形・変態されうる。こうした慣性のために、研究によって明らかにされているように、子供とくに幼児は一度とった態度を続けようとする傾向をもち、刺激による変化や後の新しい状況・命令等による変化を、ショック・驚き・不快・少なくとも不安・として体験する。

自我意識はいずれにせよ心全体の一部でしかなく、さまざまな度合いの覚醒状態においても、すなわちまどろみの状態やときどき注意を働かせる状態やぼんやりと目覚めた状態から始まって、ある内容への部分的な集中、強度の集中、および全面的な高度な覚醒の時期にまで到る各段階で働いている。健康な人間ですら意識体系がリビドーに満たされるのは生きている時間の一部分だけであり、睡眠中にはリビドーはほとんど、あるいはまったくゼロになるし、年齢ごとに活力も異なってくる。意識覚醒の範囲は現代人においてさえ比較的狭く、またその積極的な活動の強さには限界があり、病気・緊張・老齢は心的障害と同様この意識覚醒を低下させる。意識という器官は今なお発達の初期段階にあり、まだ幼く不安定であると思われる。

ウロボロスによって示される、心理史における原初の状態は、いずれにせよ、自我の著しい不安定性によって特徴づけられる。われわれの意識にとって程度の差はあれ互いにはっきりと分けられていた諸領域が、いま述べたように融合すると、いわば自我が自らの位置を絶えず自己混同・自己錯誤する状態になる。情動の不安定性・快－不快反応の両義性・内と外、個人と集団の混同・は自我を不確かなものにし、この不確かさは情動的－感情的に作用する無意識のベクトルの強大な力によって強められる。

世界と無意識の形なき全体性、および自我の弱さ

ウロボロスに関する象徴的表現の逆説の一つは、ウロボロスが円として「完全な形」であるだけでなく、「混沌」や「無形」のシンボルでもある、という点にある。もっともその逆説を用いても、どの元型についても、その「究極的な意味の核心」は「周辺を描写することはできても、ずばり述べることはできない」[16]。ウロボロスは先－自我－時代の象徴であるが、しかしそのことは先史時代の世界の象徴でもあることを意味している。歴史の始まる以前には人類は名もなく形もない状態にあったが、その頃のことをわれわれはほとんど知らず、また知ることもできない。というのはこの時代は無意識が支配していたからである。それはちょうど今日われわれが知らない事実の周辺を描写するのと同じである。知覚する自我意識が欠けている限り歴史は存在しない、というのは歴史が成り立つには歴史を映し出し・反映し・それによって歴史を構築する・意識が必要だからである。このために歴史に先立つ時代は確定できないものであるから、混沌であり、識別できない状態である。

こうした無形の心に宗教の領域で対応しているのが、原－作用因としての不特定なヌミノーゼであり、この母胎から後になって初めて神々が結晶する。マナやオレンダ等の曖昧模糊とした力は、いわゆる「力動観」と同じく、あらゆるものに生命の宿りを見る、アニミズム以前の時代を特徴づけるものである。しかし「霊魂が宿る」といってもまだ具体的な形をとってはいない、すなわちこれはいかなる霊魂観念にも属しておらず、そのどれにも由来することはありえない。世界を覆っているこの曖昧模糊としたものは、呪術の働く地平である。というの

は、すべてが渾然一体となっていることが、魔法の働く前提だからである。論理的な結合ではなく「神秘的融即」による結合がこの世界の法則を決めており、ここではすべてのものがなお聖なる力を持っている。この世界では、聖と俗・神の世界と人間の世界・人間の世界と獣の世界・は完全に切り離されることはない。世界はまだ底層流の中にあり、そこでは万物は何にでも姿を変えることができ、あらゆるものに影響を与えることができる。自我がまだ胚芽状態にあるとき全体性が集団自己としての集団に投影されるように、宗教の面では人類の最も未開な段階には意外にも原-一神教がふさわしい。まさしくこの最初期の層においては、ウロボロスは全体像・原神格としての投影をうけているのである。

こうしてプロイスはこの「最高神」について、この神は「まったく、あるいはごくわずかしか、崇拝を受けない」し、人間と個人的に関わることはできない、として次のように報告している。

「恐らくはたいていの場合、夜の空・昼の空・あるいはこの両者の結合・が、生きていると思わせるようなさまざまな現象を持っているので、その結果彼は人格を持つものと理解されるのであろう。[17]」

そしてさらにこう述べている。

「こうした多くのさまざまな現象を感覚的に統合する神理解は、星々などの個々の事物への注目が始まる以前に、すでに成立していた。星々が天の性質を継承するものとなったのは後のことである。」

この言い方は、「統合する」という用語によって自我の合理的な行為が思い浮かべられるために、誤解を受けやすい。「感覚的に統合する」ということが未開人が像を見るときのそもそもの意味で理解されるとき初めて、こうした事柄を正しく表現することができる。ウロボロス状態においては、万物を統合し・融即によって互いに結合させる・曖昧模糊とした全体が支配している。意識の造形能力が向上し自我像がより明確になった時、初めてこの世の個々の像が把握されることになる。

「とうもろこし畑の方がとうもろこし一本一本の穂よりも・天の方が個々の星々よりも・人間の共同体の方が

個々の人間よりも・目立って見える。[18]」

同様にプロイスは次のことを発見した。

「夜の空や昼の空を全体として把握する方が、個々の星々を把握するより先であった。というのは、全体がまとまった一つのものであると理解されたからであり、また宗教的観念が星々と結びついたためにしばしば星々を天全体と思い込み、そのため全体的な把握から抜け出すことができなかったからである[19]」、

そして、

「太陽の支配より前に月の支配があり、さらにその前に全体としての夜の空が支配していた[20]」。

同様にして暗い大地の内部――「そこには、大地の上に現われ出ずる一切のものが存在している」――と、同時にさまざまな植物を伴う大地とが、満天の星空と同一視される。そして後になって初めて、鷲としての夜空が太陽と一つになるのである。

この発達は自我意識の発達と同じようにウロボロス的な全体観念をもって始まり、この観念から、形や像をますますはっきりと把握する世界分化へと進んでいく。

自我と個人は、――個体発生の幼児期と同じように――初めは弱いというだけの理由から、個人が自力では得られない保護を与えてくれる、大いなる全体に強く依存せざるをえない。このために当然、人間集団や人間以外の世界との情動的な結合が強まる。ウロボロスは弱い自我によって、万物を養い包み込む大いなるものすなわちウロボロス的太母として、日々新たに体験される。こうしたウロボロス的な始源状態においては、「母権制の恵み」をもつ良き太母が前面に出ており、根源的な原‐不安は見あたらない。プレローマ的な段階では一切のものが融即し・心的内容が外在化され・〔外在化を受ける各〕要素が強い情動を伴っているため、世界・集団・人間をほとんど一つの身体であるかのように互いに結合させる、未分化な世界感情が広く支配している。こうしたウロボロス状態の「無意識の中にある存在」はたしかに自我と意識の定位喪失をもたらすが、それが人格全体に及

ぶことは決してない。人格全体の定位とは本能・無意識的な諸力の体系・に導かれている定位のあり方であり、この定位は――人間以外の――自然全体の中で支配している自明なものである。

有機体や生物体の本能的反応の中には何百万年にもわたる祖先の経験が蓄積されており、身体の機能の中には血肉となった知識が生きており、この知識にはこの世に関するほとんどすべての情報が含まれているが、ただしこの知識は意識されていない。人間の意識は学問の分野でここ数千年の間に、細胞・機能組織・生物体が適応や反応の際に心得ていることの断片を、物理学・化学・生物学・内分泌学・心理学の知識として、苦労の末わずかに意識化した。こうした血肉となった知識から類推して、ウロボロスのプレローマ的段階も原‐知の段階であると直観される。集合的無意識の太母が自我を無限に凌駕する智恵の性格を持つのは、太母がいろいろな本能や元型の形で「種の知識」とその意志を表わしているからである。

ウロボロス段階では、これまで見てきたように、両義的な快‐不快の感情が支配しており、この感情はウロボロス段階へ後戻りしたり・それに憑かれたりする・すべての体験につきまとっている。この感情は、創造的なウロボロス近親相姦の場合には両義的な死‐生成の体験の形で、神経症的あるいは精神病的なウロボロス近親相姦の場合にはマゾ的にしてサド的な幻像が浮かび上がるという形で現われる。しかし集合的無意識の太母元型は決して「快感の場」を表わしているのではない。無意識を快感原則にのみ結びつけ、しかも現実原則と対立するものとみなす解釈は、〔無意識の〕価値をさげようとする傾向に従っており、意識による防衛に呼応するものである。

衝動と本能・元型とシンボル・は、原初の意識以上に、現実とのつながりすなわち外界とのつながりを強くもっている。本能というとたとえば孵卵・育児本能が思い浮かぶが、いかなる本能も願望目標を追求する快感原則に従うものではない。むしろ本能は、今日のわれわれの意識が持っている知識をさえはるかに凌駕するような、現実についての知識を備えているのである。動物心理学には、環境・他の動物・植物・季節などを基準にした現実的な定位という、われわれにはまったく説明のつかない不可解な例がたくさんある。こうした外界への本能の適応は無意識的ではあるが、これらの本能の知識は現実的なものであり、決してなんらかの「願望」によって決定されるのではない＊。

＊　人間においても無意識は願望する意識とほとんどつねに対立しており、それと同じであることは滅多にない。太母が自我意識と対立するのは、その本性が快感や願望にあるからではなく、集合的だからである。願望思考は空想する無意識の特性ではなく、空想する自我の特性であり、したがって空想が「願望的」であるか否かは空想の純粋性を判断する基準となる。それが願望空想であるなら意識かせいぜい個人的無意識に由来するものであり、そうでない時は無意識の深層が想像力の形をとって活性化しているのである。

個体と無意識の葛藤の真の原因は無意識が人類種の意志を表わしていることにあり、通常考えられているように快感原則は無意識に属し現実原則は意識に属すという形で快感原則と現実原則が対立しているからではない。

ウロボロスと結びついた創造神話の、宇宙的なシンボル体系の中には、「こころ《ゼーレ》」の原初的状態を象徴する自己模像が見出されるが、そこにはまだ中心のもとに統一されている人格は存在しない。世界の多様性と、それに対応した無意識の多様性とが、生まれつつある意識の光に照らされて現われる。

ウロボロス的太母の段階では、自我意識はたとえ存在するとしても、まだ独自の体系をなしておらず、自立した存在となっていない。自我や意識の要素が浮かび上がる最初期の状況については、今日でもなお生じていることと比較して、こう想像するしかない。すなわち感情が昂揚したり・元型が侵入する・特異な瞬間つまり異常状況において、明かり・小島のような意識要素・が不意に訪れる洞察の形で浮かび上がり、無意識的な生活の単調な状況を破るのである。この種の現象は単発的であれ習慣的であれ、昔から未開人においてもわれわれにおいても「偉大なる個人」の特徴となっている。こうした個人は以前は呪医・予言者・預言者として、後には天才として、平均からはずれた意識形態の持ち主である。この種の人間は「神的」であると認められ尊敬され、彼の洞察は、それが幻像・託宣・夢・「実際に現われた」幻影の啓示・のどの形をとって現われようと、文化の最初期の基礎をなしている。

しかし一般に人間存在は――人間以外の存在と同様――、この段階では無意識に支配されている。分析心理学において自己と呼ばれている心の一体性は、この段階では自らを制御し調整する全体としての心身の体系の中で直接的に無反省に作用している。すなわちわれわれが中心志向と呼んで心の中で発達する様を研究している傾向は、生物的‐有機的な先駆形態を持っているのである。

三　生物体における、およびウロボロス段階における、中心志向

中心志向とは、全体がその各部分を一つにまとめ、分化した各部分をまとまりをもった体系に統合しようとする傾向である。こうした全体の統一性は中心志向の支配下にある補償過程によって維持され、また中心志向に助けられて全体は自らを創造的に広げる生きた組織となる。中心志向は後の段階になると、指導的な中心、すなわち意識の中心としては自我の姿で、心の中心としては自己の姿で現われる。心が現われる以前の段階においては、中心志向は生物体の中のエンテレケイア原則[8]として働いている。この場合には中心志向は、厳密には統合傾向と呼ぶ方が適切であろう。それが中心志向傾向となるのは形姿をもつ段階になってからのことであり、このとき中心は自我として実際に姿を現わすか、あるいは自己の形で存在しているものと仮定せざるをえない。それは単細胞生物から人間に到るまで、全体を統合する機能として、無意識的に作用している。便宜上われわれは原初段階についても中心志向傾向という語を一貫して使うことにする。というのは、統合ということも、たとえ目には見えないにせよ、中心をもった体系の全体性から生まれるものだからである。

中心志向は生物体においては、全体がもつ調整作用・補償的な平衡と組織化の傾向・として現われる。それは細胞生物体の諸細胞を結びつけ、分化した個々の細胞組織や器官等の協働を可能にする。単細胞生物の分化した組織ですら物質代謝の摂取‐排泄過程を統括する全体性をなしているが、このことはウロボロス段階に中心志向が存在することを表わしている。

中心志向の働きは、すべての高等生物における諸器官や器官体系の無限に多様な協働の形で現われているが、これは無意識のうちになされる。目的や目標へ向かうことは上位原理であって、一切の因果過程を目的遂行組織

の支配下に置いている生物体の本質の一つであるが、このことは生物体に全体性と統一性があることを表わしている。しかしわれわれが知る限りでは、この目的原理が意識を備えた中心をもつと考えるべき根拠はない。われわれは血肉となった知識と、無意識のうちに働いている目的論的志向とを、すべての生物体の本質的な特徴とみなさなければならない。

身体＝自己——身体と心の同一性

心的段階が原始的であればあるほど、心は身体的な出来事と同一化しそれに支配されている。人格コンプレックス・すなわち人格の一部が切り離され多少とも無意識化したもので表層の個人的無意識に所属し情動を蓄積し「強い感情をもった」もの・でさえも、血行・呼吸・血圧等の身体的変化を引き起こす。ところがさらに深い所にあるコンプレックスや元型の方が身体的生物的次元により強く根ざしており、それらが意識に侵入すると、精神病という極端な例を見れば一番分かりやすいが、心身を含めた人格の全体を強力に巻き込んでしまう。＊

＊　この場合、身体と「こころ《ゼーレ》」の相関および因果関係の問題はわれわれにとって重要でない。われわれは、生物的なものと心的なものとが、それ自体としては認識できない「物自体」ないし「過程自体」の二つの側面である「かのように」見なす。

ウロボロス段階では自我と意識が極度に未発達であるため、中心志向は原始的な身体シンボル体系として現われる。身体はこの段階では全体性と統一性そのものを表わし、身体の全体的反応は純粋で創造的な全体性を表わしている。全体的な身体感覚は人格感情の自然な基礎である。変容・変化する身体こそわれわれが自分の人格であると考えているものの自明な基盤であるということは、われわれが身体を指して「自分自身」と言うことによって示されている。そして身体の反復不能な一回性と体質的な遺伝因子の集まりとが、個性の基盤であることも疑いない。こうして身体・および身体に属し身体と融即している各部分・に対する原初人の関係が、すなわち影・息・足跡などと同様に人格の本質的で不可欠な部分とみなされている毛髪・爪の切りくず・排泄物などに対する関係が、明らかになる。

こうした「身体－自己」のシンボル体系を説明するのによい例が、オーストラリア人の「チュルンガ」と、それに当たるニューギニア人の「ヤオ」である。

チュルンガとは特別な洞穴の中に秘密に保管された木片ないし石のことである。チュルンガという言葉は、「自らの隠された身体[21]」を意味する。それは「大部分のトーテム－祖先の身体がこのチュルンガに変身したという言い伝えに由来している」[21]のであり、また「チュルンガは人間とトーテム－祖先に共通な身体とみなされており、それは個人を彼の個人的なトーテム－祖先に結びつけ、トーテム－祖先が彼に庇護を与えてくれることを保証している[21]」。

チュルンガは生命や魂の宿る座ではなく、レヴィ＝ブリュールが述べているように「チュルンガはつまり個人の『分身』、すなわちその個人自身に他ならない」。

そして「人間とチュルンガの関係は、次の命題に表わされている。『ナナ、ウンタ、ムブッカ、ナマ――これ(すなわちチュルンガ)は汝の身体なり[22]』。

同様に祖父は成年に達した男に、次の言葉とともにチュルンガを示す。「これは汝の身体なり、これは分身なり。」

自分・分身・トーテム祖先・チュルンガの間にある関係は融即の関係であり、この関係はレヴィ＝ブリュールが正しく述べているように同一実体と同じものである。この分身は個人の保護者であるが、しかしそれが無視されて怒りを発すると彼の敵となり病気をもたらすこともある。

「イニングクア、すなわちチュルンガと同じものであるトーテム－祖先は、人間に一生伴い、危険が迫った時に警告し、それから免れるよう助けてくれる。これは一種の守護霊ないし守護天使である。しかし『個人と彼のイニングクアが同一であるのに、それが彼自身の守護者であるとは、どういうことか』と言う人がいるかもしれない。そのとおり、融即はこの場合この両者を完全に融合させてはいないのである。ある意味では、個人がイニングクアであることは間違いない。しかし別の観点からすると、個人はそれとは異なったものでもある。イニングクアは人間より先に存在し、彼が死んでも一緒に死なない。こうして人間は、疑いなく自分に内在し・自分そのものであり・自分を今ある自分にし・それにもかかわらず同時に自分のはるか上にそびえ立ち・一定の特徴によって自分とは異なり・自分を依存させている・存在と融即しているのである。〔22〕」

　われわれがこの箇所をこのように詳しく引用したのは、これがレヴィ＝ブリュールの「神秘的融即」概念の古典的な例だからであるが、しかしこれは同時に分析心理学が自己と呼んでいるものの投影の例でもあるからである。ここでは自己が身体および祖先の世界と同じものとして体験されているが、このことがこの関係をきわめて重要なものにしているのである。トーテム－祖先は、「われわれの内なる祖先の体験」——身体の中に血肉化されていると同時にわれわれの個性の基盤をなしているもの——を表わしている。ところで特徴的なことに、引用した箇所全体はレヴィ＝ブリュールの著書においては「個人における集団の内在性」と題された章に見出される。すなわち共通のトーテム－祖先と同一化した集団－全体性は、同時にまた身体や自己の中にも含まれているのである。

　ニューギニアにおいてこのオーストラリアのチュルンガに相当するものの名称はアプすなわち人間である。〔23〕そしてここでもまた個人は、個人と祖先が共有する身体の中で、まさしく集団および身体と結合している。「自分」である身体とのこの最初の結びつきは個人の発達の基盤である。後になると自我は、身体・その強大な力・身体的過程と広範に同一化した無意識・と別の関係を、さらには対立する関係をもつことになる。自我は頭や意識として・上位のものや高いものとして・身体と対立することになり、身体からの神経症的な部分的分裂にまで到ることもあるが、しかしこれは後期の発達と過度の分化によって初めて生まれるものである。しかしこの時ですら身体－全体性は心の全体性である自己と完全に同一化した関係にあるように思われる。この両者は全体性の像ないしイメージであるから自我意識より優れており、しかも自我にはごくわずかの部分しか意識化できないような全体的立場から、個々の組織を・さらにそれを通して自我意識を・制御しているのである。

食物ウロボロスと、心の摂取－排泄シンボル群

これらすべてのことはウロボロスの完全性と、その心身同一性に帰着する。この基礎的状況は心理学的にみると、先に「食物ウロボロス」のシンボルの下にまとめておいた二つの側面をもっている。一つは身体が無意識的に心になぞらえられて身体の各部分・部位がそれと連関した象徴的な意味を持つことであり、いま一つは摂取－排泄シンボル群の圧倒である。後期の発達になると中心志向は自我意識がその特殊器官となるよう促すのに対して、ウロボロス段階では、自我意識がまだ際立っておらずまた固有の組織として分離されていないため、中心志向は身体－全体性の機能や個々の器官の統一性と同一化している。身体と世界の間での交換を象徴する「摂取－排泄シンボル群」が前面に出ている。世界は食物・食べられるもの・として食欲の対象であり、産み出すというもう一つの側面は外へ出すことすなわち排泄のシンボルの中に姿を見せる。この時、精子シンボルはいかなる意味でも支配的ではなく、創造神話においては尿・糞便・唾液・汗・呼気（後には言葉）・が創造力の基礎シンボルである。

ソロモン群島において最も重要な食糧であるタロ芋とヤム芋は「タンタヌ」の排泄物から生えてきたとか[24]、あるいはニューギニアのある参入儀礼では参入者が新生児として扱われ精子の混じった食物しか食べることを許されず[25]、未参入者は起源神話について何も知らず精液を食べさせてもらえないため「食物になる植物や動物を正しく見分けることができない」などと言われるが、これらはウロボロス段階においてはまさに身体がシンボルの特徴をもち、身体に属するものすべてが「聖化」されているということによって説明される。

身体と世界の間での生き生きとした交換という力動的な摂取－排泄を伴う食物ウロボロスは、食うことと食わ

れることが生の獲得を表わす唯一の決定的な表現となっている、原初の動物的な本能世界に対応している。食物ウロボロスは発達の最も高い段階に到っても基盤であり、性段階の前提をなしている。性と、性を前提とする両性への分化は、発達史的には後期の産物である。最初にあるのは細胞分裂による増殖であって、ここから植物の場合は多細胞構造をもった生物体が現われる。しかし、増殖の最初の表われとしての細胞分裂が生じるのは栄養条件のよい場合だけであり、それに左右されている。

力をもち・力強くなり・元気であり・元気になる・ことは、食物ウロボロスという原初的な領域に属している。その表われは、健康であって身体が働いているという身体感情であり、この身体の働きは最初は摂取－排泄――リビドーの内向と外向の生物的な先駆形態――が平衡を保っていることを意味しているのである。健康という生命感情は、意識的に反省されたものでなく無意識的に自明なものであるが、これは自らの存在を快く感じる感情の基盤であって、自我形成に先立つものである。しかしながら心的組織は、無意識のままで、すなわち自我という中心がなく意識がないときでさえも、世界を「こころ《ゼーレ》」の中に摂取しており、そのことは本能の中に痕跡を残している。

集合的無意識の中のもろもろの本能は第一級の摂取体系であり、それらは人類種においては祖先の体験・人類種がこの世でなした体験・が堆積したものである。本能の「活動領域」は、自然・外界の客観的世界・人間の集合的な性質・人間自身の摂取し反応する精神物理学[9]的な固有の有機組織・である。すなわち人間の集合心の中には、すべての動物――種によって相違はあるが――と同様に、周囲の自然界に対する人類種の本能的な反応が一つの層となって存在しているのである。もう一つの層は集団本能を、すなわち特殊人間的な環境・人種や集団といった集合・に対する経験を、含んでいる。この経験は、種族や民族が互いを区別する群れ本能や特殊な集団反応から始まって、汝との分化した関係にまで到る。最後の層は、精神物理学的な有機組織とその変化に対する、本能的な反応によって形成されている。こうしてたとえば空腹やホルモンの布置等が本能的な反応によって応えられるのである。以上の層はすべて互いに結びついている。これらにおいて共通なことはこれらが本能的反応であること、すなわち精神物理学的な全体性は意味ある行為をもって反応するが、この行為は個々人の体験に基づくものではなく、意識が関与せず祖先の体験を基にして生ずる、ということである。

この体験は、行為をなすときに身体の反応が規則的になされるという形で、身体の中に組み込まれている。この「血肉化した」体験の広大な最下層は生化学的であり、心的なものとして現われることはない。行為の方向や強さを決めるものとしての本能や衝動は心的であるが、必ずしも中心的なものとして現われるとは限らない。全体性はとくに神経組織によって構成されているので、本能的に行動するという形で反応する。たとえば空腹は細胞の欠乏状態の心的な表現であり、本能的諸反応やそれらの組み合わせの助けを借りて生命体を動かし、行動に到らせる。しかしこの空腹が中心的なものとして表わされ自我中枢によって知覚されたときに初めて、われわれの意識が始まるのである。しかし本能が身体－全体性を反射的に動かすだけでは、意識は始まらない。

四　中心志向・自我・意識

ここで、自我と意識が精神物理学的な生物体の全体性にとって意味していること、またそれらが中心志向に属していることについて、考察しておかなければならない。もちろんこれは意識についての理論を与えるものではなく、個人と集団の心理的発達にとって重要であることが分かっている二、三の観点を概観してみるにすぎない。

意識は知覚器官である

有機質の刺激されやすいという性質は、生命体が世界の中で定位することを可能にする有機質の基本的な属性の一つである。この刺激を受けやすい性質のために、神経組織が分化し、感覚器官の知覚体系が発達する。意識は中心志向の制御体系として、この知覚体系に属しているのである。外界と内界からの刺激を記録し結びつけ・平衡が保たれるようにそれらに反応し・その刺激や反応パターンを蓄えること・が、自我を中心にもつ意識体系の重要な機能の一つである。その点で、有機体の構造は何万年にもわたる分化によって絶えず一層複雑な関係を作り出したが、とくに記録・制御・平衡への必要性を増大させた。こうした無数の平衡因子のほとんどは無意識的であり血肉化している、すなわち身体組織の構造の中に埋め込まれている。しかし分化が進むにつれ、制御されている領域の表象がますます意識の制御器官の中に現われるようになる。この表象はイメージの形で生じるが、それは器官における身体的な過程に、心の面で対応しているものである。

外界と内界のイメージ表象

自我意識は世界と無意識をイメージの形で捉える知覚器官であるが、しかしこのイメージ性そのものは心の産物であって世界の性質ではない。イメージ化することによって初めて、たとえば知覚や摂取が可能となるのである。たしかにたとえば下等動物の世界のようにイメージのない世界も生ある世界であり、そこには本能が存在している、すなわち生命体の全体が無意識的な行為によって世界に反応する。しかしこの世界は、世界を映し出し象《かたど》る心的体系の中に表象されることはない。この段階の心の内容をなしているのは反射であり、それは刺激や反応を表象する中枢器官がなくても刺激に対して無意識的に反応する。中心志向が発展し、その体系が相当に広範で高次のものとなったときに初めて世界がイメージとして表象されるようになり、またこうして表象されたイメージ世界を知覚する器官すなわち意識が生まれる。心的内容のイメージ世界は、どのシンボルを見ても明らかなように、内界と外界の体験を総合したものである。

こうしてたとえば心的なイメージ－シンボルとしての火は、「赤い・熱い・燃える」といった外的体験の要素とちょうど同じくらいに内的体験の要素を含んでいるのである。赤は赤色という感覚で捉えられる性質だけでなく、同時に内的な興奮過程としての情熱という情動的な要素も持っているのである。火のよう・熱い・燃えている・輝いている・というのは、感覚的なイメージというよりは情動的なイメージである。したがってわれわれは、「燃焼」という物理的な酸化過程が、心的な内界から生まれて外界に投影されたイメージの助けを借りて体験されるのであって、その反対に外界の体験が内界に適用されるのではない、と主張する。発達史においては初めはつねに客体に対する主体の反応が前面に出ているのに対して、客体の客観的性質は背後に隠れている。人間の発達史において客体は、順を追ってきわめてゆっくりと、心という内界に由来し・自らを包み込んでいる・数々の投影から解き放たれるのである。

中心志向の傾向は心の基本的な働きの中に、すなわち無意識の内容がイメージとなって自我意識に現われるという働きの中に、すでに表現されている。この傾向は一方ではシンボル‐イメージを形成するが、次にそのイメージに対して自我を反応させる。われわれがイメージ形成と意識の反応を中心志向の表われと呼ぶのは、精神物理学的個人の全体の利益がこうした過程によって、それがない場合よりも強く保証されるからである。イメージが意識の中心に現われることによって個人は内界と外界をより広くより総合的に体験できるようになるが、それと同時に生きていくすべてのことについてよりよい見通しをつけられるようになる。その場合に内界への反応、すなわち自我意識の本能界への構えは、少なくとも外界への構えと同じくらい早くから重要なものとしてできあがっていたと思われる。

本能が心の中に現われる、すなわちイメージとして浮かび上がるとき、それをユングは元型と名づけた。元型は意識が存在して初めてイメージとなる、つまり本能のイメージ化は高度な心的過程である。この過程はこの原イメージを見る知覚器官を前提とする。この知覚器官とは意識のことであり、それゆえ意識はシンボルや神話においては眼・光・太陽と結びつき、そのため神話的な宇宙創世記においては意識の発生と光の誕生とが同じ意味をもつ。

イメージがこうして知覚されると、人類の原初期においては、ただちに反射的な反応行動を引き起こした。すなわち意識は最初は身体の実行器官に受動的に直結されていただけで、それよりも上位には置かれていなかったのである。それは――外胚葉に由来するものであることが明らかとなっている――一種の感覚器官であった。ただしそれはすでに二つの面に分化していて、外界と内界の両方からくるイメージを知覚することができた。最初は自我はこれらのイメージがどちらから来たのかを区別することができなかった。というのは、「神秘的融即」の段階では、外が内との対比で知覚されなかったため、外的イメージと内的イメージが互いに混ぜ合わされ、そのため世界体験と内的体験とが一つになっていたからである。[26]

意識が感覚器官であったこの原初段階は、感覚と直観の機能・すなわち未開人にも幼児の発達にも最初のものとして現われる知覚機能・によって特徴づけられる。*

＊　われわれはここでこれらの機能の特性について論じるつもりはない。重要なのは、感情と思考は合理的機能であり後期の発達の産物だ〔27〕、ということである。合理的機能は理性の法則と関係を持っているが、その法則は祖先の体験が堆積したものとして初めて意識に捉えられるようになったものである。ユングの定義によると、「それゆえ人間の理性とは、平均的な出来事への適応を表現したものに他ならない。つまり平均的な出来事は客観的な価値をなす表象コンプレックスとなって堆積し、徐々にはっきりした形をとるようになったのである。こうして理性の法則とは、平均的な『正しい』構え・適応した構え・を言い表わし規定する法則のことである」〔28〕。それゆえ合理的機能が発達史的には後期に出現したものであることは明らかである。平均的な出来事への適応は、はっきりした形をとる表象コンプレックスの形成と同じく「人類史の所産であり、その形成」には「無数の年月がかかった」のである。

意識体系の距離設定

こうして意識は生まれた当初から外的な刺激と少なくとも同じくらいに内的な刺激を受け取る構えを備えている。この場合に重要なのは、外からと内からの刺激を受け取る記録器官が自らをそれらの刺激から遠く隔たったもの・異なるもの・無関係なもの・として体験し、また体験せざるをえないことである。それは外と内との間に挿入された記録体系であって、外界に対しても、内的刺激の領域である身体に対しても、対立している。このように距離をとることは意識体系の基本的な前提であり、この距離設定を強め分化させることは意識が機能するための本質的な条件である。すなわち発達史的には、われわれが意識と呼んでいるものが記録器官と制御器官へと分化するが、その分化は二つの方向〔内と外〕に向かうことが予想される。

意識は中心志向の安全器官である

神経組織、特に脳脊髄組織と、それを最終的に代表する意識は、無意識によって作り上げられた器官であり、外界と内界の間の平衡を司っている。ここで言う内界とは、身体的変化や身体的反応から最も複雑な心的反応までを指す。それは外界の刺激に反応するだけでなく、また唯物論者が考えているような刺激装置でもなく、衝動やコンプレックス・身体や心の性向・となって自律的に現われる重層的な諸傾向の源泉でもある。これらの内的な諸傾向も意識体系と自我によって承認され、釣合いを保たれ、外界との平衡を保たなければならない。すなわち意識は、「人身」を野獣や火事から守らなければならないのと同じように、種々の衝動布置を実現し制御しなければならない。同様に意識は、環境を変化させて食物を作り出すためにも、内界を変化させて、たとえば個人の自己中心的な傾向を集団に適応させるためにも、責任と権限をもっている。自我‐意識体系が順調に機能している限り・それは全体の代理器官であって、全体の意志を実行する機能と、全体を制御・管理する機能とを合わせ持っている。

不快と苦痛は意識を形成する諸要因のうち最も初期に属するものである。これは、無意識的な平衡状態が乱されたことを知らせるために、中心志向から発せられた「警報」である。この警報はもともとは生物体の安全策であるが、その発達の仕方は他のすべての器官や組織と同様詳しいことは分からない。しかし、自我意識はこうしたすべての警報を単に知覚するだけでなく、解釈する機能も持っている。ただし自我はこの警報に反応できるためには、警報から距離を――それがたとえ苦しいことであっても――取らなければならない。こうした距離をとる自我・すなわち記録し制御する傾向をもった意識の中心・は分化した器官であり、それはなるほど制御機能によって全体性を可能にし全体性に仕えるが、しかし全体性と同一化してしまうことはない。

自我コンプレックスは全体性の代理人である

自我は最初は単なる無意識の器官でしかなく、それに駆り立てられ命令されながら、無意識の示す目的を――それが飢えや渇きを満たすといった個人的な生命を維持する目的であろうと、あるいは性において自我を支配するような種を維持する目的であろうと――遂行していた。深層心理学のさまざまな発見は、意識体系が無意識の産物であることを示す、たくさんの証拠をもたらした。自我意識が無意識という内的な基盤に広く深く根底的に依存しているということは、現代の決定的な新発見の一つである。この依存は、個人が外の集団に同じように広く深く根底的に依存していることに匹敵するほどの、重要な意味を持っている。

意識はたしかに無意識の後裔であり息子であるが、しかし特殊な性質を持った後裔である。無意識の内容はすべてコンプレックスであって固有の傾向を持っている。それはどこまでも我が道を貫こうとする。それは有機体と同じように他の内容‐コンプレックスを「貪り食い」、そのリビドーで自らを豊かにする。固定観念・強迫観念・幻覚・憑依・といった病理的な場合において、あるいは「仕事」がすべての他の内容を吸収し尽くしてしまうような創造的な過程において、ある無意識の内容が他の内容を自分の方に引き寄せ・同化し・自らと対等ないし下位に位置づけ・それらを使って自らが支配する関係‐体系を形成する・様が見られる。これと同じ過程は正常な生活においても見られる。すなわち、愛・仕事・祖国といった観念が支配的になり、他の内容を犠牲にして生き続けるときである。偏向・固着・排他などは、このように自らを中心にしようとするコンプレックスの傾向によってもたらされるのである。

しかし自我コンプレックスの特性は一つには他のすべてのコンプレックスとちがって、自らを意識の中心――他の内容も意識内容である限りこの中心と結びついている――に据えようとする傾向を持っている点にある。しかし他方で、自我コンプレックスは他のコンプレックスとちがって全体性へと向かう性質をもっている。中心志向は、自我が無意識の器官であるに留まらず、次第に全体性を表わすものとなるよう駆り立てる。すなわち自我は自らを支配しようとする無意識の傾向から距離をとり、それに「憑依」されないで、内界と外界に対して独立を保つことを学ぶのである。

自我と無意識の葛藤――恐ろしい母・敵対者・反抗者

たしかに自然界においては無数の個体が、繁殖し変化しようとする種の意志を満たすために犠牲にされている。

だが太母のこうした意志は次第に自我や意識との間に葛藤を生じるようになる。というのは自我意識は、自らを決して単なる集合的な意志の実行者ではなく、まさしく太母の集合的な意志と対立する唯一にして個性的な存在であるとも感ずるからである。

いかなる衝動と本能も、いかなる太古的な傾向も、いかなる集合的な傾向も、太母イメージと結びつきうるし、自我と対立しうる。太母像と結びついたシンボルの内容はきわめてさまざまでありうるし、その数は途方もなく多いので、太母イメージの特徴はきわめて曖昧なものになってしまい、ついにはファウストの「母たち」に象徴される「無意識」と一つになる。

自我と意識すなわち後で生まれた息子は、まず自分独自の足場を求めて戦い、それを内なる太母と外なる宇宙＝母の引き戻そうとする力から守らなければならず、長く辛い戦いの果てについにその足場を拡張して自らの領土を得るのである。

自我発達は、意識が自立し無意識との対立‐緊張が高まるにつれ、次の段階へ進む。そこでは太母はもはや自我にとって好意的な良い母ではなく、恐ろしい母〔図69〕となって敵対する。ウロボロスの呑み込む側面は、意識からは、意識を破壊しようとする無意識の「傾向」として体験される。この側面は、自我と意識は自らの存在を確立するためには無意識からリビドーを苦労して奪い取らねばならず、さもないとせっかく勝ち取ったものが無意識へと再び沈んでしまう・すなわち「呑み込まれて」しまう・という根本事実と一致する。

こうして無意識はそのものとしては破壊的ではなく、また全体性によってもそのように感じられることはなく、自我によってのみ破壊的と感じられるのである。このことは自我の一層の発達にとって重要である。初期の段階においてのみ、自我は自らを危険に曝されたはかないものと思い、無意識を破壊的であると告発する。後になって人格が自我だけでなく全体性とも結合していることを知る段階になると、意識はもはや少年‐自我のときほどには脅威に曝されていると思わなくなり、危険や破壊とはちがう無意識の側面に関心が向くようになる。

図69　ラングダ。子供を取って食う「恐ろしい母」

自我によって無意識の破壊傾向として体験されるものは、第一は無意識そのものが持っている圧倒的なエネルギーの量であり、第二は自らの意識構造の弱さ・疲れやすさ・惰性である。この二つの要素は敵対者元型に投影されて姿を現わす。

このイメージが現われると、意識体系の防御反応としての恐れを引き起こす。すでにこのイメージが形を持ち目に見えるようになるということは、意識の覚醒状態が強まったことを意味する。どこまでも溶解して拡散する無意識の引きずりこむ性格から否定的な性質が抽出され、それが意識や自我に敵対するものとして認識され、それによって自我の自己防衛行為が発動される。無意識に対する恐れはこうして防御を経て自我の強化に到る。そして無意識に対する恐れや、恐れ一般が、自我を守ろうとする中心志向の徴候であることに、われわれは再三気づくことになろう。

無意識に対する自我の抵抗は、この中間期を神話的に表わしている「反抗者」の恐れ・防御・逃亡から拒絶や反抗を経て、英雄の戦闘行為に到り、英雄は無意識‐竜に対して意識の立場を積極的に主張する。

この「反抗者」の神話において、少年‐意識の自我段階を根本的に脅かす無意識の・太母の・攻撃性があからさまになる。自らを体系化する意識の中心として中心志向に仕える自我は、解体せんとする無意識的な力の猛威と対立する。この場合、性はこうした解体せんとする猛威の一つでしかなく、また最も重要なものとは限らない。無意識の内容が持っている、意識を溺れさせひいては解体せんとする傾向は、「憑依」される危険の中にも現われる。ちなみにこの危険は今日においてもなお最大の「霊魂の危難」の一つをなしている。ある人間の意識がなんらかの内容に憑依されると、彼はたしかに自らの内に巨大な力動・無意識内容の力動・を持ちはするが、しかし個々の内容に対して全体性を代表する自我の中心志向傾向が停止してしまうのである。そのために意識を解体し破滅させる危険が高まる。無意識の内容による憑依は意識を消失させる陶酔的な性格を持っており、この陶酔に囚われた者は必ず太母の支配下に陥り、彼女の少年＝愛人すべての辿った運命が彼を脅かすことになる。すなわち彼女に呑み込まれて変身する——これは女性化や去勢を意味する——か、あるいは八ッ裂きにされ——これは死や狂気を意味する——てしまう。

創造的自我は中心志向の下部器官である

一方の自我‐意識体系と他方の身体‐無意識体系の間で高まる緊張関係は、動物に対する人間の特徴である心的エネルギーの源泉である。この分化と個性化を促す中心志向は創造性の表われであって、この創造性によって人類種の中で自我の担い手である個人を通じて新しい試みがなされる。

自我と意識は、統一性とその統一性の中での平衡とをもたらすべく無意識的に作用する、中心志向の器官である。しかし中心志向の使命は単に調整して平衡を保つことだけでなく、生産的なものでもある。生きているものの本質は、この平衡制御機能の助けを借りて全体性とその状態を維持しようとするだけでなく、まさに発達するという点に、すなわち生命体が接触する・経験された・また経験可能な・世界領域が増大し拡大するという意味で、より大きな複雑な全体性へと高まるという点にある。

われわれが食物ウロボロスと名づけたものは、ウロボロスの中に最初から働いている創造的な原理と対になっていなければならない。この創造性は力と物質の、代謝の活力を支配し、また調整し補償するだけでなく、より高度に発達することによって新しい統一をもたらす。それは新しい器官や器官体系を発生させ、創造的な新しい実験を試みる。こうした新しい実験の適応能力と成果が試されるということ、およびそれがどのように試されるかは二義的な問題であり、その解決にはダーウィニズムが本質的な寄与をなした。しかしこの創造的な実験そのものを説明することはできない。ある器官がごく小さな偶然の変化の積み重ねによって生まれるということは、その可能性でさえも決してまだ明らかにされていない。諸器官の分化はこうした形で容易に説明されるが、しかしそれらの発生は少しずつ、いわば連合していったという形では決して説明することができないのである。

この創造性は神話の中では、創造的な自慰のシンボルと共に登場する、ウロボロスの自己授精の性質として姿を現わす。この象徴的な自慰は後の段階に見られる性的な特徴とは何の関係もなく、自らに授精し・自らによって孕み・自身から生まれる・創造的ウロボロスの自律性や自足性を表わすものである。平衡を取ってもらう段階から創造的に平衡状態を取る段階へと転換し、静的な布置に代わって動的な布置が自足するものとして登場する。この段階に属すシンボルは、自らの内に安らう球ではなく、自ら回転する輪である。

歴史的および心理的発達の示すところによれば、自我と意識の役割が無意識にとって重要であるように、個人の役割も人類にとって重要である。どちらの場合も、全体性の器官や道具として発生したものは固有の傾向や自立性を持っており、この性質はそこからあらゆる葛藤が生じるとはいえ、発達全体に大きな実りをもたらしてきた。

中心志向は精神物理学的な構造がもっている、ゆるぎない統一性‐機能である。それは統一性を志向すると同時に統一性を表現し、また自我形成を促す。すなわち、自我‐胚芽に結びついている諸内容や諸機能から、意識体系の中心としての自我を、発生させる。

統合過程が数多くの個別細胞や個々の細胞組織を結びつけて心身の統一した世界を作り出していくのと並行して、分化過程は無意識と対立する意識体系を自立させていく。この二つは中心志向の表われであり、またその働きである。自我‐意識‐体系は内‐外‐関係にとって中心点であるばかりでなく、同時に生命体に備わっている・新しい試みを行なおうとする・創造的な傾向を表わす。この傾向が生物的‐動物的な次元で作用するには無限の時間がかかるのに対して、人間の意識や個人においてはごく短い期間で新しい試みがなされるように時間を節約する器官が発達している。人間の文化はこうした新しい試みをしようとする創造的な傾向の産物である。人間の文化はわずかな歴史しか持っていないので、その成果についてまだ最終的な判断を下すことはできない。しかしそれでも、人間の意識が人間文化を作り上げた期間は生物的な発達と比較してごく短いのに、その間に異常な変化が生じたことは確かである。科学技術は意識の道具となって人工的な器官をおびただしく作り出したし、生物の器官の形成や発達の遅さに比べれば、創造的な発明は数量だけでなく速さの点でもはるかに上回っている。創造的な生命体の試みが意識という器官の助けを借りたことは、それゆえ「大当たり」であったように思われる。

上述するにあたってわれわれが擬人的かつ目的論的な表現を用いたことは充分承知している。しかし、意識が自分自身とその歴史について思いを巡らすようになり始めると、どうしても自らを全体性がなしている創造的な新しい試みの代行者として感じざるをえないという事実は、われわれの人間中心的な表現と世界観に新しい価値と正当性を与えるものである。意識そのものを生命体の試みであり器官であるとみなす方が結局のところ科学的に正しいのである。いずれにせよ、人間が精神的な存在であるという根本的事実を無視して、反射主義や行動主義によってその事実を抑圧してしまうよりは正しい。発達という概念が発見され創造的発達という概念が作られるよりずっと以前に、創造者が創造神話の冒頭に・そして創造神話がこの世の始まりに・置かれることによって、人間は自分自身およびその投影である神格を創造者として体験しているのである。

人間の意識は精神的な伝統の担い手として、以前は生物が果たしていた役割を種全体として引き受けた。つまり器官はもはや遺伝によってではなく伝統によって継承されるものとなったのである。このことによって、自然界や生物界に対して文化として自らの独自の立場を主張しまたそうせざるをえない、意識という精神的な世界が登場する。この人類の精神的な世界においては、個人は、自我およびそれと結びついた意識原理の担い手として、決定的な存在である。覚醒し・自らを発達させ・無意識の威力の支配から自由になろうとする・自我の典型は英雄である。彼は模範であり、あらゆる個人の発達が鑑《かがみ》とする「偉大なる個人」である。

心の分化と意識の自立

無意識の威力の解体を可能にする諸要因について考察する前に、われわれはウロボロスの中に包み込まれた自我‐胚芽から英雄の戦いを行なう自我に到るまでの自我の諸段階を、簡単に特徴づけておかなければならない。ただしこの神話的‐象徴的な系列を探究する場合には、心的エネルギー論による解釈を大まかに述べるという方法をとるしかない。

ウロボロス段階から太母段階への移行を特徴づけるものは自我の一層の発達と意識体系の強化であるが、それは同時に形なき時代から形の現われる時代への移行でもある。

形の現われる時代とは神話的な時代であり、一連の宇宙的‐神話的な出来事を表わす宇宙儀礼の時代である。宇宙のもろもろの霊力として現われるもろもろの元型が、とくに天体・太陽・月の神話となって、またこれらによって性格づけられる儀式の中に、姿を見せる。こうして今や偉大なる神話が生まれ、この中において不特定な力という母液から、すなわち「先史時代最初期の神格の巨大な不特定性」[29]から、原‐神格・太母・太父といった宇宙的な形姿が創始者として結晶し具象化する。ウロボロス的な全体神格は「最高神」として形なき完全性であるが、この段階に続くものは神々の元型的な形姿である。彼らもまた集合的無意識が天空などの最も遠いものに投影されたものに他ならない。自我意識と個人はまだ発達しておらずまた活動もしていないが、そのため「天空で」繰りひろげられている宇宙的な出来事と関係を持つこともない。こうしてあたかも原初には登場人物はまだ自分の力で・まさに神々のように・自らを天空に映し出し、人間やその人格という媒介を経ることなく、あるいはそれを経ても変わることがなかったかのようである。

世界の生成に関する神話や、最初の偉大なる神々の系譜と神々の戦いは、往々にして後の時代になって思弁的な哲学によって修正されてからわれわれに手渡されることがある。しかし必ずそれらの基盤には初期の神話形態が存在している。今では人類の無数の地方でその地特有の儀礼や神話が形成されており、その中で偉大なる神々の「形象化」がなされている。多くの個別祭礼が統合されて有名な偉大な神々の姿が生じたことはそれほど重要ではない。決定的なことは、母・父・大地・天空・の神々や女神たちが形姿をもったものとして、すなわち――

確固とした性質ないし確固とした性質の規範を与えられた――自我中枢をもった作用因として崇拝され、もはやマナのような力を持ち背後に潜んでいる曖昧な魔術的デーモンとして崇拝されることがない、ということである。

歴史的な発達を見れば必ず、どのようにして形なきものから目に見える形が・曖昧なものから明確としたものが・魔神的‐動物的なものから力強い中心――すなわち種としての人間の特徴を備えた存在――が・姿を現わしたかが分かる。このことはギリシア宗教の発達の中に最も明瞭に現われている。オリンポスの神々は原初段階のヌミノースな不特定性を脱却したこの形象化の最良の例である。しかしこうした発達の方向は、これほど明瞭でなくても、どこにでも見出すことができる。

神々の発達におけるこうした形象化の段階は、神話では人間的な神々の生活や体験として登場する。ヌミノースな原‐神々は宇宙的である・すなわちそのシンボル体系の中では威力が形を駆逐している・のに対して、今や神と人間の角逐が次第に現われてくる。以前は宇宙的な出来事ないし神々同士の角逐と見なされていた戦いや出来事が今や人間の次元に下りてくることになる。

無意識に対する自我意識の最初期の関係は依存と防御の特徴をもっている。ウロボロスの中では無意識から分離していない状態がまだ肯定的に体験されえたのに対して、太母のシンボルによって表わされる段階になると、息子の母への依存は初めは肯定的だがやがて否定的な形で現われるようになる。

太母となったウロボロス的な無意識は一つの体系であるが、この体系は自我と意識を解放しなければならない、あるいはこの発達が摩擦なしに展開していくならば、またそれができるならば、解放せざるをえないし、その方がよいであろう。

しかし心的な現象においてはつねに見られることであるが、成長‐発達は突発的に起こるものである。初めは停滞やリビドーの鬱積が生じるが、これらは新しい発達段階の発現によって克服されるのである。「古い体系」というものはつねに、対立する力が自分に打ち勝つほどに十分に強くなるまでは、いつまでも停滞する。ここでも「戦いは万物の父である」。心的体系はユングがリビドーの慣性と呼んだ融通のなさを備えている。すべての体系組織——そして体系化された特定の内容群と対応するすべての元型——は自らを維持しようとする傾向を持つ。この傾向は心的には、自我がこの体系に憑依され、その勢力圏に堅く閉じ込められた状態を体験するという形で現われる。こうした体系から離脱したり自由な行為へ移行するのが可能となるのは、ただ自我意識体系が停滞した体系よりも多くのリビドー量を使える時、すなわち自我の意志が停滞した体系・たとえば元型・から自らを解放できるほどに十分に強くなった時だけである。

五　自我発達のその後の諸段階

少年期の自己陶酔《ナルシシズム》と植物シンボル体系――自我は無意識の自律的過程に依存する

意識の自立性の増大は英雄神話において初めて転機を迎えるが、それまでは自立性よりも、無意識から生まれたという性質の方が目立っている。ウロボロス的な自己解体傾向から反抗する少年へと発達していくにつれて、自我の活動力が次第に増加し、自我は無意識の対極になっていく。このとき無意識は初めは楽園として・やがて魅惑的で危険なものとして・ついには敵として・体験される。自我の活動力やリビドー強度が増すにつれて、シンボル体系も変化する。まず初めは受動性と大地への依存を表わす植物シンボル体系が中心を占める。少年は花・穀物・樹木といった植物神である。収穫としての彼の死も、種子の芽生えとしての彼の復活も、母権的な自然支配と周期性の一部である。性はここでは大地の豊饒性の道具であり、――交尾期のように――周期的に自然に従っており、自我や意識の世界からは独立している。*(10)

＊　R・ブリフォールト〔31〕は豊富な資料を用いて、原始的攻撃的な色彩の性本能と社会的な色彩の交配本能とは異なることを証明している。動物界においては性本能にはしばしば咬みつくことを伴い、相手を食べてしまうことすらある。われわれはこうした状況の中に性以前の心理における食物ウロボロスの優勢を、すなわち性本能に対する食餌本能の優位を見出す。

しかしわれわれはブリフォールトの資料解釈には部分的にしか与《くみ》することができない。雄が彼によって授精された雌を食べてしまうほどに性本能が《不条理なもの》となるのは、個々の例外的な事例においてだけである。しかしこれとは逆に授精された雌が雄を食べてしまう状況は決して《自然に反する》ものではなく、恐ろしい母という元型的な状況にふさわしいものである。こうした状況の原型は、雄の精子細胞が受精卵に「食べられてしまうこと」である。女性的な母性にとっては、性本能の発現がおさまり受精がなされた後にも、食物ウロボロスの支配は作用し続けている。食物の摂取によってウロボロス的な母‐子‐全体性を発達させること・すなわち成長を促すこと・は至上の原理であり、食べられる雄は他のすべてのものと同じく自分とは無縁の食物‐対象なのである。というのは、雄の姿をとった性本能の襲来は短いものであるため、雄に対していかなる情緒的な絆も作り出されなかったし、またその可能性もないからである。

植物シンボル体系の支配は単に生理面での植物〔自律〕神経系の支配だけでなく、心理的にも基本的に自我の援助なしに進む成長過程が支配していることを意味している。自我と意識はこの段階では、たとえ自立していても、無意識に依存し・規定する基盤としての無意識に根ざし・この基盤が与える食物に頼っている・という特徴を持っている。

意識と自我の活動力が高まると植物シンボル体系に続いて動物段階が来る。この段階においては動物としての男性は、自分が活動的野性的で活気があるが依然として動物－女主人の下にあると感じている。このことは最初は逆説的に思われる、というのは動物的段階とは自我の強化よりは無意識的な力の強化にふさわしいもののように思われるからである。

動物的段階においては自我は本能的な内容・無意識のベクトル・と広範に同一化している。無意識の動物－女主人はたしかにこの活動力の「背後で」操る力であるが、しかし男性的自我はもはや植物的－受動的ではなく活動的－欲求的である。自我の意欲がもつ潜在力と衝撃力はより強く力に満ちてくるため、「それが私を駆り立てる」――より適切には「それが私の中で駆り立てる」――という状態から、今や自我の強化に伴って「私は欲する」という状態になる。これまで静止していた自我は衝動的－動物的－活動的になる、すなわち本能的な活力が自我と意識に分け与えられ、それに摂取され、その活動領域を広げるのである。

中心志向が意識の中に現われる最初の段階は、全身的な身体感覚という形をとる自己陶酔《ナルシシズム》である。そこでは身体の統一性が個性の最初の表現となる。身体との呪術的な関係は中心志向の本質的な特徴であり、自らの身体を愛しそれを飾りたて聖化することは自己形成の最も初歩的な段階である。このことは、たとえば未開人の間に入墨が広く行き渡っていること、そして集合的かつ画一的でなく個性的な入墨をすることが個性を表現する最初期の方法の一つであるということに示されている〔図70〕。個人は入墨で自分を作る時の彼独自の形式によって認識され性格づけられる。入墨の個性的な様式は彼の名前の代わりをするが、同様に個人が同一化している氏族・

カースト・宗派・職業組合といった比較的小さな集団の名前の代わりもする。世界が身体図と呪術的な関連をもつこともまたこうした初期の自己陶酔《ナルシシズム》段階に属している。この自己陶酔《ナルシシズム》と関係のある傾向で、個々の性質を「身体化」verkörpern〔具体化〕して身に「つける」傾向は、今日でもなお働いており、それは衣装や流行から勲章にまで、また王冠から記章にまでわたっている。

図70　カラジャ族（ブラジル）の身体装飾

中間段階——自我は無意識の異性像から分離されない

自我発達は自己陶酔《ナルシシズム》的な身体段階からさらに進んで男根段階に到り、ここで身体意識と自己意識は興奮した渇望する男性性と重なり合う。この自己陶酔《ナルシシズム》から男根段階への移行期を特徴づけているものは、「中間段階」の特徴を帯びた多くの現象である。〔32〕神や神官や祭礼の両性具有的形態——そこでは太母像におけるウロボロス的な原初的両性具有性が強調されている——は女性性から男性性への移行を表わしている。*

＊　ここでは疑いなく生物的な中間タイプもある役割を果たしている可能性があるが、元型的すなわち心理的な状況の方が生物的状況よりも重要である。

この段階の典型は花のような女性的少年、すなわち自分の美しい身体を自己陶酔《ナルシシズム》的に強調して「露出症的な」特徴を示す〔太母の〕愛人である。ただし「露出症」という概念を自己陶酔《ナルシシズム》の概念と同様に、性的なものに限定してはならない。いずれ創作や芸術の現象との関わりで詳しく述べるが、自己形成としての中心志向は基本的に自己表現と結びついているのである。性的倒錯はこの元型的段階に支配された状態の病的な表われにすぎず、元型的段階そのものではない。というのはこうした病的な表われと並んで、文化の広い領域を支えている肯定的‐生産的な表われ方も存在しているからである。こうした受動的‐自己陶酔的《ナルシシズム》少年と同じ系列に属する者に太母像と同一化した男たちがあり、彼らは男根供犠による去勢者となって、また女装による「服装倒錯者」となって、この同一化を果たす。

こうした中間期の心理は神経症において重要な役割を演じ、それはおもにたとえば男性‐自我がアニマと・女性がアニムスと・融合した状態となって、すなわち人格のそれ以上の分化を妨げる固定化となって、現われる。神経症やその周辺の倒錯においても、あるいは同性愛においても、自我や意識の発達は――理由は何であれ――不完全であり、無意識の支配が続いている、つまり英雄の闘いの段階はここでは絶対に生じない。

こうした心理状況は個人や意識については発達の歪みと考えられるのに対して、人類史的にはしばしば肯定的な意味をもっている。このことを示しているのが民族学や宗教史の事例であって、そこでは一種の「歪んで固着化した」個人が重要な役割を演じている。

この中間領域に属するのはケドゥシム・聖なる神官・という男娼であり、同様にケドゥシャ・女神官である。両者は太母に仕えており、そこには同性愛にしろ異性愛にしろ狂躁的な祝祭と性交が認められる。というのは陶酔――深淵や血層の太母に囚われた状態――は、本性上「豊饒性」に属しているからである。暗い「深淵の水」の噴出は宇宙的‐超個人的な意味での豊饒性をもたらし、狂躁――同性愛的な男性の狂躁や女性の狂躁も――自然に対して魔術的な作用を及ぼす。それらの超個人的な作用は陶酔状態において活性化される超個人的な諸要因の出現に基づいている。狂躁は情動的な血層と結びついており、太母崇拝に見られる男性供犠・去勢・笞打ちから八ッ裂きにまでわたる「サド‐マゾ的」現象をもたらす。*

＊「倒錯」において性生活を支配するようになる内容の多くは、太母による支配というこの神話的な中間段階の中に、その原型を持っている。

それらは神話的な事実として超個人的である、すなわち個人を超えその外にある。それらは象徴的でありその意味で呪術的に作用するため、《永遠の相の下にある》出来事である。それらは個人的な領域へと狭隘化された時にのみ、倒錯的にすなわち病気のもとになる。こうした神話的な原初期や超個人性が単なる個人的な狭い枠の中に迷いこむと、夾雑物として個人の発達を妨げるために、またその限りで、病気のもとになるのである。

しかし活動的な欲求者という意味で男性的になった少年もまだ太母の支配下にある。無意識の威力のもつ魅力と呪力は太母像として具体的な姿をとり、なお圧倒的な優位を誇っている。母権的な去勢は彼の男性性を打ち壊し、その姿を解体させてしまう。

男根崇拝と動物シンボル体系――自我が無意識の活動的な本能内容と同一化することによって自我の活動力が高まる

男根崇拝*は男性が自己を意識化する初歩的な段階のシンボルである。順を追っていって初めて、男性は自らの独自の価値と自らの独自の世界を意識化する。男性は最初は交接者であってまだ授精者ではない。すなわち男根が女性によって豊饒儀礼の道具として崇拝されるようになっても、それは最初は――多くの未開人において見られるように[33]――精子の授け手というよりは子宮を開く者・授精者というよりは快楽を授ける者・である。

＊ 女性に当てはまる特殊な条件についてはここでは省略する。

男根の崇拝と授精する神の崇拝は最初は別々でありうる。性的快楽と男根は狂躁的に体験され、生殖と直接結びつけられて体験されるとは限らない。神を懐妊する処女－母と男根を祀るマイナデスとは、憑かれた状態の二つの異なる形態を示している。この場合には男根と授精神はまだ一体化していない。

神話では男根的－地上的神格は太母につき従う者であって、独自性をもった男性性を表わす者ではない。心理的にはこのことは、男根－男性性が身体に制約されているため太母に支配され、男根－男性性が依然として彼女の道具であることを意味している。

男性的自我は男根段階においてはたしかに意識的積極的欲求的にその特殊な目的・衝動の充足・を追い求めて

いるが、交接における性衝動の充足がそもそも生殖と関係していることを知らないという意味では、つまり衝動が彼の中での増殖せんとする傾向としての種の意志に基づいていることがまだ意識化されていないという意味では、まだ無意識の器官である。

男根崇拝の男性的－地上的性質は、それが自己意識化されると、積極的攻撃的な要素や力の要素を発展させるので、男性性を強め、その独自の意識を強めることになる。このとき男たちは——社会的には指導的な地位にあるときでさえ——豊饒を司る偉大なる地母に従属し、まさしく男性の無意識をも支配している・女性的な姿をした・太母の女神像を崇めることもある。

男根崇拝は家族をその支配下に統括しているが、その力がさらに発達すると、ついには父権制が母制権と戦うことになり、この男性性自身が変化することになる。

「上なる」男性性と英雄－自我——自我は身体体系から独立し、精神《ガイスト》原理に従う

自我の性質はウロボロス的－身体的段階から両性具有的段階を経て自己陶酔《ナルシシズム》的な段階に到るが、この自己陶酔《ナルシシズム》的段階は最初はまだ自体愛的で中心志向の初歩的形態を表わす。それはさらに身体領域の活動力が優位にある男根的－地上的男性性を経て、自我独自の活動としての意識の活動が明白で自立的なものとなる男性性に到達する。この男性性においてはまた、意識の活動は自らが「上なる男性性である頭部」として実在することを認識し、自己意識するに到る。この上なる男性性は「高められた男根」・授精的な認識の座としての頭部・の男性性である。

自我と意識の発達は、身体から独立していく傾向と並行して進む。この傾向は世界・身体・女性を忌避する男性的禁欲に顕著に見られ、すべての少年の参入儀礼の中で儀式として執行されている。これらのすべての試練の本質は自我の堅固さや意志および「上なる」男性性を強化することにあり、自我と意識が身体を凌駕するものと感ずる体験を確立する。身体から独立すること、身体から発する苦痛・恐れ・性の圧倒に打ち勝つことは、自我

図71　太陽神ソル。ミトラ教の英雄ミトラは太陽神ソルの息子である。ミトラは雄牛を殺して昇天し、ソルと同一化する。すべての参入者はミトラを模範にして、同じようにソルと同一化できる

が自らを男性的－精神的《ガイスト》と感ずる基本的な体験である。こうした試練によって得られるのが、上なる精神《ガイスト》原理による開悟であり、それは霊的《ガイスト》存在の幻像を個人的ないし集合的に体験するという形で表現される場合もあれば、奥儀の伝達によって生ずる場合もある。

　しかし変容こそ成人儀礼から諸宗教の密儀にまでわたるあらゆる参入の目的である。これらすべてにおいて上なる霊的な人間が産み出される。この上なる人間は意識の、または宗教用語の表現によればより高次の意識の、持ち主である。この意識をもつ人間は自らを霊界や天界のものであると感ずる。この帰属感が神化として現われるか、それとも神の子の形をとるか、参入者が《不滅の太陽》となるか英雄として星となるか、光り輝くものとなるか、それとも天使の一人となるか、あるいはトーテム時代の祖先と同一化するか、いずれにせよ同じことである〔図71〕。彼はつねに自らが天・光と風・身体をもたず身体に敵対する非地上的な聖霊を示すさまざまな宇宙的シンボル・と結ばれていることを示す。

退行と自我発達

天は神々や精霊の住処《すみか》であり、無意識という・身体を前提とする・地上界と対立する、意識を象徴する光の世界である。見ることと認識することは意識の特徴的な機能であり、超個人的な天の要因としての光と太陽は意識

のより高い要件であり、眼と頭は意識的な認識を司る身体器官である。それゆえ象徴の心理学においては霊魂は天の生まれとされ、内界を身体図で表わすと霊魂は頭に配置される。同様に霊魂の喪失は神話の中では失明や太陽馬の殺害として、あるいは大地や海への墜落として描かれる——すなわち男性を破滅させる道はつねに退行の道なのである。それは上なる男性性を解体して下なる男根的な男性性に落とすことであり、同時に意識・認識の光・眼が失われることであり、また身体が支配する地上的な動物界へ転落することである。

恐れは中心志向の徴候である、すなわち自我に警告を与える警報であるということは、新しい自我形態と同様に新しい自我－意識体系の解体を意味する古い自我形態への退行に対する恐れを見るとよく分かる。その時々の体系がもっている「自己停滞傾向」がその体系の快－不快反応を決定するのである。*

＊ 体系の解体は二つの側面から体系を脅かす、すなわちより低い段階への退行とより高い段階への進行からである。それゆえ個体発生的に見ると、快から恐れへの・およびその逆の・急変が典型的に現われるのが、個々の自我段階の移行期に、たとえば小児期や青年期への移行期に、よく観察される。

乗り越えられた体系・古くなった自我段階・にとって心地よい性質も、次の段階の自我にとっては不快となる。たとえばウロボロス近親相姦が心地よいものであるのは、まだほとんどウロボロスから離脱していない弱い自我－胚芽にとってだけである。ウロボロス的な快感は自我が強くなるにつれ、ウロボロスへの恐れ、すなわち太母への恐れとなる。というのはこの快感の中には、まさに退行の危険や、自我を解体せんと脅かす母権的な去勢が潜んでいるからである。

恐れの克服はそれゆえ次の段階に向けて発達の一歩を踏み出す英雄や英雄－自我の典型的な特徴であり、既存の体系の自己停滞傾向に従う平均的な人間のように新しいものに敵対して現状に固執することはない。このことは英雄の真に革命的な性質をなすものである。彼だけが古い段階を克服して、恐れを快感に変化させることに根本的に成功するのである。

B

体系の分離——中心志向と分化

（神話的段階——世界両親の分離、および「竜との戦い」）

〔序論〕

人間の人格のいっそうの発達を決定するものは意識と無意識という二つの体系への分裂・より適切に言えばさしあたっては両者の分離・であり、この分離が西洋人の意識発達の後期になって初めて分裂というより危険な形態に移行する。この発達は神話では世界両親の分離と英雄神話の段階に現われており、そのさい世界両親の分離はすでに英雄神話の一部を含んでいる。

原両親の分離によって天と地が互いに切り離され、両極性が造り出され、光が解き放たれる。これは下なる女性的な大地－身体の世界と上なる男性的な天－精神《ガイスト》の世界の間にある自我を神話的に表わしたものである。しかしつねに自らを男性的と感じている意識や自我から見ると、こうした下なる地上的世界は自我とは異質な太母の世界として、他方、天は自我に友好的な大いなる精神《ガイスト》の世界・後には大いなる父の世界・として、理解される。

原両親の分離は、個人の自立化を神話的に表わしている英雄の戦いの、宇宙的な形態である。その第一段階は、太母である竜に打ち勝つこと、個人と自我－意識－体系を彼女の支配から解放することである。

人格の形成は今や中心志向の傾向に従ってさらに先へ進んでいく。中心志向の傾向とは、結びつけ体系化し組織化しつつ自我形成を進め、それによって初め拡散していた意識内容の組織化をも成し遂げるものである。

無意識を防御する中での自我体系の強化

無意識の圧倒せんとする傾向に対して意識がまず第一になすべき課題は、主として遠ざかること・防御すること・防水すること・防衛すること、要するに自我の堅固さを強めることである。この発達が進むにつれて、自我

図72　シュメール人の英雄ギルガメシュが退治した2頭のライオン（ペルシャの浮き彫り）

は自らが他と異なり独自であることを意識化し、意識体系のリビドー量が後述する過程を通じて増大し、自我は自己防衛を越えて大規模な征服と活動に向かって突き進んでいく。

この段階は神話では双生児問題のモチーフの中に見られる。男性同士の友情の契りは初期ギリシアや中世日本[34]のような[11]ある文化期全体を決定づけるだけでなく、すべての母権的な層にも含まれている。男性性を強めた英雄たちは異常なほど頻繁に同性愛的に結ばれたペアーとして登場するが、それはしばしば男性の地上的な部分と天上的な部分の結合を表わしている。このとき一方は神や天から生まれた上なる男性としての友人ないし双生児の片方であるのに対して、もう一方は地上的‐男根的な側面を代表する。このことを最も明瞭に示しているのは最初期の例であるギルガメシュ叙事詩であり、ここではエンキドーは動物‐人間であり、ギルガメシュ〔**図72**〕は英雄の上なる側面すなわち不死を戦いとる側面である。[12] 友情の契りは英雄や彼の「竜との戦い」にとって本質的である。ディオスクロイおよび敵対する兄弟という双生児関係の二形態は、発達において決定的な役割を演じている。その肯定的な形態は「竜との戦い」の際の助けとなり、否定的な形態は自己認識をもたらす自己分裂の象徴的な投影となる。

無意識の攻撃傾向を自我活動へ転用する

恐ろしい男性を扱った章において、どのようにしてウロボロスや太母の一部である破壊的かつ男性的な力が次第に自我によって同化され、人格や意識のものになっていくかを述べておいた。集合的無意識の像の一つである「敵対者」元型の一部が、人格体系に取り込まれるのである。

敵対者は闇の力を表わす像であり、たとえば古代の神セト・アポピ－大蛇・人食い猪・のように超個人的な次元のものである。初めは、少年像がもっている受動的に自らを防衛するだけの自我意識は、彼に打ち負かされる。元型のエネルギーの力の方が強く、自我意識が負かされてしまうのである。ところが双生児問題の段階になると、少年はこの破壊力の一部が自らにも備わっていると感じる。彼はもはや単なる太母の生贄ではなく、それまでは彼に向けられていた破壊傾向を自己傷害や自殺という否定的な形で同化する。自我中枢はこの無意識の攻撃傾向をわがものとし、自我の傾向および意識の内容にする。この移行において自我に対する太母の破壊傾向はもはや無意識的なままではなく意識化されるが、しかしこの傾向はさしあたり依然として今までの対象すなわち自我に向けられる。太母に対する自我の反抗と彼女のもつ破壊傾向の意識化は対をなしている。初めはまだ自我は意識の中に発現した内容・敵対者元型・に圧倒され、破滅してしまう。ゆっくりと、そしてこの破壊傾向が必ずしも無意識の敵対的内容であるとは限らず自らにも属することに自我が気づくにつれて初めて、意識はこの傾向を取り込み始め、それを消化し同化する、すなわち意識化する。破壊はこうなると今までの対象である自我に向かうのをやめて自我の機能となる。自我は今やこの破壊傾向の少なくとも一部を自らの制御の下に用いることができるようになる。ここで自我が無意識に対する戦いにおいて「矛先《ほこさき》を転ずる」とわれわれが表現した〔一七三頁〕ことが生ずる。

自我による無意識の破壊傾向の同化は、意識の「否定的な」性質と関係する。この同化は無意識から自らを区切り距離を置くことができるという形で現われるだけでなく、意識はその能力をまた、自我が世界を取り込めるように対象の連続した世界を解体しようとするきわめて征服的な試みの中で、新たに用いるのである。意識の同化する性質、すなわち対象をイメージやシンボルとして・後には内容として・最終的には概念として・把握し吸収し新しく秩序づけるという性質は、分析機能を前提としている。それを用いることによって無意識の破壊傾向は意識の肯定的な機能になったのである。

　無意識からの意識の分離が可能となるのは、原両親としての竜が、次に太母としての竜が、打ち負かされた時だけである。その時にはつねに、意識のもつ否定し・区別し・分離し・排斥する・能力が、無意識のもつ肯定し・すべてを結びつけ・包み込み・溶かす・傾向と対立するものとして特徴づけられる。こうして今や、なぜ一方が男性というシンボルの下に現われ、他方が女性というシンボルの下に現われるのかが、なおいっそう明らかとなる。

　意識の分析的に還元し解剖する機能の中には、無意識に対する・またそれによって圧倒される危険に対する・防御傾向が絶えず働いている。ナイフ・剣・武器といったシンボルがこの意味で現われる時にはたいてい、意識のこうした「否定的な」活動を意味している。多くの創造神話において竜の切断が新しい世界の創造に先行している。[13] ちょうど食物を切り刻み小さく砕くことがその取り込みと消化のための・また自分なりの機構を組み立てるための・前提条件であるように、ウロボロスという強大な連続した世界をも分解して対象・断片にし、意識によって取り込めるようにしなければならない。

　無意識はすでに生成したものをすべて破壊して自らのうちに引き戻してからそれを新しく変容させて再び自らの外に出すというウロボロス的な傾向を持っているが、この傾向は自我意識という高度な次元でも繰り返される。意識においても分析過程が総合《ジンテーゼ》の前に起こり、分化過程が後の統合のための前提条件をなしている。[35]

　この意味で認識は取り込むという攻撃的な行為に基づいている。心的体系およびそのより高度なものである意識は、世界という対象と無意識という対象を分解し・消化し・新しく組み立てる器官であり、それはちょうど身体の消化組織が世界対象を生化学的に分解し・消化し・新しく組み立てるのと同じである。

この比喩を基にしているのが、意識を食物ウロボロスのシンボル体系や摂取－排泄シンボル体系で表わすことである。この場合、意識は高度な摂取組織に当たり、原初的な摂取組織である無意識的な心より上位に置かれる。

自我が無意識に対して積極的に対決し、個性が生まれる

「竜との戦い」における英雄の活動は行動し意欲し認識する自我の活動であり、この自我はもはや魅惑され圧倒されることがない、すなわち少年期の受動的な防御にいつまでも留まっておらず、危険を捜し出し・非凡な新しいことを行ない・戦い・勝利し・征服する。身体の本能的な猛威の形をとる太母の支配と命令は、意志を持ち自らの理性と洞察に従い自分自身で決断する高次の精神的な人間である自我の、相対的自律性によって解体される。海から陸を勝ち取ったファウストの事業[14]は、無意識から諸領域を奪い取り自らの自我の支配下に置く英雄的意識の原行為である。少年段階においては無意識に対する受身・恐れ・防御が特徴をなしていたが、英雄段階においては活動力・勇気・攻撃が特徴となる。この際この攻撃の方向が内向的であるか外向的であるかは重要でない。というのは両方向とも太母なる竜に占領されていて、その竜が〔外では〕自然や世界と呼ばれ〔内では〕無意識や心と呼ばれているにすぎないからである。

ここでついに積極的な英雄近親相姦・太母と戦って勝利する段階・に到達する。この竜・太母の恐ろしさは、本質的には、自我を近親相姦へと誘い込んで母権的近親相姦の中で去勢し解体してしまう彼女の力にある。自我解体への恐れは自我を引きとめて太母やウロボロスへの退行を防いだ。この恐れは退行に対する自我－体系の防衛反応だったのである。自我が太母への恐れに満ちた反抗者の段階に留まっていたくないなら、自我はこれまで自らを守るものであったまさにこの恐れに打ち勝って、これまで恐れていたことを英雄近親相姦の形で行なわな

ければならない。自我はウロボロス母・竜・の解体せんとする力に、解体されることなく自らを曝さなければならない。

意識を解体する危険となりうるウロボロス的な太母の中に入っていくという、まさにこの過程において、自我は英雄近親相姦の中で自らの高次の男性性が永遠不滅で解体されえないことを体験し、恐れは快感に変わる。この段階におけるこうした快感と恐れとの関係は、正常人の心理においても、またとくに神経症の心理においても、決定的な役割を演じている。この段階において・それもこの段階においてのみ・性は戦いのシンボルとなり、「上位」にあることが重要な意味をもつ。アルフレート・アードラー〔36〕〔15〕が一般化した権力衝動という用語はこの段階に関わっている。このシンボル体系への固執が多くの神経症患者の意識や無意識の中に見出されるが、これが意味しているのは「竜との戦い」の元型段階が最後まで進んでいないで、自我がこの段階に固着していることである。この段階における挫折はたいてい太母段階の時のように去勢や八ッ裂きのシンボルによってではなく、ほとんど敗北と捕囚のシンボル体系によって表わされ、この他に盲目化のシンボル体系によることもある。

サムソン〔図73〕やオイディプスにおける盲目化と同様、多くの神話やメルヘンでは呑み込まれることとしても現われる捕囚は、八ッ裂きや下なる男根の去勢よりも高度な敗北の形態である。高度と言うのは、この段階の敗北はすでに高度に発達したより堅固な自我－意識が陥るという意味である。それゆえこの敗北は去勢や殺害のように必ずしも最終的なものとはならず、またある意味では盲目化もつねに同様である。この段階の敗者は後にたとえば英雄によって解放されることもありうるし、また敗北が最後には勝利に変わることもありうる。敗れた意識は、救けられるまで、捕囚のうちに生きながらえていることができる。この場合救出のさまざまなあり方は進行のさまざまな形態に対応している。たとえばオイディプスは母の許へ悲劇的な形で退行したとはいえ依然として英雄であるし、サムソンは彼の敗北を乗り越えて勝利のうちに死ぬが、テセウスはプロメテウス〔図74〕と同様ヘラクレスによって厳重な捕囚から解放される、等々である。

図73 サムソンの盲目化。デリラに力の秘密（髪の毛）をもたらしたサムソンは、髪を切られて無力となり、目をつぶされる（レンブラント画）

図74　鎖でつながれるプロメテウス。火を盗んだため鎖でつながれ、毎日鷲に肝臓を食われるが、ヘラクレスによって解放される（モロー画）

戦いに敗れた自我英雄といえども個性的存在であって、ウロボロス的ないし母権的近親相姦において消滅してしまう自我とはちがって、もはや解体されることはない。神話の元型的諸段階を踏んでいくこうした自我の発達は、「竜との戦い」〔**図75**〕の目的として明らかとなった方向・すなわち不死と永生の獲得・に向かっている。「竜との戦い」において超個人的で壊れないものを獲得することこそ、人格発達に関する限り、獲得された宝のもつ、究極の最も深い意味である。

図75　八岐大蛇（ヤマタノオロチ）を退治するスサノヲ。その結果、非人格的で不滅な草薙の剣と、アニマとしての櫛名田姫を得る

第一部において、世界両親の分離・光の創造・英雄神話・との関連で意識の発達と分化について述べたが、それをここで繰り返すつもりはない。われわれの心理学的な課題は、むしろ、自我が無意識から自らを解放し相対的に自立した体系を形成するための方法を二、三示すこと、言い換えると個人の人格形成がいかになされるかを示すことである。われわれは個人がどのようにして超個人的かつ集合的なものの威力から解放されるかを究明しなければならない。

一　元型の分解

意識が無意識から距離を置くことができるのは、とりわけ、元型ないしコンプレックスの分解および分割・無意識の貶価すなわち収縮・もともと超個人的であった内容の付随的な個人化・意識を圧倒していた情動的要素の崩壊・イメージにおける無意識の表象から観念を経てついには概念による合理化にまで到る抽象化過程・によってである。これらの分化はすべて、個人というものを知らず単に集合的なだけの拡散した超個人的な無意識から、自我意識の中にその最も高度な表われ方をする人格体系が形成されることを可能にする。

無意識の内容的な要素と情動的な要素

意識の発達を知るためには、無意識の二つの要素を区別することが、すなわち集合的無意識の内容的‐実質的要素を情動的‐力動的要素から分離することが必要である。元型はイメージとなって意識によって多かれ少なかれ把握されうる内容を表現するだけでなく、――こうした内容とは独立に、またはそれらと結びついて――情動的で人格を捕える力動的な作用も持っている。こうしてわれわれが「元型の分解」と呼んでいる過程の中で、意識は自らの体系に補給するために無意識から元型の内容的要素を奪い取ろうとするのである。

自我による元型の個別的な体験は意識を守る働きをする

ルドルフ・オットー[37][16]はヌミノーゼを、戦慄すべき神秘・魅惑し祝福するもの・「絶対他者」・聖なるもの・として描いた。このヌミノーゼはどの元型においても自我の中心的な体験であり、集合的無意識における・また自我が諸元型を投影する世界における・自我の根本体験である。こうしてあたかも無意識の世界はヌミノーゼが充満している世界以外のなにものでもなく、その把握しがたいたくさんの諸局面が分解することによって集合的無意識のさまざまな像となり、それによって初めてそれらが同時的にあるいは次々と自我に体験できるようになるかのようである。集合的無意識は形なき段階から形象化の段階へと移行する発達過程の中で分解して諸元型のイメージ界となるが、これと同じ発達方向はさらに諸元型そのものの分解をもたらす。

分解が生じるとは、意識にとって原－元型が崩壊して一群の諸元型や諸シンボルからなる多少とも大きな集団になるという意味である。より的確に言えば、この集団は周辺であって、未知で不可解な中心を囲んでいる。分割された諸元型や諸シンボルは今やいっそう理解し摂取しやすいものとなり、そのため自我意識はもはやそれらに圧倒されることはない。諸元型を次々とさまざまな側面から体験するという個別的な体験は、意識が自らを守り原元型の作用を遮ることを学んだ発達の結果である。初め未開人が体験した元型はヌミノースな大きさと形姿を持っており、元型的シンボル集団――今では元型はこの形で現われる――が一つになったものであり、また意識による分解過程においては見られないほどの溢れんばかりの未曾有の豊富さをもっていた。

太母元型を例にとってみよう。この元型は多義的であって、その中にはたくさんの対立する局面が互いに結びつけられている。われわれはこれらの局面を太母の特性とみなし、それらをこの元型の性質として並べたてるが、すでにそうすることがわれわれが述べている過程の結果なのである。発達した意識はこうした特性や性質をいろいろと認識するが、しかしこの元型は最初に自我に対して作用した時には自らの内に対立をもつ見分けがたい逆説的な全体として現われていたのである。この性質はこの元型に立ち向かう自我を圧倒し意識の方向を見失わせる根本的な原因であり、この元型はつねに新しく・つねに別のものとして・つねに不意に・不可解な恐ろしい力をもって・深みから現われて意識を襲う。

このように太母はウロボロス的である。すなわち恐ろしい呑み込むものであると同時に善良な産むものであり、助けるが惑わして八ッ裂きにし、魅惑して錯乱させるが智恵をもたらし、動物でありながら神であり、惑わす娼婦でありながら触れることのできない処女であり、古老でありながら永遠に若い[38]。

この元型のこうした原初の両義性・この元型における対立項の共存・は、世界両親を分離する意識によって引き裂かれる。今や左の否定的なシンボル系列には死の母・娼婦母や魔女・竜やモロク・が属し、右の肯定的な系列にはソフィア・処女・救済する女性・といった、産んで養い、産み返し癒す良き母が見出される。前者にはリリト、後者にはマリア、前者にはひきがえる、後者には女神、前者には呑み込む血の沼、後者には「永遠に女性的なるもの」〔ゲーテ『ファウスト』〕。

元型において対立を体験することは意識の行為である

この元型の分解過程は神話の中では英雄の仕事として表わされる。世界両親の分離が彼によって成し遂げられ、それによって初めて意識の誕生と自己誕生が生じる。われわれはこの分解過程をまさに英雄神話においてその細部に到るまで辿ることができる。「竜との戦い」はまずウロボロスという原‐元型に向けられた。これが分解すると戦いは母と父に対してなされなければならず、戦いの終わりには分解が徹底的に進んで、対立が生ずるような布置が生まれた。英雄に対立するのは恐ろしい母と恐ろしい父であり、味方するのは授精する神‐父と受精‐出産する女神‐処女である。こうしてついにウロボロス的な始源の世界から人間の世界が生まれ、それが英雄とその生涯によって創造的に形成される。英雄と彼の後裔である人間は——今や初めて——下なる世界と上なる世界の間に自らの世界を見出す。

内的に絡まり合い区別できないこと、流動的で摑みどころのないことが、太母の原元型の最初期の働きを決定している。後になって初めてこうした背後の一体性からイメージやシンボルという性格が現われ、記述しがたい中心の周りに集まった一群の諸元型や諸シンボルの集団をなす。上に挙げたたくさんのイメージ・性質・シンボルはすでに解体すなわち「分解」の産物である。この分解を引き起こすものは知覚し・認識し・分離させ・距離を置いて制御する・意識である。《限定とは否定である》。イメージの多様性は今や、未開人を捉えていた原初の統一的な総合反応に対して意識が持ちうる態度や反応の多様性に対応する。

情動的な畏怖と衝撃・変容・狂気・法悦・陶酔・死・を放射する元型の圧倒的な力は今や停止する。原‐光の白く耐えがたい輝きは、意識のプリズムを通して、イメージ・シンボル・性質という多彩な虹に分解される。こうしてたとえば太母イメージから良き母が分離し、意識に認知されて一つの価値として意識世界に取り入れられる。もう一つの側面である恐ろしい母は、われわれの文化圏においては抑圧され、意識世界から遠くへ排除されている。この抑圧の結果父権制が発達するにつれて、太母は単に良き母となり、父‐神の妻となる。しかし彼女の暗い側面・動物的な側面・ウロボロス的な太母としての猛威・は忘れられる。こうして古代を含めた西洋の文化圏においては、「神の妻」が残されて、彼女に取って代わった父神の脇に置かれている。後に苦労のすえ古代の母崇拝の痕跡を再発見することができ、そして深層心理学に精通した時代になって初めて恐ろしいウロボロス的な母の原世界を再発見することに成功したのである。それを抑圧したのは、父権制の・および明らかに父権的な特徴をおびた意識発達の・努力であり、この努力は理解しうるばかりでなく必要なことでもあった。

この忘却は自我意識には必要である。なぜなら原深淵への恐れがまだあまりに身近であり、「竜との戦い」はたしかに成し遂げたがこの戦いの恐怖が今なおあまりに生々しいからである。オイディプスを襲った退行の運命が、「真実を知った」ときに意識にふりかかることがないよう、意識はスフィンクスを抑圧し、良き母をうやうやしく祭り上げるのである。

無意識の形象化は意識が体系化された結果である

元型の分解を決して意識的な分析の過程とみなしてはならない。意識はいろいろな構えを取りうるので、その

図76　パーン。笛を吹きながら草原を徘徊して人々を驚かせると言われている

活動力は分化した形でしか働かない。多くの元型からなる集団は一つの巨大な元型が分裂してできたものであり、その発生はシンボル集団の発生と同様に自律的な過程の表われであり、その過程には依然として無意識の活動力が保持されている。自我意識には元型やシンボルは無意識の産物のように思われるが、本当はこれらの発現を布置したのは意識とそのあり方全体である。意識が無意識を布置しない限り、いかなる分化したシンボルも元型も現われない。意識の体系化が明瞭になるにつれて、意識は無意識の内容をますます明瞭に布置するようになる。すなわち意識が強まりその範囲が広まるにつれて無意識の現われも変化する。意識が覚醒し、その力が増大するにつれて、元型・元型網・シンボルは分化し、ますますはっきりと見えるようになる。意識の活動力はこのように決定的に重要であるが、何が発現し目に見えるようになるかはシンボル一般と同じように相変わらず無意識の自発性に依存している。

　形なき無意識が分解して諸元型からなるイメージ界となることによって、諸元型は表象されうる、すなわち意識によって知覚されうるようになる。もはや「暗い」衝動と本能だけが全体を支配するのではなく、内から浮かび上がるイメージの知覚が自我と意識の反応を決定する。こうしたイメージ知覚も最初は、パーン・イメージ〔**図76**〕が浮かび上がった時の「パニック的驚愕」[17]のように、反射的反応という意味での全体反応をもたらす。

二　情動的要素の解体、および合理化

こうしたシンボル集団への元型の分解と並行して、反応の遅延と脱情動化が生じる。自我が圧倒される状態は、意識が個々のシンボルを同化し理解できるようになるにつれてなくなる。世界はより明瞭となり、その中で見通しをつけることがますますできるようになり、意識はいっそう大きくなる。無名の形なき原‐神格はわけの分からない恐ろしいものであり、圧倒的で近寄りがたく、理解もできなければ御することもできない。それは形がないために、たとえ自我がそれを知ろうという不可能事に挑戦したとしても、自我には非人間的で人間敵対的なものと感じられる。こうしてしばしば最初に怪獣・動物・怪物・身の毛もよだつキメラ〔図77〕・といった非人間的な形姿の神が登場する。このような姿は自我が神の原初的な形なき異常な性質を〔そのままでは〕体験できないことを表わしている。神々の世界は擬人的になるにつれてますます自我に近づき、圧倒する性格をもますます失っていく。オリンポスの神々の方が原‐混沌の女神の姿にくらべてはるかに人間的で親しみやすい。

原神はこうした過程を経ていくうちにさまざまな個性を持った神々へと分解する。神格は今や、神々と同じ数のさまざまな性質として体験され啓示される。これによって、しかし、人間の自我‐意識が怪物を表現し理解する能力は増大する。祭礼が分化してゆくことは、今や人間が神々の姿をとった神格との「附き合い方」を学んだことを表わしている。人間は彼らが何を欲するかを知り、彼らをどう扱えばよいかを理解する。儀礼において「扱われる」見える神はいずれも、それなりに意識の拡大・無意識の意識化・を表わしている。

周知のように諸宗教の諸機能神は意識の諸機能となる。初め意識は耕作・刈り入れ・狩り・交戦・といった活動を「自由意志」から行なうのに十分なだけの自由なリビドーを所有しておらず、そのため「神」に——耕作や

図77　キメラ

刈り入れ・狩りや交戦・について「理解している」神に——助けを求めた。そのさい自我は祈願や儀礼によって「神の助け」を活性化させ、そのようにして無意識から流れ出てくるリビドーを意識に導いた。意識は発達するにつれて機能神を同化したが、それは耕作や刈り入れ・狩りや交戦・を、望む時に行なう意識的人物の性質や能力となって生き続けている。もっとも、たとえば戦争の時のように意識による処理が上手く行かない時に、戦《いくさ》の神が今日でもなお機能神としての役割を演じていることは明らかである。こうしてさまざまな神々のシンボル集団が原‐神を取り巻いているように、どの元型も意識が発達するにつれて自らに属するシンボル集団によって取り巻かれる。原‐一体性は解体されて核元型の周りに集まった諸元型や諸シンボルから成る太陽系となる。集合的無意識の元型網は原深淵の闇から姿を現わす。

意識によって摂取されるとシンボルの作用が変化する

ちょうど消化組織が食物を基本要素に分解するように、意識は大元型を分解して元型的な諸集団や諸シンボルにするが、それらは後に元型の属性や性質や断片となって、知覚し・理解し・秩序づけ・摂取する・意識によって同化されることが可能となる。抽象化過程が進むにつれてシンボルは多少とも重要な附属物へと変わる。こうしてたとえば元型的神格の動物的性質は彼の傍らの「お伴の動物」として姿を現わす。合理化がさらに進むと「人間的な性質」すなわち自我に近い性質が強くなってくるため、〔人間的な〕神はしばしば動物すなわち自分自身の動物的側面と戦うことになる。[39] シンボルの抽象化すなわちシンボル内容の空疎化が摂取する意識によってさらに押し進められると、シンボルは性質に変わる。

たとえばマルスの意味はすべての神と同様に初めは非常に複雑であったが、彼から「戦う」という性質が生まれた。こうしたシンボル集団の分解も合理化の流れの一つである。ある内容が複雑であるほど意識には把握しがたく測りがたい、すなわち意識の一面的な構造ではごく限られた領域についての明瞭性しか獲得できない。この点でも意識は眼と類似した構造を持っている。最もはっきり見えるのは一つの地点でしかなく、眼を動かすことによって初めてより広い範囲がはっきりと知覚されるようになる。意識もまた小さな部分しかはっきりと認識することができず、そのため大きな内容を部分的な局面へと解体しなければならず、時間的に次々に順を追って初めて部分部分を知り、次に比較しつつ見渡し、抽象的に総括することによって全領域の地図を鳥瞰することを覚える。

意識による分解の重要性は、ことに太母元型について示したように、対立を含んだ両義的な内容の分解において明瞭になる。人格の両義的な傾向とは、その人格の中に、ある対象に対する愛と憎しみといった肯定的傾向と否定的傾向が同時に存在するということである。未開人も幼児も初めは両義的な状態にあるが、この状態は肯定的なものと否定的なものとを同時に含んだ両義的な内容に対応している。意識の定位を不可能にしてしまうような、こうした内容的対立を含んだ構造は、魅きつける働きをする。意識は何度でもこうした内容やそれに対応したりその投影を担っている人物に戻っていき、彼から離れられなくなる。つねに新しい反応が解き放たれ、意識は正気を失い、感情反応が現われる。どの両義的な内容も魅きつけると同時に突き離すものであり、こうした形で全体に影響を及ぼし強い感情を伴った反応を解き放つ、というのは意識が働かなくなって退行し、その代わりに原始的な心の働きが現われるからである。しかし魅きつけられた結果としての感情反応は危険であり、意識が無意識によって押し流されてしまうことを意味する。

それゆえ発達を先に進めようとする意識は、内容の両義性を解体して諸性質の対立構造を作り出す。解体される前の内容は、たとえば同時に善と悪であるというのではなく、善と悪を超えたものであり、魅きつけ突き離すものであるが、しかしそのことが意識をいらだたせる。善と悪への分離が生ずると、意識の一つの立場が生まれる。意識は拒絶したり受け容れたりする、すなわち自ら見通しをつけ、それによって魅惑の束縛の外へ出る。こうした一義性や一面性へ向かう意識の傾向は、われわれが強調している合理化の過程によって強められる。

　合理化・抽象化・脱‐情動化についてさらに調べてみると、それらはシンボルを徐々に一つ一つ同化していく自我意識の「貪り食《くら》い」摂取する傾向を表わしている。シンボルが解体されて意識の内容になるにつれて、それは強制力と意味を失いリビドーを低下させる。こうして「ギリシアの神々」はもはやわれわれにとってはギリシア人におけるように儀式の中で附き合わねばならない無意識の生きた力やシンボルではなく、解体されて文化内容・意識原理・歴史的資料・宗教史的意味連関などになっている。これらの神々は意識の内容として生きているのであって、もはや——あるいは特殊な場合にしか——無意識のシンボルとはならない。

　しかしここで意識は破壊する性質をもつと単純に言ってしまうなら、それは誤りであろう、というのは意識は同時に新しい精神的な世界を構築し、無意識の危険で神聖な形姿は変容してその世界の中に改めて座を占めるということを忘れてはならないからである。

　こうした合理化の過程は意識による抽象的概念の形成と彼の世界観の統一性をもたらすものであり、現代人においてさえわずかな人々の間でしか達成されなかった意識発達の終点である。

世界や無意識が体験可能となるのは脱‐情動化の結果である

　諸シンボルとシンボル集団ができあがっただけですでに無意識は意識にとって見事に理解しうるものになり、したがって解釈できるものとなったのであり、人類の原初期にとってはシンボルの合理的に説明できる部分こそ重要であった。シンボルの作用は単に意識だけではなく心の全体に及ぶものであるが、意識を拡大させる発達はシンボル作用の分化と変化をも伴う。複雑な内容をもったシンボルは依然として意識を「襲い」続けるが、もはや意識を圧倒するのではなく注意を引くにすぎない。初め原初的な元型作用は意識を打ちのめし原初的な無意識的全体反応を発動させたのに対して、後のシンボル作用は意識を刺激し活性化させるだけである。シンボルの意味が意識に語りかけて熟慮と理解を促すが、それはまさにシンボルが襲うとき単に感情や情動をゆり動かすだけではないからである。エルンスト・カッシーラーは人間の精神・認識・意識の側面がどのようにしてシンボル形式から発達したかを詳細に述べているが〔40〕、このシンボル形式は分析心理学から見れば無意識の創造的な表われである。

このように意識の自立化と元型の分解の過程は、決して否定的ではない。すなわち未開人は「生きている世界」を体験するが現代の意識的な人間は「抽象的な世界」しか知らないという意味ではない。未開人が動物と共有している無意識の生《なま》のあり方は、この意味ではまだ非人間的であり前人間的である。意識の発生と世界の創造がつねに並行して進み、同じシンボル体系を伴って現われることは、世界は自我によって認識される限りでのみ現実に「存在する」ことを意味している。意識の分化は世界の分化に対応する。多くの元型やシンボル集団は意識の発達によって原‐元型から枝分かれしたものであり、意識や自我のより多くの経験・体験・認識・洞察と一致している。原初の体験の衝撃は全体的なものであるが、その中では形をもつ個別的なものは認められず、自我はわけの分からない力によって押し流されヌミノースな衝撃によって消滅した。今や宗教・哲学・神学・心理学が多様化してくると、いっそうはっきりした形をとった人間意識は、このヌミノースなものが分解して形姿やシンボル、附属物や啓示となって、多形化し、多義化し、多様化する様を体験する。すなわち、原一体性はそれが分解することによって初めて体験されうるようになる、ただし体験されうるといっても、それが以前は未発達な自我を圧倒するものでしかなかったのに対して、今やその分解によって自我や意識にとって少なくとも前よりは体験されうるものになったというにすぎない。

意識が分化するとは、自我コンプレックスが分化して現われてくる種々の内容と結びつく、すなわちそれらを体験するという意味である。原始的な体験はたしかに全体的であるが、自我コンプレックスと結びついていないため思い出せるような個人的体験にはならない。幼児期の実際の心理を描き出すことがむずかしいのは、本質的には、この頃にはまだ体験することのできる・少なくとも自らの体験を思い出すことのできる・発達した自我コンプレックスが存在していないからである。それゆえ幼児の心理も原初人の心理も個人的である以上に超個人的である。

原初人や幼児などの強い情動性は、幼児期におけるように本来的なものであれ、感情にかられた時のように意識の中へ侵入したものであれ、容易に自我コンプレックスを消滅させてしまう。意識機能とは、作動するためには特定のリビドー量を流さなければならないが、その量だけしか流すことのできない回線のようなものであるとすれば、リビドーの流れが多すぎるとその機能はまず不安定となりついには作動しなくなるため、自我体験も想起も不可能となるのは明らかであろう。

情動的要素の解体は脳幹人間から大脳皮質人間への発達である

人類の内には、元型の分解と並行して、また意識の形成と自我の強化が促進されるにつれて、原初的な情動を分解して理性に道を開く傾向が存在する。こうした情動的要素の解体は脳幹人間から大脳皮質人間への発達に対応している。情動と感情は、本能と最も近い「こころ《ゼーレ》」の深層と結びついている。「感情色調」、すなわち以下で情動的−力動的要素と呼ぶものの基礎は、器官的には脳の発達史では最も原始的な部分である脳幹と視床にその基盤を持っている。脳幹の中枢は自律神経系と連結しているので、情動的な要素はつねに無意識の内容と密接に結びついている。〔それゆえ〕無意識の内容が情動を解き放ち、また逆に情動が無意識の内容を発動させるという、二重の相関が絶えず見られることになる。情動や無意識内容が植物神経系と結合していることはこの点に生理的な基盤を持っている。情動はたとえば内分泌・循環・血行・血圧・呼吸などの変化を伴って現われるが、同様に無意識の内容は情動を通して直接ないし間接に自律神経系を興奮させ、神経症の場合にはかき乱す。

人類の発達は今や、脳幹人間が大脳皮質人間によって取って代わられるという方向に進んでいく。このことは無意識が収縮したり情動的要素が解体されるという形で現われる。現代人においては意識や大脳皮質を強調しすぎているため無意識を過度に抑圧しそれから分離してしまっているが、こうした現代人の危機の中で初めて脳幹部位との再結合が必要となる（付論二を参照せよ）。

原初人は感情的・情動的生活を送っている。ここで忘れてならないのは、「コンプレックス」・無意識の内容・はわれわれのあり方に今なお大きな影響力を持っており、「強い感情を伴ったコンプレックス」と呼ばれていることである。感情——ここでは情動を意味する——をゆさぶるというコンプレックスの傾向は、周知のようにまさにユングの連想実験の基礎である。連想実験や再生実験において明らかになる合理的意識構造の攪乱も、精神電流現象の基盤である生理的興奮も、コンプレックスの・感情を動かす・情動的部分に基づいており、この部分はまさにこれらのことを通して発見された[41]。

個人の意識的反応が種の本能的反応と対立する

人類の発達は原始的－情動的人間から現代的人間へと進んできたが、後者の拡張した意識は原始的な情動性に対して遮断されている、少なくともそうなろうと努力している。

原初人が無意識の内容との広範な「神秘的融即」の中で生きており、彼の意識体系が無意識から区切られて自立していなかった限り、内容的要素と力動的要素は相互に密接につながれていたため、両者は同一化し完全に融合していたと言うことができる。このことは、表象イメージと本能反応が一つになっていたと言い表わすこともできる。あるイメージの発現すなわち内容的要素と、このイメージに対する精神物理学的有機体の全体を捉える本能反応つまり情動的－力動的要素とは、反射的に結びつけられていた。こうして最初は外的ないし内的な感覚イメージは、イメージに対する即座の本能反応を生じさせる。すなわちイメージが力動的－情動的要素と結びつくことによって、即座に恐れや攻撃・怒りや麻痺・等を解き放すのである。

原初人のこうした反応と、二つの要素の結合とは、意識発達が進むにつれてなくなっていく。反射弓によって生ずる本能反応は、大脳の発達とともに、意識の干渉・熟慮や反省といった本能反応に対立するもの・の介入によって遅延させられる。次第に本能反応が抑制され、意識に道を譲るのである。

原初人の原初的全体反応は現代人のきれぎれで細分化されしかも断片的な部分反応に取って代わられるが、このことには二つの側面がある。全体反応の喪失は、ことにそのために今日の人間のような無反応で生気のないタイプを生み出しているなら遺憾なことであり、こうした人間は大衆の一員として再集合させられたり特別な措置によって毒されて再び原始的にならない限り、もはや何に対しても生き生きと応えることがない。しかしそれにもかかわらず原初人の全体反応を理想化して賛美してはならない。原初人も幼児も発現してくるいかなる内容によっても全体反応へと押しやられ、自らの情動とその背後にあるシンボルに圧倒され、たしかに全体として行動するが自由がない、ということはよくわきまえておかなければならない。

それゆえ意識の反情動的な傾向は、それが最後まで進んでいない場合でも、人類に多大な恵みをもたらす。未開人の情動的な行動衝動は、大衆の衝動がいかなる内容やイメージによっても破局的な行動へと駆り立てられうるのと同様に、彼らの移り気な「頭脳なき」被暗示性のためにきわめて危険であるため、集団に対する意識的な指導がそれに取って代わることが最も望ましいのである。

意識は無意識の中で生ずる本能反応に対抗しなければならない、というのは本能は自我を圧倒せんとする無意識の一つであり、自我－意識－体系は発達するにつれてこれに対して自らを区別しなければならないからである。たしかに本能反応は「目的にかなった行動」であるが、一方の意識や自我の発達と他方の本能界の間には葛藤が存在する。意識は本能反応に代わって、自分独自の異なった方法による目的にかなった行為をつねに繰り返しなさねばならない。というのは集合的な性質をもった本能反応は、必ずしも自我やその維持のための個別的な目的にかなうとは限らないからである。

本能は個別的な状況に対してはあまり適していないことがよくある。つまり本能はしばしば原始的な層において原始的な自我にとってだけ目的にかなっており、発達した自我にとっては少しも目的にかなっていない。たとえば殺人につながるような感情反応の高まりは原‐森林の野性状態では大いに有益でありうるが、たまたま戦争状態にない文明人の普通の生活においてはこの種の本能反応は目的にかなっていないどころか、生命の危険さえ伴う。そして群集心理学も、本能はたとえ集団のためには応々にして有益であっても、自我の立場から見れば決して有意義な働きをせず、むしろしばしば自我を破滅させるということを十分に明らかにしている。

個人の意識と、無意識の集合的傾向との葛藤は、未開人やすべての未開状態においては、つねに集団に有利に個人を犠牲にして解消される。無意識の本能反応はしばしば自我ではなく集団すなわち種などと結びつく。自然が繰り返し示しているように、それは個人のことなどまったく意にかけないのである。ゲーテは自然についてこう語っている。

「それは個性を目指してきたように見えるが、個人のことなどまったく気にかけていない。[42]」

意識発達はしかしこれとは反対に個人に奉仕する。自我が無意識と対決する際には、人格を守り・意識体系を堅固にし・無意識の押し流し侵入せんとする危険な側面を阻止する・試みがますますなされるようになる。無意識の像である元型が情動的‐力動的要素の力によって自我を本能反応に屈服させるため、意識が無意識の内容に押し流されてしまう状況は、それゆえ自我が発達していくためにはできる限り阻止されなければならない。

脱‐情動化と客観性

それゆえ、反応を、それを解き放す知覚像から分離し、次に原初的な反射の一体性を分解し、ついには集合的無意識の内容的要素と力動的要素を分離しようとする傾向は最も意味深いものである。元型が発現しても人間の反射的な本能反応によってはすぐに応えられないということは、意識発達の趣旨にかなっている。というのは客体——それが外界の客体であろうと集合的無意識の心的内界のものであろうと——の認識は無意識の情動的‐力動的要素の作用によってかき乱され、阻止さえされるからである。外向的な構えにおいても内向的な構えにおいても四つの機能をすべて持った意識は認識器官であり、意識の分化とその機能の分化は無意識の情動的要素を排除することによってのみ可能となる。分化した機能の的確さは情動的要素の混入によってつねに曇らされる。

　自我が、認識できるような落ちついた状態にあるためには、意識と分化した機能は情動的要素の作用範囲からできる限り遠く離れていなければならない。情動的要素による攪乱はどの分化した機能にも見ることができるが、最もはっきりと現われるのはその性質上、感情と・情動とはなおさら・対立する思考である。分化した思考は他のどの機能にもまして「冷めた頭」と「冷たい血〔＝冷静〕」を必要とする。

　少なくとも西洋人の発達において先陣を切っている意識や自我や意志は、無意識の内容的要素と力動的要素の結びつきを切り離す傾向を持っており、その上で力動的要素・情動的な特徴をもった本能反応と本能行動・を抑圧しながら、内容的要素・無意識の内容・を我がものとし、摂取する。こうした集合的無意識の力動的‐情動的部分の抑圧は絶対に避けることができない、というのは意識の発達は情動や本能の束縛から自我が解放され自由になることを前提としているからである。*

＊　抑圧された力動的‐情動的要素は、人類の集合的文化という別の所で重要な補償的な役割を果たしている。それ以外にもそれは、個人の構えや機能のタイプを超えたところで、無意識のある特殊な特徴をなしている。雰囲気と色あい・無意識から発する魅力・曖昧模糊とした牽引力と反撥力・いつの間にか入り込む印象・は、その時々の内容とは無関係にすべての自我に働きかけ影響を及ぼすものであり、無意識の中の力動的要素の表われである。

三　付随的個人化

超個人的なものの収縮

元型の分解と情動的要素の解体は意識発達を特徴づける無意識の収縮・無意識の価値低下と実際上および想像上の無力化・の一部をなすが、抽象化過程と次に述べる付随的個人化もその一部をなしている。抽象化過程は自然科学的な思考のもつ抽象化しようとする傾向や意識の合理化と同じものではなく、それよりはるか以前にすでに生じている。[43] 前論理的思考から論理的思考へと向かう意識発達は根本的な変化を意味しており、その中でまさしくこの抽象化過程の助けをも借りて自我意識体系の自律性を確立するための努力がなされる。こうして元型が観念――その前段階が元型である――に取って代わられる。観念とはこうした過程における抽象化の産物なのである。それは「イメージの具象性から引き離され抽象化された、ある原初的なイメージの意味を表わす」[44]。それは「思考の産物」である。

こうして発達は、人間が原イメージに全体的に憑依された原始的な状態から、無意識の収縮が大幅に進んだため、観念が意識の内容とみなされ、この内容に対して必要とあらば態度を決定できるが決して強制はされないという最終的状態にまで到る。元型に憑かれた状態から、「観念をもつ」あるいは少なくとも「それに従う」状態が生まれるのである。

超個人的内容の個人化

個人的な自我体系や意識体系の強化と、それと同時に進む無意識の圧倒状態の解体とは、「付随的個人化」の傾向の中にも見られる。この原理は、人類の中には初めは超個人的であった内容を付随的個人的なものと解して個人的なものに還元しようとする傾向が根強いことを意味している。個人化は、人類史——この中で初めて「人格」が発生し自我に属する個人的な心的領域が超個人的集合的な出来事の広大な層から抜け出た——の中で、自我・意識・個人の形成と直接に結びついている。

付随的個人化は外在化されたものが内在化される取り込み過程と結びついている。

すでに見たように、人間は最初は超個人的なものをたとえば天や神々の世界に投影して外部のものとして体験するが、最後にはそれは取り込まれて個人的な「こころ《ゼーレ》」の内容になる。シンボル言語において、儀礼・神話・夢において、また幼児の実生活において、これらの内容は「食べられ」て「吸収され」「消化される」。このようにそれまで投影されていた内容を取り込まれ同化する行為によって「こころ《ゼーレ》」が構築され、主体としての人間や人格の自我中心的な意識が、より多くの内容を意識の内へ取り込むにつれて絶えず「重み」を増していく。その場合、すでに元型の分解について述べたように、それまで形のなかったものに形を与えることによって初めて意識による摂取が可能となる。意識は発達するにつれて曖昧なものの中に形を識別し始め、さらにははっきりしてくるとそれを摂取する。付随的個人化によって、人格体系は超個人的な像を自らの個人的領域に引き入れて大きくなっていく。ただしこのことは取り込みを意味しているだけでなく、自分自身の像にならって擬人的な似姿を作ることも意味している。このことをクセノファネス[18]の古い箴言は次のように喝破している[45]。

「もし牛や馬やライオンが人間のように手を持っていたら、もし彼らが人間のごとく絵を描き芸術作品を創造できたとしたら、馬は馬のように牛は牛のように神々のイメージを描き、自分達の外見にならって神々の身体を像《かたど》ったであろう。」

付随的個人化の傾向は、超個人的なものの影響力の減少と自我や人格の重要性の増大を含んでいる。その順番は、まずヌミノースなものが非個人的な力をもっている状態・宇宙的な神話・力動観ないし前アニミズム時代の諸観念・から始まる。これらには、まだほとんど中心のない心をもった人間・無意識的で心理的には集団と一体化して生存している人間・が対応している。その次に形象化の時代が続き、神話では天体神話や神々の形象化が現われ、ここでは神々に当たるのが地上のマナ英雄・歴史的ではなく元型的な性格を持った英雄・である
それゆえ夜の航海において竜を殺害する、太陽・他の文化においては月・としての英雄は、すべての人間的－歴史的英雄の元型的な模範であり、手本である。*

＊　このため初期の歴史叙述はつねに個々の英雄を原－英雄元型と一致させようと試み、こうしてたとえばイエス像をキリスト化する際に英雄と救済者元型の神話的な特徴が事後的に書き加えられたように、神話化された歴史叙述がなされるようになる。こうした神話化の過程は付随的個人化のそれとは反対の過程である。しかしこの過程においてもすでに英雄像の重心は、人間的に行為する自我の方へと移されている〔46〕。

こうして神話時代の次に神－王などが登場する初期－歴史時代が来て、ますます明白に天の住人は地の住人と入り混じり、超個人的な存在は下降して人間となる。付随的個人化が進むとついには、たとえば地方神は半神〔＝両親の一方が神である英雄〕に、霊魂－動物は家の守護霊などになる。

この発達の中で自我や意識つまりは個々人の人格がより重要なものとなり、ますます歴史時代の中心を占めるようになっていくが、この中には個人的なものの強化がはっきりと認められる。この場合、人間的で個人的な領域は、人間外的で超個人的なものが空無化されるにつれて、ますます豊かになっていく。

取り込みによる心と客体世界の分離

自我意識や個人の比重がましてくると人間を人間とみなす自己意識化がもたらされるのに対して、無意識のうちにあって自らを見分けることのできない状態にあるうちは人間はまったくの自然存在であった。人間がトーテミズムにおいてたとえば動物・植物・事物「であり」えたということは、これらのものと自らを区別する能力が欠けていたこと、また人間としての自己意識が未発達であったことを表わしている。

動物の姿をした原初の神々や祖先は自然との融合状態のシンボルや表現であり、魔術・狩猟呪術・家畜の飼育・の中で実際に活躍していたのに対して、後の時代になるとそれらはヌミノース的であり原－時代の超個人的なものを表わす。こうして神々のお供の動物はどこでも、神々が最初は動物の姿をしていたことを示している。付随的個人化の発達はたとえばエジプトにおいて神々でさえ人間化していった過程の中に探ることができる。先史時代においては地区のシンボルは、これらをトーテム－シンボルとみなすかどうかは別として、動物・植物・事物であった。第一王朝には鷲や魚などから腕が生え、第二王朝の終わりにはすでに人間の身体と老いた動物の頭部を持った二重形態が現われて、それが人間の形をした神々となり、第三王朝以降は人間の形への発達が一般的となった。神々は人間の姿をした天の主として確立され、動物たちは姿を消した。[47] 文学の中でも付随的個人化の進展を同じように観察することができ、神話的なモチーフがメルヘンのモチーフとなり最後には小説のモチーフとなる。こうした「零落」の好例はエジプトにおいてはセト－オシリス神話やセト－ホルス神話のバータ・メルヘンへの変化であり、この場合には初めは光と闇の宇宙的な対立であり次には神の兄弟の対立であったものが「家族小説」へと変貌して、昔の出来事が個人的な特徴を帯びてくる。

このように無意識の内容を同化していくことによって人類の歴史的発達の中で人格が形成されていく、すなわち外的集合的な歴史から絶えず独立していく人類の心的・精神的な内面史の基盤をなす広大な心的体系が生まれる。哲学によって準備されたこの過程は、今日では心理学において、今なお未熟とはいえ時間的には最後の段階に達している。この過程に属しているのが世界の「心化」である。神々・悪魔・魔神・天国・地獄は客体－外界の領土から奪い取られて心的な力として人間の領域に取り込まれ、それによって人間は内的な拡大を体験する。もし以前に地上的な神と称していたものを性と名づけ、以前啓示と称していたものを幻覚と名づけるならば、またもし下界や天の神々が人間の無意識の指導者元型《ドミナンテ》であることが認識されれば、そのとき世界の巨大な領域が人間の心の中に落ち込んだことになる。取り込みと心化は宇宙的－物質的な客体－世界が目に見えるようになることの反面であり、この客体‐世界はもはや以前ほどには投影によって変化させられない。

ところがこうなると、――これは個々の人格にとっては付随的個人化の重要な結果であるが――超個人的な内容が狭い個人的な領域へ・つまり個人へ・投影されるようになる。歴史的な推移において神像が人間に投影され人間において体験されたのと同じように、今や元型的な像が個人的な領域の中へ投影されて、必要とはいえきわめて危険な、個人と元型との混合が生じることになる。

この過程は両親元型が両親に投影される幼児期や・個人の人生において・重要な役割を演じているばかりでなく、集団の運命も、英雄・指導者・聖者などとして人類の歴史に肯定的にも否定的にも影響を及ぼす「偉大なる個人」にこの種の投影がなされることによって、大きく左右される。後に見るように健全な集合的文化が可能であるのは、付随的個人化が極端化して《不条理なもの》となってしまわない時だけである。もしそうなってしまうと、超個人的なものの誤った投影や再集合化現象が生じ、ひいては文化発達において獲得されたものの本質的な部分が再び危険に曝されたり、さらには失われてしまうことになる。

意識発達の男性的な特徴

無意識の収縮はこれまで述べてきたすべての過程と結びついており、発達史的には意識の体系化を、また意識と無意識の両体系の分離をもたらす。無意識が相対的に無力化することは、自我‐意識の強化やリビドー増大の前提である。このとき巨大な壁・意識と無意識の間の境界・が無意識内容の価値転倒や価値低下によって絶えず強化される。「無意識から去れ、母から去れ」という自我の父権的な標語は、価値低下だけでなく抑制や抑圧に同意し、その結果意識にとって危険になりうる内容を意識の領域から閉め出す。意識と無意識の間でこのようにして高まってくる緊張の上に、意識の活動もその後の発達も、基礎を置いているのである。

男性的意識の活動は、自我が無意識の竜との元型的な戦いを自ら引き受け成し遂げるという意味で、英雄的である。こうした男性性の支配は父権的な文化領域における女性の地位にとって決定的な意味をもっており、西洋の精神的発達を規定している。*

＊　無意識の収縮・意識発達の父権的な傾向による無意識の「解任」・は、父権制における女性の価値低下と密接に関連している。この事実は後日出版される『女性の心理学』において詳細に扱われるはずである。ここでは次のことを簡単に注意するに留める。――これまで見てきたように、無意識に支配されている心理段階は母権制すなわち太母を象徴としており、彼女は英雄の「竜との戦い」において克服される。無意識と女性シンボルとのつながりは元型的なものであり、しかも無意識の母性的性格は、男性の心において「こころ《ゼーレ》」の像を表わすアニマ‐像によって、さらに強化されている。この意味において英雄的‐男性的な意識発達から見ると「無意識から去れ」と「女性から去れ」が重なり合うのである。心理的な意識‐父権制へと向かうこの発達は、女性的な月神話が男性的な太陽神話によって取って代わられることにも反映しているが、遠く未開人の心理にまで溯って探ることができる。月神話は、たとえ月が男性として現われても、つねに意識‐光が無意識という夜の側面に依存することを示しているのに対して、太陽神話という父権的な形態においては事情が異なる。ここでは太陽はもはや夜が産み出した朝‐太陽ではなく、真昼の高さにある昼‐太陽である。それは精神《ガイスト》‐天の創造的世界として、自己との関係においても自らが独立して何ものにも拘束されないことを自覚している、男性的な意識を表わしている。

　密儀のほとんどは最初は女性の密儀であり後になって初めて男性に引き継がれたというブリフォールトの見解が正しいとするなら、男性結社の発達の反女性的な方向――この元型的な基盤については別の箇所（二三一頁以下）において論じておいた――は歴史的にも基礎づげられることになる。いずれにせよ、女性の地位低下と、既存の父権的な宗教体系や文化体系からの広範な排除は今日に到るまで明白である。女性の価値低下はまさに未開人におけるブルローラー‐密儀による婦人への威嚇から〔48〕、《教会における女性の沈黙》や、男性として生まれたことに感謝するユダヤ人の日々の祈りを経て、一九四八年のヨーロッパ諸国における婦人投票権の否認にまで到る。

意識やその発達が男性的な側面に属しているという特徴は、男性的精神《ガイスト》――無意識の威力から自らを解放せんとする意識の努力――による科学の発達において頂点に達している。科学が生まれるところではどこでも、無意識から生まれる投影によって充満しているという、世界の原初的な性質が解体する。投影から解放された世界は客体世界として意識の科学的な構成要素となる。原初の無意識性やそれに対応する想像的な世界とは反対に、この世界は今や客観的世界・現実・実在・と見なされる。こうして男性的に区別し法を定め法を求める精神《ガイスト》の、永続的な保護の下で、「現実原則」が男性的なるものや男性たちによって代表されることになる。

自我と意識はこの意味で、曖昧な無意識の世界を解体しようとする識別機能を持った、現実適応の器官である。

それゆえ原初の人類や幼児における自我や意識の発達は、つねに現実把握に依存している。これはフロイトの快感原則と現実原則の対立が妥当する部分である。しかし後の・まさに現代において始まっている・発達には、こうした外部の世界にしか目を向けない現実適応はもはや役立たず、十分ではない。意識は、現実を構成する諸要素が無意識そのものの中にわれわれの体験を導く指導者元型《ドミナンテ》として・観念ないし元型として・存在していることに気づいている。このことは意識が内にも向いていることを意味する。意識は内の客観的心的なものに対しても外の客観的物質的なものに対しても同じように、認識器官として機能しなければならない。内向型と外向型は今や、世界と無意識に目を向け中心志向に仕える、より広い現実原則の支配の下に置かれる。客観的な心的世界の探究としての深層心理学が始まったことは、こうした新しい立場を表わしている。

四　快－不快－要素の転換

意識と無意識の間のリビドー移動

無意識から意識へと向かう人類の発達の道は、リビドーの転換と上昇の道である。この転換の道の両側には巨大な姿をしたもろもろの元型やシンボルが並んでいる。この道を先に進むにつれてますます多くのリビドー量が無意識から自我意識に供給され、それによってこの体系は自らを前に向かって広げかつ堅固にする。こうして、ほんの短い間しか意識が点《とも》されない原初人は、次第に、自らの集団ないし人類の集合的意識の産物である文化世界の内部で、多少なりとも自我が連続した意識をもつ今日の人間に取って代わられた。

この道が上昇的であるというのは、われわれが意識や光の世界を上なるもの・無意識と闇の世界を下なるもの・と感ずるという意味においてであり、この感じ方もまた太古のシンボル体系に、とくに人間の直立姿勢および「高次の」中枢や意識の座である頭の発達と意味深く結びついたシンボル体系に、呪縛されているのである。「大いなる輪」から始まり元型網を経て個々の元型やシンボル集団へ・観念を経て概念へ・推移していく系列は上昇的であるが、同時に限定的でもある。「深淵の中では」曖昧だがエネルギーをもっているため働きかける力が強く魅惑的であったものは、今や意識の概念内容になると、意識が考えて処理し・自由に位置を変え・好きなように利用できる程度の大きさになる。この大きさのものはそれによってたしかに使用しうるものとなったが、しかしそうなったのはひとえにその原初的なリビドー量の重要な部分が意識全体と自我とに引き渡されたからである。

無意識内容による魅惑は意識のリビドーを「引きつける」点にあり、この引きつけはまず関心と注意を〈無意識へ〕向けさせるという形で現われるが、それが強まると意識からリビドーが吸い取られて無意識化・疲れ・抑鬱などとして現われることもある。病的な場合には無意識内容がリビドーを引き寄せて活性化し、錯乱・症状などとして姿を現わし、創造的人間においてはこの内容が自律的に意識と結びつき創造活動の中で表現されるのに対して、意識化の活動とは自我が自発的に意識の手に委ねられた自由なリビドーとを、魅力を発する場所へ向けることを意味している。情動的要素としての無意識体系を活性化させるリビドーは、認識活動の中で、認識し意識化する自我体系のリビドーと合流する。この結合は、いかなる実際の意識化においても・いかなる新しい認識や発見においても・コンプレックスの解体や無意識内容の同化においても、自我には快感として体験される。この点は、意識化されるべき魅惑的内容を意識がイメージ・夢・ファンタジー・観念・ひらめき・投影などのどの形で認識しようと、変わりない。無意識内容の摂取は、いかなる形を取ろうとも、意識の内容を豊かにするのみならずリビドーをも豊かにする。そして後者は主観的には発奮・興奮・喜びなどやさらには陶酔として感じられ、他方客観的には関心の強まり・作業性向や注意力などの拡大および集中・となって現われる。

　無意識内容を意識化し同化するためには自我は「下降」する、すなわち意識体系の外に出て深淵へと向かい、そこで「宝物」を掘りあてるのである。「英雄的勝利」の快感はエネルギー論的には、意識がリビドーと獲得した内容とを結合させ、そのリビドーを取り込むことによって生まれる。*

＊　この下降は意識から無意識へと向かい、無意識から出発して上昇する創造過程とは逆方向をなす。イメージ・ひらめき・想念といった無意識の発現もまた、自我には快感に満ちたものと感じられる。創造過程の快感も、それまで無意識的に活動していた内容がそのリビドーを意識に引き渡すことによって生じる。認識や創造過程による快感とリビドー増加は、意識－無意識という体系の両極性が一時的に止揚される総合《ジンテーゼ》の徴候である。

　内容を「摑みとり」摂取するという表現は意識と自我のこうしたリビドー増加を表わしている。ただしこの場合、ある内容のリビドー量がすべて意識に供給されることは絶対にありえない。意識による分解は意識を変化させそのリビドーを増大させることがきわめて頻繁に見られ、またつねにとは限らないが「無意識の活性化」をももたらす。このことは次のように説明されうる。すなわち、解放されたリビドーの一部を意識が受け取ることができずそれが再び無意識へと流れ去り、そこで――たいていは内容的に関係のある――コンプレックスや元型的内容にリビドーを与え活性化させるのである。これらは連想によって浮かび上がってくる内容であり、浮かび上がるときには必ずひらめき等の形で生み出される。あるいはそうでなければ新しい無意識の布置が敷かれる。そうした新しい布置が意識化の最初の状況と内容的に結びつくことによってあらゆる仕事の持続性が形成されるのであり、その仕事の本質的な部分はつねに無意識によって準備され、渡され、豊かな実りをもたらすのである。

これらの過程の持続性は創造過程の中だけでなく、すべての一連の夢・幻想・ファンタジーの中にも現われる。そしてそこには必ず内的な意味連関が貫かれているのが見られ、そのつながり合った網目が一つないし数個の中核的内容の周り・中心の周り・を取り囲んでいる。(49)

意識が勝ち取った重要な成果の一つは、意識が自らの体系に供給されたリビドーを自由に変換できる、すなわちリビドーをそれが流れ出てきた源泉とはほとんど無関係に使用できることとである。ちょうど「刺激的な本」による興奮が読者によって詩・散歩・ブリッジの勝負・恋の戯れ・に「利用」されうるように、すなわち本と自我の反応との間に必ずしも関連がなくとも、自我は無意識内容の意識化によって流れ込んできたリビドーの一部を自由自在に利用できるのである。自我のこうした相対的な自由は、たとえそれが濫用されることがあるにしても、その最高の成果の一つである。

意識はこうして発達していくうちに対象へ自由に向かっていくことができるようになり、自我は相対的な独立を獲得した。この道程は、自我がその時々に活性化している無意識内容によってなされるがままに捕えられている魅惑された状態から出発して、意識が外界すなわち集団や世界状況が要求しているものに・あるいは自ら関わろうと選んだものに・積極的かつ自由な興味を向けることができるだけの十分なリビドーを持った状態に到る。

まさしく発達のこの結果こそ、つねに念頭に置かれていなければならないものである。深層心理学以前の心理学にとっては、心理学とは意識心理学を意味することは明白なことであった。深層心理学の発見は今や、意識内容はすべて無意識によってのみ決定されているかのような、逆の印象を呼び起こしている。しかし自我と無意識の間で演じられている弁証法的な過程が理解されることによって初めて、本当の心理学的な認識が可能となる。意識体系が形成され堅固になること、およびその自律と維持を求める努力は、意識を無意識と絶えず連関させてこの自律を相対化していくことと同様に、心の発達史における重要な要素である。

意識と無意識の間の快感葛藤

心的段階の順序と関連する、重要なエネルギー問題として、快‐不快‐性質の変化による情動的要素の転換の問題がある。快‐不快‐要素は心的体系のリビドーの強さに左右される。快とはその体系がうまく機能していること、すなわち健康であること——このことはその体系が平衡状態にあるとか、余ったリビドー量の助けを借りて自らを拡大する能力をもっという形で現われる——を心の側から表現したものである。この場合、どの体系の「慣性」もその体系の独自の生に・すなわち自らを持続しようとする傾向に・対応する。どの体系も解体されることに対して抵抗し、危険には不快をもって・逆に活性化とリビドー増大には快をもって・反応する。

自我が意識体系の中心であるために、われわれは初めこの体系の快‐不快‐反応を自分自身のものとみなして、それと同一化してしまう。しかし実際は、自我の快‐不快‐体験の源泉は決して意識体系だけではない。

人格が意識‐無意識という二つの心的体系に分かれて発達することから明らかなように、意識と無意識の間の葛藤も必ず快と不快のどちらが上位に立つかという心的な葛藤をもたらす。というのは、どの部分体系も自らの存在を維持しようとし、危険には不快をもって・自らが強まり拡大することには快をもって・反応するからである。

ところがそうすると快感葛藤——以上の状況を単純化してこう呼ぶことができる——は人格の統合の度合いに

も、自我と無意識の関係を決定する自我発達の段階にも左右されることになる。意識が未発達なほど快感葛藤は小さくなり、他方人格の統合度が大きくなると再び減少する。というのは快感葛藤は意識と無意識の分裂を表わすものだからである。

しかしこれら二つの発達は必ずしもつねに並行して進むとは限らない。幼児においては低い自我段階が高度に統合した人格と結びついているため、神話ではウロボロスの楽園状態として表現されるような、相対的に強い全般的快感がもたらされる。それに対して人生前半の覚醒化過程においては、統合の減退が自我や意識の発達の進展と結びついている。人格の分化は心の内部に緊張の高まりをもたらすが、しかしそのことによって自我‐体系の快感体験と無意識の自律体系の快感体験との間にも葛藤が高まる。

「無意識の快感体験」という概念は初めは逆説的で無意味なように思われる、というのはすべての体験は・それゆえ快感体験も・外見上は意識と自我の上で繰り広げられるからである。ところが実際はそうではない。乳児の至福状態はその不快体験と同様にはっきりとしているが、決して強い自我意識と結びついているわけではない。まさにこの原始的な快と不快は、無意識的な過程の広範な表現なのである。ここにおいて、自我意識は心の部分的な体系でしかないという事実が意味を持ってくる。いかなる心的な疾患においても、奇妙なことに、自我と意識の損傷や障害が必ずしもはっきりと不快なものと感じられるとは限らない。自我が人格の中枢・人格の担い手・になっている時にのみ、自我の快‐不快が人格の快‐不快と一致するのである。神経症ことにヒステリー反応において、しばしば自我の故障や苦悩に「快感の笑い」・いわば自我を占領して勝ち誇った無意識の笑い・が伴うことがある。この種の神経症――精神病の場合はなおさら――の症状の不気味さは、いわば快の側の「間違い」に当たるものであり、まさに人格と自我の分裂・不同一・に起因している。

未開人の心理においてこうした現象が最も明瞭になるのは憑依状態においてであって、その場合には悪霊・憑依をもたらす無意識的なコンプレックス・の快と不快が明らかに自我の快‐不快体験とは独立に現われてくる。[50]

苦悩と罪悪感は快感葛藤の結果である

ウロボロス段階においては快‐不快反応が混じり合って不可分となった状態が支配しており、この状態は意識と無意識への体系の分化とともに分化し、最終的には世界両親が分離する段階において互いに対立するものへと分離する。原初の混合的性格はこれ以後はなくなって快は快・不快は不快・となるが、それぱかりか今やどちらの心的体系に属するかが明らかであるため、一方の体系の快は他方の不快となり、その逆もなりたつ。勝利を治めた自我意識は自らの勝利を快いものと感ずるが、打ち負かされた無意識の体系は「不快を感ずる」。

しかし快と不快が意識体系と無意識体系に対立的に帰属するにもかかわらず、「打ち負かされた」無意識体系の不快は意識されないままではいない。意識はこうした不快をも受けとらないわけにはいかず、その結果その不快を意識化するため、あるいは少なくともそれから影響を受けないままではいられないため、意識の状況は複雑なものとなる。こうして自我が無意識に対抗する自己発達を勝利のうちにやり遂げた時でさえ、自我の苦悩が生ずるのである。

この現象は神話では原罪感が世界両親の分離に伴うことに表われる。この場合、自我の不快としての罪悪感は、じつは無意識の苦悩に由来する。「こうした訴えをおこすのはたいていは原両親・無意識自身・の方であって自我ではない」。この罪悪感を克服することによって初めて自我‐意識は自らの価値を獲得し・自らの足で立ち・自らの行為を確認する。この罪悪感の中にも快感葛藤は生きており、世界両親を分離した英雄は罪悪感を克服することによって意識の輝きの中で生を肯定するが、それでもなお葛藤を免れないのである。

勝利のうちに同化する自我はしかし長い道程の末に初めてこの克服を成し遂げるのであって、《一回限りの業《わざ》によって》ではない。克服された神々を祀ることは勝利者の宗教においてもなお重要な意味を持っている。こうしてたとえば『オレステイア』において古い母権的な女神たちから父権的な神々への交代は、単なるエリニュスの排斥ではなく、逆に彼女たちを祀ることによって終わるのである。類似の出来事はいたるところに見られる。

ある内容がまったく無意識的であり、その状態で全体を支配している間は、きわめて大きな力を持つ。その内容を自我が無意識から奪い取り意識の内容にすることに成功した時、それは――神話の言い方によれば――征服されたのである。しかしこの内容はそうなってもなおいっそう多くのリビドーを吸収し、自我はそれが最終的に意識に取り込まれ「消化」されるまでは、それに関わったりそれを扱ったりしなければならない。こうして自我意識は「打ち負かされた」内容となおも引き続いて関係を持たざるをえず、それに苦しむことになる。

禁欲者を例にとると、彼の自我意識は意識を圧倒しようとした衝動内容をはねつけて勝利し、自我としては快を感じるが、しかし彼は「苦しむ」、というのははねつけられた衝動部分も彼の全構造の一部だからである。

無意識体系の側と意識の側との快感葛藤はしかし今や主に意識そのものの中で演じられ、神話においては英雄の生涯に苦難の刻印を押すように、成人の一生を葛藤に満ちたものにする。より成熟することによって初めてこうした苦悩状態は個性化の中で部分的に克服される。個性化において高い自我段階は再び人格の統合と一致し、意識体系と無意識体系の和解が進むにつれて快感葛藤の解決もなされていく。

「快感葛藤」はそれゆえきわめて重要である、というのは、それが情動的要素の変化と関連しており、しかも単に快の不快への転換およびその逆とだけでなく、英雄近親相姦のところで述べたように、快から恐れへ・恐れから快へ・という心理的にさらに重要な転換とも関係しているからである。

ある自我‐段階が次の段階に取って代わられるときにはつねに恐れが生じ、それは象徴的には死のシンボル体系と結びつけられる。死の段階によって特徴づけられる自我に対してまさに実際にも死が脅かすのである。決定的なのはただ、自我が以前の段階へ退行するかそれともより高い自我‐段階へと移行するかである。前者の場合たとえばウロボロスへの退行において恐れはウロボロス近親相姦の受動的な快へと転換し、後者の場合には恐れは英雄近親相姦の積極的な快となる。受動性と積極性はこの場合には、自我の独立性の下降と上昇を示している。

五　人格の判断中枢の形成

元型的諸段階は自我の諸段階でもある

意識発達の元型的諸段階は個人の自我の諸段階にも対応している。各々の自我段階は人生の特定の時期に対応し、それぞれがたくさんの個人的体験を含んでいる。これらの体験は個人の個人的な意識的および無意識的な記憶となっており、それは彼が自らの個体発生的発達において意識発達の元型的諸段階を通り抜けてきた際に蓄積されたものである。

ユングは、元型が決定するのは内容ではなく、形式のみである、と強調した。〔51〕
「原イメージがはっきりした内容をもっていることを証明することができるのは、ただそのイメージが意識されており、それゆえ意識的な経験の材料によって満たされているときだけである。」
したがって元型が意識的に体験されるとは、一回限りの個人的な形で超個人的なものが個人にとって現実的なものとなることである。

意識発達の元型的諸段階が個人にどのように体験されるかは、それゆえ、「個人的」無意識をも含めた人格〔全体〕にかかっている。したがって元型的な枠組の内部が個体発生の中で「充塡」されていく過程は、個人的無意識の分析作業によってほとんど意識化される。というのはこの内容が想起されて再び現実化されうるものとなったり、それまで無意識的であったその作用が認識されるか解体されるからである。ここでもわれわれは再び、集合的無意識の中に予め形成されている元型的構造が個人的－一回的内容と結びついており、しかも一方が他方から派生することはありえないという事実に出会う。「体験がどのようになされるか」はたしかに元型的に予定されているが、しかし何を体験するかはつねに個性的なのである。

判断中枢の形成、中心志向、人格の統一

こうした元型的特徴と個人的特徴の二重性がとくに目につくのは、人格の形成と発達にとって重要な現象である、人格のさまざまな判断中枢が生まれる時である。人格の判断中枢についてコンプレックス心理学は、自我の他に、心の全体性としての自己・ペルソナ・アニマ——女性の場合にはアニムス——・影・を類別している。[52]これらの判断中枢が「人物」として現われることは、すべての無意識内容は「部分人格のように」現われるというコンプレックス理論の基本命題[53]と一致する。これらの判断中枢はいずれも、未開人だけでなく文化人にも見られるように、自律的なコンプレックスとして自我につきまとい、ついには人格の憑依状態をもたらすことがある。神経症心理学はこの種の憑依状態をたくさん知っている。しかし心的な判断中枢が心的器官として形成されることは個人にとって、まさにそのことによって人格の一体性が可能になるという意味を持つ。人類史における判断中枢の形成およびこれらの判断中枢を統一する人格構造の発達は、間断なく続く過程である。

これらの判断中枢の形成史を描くことは残念ながらまだできないが、それができあがる様を個人の発達の中に個体発生的に辿ることは可能である。ここではごく簡単に、段階的発達という観点からこの過程について言えることを二、三指摘するに留めたい。

自我‐意識は外界や内界と「英雄的に」対決する中で、さまざまな内容を取り込みそれらから自らの世界像を組み立てることによって、自らと世界や「こころ《ゼーレ》」との客観的な関係を確立する。このとき自我は複雑化するが、それは自我‐意識‐体系というものが一度で完成してそれが外界と内界を「征服」していくというものではなく、むしろこの摂取体系そのものが自らの歴史を持っておりその中で次々と意識発達の元型的諸段階を通り抜けていくからである。こうして心的体系の中には、また——意識がそれを表わすものである限り——意識の中には、自

我や世界のさまざまな発達段階・さまざまな理解法やシンボル・成功したり失敗した摂取の努力・が共存している。それらを発達段階にそって系統的に整理することによって初めて見通しをつけることが可能になる。克服された無意識の構えや自我発達のさまざまな段階を意識に取り込むことは自我の状況を絶えず繰り返し複雑なものにするが、それはこうした構えが現実化されて意識に影響を与えうるからである。

人格の形成は自我および意識の形成と同じように中心志向の支配下にあるが、中心志向の働きは生命体の統一性を創造的に発達させることにある。融即によって解体される危険は無意識的なだけの存在にとってはきわめて大きいが、逆に意識的で統合された人格にとっては比較的小さい。これまで元型の分解・情動的要素の解体・付随的個人化・無意識の収縮・合理化・と呼んできた過程はすべて自我と意識をより堅固にするという特徴をもつが、これらの過程は分裂したり分化する傾向を持つにもかかわらず中心志向に導かれていることが証明されており、中心志向が布置する人格や判断中枢の形成も同様に中心志向の仕事である。

人格の発達は無意識の広い領域をも巻き込まざるをえない。判断中枢の形成に課せられた任務は、集合的無意識との生き生きとしたつながりを失うことなくその解体せんとする力から人格を守り、集団や世界との生き生きとした接触を損なうことなく個人の存在を保証することである。

ペルソナ－判断中枢は集団に対する防衛体系であり、集団への適応体系であるが、これについてはユングは詳しく述べている[54]。それに反して、アニマ像と影の発生を判断中枢との連関で説明することはさらに難しいように思われる。

影の形成

影を形成している重要な部分もまた集団への適応の結果である。影の中には人格のうち自我や意識が無価値であると判断したすべての部分が取り込まれている。この価値選択は個人の文化規範を規定している諸価値のうちのどの部分を切り取るかによって集合的に決定される。価値が文化制約的であるほど、無価値を取り込む影も文化制約的になる。

しかし影は個人的無意識の一部として半分だけ自我に属しているが、あとの半分は意識を規定する共同態に属している。それは他方ではまた集合的無意識の敵対者像によっても布置され、人格の判断中枢としての影の意味はまさにそれが個人的個性的意識と集合的無意識との間に位置していることに由来する。影が人格全体に作用するのは、それが自我を補償する機能を持っているからである。中心志向傾向は、自我や意識が上へと向かいある意味で身体と敵対しよそよそしくなろうとする傾向に対して、鉛の塊すなわち影という錘《おもり》をつけて、「木が天まで成長しないように」、また個人の個性的・集合的・歴史的・生物的な制約が意識の一般化し公準化しようとする態度によって顧みられないままとならないように、気をくばる。こうして影は、急激な意識発達や過度の自我強調においてつねに生じる、人格の分裂を防ぐのである。＊

＊『化学の園』にある、大地であるひきがえるに繋がれた鷲というアヴィケンナ（19）の錬金術的イメージは、これと同じ問題を象徴的に表わしている〔55〕。

影という人格判断中枢の形成は、神話の心理学において取り上げた敵対者像の取り込みと関係している。意識の中へ悪を取り込み攻撃傾向を取り入れることは影の像を巡って行なわれる。「闇の兄弟」は未開人の藪の霊魂〔56〕と同様に影の側面のシンボルである。人格のこうした闇の側面を取り入れることによって初めて、人格はいわゆる「防衛力」をもつ。人格の悪の性質は――いかなる文化規範に関わるものであれ――、利己主義・防衛や攻撃への即応態勢・最後に集団から自らを際立たせ自らの個性的な「特殊性」を共同態の平均化要求に対して守り貫き通す能力・として、個性の必須要素になっている。影によって人格は無意識という大地圏に根ざす。影の敵対者像元型・悪魔元型・との結びつきは、真の意味でつねに生き生きとした人格の根底的創造的基盤の一部をなしている。それゆえ神話の中では影はしばしば双生児としても登場する。すなわち影は「敵対する兄弟」であるに留まらず仲間や友人でもあるため、双生児兄弟が影なのかそれとも自己・不死の「他者」・なのかを区別できなくなることもしばしばである。

こうしたパラドックスには、上なるイメージと下なるイメージはお互いを映す鏡であるという昔の諺が働いている。心理的発達において影の中に自己が隠されており、影は、「門番」[57]・入口の番人・である。自己へ到る道は必ず影を通り抜け、影が表わす暗い性質の背後にこそ全体性が存在し、影と親しむことによってのみ自己とも親しめるようになるのである。

自我と影の葛藤によって・また個々人の影との集団の葛藤によってはなおさら・文化の中へもたらされる錯綜については、他の箇所で論ずる[58]。

影－判断中枢の心理学については以上の示唆で十分としなければならず、同様に「こころ《ゼーレ》」のイメージすなわちアニマ（ないしアニムス）と呼ばれる判断中枢の形成史についてもここでは二、三の言及をなすに留める。*

＊「女性の心理」は男性的自我の心理とは異なるが、ここでは考慮に入れないでおく。

アニマ

ウロボロス－太母－王女という系列を観察すると、それはウロボロスから始まって太母の恐ろしい矛盾に満ちた曖昧な性質を経て、救い出された囚われの女性という人間的なはっきりした形姿に到るものである。この系列の各段階は後へ戻るほど複雑で数も増え、同時に捉えがたく謎に包まれた不気味なものとなるが、自我に近づくほど理解可能で明瞭で、関係を結びやすくなる。

それはぼんやりと見ている限り輪郭もなく、わけの分からないほどもつれているが、観察の眼を正しい距離に置くと形を現わす絵に似ている。以前のぼんやりとした状態においては認めることのできなかった像・部分・関係が、今や目に見えるようになる。意識の発達はこうした視点の変化に全般的に対応しており、それどころかこの発達は意識がどの程度まで距離を――それまでぼんやりとしていて多義的であったものを互いに際立たせ、はっきりした一義的なものに変えることを可能にするだけの距離を――取ることができるかに直接左右されるように思われる。

ウロボロス的な竜の猛威からアニマ・囚われの女性・を救い出すことによって、英雄の人格構造の中に女性的な部分が持ち込まれる。彼は女性という形であれ「こころ《ゼーレ》」という形であれ本質的には同じものである女性的なものを持てるようになり、自我が女性的なものと関係をもつか、もつための能力を手に入れることこそ征服の中心的内容をなす。まさにこの点にこそ王女と太母との相違があるのであって、〔英雄は〕太母とは人間的に対等な関係を持つことができないのである。男性と女性の結合は、内的にも外的にも、文化の授け手や建国者を多産にし、家族すなわち創造的生産をもたらす。

太母という根源・源泉との再結合は王女－アニマを経由する、というのは彼女は原－深淵の女性が変化し、姿を変じて人となり人間的な形を持ったものだからである。彼女において初めて女性は男性の同伴者になりうる。このとき王女に対する男性の救助は、彼女を竜の支配から救い出すという形をとる。魔法にかけられた王女が登場する多くの神話やメルヘンは、彼女を醜く変え彼女の人間性を歪めている竜からの解放を意味しているのである。

アニマ像の本質的な部分は、ウロボロス的な母元型が分解して、その肯定的な側面が取り込まれることによって形成される。われわれはすでに、ウロボロス的な母の元型が発達の中で元型的ないくつかの集団にどのように分解するかを見た。ウロボロス・また太母・の中にはたとえば老若・神と動物・といった性質が一緒に含まれているのに対して、発達が進むと「乙女」――王女ないしアニマ――が「老女」から分裂し、後者は無意識の中で前者から独立した良い老婆や悪い老婆となって特別な役割を演じつづける。

アニマ像もやはりシンボル的－元型的である。彼女は、呪術的－魅惑的・蠱惑的・危険に陥れる・知とともに狂気をもたらす・要素を含んでいる。彼女は人間的な特徴ばかりでなく神的な特徴や動物的な特徴をもつことがあり、魔法にかけられた時や魔法を解かれた時にそうした姿をとることもある。彼女は「こころ《ゼーレ》」であるから定義することはできない。それはちょうど男性にとって女性が定義できないのと同じである。しかし彼女は最終的には人間の領域へと入り込み、それでいてそれを上へも下へも踏み越えるが、それにもかかわらず自我が「お前」と親しく語りかけることができるものであって、形式的に崇拝されるだけのものではない。

アニマ像は個々の人格の「縁」に立ち、集合的元型的特徴と個人的特徴を持っているが、しかし人格の判断中枢の一つとして人格構造のうちの同化可能な部分である。

個性化過程においてたとえばアニマ像が意識の発達とともに解体され、自我と無意識をつなげる機能になるとするなら、(59) まさしくその点にも元型の分解と同化――このことの意識発達に対する人類史的意味をこそこれまで明らかにしようとしてきた――を辿ることができる。「こころ《ゼーレ》」・救い出された囚われの女性・の働きと関係を持つことによって初めて無意識の深淵との結合が創造的なものとなる、というのは創造というものはいかなる現われ方をしようともつねに男性的な自我‐意識が女性的な「こころ《ゼーレ》」の世界と出会った産物だからである。

ちょうど自己が集合的自己として集団に投影されることが集団心や社会的共同生活のリビドー的な基盤となる(付論一を参照せよ)ように、アニマやアニムスの投影は両性の共同生活のための基盤をなす。包括的な自己シンボルが集団という包括的なものに投影されるのに対して、いっそう自我や人格に近い「こころ《ゼーレ》」のアニマ像は実際の女性にいっそう近い像に投影される。アニマ(そして当然つねにこれと対応しているアニムス)は、無意識的である時には必ず投影され、そのことによってアニマは個人が投影された相手と人間的な関係を持つよう誘い込み、彼を同伴者にして集団に縛りつけ、人間的な「お前」体験を押しつけるが、しかし同時に彼自身の無意識的な「こころ《ゼーレ》」を次第に少なくとも部分的に意識化させもする。自己もアニマも初めは無意識的に作用する人格の判断中枢であるが、すでに広大無辺な融即状態から自我に近い狭い領域を切り取っている。しかもリビドーによる強い結びつきは、実際の共同生活の中で、意識化をも押し進め、同時に魅惑と無意識性を解体させる。

たしかに人格はアニマ像ないしアニムス像という形で依然としてきわめて無意識的な働きをする体系をもっているが、しかし融即する度にウロボロス的に解体されてしまう原初人の状況と比較すれば、このような人格が形成されたことがすでに集合的無意識の突入や侵入に対抗する相対的に安定した構造ができあがったことを示している。この警告し霊感を与えるという「こころ《ゼーレ》」の導く性格も同様に中心志向の采配の下にある。「ソフィア」としての姿を現わすアニマ－判断中枢の最高形態は、まさに自我の優れた伴侶や協力者であるという彼女のこうした根本機能を示している。

六　自我の総合機能

世界像

自我はしかし勇猛果敢な英雄的な機能を、無意識を征服する時だけに用いるのではない。自我はこれと同じ機能を外界を征服する時にも働かせるが、この点についてはこれ以上論じない、というのはこうした活動力が西洋科学の基礎であることは周知のこととして前提にすることができるからである。しかし自我や意識の機能としてこれに劣らず重要なものに総合《ジンテーゼ》機能があり、これによって自我や意識は「解体されたもの」・すでに摂取同化されて分析能力によって理解され変形されたもの・から新しい全体を総合的に組み立て直すことができる。世界像・全体についての意識の観念・は、以前は無意識的な一体性として意識を呑み込んでいた世界が変容して〔新しい〕一体性となったものである。

われわれはこれまでさまざまな過程の中に、二つの心的体系の対立や相関、すなわちこれらの相互分離と部分的な再結合・互いに遮断し合う傾向・一方の体系が他方を圧倒せんとする傾向・を描き出してきた。この過程は、もし全体性の——中心志向という概念で表わしておいた・心身や心的体系の協働を制御する——傾向によって高度に統御され調停されないと、その舞台となる個人にとって悲惨なものとなりその生命力をひどく傷つけざるをえない。中心志向が関与するのは、無意識とその自律的な内容が優位に立ったり、それとは逆に意識体系が過度に閉塞したり自らを過大評価することによって一全体性が危険に曝される時である。中心志向とは補償作用の助けによってすべての有機的心的生命体の基本要因に心身を一体化させる働きであり、その補償作用は単細胞の物質代謝の平衡状態から、無意識と意識の間を支配する平衡状態にまで及んでいる。

文化規範の形成

無意識から意識が分化し、包み込む集団から個人が分化していることは、人間種の特徴である。祖先の体験としての集団が集合的無意識に根ざし、それを通じて表現されるのに対して、個人とその運命は自我と――主に意識の助けを借りて成し遂げられる――その発達とに基づいている。二つの体系は心の中では結合しているが、しかし系統発生的にも個体発生的にも一方の体系が他方から発達する。自我は行動と意志の中枢であるが、それを中心としてもっている意識は、表象と認識の器官として、集合的無意識や身体の中で生じていることを知覚する能力をも持っている。

外界と内界の客体はすべて内容として意識に取り込まれ、その中でしかるべき位置を占め、かつ表象される。意識の中に表象されるこうした内容の選択・配列・段階づけ・限定はほとんど文化規範に依存しており、意識はこの中で発達し、これによって規定される。しかし世界像の大きさは別として、自我意識によって布置され総合的に象《かたど》られる世界像をいかなる場合にも形成できることは人間の特性の一つである。

人格の統合

自我意識のウロボロスとの類似性は自己と自我の間にも見られる根本的な類似性であり、神話の中では父と息子のそれに当たる。心理学的に見ると自我と意識は中心志向の器官であるので、自我が自らを中心であると主張するのは当然である。人間が自らを〔中心として〕位置づけるこの根源的事実は、神話では英雄‐自我が神から誕生し天界の一員であるという形をとる。世界の存在が自分の呪術行為に・太陽の運行が自分の儀式に・かかっているという未開人の信仰の中に見られる「人間中心主義」は、人類の最も深遠な真実を表わしている。自己と自我が父と息子のように似ていることは、英雄‐息子の戦いにおける勝利の内に表現されているばかりでなく、神を象《かたど》った新しい精神《ガイスト》的な人間文化の世界を創り出す意識の創造的－総合的な力においても表現されている。

しかしこうした自我－意識の総合機能は、分析機能と共存しつつ、われわれが再三強調してきた客観化の能力を前提としている。自我－意識は、外と内の客体世界の間にあってつねに新たな取り込み行為へと駆り立てられ・征服し・分析的に解体し・総合的に組み立てながら、自らの記録機能や平衡機能によって発達の中でつねに距離を取るように促され、ついには自分自身からも距離を取るに到る。こうして一種の自己相対化が生まれ、懐疑やユーモアとなって・皮肉や自分自身を相対化する意識となって・高度な形態の心的客観性を前進させることを可能にする。

こうした過程の中で自我意識は他のすべての心的部分体系——自我－意識もその一つである——から自らを区別するが、それは他のすべての体系の原始的な自己保存意志の表現である自己憑依状態を捨てることによってなされる。まさに反省・自己批判・真理や客観性へと向かう傾向・がこのように発達することによって、意識は自らの立場と対立するものでさえ、絶えずより的確に表象できるようになる。こうして意識は絶えずより容易に客観化することができるようになり、ついには発達の最高段階に到って自らを中心とする観念を放棄し、心の全体性・自己・によって統合されることができるほどになる。

自我意識の総合の働きは、まさしく自己を中心にしてなされる人格総合の前提でもあり、自己の基本的な機能の一つである。この働きは中心志向とその総合作用から直接流れ出てくるものである。しかし決定的に新しい点は、ここで自我によってなされる総合は意識的である、すなわち統一状態がもはや生物的段階に留まっておらず、心的段階によって高められている点である。この場合に完全な全体性はこうした総合が熱望するものの一つである。

人生後半の統合過程が示しているように、総合が包括的であることは人格の堅固さを形成するための重要な前提になっている。素材がある程度まで網羅的に総合された時に初めて、中心志向が人格の中心としての自己の形

図78　「我と父は一つなり」。父なる神と子なるイエスが一体であることを示す

で現われることによって、中心志向が「満足している」ことが証明される。

人格の統合は世界の統合に対応している。ちょうど融即状態の中で解体された中心のない心が散漫で混沌とした世界と向き合うように、統合された人格の周りには世界が階層的秩序をなして配置される。世界像と人格形成の対応は最も低い段階から最も高い段階にまでわたって見られる。

ここで初めて、意識と無意識の二つの体系への人格の分離を克服して、心の統一性が自我－意識の総合能力によって、人格の統合というより高度な次元で、再び回復される。英雄が「竜との戦い」の最高の目的として頭に描いていた不死と永生が今や達成される。自我から自己への中心の移動は個性化過程の内的体験に対応するが、この中で儚《はかな》さという自我の性質が相対化される。人格はもはやはかない自我と全面的には同一化せず、自己との部分的な同一化を――神と似ているとか、神が乗り移ったとか、その他こうした体験の逆説的な表現が語る状態の形で――体験する。決定的なのは、人格がもはや自我と同じではないと感じることによって、自我に付着していた儚さという性質も克服されてしまうことである。だがこれこそ英雄神話の最高の目的である。戦いに勝利することによって英雄は自らが神の後裔であることを証し、神話的表現では「我と父は一つなり」〔**図78**〕と言われる根源的状況が――彼が戦いを始めたのはこれと戦うためであったが――成就されたと感じるのである。

C　意識の平衡と危機

〔序論〕

われわれは付論Iにおいて、原初的な集団状況からかなり個体化した個々人からなる集団ができあがっていくまでの発達系列をいくつか研究し、同時に、その中で神話では英雄によって表わされる「偉大なる個人」がいかなる役割を演じているかを示そうと試みた。この発達は、無意識からの自我－意識の解放・意識と無意識という二つの体系への分離・自我－意識体系の独立・が成し遂げられるもう一つの発達に対応している。

この発達とともにわれわれは原初人の領域を去って文化の領域へと足を踏み入れ、今や二つの心的体系への分離につれて生じる文化問題に取り組まなければならない。

「平衡状態にある文化」を扱う第一節においては、集団の心の健康が「自然」によって保証されている状況について——簡単に——述べるはずである。ちなみにこの保証は人類集団の中で作用している補償傾向によってなされるが、この同じ傾向は個人の心の中の出来事においても確認できる。

第二節においては、それ自体は発達の必然的な産物である体系分離が体系分裂にまで変質してしまい、それによって心の危機を招き、この危機が現代史に破局的な影響を及ぼしているのであるが、このことによってどれほどまでにわれわれの文化の中の不安が生じているかを——同じく簡単に——示す。*

＊ 次に付論IIにおいては、集団が大衆へと堕落する過程およびこの過程によって生ずる諸現象を解釈する試みがなされるはずである。したがってある意味で本章は、上記の付論Iおよびそれに続く付論IIと、互いに補いつつ一体をなしている。

一　体系分離の補償——平衡状態にある文化

文化規範と集団の教育要求

既に強調したように、人類史の中で起こった宗教的な事件や非日常的な出来事は、後の時代になると誰の心の中でも演じられる過程の、前兆である。一方の自我－意識と他方の世界や無意識との間の対立が大きくなると、もしわれわれが仮定しているようにそもそも個人と自我意識の役割が人間種にとって重要なものであるなら、自我に援助を与えることが急務となる。この援助が個人に外的にも内的にも十分に与えられるのは、覚醒した自我が英雄行為や「竜との戦い」をすべて、少なくとも人類がこれまで全体として成し遂げてきたとおりに遂行することによってである。このことは次のように言った方がより適切であろう。個人が模範にして体験しなければならない英雄行為はすべて、人類が偉大なる個人・原初の英雄・偉大なる創造者・にならって成し遂げてきたものであり、彼らが獲得したものは血肉化されて人類の集合的な財産になっている。

集団はその価値世界の中で、人類史において人類意識の発達を強化してきた内容すなわち文化財を、覚醒した個人に伝達し、逆にこの発達に反する一切の発達や行為を禁じる。集団は、内から元型的に予め形成されており今や教育によって現実化されるものを、教育や精神的伝統を用いて外側から支える。

集団の教育要求やこの要求に応えざるをえないことは、弱い個々人が自立を求めて戦う時に与えられる重要な援助の一つである。「天」や父の世界は今や超自我という形で、人格内部の判断中枢として集合的意識の諸価値を表わす良心となる。ただしそれは、集団のあり方やその諸価値およびその集団の意識段階によってさまざまな形をとる。

われわれはすでに英雄の戦いにとって天や男性的なものが何を意味するかを明らかにした。ここでもう一度強調しておかねばならないのは、さまざまな文化において幼児期には個人的な父親が集団の代表として集団の諸価値と結びついた権威コンプレックスの担い手になること、そして後の思春期になると男性結社・男性の集団・がこの表象を引き継ぐことである。この二つの表象は、幼児期と思春期において正常人の心的状態を決定する「竜との戦い」の遂行を助ける。*

＊ 非凡な自我の発達・たとえば創造的人間の発達・においては、この二つは克服されるべき竜になる。

集団はその集団の文化 - 伝統の中の諸価値に関わる意識世界を自我の手に委ねる。しかし自我や意識の発達傾向が一面的に強化されると体系が分裂する危険が生じ、それによって心的危機が高まる。それゆえいかなる集団も文化も、自分の側と自分の中に組み込まれている個人の側との間に平衡をもたらそうとする内在的な性向をもっている。

この文化に内在する平衡傾向が現われるのはおもに、集合的無意識が集団の生活に影響を与えるような領域——宗教や芸術、そしてこれらと結びついていたりあるいは無関係な、戦争から祭りに到る・行進から集会に到る・集団行動——を通してである。

こうした領域が文化状況の平衡状態に対してもっている意味は、これらが意識からの無意識の分裂を防ぐことによって、心的機能の一体性を保証することにある。

シンボル世界の補償機能

意識に対するシンボルの役割は、こうした関連の中でこそ明らかにされなければならない。シンボルの世界は、自らを解放し体系化しようとする意識の層と、集合的無意識やその超個人的内容との間の、かけ橋になっている。この世界が儀礼・祭礼や神話、宗教や芸術の中で生きて働いている限り、二つの層がバラバラになることは避けられる、というのは生きて働くシンボル世界を通してこそ一方の心的体系が他方に繰り返し影響を与え、それを対決へと引きずり込むからである。

シンボルはユングが述べたように、[60] 無意識から心的エネルギーを移動させて意識的に使ったり働かせるための仲介をする。[61] ユングはシンボルを「エネルギーを転換させる」ための「心的装置」と解している。シンボルの助けによってリビドーはその自然な河床・日々の習慣・から転じて、「異常な活動」に流れ込むのである。

日々の習慣とは原初文化においては未開人の無意識的なあり方である、すなわち彼の自然な生は「神秘的融即」の中で営まれているが、彼はこの融即の中で自らのリビドーを世界と常習的に癒着させている。まさしくシンボルによってこうした癒着状態からエネルギーが解放され、意識の活動や作業に供給される。シンボルはリビドーを転換させるためのエネルギー転換器であり、そもそもこれがあるからこそ未開人はなんらかの仕事をなすことができるのである。だからこそ原初人の活動はすべて、耕作・狩猟・魚撈・であれ、「不慣れな」すなわち非日常的な行為であれ、たくさんの祭礼的－シンボル的な方法によって導かれ、また伴われなければならない。魅惑し・リビドーを捕らえ・自我の注意を引きつける・シンボル作用の助けを借りて初めて、「不慣れな活動」が始められるのである。

今日の人間もやはり同じ状況に置かれているが、ただわれわれはそれに気づいていないだけである。「不慣れな」活動の「聖化」は今日でもなお、人間を「日常的な習慣」から連れ出して、要求される不慣れな活動状態へと転調する道になっている。こうして、たとえば、平凡な事務員が血なまぐさい機動部隊の責任ある隊長へと変貌することは、恐らく今日の人間に要求される最も極端な心的転換の一つである。こうした正常で平和な人間の戦士への変貌は、今日においてもシンボルの助けによってのみ可能なのである。神・王・祖国・自由・「民族の最も神聖なる財産」・といったシンボルの呼びかけによって、シンボルを散りばめた・共同態の神聖な・行為の中で、宗教や芸術が持っている個人を捕えるすべての要素を援用しつつ、こうした人格の変貌が成し遂げられる。

こうした形でのみ、心的エネルギーを平和な私的生活の「自然な河床」から殺人という「不慣れな活動」へと解き放つことが心理的に可能になるのである。

ある人間集団に対して有効な社会的シンボルは、個人のシンボルと同様に、「もっぱら意識に由来するものでもなければ、もっぱら無意識に由来するものでもなく」、「この両者の対等の協力」から生ずる。シンボルはそれゆえ「理性の意を迎える」合理的な側面と「理性には近寄りがたい側面とを持っている、というのはそれは合理的な性格の材料からのみでなく、純粋に内的および外的な知覚から来る非合理的な材料からも構成されているからである」[62]。

シンボルの感覚的具象的要素は感覚や直観すなわち非合理的機能に由来しており、それゆえ理性によって把握することのできないものである。このことはたとえば旗や十字架といった直接的なシンボルの場合には直ちに納得されるが、抽象的な観念についてもシンボルとしての働きをもつ限り同じことが言える。たとえば「祖国」という観念がシンボルとして意味していることは、それがたしかに含んでいる合理的に把握しうる部分をはるかに越えており、この部分に呼びかけることによって無意識的な情動的要素が活性化されることを見れば、まさにシンボルがリビドーを引きつけて古い水路から解き放つエネルギー転換器であることが明らかとなる。

一般にシンボルの作用は未開人と現代人とでは相反する働きをしている。* 発達史的に見ると、シンボルは原初人においては意識の発達・現実適応・外の客体世界の発見・をもたらす。今日では周知のことであるが、一般に聖なる意味の方がつねに俗なる意味より古いように、たとえば聖なる動物は牧畜より以前に「存在する」。「客観的なもの」はつねに後になって初めて「シンボル的なもの」の背後に見えてくるのである。

＊ 現代人にとっては、「内へ向かう道」におけるシンボルの浮上はこれとは逆の意味と機能を持っている。シンボルの仲介者としての地位はそれが意識的要素と無意識的要素の結合を表わすことに基づいており、このことは意識の無意識との再結合がシンボルを経由して行なわれることによって証明される。それに対して原初人においては無意識から意識へという逆の方向の発達を促す。

原初時代にとってはシンボルの合理化しうる部分こそが決定的に重要である。そこでは世界イメージは象徴的なものから合理的なものへと発達する。前論理的思考から論理的思考への進歩はシンボルを経由してきたのであり、それはちょうど人類の哲学的・科学的思考が無意識の情動的－力動的要素から次第に解放されるにつれて象徴的思考を通って初めて徐々に分化してきたことが証明できるのに似ている。

未開人は無意識内容を世界や世界客体の中に投影するため、彼にはこれらがシンボルを背負いマナを帯びているように思え、こうして彼の関心は世界に向けられる。意識と意志は弱くまた動きがにぶい、すなわちリビドーが無意識の中に固着していてごくわずかな範囲でしか自我の自由にならない。しかしシンボルは投影によって活性化された客体として魅了する、すなわち人間を「捕える」ことによってリビドーを活性化させ、それによって彼を全体として活性化させる。シンボルのこうした活性化作用は、ユングが指摘したように[63]、どの文化においても重要な要素をなしている。大地を象徴的に活性化させることによってのみ耕作の困難が克服されたのだし、また開始儀礼において象徴的に憑依されることによってのみ、大量のリビドーを必要とするどんな活動も可能になるのである。

精神《ガイスト》面を表わすシンボル

しかしシンボルはつねに無意識の中の構成原理である精神《ガイスト》をも表わす、というのは「精神《ガイスト》面も心の中では衝動として、原理そのものとして現われる」[64]からである。シンボルのこの精神《ガイスト》面は人間意識の発達にとって、単なる一つの要素ではなくまさしく決定的要素そのものである。シンボルは憑依する性格と同時に意味を明かす性格をもつ、すなわち示唆され・ほのめかされ・解釈され・ようとする意味－性格も持っている。感情や憑依状態をもたらすだけではなく悟性に語りかけて意識や熟慮を促すのは、まさにこの側面である。こうした二つの側面がシンボルの中で同時に作用していることがシンボルの本質的性質をなしており、内容的に特定のはっきりした意味と結びついている記号や比喩とは対照をなしている。シンボルは生きて作用している限りそれを感じとる意識の容量を越えてしまうが、このようなシンボルの中にこそ「重要な無意識の断片が表わされており[64a]」、それが不安にさせ引きつけるシンボルの作用をなすのである。それゆえ意識は絶えず繰り返しそこへ戻っていき、瞑想や熟考の中でシンボルの周りを巡り、《巡行》・多くの儀式や祭礼において外的行為として再現される周行・を行なう。「シンボル的な生[65]」においては、自我が意識の合理的な側面を通して内容を受け取り分析・細片化しその上で断片ごとに消化するのではなく、心の全体性がシンボルのイメージや作用に自らを曝し、それに浸透され「動かされる」ままになる。シンボル作用は「迫真の力」をもって、心全体に語りかけるのであって、意識にだけではないのである。

イメージとシンボルは無意識の創造的産物であり、人間の「こころ《ゼーレ》」の精神《ガイスト》面の表われである。浮かび上がってくるイメージの中には、幻視・夢・ファンタジーのイメージであれ、外的にはたとえば神の顕現として現われる内的なイメージであれ、無意識の解釈・意味を与える傾向・が現われる。内的なものはシンボルという道に「現われる」のである。

人間の意識はシンボルによって精神《ガイスト》的になり、彼の自己意識となる。

「人間が自分自身の存在を理解し認識するのは、それを自らの神々の姿で目に見えるようにできる時だけである[66]。」

神話・芸術・宗教・言語は人間の創造的精神《ガイスト》を象徴的に表現する形式であり、創造的精神はこれらの中で客体となり、客体において目に見えるようになり、意識化されて自己意識となる。

文化規範の中での人格の保護

しかしシンボルや元型の・意味をもたらす・機能はきわめて情動的な側面をも持っており、しかもシンボルによって活性化されるこうした情動性は一つの傾向を、すなわち意味や秩序をもたらす性質を持っている。

「元型と関係することはすべて――それが体験される場合でも単に口に出される場合でも――『心を打つ』すなわち作用を及ぼす、というのはそれがわれわれ自身の声よりも強い声をわれわれの内で解き放つからである。原イメージをもって語る者はいわば千人の声をもって語るのであり、彼は人の心を捉え圧倒すると同時に、彼によって表わされているものを、一回限りの移ろいやすいものから永遠に存在するものの領域へと引き上げ、個人的な運命を人類の運命にまで高め、それによってこれまでいつも人類をあらゆる危険から救い最も長い夜を耐え忍べるようにしてくれたあの救済的な力をわれわれの内に解き放してくれる[67]。」

こうして元型による感動は意味と救済を同時にもたらす、というのはこうした感動が意識発達やそれと結びついた情動的要素の解体によってせき止められていた情動的な力の一部を解放するからである。しかしそれと同時にこうしたことを体験する間および体験することによって、――この体験はそれゆえこれまで見てきたようにもともとは集団体験でもあったが――集団心が再活性化し、それによって個人の孤立が少なくとも一時的に解消される。

元型に襲われた状態において個人は再び人類と結合し、集合的無意識という底層流の中に潜り、自分自身の集合的な深層を活性化することによって再生する。こうした体験は原初においては当然聖なる出来事と感じられ、集合的な出来事として集団によって崇められる。こうして宗教が集合的に「演じ」られ今日でもなお部分的には集団現象して演じられるように、芸術ももともとは集合的な出来事であった。芸術が元型的シンボルの自己表現と関係する限り舞踊・歌謡・彫刻・神秘的な物語・としてつねに聖なるものと結びつくことは別としても、芸術は後になってもなおギリシア悲劇・中世の神秘劇・教会音楽などに到るまで集合的な聖なる性格を持つ。順を追って個性化が進むにつれて初めて集団性格は解体し、個人的な祈禱者や個人的に見たり聞いたりする者が集団から姿を現わしてくる。

一つの民族や集団の文化を決定するのは今や、元型的規範がその中で効力をもち、その最も深く最も高い価値を表わし、宗教・芸術・祭典・日常の中で生を決定していることである。個人は——文化が平衡状態にある限り——自らの集団が持っている元型的文化規範の網目構造の中に組み込まれ——、その中で元気に安泰に暮らしており——そして囚われている。

すなわち、自らの集団の文化に包み込まれたあり方は、自らの心的体系が完全に平衡を保っており、この体系の中で彼の意識が集合的諸価値の中に生きている「天界」という意識伝統によって守られ発達させられ教育されるという形で、また他方では宗教や芸術という投影されたものや風習やしきたりの中に体現される元型によって意識体系が補償されるという形で現われる。個人的ないし集合的な危機状況が生じると、しかるべき規範の調停者に訴えられる。この調停者が呪医・予言者・司祭あるいは委員・指導者・大臣・官吏のどの形をとるかは規範次第である、つまりこうした制度の背後にある規範が精霊・魔神・神々・唯一神・樹木や星や動物といった観念・聖地・その他・のいずれから成っているかによるのである。

いずれの場合にも心理的な作用は——集団や個人の相対的な意識水準と関連しつつ——平衡・優勢な規範への再定位・集団との再‐新結合・の作用であり、これによって危機が克服される。このような価値の網目構造が存在する限り、平均的な個人は自らの集団や文化の中で守られている。すなわち既存の価値や集合的無意識の既存のシンボルは彼の心の平衡を保証するのに十分である。

文化規範の中での情動の活性化

シンボルや元型は、人間の性質の内容的で構成的な側面・秩序づけ意味づける側面・の投影である。それゆえシンボルや象徴的な形姿は、初期も後期も含めたあらゆる人間文化の主役である。それらは人類を包み込んでいる、意味の容器であり、文化の観察・解釈・理解とはすべて元型とそのシンボルを観察・解釈・理解することである。

決定的な影響力をもった元型を、宗教的な儀礼・祭礼・祝祭において集団で演ずることや、これらとの関連で芸術に表現する方法は、奥深くにある心的超個人的威力の、意味を与え情動を解放させる作用によって生を満足させる。聖餐の食べ物や陶酔飲料によって・性交によって・戦いやサド的な血なまぐさい暴力行為によって・生ずる狂躁的－原始的な憑依状態を度外視するならば、元型体験の宗教的・秘跡的作用と並んで、その審美的・カタルシス的作用が姿を現わす。ここでも発達における漸次的な変容が見られる。

発達系列は、儀礼の中に姿を現わす諸シンボルによる無意識的情動的な興奮や強迫状態をもって始まり、この状態の中でシンボルが行為化され演ぜられる。この段階においてはたとえば古代の戴冠儀礼のように、シンボルと儀礼が他の人々にとっての模範となるイメージを表わす・模範的な・王の・生とまだ完全に同一化している。後になると儀礼は集団の前で・集団のために・祭礼行為の中で・「演じられる」が、呪術的儀礼的作用を完全に保っている。

次第にシンボルの意味性格が抽出されて行為性格から引き離され、祭礼内容として意識でき解釈できるようになる。たしかに儀礼は以前と同じように執り行なわれるが、それは演技であってたとえば参入儀礼としての意味を持つものであり、そこに表現され行為化されているシンボルを解釈することが参入の重要な部分となる。こうしてすでに意識の摂取に力点が置かれており、自我領域が強化されている。*

＊　われわれは付随的個人化の影響を、古代の象徴的な祭式儀礼が密儀を経て、古代悲劇そしてついには現代の劇場にまで到った変遷の中に探ることができる。われわれはここにもまた、超個人的な要素の系列が没落し、個人的な要素の系列が勢力を得るという上記と同じ発達方向を見出す。すなわちそれは霊力や神々の祭礼劇で始まり、個人的な家族の運命を描く室内劇で終わる。

補償の法則は中心志向の現われであるから、ある文化が「平衡状態にある」限り、文化とその表現全体の中に存在しているものである。集団の補償は文化規範の超個人的要素やその作用が宗教・芸術・しきたり・の中に入り込むことによって生ずるが、それは決して単に「見通しを与える」・意味をもたらす内容的なものである・だけではなく、情動の解放と転調をもたらすものである。意識体系の分化と特殊化が進むにつれ、こうした情動的な補償はますます重要になる。

この場合にも、夢と似ている点が重要な意味をもっている。夢も、中心志向によって調節されている、意識に対する補償の一つである。夢の中で、意識にとって必要な内容が、平衡へと向かう中心志向に導かれつつ、供給されるのである。この場合中心志向は意識のずれ・偏り・全体性を脅かす誤り・を正そうとする。

夢は理解されると意識の定位の変化を引き起こし、ひいては意識や人格の転調さえもたらす。こうした転調は態度全体の変化として――たとえば睡眠の後で元気はつらつ意欲満々か、あるいは沈み込んで、また不きげんで悲しい気分かイライラした気持で、目を覚ますという形で――現われる。しかし、意識の内容が異なった情動を供給されることによって変化する、ということもまたよくあることである。それまで気乗りのしなかった内容が突然面白そうに見えてきて、そのため内容まで変化する、あるいは魅力的であったものがどうでもよくなったり、欲しくて仕方のなかったものが見るのも嫌になったり、できそうもなかったことが使命と感じられるようになる等々である。*

* こうした転調や情動－転換はこれまで深層心理学によってほとんど無視されてきた、というのは内容的要素の探究の方がわれわれの興味を捕らえていたからである。しかし夢を内容的に解釈してもその転調の性格については何の説明にもならない。夢解釈と治療にとって情動的要素が重要であることをここでは指摘するに留めておこう。

意識の情動的転調はこうして意識の活動を無意識的に転換させることにもなる。病人の場合にこうした変化を引き起こすのは無意識的な布置であり、それは全体性に組み込まれていないため生を乱し破壊することもある。しかし健康者の場合にはこの転調は中心志向によって制御されており、彼にとって情動は肯定的に・刺激して活動させ・魅きつけ突き離す・ものである。情動がないところには、死んだもの・死んだ知・死んだ事実・意味のない資料・他との関係や生気を失った意識の孤立・死んだ関係・が見られる。しかし情動的要素が注ぎ込まれたところには、興味のリビドー流が生じ、新しい布置と新しい心的内容が活動し始める。この時こうした興味の多くは、たとえば感情が方向を決めるときのように無意識的に作用しうる、というのは意識が制御できる興味は、心の生を動かし制御している無意識的な主流の、小さな支流でしかないからである。

こうした生き生きとした情動の流れも文化の内部では、集団の文化規範の諸元型という河床の中に捕えられている。この場合には情動は多かれ少なかれ共同体のしきたりや風習という予め定められ伝統的に決められた路線に縛られているが、それでも活力をもち続け、個人を再生させる。

しかし集団の集合的な演技だけが超個人的威力の現われる舞台ではない。正常な個人生活もまたシンボルの作用に組み込まれている。重要な性質をもつ人生の節目はすべて取り上げられ祝われる。こうした節目は単なる個人的な枠組を超えた集合的で超個人的なものとして体験され、そのためつねに元型の文化規範と聖なる関係をもつことになる。

こうした「大いなる出来事」との接触によって集団や個人の生が制御され、支配されている。太陰暦や太陽暦による宇宙的祝祭・生に対して聖なる枠組だけでなく方向をも与える季節ごとの祝祭・は、歴史的な出来事と結びついており、その中で集団が自らの歴史を人類の歴史として祝うのである。こうしていたるところで生の中に、聖なる時・聖なる場所・聖なる祝祭・が浸透している。風景の中には、聖なる場所・寺院・教会・記念碑・記念物が、また宗教や芸術がその元型的内容とともにこの世の中に座を占めることを可能にする場所が、溶け込んでおり、また超個人的な価値規範がこの規範によって縛られている人々の共同態をつねに特徴づけている。同様に人生の各時期も、演劇・試合・春祭や秋祭・聖別式・天と地の生が出会う儀式・といった厳かな演技を行なう祝祭の網目構造によってからみ取られている。

しかし超個人的なものがもっている情動を揺り動かす聖なる力は、さらに先へさらに深く進み個々人の生の内奥にまで達する。誕生と死・さらに成人と結婚や子供の誕生・は人類においてはつねに「神聖」であり、それはちょうど病気と健康・幸福と不幸・が個々人の運命に超個人的なものとの接触をもたらすきっかけを与えるのと同じである。元型との接触はいつでも単なる個人的な世界を変える。

われわれはここで、超個人的なものの永続的な流入によって個人的なものの活性も保証されることを示す、個々の例を挙げるつもりはない[68]。ここで問題にするのは次のような基本的なことだけである。すなわち、「文化が平衡状態に」ある限り、そこに包み込まれている個々人は通常——たとえ文化規範の元型的投影やその規範のその時々の最高の価値とも関わりをもつにせよ——集合的無意識とも十分な関係を持つ。

この構造に内在する生の秩序は——正常人においては——無意識の危険な侵入を広範に排除し、個々人に、人間的なものと宇宙的なもの・個人的なものと超個人的なもの・が整然と配置された世界の中での相対的な内的な安全と秩序をもったあり方を保証する。

「偉大なる個人」と集団との創造的な関係

こうしたあり方の例外はアウトサイダー——例外とはいえ集団は彼を頼りにしている——、すなわち神話の中では「英雄」や「偉大なる個人」となる広い概念に属する人々である。

偉大なる個人と集団との間の弁証法的関係は今日でもなお存在する。彼に当てはまるのは非日常性の法則である。彼は日常性・すなわち彼を縛りつけようとする長老たちの力・に打ち勝たなければならない。しかし普通の生・英雄でない人の生・を克服することは、つねに普通の価値を犠牲にし、そのため集団と対立しなければならないことを意味する。たとえ英雄が後に文化の授け手・救済者等として称えられるとしても、そうなるのはたいていの場合彼がまず集団によって殺された後のことである。英雄が神話の中で支配者の地位につくのは、超個人的な意味で真実であるにすぎない。彼すなわち彼の価値世界は勝利し支配権を獲得するが、しかし個人としてはこの支配権を十分に味わうことはほとんどない。

こうした英雄や「偉大なる個人」は基本的にはつねに直接的内的体験をもつ人間であり、予言者・芸術家・預言者・革命家として新しい価値や内容・「新しいイメージ」・を見、言い表わし、描写し、実現する。彼を導くものは「声」、すなわち自己が直接的な「命令」となって直接に個人の内から表出したものである。この意味での個人に対する非日常的な導きはまさにこのような形でなされるのである。規範の「創設」が——今日でも部分的には跡づけることができるように——十中八九つねにこうした個人への声の啓示によって可能となっただけではない。声の体験はさらに人類のあちこちで規範の内容となっており、このことは未開人、たとえばインディアンの守護霊の場合や、個人が自分のトーテムを獲得しなければならない場合に当てはまる。さらには彼が集合的無意識の自律的な活動に圧倒されて病気になったり、意識が破壊されたために超個人的なものの意志を告げている場合には、彼は「聖なる狂人」とみなされる。人類は彼を霊力の犠牲者とみなしているのであり——これは深層心理学的には正当である——、彼は超個人的なものと接触しているからこそ人類にとって聖なるものと思われるのである。

創造的人間の憑依状態を引き起こすものが集合心の活動なのか彼の意識の活動なのか、すなわち彼の個人的な心的体系の過剰なのか過少なのか、という問題をここで扱うことはできない。このどちらの場合もありうるが、どちらであるかは特に創造性の問題と関わらせることによって初めて研究することができる。

しかし重要なのは、元型的規範もまたつねに個人・「異常な」個人・による創造過程の中で創られ産み出されることである。こうした創始者や個人が宗教や宗派、哲学や国家論、イデオロギーや精神的運動を創造し、集合的な個人はこれらに守られて、直接的な啓示や創造の苦しみの原火と接触を持たなくても生きてゆかれるのである。

芸術における創造性のこうした補償機能についてユングはこう述べている。

「芸術の社会的意義は次の点にある。芸術はつねに時代精神を教育する仕事に携わる、というのは芸術は時代精神に最も欠けていた形姿を明るみに出すからである。現代への不満から芸術家の憧憬は過去へと向き、ついには時代精神の欠陥や偏りを最も効果的に補償するのに適した、無意識の中の原イメージにまで到達する。こうしたイメージに彼は感動し、それを無意識の奥深くから引き上げて意識に近づけ、そしてさらにその形を変えて現代人が自らの理解能力に即して受け容れられるようにする。[69]」

偉大なる個人の文化規範との戦い

「英雄」は、支配的な元型的内容に形を与えることができるならば最も偉大なものを創り出すことができるが、既存の規範をいわば説明し飾りたてるような創造者ではない。英雄とは、新しいものをもたらす者、古い価値の枠組――父＝竜として伝統の重みと集団の力をもってそのつど生まれてくる新しいものを阻止しようとする――を打ち砕く者である。

集団の中で創造的人間は、先へと進もうとする要因と同時に、背後と結びつこうとする要因となっている。絶えず新たな「竜との戦い」をする中で、彼は「声」に導かれてその召命に従いつつ新世界を征服し・意識の新しい領土を創立し・古い良心の体系や知の体系を打ち倒すが、このとき彼が自らの任務を召命として宗教的に表現しようと、現実的な生の要請と捉えていようと同じことである。新しいものが発生する深層およびこの層が個人を襲う時の強さは、われわれが声と言い換えているものによる召命の証拠であって、意識が考え出したものではない。

元型の世界はシンボルの形をとり創造的人間を通して文化世界と意識世界に侵入する。深淵の世界は実らせ・変容させ・広げ、そして存在するものをまさしく意味あるものにする背景を集団や個人の生に与えてくれる。芸術や宗教の意味は、未開文化にとってのみならず、意識を強調する・過度に強調する・われわれの文化にとって

図 79　牡牛を背負い供犠するミトラ。上は左から、服従、牡牛を背負う、騎乗、供犠の食事、昇天を、下は左から、服従、牡牛を背負う、昇天を表わす

も、肯定的かつ総合的である、なぜなら強く抑圧された肯定的な内容や情動的要素がこれらの中に表現されるからである。一つ一つをとっても全体として見ても、意識を優位におく父権的な文化はほんの一断面をなしているにすぎない。そこから閉め出された、集合的無意識の深淵がもつ肯定的な力は、やむにやまれず創造的人間を通して表現され、彼を経て共同態に注ぎ込む。その一部は文化世界の過度の分化によって排除された「古い」力であり、また他の一部は未来の相貌を形作るのに決定的な未曾有の新しい力である。

　これらの二つの機能は、文化が基盤からあまり離れすぎずそうかと言って保守的にこり固まってしまうこともないように配慮して、文化を「平衡のとれた」状態に保つよう援助する。

　英雄はしかしこうした補償行為の担い手として、普通人的状況や集団から疎外される。彼はこの脱集団化によって苦しむと同時に、自由のための戦いの中で、否定されてしまったものをもつねに代表して表現し、それを背負い「担う」ことによっても苦しむのである。

　こうした事態の意味や解釈についてもユングはすでに『転換の象徴』の中で言及している。すなわち英雄は原理的につねに犠牲や苦悩を強いられ、それは宿命的な避けられないものである、と述べている。

図80　十字架を背負うイエス

ヘラクレス——彼の生涯は英雄すべてのではないにしてもその多くの生涯と同じように「骨の折れる仕事」と困難な行為の生涯であった——におけるようにその行為が功業として見られようと、またこのシンボルがミトラ教においては牡牛を背負い供犠すること〔図79〕・イエスにおいては十字架を背負いはりつけになること〔図80〕・プロメテウスにおいてはコーカサス山に鎖で縛りつけられること〔図74〕・として現われようが、われわれはいたるところで犠牲と苦悩のモチーフに出会う。

払われねばならない犠牲は、幼児が古い母世界を犠牲にするという形で、あるいは成人が現実界を犠牲にするという形で現われるかもしれない。ある時には英雄が現在を成就できるよう未来が・またある時には英雄が未来を切り開くよう現在が・犠牲にされなければならない。英雄の本質は、世界の苦境が多様であるのと同じように、多様である。しかし英雄はつねに普通の生活を——それが母・父・子供・故郷・他人・恋人・兄弟・友人といったいかなる形をとって登場しようと——犠牲にしなければならない。

ユングの言い方によれば、英雄の危険は「自分自身の中に閉じこもること」である。[70] 自我であり個別者であるという苦悩は、心理的に自らを仲間から区別するという英雄状況によってもたらされる。彼は彼らが見ていないものを見、彼らが屈服しているものには屈服しないが、しかしこのことはまた彼が人種の違う人間でありそのために必然的に孤独だということでもある。岩山におけるプロメテウスの・十字架上のキリストの・孤独は、人間に火と救済をもたらすための犠牲なのである。

平均的な人間は「自らの」「こころ《ゼーレ》」を持っておらず、代わりに集団とその価値規範がどういう「こころ《ゼーレ》」を持つべきか持つべきでないかを教えてくれるのに対して、英雄と個別者は彼独自の「こころ《ゼーレ》」を戦い取り所有している者である。したがってアニマの獲得なしには英雄としての創造者はなく、英雄の個人的な生涯はアニマという「こころ《ゼーレ》」の働きを求める戦いと究極において結びついている。

創造的なものはつねに同時に個別的なものでもある、というのはいかなる創造的なものも仕事であれ行為であれ、何か新しいもの・以前に存在していなかったもの・であり、一回限りのもので、繰り返し布置できないものだからである。こうして人格のアニマ‐判断中枢は個人の中の創造的なものを表わす「声」と結びついており、父・集団・良心の保守性とは対照をなす。女予言者や女祭司としてのアニマは、ロゴス・託宣・神の「産みだす言葉」・を迎え入れる「こころ《ゼーレ》」の元型である。それは、霊感に満ち霊感を与える女性であり、処女‐ソフィアとして精神《ガイスト》‐息吹《ハウフ》の子を宿し、処女‐母としてロゴス‐精神《ガイスト》‐息子を産む。

原初のウロボロス段階や母権段階においては、自らの自我を犠牲にし・太母と同一化し・女性化し・無意識に圧倒されて・託宣するタイプの予言者しか存在しない。[20] このタイプの予言者は広範に分布している。最もよく知られているのは、女性が女予言者や女祭司・シビュレ・ピュティア[21]・となって神託を与える役割を演じる、託宣の形式である。彼女の機能は後に、彼女と同一視される男性の予言者‐祭司に受け継がれた。ヴォータンのエルダ[22]に対する関係においてもなおこの現象を認めることができる。彼は太母の原－智恵である予言の能力を得るが、しかし彼女に右眼を犠牲として差し出さねばならない。ヴォータン崇拝およびそれと関係するベルゼルカー[23]〔図81〕崇拝には、その狂躁的な形態においても予言の形態においても、エクスタシー的忘我の状態・情動に押し流された状態・にあって、高次の認識という光－眼が欠けている。この光－眼はエルダによる「上なる去勢」によって奪われたのである。

図81　ベルゼルカー

野蛮な狩人や漂流するオランダ幽霊船といった暗いヴォータン－精神《ガイスト》－タイプ〔図82〕は、太母の従者の一員である。憑依された者の精神《ガイスト》－不安の背後にはつねにウロボロス的な憧憬・死を欲するウロボロス近親相姦・が存在し、これがゲルマン民族の深層に根づいているように思われる[71]。

こうした母に囚われた予言者タイプの対極に、古代ユダヤにおいて最も明瞭に発達したタイプの預言者がいることは偶然ではない。このタイプの重要な特徴は、神－父像への帰依、およびこの帰依による意識の維持と上昇である。このタイプにとって託宣的予言や夢による予言は、意識を維持しつつ行なう預言よりはるか下に位置する。預言の卓越性は意識の卓越性に左右され、神と毎日顔をつき合わせていたモーセ〔図83〕は偉大なる預言者とみなされている。すなわち、活性化した超個人的な深

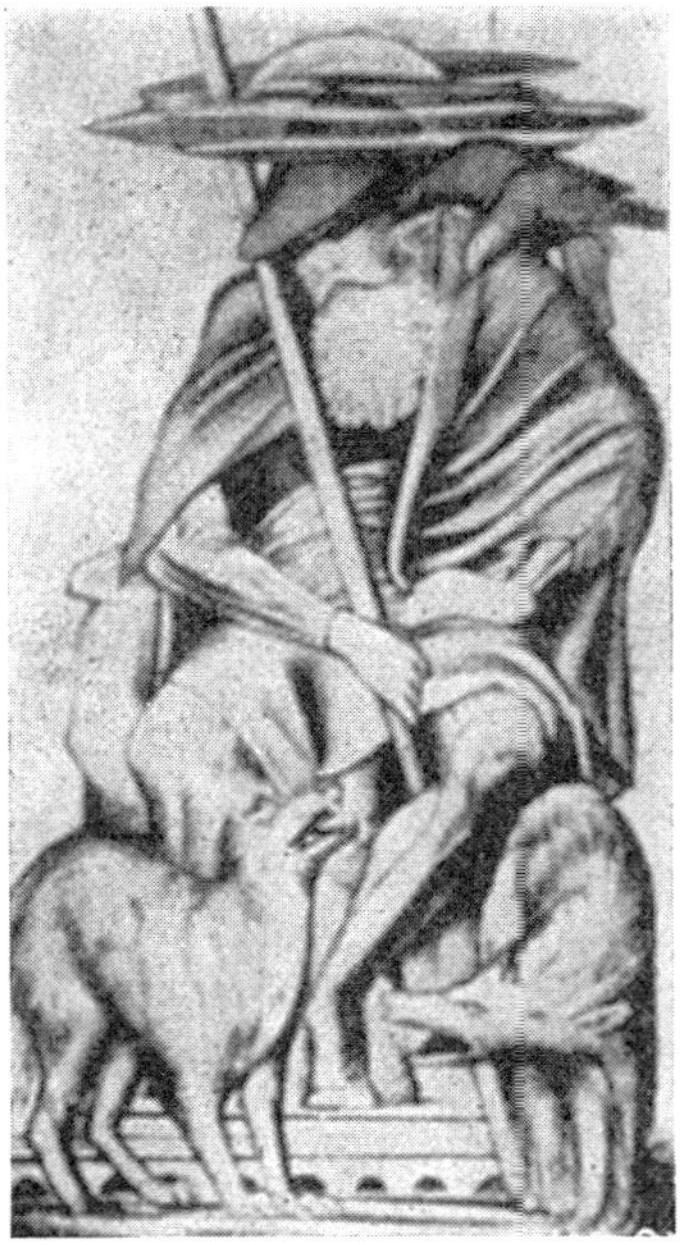

図82　暗いヴォータン・イメージ

みの層と明晰な意識とが互いに関係し合わねばならず、一方が他方を犠牲にして発達してはならないのである。*

＊　これと関連して、ユダヤ人ならびにユダヤ教の理解にとって意識が基本的かつ宗教的に重要な意味をもっていることについては、ここでは指摘するだけに留めておく。

こうして英雄は自我と同様に、二つの世界・彼を押し流そうとする内的世界と――古い法則の破壊者としての――彼を殺そうと迫る外的世界・に挟まれる。このような集団の威力に対抗して自らの足で自立できるのは、個性とそれに結びついた意識の光を持ち、そのことを模範的に表わす英雄だけである。

集団は初めは英雄と敵対するにもかかわらず後になると彼を自らのパンテオンに受け入れ、その創始者としての創造的性質を――少なくとも西洋の規範においては――価値あるものとみなす。古い規範の破壊者をも規範そのものの中に取り込んでしまうという逆説は創造的な西洋人の意識を特徴づけるものであり、その特殊性についてはこれまで繰り返し指摘してきた。自我を教育する伝統は、英雄が現在支配的な価値の規範を創り出した者である限り、彼に習うことを要求する。すなわち、意識・倫理的責任・自由などが最高の価値とみなされる。個人はこれらに従って教育されるが、文化価値の網目構造の中にあえて加わろうとしない者は痛い目に会う、というのは集団によって「古い石板の破壊者」[24]として即座に追放され犯罪者とされてしまうからである。

英雄だけが古いものを打ち倒し、創造的な攻撃によって自らの文化の網目構造から脱け出すことができるが、他の人々にとっては文化の補償的構造はいかなる場合にも集団によって守られなければならない。英雄に対する

図83　モーセ

防御と彼の追放は、激変に対する集団の自己防衛として正当な意味を持っている。すなわちこの種の激変は新しいものをもたらす偉大なる個人が起こすものであり、何百万もの人々にとって運命に関わるような大事件である。というのは古い文化規範が破壊された時にまずやって来るのは世界の混乱と破滅であり、しかもそれは何百年も続くことがあり、集団や個人の相対的な安全性を保証する補償構造をもった新しい安定した文化規範が最後に再形成されるまでに大勢の人々が犠牲にされるからである。

二　体系分離から体系分裂へ——危機にある文化

われわれは今や、発達の結果、意識の自由化と解放が危機にまで・意識と無意識の分離が分裂の危険にまで・到った段階について述べる所に来たが、ここでは現代および西洋的発達全般の文化危機の問題を扱うことになろう。われわれにできることはただ、これまで述べてきた心理的発達の方向をさらに探求し、それによって文化問題の理解のためにわれわれの研究の枠内で可能な限り貢献することだけである。それ以上のことをしたいという誘惑は大きい、というのはここで扱われる問題が焦眉の現実性をもっているからである。しかしわれわれは他の多くの箇所と同様にここでも示唆で満足しなければならず、また現象を指摘するだけで、それらの因果関係にまで立ち入って論ずることはできない。*

＊　付論IIにおいてわれわれはここで扱われる問題に対して二、三の補足を行なう。

西洋における文化規範の大衆化と崩壊

今日われわれは西洋文化の危機を体験しているが、この文化は連続していながら持続的に変化している——いつも同じ様に目に見えるとは限らないが——点で、われわれの知っている他のいかなる文化とも異なっている。古代・中世・現代という慣習的な区分けはまったくの誤りである。より深く分析すればつねに明らかなように、西洋人像は絶えず揺れ動きながらも、最初から決められていた方向・人間の自然からの解放と意識の無意識からの解放という方向・に向かって変化してきた。中世のキリスト教徒たちがもっていた文化規範もこの連続体の中に組み込まれているが、それは彼らが個人の魂とその救済を重視したからだけでなく、古代を精神的に受け継いだからでもあり、このことはすべての教会史が教えているように決して単なる形式やうわべだけのことではなかったのである。

西洋の文化規範は、いずれも保守主義へ向かおうとする固有の傾向をもっているにもかかわらず、他方で英雄元型をこれらの規範の中に取り込むことによって革命的な要素をも宿している。こうした英雄像は自明のことながら規範の中心ではなく、その革命的な作用は容易には認識できない。しかしたとえば教会史上の革命的な人物がいかに短い間に同化され規範の変化をもたらしたかを見れば、英雄元型を規範の中に取り込んでいることの重要性が理解される。一人一人の魂が神聖であるという観念は、キリスト教的な中世にあってさえ、正統派の支配にもかかわらず、また異端の火刑にもかかわらず生き続けてきたのであり、それはルネッサンス以降世俗化されてしまったが、しかしこの時に初めて生じたものではない。

この観念は個人や意識の重視と同じ意味をもっている。古代人とは反対に中世キリスト教徒が再集合化〔付論Ⅱを参照せよ〕したことはすぐれて社会的な問題であって、それほど神学的な問題ではない。まさに今日——ここ一五〇年来——われわれは類似の経過がまったく非神学的な形で生じているのを見ており、それらの関連性をより的確に理解することができる。それは大衆化の問題であって、ヨーロッパの未開民族がキリスト教化した際に古代の発達した人々が持っていた個としての高度な意識水準に反して再集合化をもたらしたのと同じ問題である。今日でも抑圧された大衆やアジアの大衆が歴史に足を踏み入れる場合には、ヨーロッパ市民の発達の最終的産物である個としての個人と比べれば、意識や個の発達の一時的な水準低下は避けられない。

大衆化・古い規範の崩壊・無意識からの意識の徹底的な分裂・集合からの個人の分裂・という四つの現象は並存している。これらが因果的にどこまで関連しているかを識別することは難しい。いずれにせよ大衆化した集合の中で新しい規範が形成されていることは、今日すでに明らかである。心理的には原始的な集合的状況が支配的であり、こうした新しい集合の中で「神秘的融即」という古い法則がここ数百年の西洋の発達では見られなかったほど強く支配している。

現代人の心理学的に後ろ向きの大衆化はもう一つの社会的－歴史的現象・すなわち新しい原始的な群衆や民衆が歴史に足を踏み入れたこと・と呼応している。すなわち、新たに歴史に足を踏み入れてきたたとえばアジア民衆やその原始的未開的集合的状況を、高度に個性化し過度に特殊化した無数の大都会の人々が大衆的集合へと退行してしまう再集合化と混同してはならない（付論Ⅱを参照せよ）。発達の進行的系列と退行的系列の混在は、現代の集団心理学および文化心理学を複雑なものにしている原因の一つである。

無意識からの疎外

自我と意識の発達は最初から「無意識より去れ」という標語のもとにあるにもかかわらず、自我は中心志向の機関であるから無意識との関係を失ってはならないのである。超個人的なものの世界に対して、それにふさわしい場所を明渡すことも、自我が本来持っている平衡機能の一つである。

意識－無意識という体系の分離をもたらした発達は心にとって欠くことのできない分化過程であるが、しかしあらゆる分化がそうであるように分化しすぎたり倒錯的になる危険をはらんでいる。こうして個人における意識機能の分化が行きすぎたり偏ってしまう危険を自らの内に含んでいるように、西洋の意識発達の全体もこの危険から免れていない。そこで、意識分化の過程はどこまで進んでよいのか、それはどの時点で逆転し始めるのか、すなわちどこで英雄の発達が反転し、神話の多くの例が教えているように彼が破滅に到るのか、という疑問が生じてくる。

自我の堅固さは自我の痙攣に変質しうるし、自我－意識の自立は無意識からの遮断となりうるし、自我の自己評価と自己責任は倒錯して自惚と自己賛美になりうる。すなわち、無意識と対立する意識は初めは人格の全体性傾向を表わすはずであったのに、全体性との関係を失い、そのために病的になってしまうこともありうる。*

＊　この現象はあらゆる心的疾患の中心的な現象として神経症理論の一部をなしている。

無意識から疎外される危険は、おもに意識硬直と憑依という二つの形をとって現われる。意識硬直は発達の後期の形態であるため神話の中では知られていないが、これは自我意識体系の自立があまりにも強すぎたために無意識との結びつきが危険なほどに希薄化してしまうものである。この希薄化は自我－意識の全体性機能の喪失や人格の神経症化となって現われる。

父権的去勢――精神《ガイスト》に圧倒される

無意識との関係を失う第二の形態である憑依においては事情が異なる。この場合には意識体系が精神《ガイスト》の側面――これに支えられて意識はこれまで無意識の威力に対する解放闘争を行なってきた――によって圧倒されてしまう。われわれはこの現象を「父権的去勢」と名づけておいた、というのは自我の創造的な活動力が以前は母によって妨げられたようにここでは父によって妨げられるからである。

自我意識体系が無意識によって押し流され、ついには意識の八ッ裂きに到るのとは対照的に、ここでは自我と意識が限度を越えて膨張してしまう。

母権的去勢においてもたらされるものは、男性的な自我意識体系の喪失・自我の収縮と低下である。母権的去勢は、鬱状態・無意識へのリビドーの還流・自我意識体系の貧血・「意識水準の低下」（ジャネ）[25]・となって姿を現わす。

父権的去勢のもたらす自我肥大・自我の精神《ガイスト》との同一化・においては、これと反対の過程が生じる。この過程がもたらすものは誇大妄想・自我意識体系の過大膨張・である。意識は消化しきれない精神《ガイスト》内容や無意識に属するリビドーで一杯になる。この状態の主要なシンボルは「昇天」〔図84〕であり、その徴候は足下の大地の喪失・八ッ裂きとは対照をなす身体の喪失・鬱状態とは対照をなす躁状態・である。

図84　エリアの昇天。太陽の馬に引かれた火の車に乗って昇天する預言者エリア

躁状態は、連想が強化されて次から次へと連想を呼ぶ状態・意志や行為の暴走・分別のない楽観主義・等の意識体系の過剰を表わすあらゆる徴候と結びついており、これらはすべて鬱状態における連想の遅延・意志と行為の貧困・悲観主義・と対照をなしている。こうして太母との同一化においては意識の男性的側面・意志の活動力と自我制御・が貧困になるように、大いなる精神《ガイスト》－父との同一化においては女性的側面が貧困になる。意識は無意識による補償を失うことになる。この補償こそ無意識的な平衡作用によって意識過程を深め、その速度をゆるめるものである。以上の二形態においてはこの補償が妨げられるが、そのあり方はそれぞれの状態で異なっている。

補償は自我が無意識と生産的な関係をもつための前提である。すなわち父権的去勢によっても、母権的去勢によっても、自我から王女・「こころ《ゼーレ》」・が失われてしまうからである。

しかも、すでに第一部で示したように、父権的去勢や母権的去勢の背後にウロボロス的去勢が姿を現わし、分化しようとする方向を再び打ち消してしまう。これを心理学的に言えば、躁病と鬱病がまさにウロボロス的に自我や意識を呑み込んで破壊してしまう狂気の二形態であるように、無意識化の状態・太母に呑み込まれた状態と、「ひたすら」意識化しようとする状態・大いなる父に呑みこまれた状態とは、全体性に属する真に補償された意識が失われた二つの形態である。意識の収縮も意識の肥大もその作用によって意識を解体し、この両者は自我および自我英雄の敗北を表わしている。

『ツァラトゥストラ』におけるニーチェの憑依状態の中に典型的に表わされている精神《ガイスト》－肥大は、典型的な西洋的発達が行きついた極限にすぎない。意識・自我・理性――心的発達の重要な主目標――の過大評価の背後にあるものは「天」の持つ圧倒する力であって、これは竜＝大地的側面との英雄的な戦いを飛び越えさせ、現実と本能を喪失した精神化という誤った方向へ導くという意味で危険である。

分化過程の逆転――意識の硬直・全体性機能の喪失・情動の遮断・超個人的なものの無価値化・合理化の過大評価

こうした西洋の変質の平均的形態は精神《ガイスト》－肥大ではなく意識硬直であり、これは自我が精神《ガイスト》の一形態としての意識と同一化するものである。この場合たいてい、精神《ガイスト》が知性と・意識が思考と・同一化してしまう。これはたしかに完全に狂った狭隘化ではあるが、しかし「無意識より去って」意識と思考へ向かう人類発達の父権的傾向を考えればこうした同一化も理解することができる。

こうした極端な発達によって自我意識の体系は、中心志向の補償器官として心の全体性を表わし実現するという本来の意味を失ってしまう。この変質によって自我は他のすべてのコンプレックスと同じ心的コンプレックスとなり、その自我中心主義においてあらゆるコンプレックスの特徴である自己憑依状態を示し、中心志向の器官であるという特別な性格を失ってしまう。

この状態においては、それまで意識の形成に有意義に貢献していたすべての発達が極端化し、そのために逆転してしまう。たとえば無意識内容の内容的要素と情動的要素への分裂は最初は意識発達に役立っていたが、今や意識が発達しすぎて無意識から分裂していることを示す決定的な特徴となる。情動的要素が解体され、自我が無意識のイメージ界から遠ざけられることによって、意識は感覚イメージに反応できなくなるが、これは現代人においてとくに目立つ事実である。つまり無意識のイメージやなんらかの状況が現われても彼は反応することができないのである。未開人の即座の反射反応とは反対に、今や反応がなくなるほどでなくても、状況とそれに対する反応の間隔が異常なほどに長くなる。

感情と情動の喪失は意識が特殊化して個々の機能に分化することによってさらに進み、このことはたしかに意識活動の重要な前提であり、現代人の合理的な科学活動を可能にするものであるが、しかしそれは大きな影の側面を持っている。意識的認識は情動的要素の抑圧を前提としているが、この抑圧が本当に徹底してなされることは、非創造的な営みだけに見られる特徴であり、またそれを強めるにすぎない。それに反して創造過程においては、強い情動的な要素・まさに興奮要素・は排除されないどころか、むしろそれが必須の要素であるように思われる。新しい着想や創造的なひらめきが生じる度にその時まで無意識的であった要素が取り込まれ、無意識内容と結びついた情動的要素の取り込みが興奮を発現させるものである。自我意識体系が情動的色彩をおびた無意識の深層と結びつくことによって初めて創造的な過程が可能になる。したがって西洋の意識発達に見られる意識の分化と情動を抑圧しようとする傾向とが極端になると、非創造的なものとなり、こうして意識を広げる過程が妨げられる。この関係は創造的な人間がつねにどこか幼児的で未分化なところを持っていることによって確かめられるが、この幼児的なところこそ創造の胚芽原形質が宿る所であり、こうした特徴を「幼児的」とみなしたり家族小説的な体験に還元しようとするのは絶対に的外れである。

このように超個人的な内容をすべて個人的なものに還元しようとする傾向は、「付随的個人化」の最も極端な形態である。情動的要素の解体は付随的個人化と同様に発達史において重要な役割を果たしてきた、というのはそれらは無意識という包み込み覆い尽くす領域から自我－意識と個人を解き放してくれるからである。そのため個人以前のもの・個人を越えたもの・から個人的なものへ移行する時には必ずそれらが現われてくる。しかし付随的個人化が超個人的な力を無価値化させることによって我が道を行こうとする時には、自我領域の危険な自惚が現われる。それは現代人の意識の誤った布置の典型をなしており、この意識は自我意識の個人的領域を越えるものをもはや見ることができなくなっているのである。

付随的個人化は今や西洋人によって変質させられ、自我が恐れている無意識の力を無価値化するまでに到っている。超個人的なもの・さらには心の中の超個人性の場である無意識・の威力は縮小され、しかも損なわれている。こうした厄払い的な防御呪術の形態は、どこでも「それは～でしかない」とか「それはそれほどひどくはない」と言うことによって危険な要因を「誤魔化し」払いのけようとする。狂暴かつ危険な海が愛想のよい海と・エリニュスがエウメニデスと・呼び替えられたり、底知れぬ不可解な神が「慈愛に満ちた神」や「子供のための子守歌」になるように、今や超個人的なものが単なる個人的なものと誤解される。創造者の原神性や野蛮で未知な動物－トーテム－祖先は人間の「こころ《ゼーレ》」の中で解釈し直され、それらは今やすべて先史時代のゴリラ父・ないし自らの「子供たち」に対して正しい態度をとらなかった多くの父親たちの堆積・から派生したことになる。

たとえ付随的個人化が進みすぎた場合でも、それは外化された心的内容を取り込みによって内的領域に取り戻そうとする人類意識の努力を表わすものである。しかし当然のことながら、それまで外に現われていた内容が取り込み過程によって内面のものと判断されるならば、今や超個人的な力が人間の「こころ《ゼーレ》」の中に現われ、作用因として認知されるようにならざるをえないであろう。こうした事態はたとえば部分的には本能心理学において・意識的にはユングの元型論において初めて・生じており、これらは適度な摂取が成功した例である。しかし付随的個人化の過程が歪むと、超個人的なものを幻覚として片付け・単なる自我に関係した個人的な事実に還元しようとする・自我の肥大化が生じる。

しかしこの結果によって意識が摂取を行なう前提であるという付随的個人化の意味はなくなってしまう、というのは今や超個人的なものが事実上抑圧されてしまうからである。しかしこれによって超個人的なものは意識に摂取されなくなり、今や「無意識」として目に見えぬ力をもった否定的で曖昧な内なるものとして――人類発達の最初においては外のものであったが――作用する。こうした発達の問題点は、この発達そのものは正当かつ必要なものであるが、これが度を越した時初めて《不条理へ》向かい危険なものとなるという点にある。

以上と対応する過程が元型から概念へと向かう合理化過程に見られる。この系列は先に見たように、影響力のある超個人的な形姿をとる元型から始まり、理念を経て、人間が「形成する」たとえば神概念のような「概念」へと進む。そしてこの概念は今や完全に意識領域に由来しており、あるいはそれに由来すると言い立てられており、それはちょうど自我が自らを意識にのみ由来すると錯覚しているのに似ている。こうなると存在するのはもはや、超個人的なものではなく単なる個人的なもの・元型ではなく概念・シンボルではなく記号・にすぎなくなる。

無意識からの分裂は一方では意味を失った自我生活をもたらすが、他方では今や破壊的になった深層の活性化をもたらし、この深層は自我や意識の尊大な世界を破壊して、超個人的な爆発・集合的伝染・大衆的感染をもたらす。というのは個々人における意識と無意識の補償関係の狂いは決してどうでもよい現象ではないからである。たとえこの狂いが心の病気となるほどに悪化していない時でも、本能喪失と自我－過大評価は幾重にも文化危機を布置する結果となる。

文化規範の解体の諸結果――私的空間の肥大・孤立した元型の専制・個人の原子化《アトム》・受動的大衆化

こうした状況が集団との関係の中で個々人に対してもたらした心理的および倫理的諸結果についてここで論ずるつもりはないが、現代人の価値喪失として特徴づけられているもの・本書では元型的規範の崩壊と表現してい[72]

るもの・については今少し述べておかなければならない。

文化規範は無意識の元型的イメージの投影によって生じる。無意識の作用は変化しうるが、その変化は集団の意識が進行的ないし退行的に変化する時にも、また集合的無意識の中で変化が自発的にあるいはたとえば社会的および政治的な現実の変化に反応して生ずる時にも起こるのである。どのような時に現実の変化が集合的無意識の反応をもたらすか、またどのような時に集合的無意識における変化が現実の革命となって姿を現わすかについては、ここでは問わないことにしよう。ここ数百年の西洋の発達の中で価値規範が解体してしまったことは自明であるが、それにもかかわらずわれわれはこの過程の恐ろしい結果を驚きあやしみつつ体験してきたし、今もしているし、これからも体験することであろう。

支配的諸価値からなる古い秩序体系は完全に解体されてしまった。神・王・祖国が疑わしいものとなったように、自由・平等・博愛・愛・正義・人類の進歩・生の意味・もそうなってしまった。このことが意味しているのは、これらのものが元型的性質をもった超個人的なものとして生を決定することは二度とないだろうということではなく、これらのものの妥当性・少なくとも位置づけ・があやふやになってお互いの位置関係が分からなくなり、その古い階層秩序が否定されたということである。

このようにして、補償をもたらす内的な対抗発達を拠り所にできない個々人は文化の秩序連関から転がり落ちてしまう。しかしそれによって超個人的体験の喪失や世界の広がりの収縮が、またそれとともに生の安定や生の意味の、喪失が個人にふりかかる。

この状況においては二つの普遍的反応が観察される。その一つは太母・無意識・への退行である、すなわち進んで大衆化し、新たなる超個人的体験をもつ集団の単位《アトム》として、新たなる安全と位置を得ようとするものである。もう一つの反応は大いなる父への逃避すなわち意識が孤立して個人主義となるものである。

個人が文化構造から転がり落ちてしまうと、自我や私的空間が孤立化し肥大化する。自我のみの生は——たとえばシンボル的な生に比べると――不安・不全感・不節制・粗野・意味の喪失・を伴うが、これは以上の心理的発達の結果である。

元型的規範が崩壊すると、個々の元型が人間を摑まえて、悪鬼のように食い尽してしまう。こうした移行現象の徴候が典型的に現われている地はアメリカであるが、西洋のほとんど全体も同様である。何らかの元型が人格――人格と言っても名前だけのものでしかないが――を決定している。人殺し・強盗・暴君・どろぼう・偽造者・ゆすり・詐欺師が誰にでも見破れるような偽装をして集団生活を支配しているというグロテスクな事実がその特徴である。彼らの鉄面皮や狡猾さは是認され称賛されているが、彼らのはったりの源泉《もと》はせいぜい彼らが彼らを捕えた任意の元型的内容に憑依されていることぐらいである。憑依された人格のエネルギーは巨大である、というのは彼は一面的な原始性の中にあり、人間を人間たらしめる分化を何一つ成し遂げていないからである。「野獣」崇拝はなにもドイツだけに限ったことではなく、一面性・はったり・問題意識のなさ・が賛美されているところ、あるいは人類発達史の複雑な成果が捨てられ野獣的な略奪能力に道を譲ったところではどこでも、この崇拝が支配している。これに基づいた西洋の現実の教育理想を一度見てみるがよい。

たとえば大金持ちや財閥の憑依的性格は、現実に彼らが超個人的な要因に身を委ねていることを見ただけでも、心理学的に明らかである。この場合、超個人的な要因は「仕事」・「権力」・「金」などと呼ばれ、しかもそれが彼らを「貪り食い」――という言葉がぴったりである――、彼らが私人としての生活空間を持つことをまったく・ないしわずかしか・許さないのである。文化や人類に対するニヒリズム的な態度と並んで、自我領域および個人領域の膨張が生じ、それは粗野な利己主義・公共に対する無関心・となって姿を現わしたり、個人的な権力・金・「体験」が――いたってくだらないが、しかし山ほど――満ちあふれている利己的な生活を送ろうとする試みとなって姿を現わしている。

以前は文化規範が堅固であったため個々人に価値や秩序の枠組が与えられ、その中ですべてのものが自らの居場所を持っていた。この枠組は今や消えてしまい、原子《アトム》化した個々人は超個人的な性質をもったなんらかの「巨大なもの」の勝手気ままな支配によって摑まれ呑み込まれている。

権力・金・愛だけでなく宗教・芸術・政治も、排他的な力をもった巨大なもの・政党・国民・宗派・運動・「主義」となり、これらすべてが個人や大衆を「摑み」、個人を解体してしまう。経済や権力政治に携わっている利己的で破壊的な猛獣のような人間をなんらかの理念に帰依している人間になぞらえるなどとんでもない。後者は人類の未来を決める元型に憑依され、自らの生をこの憑依に捧げている者である。しかし深層心理学に基づく文化心理学の課題は、こうした憑依の集合的影響を考慮に入れる・すなわち自らの責任として引き受ける・ような、新しい倫理の展望をここで開くことである。

人格の分解は理念によっても生じるが、それは空虚な個人主義的な権力憑依による分解ほどには危険でない。現代人の破局的な大衆化過程および再集合化過程は人格分解の結果であり、またそれを表わすものである（付論IIを参照せよ）。私は別の所で「深層心理学と新しい倫理」の関係について述べておいた。新しい倫理がもたらす最も重要な結果の一つは、人格の統合すなわちその全体性性格が、人類の発達の拠り所となる最高の倫理目標になることである。そしてたとえ深層心理学がまさに「最高の人間」こそ元型に憑依される必要があることを理解するよう説いているとしても、こうした憑依状態が恐らくや悲惨な結果を引き起こすであろうという認識は少しも変わらない。

以上われわれの時代の特徴を描いてきたが、これは告発でもましてや「古き良き時代」の賛美でもない、というのは現在生じている諸現象は大局的には必要である変革の前兆だからである。古い文化が崩壊し、それがさしあたってより低い水準で組み立て直されることは正しい、というのはそのために文化の基盤が限りなく広げられるからである。いま生まれつつある文化はこれまで存在したいかなる文化よりもはるかに高い意味で人類的な文化になるであろう、というのはそれは市民的・国民的・人種的な制限という重大な要素を克服してしまうであろうからである。これは空想的な願望夢ではなく事実であり、その混沌とした産みの苦しみは数限りない人間大衆の上に限りない不幸をもたらしている。われわれの世界の広がりは精神的にも政治的にも経済的にも、中国やインドからアメリカやヨーロッパにまで達している。これに比べればナポレオン戦争は平凡なコップの中の争いであり、彼の時代の世界像はヨーロッパ外のことにほとんど初めて目を向け出したばかりで、この世界像は——かつては真実だと思われたとはいえ——その狭さゆえにわれわれにはもはやほとんど理解できない。

　われわれの文化の元型的規範の崩壊は、集合的無意識の途方もない活性化をもたらしたり、あるいはその前兆である大衆現象となってわれわれの個人的な運命を決める要因となっているが、この崩壊は一時的な現象でしかない。古い規範の後継者争いが依然としてなされている今日という時代においてすでに、総合的な未来の可能性がどこに存在し、どのような姿をとるかが——個々人の中では——見分けられるようになっている。意識的に無意識の方を向くこと、人間意識が責任をもって集合的無意識の力と対決することは、これからの課題である。いかなる外的な世界変化もいかなる社会的変化も、人間の「こころ《ゼーレ》」の中の魔神や神々や悪魔を鎮めることはできないし、これらのものが意識の構築するものをそのたびに破壊するのを阻むことはできない。もしこれらのものが意識や文化の中に自らの居場所を獲得しないならば、人類に安らぎが与えられることは決してないであろう。しかしこうした対決への準備は、いつでもそうだが、英雄や個別者によってなされている。彼とその変容は人類がならうべき模範であり、意識が無意識の試験管であるように彼は集団の試験管なのである。

D　中心志向と年齢——年齢段階の意味

〔序論〕

第一部においてわれわれは意識発達の元型的諸段階について、それらが人類の集合的無意識を投影したものである神話の中にどのように現われているかを述べた。第二部においては、人類史の中で人格形成がどのようにして、いかなる道筋を辿ってなされるのか、そしてそれは元型的諸段階とどのような関係にあるのかを明らかにする試みがなされている。

この最終章においては、個体発生・われわれの文化における個々人の規則的な人生発達・の中で、心的人類史の根本法則――これまでその作用について研究してきた――がどのように取り入れられ・繰り返され・変化しているか・についての示唆がなされるはずである。

ここでなされるのは単なる示唆でしかない、というのはここでは小児期と思春期の詳細な心理学を提出することはできないからである。しかしこの発達系列を提示することはわれわれにとって重要だと思われる、というのはそれによって原-歴史や人類史と、今日の生や個々人の生とが関連していることが明らかにされるからである。このように個体発生を人類史と関連させることによって初めて、われわれがこれほどまでに詳しく、しかも脇道へそれたり回り道をしながら人類史の研究を行ない、他方で同時に現代人の治療と現実的な問題こそわれわれの努力のそもそもの目的であると主張してきたことが、正しかったことが明らかとなる。

個々人に対する心理治療と全体に対する文化治療は、意識の発生と意味およびその歴史についての――個人や集団の意識状態の診断を可能にしてくれる――全体的な見通しがあるときに初めて可能になると思われる。

一　小児期の延長と、人類の意識分化の個体発生的反復

年齢段階が心理学や心理治療に対して決定的な意味を持っているという認識は、人生後半の発達である個性化過程の発見と同様、C・G・ユングの研究の功績である[73]。個人の発達を理解するために最も重要なのは、人生の前半と後半では中心志向の方向と作用が異なることである。前半は——分化過程として——人類史における自我形成および自我発達を手本としており、そこでは中心志向が、無意識の中で作用している心的全体性・自己・から自我へと移行する。

人生前半・思春期に決定的となる自我‐中心化の時期・においては、中心志向は意識と無意識の両体系の間の補償的関係として姿を現わすが、しかしそれは意識されないでいる、すなわち自我は中心志向の中枢器官であるのに自らが全体性に依存していることに少しも気づいていない。しかし人生後半——たいていは人生の中頃における心理的な人格変容をもって始まる——においては、自我に内在する中心志向の意識化・個性化過程・心的全体性の中心としての自己の布置・がもたらされ、しかも自己はもはや無意識的に作用するだけでなく意識的にも体験される。

成熟するのが一般的に遅いこと、およびこれと関連してほぼ一六年にわたって個々人が社会的集団に依存していることは、周知のように人間種の際立った特徴である。その上、動物界全体の早い発達と比較して青少年期が長くなっていることは、人間の文化やそれを伝えていくための最も重要な基本条件をなしている。人間として完全に成熟するまでに長期にわたる学習・教育期間が介在することは、人類史における意識の発展と対応している。この期間に大脳の発達は、それまでに人間種が成し遂げた高みにまで到達する。思春期までの学習期間中に、集

団価値の受け継ぎ・および個人が世界や集団に適応できるようにする意識の分化・を本質とする、文化教育が終えられる。*最終的にはこの期間に人格のより一層の分化も生じ、この分化は成人において最終的段階に達する。この分化が意識発達の父権的方向にそっている限りで、その発達についてごく簡単に概観してみたい。

＊ ポルトマン（26）がその著『人間学への生物学的断章』の中で詳述したことは――これは本書の草稿が完成した後に私の手に入った――、多くの点において驚くほどここで述べたことと合致している。生物学と深層心理学という二つのまったく異なる出発点から同じ結論に到達したことは、この結論の客観性を少なからず物語っている。

分化過程と外的現実への適応――タイプの分化・全体性の定位から意識の定位へ・脱情動化・付随的個人化・意識発達の父権的系列

教育と人生経験の増大は、集団やその要求への適応とほとんど同じものである現実適応を強化する。その際に集団は個々人を強制して――その方向づけは時代ごとに異なるが――そのつど集団にとって好都合な一面性を形成させる。

この適応にはさまざまな要因が協働している。それらに共通した特徴は、無意識の妨害せんとする力を即座に排除することによって意識とその行動力を強化することである。

この要因の一つは心的タイプの分化である。これが意味しているのは、いかなる個人も世界に対して特定の構え・外向または内向・を取るということである。構えが習慣的になるにつれて意識の特定の主要機能が分化するが、この主要機能は個人個人でそのつど異なっている。[74] このタイプの分化は――生まれつき定められたものかどうかは別として――個人に対して適応への最大の機会を提供する、というのは最も有能で素質的に最もよい機能がその個人の主要機能として発達させられるからである。この分化と同時に能力の劣った機能が抑圧され、これは「劣等機能」としてほとんど意識されないようになる。

小児期の発達および教育の重要な目標は、個人を共同態のために役に立つという意味で有能な者にすることである。この有能化は個々の人格要素や機能を分化させることによって実現されるのであり、必然的に人格の全体性を犠牲にする。無意識的な人格の全体性を強制的に捨てさせることは、子供・とりわけ内向型の子供の・重要な発達障害の一つをなしている。

全体性に導かれ・無意識的に働く自己に導かれる・幼児の状態から、意識の中心に自我が置かれ必然的に意識と無意識の両体系に分かれる状態への移行は、当然特殊な困難をもたらす。この決定的な人生の節目において、もし意識が集団の文化とつながりを持ち集団の中に位置を獲得したいなら、英雄の人類史的遺産・意識を形成し発達させ意識が幼児的自我を保護する方法・が追体験され、意識の確固とした所有物にされなければならない。

人生前半の発達は二つの決定的な危機によって特徴づけられており、そのいずれも「竜との戦い」に対応している。一方の危機を特徴づけているものは原両親問題との対決および自我の形成である。これは三歳から五歳の間に繰り広げられ、この対決が行なわれる特定の時期と形式は精神分析学によってエディプス・コンプレックスとして紹介された。第二の危機は思春期であって、ここでは「竜との戦い」が新たな次元でもう一度なされなければならない。ここにおいて自我形成は最終的に固定されるが、この時われわれが「天」と呼んだものの支えが必要となる。すなわち、新しい元型の布置と、自我と自己との新しい関係とが現われてくる。

幼児の分化過程を特徴づけているのは、幼児が持っている完全性・全体性要素すべての喪失と放棄である。この要素はプレローマ・ウロボロスの性格をもつものとして幼児の心理に生得的なものであった。幼児が天才や創造的人間や未開人と共有しているもの、および彼を呪術的・魅力的な存在にしているもの、これがまさに犠牲にされなければならない。われわれの文化に限らず教育というものはすべて、幼児の中の原‐人間の天才的・楽園的特徴を追放し、彼をむりやり分化させ全体性を放棄させることによって集団に役立つ存在にしようと努める。

幼児の発達の方向は通常、われわれによって修正された意味での快感原則から現実原則へ・母親っ子から学童へ・ウロボロスから英雄自我へ・と進む。幼児が本来高度にもっている空想や創造的‐芸術的造形能力の衰退は、成人になることとの貧困化を表わす典型的な徴候の一つである。ききわけの良さや「お行儀」のために生き生きとした感情や原初的な反応を次第に失うことが、集団との関係で幼児に求められる起居振舞いを特徴づけている。生の深みを犠牲にした有用性の強化が、この過程の特徴である。

こうした発達の中で個体発生的には、われわれが自我形成および無意識からの意識の体系的分離にとって不可欠であると述べておいた、すべての発達がもたらされる。幼児による世界の原始的・超個人的・神話的知覚[75]は、今や付随的個人化の助けを借りて縮小され、ついには破棄される。この個人化は人格領域の発展が始まるためには欠くことのできないものであり、元型が最初に投影される個人的な周囲の世界とのつながりに助けられつつ進んでいく。この個人的なつながりが強まることによって、元型がイマーゴ[27]に取って代わられる。イマーゴにおいては個人的な特徴と超個人的な特徴とが混ざり合って現われかつ作用している。こうして次第に超個人的な元型が、自我と関係をもつ周囲の世界の個人的な像によって「置き換えられる」。あるいはリルケの詩を用いれば次のように言える。

……おん身〔＝乙女〕とて彼を暗い交わりより完全に呼び醒ますことはできない。
もとより、彼も〔暗い交わりより〕逃れようと思い、またおん身の胸の内に
くつろぎなじみ、自ら行動し、自ら始めようと思う。
ああ彼はこれまで自ら始めたことなどなかったのに！
母よ、おん身は彼をいつくしみ、おん身こそ彼の生みの親だ――
おん身にとって彼は新しかった、おん身は新しく生まれた者の眼の上に
やさしい世界を屈めさせ、見知らぬ世界を防いだ。

ああ、一体あの年月はどこへいったのだ、おん身が彼をひたすら
たおやかな姿で荒れ狂う混沌から守ってやった年月は？
おん身は彼から多くのものを隠してやったのに――夜ごとの恐ろしい部屋を
おん身は無害なものにし、やさしさに充ちたおん身の心の内から
おん身はぬくもりを出して混ぜ合わせ、夜の世界をうすめてやったのに。〔76〕

今や元型が分解し、母親像の個人的な良い側面が超個人的否定的な側面から・あるいはその逆の形で・分離する。脅かされ不安であるという幼児の感情は、世界のトラウマを与える性格――この前提は正常人にも未開人にも存在していない――に由来するのではなく、この「夜の世界」に由来する、あるいはより的確にいえば、自我がこの夜の世界から脱け出すことによって生ずる。胚芽的な自我－意識は世界－身体－刺激の優勢な状態を、直接刺激としてであれ投影の形であれ体験している。家族関係の意味はまさに、共同態の最初の形態としての生活空間に属する個人的な人物たちが、ウロボロス状態の原始的保護から脱しなければならない自我に、人間世界という第二の保護を提供しなければならないという点にある。

この発達と共に情動的要素が解体し、原初段階の身体強調が克服され、さらに超自我形成の最初の形態が周囲の人々の命令や禁止によってもたらされる。

意識発達の普遍的な印である無意識の収縮も幼児の正常発達の中に辿ることができ、そこでは幼児固有の無意識の原世界・夢やメルヘンの世界・さらには幼児の絵や遊戯の世界・が外の現実界に対して次第に後退する。活きた無意識から奪われたリビドーが意識体系を構築し広げるために使われる。この過程の訓練が遊びから学習への移行を特徴づけている。学校とはわれわれの文化においては、収縮した無意識と集団に適応した意識との間に壁を体系的に築くよう、集団によって任命された建築技師なのである。

「母の世界を去って父の世界へ向かえ」を標語《モットー》とする意識発達の父権的系列は、少年と少女では異なった形で解決されるとはいえ、彼らに等しく課せられている。母親っ子や甘えっ子であることは、幼児的な生を終わらせる「竜との戦い」の第一段階がなされていないことの証拠である。ここでつまづくと学校や子供たちの世界へ参加できなくなり、それはちょうど思春期の参入試験に合格できないと成人・男と女・の世界へ参加できなくなるのと同じである。

人格判断中枢の構築——ペルソナ・アニマ・影

今や人格判断中枢すなわちペルソナ・アニマ－アニムス像・影——これらを発見したのはユングの分析心理学の功績である——が構築される。これらは前述のような人生前半に生ずる分化過程を通して成立する。これらのすべてにおいて個人的－個性的特徴が元型的－超個人的特徴と結びついており、心の構造の中で「こころ《ゼーレ》」の基礎的な器官として普遍的に存在している人格判断中枢は今や、個人が発達する際に彼によって現実化される運命的に個人的な変種の諸特徴と融合する。

ペルソナの発達は、集団に望ましい役に立つ要因を伸ばすためにその個人にとって重要な特徴や素質を抑制したり覆い隠したり抑圧したりする、適応過程の結果である。ここでも全体性が有能で効率的な表面的人格に取って代わられる。このとき人格の内部で集合的価値を代表する超自我・良心・の形成によって、声が沈黙させられる。声・幼児期においてさえ強く現われる超個人的なものの個人的な体験・は、今や捨て去られて良心に道を譲る。楽園世界の放棄とともにその中で語る神も放棄され、集団や生に適応できるようになるためには、集団・父・法律・良心・支配的道徳・などの諸価値を支配的価値として受け容れなければならない。

個々人の生まれつきの素質は身体的にも心的にも両性的であるのに対して、われわれの文化における分化発達は異性的部分を無意識の中へ押しやるよう個人に強いる。このとき集団価値が決定する外的な性的特徴と合致する性格だけがもっぱら意識によって認知される。こうして少年の「女性的」特徴や「こころ的《ぜーレ》」特徴は――少なくともわれわれの文化においては――望ましくないとされる。自分の性の一面的な強調はついには無意識の中に・男性においてはアニマ・女性においてはアニムス・といった異性的部分を布置し、しかもそれらは部分像として無意識のままに留まり、意識に対する無意識の関係を支配する。この過程は集団によって支えられており、両性に分化する形態には最初異性を拒絶する典型的な形態が伴う、というのはまさに異性側面の抑圧はしばしば困難に出会うからである。この発達もまた、全体性――ここでは両性具有の姿をとる――の犠牲を前提とする分化の一般原理に従う。

これまで見てきたように影・人格の暗い側面・の形成もやはり良心という集団適応によって部分的に規定されている。

意志機能の鍛練・本能的無意識的反応を犠牲にして目的をもった規律ある行動を訓練すること・も同様に、成長していく子供が果たさねばならない現実適応にとって、不可欠のものである。われわれはここで再び情動的要素の抑圧と出会う。幼児の激情や情緒性が、しつけをされた子供の情緒抑制や感情抑圧に道を譲るのである。

これらの判断中枢の形成はすべて自我・意識・意志の強化を促し、本能的側面を相対的に遮断しつつ人格内の強度の緊張をもたらす。自我は意識と同一化することによって、無意識との接触を失い、そのために「こころ《ぜーレ》」の全体性との接触を失う。意識はなるほどこのとき統一性をもつと主張するが、しかしこの統一性は意識がもつ相対的な統一性でしかなく、人格のそれではない。「こころ《ぜーレ》」の全体性は失われてしまい、意識－無意識の布置を支配する二元的な対立原理に取って代わられる。

無意識に守られた状態から文化規範に守られた状態へ――本能中心性から自我中枢へ

したがってある意味では、意識発達が文化になっていく過程・集団が要求する過程・は、根こぎにされる過程である。本能との内的集合的なつながりがほとんど捨てられなければならず、その代わりに自我の二次的な保護者として、集団によって認知され集団文化を規定している価値規範を備えた集団という土壌に根ざした状態が現われる。この移植過程は無意識的な本能中心性から自我中枢への転換を意味しており、これに失敗すると多くの発達障害や病気が引き起こされる。

元型諸段階の通過・意識の父権的な方向づけ・人格内部の集団的価値の判断中枢としての超自我の形成・集合的価値規範の存在・は倫理的な正常発達の前提条件である。これらの要因のどれか一つが妨害されると発達障害を引き起こす。最初の二要因すなわち内的心的要因の障害は人格の神経症化をもたらし、他の二つすなわち文化的要因の障害はむしろ非行や犯罪という形での社会的適応の障害となって姿を現わす。

心的葛藤は人格形成のエネルギー的基礎である

平均的な子供はこの根こぎにされる過程を切り抜けるだけでなく、その中で内的緊張を強める。統一性の相対的な喪失・二つの心的体系への両極化・内面の遮断・人格判断中枢の構築・はたしかに葛藤を作り出すが、だからといってこれらは神経症的な人格発達の基礎をなすものではない。これらは逆に正常なものであり、むしろこれらがなんらかの事情で欠けている、あるいは不十分であるときに、病気になるのである。

意識の側に一方的に肩入れする発達方向が西洋特有の「こころ《ゼーレ》」の構造をある程度まで特徴づけており、そのためこの構造は初めから葛藤と犠牲を含んでいる。しかしこの心的構造は同時に、犠牲を意味あるものにし葛藤を実り豊かなものにする能力を、自らの内に含んでいる。心の中の中心志向が全体性傾向として姿を現わし、この傾向は人生の経過とともに人生後半の補償的な発達を通して始めの一面性を補償する。意識と無意識の間の葛藤の緊張は、無意識本来の補償傾向が作用し続けている限り人格の永続的な成長をもたらし、またますます成熟していく人格の中で無意識に対する意識の関係が強まるにつれて、絶えずより包括的になっていく総合が最初の葛藤に取って代わる。

しかし初めは個人の分化と分裂が必要であり、それが人類の発達においても不可避であったことをこれまで明らかにしてきたのである。個人は発達する際に人類が辿った古い道を歩むのである。内的心的な両極化によって生ずる緊張は人格のエネルギー落差を形成し、世界に対して二重の態度をとらせるように作用する。

リビドーを世界に向ける二つの道――投影と意識の関心

自我意識が成長するにつれてますますリビドーが世界に向けられる、すなわち絶えずより大きな広がりを取り込みつつ客体を「所有」するようになる。このリビドー転換には二つの原因がある。一つは自我が意識的関心を向けることであり、いま一つは無意識内容の投影である。無意識内容のエネルギー量が非常に大きくなると、それは無意識から浮かび上がって投影される。それは今や外界に生命を吹き込むイメージとなって意識の前に立ちはだかり、自我はそれを世界内容として体験する。このようにして、投影の結果、世界や投影の受け手への固着はいっそう強められることとなる。

二　思春期における集合的無意識の活性化と自我の変化

この過程はとくに思春期においてきわめて明白となる。無意識の活性化がこの時期に心－身の変化と並んで生じ、集合的無意識・諸元型・の働きの強まりとなって姿を現わす。すなわちそれは性的領域の活性化をはるかに凌駕し、しかもこの年齢期に頻発する精神病に見られるような突然の発病の危険として現われるだけでなく、一般に集合的無意識の働きが強まるこの時期に限って多くの人々に見られる、超個人的なもの・普遍的なもの・理念的なもの・すべてに対して新たに湧き上がってくる生き生きとした関心としても姿を現わす。思春期はまた世界感情や生命感情の変化によっても特徴づけられており、それは現代の成人がもっている生命感情よりいっそう、世界と結合した原初人の生命感情に近いものとなる。世界が「こころ《ゼーレ》」をもっているとみる抒情性・この時期の夢や詩にしばしば現われる神話的モチーフ・はこうした集合的無意識層の活性化の典型的な徴候である。

しかし思春期においては同時に意識による補償的な働きも強まるため、内向的ないし創造的な性質の強い人々だけが無意識の中の動きを直接知覚できる。一般的にはこれは自我と無意識を分離する壁の背後で繰り広げられ、その放射だけが意識に到達する。無意識は、関心や感情としてそれとなく放射されるばかりでなく、その後の正常発達を導き保証する魅力的な投影の形で生き生きと表現される。

元型の投影と、個人的な家族小説からの分離

この時期の最も重要な投影はアニマないしアニムス・無意識の中でまどろんでいる異性像・の投影であり、これが今や活性化する。無意識の輝きに飾られたそのイメージは世界に投影され、その中で探し求められるため、

同伴者問題・人生前半の一大テーマ・を布置する。

思春期に現実のものとなる、両親像・現実の両親・からの分離は、未開人の成人儀礼が示しているように、超個人的な両親・原両親・の元型が活性化することによって引き起こされる。この活性化は、両親元型が個人的な内容より優れた超個人的な内容に投影されるよう奨励され要求されるという形で、集団によって集団のために制度的に利用される。今や父元型の投影を受ける親方・教師・指導者の像すなわちマナ人格[77]との関係が、母元型を故郷・共同態・教会・運動に投影するのと同じくらいに、重要になってくる。これ以降、家族の輪から出て集団の中へ入った者たちは、これらの〔超個人的な〕内容によって徹底的に働かされ使われることになる。

「再生」、すなわち英雄－自我の誕生――集団における自我の中心性

「成人していること」の指標は、個人が家族の輪から出て、生命の産みの親・大いなる両親・の世界へ参入していることである。それゆえ思春期は再生の時期に、また竜との戦いにおける英雄の自己授精を表わすシンボル体系に、対応している。この時期の特徴をなす儀礼はすべて夜の航海による人格の更新を目的としており、この航海の中で精神《ガイスト》－意識－原理が母＝竜に打ち勝ち、母や幼児性とのきずなが無意識とのきずなと同様に断ち切られる。段階ごとに堅固になっていく自我の最終的な安定は、思春期において初めてなされる母＝竜の最終的な打倒に対応している。こうしてここで現実の個体発生においてもアニマが母に取って代わり、また自らの伴侶の重要性が母のそれに取って代わると、この時に普通は母＝竜との戦いも終わりを告げる。このとき再生者を再生させるのは、彼がイニシエーションの際に同一化する父性原理である。彼は父の息子となり母を持たず、また父と同一化することによって自分自身の父となる。*

* こうした思春期参入の一部が幼児期に繰り上げられていることは、男性－精神《ガイスト》を重んずる父権的文化の典型的な印である。ここではすでに人生の最初の割礼や洗礼において母が父に取って代わられ、しかも母の領域が意識的に決定的に狭められる。

幼児期から思春期まで発達する間に自我は徐々に生に対する中心的な地位を引き受けるようになり、思春期になると今や自我は最終的に個性の担い手となる。無意識からの分離が――意識と無意識との体系間緊張を確立するために必要である限り――成し遂げられる。思春期参入は集合的無意識の活性化を表わすものであるが、この活性化が今や集団と結びつけられる、というのは一般にこの参入において元型的文化規範が天を代表する長老たちによって集団の精神《ガイスト》世界として伝授されるからである。ただしこのとき個人は――たとえば北アメリカの守護霊の参入儀礼のように個人的に啓示を得ることがなくても――自らが集団の中心にいるということを初めて体験する。参入し成人した状態は今や責任をもって集団を代表することを意味する、というのは自我および個々人のもつ超個人的な意味はこれ以後集団の文化とその規範の中に組み込まれるからである。

この発達の前提となるのもやはり英雄の戦いが勝利していることであり、その戦いの中で勝利者は参入すべき精神《ガイスト》界という形をとって現われる超個人的なものと結びつくのである。参入者はこの世界を継承して、その息子になったという体験をし、その世界を守るために地上での戦いを引き受け、自らの領土の中でその世界を代表しなければならない。彼が無意識の世界から分離したことを証明するために、倫理的ないし宗教的世界を承認するという方法によるか、それともタブーないし宗教的戒律を受け容れるという方法によるかは、このさい副次的な意味しか持たない。

男性の自己授精〔のシンボル〕は勝利〔の印〕であり、この勝利者は「竜と戦う者」と同じように王女を獲得する。成人し性生活を許されるとともに、今や母の代わりに愛人が登場する。成人は今や自らの性別に即した役割を演じなければならず、しかもその上に個人的な目標も集団の目標も追求しなければならない。

三　人生後半における中心志向の自己意識化

少年から成人へ

人生前半はほとんどが「外界の諸力」やその超個人的な要求に適応することによって占められている。原両親元型やアニマ・アニムス元型を投影することによってこそ、外界へと向かう意識の発達過程がそもそも可能になるのである。獲得すべき外の現実の「背後で」作用している元型的イメージに魅惑されることによって初めて、人生前半におけるすべての正常発達を特徴づける外への傾斜が心に与えられる。

この時期の発達は、意識の展開および世界との現実的な関係の拡大という特徴をもっている。こうした発達方向は生得的に備わっており、人間種に備わっている・意識の発達と安定化を促す・本能や心的機構に呼応している。しかも思春期にはっきりと見られる活性化した無意識の推進力が自然な摂取過程や投影過程を通して外に向かうものであることは、同様の発達方向に呼応している。*

＊　成人の発達困難や神経症的障害を分析してみても、この発達が生得的に備わっていることが確かめられる。

正常な場合には思春期を過ぎた成人は比較的大量の自由なリビドーを備えた堅固でしかも弾力的な自我意識を持ち、この自我意識は無意識の侵入に対して防水されていながら殻に閉じこもることなく、また客体世界の多くの部分――意識の広がりとリビドー量に応じて差はあるが――に対して積極的に立ち向かっている。客体世界を征服しそこに適応していくにつれて、今や外向型においても内向型においても意識と人格が形成されていく。例外をなすのは無意識の活動力が過剰でありながらそれに打ち勝つことのできる意識の力量をもった創造的人間、および――いかなる理由からであれ――意識発達が阻まれている神経症患者だけである。

われわれの文化に、思春期儀礼のような青少年が世界に向き直っていく仲介をする儀礼や制度が欠けていることは、少年神経症の発生の原因をなしている、すなわち彼らに共通しているのは集団や伴侶に適応するという形で世界に入っていくことが困難なことである。更年期に属する儀礼・老人儀礼・が欠けていることも同じように作用する。しかし人生後半の更年期神経症に共通しているのは、円熟し老齢にふさわしい行為をなすために必要な、世界との絡まり合いからの脱出が困難な点である。この原因はそれゆえ人生前半の原因とはまったく異なっている、あるいは正反対ですらある。

人生前半においては自我が中心に位置して中心志向の作用が意識に達しないようにするのに対して、中年という時期は人格の決定的な変容によって特徴づけられている。中心志向が意識化されるのである。自我は、無意識から発して人格全体を襲うある過程に曝されて苦しむ。この心理的な変容・徴候とシンボルの体系・をユングは個性化過程と呼び、たとえば錬金術に関する研究の中で豊富な資料を用いて肉付けしている。

分化の反対としての統合——世界の収縮・人格の諸判断中枢の統合・情動的要素の活性化・付随的個人化の廃棄

本書の内容全体の中で位置づけるならば、人生後半の現象は中心志向の個人的発達の第二段階に入っていると言うことができよう。第一段階が自我の発達と心的体系の分化をもたらすのに対して、第二段階は自己の発達と心的体系の統合をもたらす。この変容過程は人生前半の発達とは反対の方向を向いているが、しかしこの中でもたらされるのは自我と意識の解体ではなく、自我の自己－自覚化による意識の拡大である。この発達において自我の最初の位置が回復される。すなわち自我はその自我－憑依という偏執的な状態から脱け出て再び全体性機能の担い手になるのである。

自己の無意識的な作用は人生全体を支配しているが、この作用が意識化されるのは人生後半のことである。幼児期の自我形成においてはまず意識の中に中心化の作用が生じ、そのさい自我が全体性を代表する器官になる。

思春期においては自我としての個人は自分自身を集団の全体性を代表するものと感じる。彼はその責任ある構成員となり、自我が無意識に対するときと同じように集団・共同態に対して建設的な態度でのぞむ。思春期から更年期までの期間・生が拡大しそれが人生後半の初めに逆転するまでの期間・に、個人と集団の間の外的な弁証法が使い尽くされる。次に人生後半においては個性化するにつれて自我と集合的無意識の間の内的な弁証法を使いこなすことができるようになる。

今や、人格を分化させる段階とは反対の道を通って、人格が統合される。意識と心の間または自我と自己の間に対話が生まれ、それによってこれまで対極的に対立していた意識と無意識の両体系の間に新しい全体性が布置される。意識が発達する人生前半において形成されたさまざまな分化や判断中枢が今や解体される。しかしこれは、大衆現象における再集合化（付論IIを参照せよ）に見られるような退行を意味するのではなく、意識の拡大と発達がまさに新しい方向にむかって更に進んでいく統合を意味しているのである。

この人生後半の変容過程は個性化過程という意識的な形態をとって現われるだけでなく、心の自己制御という形ですべての人格成熟の発達をも規定しており、この中で自我が自己を意識するに到るのである。自己は自我に自己－意識化されることによって、無意識的に作用する段階から意識的に作用する段階へと発達する。個性化という変容の道は錬金術的－ヘルメス哲学的過程、すなわちついには意識をも質的に変化させてしまう新しい形態の「竜との戦い」なのである。今や、われわれが神話的に「オシリスすなわち変容」と名づけているものが、意識が心の一体性を体験するという形で、心理的に現実のものとなる。

無意識の収縮・分化・外の集団への傾斜の形成・に対立して、今や世界の収縮・統合・内なる自己への傾斜の形成・が生ずる。人生前半においては子供の非個人的かつ無意識的なあり方が成人の個人的な生に作り直されなければならなかったし、彼は仕事や関係・権力や作品・といった領域のどれであれ集団の中で・集団に対して・自らを確証する際につねに、自らの自我領域を中心に据えなければならない。こうした自我の支配下にある人格発達の段階に続いて今や次の段階が登場し、そこでは非個人的超個人的な内容を同化することによって中心が個人的な自我・意識の中心点・から、自己・全体的な心の中枢・へと移る。

自らを全体化するこの心の一体性の内部における人格の諸判断中枢の統合によって、分離している・またはまだ関係したことのない・人格部分が、意識と結びつけられるのであるが、この過程の中で情動的要素が活性化され、また付随的個人化が廃棄される。しかしこの発達は意識を維持しつつなされる。とはいうもののこの発達の危機や危険は原始的な自我のそれと似ており、この段階においても初めの段階と同じように不幸な場合には人格破壊にまで到ることがある。情動や元型に押し流される危険はここにおいても、発達した意識という柵・壁・安全装置・を自発的に捨てて下界に通じる英雄の道を歩もうとする自我を脅かす。こうして今やたとえば両親像の背後に原始的な元型が浮上し、この過程が進展するにつれてそこで出会う像はより大きく・より矛盾に満ち・より複雑になる。こうしてちょうど人格が自分の性の優位を捨て、さらにアニムスないしアニマといった反対像を同化することによって最初の両性具有性を取り戻すように、諸元型も一義的であることをやめ逆説的な多義性へと再び立ち戻る。しかし未開状態とは反対に今や意識は、以前は意識を圧倒し抹殺してしまったものを、多義的かつ逆説的なものとして体験する。人類の発達においては無意識が自然なシンボルの形で自発的に現われて模範を示していたのに対して、今やわれわれはそれと並んでユングが「結合のシンボル」および「超越機能」と呼んだ現象[78]に出会う。

「結合のシンボル」は中心志向の現われである

結合のシンボルはある特殊な状態、すなわち自然なシンボルが浮上する時のように無意識の産み出す力が優位に立つのではなく、無意識に対する意識の構え・「自我の堅固さ」・が決定的な要因となる状態の産物である。結合のシンボルは超越機能の産物として、自我を堅固にしようとする意識の構えと、それに対抗して意識を圧倒せんとする無意識の傾向との間にある、エネルギー的内容的緊張を克服する。

こうして結合のシンボルの中に中心志向・個人の全体性・が直接に現われる。意識の側も無意識の側も、それまで作用していなかった新しい要素の創造的な影響によって克服される、すなわち「超越される」。結合のシンボルは総合《ジンテーゼ》の最高形態・心の全体性傾向および自己救済傾向の最も完全な産物・である。それはあらゆる葛藤を、それが真摯に生き抜かれる限り、創造的過程の中で癒すばかりでなく、人格全体を拡大するための出発点ともするのである。

ユングは、「個性の堅固さと明確さも、圧倒的な力をもった無意識の現われも、同一の事態を示すものに他ならない[79]」と述べている。個性の堅固さと明確さとは、無意識や世界の要求に屈しない意識の強さと統合性、および倫理的統合性をも意味している。しかし圧倒的な力をもった無意識の現われは心の創造的要素に当たる超越機能であり、意識の側からは解決し難い葛藤状況を新しい方法・価値・イメージ・を産み出すことによって克服してくれる。この両者は相俟って人格の全体性布置が達成され作用していることを示しており、この全体性の中では心の創造的側面と意識の明確さとは、もはや互いに分裂した二つの体系として対立的に機能するのではなく、総合されるに到っている。

心の総合はしばしば、たとえば両性具有のような、対立原理の新たなる統一を表わすシンボルによって示される。ウロボロスの両性具有的性格は、ここでは新しい段階として現われる。

錬金術において原質料＝《第一質料》という両性具有的な原初状態が変容の過程によって賢者の石＝《レビス》〔図85〕という両性具有的な最終状態にまで高められるのと同じように、人間が変容する道である個性化は自我－意識と無意識とのより高度な総合をもたらす。最初においては自我－胚芽が両性具有的なウロボロスに巻きつかれ囚われて安らいでいたのに対して、最後においては自己が高次のウロボロス・男性的要素と女性的要素および意識的要素と無意識的要素の結合・の黄金の中心となり、しかもその中で自我は崩壊することなく、むしろ自らが自己であり結合のシンボルであると感じるのである。

変容の心理学と自己体験

この過程の中で自我は「高まり」、自己との結合を実現する。この結合はオシリス－ホルス神話では両者の逆説的な同一性として何度も現われている。自我は、自己－体験をするときには、自己としては自らを神と感じ、自我としては自らを死すべきものと感じるが、しかし両者の結合を「人間と神は双生児なり」というハシディズムの格言のシンボル体系や父－息子－同一性ないし母－娘－同一性のシンボル体系の中に感じとっている。自我は自らが唯一の存在であるという主張を捨て、中心としての地位を自己に譲り渡すが、そのとき自己が「精神《ガイスト》界の王」であるとすれば自我はその副官として「この世の王」となる。

図85　レビス

この過程の一つの段階であるオシリス化と変容は個性化過程に当たるものであるが、これはまだ「竜との戦い」やアニマとの《聖婚》といった英雄元型の勢力圏内にある。この二つは変容の前段階に属しており、変容の段階になると自己・一体性・の創出が内的な自己授精や栄光化として生ずるのである。自己が「こころ《ゼーレ》」と結合するという形をとる英雄元型の取り込み・「この世のものでない」王国の建設・王の誕生・は、錬金術の奥義でもあり個性化の奥義でもある。〔80〕

　自己授精の行為は、自我－意識が生まれたばかりのときには無意識という竜の巻きつく力から自らを解き放つ行為であるが、人生後半においては自我が自己に生まれ変わるときにも現われる。このときには自我は世界という竜の巻きつく力から解放されるのである。人生前半の「竜との戦い」は初めに無意識の世界を通り抜けていき、最後に自我という英雄が誕生する。人生後半の夜の航海は初めに世界を通り抜けていき、最後に自己という英雄が誕生する。

　この意識発達の最終段階はもはや、意識発達の中の元型的な・集合的な性質をもった・段階ではなく、個性的なものである。その中にはたしかに元型的材料も摂取されるが、しかしそれは意識的になされ、しかもそれをなすのは自らが超個人的な世界と一回限りの個性的な結合をしていることを内的にも外的にも感じている個人である。もはやウロボロスという無意識的なまったくの集合的世界、および共同態という意識的なまったくの集合的世界が自我を支配するのではなく、この両者が一回限りで結合され摂取される。分裂した自我が客観的な心と客観的な身体という原始的な集合世界同士の間の原子《アトム》として自らを認識するのに対して、自己と結合した自我は人間中心主義的に自らを世界の中心であると感ずる。

　個人は世界体験と自己体験のあらゆる段階を通り抜けた後に、自らの本来の意味を自己意識するようになる。彼は自らが、自らを自我として自覚しさらにこの自我によって自己として体験される心の自己発達の、初めであり中間であり終わりであることを認識する。

　この自我の自己－体験はしかし、オシリス化におけるように永続化・不死化・と結びついている。全体的になっていくことは個性化過程の結果であり、構造化が強まり、人格がはっきりした形をもっていくことに対応している。人生前半の発達が全体性を犠牲にして分化し緊張を強めようとする傾向にあるのに対して、統合過程は緊張を緩和させつつ堅固さを強める傾向を持つ。この発達の特徴は、すべての生き物の自然な年齢発達に当てはまる。これは生物学や物理学の中にも対応する物をもっている。形象化・安定化・構造化・堅固化もそれぞれ、完全な形・平衡・調和・堅固さ・を意味する象徴体系と結びついている。円や球・真珠や満開の花・として現われるマンダラは、これらの要素のすべてを自らの内に結合しており、他方たとえば自己のシンボルとしてのダイヤモンドは石や岩などと同様に、もはや対立によって解体されないものであり、それが破壊されず堅固であることを表わしている。

　このとき心の堅固さは――破壊されないこと・永遠性・不死性・に力点が置かれない限り――つねに自らを生き生きと更新して成長し展開する構造として浮かび上がってくる。対立物の間を支配している緊張を和らげることは、それゆえここでは本質的に、作用している力を統制しそれに形を与えること、すなわち質的な変容であって、その力を単に量的に減らすことではない。成熟とはこの場合には――どの場合もそうだが――量的により強い潜在的緊張が質的により高いより安定した構造に変容することを意味している。

　全体性構造は心の中心としての自己の中枢とともに、マンダラ・中心をもった円・両性具有的な存在であるウロボロス・として象徴される。しかしこの円は今や自己という輝ける核を中心点として持っている。ウロボロスは初めは動物段階にあり、その中に自我‐胚芽が中心として含まれているがほとんど隠されているのに対して、マンダラの花弁が自ずと開くにつれて動物的な対立緊張は、諸対立へと展開していく自己によって克服され超越される。発達の初めにおいては意識が無意識の威力によってほとんど消滅させられるのに対して、終わりになると意識は自己と結びつくことによって拡大され力を与えられる。自己が自我の堅固さと結びつくことによって、世界と無意識・外と内・の内容は馴致され制御される。

　心は自ずと分化していく構造をもつが、この構造に対応しているのが世界である。すなわち対立原理に従って分化して、内と外・意識と無意識・精神《ガイスト》と生・男性と女性・個人と集団・へと分かれた世界である。両性具有者をシンボルとして自らを統合している成熟した心にとっては、世界もまたその中で中心としての人間——内的世界と外的世界の間で自らを実現する個人であろうと人類そのものであろうと——が実現される両性具有的な円存在であることが明らかとなる。というのは、人類全体も個々の個人も同じ課題・すなわち自らを統一体として実現するという課題・を持っているからである。個人と人類は双方ともに現実の中へ投げ込まれており、現実の一方は外の自然や世界として彼らに対立するが、他方は「こころ《ゼーレ》」や無意識・精神《ガイスト》や霊力・として彼らに語りかける。個人と人類は双方ともに自分自身をこうした現実の中心として体験しなければならない。

最初は自我は原両親－竜すなわちウロボロスの腹の中・内と外や世界と無意識が混ざり合ったものの中・にあり、胎児のようにそこに包まれ安らいでいた。最後になると錬金術の図像にあるように両性具有者がこの竜の上に立ち〔**図85**〕、総合的な存在になることによって原状態を克服し、頭上に自己という王冠を浮かべ、心臓にダイヤモンドを輝かせる。

しかし人類の意識発達が個々の個人だけでなく全体としてこの総合の段階に到達するときに初めて、超個人的なウロボロス状態も、同時にまた竜の集合的危険も克服される。人類の集合的無意識は人類の意識によって共通の基盤として体験され意識化されなければならない。人類の人種・民族・氏族・集団への分化が統合過程によって新たに総合されて高められるときに初めて、原－竜の危険・押し流そうとする無意識の危険・も打ち負かされる。未来の人類がそのときに人類の核として実現する中心は、今日個々の人格が自らの中心と感じているのと同じ中心であって、それが現われることによってウロボロス竜の原危険が克服されるのである。

補遺

付論I　集団、偉大なる個人、および個人の発達

大衆と集団

本書で明らかにしようと思ったのは、ウロボロス状態およびウロボロス段階の心理的な意味が自我を生み出す根源であるということであった。この付論の課題は、自我や個人が集団から発達する様を描き出すことにある。われわれはまず第一に集団が個人に対して肯定的な意味を持っていることを明らかにし、集団の本質を大衆のそれと区別しなければならない。集団とはその中で構成員が互いに結合しあった部分として存在する生きた統一体である。この場合の結合は血縁集団・家族・氏族・部族・原始民族のように自然的生物的でもよいし、トーテム・宗派《ゼクテ》・宗教集団のように創立されたものでもよい。創立された集団においても、その構成員は共通の体験やイニシエーション等によって互いに情動的に結合されている。集団の形成はそれゆえ、構成員の間の「神秘的融即」の存在・無意識的な投影過程——その情動的な意味についてはすでに論じた——・に依存している。この状態の特徴は、たとえば集団の成員が兄弟や姉妹と呼び合うことによって、こうした〔情動的〕結合が自明である原初的な家族集団に自らを準《なぞ》らえているという点に見られる。

しかし永続性を持つことも集団の本質をなしており、この永続性は集団の構成員相互の無意識的な結合によって保証されている。集団と言えるほどのものはいずれも永続集団であり、そのために歴史的性格を持つ、あるいは持つに到る。それゆえ学校のクラスや会社といった一時的な集団でさえも、歴史を編纂して真の集団になろうとする傾向を強めていく。これらはその集団を創立するもととなった体験・共通の戦争体験や共に過ごした青

春・を歴史的なものにしようと、また会合・集会・記録などによって永続性をもった集団であることを示そうと、努力する。

それに対して大衆結合は名ばかりの結合であり、それを集団と呼ぶことはできない。大衆結合とはつねにゲシュタルト理論で言うところの加算的断片である、すなわち情動的に結合しておらず互いの間に無意識的投影体験の生じない個々人の集積である。列車や劇場を共同利用したり、クラブ・組合・同業組合《ギルド》・党に入っているだけでは、集団共同態とは言えない。たしかにこうした大衆結合が二次的に「集団化」し、部分的に真の集団現象を見せることはありうる。しかしその場合の集団化は部分的であるにすぎない。危急の事態になるとたとえば民族といった原始的集団による憑依状態の方が組合への帰属感より強いことが明らかとなる。たとえば社会民主主義の運命が一度ならず示しているように政党は大衆結合であって、大衆結合は集団が活性化すると崩壊してしまい、情動的憑依状態の中では――たとえば戦争が始まると――民族への集団帰属感の方が作動するのである。

後述の再集合化現象に由来する結合もまた大衆結合である。大衆行動に見られる原子化《アトム》された個々人の憑依状態は、集団を形成せず永続性を持たない、心理的な過程である。後に見るように大衆には集団の積極的な特徴がまったく欠けており、たとえ大衆の中の個々人が体験的にそれを集団と誤解して一体感を感じると思っていても、この一体感ははかなく消えてしまい、幻想であったことが分かる。

要するにここで言う集団とは心理的な一体性であり、自然発生的なものであれ創立されたものであれ両者ともに大衆の結合とは反対に永続性を持っている。個人を包み込んでいる集団は、ウロボロスの始源状態において最も明らかなように、各部分を統合した自然な全体性を表わしている。集団・全体性が個‐部分に対して優勢であるため、集団‐全体性はある元型のあらゆる特徴を帯びて現われることになる。集団‐全体性は力に満ち圧倒的であり、指導性格や精神《ガイスト》性格を持ち、ヌミノース的であってつねに「絶対他者」であるが、このことはすべての創立集団において集団を創立した原理の中に明白に現われている。この集団全体性の投影現象が最も明白に見られるのはトーテミズムである。

トーテムの精神《ガイスト》面

トーテムは摑みがたいものであり、集団成員はそれと融即しているのである。彼らはそれと同一化しているのである。しかし両者の間には世代関係も存在する、すなわちトーテムは祖先であって授精者としての性質を持っており、何にもましてヌミノースなもの・超個人的な霊《ガイスト》的存在・である。トーテムは動物・植物・事物として超個人的なものであるが、ただし個々の物や人物としてではなく理念や種としてそうなのである。それはマナを持った霊《ガイスト》的存在であり、タブー視され、呪術的な作用を持ち、儀礼を通して関係を持たなければならない。

　このトーテム存在は全体性の基盤であるが、この全体性はトーテム仲間団体であるから生物的自然的な一体性と等しいものではなく、精神《ガイスト》や「こころ《ゼーレ》」によって形成されたものである。それはこの意味ですでに、今日われわれが精神《ガイスト》的な性質をもった集団と理解している結社ないし盟友団である。トーテムとそれに依拠した共同態の秩序は、生物的な一体性をなす自然集団とは対照的に「創立される」、すなわち精神《ガイスト》的な行為によって生ずる。この現象はいろいろな意味で重要である。それは集団の最初の状態における精神《ガイスト》の役割を、また傑出した個人・「偉大なる個人」〔81〕・の役割を典型的に示している。

　周知のように、個人的な守護霊の獲得は、北米インディアンにおいてのみならず、参入の重要な内容をなしている。この個人によって体験される霊《ガイスト》は動物などに宿ることができ、参入した者の生に対する儀礼的祭礼的諸義務のすべてに関係しているが、この霊は未開人や古代人のあらゆるシャーマン・神官・予言者像において決定的な役割を演じている。トーテミズムの発生は、原始段階における宗教の創立として理解することができる。このことは上記のように個人的に精霊を見る才能をもつ者が参入儀礼によって集団を作り上げ、その集団を自らが精霊と関係していることによって統括したのだと仮定してみれば明らかとなる。このような集団の形成様式は今日に到るまでの宗派《ゼクテ》の創立に見出すことができるし、未開人の参入儀礼や古代密儀や大宗教も同じようにして発生する。創立宗教の初期形態であるトーテミズムにおいては、創立者は自らの個人的な精霊と最初に交流してその祭儀を伝える祭司‐予言者である。われわれが神話を通して繰り返し体験するように、彼はトーテム史の英雄であり、精神的《ガイスト》な祖先なのである。

彼とトーテムは、とくに後に結成される共同体においては、一つに結ばれている。体験される人格的自我としての英雄や創立者と、彼によって体験される精神的存在《ガイスト》としてのトーテムとは、単に心理的に一つに結ばれているというだけではない、というのは自己は精神的存在《ガイスト》としてなんらかの形で自我に「顕現する」からである。後の共同体にとってもこの二つの像はつねに繰り返し重なり合う。こうして後の宗教においてもたとえばモーセはヤハウェの特徴を得、愛の神がキリストの像において崇拝される。自我と彼に顕現する超個人的なものとの間には、たとえこの超個人的なものが動物・精神《ガイスト》・父としてあるいは母像としてあるいはどのような形で現われようとも、心理的にはつねに「我と父は一つなり」という聖句があてはまる。

こうして精神《ガイスト》としてのトーテムと、トーテムが最初に顕現した祖先とが合わさって、創始者的‐精神的《ガイスト》な父の像となる。このとき「創始者的」とは文字どおり「精神的《ガイスト》‐授精者的」とまったく同じ意味である。この創立が霊的なものであることは、あらゆる参入儀式やあらゆるトーテム祭の記述や分析によって明らかである。

トーテムの精神《ガイスト》‐性質は宗教的な意味だけでなくそれ以上に社会的および倫理的な意味を持っており、未開人のあり方全体を構成する原理になっている、というのは行動様式・秩序・儀式・祝祭もトーテムによって創立された社会的な集団‐秩序と同じようにその精神《ガイスト》性質によって決定されるからである。

「偉大なる個人」の出現形態

個人的なトーテムの獲得――北米におけるような――は決して典型的なものではなく、反対に個々人は

「声」・直接的な内的啓示・の体験を通して個性化していこうとする集合的要求を持っており、この体験はトーテムを相続していく未開人の日常生活とは正反対である。とはいえ、トーテムもしばしば参入儀礼によって受け継がれる。つまり個々人の精神《ガイスト》的相続物となるのである。「守護霊」の現象についてとくに興味を引くのは、他の場合なら疑いなく「偉大なる個人」の体験としてつねにトーテミズムを形成するはずの行為を、ここでは集合的な形で観察できる点である。この集団心すなわち集団の無意識においては、精神《ガイスト》現象が単に生きているだけでなく、この集合的無意識からの精神《ガイスト》の個々の現われは啓示の形で目に見えるものとなる。ちなみにこの啓示を「受け取る」のは、超個人的なものが啓示される受け手となり、それによって自らが「偉大なる個人」であることを証明する才能をとくに与えられた個人である。

　集団の集合的無意識は、集団の器官として無意識の内容を集団に伝達する機能をもつ個人に憑依することによって姿を現わすが、その現われ方は集団の状態および集合的無意識の布置によって決定される。

　したがってここには深層を表わしている諸現象の全序列、および――それと対応して――「偉大なる個人」として現われる啓示の受け手の序列が見られる。啓示の受け手たちを互いに区別するものは、本質的には二つである。一つは現われてくる啓示現象への意識の関与の度合いであり、いま一つは表わされる内容の広がりである。

　この序列の最も低い段階に位置する「偉大なる個人」は単に受動的に投影を受ける者である、すなわち彼の意識と人格は彼に投影されるものと何の関係も持たない。これは、たとえば生贄というシンボルを担った者が供犠されるべき神の代理を務めなければならない、というよく見られる制度の場合である。たとえば彼らは豊饒女神の身代わりである場合にはその美貌ゆえに選び出される、あるいは白子であるとか、中世の魔女の斑点のような特別な痣《あざ》を持っているといった、なんらかの象徴的な印――われわれにとっては偶然でしかない――を身体に持っているからという場合もある。たとえばメキシコの戦《いくさ》の捕虜が神として供犠される時のように、しばしばシンボルの担い手が制度的なものでしかない場合もある。この形態においては人格とそこに投影される内容との直接的な関係は存在せず、これはむしろ祭司・予言者・呪術師といった宗教的な制度を前提にしているのであり、彼らが予知能力などの助けを借りて生贄を決めるのであり、したがって彼らこそ真の作用因なのである。しかしここにおいてもすでに集団の無意識内容が個人へ投影されるという現象が現われており、そのために彼は「偉大なる個人」になるのである。このことは多くの特別な待遇として表わされており、そこから彼が「特別に選ばれた者」であるとか、彼には通常のタブーが適用されないといった特徴が生まれる。

次の段階に位置するのは、たとえ意識が消化や解釈などに関与していなくても、個人の人格が無意識の憑依内容・精霊《ガイスト》・魔神・神によって直接に憑依される場合である。この無意識による受動的な催眠状態はいたるところでよく見られる現象であり、これはシャーマニズムとして知られ、また多くの呪医や予言者等の憑依状態として現われる。この系列には精神病患者も入る、すなわち彼らにおいては超個人的集合的無意識・精神界《ガイスト》・が意識と自我の関与なしに現われるのである。周知のように未開民族においては、適当な生まれつきの「精神病質的」人格がいない場合には、部族の一人が狂人にされ、それによって呪医にされるという形で、この状態が人為的に作り出される。こうして彼は超個人的なものの霊媒となり、集合的無意識の中で活性化している・集団にとって必要な・内容を集団に伝達する。

この段階の現われ方には多くの形態と変形がある、というのは集合的無意識の内容による受動的な憑依状態は、その内容との同一化や自我肥大をもたらすだけでなく、この内容を「代表する」象徴的な生をも生み出すからであり、このことはユダヤの預言者においてもなお部分的に・神像の生を「まねぶ」あらゆる方法の中にはっきりと・見出される。

集団の一時的な指導者は永続的な指導者像として集団と関わっているのではなく、ある一回限りの状況において何か抜きん出たことを成し遂げて、いわばその短い期間の間だけ「偉大なる個人」となるのであるが*、この種の指導者もまた無意識による憑依状態と集団にとっての人格の意味とが関連していることを表わす例証である。

＊　たとえば特殊な玄人として戦争を指揮したり、魚の引網を組織したりする「専門家」は、もちろんこれとは関係がない。

しかし霊媒型の指導者像・催眠術をかけられた催眠術師・もなお下級の呪医に属しており、この場合には「偉大なる個人」の憑依状態は集団が自ら憑依するための手段になっている、すなわちこの場合には個人の人格であるという彼の意味は、無意識の霊媒として機能するという〔精神〕病者と共通する意味によって押しのけられてしまう。

われわれは以上によって重要な指標に到達する。というのは一部の本当の「偉大なる」人々は、彼の意識がこの過程に関与して責任ある態度を取っているという指標によって、こうした低い段階のものと区別されるからである。催眠術師が催眠術をかけられている――無意識によって――ことを示す特徴は、彼の意識の問題意識のなさである。侵入してくる内容が意識を完全に押し流してしまう時にだけ、意識は無意識内容に対して独自の立場を持てなくなり、意識がその内容と同一化している分だけ心を奪われ・占領され・憑依されてしまうのである。

これに対して「偉大なる個人」は人格的な意味で真に偉大な人間であり、無意識内容に憑依されると同時に意識によってその内容を能動的に捉えている、という特徴を持っている。その場合この消化が形象化や解釈として現われようが行為として現われようが同じことである、というのはこれらすべての活動には摑んだ内容との対決において自我が責任をもって関与しているという点が、すなわち自我が単に関わりを持つだけでなく一定の態度をとっている点が共通しているからである。

ここで初めて偉大なる個人が創造的人間になる。もはや侵入してくる超個人的なものだけでなく自我－意識の中で働いている中心志向も活発になる、すなわち創造的な全体性反応が働き始めるが、その中で人間種に特有の性質である自我と意識の形成がなされていくのである。

個人は偉大なる個人にならう

この系列の偉大なる個人は、人類一般における個性の発達にとっての模範である。英雄――というのは創造的な偉大なる個人はまさに英雄であるから――の個々の運命はたしかに「例外」をなしているが、しかし後に各個人をさまざまな範囲で捉えることになる過程が彼において模範的に繰り広げられるのである。

平均的自我・平均的個人・は、人類の発達が進むにつれて無意識の中に保護されている最初の状態を捨て去り、自我－意識－体系を発達させ、この発達が含んでいる錯綜と苦悩を自ら引き受けるよう強いられるとはいえ、依然として集団の中に包み込まれたままである。無意識の中に保護されている最初の状態の代わりに、彼は今や集団の中で二次的な保護を得る。彼は集団の一員となり、集団に適合し適応することおよび集団－発達によって形成されるままになることが、平均的人間の少なくとも半生にわたる本質的な発達の内容をなしている。

人間を文化的にするために集団の果たす役割は決定的である。社会は多くの意識的な定立によって権威を形成し、この権威は定式化されているか否かに関わりなく精神的伝統として教育の背景をなしている。習俗・しきたり・法律・道徳、および儀式や宗教、また集団－制度や集団－事業の中で、個人は集団によって形造られる。個人が初めから集団の中に包み込まれた存在であることを考えると、集団から発するすべての方向づけがいかに拘束力をもち、自明なものとして義務づけられているかが理解されよう。

集団はこのように集団の平均的な構成員を型にはめ、集団の文化－規範に即して自我や意識を教育しようとする傾向を持ち、その担い手が長老たちであるが、これと並行して「偉大なる個人」へと向かうもう一つの発達方向がある。

まず第一に偉大なる個人は、集団の構成員からの投影の受け手である。集団の無意識的な心的全体性は彼らによって、集団－自己であると同時に個々人の無意識的な自己でもある、「偉大なる個人」において元型的に体験される。どの集団成員の中にも心の無意識的な創造的全体性すなわち自己として存在しているものが偉大なる個人において目に見えるものとなる、あるいはより高度な段階になると彼によって実際に生きられる。集団成員は依然として自立せず幼児的であって独自の自我中心・独自の責任・個人として集団と対立しうるような独自の意志・を持たないが、「偉大なる個人」は生を指導する力・生の中心・とみなされ、またそうしたものとして制度的に崇拝される。

それゆえ〔偉大なる個人を〕個人的な父親像に還元したりこれから演繹することなど、絶対に認めることはできない。知ってのとおり、ちょうど初期の歴史において偉大なる個人が自己・マナ像・英雄・父元型・といった元型的イメージの投影の受け手となるように、個体発生においてもしばしば権威像——われわれの文化においては父親——がこれらの投影の受け手となっている。しかし彼に投影されるのは父元型だけでは決してなく、しばしば魔法使いや賢者や英雄あるいは逆に悪魔や死といった別のイメージも投影される。

偉大なる個人は原集団の名もなき状態から脱け出て、天上では神や神々の姿となり、地上では呪医・族長・神‐王となる。社会的な発達も宗教的な発達もここではまだ互いに緊密に結びついて「こころ《ゼーレ》」の変容に対応しており、自我と自我意識を無意識という区別のない状態から解き放つ心的分化は社会的な変化として現われることもあれば、宗教的に世界像の神学的な分化として現われることもある。

偉大なる個人がわれわれにとって——歴史的に——把握しやすくなるのは、ことに神‐王や王という役割をとる時である。それゆえ王を表わす最も初期の楔形表意文字が意味しているのは「偉大なる人間」であり、そのテーマは古代オリエントの美術においてもつねに象《かたど》られている。「偉大なる王」ないし「偉大なる王家」すなわちパロは民族の体現であり表象である。下エジプトの王を表わす象形文字は蜜蜂であり、これと同じイメージがユーフラテス文化圏においても繰り返されているとするなら、それは同じことを意味しているのである。古代においては群を支配する「偉大なる」蜜蜂が蜜蜂の王——今日ならさしずめ女王蜂と呼ばれるところだが——とみなされていた。しかしエジプトにおいて王が「原人間」および「偉大なる人間」とみなされるのは、すでに後期の段階である。この段階は王の神との同一化に続くものであり、この同一化において彼は人民に対する威厳のゆえに儀式においても神のように遠い存在であった。この段階について『ピラミッド・テキスト』には、王は世界が創造される前にすでに存在していたと言われており、〔82〕これは後に救世主《メシア》の創造においても繰り返されるイデオロギーである。＊

＊ 周知のように王をその死後も永遠化しようとする手続には、身体のミイラ化すなわち不滅化から、不死性のシンボルとしてのピラミッドにまで到る、エジプトの死者供養の重要な部分が用いられている。初めは集団自己のシンボルとしての王だけが永遠性格を獲得し、大勢の人々が何十年も働いて彼のピラミッドを建設して彼の自己永遠化を可能にしたが、後になるとこの方法は彼だけに限られなくなった。

エジプトにおける王の自己神化の過程においては、すでに示したように、彼は人間のままで不死の魂の担い手になる。王は、存命中に神へと変容する儀礼によって魂のあらゆる部分を互いに結合させて「全き存在」となる、唯一の者である。〔83〕すなわち彼は初めて神の似姿となるこの時代唯一の人間であり、この神の似姿という観念は後にユダヤ教およびやや変化した形でキリスト教において人間の心的生活の基礎になるはずである。

エジプトの歴史の中にわれわれは、原初の集団－同一化状態を脱して自我が形成され成長する様、および偉大なる個人が集団－自己の投影の受け手として個々人における自我形成の先駆けとなり、それを発動させ促進する様を、見事に探ることができる。初めはまだ個人となっていない人々からなる集団の中で王－神は元型的に集団の全体像を表わしているが、この像は次第に伝達機能を持って、そのマナを絶えず集団構成員に分かち与えるようになり、ついに解体され「八ッ裂き」にされる。自分より偉大なものを取り込み同化する過程は初めは王と神の間で繰り広げられていたが、これと同じ過程が今や個人と王の間で生ずる、すなわち王が「食べられる」のである。彼の神－王という性質はますます縮小されるのに対して、集団の自立していない構成員・それ以前は超人間的な王の器官でしかなかった構成員・が自立した個人になる。今や王は人間として「この世の支配者」となり、彼の専制政治は人間的政治的なものになる。しかしこの格下げと並行して、すべての個人が「不死の魂」すなわちオシリスとなり、自己・神－王・を自らの存在の聖なる中心として取り込む過程が進む。これと同じ聖なる内容の世俗化は、個人的な系譜と個人的な名前を意識するようになる発達の中にも見出される。この二つは初めは王だけのものであったが、後にすべての個人のものとなった〔84〕。

男性集団の精神性《ガイスト》の強さ

自我－意識と個人は「偉大なる個人」を経て発達するが、この発達は彼によって開示された内容が受け継がれ、文化規範の一部にされる・文化と生を決定する超個人的な価値と霊力の一部にされる・ことによって生ずる。これは主に男性集団によってなされるが、このことは「意識発達の父権的系列」にとっても、また英雄神話の重要な部分の心理学的理解にとっても特別に重要である。

精神《ガイスト》－発達は文化の初めにおいては秘密結社の形をとった男性結社によって支えられ、後には宗派《ゼクテ》・密儀結社・宗教といった男性集団によって支えられた。しかもこの秘密結社の形成は最初から母権制と対立する形でなされていったようである。

「民族学で言うところの秘密結社は、人類史的にきわめて古い現象である。それは明らかに、女性が初めて農耕を導入してからそれほど経たないうちに、それに対立する男性の側によって創設された。それがいつ起こったかを考えてみると、考古学の観点から見るならば、たぶん中石器時代にまで溯れる。」

同様にコッパースはこう考える。

「これに当たる民族学的な状況は、太古の植物採集を最初の農耕にまで発達させたのは女性である、という仮定を裏打ちしている。女性はこうして大地を価値あるものとし、その結果その所有者にもなった。それによって女性はまず経済的に、次いですぐに社会的にも優位を獲得した。このことが周知の母権コンプレックスを作り出したのである。

こうして男性たちが押し込められた状況はあまり楽しくなく居心地もよくないため、彼らにある反応を生じさせた。この反応は外に向かっては秘密の男性結社となって現われ、その秘密と恐怖は徹頭徹尾まず第一に住民の女性部分へと向けられた。こうして精神的手段や宗教－呪術的手段の助けを借りて、経済的－社会的生活の基盤において失われてしまったものを再び取り返そうとする試みがなされた。〔85〕」

秘密結社の起源のような人類史的かつ精神史的な出来事を個人主義的な怨恨《ルサンチマン》に還元するのが誤りであるということは別として、ここでは決定的なものが見逃されている。たとえわれわれがこの「補償理論」を受け容れたとしても、男性集団にとって宗教的－呪術的内容すなわち精神的内容が母権制の経済的－社会的要因と同じくらい重要に思われるという事実――これこそまさに説明されるべきものである――は依然として残されている。この男性の精神《ガイスト》性の強さは秘密結社や密儀体系の中心に位置するものであり、重要な点である。そしてわれわれが参入の中心としてつねに繰り返し見出すことであるが、新参者が死に脅かされているときに示される秘密とは、そこに登場し新参者をこわがらせていた精霊《ガイスト》や仮装が彼の個人的な知り合いの男性たちによって「演じられている」ということであるならば、それはまさしく〔人間と精霊が同一であるという〕秘密の伝授を意味しているのである。われわれはこれを今日の科学がするように、新参者が体験することはいわば今日の子供たちに与えられる啓蒙、すなわちサンタクロースはじつは身内の誰それさんなんだよという啓蒙と同じだと解釈してはならない。

ここに見られるのは、後の密儀におけると同様、本物の変容現象であり、そのとおりに受け取るべきである。ちょうどトーテム仲間のトーテムとの同一性が踊りや仮装によって単に表わされるだけでなく作り出されもするように、秘密結社の精霊《ガイスト》との関係は秘蹟的なものである。こうして聖餐式のホスチアが単なる小麦パンではないように、参入式において登場する精霊《ガイスト》も、単にそれを演じている人間ではない。

コッパースはキナ－祝祭に関してこう語っている。

「ここでは『秘密』という表現がまさに当を得ている。というのはキナは男性だけによって祝われるからである。女性はそれに参加することを許されない、それどころかこの制度全体が何よりもまず女性に対抗するためのものである。こうして彼女たちは精霊《ガイスト》・男性たちが彩色し仮装してその扮装をしたもの・が本当に精霊《ガイスト》であると信じなければならない。このようにして女性は男性によって意識的にだまされ欺かれ、キナ－秘密を女性や他の未参入者に漏らした者には、少なくとも原則としては、死の制裁が加えられる。〔85〕」

これに対応する神話はこう語っている。

「かつて女たちは月－女の指導の下に、現在男たちが行なっているのとまったく同じキナを執り行なっていた。それによって男たちには召使いとしての身分が与えられたが、この身分は太陽－男によって実力で打ち破られた。太陽－男に率いられて（当時生きていた）男たちは女を皆殺しにし、部族の存続を脅かさないよう幼女だけは生かしておいた。*」

＊　これはフロイトが想定した兄弟による父殺し神話とは反対の、母殺し神話である。

女性たちが「意識的にだまされ欺かれる」ということは、たとえ誤ったヨーロッパ的解釈でないとしても、よくあることだが、後に自分たちの密儀を誤解したものである。元来、秘密とは、密儀において彩色し仮装した男性たちがまさしく「本物の精霊《ガイスト》」である、という点にあった。参入者としての個々人が本物の超個人性を獲得することと並んで、ここでは「付随的個人化」が部分的に儀礼の中で体験される。思春期参入の結果もたらされる無意識からの解放は、仮装しているのが人間であると知ることによって強められるのである。この体験は恐怖を取り去り、自我と意識を強めるように働く。しかしこの参入者の知は、参入者と精神界《ガイスト》とが一つであるという、もう一つの体験と矛盾するものではない。反対に、個々の参入した自我が私的な個人であると同時に仮面として・個人的なものであると同時に超個人的なものとして・理解されるこの二重関係は、神話の中で英雄が神によって授精されたものとして現われる性質の原始的な前段階である。

男性結社が母権制と対立していることは疑いないが、しかし社会的な要因からはこの敵対関係を決して説明できない、というのは男性の抑圧――これ自体は母権的な条件の下でさえ認められない――など問題にもならないような社会的条件・すなわち父権制・においてもやはりこの敵対関係が見出されるからである。しかし、「母権制」を社会的な事実ではなく心理的な段階であるとする心理学的説明によれば、道は開かれる。すでにキナ‐神話において月‐女と太陽‐男という元型的な対立が認められたが、これについてはコッパースの次の注釈が当てはまる。

「というのは民族学全般に照らしてみると、トーテムの精神性《ガイスト》が太陽観念の方を好むことは明らかだからである。」

参入を行なう集団すなわち秘密結社・宗派《ゼクテ》・密儀・宗教は精神的《ガイスト》‐男性的でありその共同体性格にもかかわらず個人を重んじる、というのは個人はすべて個人として参入させられ、参入の際に彼の個性を形造る個人的な体験がなされるからである。個人的性格が強いことはその選民的性格とともに母権集団と強い対立緊張関係にある。母権的集団の中では太母元型と意識の太母段階が支配的であり、われわれが述べた「神秘的融即」・情緒性・などの特徴をすべて備えている。しかし対抗集団である男性結社や秘密結社組織においては、英雄元型と「竜との戦い」神話・すなわち元型的な意識発達の次の段階・が支配している。男性結社はたしかに成員相互の共同関係ももたらすが、しかしこれはあくまでも個人性格・男性性と自我の強さ・を支えるものである。それゆえ集団の典型的な男性的性格によって指導者タイプや英雄タイプの形成が促される。個性化・自我形成・英雄崇拝・は男性集団の生活の中では一つに結びついており、その集団の生活形態に規定されている。女性集団の前提条件はこの点においても異なっているように思われる。まさにこの対立こそ男性結社の反女性的特徴を説明するものである。女性集団・女性・性・は女性によって刺激される無意識的な衝動‐布置の主要な表象として危険区域をなす、すなわちこれらは「克服されるべき竜」なのである。それゆえ女性はどこでもこの結社に入ることを許されない。彼女たちは男性性がまだ最終的に確立されていないこの段階においては心を惑わせる危険なもの等と非難されるが、このことはたとえば父権的宗教によって規定されている文化においてもなお広範にあてはまる。*

* 父権的発達は女性の価値逆転と無価値化をもたらすが、その最もよく知られた例は『創世記』の創造神話の中にある。創造をなすのは言葉であり、抽象的なものすなわち精神から世界すなわち物質が生じ、女性は男性から取り出され、男性より後に生まれる。そのために女性は心を惑わす否定的なもの・悪の源泉・であり、男性によって支配されなければならない。『旧約聖書』の世界はこうした価値逆転によって広範に規定されており、この逆転の中でカナンの先住民の世界の「母性的－地上的」な特徴がすべて無価値にされ・解釈し直され・父権的なヤハウェ価値によって置き換えられている。このヤハウェ－地上－緊張とその歴史は、ユダヤ人の心理の根本現象の一つになっている。これを理解することなしにはユダヤ人を理解することは不可能である。

集合的男性は価値を設け教育を行なう。いかなる自我もいかなる意識も、その型にはめようとする力によって捕えられる。こうして男性的側面は発達しようとする自我を助けて、元型的諸段階を個人的に追体験し、英雄神話とのつながりを獲得できるようにする。

以上簡単な示唆であるが、われわれがなぜ意識の父権的発達系列を取り上げるかを理解してもらうには十分である。発達は母から父へと進む。この発達は、天・父・超自我という、自我－意識体系そのものと同様の男性的な特徴をもった集合的判断中枢によって促進される。さらに研究を進めれば、「母権的」とか「父権的」というわれわれの呼び方がアジア・地中海諸国・アフリカ・の初期文化の範囲にしか当てはまらないことが明らかになるかもしれない。たとえそうだとしても、それはわれわれの専門用語を多少変えるだけのことであり、段階的発達の内容を変えることにはならないであろう。そうなっても父親コンプレックスは解明されなければならないし、また権威コンプレックスをそれと区別することもできるし、同様におそらく父権的なものと母権的なものの対立も見られることであろう。男性性と女性性からなる元型的シンボル体系は生物的なものでも社会的なものでもなく心理的なものである。すなわち女性が男性性の担い手になったり男性が女性性の担い手になることとすらありうる。大切なのはつねに関係の内実であり、決して固定した男女規定ではない。

指導者像と偉大なる個人は集合的無意識の投影であって男性集団だけに限られないが、しかし男性集団の方が女性集団より偉大なる個人たちの精神性《ガイスト》に強く関わっている、というのは女性集団の自己－投影は太母の姿をとっており、精神《ガイスト》よりは自然と結びついた太母によって表わされるからである。偉大なる個人の像は個としての個人の発達にとって重要な意味をもっている。集団からの個人の脱出は明らかに発達－進歩の方向にある、というのは個々人の分化が進み、それによって無限に多くの自我－意識体系ができる結果、人類の中の生命力ある者が同様に無限に多様な試みをなす可能性がもたらされるからである。これまで見てきたように初めは「偉大なる人間」だけが意識を持ち、ますますたくさんの意識－個性が集団の課題に生産的に取り組むようになる。この意味において集団－責任を担う指導者は旧来の形態の再現であり、民主制は、人類が現在選択している政治的な手段としての形態とはまったく無関係に未来の人類の形態である。

この人類の意識の民主化は「偉大なる個人」としての天才・指導者と英雄・によって「内的な意味で」補償される、すなわち彼は意識の人類民主制に欠けている力と内容をまさしく代表する者であり、この力と内容は彼において初めて新しく登場し意識化されるのである。彼は人類－種の新しい試みのための尖兵であり、そこには後に人類の意識を拡大することになる内容が布置されている。

何百万もの代表者を通して生き・働き・知覚し・考え・言い表わし・解釈し・理解する・意識の人類民主制と、人類の創造中枢すなわち天才との間には、絶えざる交流が存在する。たとえ天才は初め意識の民主制によって打ち倒され・干乾《ひぼ》しにされ・黙殺されるとはいえ、両者は一緒になって人類の精神《ガイスト》－文化面として無意識に対する統一戦線を組む。何百万もの人々が同時に意識的に働き、集団の最も重要な問題――政治的・科学的・芸術的あるいは宗教的問題――に取り組んでいるということは、天才をも受け容れるようになる可能性をますます高めている。天才が浮上し意識民主制によって同化されるまでの期間は比較的短くなっている。たしかにこの期間は天才自身にとっては悲劇的であるかもしれないが、人類にとってはまたたくまである。

付論Ⅱ　大衆人間の形成と再集合化現象

集団から大衆へ

自我と意識が無意識の威力から解放される過程はそれ自体は肯定的なものであるが、西洋の発達においては否定的なものとなってしまった。この過程が意識－無意識という体系の分離に留まらず、それをはるかに越えて両者の分裂にまで行き着き、またちょうど分化と特殊化が堕落して過度な特殊化となるように、発達が進む中で個人と人格の形成に留まらず原子《アトム》化された個人主義を生じさせるまでに到ったのである。過度に個人化された個人の集団が絶えず増えてきている一方で、原始的集団の始源状態から脱け出たますます多くの人間大衆が歴史過程に足を踏み入れてきている。この二つの発達は、人間が意識的かつ無意識的に互いに結びついて一体性をなすという集団の比重を低め、結びつきのない個々人の烏合の衆としての大衆の比重を高める傾向をもっている。

氏族・部族・村などのほとんどが血筋も同じくする集団であるのに対して、たとえば都市・事務所・工場は心理的に大衆的一体性をなしている。この大衆的結合が集団的結合を犠牲にして増大してくると、無意識から疎遠になる過程が加速される。情動的な融即が解体され私人化される、すなわちごく狭い私的な枠組の中にしか存在しなくなる。これまで長々と見てきたように、今やたとえば民族といった集団の代わりに国家といった大衆的一体性が現われるが、これは名ばかりのこしらえ物でしかなく、ある種の概念の中に多種多様なものを包み込んではいるが、中心イメージとして統一的な集団から生ずる理念を表わすものではない。この発達を解釈し直したりもとに戻そうとするロマン主義的な試みは必ず退行に終わる、というのはそうした試みはこの発達が進歩の傾向をもっていることを考慮に入れておらず、またこれが人類史的に見て自我や意識の肯定的な発達と連関していることを見落としているからである。

大衆化過程によって原初的な集団は家族の形でしか存在しなくなっているが、しかしここにおいてもすでに解体傾向が現われており、そのため家族集団の作用はますます制限されて小児期にしか・さらには幼児期にしか・見られなくなっている。しかし家族が存在することは、子供の超個人的に規定された前意識的心理にとっては決定的な意味をもっている。

われわれの文化においては小集団や小民族の解体が間断なく進んできたし、今も進んでいるが、それとともに大衆化・原子《アトム》化・個々人の意識の国際化・という形をとって、集団心理的な基盤の解体も進んでいる。この意識の広がりの結果たとえば、すべてのナショナリズムが対立し合っていることを別としても、現代のどの意識も他の民族・国民・人種、および他の文化・経済形態・宗教・価値体系・と対決しなければならなくなっている。そのため原初的な集団心理とそれを決定する文化規範は自明なものではなくなっている。こうして現代人の世界像は、「こころ《ゼーレ》」がまったく消化しきれないような形に変化してしまった。原人類を経て動物系列にまで遡る人類〔概念の〕の拡張・人類全体の歴史や民族学や比較宗教学の出現・さまざまな形で進展しているにもかかわらず地上のあらゆる地域で同じ方向を向いている社会革命・未開－心理およびそれと現代人の心理が結びついているという認識〔86〕・――これらすべての背後にわれわれは同じ方向を向いたある出来事を認めることができる。人間に普遍的に備わっている背景や底層――これを集合的無意識という形で科学的に発見したのはC・G・ユングの功績である――が人類内部の普遍的な作用として姿を現わし始めているのである。こうして元型的威力をもった、人類に共通な星空というイメージが浮上してきたが、しかしそれに伴って個々の集団にとってその規範の中で「天」とみなされていた部分的な星イメージが零落してしまった。他宗教を知ることによってたしかに人類の中で作用している普遍的な宗教的傾向を知ることができるが、しかしこのことによってまた個々の宗教形態がすべて相対化されてしまった、というのは宗教形態はその根底においてそれを発生させた集団心理的・歴史的・人種的・社会的な土壌によってつねに制約されているからである。

　われわれはいま現代の人類革命という暴風の中心におり、それはあらゆる価値を逆転させつつ個々人と全体に定位喪失をもたらしている。そしてその障害をわれわれは政治的には集合的な事件の中で・心理的には個人的な事件の中で・日々新たに体験し、苦しんでいるのである。

影と大衆人間

文化的になることは意識と無意識の分裂をもたらす。この過程はわれわれが個人的発達に関して人生前半の特徴として述べたのと同じ形で進む。ペルソナの形成と現実適応とは集合的価値に当たる良心判断中枢としての超自我に導かれてなされるが、これは抑制と抑圧の力によって無意識の中に影を布置し、同様に人格判断中枢としてのアニマやアニムスをも布置する。

　この人格の影部分は人格の劣等な側面すなわち未発達で太古的な側面[87]と混ざり合っているため、原始的な心のあらゆる徴候を帯びているが、しかし原初的未開的集団人間とはある重要な点で対立している。

　われわれは現代人の劣等人間－部分を集団人間とは対立する大衆人間と呼ぶ、というのは彼の心理が重要な特徴において集団人間の心理とは異なっているからである。純粋な原初的な集団に属する人間はたしかにきわめて無意識的ではあるが、しかし彼は中心志向に支配されており、意識化・個性化・形象化・精神《ガイスト》の発展・へと向かう傾向が最も強く働く心的全体性をなしている。われわれはこれらの傾向について研究してきたので、ここで次のことを理解できるであろう。すなわち、集団人間はその無意識性・投影・情動性などにもかかわらず自らの内に組み立て・総合し・創造する・最強の力を持っており、その力は彼らの文化・社会・宗教・芸術・習俗の中に、さらにはわれわれが彼らの迷信と呼んでいるものの中にさえ、現われている。

しかし現代人の無意識の中に存在する大衆人間は心的な部分構造・部分人格・であり、それはたしかに統合されれば高度な人格の拡大をもたらすが[88]、しかしそれが自律的に働くと必ずや不幸な結果をもたらす。

この無意識的な大衆人間部分は意識や文化世界と対立する。それは意識形成や意識発達と対立し、非合理的で情動的、反個人的で破壊的である。神話の中でそれに当たるものは太母の否定面である、すなわち敵対者や人殺し猪といった太母の死の協力者である。この否定的な無意識的人格部分は、反抗する動物人間という最も否定的な意味で太古的な側面をなしている。これが自我の影・人格の一部・闇の兄弟・となるのは、自我から発して意識的に無意識の深層へと下り無意識を捜し出して意識に結びつける、統合過程においてだけである。しかしこれと反対のことが生じると、すなわち意識がそれに圧倒され憑依されると、大衆の再集合化という伝染病となって現われる、大衆人間への退行という恐ろしい現象が引き起こされる。

原子化と受動的大衆化

方向づけを失ない・原子化され・無意識から分裂した・合理主義的な・現代人の意識は生気を失っている、というのは十分理解しうる。大衆結合は彼の心を支えてくれないので自分だけで責任を負わねばならないという孤独に耐えきれなくなっているのである。個々人は人類発達に習って英雄の任務を成し遂げなければならないのに、それは彼にとってあまりに難しい。かつて平均的人間を支えてくれた元型的規範の網目構造は崩壊してしまい、新しい価値のための戦いを引き受けることのできる真の英雄は当然ごく少数の個人でしかない。

大衆の中での人格の退行的解体

生気を失った現代人の自我は、反動的な大衆化過程において人格内部の大衆人間である集合的な影の手中に陥ってしまう。統一のとれた心の内部においては、否定的なものが解体者や死としてしかるべき地位を保っていたし、混沌・《第一質料》・鉛の錘・として成長するものを大地にしっかりと繋ぎ留めているのに対して、生気を失った退行した自我をもつ分裂した心の中では、否定的なものが癌や虚無的な危険になる。自我意識が分解される中で今や、精神病の場合と同様に、人類発達の中で築き上げられてきたあらゆる地歩が退行的に破壊されてしまう。

人間と個人の自我領域は再び解体されてしまう。人格的な諸価値はもはや普遍的には通用せず、個々人においても、最高の成果であった個人的人間的なあり方は解体され、集合的な行動様式に取って代わられる。魔神や元型が再び自律的になり、個人の「こころ《ゼーレ》」は恐ろしい母によって再び呑み込まれ、それとともに個人が声を体験すること・人間や神に対して個性的な個人が責任をもつこと・は意味を失ってしまう。

大衆現象は統計的に悪しき平均への退行であることは自明である、というのはまさに意識の立場が解体されてしまうからである。しかし同時に、圧倒的な情動性を備えた脳幹人間の再活性化ももたらされる。意識と、文化規範へのその定位と共に、良心判断中枢・超自我・の作用も意識の男性性も崩壊してしまう。その結果無意識の側面によって押し流されてしまうという意味での「女性化」が登場し、これはコンプレックス・劣等機能・影・の爆発という形をとって、最終的には元型の擬似精神病的侵入となって現われる。意識の防御態勢はすべて崩壊してしまい、その結果これと結びついている精神的《ガイスト》価値の世界も崩壊してしまう。個人的な自我領域も、人格の自足も、中心志向のすべての重要な表われも、失われてしまう。

これらの現象の一つ一つは、大衆状況や再集合化現象の中に確かめることができる。*

* 一九〇八年に出版されたA・クービン（28）の幻想的な書物『あちら側』の中には、歴史的にははるか後世のドイツにおいて勃発した事件が記されているだけでなく、これらの事件が集合的無意識によって規定されていることが直観的に見抜かれている。

この再集合化が他に類を見ない恐ろしいものであるのは、それが決して本物の再生を意味せず、また意味しえない点である。というのはこの退行が回復させるものは始源の集団状況ではなく、これまでに存在したことのない心理的に新しい現象である大衆だからである。

たとえ大勢の都会人が退行して無意識状態になっても、決してなんらかの形で原初的な集団やその心理と同一の、心理的一体性をなすことはない。原初の集団においては——ここで再度強調しておかなければならないが——意識・個性・精神《ガイスト》は胚芽状態にあり、集団の集合的無意識の中で発芽するよう強く促されていたのに対して、現在の諦め切った個人が退行して帰り着いた無意識はいわば意識・個人・精神《ガイスト》へと向かおうとはしない無意識である。無意識の自律性が無意識的人格の大衆 - 影人間の助けを借りて大衆心の中で支配的となり、少なくとも今のところは中心志向が介入して調整したり集団の文化規範が調整を行なうことがない。大衆とはより複雑な一体性が崩壊した現象であるが、その結果より原始的な一体性になるのではなく、中心のない烏合の衆となるのである。大衆人間への退行は、無意識からの自我意識の分裂過程がそれまでに極端に進み、しかもそれと関連して中心志向が失われたという基盤の上にのみ生ずる。この全体性調整の欠如は今や混沌をもたらす。

中心志向の作用について恐らくこの場合にも心的発病過程との類似を指摘することができよう。個人においても無意識からの硬直した分裂や、無意識の補償努力の体系的な無視は、無意識を破壊的にしてしまう。そうなると補償作用は停止し、ユングが意識と自我に対する無意識の破壊傾向と呼んだものが現われてくる。この「お前がやりたくないと言うなら、暴力を使ってでもやらせるぞ」は依然として場合によっては改心をもたらすことができ、それはちょうど「刑罰」が罪人を改心させるのと同じである。大衆現象における破壊的な崩壊もまたこうなる可能性を内に秘めているが、それはこの崩壊が意識化され・理解され・摂取され・さらに統合される・ならばの話である。

大衆陶酔の幻覚的性格

しかしこの状況を意識化するのに明らかに妨げとなる大きな危険は、再集合化の際に現われて自我を盲目にする幻覚現象にある。大衆状況の毒性作用とはまさにその陶酔的性格にあり、この性格は意識やそれから分離した諸判断中枢がすべて解体したことと関連している。他の箇所において見たように、自我－意識－体系の無意識とのリビドー結合は「快感をもたらす」。しかし崩壊する際にもすなわち自我意識が退行して沈下する際にも同じことが言える。鼠取り師・大衆伝染病の催眠術にかかった催眠術師・が誘惑するときの昔からの餌は、ウロボロス近親相姦である。

再集合化においては、生気を失った自我は、原初的な集団のイメージとその全体性性格を大衆の上に投影する。自我は解体し、大衆と狂躁的に融即しつつ快感を感じ再情動化されながら、大衆自己をウロボロスの姿になぞらえて、すなわち・取り込み・包み込み・抱き込む・ものとして体験する。しかし虚無的－退行的な「抱き合いなさい、何百万もの諸君……」という言葉はまさしく悪魔の言葉である。大衆人間という影、原子《アトム》化された個人からなる大衆、および大衆自己は、互いに結びついて単なる幻覚でしかない擬似－一体性をなす。これが大衆結合でしかなく倒錯した一体性状態でしかないことは、それがすぐに醒めてしまうことから明らかであり、またこの大衆幻覚が真の永続的な融即状態ではなく、まして本物の創造をなすことができないことからも明らかである。大衆集会における一体性の幻覚は大衆－汝との真の「神秘的融即」をもたらすわけはないし、ましてやなんらかの関係をもてるはずもない。真の集団においては、融即という集団現象は、相互責任・犠牲への覚悟の高まり・などの総合的な発達をもたらし、しかもこれは単に陶酔としてほんの一瞬現われるのではなく制度や共同態組織に具体化される。こうしてたとえば未開人や古代文化の狂躁的な祝祭は集団や共同態を形成するものであり、宗教諸形態やその他の諸現象を生み出す。ちなみにこれが特に意識の発達にとって持っている意味については、すでに強調したとおりである。

大衆現象における幻覚的憑依状態は催眠術によるそれと同様に一過性のものでしかない、すなわちそれは意識を創造的に総合することによって意識に刻印を押すのではなく、一過性の陶酔状態と同様に崩壊してしまう。しかしこの大衆憑依状態という幻覚的な陶酔でさえも、意味をなくした自我によって渇望され、この餌を用いて大衆催眠術師が何度でも成功を収めるのである。

現代の大衆運動は――部分的にはまったく意識的に――「神秘的融即」の中で参加者が互いに投影し合う古い集団一体性を、情動的憑依状態などにふさわしいすべての徴候とともに、回復させようとしている。これを行なうためには――ことに国家社会主義《ナチズム》について研究されたように――シンボルや元型さえも利用する。この再集合化傾向の根本的誤りについて・さらにはその危険性についても・われわれはすでに指摘しておいた。憑依に陥りやすい個人は――ことに大都会においては――原子化《アトム》され無意識から広範に分裂してしまった現代的な個人であり、彼は自我と意識を放棄することによって退行してこの無意識的状態に一時的に到達できるが、しかしこの状態は主観的陶酔とともに最も危険な破壊的要素を隠し持っているのである。

自然科学的な教育を受けすべての超個人的なものを押しつぶすよう教育された現代の労働者や市民は、大衆現象によって再集合化されると、ただの矮小化した個人になってしまう。それに対して未開人や古代人は比較的未発達な意識と自我‐体系を持つが、集合的な集団現象・参入・密儀祭礼・などにおいてシンボルや元型を体験することによって前進と拡大を体験する。彼はシンボルや元型によって啓発され、矮小化されることはない。この集団現象は高度な人間や「高度な盟友団」を布置する傾向を持っているが、しかし大衆人間‐部分を結合することによって烏合の衆を作り出す傾向は持たない。烏合の衆をユングなら「大衆は盲目の動物である」〔89〕と言うところであろう。ここで力点が置かれているのは盲目であって、動物の方ではない。したがって集団憑依状態は、心理的な結びつきのない・結びついても一瞬でしかない・原子化《アトム》された個々人からなる大衆の行動のように、破壊的になることは決してない。集団は自らを規制するものを自らの内に持っているが、それは集団を支配する規範という形をとるだけでなく、個々人が「互いに知り合いであること」にもよっている。大衆においては個々人が匿名状態にあるからこそ影側面の作用が強められるのである。国家社会主義《ナチズム》においては個人がサド的な死刑を執行することができたのは、彼が集団から引き抜かれていたからである。たとえば村集団にとって「おらが村の」ユダヤ人を殺すことは、不可能とはいわないまでも、きわめて困難だったのである。それは集団のもっている人間性――われわれはこれを根本現象として見ることをやめてしまっているが――のためでは決してなく、集団の目の前で個人がこうした行為をなすことになるからである。その反対に個人は自らの集団から引き離されテロリズムの下に置かれると、何でもやれるようになる。

しかし大衆状況においてさえ個人の質は重要であり、大衆の構成もまたその行為を規定する。たとえシゲーレ〔89〕(29)が今なお、犯罪者や「血を見ることができる」職業の人間が加わっていることは大衆が暴力的になるか平和的になるかにとって決定的であると信じているとしても、深層心理学はこの状況を別の形で見る。大衆状況を規定するのは意識とその定位だけではなく、内なる大衆人間すなわち影もそれに加わるのである。個人の質は決定的であるが、しかしそれを形成するのは意識の質ではなく人格全体の質であり、したがってこの人格はまさに新しい倫理の深層心理的基盤にならねばならない。

良心の形成・集団‐長老が設定した価値に適応することによる超自我の発生・が役に立たなくなるのはまさに、文化規範の崩壊とともにこの集合的判断中枢の超個人的な基盤も失われてしまう時である。そうなると良心は、まさにユダヤ的または資本主義的または社会主義的な「作り物」になってしまう。しかし「声」・自己の語りかけである内なる開示による個性的な方向づけの表現・は、分解した人格・解体した意識・分裂した心的体系・の中には姿を現わさないのである。

原注

序論

（1） ユング、ケレーニイ『神話学入門』一一〇頁（ユング『元型論』林道義訳、紀伊國屋書店、一九九九年、一七六頁）。
（2） ユング、ケレーニイ『神話学入門』一一二頁（『元型論』一七七頁）。
（3） マーガレット・ミード『三つの未開社会における性と気質』。

第一部

A―I

（4） E・カッシーラー『シンボル形式の哲学』第三巻（以下、カッシーラー『哲学』と略記）。
（5） C・G・ユング『人格の統合』（ニューヨーク及びトロント、一九三九年）。
（6） プラトン『ティマイオス』（『プラトン全集』第一二巻、種山恭子訳、岩波書店、三八頁）。
（7） フロベニウス『大陸の文化圏について』。『シャタパタ・ブラーフマナ』六―一―一―八――K・F・ゲルトナー「ヴェーダ教とバラモン教」九二頁以下――ベルトレット『宗教史読本』第九巻所収（以下、ゲルトナー『宗教史』九巻と略記）。
（8） 『易経、変容の書』（リヒャルト・ヴィルヘルムの中国語からの独訳と注釈による）、第一巻Ⅷ頁。老子『意味と生命について』（リヒャルト・ヴィルヘルムの中国語からの独訳と注釈による）、八九頁。R・ヴィルヘルム『中国の人生哲学』一五頁。
（9） フロベニウス『大陸の文化圏について』。
（10） 『ブリハッドアーラニヤカ・ウパニシャッド』――ドイセン『ヴェータの六〇ウパニシャッド』（サンスクリット語からの翻訳。序文と注釈付）（以下、ドイセン『ウパニシャッド』と略記）。
（11） プラトン『ティマイオス』（前掲訳書、四〇頁）。

(12) G・ゴールドシュミット「エジプトの錬金術」、『シーバ誌』、一九三八年、五七号、『錬金術の起源』所収。
(13) C・G・ユング「ゾシモスの幻視についての若干の所見」、『エラノス年報』、一九三七年〔全集一三巻〕。
(14) エラノス文庫所蔵の絵、アスコナ。
(15) H・ライゼガング「蛇の密儀」、『エラノス年報』、一九三九年。
(16) H・キース『古代エジプトにおける神信仰』(以下、キース『神信仰』と略記)。
(17) カール・シュミット編『智恵の女神ソフィア』。
(18) K・ケレーニイ「自然の女神」、『エラノス年報』、一九四六年。
(19) エラノス文庫所蔵の絵、アスコナ。
(20) エラノス文庫所蔵の絵、アスコナ。
(21) C・G・ユング『心理学と錬金術』、〔池田紘一・鎌田道生訳、人文書院〕および「パラケルスス論」〔全集一三巻所収〕の図を参照せよ。
(22) 『シーバ誌』、三一号、「ジプシーの医術迷信」の図を参照せよ。
(23) 老子『意味と生命について』(R・ヴィルヘルム訳)、九〇頁。
(24) C・G・ユング「母親元型の心理学的な諸相」、『エラノス年報』、一九三八年〔『元型論』林道義訳、紀伊國屋書店、第Ⅳ論文〕。
(25) H・ショッホ、ボドマー「シンボルとしての、また生物の構造要素としての、螺旋」――『心理学とその応用のためのスイス誌』、第四巻、三・四号、一九四五年、所収。
(26) H・ライゼガング「蛇の密儀」、『エラノス年報』、一九三九年。
(27) ゼーテ編『ピラミッド・テキスト』一二四八行。
(28) 『アポピの書』――G・レーダー『古代エジプト宗教の原典』所収、一〇八頁(以下、レーダー『原典』と略記)。
(29) A・モレー『ナイル川とエジプト文明』(以下、A・モレー「ナイル川」と略記)。H・キース「エジプト」一一頁――ベルトレット『宗教史読本』一〇巻所収(以下、キース『宗教史』一〇巻と略記)。
(30) キース『神信仰』。
(31) 『シャタパタ・ブラーフマナ』二一一―六七――ゲルトナー『宗教史』九巻所収。
(32) 『アポピの書』――レーダー『原典』所収。

〔33〕『タイッティリーヤ・ブラーフマナ』二―九―一〇――ゲルトナー『宗教史』九巻、九〇頁。
〔34〕C・G・ユング『現代の「こころ《ゼーレ》」の諸問題』一六二頁（『現代人のたましい』高橋義孝・江野専次郎訳、日本教文社、一〇九―一一一頁。なお『元型論』第一論文をも参照せよ）。
〔35〕R・ブリフォールト『母たち』第二巻。
〔36〕『チベットの死者の書』、W・Y・エヴァンス＝ヴェンツ編、C・G・ユング解説（『東洋的瞑想の心理学』湯浅泰雄・黒木幹夫訳、創元社、一九八三年、所収）。
〔37〕A・ヴュンシェ『小ミドラッシ集、第Ⅲ巻―補遺』。
〔38〕S・A・ホロデツキー『ラビ、ナッハマンの教え』（ヘブライ語）一八八頁。
〔38a〕C・G・ユング『現代の「こころ《ゼーレ》」の諸問題』。
〔39〕E・ビショッフ『カバラの諸要素』。
〔40〕『ピラミッド・テキスト、箴言』二七三―二七四――A・エルマン『エジプトの文学』所収（以下、エルマン『文学』と略記）。
〔41〕『アイタレーヤ・ウパニシャッド』二―一。ドイセン『ウパニシャッド集』所収、一六頁。
〔42〕『タイッティリーヤ・ウパニシャッド』二―二。ドイセン、同右、二二八頁。
〔43〕同右、三―二。ドイセン、同右、二三六頁。
〔44〕『ムンダカ・ウパニシャッド』一―一―八。ドイセン、同右、五四七頁。
〔45〕『マイトラーヤナ・ウパニシャッド』六―九―一以下。ドイセン、同右、三三五頁。
〔46〕『ブリハッドアーラニヤカ』一―一―一。ドイセン、同右、三八二頁。
〔47〕同右、一―二―五。ドイセン、同右、三八四頁。
〔48〕K・アブラハム『リビドーの発達史』。E・ジョーンズ『キリスト教の精神分析』。
〔49〕プラトン『ティマイオス』（前掲訳書、三八頁）。
〔50〕C・G・ユング『心理学と錬金術』三〇頁（前掲訳書、I、一三頁）。
〔51〕W・F・オールブライト『考古学とイスラエルの宗教』七二頁（以下、オールブライト『考古学』と略記）。

(52) J・J・バッハオーフェン『母権と原宗教』一一二頁。
(53) プラトン『メネクセノス』(『プラトン全集』第一〇巻、岩波書店、一七五頁)。
(54) A・モレー『イシスの密儀』。『ケンブリッジ古代史』、石板一の巻、一九七頁。
(55) M・P・ニルソン「ギリシア人の宗教」――シャントピ・ド・ラ・ソセー『宗教史読本』第二巻、三一九頁(以下、ニルソン「ギリシア人」と略記)。
(56) ニルソン「ギリシア人」――第二巻、三一九頁。
(57) ユング、ケレーニイ、前掲書、一一〇頁(前掲訳書、一七六頁)。
(58) J・プルツィルスキー「母神崇拝の起源と発達」、『エラノス年報』、一九三八年(以下、プルツィルスキー「起源」と略記)。
(59) J・フレイザー『金枝篇』(一巻本)(永橋卓介訳、岩波文庫、第三分冊)。
(60) J・J・バッハオーフェン『原宗教と古代のシンボル』(レクラム出版、三巻本)、ベルヌーイ編、第二巻、三五七、三五八頁(以下、バッハオーフェン『レクラム』と略記)。
(61) バッハオーフェン『レクラム』第二巻、三五九頁。
(62) 皇帝ヴィルヘルム二世『ゴルゴ研究』。
(63) H・グンケル『創造と混沌』四六頁。
(64) ヘルネス、メンギン『ヨーロッパ造形美術の原史』一五四頁および六七八頁の挿絵。
(65) F・G・ウィックス『女性の密儀』。
(66) R・ブリフォールト『母たち』第二巻、四四四頁(同頁指示の関連箇所参照)。
(67) A・エルマン『エジプトの宗教』三三頁(以下、エルマン『宗教』と略記)。
(68) エルマン『宗教』七七頁。
(69) レーダー『原典』一四三頁
(70) キース『神信仰』。
(71) エルマン『宗教』三四頁。
(72) エルマン『宗教』六七頁。

〈73〉エルマン『文学』。

〈74〉J・フレイザー『金枝篇』〔前掲邦訳、第二分冊、第二四章〕。

〈75〉C・G・セリグマン『エジプトと黒人のアフリカ』三三頁。

〈76〉J・フレイザー『金枝篇』〔邦訳、第三分冊、三七頁〕。

〈77〉R・ピーチュマン『フェニキア史』。

〈78〉W・F・オールブライト『石器時代からキリスト教時代まで』（以下、オールブライト『石器時代』と略記）。

〈79〉ピーチュマン『フェニキア史』。『ユダヤ百科事典』「ケデシャ」の項。

〈80〉A・エレミアス『古代オリエントの光に照らした旧約聖書』（以下、エレミアス『A・T・A・O』と略記）。F・エレミアス「中近東のセム語族」——シャントピ・ド・ラ・ソセー『宗教史読本』第一巻所収。

〈81〉『ギルガメシュ叙事詩』第六の書版——A・ウングナート『バビロニアとアッシリアの宗教』八〇頁以下所収〔『古代オリエント集』一五〇—一五一頁〕。

〈82〉モレー『ナイル川』。

〈83〉モレー『ナイル川』。

〈84〉キース『宗教史』一〇巻、三五頁。

〈85〉エルマン『宗教』八〇頁。

〈86〉エルマン『宗教』七七頁。

〈87〉エルマン『宗教』八五頁。

〈88〉エルマン『宗教』一五〇頁。

〈89〉エルマン『宗教』一七七頁。

〈90〉E・A・W・バッジ『死者の書』一五三b章（以下、バッジ『死者の書』と略記）。

〈91〉バッジ『死者の書』一三八章。

〈92〉E・A・W・バッジ『大英博物館、第一、第二、第三エジプトの間への案内』七〇頁。

〈93〉バッジ『死者の書』三三頁。

〈94〉バッシ『死者の書』一三五頁。

〈95〉エルマン『宗教』二三九頁。

〔96〕バッジ『死者の書』四六一頁。

〔97〕Ch・ウィロロード「一、イシュタル—イシス—アシュタルテ」「二、アナト—アシュタルテ」、『エラノス年報』、一九三八年。

〔98〕エルマン『宗教』八五頁。

〔99〕「二人兄弟のメルヘン」、エルマン『文学』、一九七頁以下所収。（邦訳『古代オリエント集』、『筑摩世界文学体系』I、四八八頁——ただし「私もおまえと同じ女だから」の部分は、「お前はなんてったって女なんだから」となっている。なお注番号の99と100は逆になっていると思われる。）

〔100〕J・フレイザー『金枝篇』。

〔101〕キース『神信仰』。

〔102〕ストラボン『地理誌』第一七巻、八一八——キース『神信仰』より。

〔103〕A・モレー『イシスの密儀』。

〔104〕『ケンブリッジ古代史』石板一の巻、一九六a板。

〔105〕ビン・ゴリオン『ユダヤの格言、第一巻、太古』三二五頁（ゾハールの引用）。G・ショーレム『ゾハールからの一章』七七頁。J・シェフテロヴィッツ『古代パレスチナの農民信仰』。

〔106〕オールブライト『考古学』。

〔107〕エルマン『文学』。

〔108〕オールブライト『石器時代』。

〔109〕オールブライト『石器時代』一七八頁。

〔110〕ニルソン「ギリシア人」。

〔111〕D・ミリシュコフスキー『西洋の神秘』四八四頁および三二一頁（以下、ミリシュコフスキー『神秘』と略記）。

〔112〕G・グロッツ『エーゲ文明』七五頁。

〔113〕Ch・ピカール「クレタからエレウシスまでの太母」、『エラノス年報』、一九三八年。

〔114〕A・B・クック『ゼウス』——ミリシュコフスキー『神秘』一五七頁による。

〔115〕W・ハウゼンシュタイン『エトルリアの造形美術』の図二および三。

〔116〕『ケンブリッジ古代史』石板一の巻、図二〇〇b。

〔117〕J・フレイザー『金枝篇』（第二六章）。

(118) P・フィリプソン『ギリシア神話研究』。
(119) ヘロドトス『歴史』第二巻(一七一章)(松平千秋訳『ヘロドトス』、筑摩書房『世界古典文学全集』一二一頁)。
(120) ミリシュコフスキー『神秘』五一四頁。
(121) Ch・ピカール「小アジアのエフェソス植民地」、『エラノス年報』、一九三八年(なおピーチュマン『フェニキア史』二三八頁参照)。
(122) Ch・ピカール「クレタからエレウシスまでの太母」、『エラノス年報』、一九三八年。
(123) 『イザヤ書』第六六章一七節。
(124) エレミアス『A・T・A・O』。
(125) キース『神信仰』四二頁。
(126) キース『神信仰』六頁。
(127) 「メッテルニヒの碑」、レーダー『原典』九〇頁参照(E・A・W・バッジ『古代エジプトの魔術』石上玄一郎・加藤富貴子訳、平河出版社、一五二頁以下に「メッテルニヒの碑」についての説明がある)。
(128) H・R・ホール、バッジ『大英博物館エジプト・コレクションへの入門的案内』(以下、ホール、バッジ『案内』と略記)。
(129) G・E・スミス『竜の進化』(以下、スミス『進化』と略記)。
(130) スミス『進化』二一六頁。
(131) L・R・ファーネル『ギリシア諸国家の祭礼』第一巻。
(132) E・ルナン『フェニキアの使者』図版三一。ピーチュマン『フェニキア史』。
(133) J・フレイザー『金枝篇』(邦訳、第三分冊、一八五頁以下)。
(134) ユング、ケレーニイ、前掲書(杉浦忠夫訳『神話学入門』一六一—一六二頁)。
(135) スミス『進化』一五三頁。
(136) J・ヘイスティングズ『宗教・倫理学・美術事典』——W・I・ウッドハウス「アフロディシア」。
(137) C・A・ベルヌーイ——バッハオーフェン『レクラム』第二巻、二七四頁。
(138) エウリピデス『ヒッポリュトス』第五巻一〇六四および一〇八〇行——ヴィラモーヴィッツ・メレンドルフ訳『ギリシア悲劇』第一巻。
(139) エウリピデス、前掲書、第五巻、一三。

(140) J・J・バッハオーフェン『熊』。
(141) K・ブライジッヒ『人類の太古史』第一巻、『はるかなる太古の諸民族』。
(142) L・フロベニウス『アフリカ文化史』。
(143) H・ヴィンクラー『バビロニアの天イメージと世界イメージ』。
(144) A・エレミアス『古代オリエント精神文化の手引』二六五頁(以下、エレミアス『手引』と略記)。
(145) オールブライト『考古学』七九頁。
(146) オールブライト『石器時代』一七八頁。
(147) ロード・ラグラン『イオカステの罪』。
(148) 『リグヴェーダ』一〇―一八―四五。ゲルトナー『宗教史』九巻、七〇頁所収。

A―Ⅲ

(149) A・バスチアン「ポリネシアの聖句」、エックハルト・フォン・シドニー『自然民族の芸術と宗教』所収。
(150) J・フレイザー『自然崇拝』第一巻、二六頁以下。
(151) カッシーラー『哲学』。
(152) 『ブリハッドアーラニヤカ・ウパニシャッド』。ドイセン『ウパニシャッド集』三九二頁。
(153) K・v・d・シュタイン『中央ブラジルの自然民族のもとで』。
(154) 『チャーンドーギヤ・ウパニシャッド』。ドイセン『ウパニシャッド集』一一五頁。
(155) カッシーラー『哲学』第二巻。
(156) Th・ダンツェル『呪術と秘教』他。
(157) R・M・リルケ『ドゥイノの悲歌』第八の悲歌。
(158) ネッスル編『ソクラテス以前の哲学者たち』。
(159) J・ティッシュビ『悪についての教えとアリのカバラにおける外殻』(ヘブライ語)。
(160) G・ショーレム『ユダヤ神秘主義の主潮流』。

B—I

(161) エレミアス『手引』。
(162) R・ブリフォールト『母たち』。
(163) O・ランク『英雄の誕生の神話』。
(164) プルツィルスキー『起源』。
(165) A・ドリュース『マリア伝説』。
(166) A・M・ブラックマン「古代エジプトの神話と儀礼」——フック『神話と儀礼』所収、三四頁(以下、フック『神話』と略記)。
(167) エルマン『宗教』。
(168) O・ランク『英雄の誕生の神話』。
(169) ブリフォールト『母たち』。
(170) ブリフォールト『母たち』。
(171) A・ゴールデンワイザー『人類学』。
(172) A・ゴールデンワイザー『人類学』。
(173) A・ゴールデンワイザー『人類学』。
(174) ファン・デル・レーヴ『宗教の現象学』一六三頁(以下、レーヴ『現象学』と略記)。
(175) エルマン『宗教』。
(176) 『ヨハネ福音書』第三章。

B—II

(177) C・G・ユング『リビドーの転換と象徴』(以下、ユング『転換』と略記)。
(178) O・ランク『英雄の誕生の神話』。
(179) ユング『転換』。
(180) E・カーペンター『未開民族における中間タイプ』。

(181) C・G・ユング「母親元型の心理学的諸相」、『エラノス年報』、一九三八年(『元型論』前掲訳書、第Ⅳ論文、一二五頁)。
(182) エレミアス『A・T・A・O』。
(183) オールブライト『考古学』。
(184) H・ジルベラー『密教とそのシンボル体系の諸問題』。
(185) W・ヴント『民族心理学の諸要因』。
(186) J・J・バッハオーフェン『母権』(『母権論』一―三、岡道男・河上倫逸監訳、みすず書房、一九九一―一九九五年。
(187) C・I・ガッド「バビロニアの神話と儀礼」――フック『神話と儀礼』所収。
(188) E・バールラッハ『死んだ日』。
(189) H・ツィンマー『インドの神話』。
(190) ルーシー・ハイアー「エリニュスたちとエウメニデスたち」――『こころの王国』より。

B―Ⅲ

(191) レーヴ『現象学』(この例はレーヴも述べているようにフリック『表意文字、神話学、言葉』によって取り上げられている)。
(192) C・G・ユング『自我と無意識の関係』(『自我と無意識』松代洋一・渡辺学訳、第三文明社)。
(193) 『創世記』第十二章一節。
(194) ビン・ゴリオン『ユダヤの格言』第二巻「族長たち」、六章。
(195) O・ランク『英雄誕生の神話』(野田倬訳、人文書院、一九八六年)。
(196) S・フロイト「人間モーセ」(『宗教論』土井正徳・吉田正己訳、日本教文社、フロイト全集八、所収)。
(197) O・ランク『神話研究への精神分析的寄与』。
(198) ブリフォールト『母たち』。
(199) B・マリノフスキー「母権的家族とエディプス・コンプレックス」、「未開人の心理における父」他。
(200) C・R・F・オールドリッチ『未開人の心と現代文明』。
(201) H・ライゼガング『グノーシス』一二九頁以下。
(202) オールブライト『石器時代』。
(203) S・フロイト『幼児期神経症』(小此木啓吾訳『症例の研究』、日本教文社、フロイト全集一六、所収)。

C—I

(204) とくにC・G・ユング『黄金の華の秘密』〔湯浅泰雄・定方昭夫訳、人文書院、五三頁〕。

(205) H・ヨナス「真珠の歌」——『グノーシスと古代後期の精神』所収。K・Th・プロイス『未開民族の精神文化』一八頁。C・G・ユング『心理学と錬金術』一八四頁〔前掲訳書、I、一七七頁、図61〕。

(206) C・G・ユング『心理的タイプ』〔全集第六巻〕。

(207) C・G・ユング『「こころ《ゼーレ》」のエネルギー論について』一六二頁〔全集第八巻所収〕。

(208) キース『神信仰』一三四頁以下。

(209) キース「猛獣の馴致」、『エジプト誌』、六七号、五六頁以下。

(210) エルマン『宗教』六六頁以下。

(211) C・G・ユング『転移の心理学』〔林道義・磯上恵子訳、みすず書房、一九九四年〕。

(212) ユング『転換』一六四頁。

(213) ユング『転換』二四六頁。

(214) バールラッハ『死んだ日』。

(215) S・H・フック「古代オリエントの神話と儀礼類型」、フック『神話』所収。

(216) フレイザー『金枝篇』五二九頁〔邦訳、第三分冊、八一頁〕。

(217) フック『神話』。

(218) フック『神話』。

(219) J・M・ウッドワード「ペルセウス」、『ギリシアの芸術と伝説の研究』所収（以下、ウッドワード「ペルセウス」と略記）。

(220) ウッドワード「ペルセウス」。

(221) ウッドワード「ペルセウス」三九頁。

(222) ウッドワード「ペルセウス」七四頁。

(223) ニルソン「ギリシア人」三一六頁。

(224) ウッドワード「ペルセウス」。

C—II

(225) ゲーテ編『ピラミッド・テキスト』パラグラフ八三四以下。
(226) キース『宗教史』一〇巻二九頁。
(227) 「メッテルニヒの碑」、レーダー『記録』九〇頁。
(228) バッジ『死者の書』「序文」、一〇〇頁。
(229) エルマン『宗教』三六二頁以下。
(230) ブラックマン――フック『神話』。
(231) ブラックマン――フック『神話』。
(232) エレミアス『A・T・A・O』。
(233) ホール、バッジ『案内』。
(234) エルマン、ランケ『エジプトとエジプト人の生活』五二九頁。
(235) バッジ『死者の書』、「序文」、一九頁および一二〇頁。
(236) フレイザー『金枝篇』(邦訳、第三分冊)。
(237) レーヴ『現象学』七七頁。
(238) 「不法に迫害されし者の祈りから」、エルマン『文学』所収、三七五頁。
(239) バッジ『死者の書』二八章および一四九章の図。
(240) 『サッカラのピラミッド・テキスト』。バッジ『死者の書』、「序文」、一二〇頁、参照。
(241) バッジ『死者の書』四三章。
(242) エルマン『宗教』八五頁。
(243) ヴィンロック「アビドスのラムセス一世の神殿の浅浮彫」、『美術全書』第一巻、第一部『メトロポリタン美術館』(H・F・ルッツの引用より)。
(244) ブラックマン――フック『神話』三〇頁。
(245) エレミアス『A・T・A・O』図一二五。
(246) バッジ『死者の書』七三、七七、一二一頁の図。

(247) ホール、バッジ『第一の間から第六の間までの案内』九八頁。
(248) バッジ『死者の書』四三章。
(249) バッジ『死者の書』四三章への「序文」、一二一頁。
(250) バッジ『死者の書』一五五章。
(251) フリンダーズ・ピートリ『エジプトの創作』石板一〇、五二。
(252) エルマン『宗教』二六五頁。
(253) バッジ『死者の書』九八章への「序文」一五二頁。
(254) バッジ『死者の書』九八章への「序文」一五二頁。
(255) ブリフォールト『母たち』第二巻、七七八頁以下。
(256) 『ピラミッド・テキスト』パラグラフ四七二、九七四。エルマン『宗教』二一九頁。
(257) バッジ『死者の書』五五、七三、七七頁。
(258) エルマン、ランケ『エジプト』三一八頁。
(259) モレー『ナイル川』。
(260) ヴィンロック、前掲書、二一頁（H・F・ルッツの引用より）。
(261) バッジ『死者の書』八一、九四頁の図。
(262) バッジ『死者の書』六六六頁の図。
(263) バッジ『死者の書』一七章。
(264) バッジ『死者の書』四頁の注。
(265) モレー『ナイル川』。キース『宗教史』一〇巻、一一頁。
(266) 「メッテルニヒの碑」、レーダー『記録』九〇頁。
(267) バッジ『死者の書』二一一頁の図。
(268) 『死者の書』、キース『宗教史』一〇巻、二七頁一七五章。
(269) バッジ『死者の書』六四章。
(270) ゼーテ編『ピラミッド・テキスト』。パラグラフ三七〇—三七五。
(271) バッジ『死者の書』八三、九四、一五四章。

(272) H・グレスマン『オシリスの死と再生』。
(273) バッジ『死者の書』序文、九二頁。
(274) 『ペピ一世のピラミッド・テキスト』——モレー『エジプトの密儀』所収、パリ、一九二七年。
(275) A・モレー『エジプトの密儀』二一〇頁。
(276) モレー『ナイル川』。
(277) モレー『ナイル川』。
(278) ブラックマン——フック『神話』二〇頁。
(279) ブラックマン——フック『神話』二〇頁。
(280) ガーディナーの引用、ブラックマン、フック『神話』二一頁。
(281) エルマン、ランケ『エジプト』三一八頁。
(282) ブラックマン——フック『神話』三二頁。
(283) ブラックマン——フック『神話』三三頁。
(284) C・G・ユング『現代の「こころ《ゼーレ》」の諸問題』一六三頁〔前掲訳書、一〇九—一一〇頁〕。
(285) ヘロドトス『歴史』第二巻。
(286) ユング、ケレーニイ、前掲書。
(287) R・ライツェンシュタイン『ヘレニズムの密儀宗教』。
(288) C・G・ユング「再生の諸相」、『エラノス年報』、一九三九年〔全集第九—I巻〕〔『個性化とマンダラ』林道義訳、みすず書房、一九九一年、1「生まれ変わりについて」〕。
(289) キース『神信仰』三四九頁。
(290) ミリシュコフスキー『神秘』三二〇頁。
(291) ライツェンシュタイン、前掲書、二五二頁。

第二部

A—〔序論〕

〔1〕C・G・ユング「コンプレックス理論のための一般論」(『連想実験』林道義訳、みすず書房、一九九三年、第七論文として収録)。

〔2〕C・G・ユング『心理的タイプ』、「定義」—「自我」の項(『タイプ論』林道義訳、みすず書房)。

〔3〕フリンダーズ・ピートリ『エジプトの創作』。

〔4〕L・フロベニウス『アフリカの記念物』第六巻。

〔5〕C・G・セリグマン『エジプトと黒人アフリカ』。

A—一

〔6〕L・フロベニウス『アフリカ文化史』一二七頁以下。

〔7〕L・レヴィ＝ブリュール『未開人の魂』第二章。

〔8〕B・マリノフスキー『未開社会における罪と風習』。

〔9〕E・カッシーラー『人間に関するエッセイ』。

〔10〕C・R・オールドリッチ『未開人の心と現代文明』。

〔10a〕P・ライヴァルト『大衆の精神について』。

〔11〕C・G・ユング「精霊信仰の心理的基盤」、『「こころ《ぜーレ》」のエネルギー論』所収。

〔12〕R・トゥルンヴァルト「オーストラリア原住民と南洋諸島」三〇頁、ベルトレット編『宗教史読本』第八巻所収(以下、トゥルンヴァルト『宗教史』第八巻と略記)。

〔13〕C・G・ユング『心理学と教育』(『人間心理と教育』西丸四方訳、日本教文社)。A・ウィックス『子供のこころの分析』。M・フォーダム『子供時代の生活』。

A―二

〔14〕S・フロイト『文化の中の不安』（フロイト著作集三、人文書院、フロイト選集四、日本教文社）。
〔15〕ヒルデブラント「レオナルド・ダ・ヴィンチ」、P・ライヴァルト前掲書所収。
〔15a〕S・フロイト『文化の中の不安』。
〔16〕ユング、ケレーニイ『神話学入門』（ユング『元型論』林道義訳、紀伊國屋書店、一七七頁）。
〔17〕K・Th・プロイス『自然民族の精神文化』六〇頁、（以下、プロイス『自然民族』と略記）。
〔18〕プロイス『自然民族』七二頁。
〔19〕プロイス『自然民族』九頁。
〔20〕プロイス『自然民族』四二頁。

A―三

〔21〕トゥルンヴァルト『宗教史』第八巻、三頁。
〔22〕シュトゥレーロー『アランダ』、レヴィ＝ブリュール『未開人の魂』一九〇頁以下より引用。
〔23〕トゥルンヴァルト『宗教史』第八巻、一八頁。
〔24〕トゥルンヴァルト『宗教史』第八巻、二八頁。
〔25〕トゥルンヴァルト『宗教史』第八巻、三三頁。

A―四

〔26〕C・G・ユング『心理的タイプ』六四二頁（前掲邦訳、四七六頁）。
〔27〕ユング『心理的タイプ』、〔定義〕―「合理的」の項。
〔28〕ユング『心理的タイプ』。
〔29〕E・ローデ『心』。
〔30〕G・マーレー『ギリシア宗教の五段階』。

A—五

(31) R・ブリフォールト『母たち』。
(32) E・カーペンター『未開民族における中間タイプ』。
(33) B・マリノフスキー「未開人の心理における父」。

B—〔序論〕

(34) E・カーペンター『未開民族における中間タイプ』。
(35) S・シュピールライン「生成の原因としての破壊」、『精神分析研究年報』、第四巻、I号所収。
(36) A・アードラー『神経質性格について』。

B—一

(37) R・オットー『聖なるもの』〔山谷省吾訳、岩波文庫〕。
(38) C・G・ユング「母親元型の心理学的諸相」、『エラノス年報』、一九三九年〔『元型論』前掲訳書、第Ⅳ論文〕。

B—二

(39) J・G・フレイザー『アドニス』。
(40) カッシーラー『哲学』。
(41) C・G・ユング『診断的連想研究』〔『連想実験』林道義訳、みすず書房、一九九三年〕。
(42) ゲーテ「自然」、『箴言集』、一七八〇年。

B—三

(43) カッシーラー『哲学』。レヴィ＝ブリュール『未開人の思惟』〔山田吉彦訳、岩波文庫〕。
(44) ユング『タイプ』六三〇頁〔邦訳、四六七頁〕。
(45) ネッスル編『ソクラテス以前の哲学者たち』。

(46) A・エレミアス『古代オリエント精神文化の手引』二〇五頁。

(47) モレー『ナイル川』。

(48) ブリフォールト『母たち』。

B—四

(49) J・ヤコービ『C・G・ユングの心理学』一一九頁。

(50) スーア・ジャネ『ある憑依者の記録』。

B—五

(51) C・G・ユング「母親元型の心理学的諸相」、『エラノス年報』、一九三九年（『元型論』一〇五頁）。

(52) C・G・ユング『自我と無意識の関係』（『自我と無意識』松代洋一・渡辺学訳、第三文明社）、（以下、ユング『関係』と略記）。

(53) C・G・ユング「コンプレックス理論のための一般論」。

(54) ユング『関係』。

(55) J・リード『化学への前奏曲』。

(56) ルース・ベネディクト『文化の諸類型』。マーガレット・ミード『三つの未開社会における性と気質』。

(57) C・G・ユング「集合的無意識のいくつかの元型について」、『エラノス年報』、一九三七年（『元型論』四九—五〇頁）。——「再生の種々相」、『エラノス年報』、一九三九年、収録のモーセ－ハディル分析も参照のこと。

(58) 付論Ⅱおよび拙著『深層心理学と新しい倫理』（石渡隆司訳、人文書院、一九八七年）。

(59) ユング『関係』。

C—一

(60) ユング『転換』。

(61) C・G・ユング『「こころ《ゼーレ》」のエネルギー論』七六頁（以下、ユング『エネルギー論』と略記）。

(62) ユング『タイプ』六七九頁。

(63) ユング『転換』。

〔64〕ユング『エネルギー論』九八頁。

〔64 a〕ユング『心理的タイプ』六七九頁。

〔65〕C・G・ユング『シンボル的な生』。

〔66〕カッシーラー『哲学』。

〔67〕C・G・ユング『現代の「こころ《ゼーレ》」の諸問題』七〇頁。

〔68〕ファン・デル・レーヴ『現象学』「聖なる生命」。

〔69〕ユング『「こころ」の諸問題』七一頁。

〔70〕ユング『転換』。

〔71〕C・G・ユング『現代史に寄せて』「ヴォータン」（『現在と未来』松代洋一編訳、平凡社、所収）。M・ニンク『ヴォータンとゲルマンの運命信仰』。

C―二

〔72〕拙著『深層心理学と新しい倫理』。

D―一

〔73〕C・G・ユング他『現代の「こころ」の諸問題』から「人生の転換」。G・アードラー「生の諸段階」、現在『分析心理学研究』所収。

〔74〕ユング『心理的タイプ』。

〔75〕C・G・ユング『子供の夢セミナー』（『子どもの夢』Ⅰ・Ⅱ、氏原寛監訳、人文書院、一九九二年）一三頁。C・G・ユング『心理学と教育』（全集十七巻――『ユング研究』九号に三論文の訳）。A・ウィックス『子供の「こころ」の分析』。M・フォーダム『子供時代の生活』。

〔76〕R・M・リルケ『ドゥイノの悲歌』「第三の悲歌」。

D―二

〔77〕ユング『関係』。

D—三

(78) ユング『心理的タイプ』「定義」。
(79) ユング『心理的タイプ』六八四頁。
(80) C・G・ユング『心理学と錬金術』(池田紘一・鎌田道生訳、人文書院)。

付論I

(81) A・A・ゴールデンワイザー『人類学』。
(82) エルマン、ランケ『エジプト』六二頁。
(83) モレー『ナイル川』。
(84) エルマン、ランケ『エジプト』一八五—一九〇頁。
(85) W・コッパース「密儀の起源について」、『エラノス年報』、一九四四年。

付論II

(86) C・R・オールドリッチ『未開人の心と現代文明』。
(87) ユング『心理的タイプ』、『関係』、その他。
(88) 拙著『深層心理学と新しい倫理』。
(89) P・ライヴァルト『大衆の精神について』。

訳注

序

（1）**アリアドネの糸**　アリアドネはクレタ王ミノスの娘で、テセウスに迷宮《ラビリントス》の道案内の糸玉を与えたので、ミノタウロスを退治したテセウスはその糸を辿って外へ出ることができた。ここから出口・問題の解決・へ導き助けるものをさして、「アリアドネの糸」と言われるようになった。

（2）**個人的誤差**　本来は天文学の用語で、観測する個人によって固有の誤差が出ることをいう。ユングはこの語を、観察する主体によって客体の認識に相違が出てくるという意味で用いている。『元型論』林道義訳、紀伊國屋書店、一〇二頁、三五〇頁、および林道義『ユング思想の真髄』朝日新聞社、第五章「学問方法論」を参照せよ。

序論

（1）元型とは本能がイメージの形をとったものであるという理解は、ユングの元型論に基づいている。たとえば、ユング『元型論』（前掲訳書）一四頁、三三〇―三三三頁を見よ。なお元型と本能の関係に関するユングの考え方については、同訳書の訳者解説四六五頁以下、および林道義『ユング思想の真髄』第四章「元型論」を参照せよ。

（2）**「こころ《ゼーレ》」**　ユングは元型的な心の働き・性質をSeeleと呼んでいるが、これは影・アニマ・アニムス・老賢者・神などの人格像として浮かび上がってくることが多い。そこでユングは外的な人格であるペルソナと対比して、この元型的な内的な心の働きを「内的人格」とも呼んでいる。ノイマンもこのユングの独特な捉え方をふまえてこの語を使っているが、元型的な心の働きという意味合いが強いので、「こころ」と訳すことにした。なお、ゼーレについて詳しくは、ユング『元型論』（前掲訳書）五六―六五頁、および訳者解説、四九四頁以下を参照せよ。

（3）**比較法**　増幅法 Amplifikation をさす。この方法はユング派に特徴的、かつ本質的な方法であり、個人の空想や夢に現われたイメージ・シンボルを、すでに元型としての意味が明らかになっている神話・昔語・宗教・錬金術などのモチーフと比較して、普遍的・元型的な意味を解明する方法である。詳しくは『ユング思想の真髄』（前掲書）の第五章、四、B「ユングの増幅法」を参照せよ。

第一部

A―I

（1）**カッシーラー**　エルンスト・　一八七四―一九四五。ドイツの哲学者。

（2）**太極**　中国では古来、万物は陰陽の二原理から成ると考えられているが、道教においてこの二原理が統一的に捉えられ太極と呼ばれた。太極―陰陽の考え方に基づいて『易』では宇宙が太極→陰陽→四象→八卦→万物の順でつくられたとされ、またこの考え方を受けついで周濂渓は五行説（太極→陰陽→五行→万物）をたてた。この考え方によれば太極は万物の根源ということになる。なお次に引用されている『老子』の一節は「太極」ではなく、「道」について述べられているものであるが、「道」も陰陽から成る、あるいはそれらに先立つものであるから、両者は基本的には同じ性質のものである。

（3）**プルシャ**　サーンキヤ学派は純粋に精神的な原理であるプルシャと物質的な原理のプラクリティの二元論に立ち、この両者の関係から万物が展開すると考えた。

（4）**プラトンの原人**　プラトンは『饗宴』の中で、原始の人間は球形で手が四本、足が四本であり、両性具有のものもあり、これが二つに割られて男と女が出来たと述べている。

（5）**マクロビウス**　アンブロシウス・テオドシウス・　西暦四百年頃のローマの文法家、歴史家。主著に文法、歴史、神話の諸論から多くの雑論までを含む論集『Saturnalia』がある。

（6）**レヴィアタン**　『イザヤ書』第二七章一節、『詩篇』第七四章一四節、『ヨブ記』第三章八節。

（7）**アイオーン**　グノーシス主義における神的な存在。とくにヴァレンティノス派において、産み出された諸アイオーンの最後のものがソフィアであり、アダムとイヴにグノーシス（真の知）を示す蛇はソフィアの使い、またはソフィアの化身と考えられていた。

（8）**オケアノス**　古代ギリシアにおいて、球形の大地を取り囲む巨大な河または海、またはその神格。この河をノイマンは蛇と解釈しているのである。

（9）『ヨハネ黙示録』第二一章一六節。

(10) **クネフ**　元来は息・霊・風の意。エジプトの太古の闇の神で、大気の神と言われている。クネフはたいてい人間の体と雄羊の頭で表わされ、そこから同じく雄羊の頭を持つ神クヌムと同一視された。クヌムはろくろを回して人間と神々を創造する神であり、時には蛇の姿で表わされた。

(11) 『ヨハネ黙示録』第一二章に、悪魔とかサタンと呼ばれる「赤い巨大な龍」が現われ、天使ミカエルによって退治される。

(12) グノーシス主義では、アダムとイヴに真理を教える蛇は女神ソフィアの使いまたは化身と考えられている。

(13) **ジョットー**　一二六六—一三三七。イタリアの画家。従来の硬さと神秘性から脱して、ルネッサンスへの道を拓いた。

(14) **母たち**　ファウストが永遠の美の原像であるヘレナを求めて降りて行く先が「母たち」の国である。「母たち」の世界は生きとし生けるものすべての原型が存在する領域である。ゲーテ『ファウスト』六二一六行以下参照。なお〔66〕ブリフォールト『母たち』も念頭に置かれているであろう。

(15) **プレローマ**　グノーシス主義者によって根源的な原初の状態と考えられているもの。これは形も音もない無の状態であるが、しかし霊的生命力に満ちた永遠の状態である。ここから脱落したソフィアが、またはソフィアが造った人間が、もとのプレローマに返って霊的存在になることが、グノーシス主義の救済である。ユング派ではプレローマを、意識が生まれる以前の、無意識の状態を表わしていると解釈している。

(16) **「恵み深き」母**　聖母マリアを指す。

(17) **《神秘的合一《ウニオ・ミスティカ》》**　神秘主義的宗教における神との神秘的な一体化の体験を表わす。

(18) **ゲルマン民族の死のロマン主義**　ゲルマン民族においては、戦闘での戦死が最高の名誉であり、その死者は女性の姿をした・オーディンの使いである・ワルキューレたちに導かれて、一種の天国であるワルハラに入ることができる。それゆえ戦死はロマン主義的な憧憬の対象であった。

(19) **エイン・ソフ**　カバラ思想（ユダヤ神秘主義）の中心概念。「エイン」はヘブライ語で「何もない」の意で、「絶対無」としての超越神を意味する。「ソフ」は「一」を意味し、したがって「エイン・ソフ」は存在と非存在を合わせた全体であり、捉えられぬ隠れたる神性、万物の根源、時間の始まるはるか以前の原始の神性と考えられる。このエイン・ソフより「神の属性」である十のセフィロート（↓A—Ⅲ—10）が流出する。

(20) **アトゥム、シュー、テフヌト**　アトゥムは、太陽神ラーを祀るヘリオポリスにおいて、最高の地位をもつ神。アトゥムはラーと合体して、アトゥム＝ラーとなり、太陽の光と、生命を与える太陽のカー（↓22）そのものとなる。アトゥムは四対の神々を創造するが、その第一のものが、空気の神シューと湿気の女神テフヌトで、双子の兄妹と考えられている。

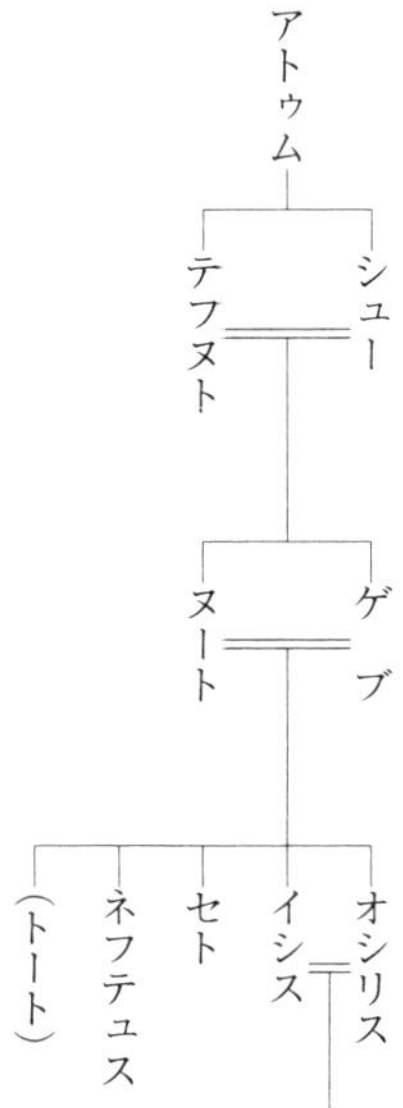

(21) **アトゥムの九人家族**　ヘリオポリス九柱神をさす（右の系図からトートとホルスを除いたもの）。ホルスとセトがエジプトを支配するに当たって相争ったのを裁いたのが大地の神ゲブで、そのお伴をしたのが九柱の神々であった。

(22) **カー**　古代エジプト人が考えた一種の霊的存在であるが、個人の霊魂というよりもむしろプラトンのイデアやローマ人のゲニウス（→C－33）に近く（本文二九六頁を見よ）、万物に内在する本質的な存在である。われわれの考える「霊魂」に近い「バー」が動植物にも変化できるのに対して、「カー」は個人の出生とともに存在するが不変で独立している。「カー」は個人を来世へ導き、あるいは来世で待っていて死者と交流するとされる。「カー」は死者を助けて、神の前で彼を弁護し、食を供し、諸悪から守ると信じられていた。

(23) **聖書の創造物語**　『創世記』冒頭における神の世界創造を指す。そこでは創造は、「光あれ」、「水の間に大空があれ、そして水と水とを分けよ」といった神の言葉によってなされる。

(24) **ロゴスの解釈**　『ヨハネ福音書』の冒頭の「初めに言《ことば》があった。言は神と共に……」の「言」は、原語ではロゴスであったのを、ルターが「言葉」das Wort と解釈したものである。聖書ではつづいて「すべてのものは、これによってできた」とあり、ルターの解釈によれば神の言葉によって創造がなされたことになる。

(25) **ヴィシュヌ**　ヒンズー教の三主神の一つ。三主神中のブラフマーが世界創造を、シヴァが破壊を司るのに対し、ヴィシュヌは世界の維持と発展を受け持つ、慈愛と恩恵の神である。

(26) **タパス**　もとは「熱」の意であるが、のちに物を変化させ、肉体をおさえて精神の純粋な清浄を発揮させる苦行を意味した。

(27) **プラジャーパティ**　バラモン教およびヒンズー教における世界創造神。造物主。

(28) **マナ**　メラネシア諸島の未開民族の観念で、宇宙に遍在する超自然的な力を表わす。超越的な力をもつ人や物にはマナが宿っているとみなされる。

(29) **ミドラッシ** ユダヤ教の律法解釈。原義はヘブライ語で「調査・研究」の意味。ミドラッシの起源はユダヤ教の伝承ではエズラに始まる「学者たち」の時代とされるが、集成されたものは紀元後二世紀のものが最古。

(30) **ハシディズム** 一八世紀の東欧やウクライナに広まったユダヤ教神秘主義運動。神秘的傾向に富み、祈禱を重んじ、宗教的熱狂および歓喜を強調し、神との結合を説いた。

(31) **プラトンの想起説** プラトンによれば、不死の魂は、肉体に宿る以前に天上界でみたイデアの姿に相応するものを地上界で経験すると、そのイデアを思い出そうとする。これが「想起」anamunēsis である。

(32) **クンダリニー・ヨーガ** クンダリニーとは（女性的・性的）エネルギーの象徴である蛇の意味で、クンダリニー・ヨーガはこれが背柱の最下部に眠っているのを目覚めさせ、上昇させるための行法である。

(33) **バッハオーフェンの沼の段階** バッハオーフェン（一八一五―一八八七）は主著『母権』（一八六一年）において、歴史時代である父権制以前に、女性が中心であった母権制の時代が存在したと主張し、価値観の上でも父権制を相対化したが、さらに母権制の前に乱婚制の時代があったと仮定した。これは乱交の段階で、その象徴は沼、およびアプロディテである。ノイマンはこの「沼の段階」をウロボロスに、母権制の段階を太母に、当たるものと考えていた。

(34) **『ピラミッド・テキスト』** 古王国末期にピラミッド内部の墓室の壁面に刻まれた呪文で、埋葬された王の永生を助ける目的をもつ（杉勇・三笠宮崇仁編『古代オリエント集』筑摩書房、に収録）。

(35) **ウナス** エジプト第五王朝最後の王（在位、前二三五〇年頃）。この王のピラミッドの墓室に最初の『ピラミッド・テキスト』が刻まれる。他の王のピラミッドでは、この名はそれぞれの王名に変わる。

(36) **赤冠** 下エジプト王の冠。

(37) **緑なる御方** 赤冠の守護女神ウアジェト（蛇の姿）を指すものと思われる。

(38) **アパナ** サンスクリット語で「入息」、すなわち「身に入る息」の意。

(39) **ブラフマー**（**Brahmā**） インド思想の万有の根源ブラフマン（brahman）が神格化されたもの。世界はかれによって創られ、かれによって保持される。

(40) **ドイセン** パウル・一八四五―一九一九。ドイツの哲学者。ショーペンハウアーの影響を受け、ヴェーダ哲学に精通した。ウパニシャッドをドイツ語に翻訳し注解した。

(41) **ホスチア** 元来は「生贄」の意で、カトリック教会ではミサのパンとブドウ酒に現在するキリストを、プロテスタント教会では聖餐式のパンを指す。「ホスチアの儀礼」とはミサや聖餐式を指す。

(42) **自体愛・自己愛** フロイトは、快感追求の発達段階をその対象に従って分類し、自己の身体に向けられるものを「自体愛」(Autoerotismus)、ついで全体的自己へのものを「自己愛」(Narzissismus)、同性へのものを「同性愛」(Homosexualität)、最後に異性の対象へのものを「異性愛」(Heterosexualität) と名づけた。

(43) **「神秘的融即」** フランスの民俗学者レヴィ＝ブリュールは、未開人の心性が、因果的に関係のない物や事柄を直接的に結びつけて同一視することに注目し、この性質を「神秘的融即」participation mystique と名づけた。たとえば、ある人の肖像・影・名前はその人とまったく同一視され、それらが傷つけられるとその人も傷つけられると信じられている。また部族の人間と部族のトーテム動物とは直接的に同一視されていて、その動物が殺傷されると部族の人々が殺傷されたことになる。つまり彼らは対象との間に抽象的・合理的関係でなく、具象的・感情的・神秘的つながりをもっている。このように自分と対象との間に何の差異も認めず、また因果的・合理的関係のないものどうしを神秘的・直接的に同一視する心性をブリュールは「神秘的融即」と呼んだのである。ユングはこの用語を、無意識内における主客の直接的同一性の意味でよく用いたが、ノイマンはウロボロス内における胎児的自我と母との直接的同一という独特の意味で用いている(『未開社会の思惟』山田吉彦訳、岩波文庫を参照せよ)。

(44) **《永久運動》** 円環をなしている運動のシステムを考えて、最初の部分に一定の力を加えると、次々に各部分に力が伝わって運動していく。この場合、摩擦などの抵抗がなければ、このシステムは以後力を加えなくても永久に運動を続けるはずである。もちろん現実にはありえない観念上のシステムである。

(45) **形態性** マンダラにおけるように、円とか四分割とか、シンメトリックな構図とかのように、一定の形態が整っており、現象するイメージがはっきりした形をとっていることを意味している。したがってそれは安定性があるということになる。

(46) **四本の川が流れ出す楽園** 『創世記』第二章の「エデンの園」を指す。「一つの川がエデンから流れ出て園を潤し、そこから分かれて四つの川となった」。

(47) **カナン神話の神エール** カナン神話とは、ラス・シャムラ(→A—II—70)で発掘されたウガリット王朝(紀元前一四—一二世紀)の王室文書の内容を指す。その主神がイルウまたはエールであり、「神々の父」「雄牛」と呼ばれている。本文一一五頁以下を見よ。

A—II—一

(1) **豊満の角**　幼児ゼウスに乳を与えた山羊アマルテイアの角。この角は折れたのちも、望みどおりの果物で満たされる力をもっていたためコルヌ・コピアエ（豊満の角）と呼ばれた。

(2) **力動観**　物質や自然現象のすべてを力に還元して見る見方。ここでは近代の特殊な力動説ではなく、人類に普遍的な広い意味で考えられている。

(3) **アニミズム**　物質や自然現象が生命と霊魂をもつと考える。これも広い意味でのそれである。

(4) 雌山羊アマルテイアは幼児ゼウスに乳を与え、またゼウスを嚥下しようとする父クロノスから守るため、天地海のどこを探しても見つからぬように、木の枝からつるした。

(5) イシスはホルスを産むと、パピルスの沼の中に隠して乳を与えていたが、ある日外出から帰ると、ホルスはさそりに刺されて死に瀕していた。ホルスは死ぬが、トート神の魔力をもつ呪文によって蘇った。

(6) マリアは夢のお告げに従って、幼な子イエスをつれてエジプトに逃れ、そのためヘロデ王の幼児虐殺を免れることができた（『マタイ福音書』第二章一三節以下）。

(7) ヘーラーはレートーが自分の夫であるゼウスによって身ごもったのを知り、日の光の照らすいかなる所でもレートーが子を産めないように呪ったが、浮島だったデロス島をポセイドンが水の天蓋で包んだため、二神を産むことができた。

(8) **カベイロイ**　大母神レアーの従者たちであったが、のちにサモトラケ島を中心に崇拝された小人の豊饒神、その数は三、四、七人と諸説がある。

(9) **ヒュアキントス**　ラケダイモンのアミュクライ市の美少年。アポロンの寵愛を受け、野原で円盤投げの競技をしていた時、アポロンの投じた円盤《ディスク》が彼にあたって死んだ。傷口から滴り落ちた血からヒヤシンスの花が咲く。

(10) **エリクトニオス**　ヘパイストスを父とし大地から生まれる。アテナ女神に養育されてその被保護者となった。彼はアテナイ王となり、アクロポリス山上にアテナの神殿を建てたといわれる。

(11) **ディオニュソス**　酒神、小アジアでは豊饒神。ゼウスとセメレーの子。嫉妬に燃えたゼウスの妻ヘーラーの策略によって母セメレーを殺され、養母のイーノーも狂わされて死ぬ。彼自身もヘーラーに狂わされ、エジプトとシリアをさまよう。

(12) **メリケルテス**　イーノーとアタマスの末子。二人はディオニュソスをかくまったためにヘーラーの怒りをかい、狂わされた。母イーノーはメリケルテスを煮立った大釜に投げ入れ、その死骸を抱いて海に飛び込む。

(13) **童児元型** 以下の記述は、ユング『元型論』(林道義訳、紀伊国屋書店)の第VI論文「童児元型」の内容にそってなされている。

(14) **ノルンたち** 北欧神話の世界樹ユグドラシルの下にウルズ(ミーミル)の泉があり、そのほとりに住む運命の女神、ウルド、ヴェルダンディ、スクルド。人間の年齢を定めるとされる。

(15) **アッティス** プリュギアの大地母神キュベレーに愛された美少年。女神との誓いを破りニンフに心を移したため女神により狂わされ、自ら去勢して死んだ。

(16) **アドニス** シリア王テイアースとその娘スミュルナとの不倫の交わりより生じた美少年。アプロディテと冥界の女王ペルセポネの二女神に愛された。後にアルテミスの怒りに触れ、狩猟の最中に猪に突かれて死に、その血からアネモネが生じたといわれる。アドニス崇拝の中心はシリアのビブロスとキプロス島であり、毎春、穀物神である彼の地上への再生を祝う祭礼が行なわれた。

(17) **タムズ** バビロニアの女神イシュタルの弟あるいは夫とされる、植物の成長を司る少年神。地界に戻る彼を嘆く儀式はオリエント一帯にごく古くからあったらしい。(『エゼキエル書』第八章一四節参照)。

(18) **オシリス** エジプトの死者の神、穀物神。兄弟であるセト(ノイマンは太母の悪い面の独立化と見ている)に殺されるが、姉妹であり妻でもあるイシスと神々の助けによって再生する。本文でいう母はイシスをさす。

(19) **パパス** プリュギアの天神。

(20) **プルートス** デメテルとイアシオンの子。デメテルとその娘ペルセポネに従う地下神として、大地から収穫の富をもたらす神と考えられていた。

(21) **ペニアー** 貧困の女神。

(22) **キュベレー** →(15)

(23) **ディアーナとウィルビウス** ディアーナは古くからアルテミスと同一視されたローマの女神。豊饒を与え、妊婦を守る女神。ローマ近郊のネミの神域で森の神ウィルビウスと共に祀られた。

(24) **パエトーン** エオスとケパロスの息子。アプロディテが少年の彼に恋をして、彼を奪い去り、女神の聖なる殿堂の守護者となった。

(25) **ピュグマイオン** ギリシア語の pygmaios(侏儒)の意をもつ、キプロス島で崇拝された小人神。

(26) **ハルポクラテス** エジプトのホルス神のギリシア化したもの。ギリシアでは指を口にくわえた太った幼児として描かれる。

(27) **ディオスクロイ** 《ゼウスの息子たち》の意で、カストルとポリニデウケス（ポルックス）の双生児。二人はそれぞれ格闘と拳闘の技に秀でていた。船乗りの保護者としてカベイロイと混同されている。

(28) **ダクテュロイ** レアーが出産のとき両手で大地を突っぱったとき、女神の指の数の神々がイーデー山から飛び出した。ダクテュロイとはダクロテュロス（＝指）の複数形で、侏儒とみなされる。大いなる母の従者兼道具であり、出産の助手、鍛冶屋、呪術師である。

(29) **ウルとウルク** ウルはイラク南部にあるバビロニアの都市跡。遺跡名はテル・エル・ムカイヤル。ウルクもイラク南部にあるシュメールの中心的な都市であり、ギルガメシュの都といわれる。遺跡の中央にあるジッグラト（階層状の基壇を持つ聖塔）および神殿はアヌ神（天空の神）に捧げられ、エナンナ神域と呼ばれた。

(30) **ティアマト** バビロニアの天地創造神話で、天地がまだ存在する以前に存在したとされる海蛇。太陽神マルドゥクとの一騎討に敗れる。マルドゥクはティアマトの屍を二つに裂き、その半分を天として張りめぐらし、残りの半分から海と大地を造った。

(31) エレウシスの密儀のクライマックスにおいて参入者に再生のシンボルである小麦の穂が手渡された、と言われている。

(32) **ナルキッソス** 泉に写った自分の美貌に恋をして、その恋が果たされぬため自殺したとも言われ、死んで同名の花（水仙）となった。ナルシシズム（自己陶酔）の語源。

(33) **アマゾネス** 北方スキュティアの女戦士よりなる伝説上の民族。とくに弓術にすぐれ、弓を使うのに邪魔な右の乳房を切り落としたと言われ、そのためギリシア語の ἀ（なし）μαζος（乳房）からこの名がつけられた。彼女たちは男性を敵視して女性だけの国を作り、子供を作るときだけ他国の男性と交わったとされる。ノイマンは『女性の深層』や『アモールとプシケー』において、このように男性を敵視し、単に男性を男根としてのみ見る女性心理の段階を「アマゾネスの段階」と呼んでいる。

(34) **ケドゥシャ** ヘブライ語の「聖なる」から来た女性名詞で、「聖なる女性」の意から「神殿娼婦」の意となる（『申命記』第二三章の一七節を見よ）。

(35) **ヨニとリンガム** サンスクリット語でヨニは女陰、リンガムは男根の意。リンガムはインド全域で崇拝されるシヴァ神のシンボルで、ヨニとともに豊饒な生殖力を表わす。

(36) **ネイト** エジプトの「神の母」と言われる。ホルスとセトがオシリスからの相続権を争ったとき、ホルスこそ父オシリスの正当な後継ぎであると判決した。

(37) **ハトル** 愛の女神。元来は天空の女神だったが、後に愛人たちの守護女神とも見なされるようになった。牛の耳と角をもつ女性として表わされ、王に乳を与えている図がよく描かれた。

(38) **バステト**　古代エジプトのブバスティス市で崇拝された猫の姿をした女神。

(39) **ムート**　テーベの主神アモンの妻。ムートはセクメトと同一視されている。

(40) **エルマン**　アドルフ・一八五四―一九三七。ドイツのエジプト学者。ベルリン大学教授。ベルリンのエジプト博物館長。

(41) **シストラム**　一種のガラガラ。シストラムの音はテュフォン（エジプトの悪魔）を追い払うとされた。

(42) **セクメト**　プタハ（↓C―40）の妻で、ライオンの頭を持つ太陽の使者。セクメトはまた戦いおよび疫病と旱魃の女神でもあった。

(43) **トエリス**　古代エジプトの受胎と妊娠の守護女神。エジプト人は子供が欲しい時に妊娠したカバの姿をしたこの女神に祈願した。

(44) **フレイザー**　ジェームズ・ジョージ・一八五四―一九四一。イギリスの人類学者、民俗学者。『金枝篇』一二巻は有名で邦訳がある。ほかに『トーテミズムと族外婚』が有名。

(45) **石棺**　「石棺」の語源、ラテン語の sarcophagos およびギリシア語の *σαρχοφαγος* は「肉を貪り食うもの」の意である。『ピラミッド・テキスト』には、「〔ネフテュスが〕汝〔ホルス〕を癒し、その名『石棺』なる母ヌートに委ねる」とあり、訳注に「石棺の蓋の内側は天空と同一視され、天の女神ヌートの住いとされた」とある（『古代オリエント集』五九一頁）。

(46) **アシュタルテ**　ウガリット文学（↓64、70）に登場するカナンの豊饒と愛の女神。

(47) **エフェソスのアルテミス**　エフェソス（イオニアの沿岸都市）のディアーナとも言い、多数の乳房をもって、動物たちに乳を与える母神であり、すべての被造物に食物を与える母を表わしている。図7（六五頁）を見よ。

(48) **バータ・メルヘン**　前一二〇〇年頃に成立したとみられ、全体が完全に保存された唯一の古代エジプトの文学作品。兄弟の物語として有名。筋を簡単に示すと次のとおりである。

　弟のバータは兄アンプーの妻から誘惑されるが、それを拒絶したため、バータの方が誘惑したのだとの兄嫁の讒言によって兄に追われ、レバノンの谷に逃れる。彼は自分の心臓を杉の木の頂に隠し、「魂なき身体」となって狩の日々を送る。さて神々は世界中で一番美しい女を作らせ彼に与えるが、彼女はよい妻ではなく、結局ファラオの妃となる。彼女は夫バータを亡き者にしようとして、心臓を置いてある杉の木を倒すようファラオに要求する。木は倒されバータは死ぬ。しかし予兆によって弟の死を知った兄アンプーは、心臓を見つけ出してバータを復活させる。復活したバータは雄牛に変じて王妃のもとに赴く。彼女はこの雄牛を殺させるが、バータは再び復活し、木に変身する。王妃がこの木を切り倒させた時、バータは切り屑となって妻の胎内に入り、皇太子となって生まれてくる。やがて王位についたバータは不実な妻を罰することができ、彼の死後は、兄アンプーが位を譲られる。本文一一一頁以下を見よ。

(49) **ガデス**　スペイン最南端のアンダルシア地方にある港町。現在名カディッツ。フェニキアのテュロスの植民市として紀元前一一〇〇年頃建設され、ここからフェニキア時代のネクロポリスが発見されている。

(50) **ガロスたち**　キュベレーの神官。

(51) **ケドゥシム**　ケドゥシャ（34）の男性形。

(52) **キルケー**　ホメロスの『オデュッセイア』に出てくる魔女。動物の女主人とあるのは、彼女がオデュッセウスの部下たちを魔法で豚に変えたことをさす。

(53) **イシュタル**　バビロニアの豊饒の女神。

(54) **ギルガメシュ**　世界最古のシュメールの叙事詩『ギルガメシュ物語』の英雄。

A―Ⅱ―二

(55) エジプトの神話によれば、大地（ゲブ）と天空（ヌート）の交合によって二組の双生児が生まれた。第一がオシリス―イシスの兄妹、第二がセト―ネフテュスの兄妹である。（↓A―Ⅰ―20）

(56) 兄はセトを、弟はホルスを指す。古代エジプトでは伯父・甥を兄・弟と呼んでいた。

(57) **オレステス**　アガメムノンとクリュタイムネストラの息子。妃は夫アガメムノンがトロイ戦争に出征中にアイギストスと通じ、帰国した夫を殺す。オレステスは成長して母とアイギストスを殺し、父の復讐をとげる。

(58) 女王が禁を破ってこの様子をのぞいたためとされる。

(59) **アナト**　ウガリット文学（↓64、70）に登場するカナンの戦争の女神で、主神バールの妹。つねに「処女アナト」と呼ばれている。

(60) **フィラエの神殿**　フィラエはアスワンの滝の上にある島。ここには有名なイシス神殿がある。

(61) **ジェド柱**　オシリス神のシンボル。本文二八二頁以下を見よ。

(62) **戴冠祭やセド祭**　本文二九七頁以下、およびC―(35)を見よ。

(63) **ヨセフ‐モチーフ**　『創世記』第三九章。ヨセフは主人の妻から言いよられ、着物をとられ、彼女から逆に彼女と寝ようとしたと訴えられて、獄屋につながれた。

(64) **ウガリット**　シリアの地中海沿岸都市（キプロス島の対岸）。青銅期時代中期、後期にエジプト、メソポタミア、エーゲ文明の影響を受けた。王宮跡から楔形文字を刻んだ粘土板が出土した。これがバール、アナトを主神とする神話詩である。

(65) **リリトとアダム**　古代ユダヤの伝説によれば、アダムにはイヴの前に最初の妻リリトがいた。リリトは悪魔の娘であり、楽園でアダムとイヴを誘惑する蛇もリリトであったとされる。

(66) **アタルガティスまたはデルケトー**　シリア（フェニキア）の豊饒の女神。湖に落ちて魚になった、あるいは魚に救われたと言われ、半身魚の姿で描かれ、魚の姿をした息子イクテュスを伴う。

(67) **レピドトス**　古代エジプトで神聖な魚とされ、青銅や石などで作られた魔法の護符として愛用された。（図86）

(68) **オクシリンコス**　長い口先をもち、放電するナイル川の魚。古代エジプト人によって神聖な魚と考えられ、とくにオクシリンコス市では公式に崇拝され、食べることを禁じられていた。女神ハトルのお付きの魚。（図87）

(69) **ストラボン**　ＢＣ六三―ＡＤ二四。小アジア生まれの地理学者。世界中を旅行し、その知見から『地理誌』一七巻を著わした。

(70) **ラス・シャムラ**　シリア西南のキプロス島の対岸にある村。ここから前一四―前一二世紀のウガリット王国の王宮跡が発掘され、その王室文書がいわゆる「ウガリット文学」である。

(71) **オールブライト**　ウィリアム・フォックスウェル・　一八八一―一九七一。アメリカの考古学者。旧約聖書学者。小アジアの発掘を主宰した。

(72) **アシェラ**　ウガリット文学に登場するバール神の敵の女神で、「貴婦人〝海のアシラト〟」とか「神々の女創造者」と呼びかけられている。

(73) **モート**　ウガリット文学に登場する、死と旱魃の神。バール神の敵。

(74) **ラヘル**　カバラ神秘思想のシェヒナー（女性的な神格）（→Ａ―Ⅲ―9）の人格化したもの。

(75) **カーリー、ドゥルガ**　どちらもインドの女神。カーリーは一面で呑み込む恐ろしい性質をもつが、他面では精神的な自由・思慮・独立の性質をもつ。ドゥルガも悪魔の女神である反面、水牛の悪魔マヒシャースラと戦って倒す良い面をもっている。

(76) **アシュタル**　ウガリット文学における主神イルウ（エール）とその妻アシラト（アシェラ）の息子で、バールが死んだとき二人が後継者にしようとするが、玉座に足がとどかず、ために地上の王となる。

(77) **ガイア**　ギリシアの大地の女神。彼女は天空の神ウラノスを産んで夫とした。その子クロノスは、自分の子に支配権を奪われ

図86　レピドトス

図87　オクシリンコス

るとの予言を聞いて、生まれる子供をみな呑み込んだ。そこで妻のレアーは末子ゼウスを産むときクレタ島に行き、ゼウスをガイアに預けた。

(78) **エウローパー**　フェニキアのテュロス王の娘。ゼウスは海浜で戯れていた彼女に恋し、白い雄牛に変身してクレタ島へ連れ去った。

(79) **ザグレウス**　オルフェウス教のディオニュソスの別名。ディオニュソスはヘーラーにそそのかされた巨人たちに襲われ、雄牛の姿のときに八ッ裂きにされ食われた。このときのディオニュソスをとくにザグレウスと呼んでいる。これは「大いなる猟師」の意で、冥界の神であることを示している。

(80) **アピス**　天界に生まれた雄牛アピスは、頭の上につけた太陽の輪と、生殖力としてその脇腹に刻まれた月とによって、生命力と豊饒とを象徴している。

(81) **ゴルゴ**　ステンノー、エウリュアレー、メドゥーサの三人姉妹の魔女。ゴルゴたちはそれぞれ翼・真鍮の爪・巨大な歯・蛇の頭髪を持ち、その目には人間を石に化す力があった。メドゥーサはペルセウスによって退治された。(→97)

(82) **クレタ王家の系図**

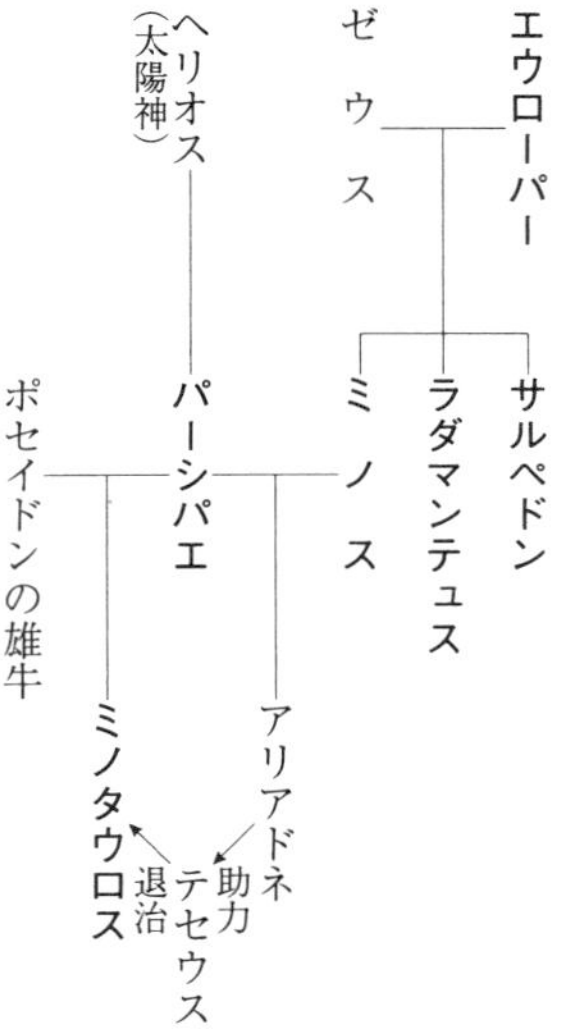

(83) **クレタのゼウス**　ゼウスが雄牛に変身してエウローパーを乗せ、クレタ島に連れ去ったことを指す。

(84) **ドドナのゼウス**　ドドナはエペイロス山中にあるギリシア最古のゼウスの神託所。

(85) **ディオニュソス**　初期のディオニュソスはマイナデスたちに対して雄牛の姿で現われた。

(86) **カドモス**　フェニキアのテュロスの王アゲノルの子。彼は妹のエウローパー(→78)がゼウスにさらわれた時、父の命で他の兄弟と共に彼女を探しに出かける。彼女を見つけることはできなかったが、デルポイの神託を受けて月の印のある雌牛を道案内とし、雌牛が倒れ伏した地にテーバイ市を建て、アテナの助けでテーバイ王となる。「東方の人」とあるのは、彼がフェニキア人で、東方より来てテーバイ王となったことを指す。(→90)

(87) **テーバイ王家の系図・I**

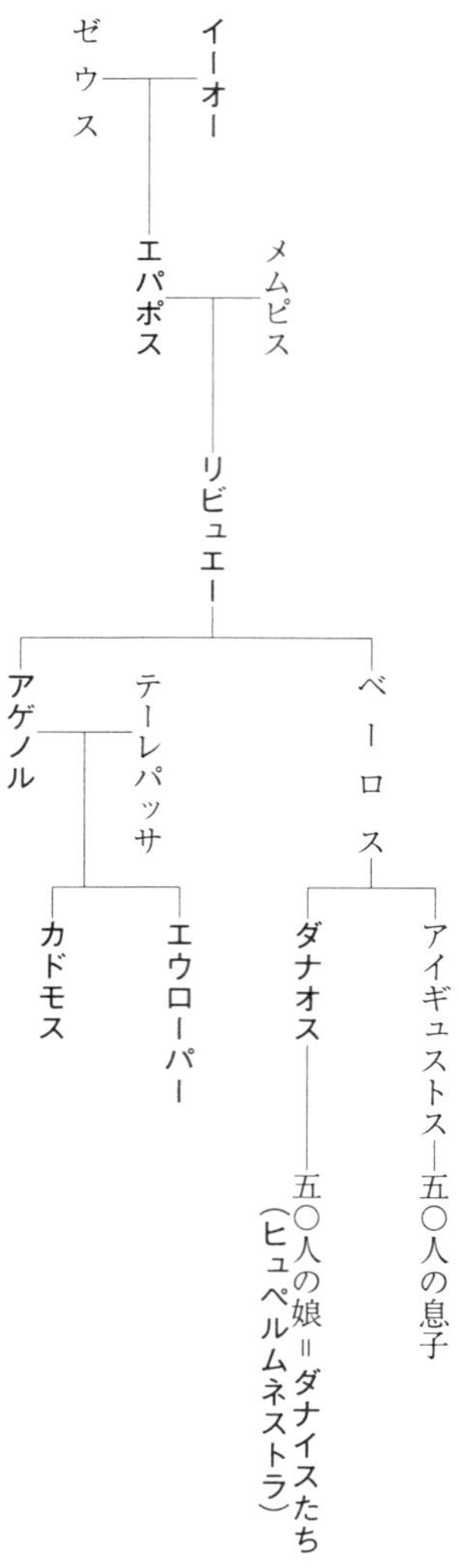

(88) **男根像としてのヘルメス**　ゼウスの末子ヘルメスは旅人の保護者としても崇められ、彼の像とされるヘルマイオイ、すなわち上部が人間で下部は柱になっており大きな男根をつけた像、が道路や戸口に立てられた。

(89) **カビリ秘儀**　エレウシスと並ぶ古代の大秘儀。この神秘劇は神カシュマラの死を祝す、死骸の発見、カシュマラの復活という、オシリスやアドニスの神話と類似した三段階から成っている。この神は蛇神カドモスあるいはヘルメスと同一視されていたとの説がある。なおペラゴイ人はギリシアの先住民族。

(90) **下界のアレスの竜**　カドモス(→86)はテーバイに着くと、道案内の雌牛をアテナに捧げるため従者をアレスの泉に水汲みにやるが、泉を守っていた軍神アレスの竜(一説ではアレスの子)に従者を殺されるので、この竜を退治する。

(91) **テーバイ王家の系図・II**
(次頁)

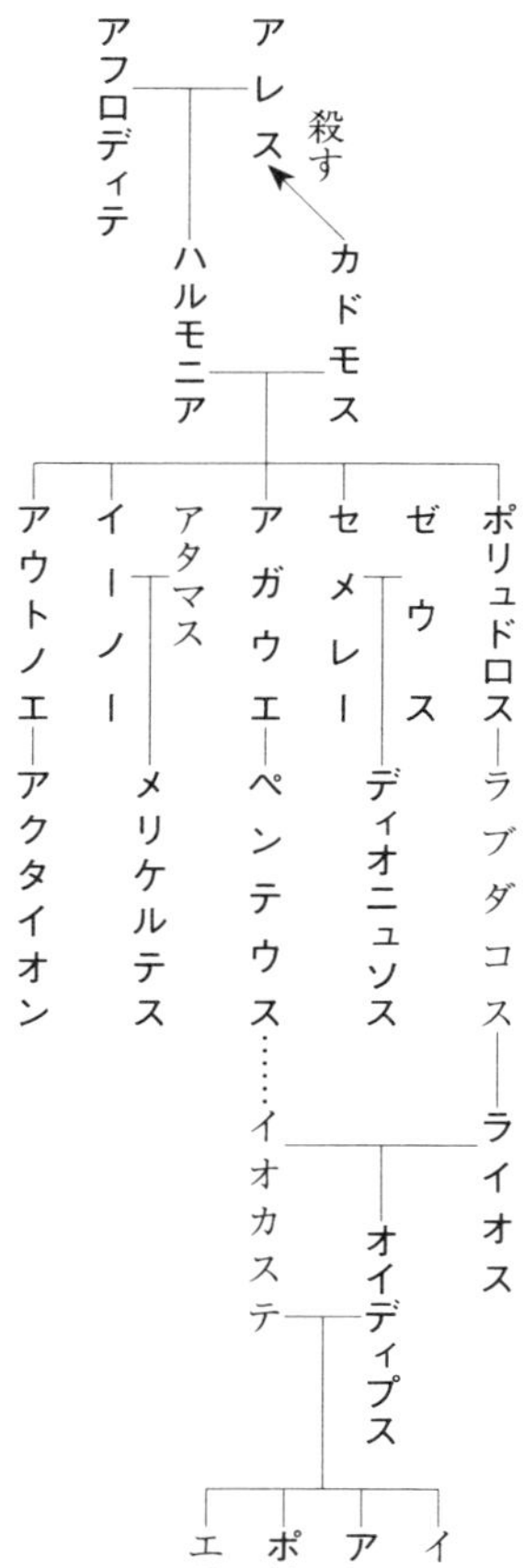

(92) **ダナイスたち**　ダナオス（→94）の五〇人の娘たち（→87）。父の王権争いの相手アイギュストスの五〇人の息子たちに一人ずつ引きあてられたが、父の命によって初夜の床で花婿を殺した。

(93) **リュキアのアポロン崇拝**　アポロンの呼称 Lykeios は《リュキアの》とも《狼の》とも解されるが、ノイマンはここではリュキアのアポロンとしている。

(94) **ダナオス**　父から与えられたリビアの王国を逃れてアルゴスに着き、ゲラノル王から王位を譲られた。狼が王位継承に一役買ったことから、《狼のアポロン》Appollon Lykeios の神殿をアルゴスに建てたと言われる。

(95) **テスモフォリアの祭典**　古代ギリシアにおけるデメテル・テスモフォロスの祭。女だけによって、十月の麦の播種期にアテネをはじめ、各地で盛大に催された。テスモフォロスは元来「立法者」の意であり、農耕をもたらし、婚姻制などの母権的な秩序を建てた者としてのデメテルの呼び名である。

(96) **ヒュペルムネストラ**　ダイナスたちの一人。彼女だけは、花婿が彼女の処女を守ってくれたために彼を殺さなかった（→92）。

(97) **ペルセウス**　ダナエーの父は、娘の子によって殺されるとの神託を得たので、ダナエーを青銅の室に閉じこめたが、ゼウスは黄金の雨となってダナエーに降り注ぎ（図35）、交わってペルセウスが生まれた。彼は成人してからアテナとヘルメスの助けによってゴルゴの一人メドゥーサの首をはねる（図28・図45）。また帰途エチオピアで海の怪物を退治し、生贄のアンドロメダを救った（図42）。

(98) **ヘラクレス**　ゼウスとアルクメネの子。ギリシア神話中最大の英雄。生涯を通じてヘーラーの執念深い嫉妬に追い回され、狂わされて自分の息子たちを殺したり、その償いとして十二の難題（功業）を課されたりした。しかし彼はそれらをやりとげ、人間の身で神々と互角に戦える者として他にも多くの武勇伝を残した。後にゼウスは彼をオリュンポスの神々に迎え、ヘーラーは説得されて彼を自分の息子として受け入れた。

(99) **ペルセウスやヘラクレスの原母**

ヒュペルムネストラ……アクシリオス
　　　　　　　　　　　エウリュディケー
　　　　　　　　　　　　　　ダナエー
　　　　　　　　　　　　　　ゼウス
　　　　　　　　　　　　　　　　ペルセウス……アンピュトリオン
　　　　　　　　　　　　　　　　　　　　　　　　アルクメネ
　　　　　　　　　　　　　　　　　　　　　　　　ゼウス
　　　　　　　　　　　　　　　　　　　　　　　　　　ヘラクレス

(100) **テセウス**　アテナイの英雄。ドーリス族の英雄ヘラクレスに対抗してテセウス英雄譚が発達したと言われる。クレタ島においてミノス王の娘アリアドネに見そめられ、ミノタウロスを倒すとき、迷宮の中に入る前に彼女から糸玉を与えられ、怪物を倒したのち糸をたぐって外に出た。(↓序―1)

(101) **ヘカテー**　ヘシオドスによって富、雄弁、勝利、育児などあらゆる幸を与える女神として賛美されているが、後に恐ろしい冥府の女神とされた。炬火をもって、吠えたける地獄の犬の群を従え、三叉路に立って三つの身体でそれぞれの道をにらんでいる姿で描かれる。

(102) **エムプーサ**　夜、子供や女の前に現われ、人間を食う女怪。ヘカテーの娘とも、ヘカテーの別名とも言われる。

(103) **ラミアー**　もとリビアの女王で美女であったが、ゼウスに愛されて産んだ二人の子供をヘーラーに殺されたため、他人の子供を奪って生血を吸う女怪となった。

(104) **メディア**　太陽神ヘリオスの孫。キルケーの姪。異説によれば、ヘカテーの娘で、キルケーの姉妹とされる。魔法を操る力をもち、夫イアソンを助けて金毛の羊を得させ、イアソンを苦しめたペリアスを殺し、またイアソンを娘の婿にしようとしたコリントス王クレオンとその娘を焼死させた。

(105) **オルテイア**　スパルタにおけるアルテミスの呼称。この神の祭壇で、少年たちを鞭打つ儀式が行なわれた。

(106) **タウリスのアルテミス**　タウリス半島（クリミア）のアルテミス祭礼は、この地に漂着した異国の者を血なまぐさい人身御供に供したと言われている。

(107) **アルペイオスのアルテミス**　ペロポネソスのアルペイオス河の河神はアルテミスに恋をしたが、彼女は顔に泥を塗って誰だか分からないようにした。この神話にちなんで、この地のアルテミスの祭りでは、女たちが顔に泥を塗って踊る。

(108) **バウボー**　攫《さら》われた娘のペルセポネを探してデメテルがエレウシスに来たとき、バウボーがスープを出したが、女神は手をつけないので、バウボーが尻をまくって見せた（陰部露出）ところ、女神は笑ってスープを飲んだ。

(109) **シュリーマン**　ハインリッヒ・　一八二二―一八九〇。ドイツの考古学者。トロイの遺跡の発見発掘者。

(110) **ルキアノス**　一二五―一八〇年。ギリシアの諷刺作家。

(111) **マーヤーのヴェール**　マーヤーとはインドのシャンカラ派の術語で、幻・仮象の意。ここから古代インド人は、「マーヤーのヴェール」を、ありもしない幻を見せて人を惑わすものの比喩とした。

(112) **パンドラの箱**　パンドラは、プロメテウスが天上の火を盗んだのを怒ったゼウスが地上に送った美女。彼女はすべての禍が入っている箱（または甕）を持参したが、地上につくやいなや好奇心からこの蓋を開けたため、世界中に禍が広がった。

A―II―三

(113) **ヒッポリュトス**　テセウス（↓(100)）の子。処女・狩人神のアルテミスをただ一人の友として狩をしながら森林に暮らす。彼は彼女との神的な恋を誇って、他の女たちをしりぞけた。彼の嘲笑を怒ったアプロディテは彼の継母パイドラが彼に恋するように仕向けたが、彼はこれをも冷笑した。パイドラは夫テセウスにヒッポリュトスを中傷し、テセウスは子を罰することをポセイドンに祈り、ポセイドンはヒッポリュトスが海浜で馬車を駆っているとき波間から猛牛を躍り出させ、驚いた馬は彼をふり落とし、彼は引きずられて死ぬ。

(114) **セイレーン**　ホメロスの『オデュッセイア』に登場する、美しい歌声で船乗りたちを魅了して殺す海の怪物。風を治める力と死者を冥府に送る役目を持つ。

(115) **ヘレナ**　絶世の美女。パリスが彼女をさらったためにトロイ戦争が起こる。

(116) **パイドラ**　↓(113)

(117) **ダフニス**　彼はいかなる女性をも愛さず、そのためにアプロディテの怒りを買い、激しい恋に陥れられて世を去った。

(118) **ヴィンクラー**　フーゴー・　一八六三―一九一三。ドイツのアッシリア学者。古代オリエントの研究、発掘に功績があった。

(119) **グライアイ**　《老婆たち》の意。三人で一眼一歯を共有していた。不死で、西の果て、太陽の昇らない常夜の国に住む。

(120) **ヴァイニンガー**　オットー・　一八八〇―一九〇三。オーストリアの思想家。ショーペンハウアーやカントに影響された。

「性の形而上学」を説き、女性の劣等を主張した。

(121) **ザイデル** イナ・一八八五―一九七四。ドイツの詩人、作家。ドイツを代表する作家の一人と言われ、とくに母子問題を深く追求した。

(122) **ヤコブとエサウの対立** イサクの双生児の息子。ヤコブは母の偏愛を受け、兄エサウを退け、父を欺いて長子の特権を奪った(『創世紀』第二五章二一―三三節、第二七章一―四五節)。

(123) **ミトラ教** 二世紀頃全盛期を迎えた古代ペルシアの神秘宗教で、ローマ帝国の「国教」の地位を競ったキリスト教の強敵。ミトラとは太陽の光の化身であり、したがって大地に恩恵をもたらす太陽神ミトラの密儀は、夜と冬を克服する太陽の力強い運行を基本とする。ミトラ神はしばしばヘビに巻きつかれた「獅子」の姿で表わされる。その聖所は岩窟または地下室で、そこでは神聖な牛を屠殺する密儀が行なわれた。

A―Ⅲ

(1) **マオリ族** ニュージーランドに住むポリネシア系の原住民。

(2) **ユングの年齢心理学** ユングは人生の前半期は自我確立の時期、後半期は影やアニマ・アニムスなどの無意識と対決しながら人格の全体性(自己)を獲得する時期と考えた。このように年齢によって現われる心理的課題が異なるとする見方は、その後修正されつつユング派に引き継がれ、子供の心理学、青年のイニシェーション、中年の転換期の心理学、老年の心理学等、各年代ごとの心理的解明が進められている。

(3) **トフ－バボフ** 「闇」「混沌」を意味するヘブライ語。

(4) **アナクシマンドロス** 前六一〇―五四六。ミレトス学派の哲学者。タレスの弟子。天体運動、気象、地震などについて初めて物理的実験を行ない、天体は球形で地球はその中心に静止すると考えた。万物は根源である無限なるものアペイロンから生成するとした。

(5) **オルフェウス教** 神話上の詩人オルフェウスに始まるとされる古代ギリシアの密儀宗教。霊肉二元論にたつ。すなわち人間は、ゼウスの子ディオニュソス＝ザグレウスを八ツ裂きにして食う、という罪を犯した巨人たちの灰から神によって造られ、それゆえ天の要素である不死なる霊魂と、地の要素である肉体を持つとされる。霊魂はそれが浄化されて初めて肉体から解放され、輪廻の業から救われると説いた。

(6) **ピュタゴラス学派** オルフェウス教の説く霊魂の不滅と輪廻を信じ、魂を浄化するために禁欲と戒律を重んじた。とくに魂を調和に導くためには音楽と数学が適していると考え、その研究を行なった。

(7) **グノーシス思想の欠如感……** グノーシス主義の神話によれば、プレローマ界よりソフィアが脱落して悪神ヤルダバオトを造り、彼がこの世界を造った。つまりソフィアはプレローマ界から分離し、孤立し切り離された状態となったのであるが、しかしこれが罪意識とならず、むしろヤルダバオトによって造られた人間の内部に、霊的な種子を入れて、人間の救済の原動力になっている。この点が逆説的と言われているのである。

(8) **アダム・カドモン** カバラの原初の世界アツィルトにおける最初の人間。彼は神の写しであり、その体はセフィロートに基づいて構成されている。

(9) **シェヒナー** カバラ思想は三位一体論をもち、第一位格は「かくれたる老いたる王」、第二位格は「聖なる王」、第三位格がその女性伴侶シェヒナーであり、物質界における「神の臨在」とされている。

(10) **セフィロート** カバラにおいて「神の属性」を表わす十の段階。「神のかたち」、あるいは「生命の樹」と呼ばれる。カバラ思想ではこれらの諸段階を経て神と合一すると考えられている。(→A―I―19)

(11) **サバタイ・ツヴィ** 一六二六―一六七六。ユダヤ人の神秘家。トルコのイズミールに現われ、救世主《メシア》と称して、貧しいユダヤ人の間に熱狂的な信奉者を得た。のちにトルコ軍につかまりイスラム教に改宗した。

(12) **ガザのナータン** ユダヤの権威あるラビであったが、サバタイ・ツヴィに感動してこれを「王にしてメシア」であると宣言したため、ツヴィをニセ・メシアであるとする批判にもかかわらずツヴィへの信仰を広める働きをした。

(13) **個人主義的な家族小説** フロイトの精神分析の方法が、親子・夫婦・兄弟の間の家族内部の心理的葛藤を中心に見ていくのを皮肉ったもの。

(14) **取り込み** 「投影」の反対。「投影」が心の中の気に入らない部分を外部へ追放するのに対して、「取り込み」は外界のものを自我の中へ取り入れ、同化すること。この概念はもともとフロイトの弟子のフェレンツィが同じ意味で使い始めたものをユングが採用し、ユング派でも使うようになったものである。

(15) **マナ人格** ユングが『自我と無意識の関係』の中で、超越的・元型的な人格像を表わすために使った言葉。自己またはそれに近いヌミノースな性格をもったイメージで、ユングはのちに「上位人格」とも呼んでいる(→『元型論』一四〇頁)。

B―1

(1) **黄金の雨** アルゴス王は娘の子に殺されるとの神託を受けたため、娘のダナエーを青銅の部屋に閉じ込めるが、ゼウスは黄金の雨となって彼女と交わった〔図35〕。

(2) **エドフ**　上エジプトの第二管区の首都。主神はホルス。下流のデンデラー市の主神がハトルで、ホルスの妻とされる。ハトル像は祭のため毎年ボートでエドフに運ばれた。

(3) **ルクソール**　上エジプトのナイル東岸にあるテーベの跡。新王国時代に建設されたルクソール神殿が現存する。

(4) ペルセウスはゼウスとダナエーの子、イオンはアポロンとアテナイ王女クレウサの子、ロムルスはマルス神とレア・シルウィアの子でローマの建設者・初代王、ディオニュソスはゼウスとセメレーの子、ブッダは白象に変身した菩薩と釈迦族の王スッドーダナの妃マーヤとの子と言われ、カルナはインドの叙事詩『マハーバーラタ』に登場する英雄で太陽神の子と言われ、ゾロアスターはその霊魂と肉体を主神アフラ・マツダが天上界から選び取ったと言われている。

(5) トーテムは種族の祖先・守護霊として神聖視される動物などをいう。フロイトはトーテム神話の核心をなす二つのタブー「トーテムを殺さない」と「同じトーテム種族に属する女性を犯さない」が、太古の原集団において息子たちが原父を殺して母を妻としたことへの反動として形成されたものであると考えた。

(6) **母方居住制**　母処婚とも訳される。夫が妻の家族と同居する制度。

(7) **プロイス**　コンラート・テーオドール・　一八六九―一九三八。ドイツの人類学者。コロンビア、メキシコなど南米の考古学研究が著名。

(8) **年齢集団**　同じ時期に生まれた、あるいは同じ時期に参入儀礼をうけた、ということによって成員権をえた、男女のどちらか一方だけの集団。たとえばケニアの牧畜民ナンディ族の場合は、少年組・割礼組・戦士組・長老組など七つの集団に分けられている。

(9) **宗派《ゼクテ》**　「教会」のように生まれながらに所属するのとちがって、個人の自由意志によって成立する。ただし加入にあたっては厳しい倫理的資格審査がなされる。宗教改革のころ「再洗礼派」や「分離派」あるいは「〔真の〕信者〔のみ〕の教会《ビリーバーズ・チャーチ》」と呼ばれた宗派《ゼクテ》が無数に生まれた。

(10) **バラモン**　インドのカースト制度の最高位にある僧侶階級。

(11) **光明化**　イエスが山上で変容し、白く光り輝いたことを指す。『マタイ福音書』第一七章一―八節。

(12) **ニコデモとキリストの会話**　『ヨハネ福音書』第三章。

(13) **ランク** オットー・ 一八八四—一九三九。フロイトの愛弟子で精神分析家。雑誌『イマーゴ』の創刊者。『出産外傷』の出版後フロイトから離反。

(14) **ゴリラ-父-仮説** フロイトは『トーテムとタブー』において、ダーウィンの想定した原始群説に依拠して「初めはどの男もゴリラと同じように数人の女とだけ一緒に暮し、首長として彼女らを他のあらゆる男達に対して嫉妬深く守っていた。そのため追放された息子たちが連合し、父を打ち殺して食べてしまった」と論じている。

(15) **少年神を殺す猪像** アドニスはアレースの手先の猪に殺される。またアッティス・タムズ・オシリスとクレタのゼウスも猪に殺された（本文一二〇、一四一、二七七頁を見よ）。

(16) **「移動」** フロイトの概念。フロイトは夢がいろいろな仕事をして、本当の心の内容を別の形式で表わすため、分かりにくくなると考えた。「移動」もその仕事の一つで、それには二種類あり、一つは心の内容がそれ自身の構成要素によってではなく、それとはあまり関係のないものによって代理される場合と、今一つは心理的な強調点が重要でないものに移されて、そのため夢の中心点が変わって見える場合である。本文の場合は第二の場合である。

(17) **サムソン** 『士師記』に登場する大力の英雄。その大力の秘密は髪の毛にあったが、彼がそれをペリシテ人の女デリラにもらしたため、眠っている間にデリラに髪の毛を切りとられ、ために力をなくして、両眼をえぐりとられ、獄屋につながれる。しかしやがて毛がのびてきて、ペリシテ人がダゴン神殿に集まっているときに主柱を折って家を倒して大勢を殺し、自身も死ぬ。本文に「死んで蘇る」とあるが現在の聖書には「蘇る」という記述はない（『士師記』第一六章）。

(18) ヘラクレスは奴隷としてヘルメス神に売られ、その後リディアの女王オムパレーに買いとられた。彼はオムパレーのもとで女装して糸を紡ぐなどの女の仕事をしたと言われる。

(19) **イシュタルの地獄行** 天の女神イシュタルはなんらかの理由で冥界に下って行くことを決意し、《神力》、宝石、胸飾りなどをつけて地獄の七つの門をくぐって行く。ところが門一つくぐるごとに装飾品や着物をはがされ、最後に素裸になった彼女は地獄の女王に《死の目》を向けられて死ぬが、後に生き返る。

(20) アプレイウスは『黄金のろば』第十一巻の中で、驢馬に変身した主人公がイシス密儀への参入を許され、「真夜中に太陽が煌々と輝いているのを見た」と語っている。

(21) **ヴント** ヴィルヘルム・マックス・ 一八三二—一九二〇。実験心理学の祖。

(22) ゴヤ版画集『気まぐれ』第四三図。

(23) **ミカエル** 『ヨハネ黙示録』十二章七―九節に、大天使ミカエルが竜と戦って勝ち、天から地上に投げ落としたとある。

(24) **エリニュスたち** 切断されたウラノスの男根の血から生まれた復讐の女神たち。

(25) **神秘的な** 原文はmytisch(神話的な)であるが、mystischの誤植と解釈した。なお英語版はmysticalとなっている。

(26) **「腫れた足」** オイディプスはピンで足を貫かれて捨てられたため、拾われたとき足(pod)が腫れて(oidein)いたので、「腫れた足」Oidipusと呼ばれた。

(27) **バールラッハ** エルンスト・一八七〇―一九三八。ドイツの彫刻家、劇作家、詩人。

(28) **『オレステイア』** アイスキュロスの悲劇。母と情夫に殺された父のための、オレステスの復讐・母殺しを主題としている。(↓A―Ⅱ―57)

(29) **ラーマ** インドの叙事詩『ラーマーヤナ』の主人公。

(30) **姉妹アニマ** 男性に対して、姉妹や友人、同志などとして現われる女性像で、知性的で冷静な判断力をもち、的確な助言をしてくれたりする。これはまだ太母から独立していない男性の自我＝ロゴス機能を補う働きをもち、また女性性と真正面から関わることのできない男性にとって安心感と信頼感を与え、女性的な世界へと橋をかける役割を果たす。詳しくは『元型論』一二六―一二八頁を見よ。

B―Ⅲ

(31) **モーセ物語** 『出エジプト記』第一、二章。モーセはエジプトに住むヘブル人の子として生まれたが、エジプト王パロがヘブル人の男児を皆殺せと命じたので、モーセの母はモーセをナイル川の葦の中に置いた。パロの娘がそれを見つけて引き取り、自分の子とした。

(32) **フロイトの解釈** フロイトは『モーセと一神教』において、モーセがユダヤ人ではなく、実はエジプト人であり、モーセのエジプト王に対する反抗は実の父に対するエディプス・コンプレックスによるものだと論じた。

(33) **エウリュステウ** スアルクメネがゼウスの子ヘラクレスを産もうとしたとき、ゼウスがその時生まれるペルセウスの後裔がミュケナイ王となると予言した。アルクメネに嫉妬するヘーラーはこのお産を止め、代わりにエウリュステウスを生まれさせたので、彼はミュケナイ王となった。彼はヘラクレスを恐れて敵意を抱き、奴隷となったヘラクレスに十二功業を課した。

(34) **功業** アートラ。ヘラクレスがエウリュステウスから課せられた困難な仕事。ライオンやヒドラ退治、雄牛の生捕り、黄金のリンゴを取ってくること、冥界の番犬ケルベロスを連れてくることなどからなる。

(35) **フェンリル狼**　北欧神話の悪神ロキの子である怪狼。

(36) **モロク**　カナンの英雄神バールの別名。その祭礼には子供を焼いて生贄とした。ユダヤ－キリスト教では悪魔の代名詞とされる。

(37) **マルス**　ローマの軍神。ギリシア神話のアレスの焼き直しで、アレスと同一視される。

(38) **マリノフスキー**　ブロニスラフ・カスパー・　一八八四―一九四二。イギリスの人類学者。機能主義を唱えた。ニューギニア、トロブリアンド諸島や、アフリカの原住民の研究を行なった。

(39) **エタナ神話**　エタナは前三千年代初期に実在したシュメールの王。伝説によれば、神に選ばれて王位についたが、子供がなかったので「子宝の草」を手に入れるため鷲に乗って天界の神々の近くまで達するが、気が変わって下界に戻ろうとして墜落する。

(40) **イカロス**　ギリシア神話、ダイダロスの子。迷宮《ラビリントス》を脱出せんとして、父の発明した蠟の翼をつけて空高く飛んだが、父の命に従わず高く飛びすぎたため、太陽の熱で蠟の翼が溶けて海に落ち、死んだ。

(41) **ベレロポン**　ギリシア神話。天馬ペガサスに乗って天に昇らんとし、ゼウスの雷に打たれて墜落した。

(42) **ティターン**　ギリシア神話。ウラノス（天）とガイア（地）とから生まれた男女六柱ずつの巨人の神々。ゼウスに敗れ冥界に幽閉された。

(43) **デミウルゴス**　グノーシス神話において女神ソフィアによってつくられた悪神ヤルダバオトの別名（↓A―Ⅲ―7）。

(44) **アブラハムとイサク**　『創世記』第二二章一―一二節。

C―I

(1) 先史時代のエジプトは上、下エジプトに分かれており、それぞれの宗教を代表する神々の姿に顕著な相違が見られた。北方（ナイル下流）の下エジプトの神々は短い赤冠をかぶり、その代表神ウアジェト（図62）は毒蛇コブラを型どった聖蛇の姿をしていた。上エジプトの神の代表は長い白冠をかぶった禿鷹の神ネクベト（図61）である。ウアジェトの聖都がブト（↓五六九頁の地図）である。ブトの王冠には前面にコブラがつけられていたが、上下エジプトの統一後も王冠にはコブラがつけられ、また神々の冠にも同じ紋章がつけられることとなった。（図63の冠を見よ）

(2) **エレクトラ**　アガメムノンとクリュタイムネストラの娘、オレステスの姉。母親とアイギストスに父親を殺された復讐に、弟オレステスとともに母親を殺す。このことから、エディプス・コンプレックスの女性版をエレクトラ・コンプレックスと呼ぶ。

本文で「個人的」とあるのは、この話が神々の間のことでなく、ギリシア悲劇に描かれた家族間の葛藤であることを指している。

(3) **近親リビドー** ユングが『転移の心理学』において使った用語。これは親子、兄妹(姉弟)が結びつこうとする本能的傾向であり、近親相姦や族内婚に向かう。その対極が未知のアニマやアニムスを求める心であり、これは族外婚へ向かう。その中間形態が「結婚の四者関係」である「交差いとこ婚」である。詳しくは『転移の心理学』前掲訳書、第二章「王と女王」を見よ。

(4) **アンドロメダ** エチオピア王ケペウスとカシオペアの娘。人身御供として海浜の岩に鎖で縛られるが、ペルセウスに助けられ妻となる。(→図42)

(5) **「赤い石」** 錬金術の最高の成果である「賢者の石」は赤い色をしていると考えられていた。

(6) **「思考の全能」** フロイトは幼児において欲求・願望と現実の混同が見られるが、これは幼児の欲求を親が即座に満たしてやるため、幼児は願望(思考)しさえすればそれが実現するからであると考えて、これを「思考の全能」と名づけた。

(7) **ポリュデクテス** ダナエーとペルセウスを閉じ込めた箱が漂着した島セリーポスの王。ダナエーと結婚するためペルセウスを殺そうとしてゴルゴ退治を命ずるが、メドゥーサの首を見せられて石と化する。

(8) **コルキラ(コルフ)** ギリシアの北西部の島。このゴルゴ像は『グレート・マザー』写真70に収められている。

(9) **ケンタウロス** ギリシア神話に登場する、下半身が馬で腰から上が人間の野蛮な怪物の種族。ヘラクレスによって滅ぼされた。

(10) **空を飛ぶ男** ペルセウスが空飛ぶサンダルをはいていることを指す。女ケンタウロスはメドゥーサを指す。

(11) **ペライア** ヘカテーの別称。ヘカテーの母とも言われる。

(12) **ベレロポンとアンテイア** ギリシア神話。ベレロポンはティリュンス王プロイトスの后アンテイアから言い寄られて拒むが、后が逆に彼の方から言い寄ったと王に訴え、キメラ退治とアマゾン征服を命ぜられるが、ペガサスに乗って勝利を得る。

(13) **ムーサの泉** ムーサは別名ミューズ神。芸術、学問の神。ムーサたちが歌の競技をしたときペガサスが蹄で山を打ち、そこに泉が湧き出した。ペガサスは他にも多くの名泉を湧き出させた。

C—II

(14) **「霊魂の危難」** ジェイムズ・フレイザー(一八五四—一九四一)が『金枝篇』において明らかにした未開人の観念。未開人は動物や人間が生きているのは、体内に霊魂がいるからだと信じている。ところがこの霊魂は睡眠中や夢幻恍惚の状態のとき、または呪術によって外に失踪し、それが戻らないとその人間は死ぬと考えられている。霊魂がどこかで閉じ込められるなどの、いろいろな理由で身体に戻れなくなるのが「霊魂の危難」である。ユングによれば、これは未開人の自我意識がまだ弱く、容易に失われやすいことを示しており、この意識の失われた状態を表現したものである。ノイマンはこの意味でこれを「内からの危難」と呼んでいるのである。

(15) **「マネロス挽歌」** 古代エジプト人が穀物を刈り取るときに歌った嘆きの歌。刈り手の鎌にかかって死ぬ穀物神オシリスに対する悲嘆を表わしている。フェニキアや西アジアの他の地方でも歌われた。「マネロス」の名はギリシア人によってつけられたものであるが、もともとは「汝の家に帰れ」を意味する言葉から出たものと言われる。

(16) **ミン** 上エジプトのコプトスおよびアクミムで信仰された豊饒と生殖の神。性器を勃起させた姿で描かれる。

(17) **コプト語** ハム語系の起源を持つ、古代エジプト語から派生した言語。紀元三世紀頃から言語として発達した。

(18) **ボナ・デア** ローマの女神。「善き女神」の意。彼女の祭礼は女祭司のみによって行なわれた。

(19) **フレイヤ** 北欧神話の愛と豊饒の女神。ときにシュール（豚）とも呼ばれている。

(20) **アドニスの園** シリアのビブロスとキプロス島にアドニス崇拝の中心地があり、春毎に彼の蘇りを祝うアドニス祭が行なわれた。女たちは壺に植物を植え、湯を注いで芽生えをはやめ、これを「アドニスの園」と呼び、祭では彼の死を嘆いた。

(21) **アポピ＝大蛇** 太陽神の敵。太陽神の夜の航海を襲い、退治される。

(22) **アサル** メソポタミアの太陽神・創造神マルドゥクの別名。（→A―II―30）

(23) **バッジ** E・A・ウォーリス・一八五七―一九三四。エジプト学の大家。大英博物館長。『死者の書』の英訳のほか、中近東の発掘、調査を行なった。

(24) **クー** 冥界における個人の完全な霊体。ジェド柱の形の護符をアンカムの花を浸けた水で濡らし、死者の首の上に置くと、死者はクーになることができると信じられていた。

(25) **ブシリスからアビドスへのオシリスの発達** オシリスはデルタ地帯のブシリスにおいては植物神であり、死と生の神であったが、これがナイル川を遡ってアビドスに到り、ここがオシリス信仰の中心地となる。ところがアビドスには「西方の第一者」なるケェンチ＝アメンチ神がおり、これは日の沈む西方を支配する太陽神であった。オシリスはこれと習合して太陽神の性格をも持つようになった。その後オシリスは太陽神であるラーやホルスとも結びつくことになる。

(26) **バー** 魂・不滅の生命力。バーは、人間の肉体の死とともに（人頭の）鳥の姿で肉体を離れて天に昇り、太陽神とともに永遠の生命に与るとされた。しかし太陽神が毎夜天の女神に呑み込まれ、毎朝新しい生命として誕生するように、バーも定期的に、墓所にミイラとして保存された遺骸に戻ることによって永遠の生命を更新するとみなされた。

(27) **ケペリ** エジプトの甲虫で、糞の玉をころがして歩き、ときどき頭上にかかげる様子が太陽を崇拝しているように見えたため、太陽神＝ケペリ神（朝の太陽の象徴）と同一視された。

(28) **アトゥム**　ヘリオポリス九柱神の主神。

(29) **フリンダーズ・ピートリ**　一八五三―一九四二。イギリスの考古学者。エジプトで多くの調査研究を行ない、数々の発見をした。

(30) **ブレステド**　ジェームス・ヘンリー・　一八六五―一九三五。アメリカの歴史学者。近東学者。エジプトのルクソールの発掘を行なった。

(31) **カナの婚礼**　イエスは弟子たちを伴い母と共にこの市における結婚式に出席し、水をブドウ酒に変える最初の奇蹟を行なった（『ヨハネ福音書』第二章一―一一節）。

(32) **《第一質料》**　錬金術における根源的なもの。錬金術師たちは、これは水銀、鉛、水などと考えた。これから四元素が、ひいては万物が生まれる。錬金術の仕事《オプス》の最初の材料であり、混沌とした全体でもある。

(33) **ゲニウス**　ローマ人の考えた霊の一つで、男性に宿る授精力であり、また守護霊でもある。個人とともに生まれ、ともに死ぬと考えられていた。

(34) **アク**　「魂」概念の一つ。カー、バーよりは肉体との結びつきが弱く、一種の精神力を表わす。

(35) **セド祭**　王位更新祭。原則として王の即位後三十年目に第一回目が催され、以後三年あるいは四年ごとに繰り返された。

(36) **コイアク月の万霊節の燈火**　オシリスの死を悼む祭礼はエジプト暦のコイアク月の一二日から三〇日まで催され、これはオシリスのみならず死者の追善の意味をもっていたらしい。とくにその二二日には、八時に、オシリス像は、三六五の燈火を飾った三四のパピルスの小舟に分乗した三四の神々の像につきそわれて、神秘的な航海を行なった。

(37) **王名**　王の公式名は、ホルス名・二女神名・黄金のホルス名・上下エジプト名・ラーの子名（誕生名）の五つの部分から成る。

(38) **「年上のホルス」「年下のホルス」**　大地の男神ゲブと天空の女神ヌートの間に生まれたのがオシリス、イシス、セト、ネフテュスであるが、ゲブとヌートの間にはもう一人の息子ホルスが生まれたことになっている。これを「年上のホルス」と呼び、オシリスとイシスの息子のホルスを「年下のホルス」と言う。

(39) **ペルセウスとオレステスに対するアテナの役割**　ペルセウスがメドゥーサの首をとるとき、アテナはゴルゴたちが眠っているところへペルセウスを導き、また自らの楯を貸し与える。またオレステスが母を殺した後、エリニュスたちの告訴に対して、アテナは裁きをアテナイ市民にまかせ、投票では無罪の票を投ずる。いずれもアテナは英雄の援助者として現われている。

(40) **プタハ**　古王国の首都メンフィスの主神、創造神。芸術家と手工業者の守護神。

（41）**「再生者それ自体」** 発達していってある段階で再生者になるというのではなく、初めから再生者の性質をもっており、それが発達の過程で次第に現われてくるという意味。ヘーゲル弁証法の「それ自体」an sich（即自）の意味で使われている。

（42）**イラン的‐マニ教的要素** イランのゾロアスター教やマニ教はこの世の善悪の存在を善神と悪神の戦いとして二元論的に捉えたため、それを地上で体現する戦いが、とくに英雄と悪者との間でなされると考えるので、英雄の戦いの要素が強まるのである。本文はこの二元論がグノーシス主義にも混入しているという意味である。

第二部

（1）**「メタ心理学」** 心についての形而上学的な考察という意味。

（2）**「プラトン的」「アリストテレス的」** 「プラトン的」とは元型的な諸段階がちょうどイデアが現実在を形成するように個々人の段階的発達を決定するという見方を指し、「アリストテレス的」とはこの段階を経験的に捉えて、人類の発達の結果として理解する見方を指す。

（3）**フロベニウス** レオ・ 一八七三―一九三八。ドイツの民族学者。アフリカ文化の研究者。

（4）**デュルケーム** エミール・ 一八五八―一九一七。フランスの社会学者。コントの後継者として社会学の客観的な方法論を確立し、とくに宗教の起源を個人よりも社会的な集団現象に求めた。

（5）**タルド** ジャン・ガブリエル・ 一八四三―一九〇四。フランスの社会学者、犯罪学者。社会の成立に関して「模倣」などの心理的要素を重視し、また群集心理における無意識の役割を重視した。

（6）**ライヴァルト** パウル・ 集団心理学者。ユングの影響を強く受けた。

（7）**第五元素** 錬金術師が作業の結果として抽出されると考えた秘密の物質で、四大元素を活動させる第五の元素であり、エーテルとも呼ばれた。

（8）**エンテレケイア** アリストテレス哲学の概念で、ア・プリオリに存在している形相が実現されていくという目的論的な概念。

（9）**精神物理学** E・H・ウェーバーやフェヒナーは外的刺激と感覚的反応の間に物理学的な法則性が成り立つと考え、ひいては心理作用一般を量的・物理的に捉えることができると考えた。ここではノイマンは刺激に対する本能的反応を表わす言葉として使っている。

(10)　この＊印は、原書では次節の終わりにつけられているが、内容を考慮してここにつけた。なお英訳ではここにつけられている。

(11)　**初期ギリシアと中世日本の兄弟の契り**　原注のカーペンターの著作を見ると、初期ギリシアの兄弟の契りとはスパルタにおける年長と若者の二人の戦士の同性愛を指しており、中世日本のそれとは主人と家来（義経と弁慶）、大名と小姓（信長と蘭丸）、『しずのおだまき』、『男色大鑑』などが例として挙げられており、特に薩摩武士の間での戦友同士の愛が典型とされている。

(12)　**ディオスクロイと敵対する兄弟**　「ディオスクロイ」は協力し合う双生児の形態を示し、「敵対する兄弟」は相争う双生児の形態を示す。（→一八四頁、五四七頁（27））

(13)　**竜の切断**　バビロニア神話の英雄マルドゥクは竜ティアマトを二つに裂き、その半分で天を張り、他の半分で海と大地を造った。（→一六七頁、五四七頁（30））。

(14)　**ファウストの事業**　『ファウスト』第二部第五幕でファウストが海を干拓して土地を作ったことを指している。

(15)　**アルフレート・アードラー**　一八七〇―一九三七。初めフロイトの弟子であったが、後に「個人心理学」を創始してフロイトと袂を分かち、劣等感を補償するものとしての「力への意志」を重視した。

(16)　**ルドルフ・オットー**　一八六九―一九三七。ドイツのプロテスタント神学者。主著『聖なるもの』（一九一七年）（岩波文庫）において、宗教の本質は「戦慄的かつ魅惑的なもの」であるとして、これをヌミノーゼと名づけた。ヌミノーゼはユング派において元型的なものの性質を表わすものとして使われるようになった。

(17)　**パーン・イメージによる「パニック的驚愕」**　パーンはギリシア神話の牧人の神。上半身は人間で長髯で角をはやし、下半身は山羊。笛を吹きながら山野をかけめぐるが、真昼は木陰で眠っており、これを妨げられると人や家畜にパニックを送るとされ、また繁みに身をかくしてニンフを襲うとされ、いずれにせよ突然現われて人を驚かせる存在であった。

(18)　**クセノファネス**　前六世紀ギリシアの哲学的詩人。ホメロスやヘシオドスに登場する人間的な姿の神々は人間が作ったものにすぎないと批判し、本当の神は唯一万能で不生不滅不変であると主張した。

(19)　**アヴィケンナ**　九八〇―一〇三七。アラビア名イヴン・スィーナー。アラビアの哲学者、医学者。神学、数学、天文学など諸学を極め、アリストテレスに基づき、新プラトン派、イスラム神学を加味した。

(20)　**シビュレ**　アポロンの神託を告げる巫女。

(21)　**ピュティア**　アポロンの女司祭。

(22)　**エルダ**　ゲルマン神話の巫女 völva を指すものと思われる。ヴォータンは知恵の泉であるミーミルの泉の水を飲ませてもらうため片眼を担保として差し出した。このことが『エッダ』の冒頭の『巫女の予言』の中に記されているのを指して著者が「エルダによる上なる去勢」と述べているものと思われる。

(23) **ベルゼルカー** ゲルマン神話に出てくる、熊の皮を着た狂暴な戦士。

(24) **「古い石板の破壊者」** 「古い石板」とはモーセの十戒の書かれた石板を指し、古い道徳規範を表わす。ニーチェのツァラトゥストラが自らを「古い石板の破壊者」と呼んだのを受けている。

(25) **ジャネ** ピェール・ 一八五九—一九四七。フランスの心理学者。心の自動運動の研究から事実上無意識の研究に近づき、意識の緊張の弱まった状態を「意識水準の低下」した状態と考えた。ユングは自らをジャネの弟子と称していた。

(26) **ポルトマン** ルドルフ・ 一八九七—一九八二。スイスの動物学者。動物界の中で人間を位置づけようとした。

(27) **イマーゴ** もとフロイト派の用語で両親像、とくに異性の親像を意味している。ユング派ではこれを個人的な両親像と超個人的・元型的な両親像が重なり合ったものと解釈している。

(28) **クービン** アルフレッド・ 一八七七—一九五九。オーストリアの画家。幻想的な絵が得意で、ポー、ホフマン、ワイルドなどの著作に挿絵を書いた。

(29) **シゲーレ** スキピオ・ 一八六八—一九一三。イタリアの社会心理学者。群集の心理の研究を行ない、とくに犯罪的群集の研究によって、集団示唆による犯罪者の罪を軽くすることを主張した。

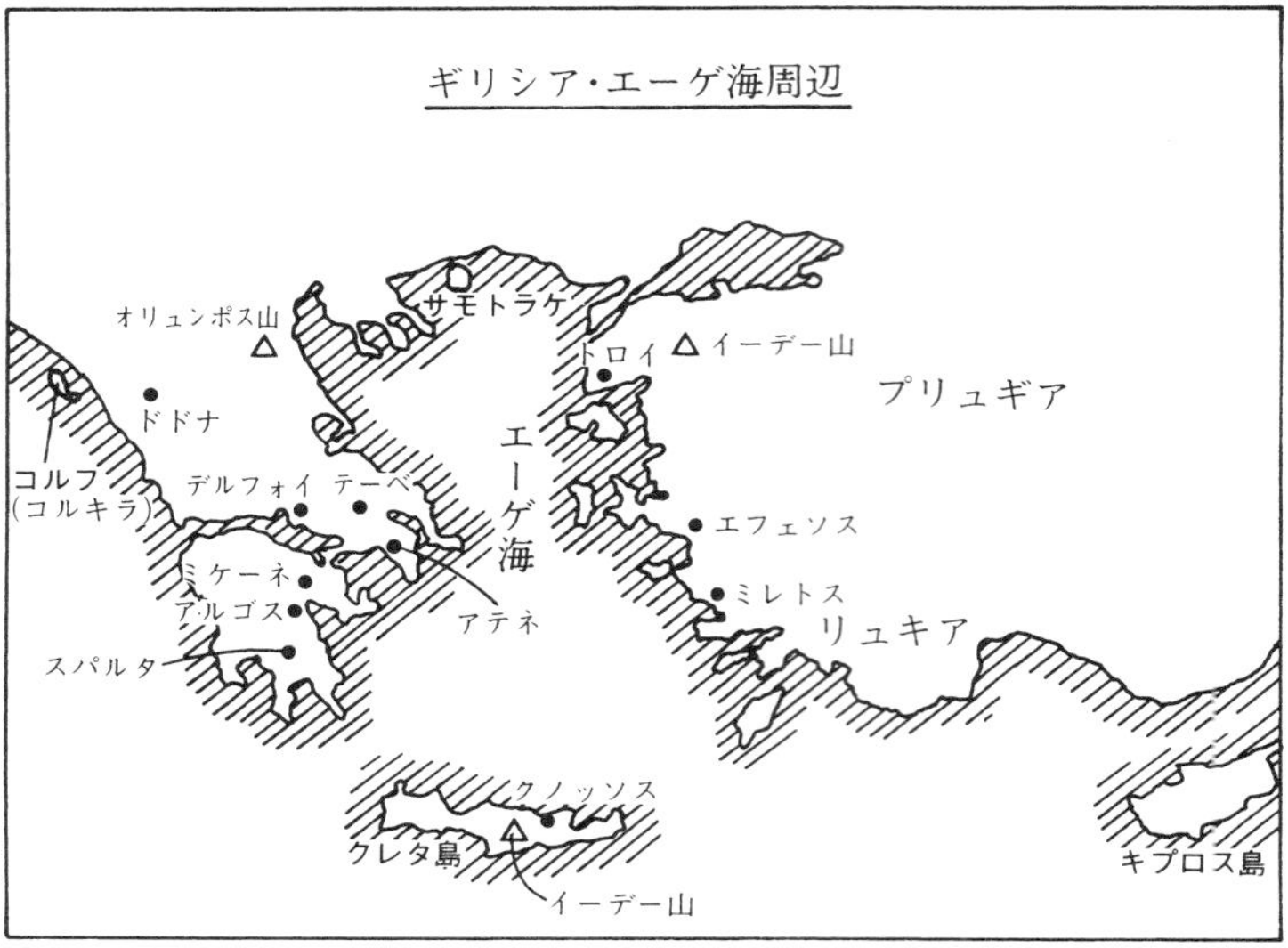
ギリシア・エーゲ海周辺
サモトラケ
オリュンポス山
トロイ
イーデー山
プリュギア
ドドナ
エーゲ海
コルフ
(コルキラ)
デルフォイ
テーベ
エフェソス
ミケーネ
アルゴス
アテネ
ミレトス
リュキア
スパルタ
クノッソス
クレタ島
イーデー山
キプロス島

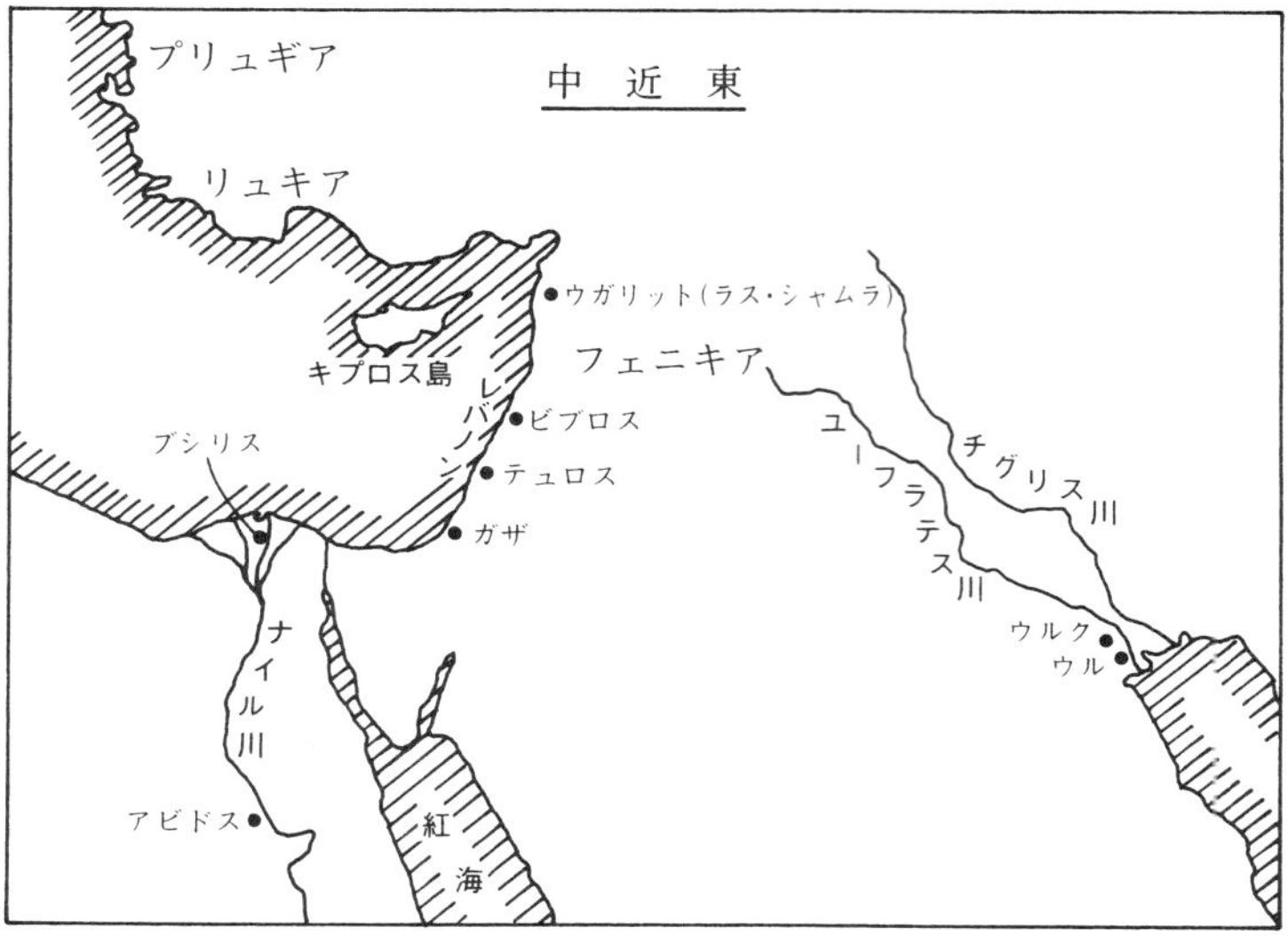
プリュギア
中 近 東
リュキア
ウガリット(ラス・シャムラ)
フェニキア
キプロス島
レバノン
ビブロス
ブシリス
テュロス
ユーフラテス川
チグリス川
ガザ
ウルク
ウル
ナイル川
紅海
アビドス

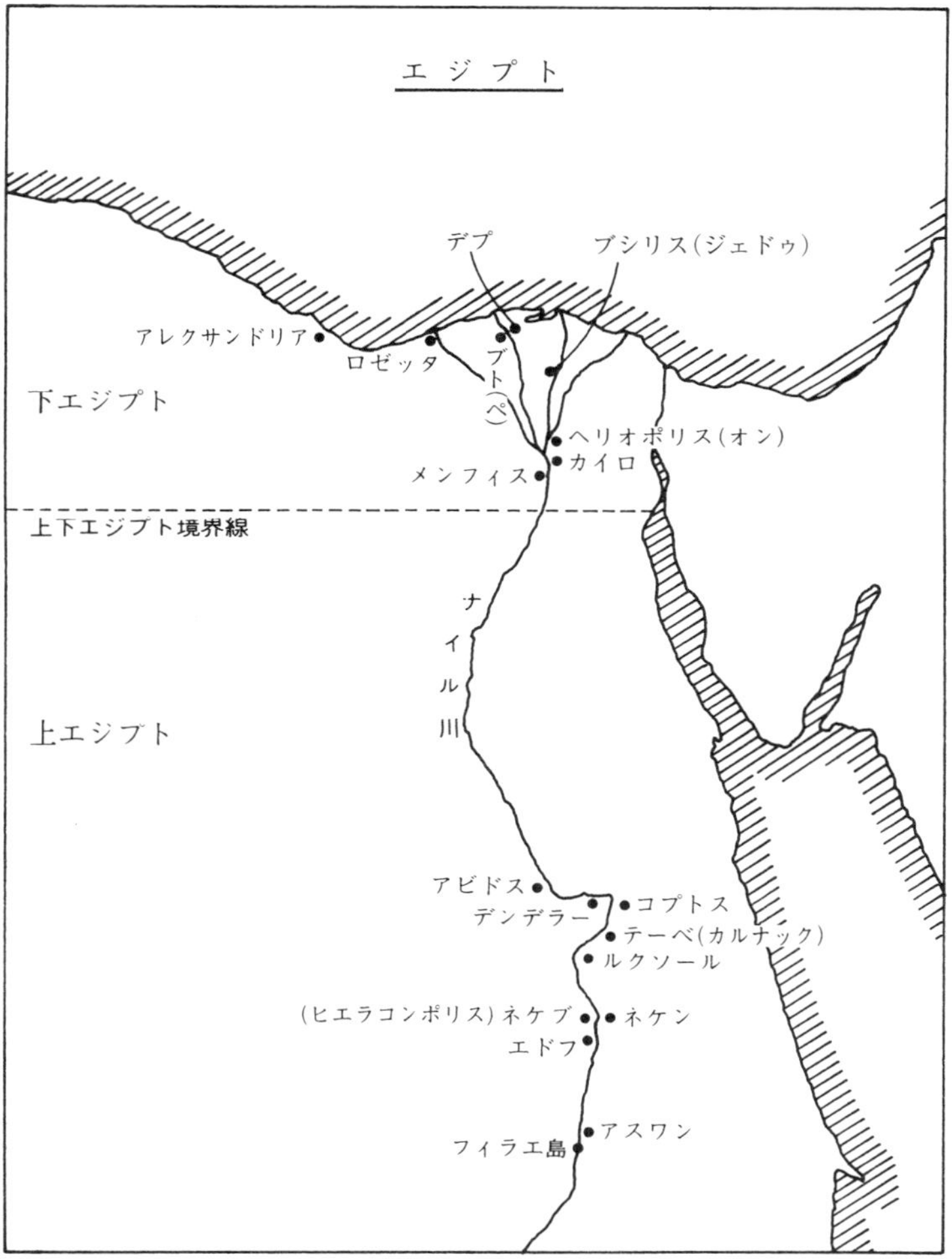
エジプト
デプ
ブシリス(ジェドゥ)
アレクサンドリア
ロゼッタ
ブト(ペ)
下エジプト
ヘリオポリス(オン)
カイロ
メンフィス
上下エジプト境界線
ナイル川
上エジプト
アビドス
デンデラー
コプトス
テーベ(カルナック)
ルクソール
(ヒエラコンポリス)ネケブ
ネケン
エドフ
アスワン
フィラエ島

解説

林　道義

本書は文字通りノイマンの主著であり、彼の全業績の中で中心的な位置を占めるものである。ノイマンの基本的な構想は、人間に特有の意識という現象を、その誕生から始めて、段階的に発達していく過程の中で特徴づけることであった。意識の発達というテーマはそれだけで興味をそそられる主題であるが、本書の内容が従来の発達心理学を大きく越えているのは、単に意識の発達をそれ自体として辿るのではなく、まさに無意識との対立と牽引のダイナミズムの中でとらえている点である。この発想によって、たとえば臨床的には親（太母）や家族や環境の中で子供の自我の発達を見ていくという視点が得られることになる。この問題は第二部で論じられているが、これはどちらかと言うと、心理学的な問題である。このような問題の立て方はユングの弟子であれば誰でも思いつきそうな方法である。しかしノイマンはもっとスケールの大きな問題を立てた。個人の意識発達のプロセスと、人類全体の意識発達のプロセスとが、対応しているのではないかと考えたのである。

個人の意識の発達を辿ることは、もちろんそれ自体決して易しいことではないが、ある意味ではやりようはいくらでもある。しかし人類的規模での意識の発達を、それも思いつき的な評論でなく、客観性をもった学問としてやるとなると、どのような方法が可能であろうか。ノイマンはそれを神話を手がかりに研究しようと考えた。神話の中には、ユングの言う集合的無意識と、それと格闘しながら生まれてきた意識との関係が、シンボルの形で表現されていると考えたのである。そもそもユングの集合的無意識の概念は、ある意味では普遍的な客観性をもつものであるから、おおかたの偏見とは正反対に、学問的な営みになじみやすいものであるはずである（もちろんその場合、学問の性質は従来のものとは大きく変わってこようし、とくにシンボルの理解という従来の学問にはなかった新しい方法論的難問が解決されなければならないが）。したがってノイマンが神話を取り上げたことは、ユング心理学を広い意味での精神史に、ひいては学問全体に適用する道を開いたものであり、その見事な模範を示したものと言うことができる。もちろんノイマンが使ったのは狭い意味での神話ではなく、各種の宗教や文学・芸術の中にも神話的イメージが見られるが、彼はそれらをふんだんに使いながら、人類の精神史の一大叙事詩を描いたのである。

ノイマンはこの書の後に、本書の中でも予告されているように、女性の心の発達、子供の自我の発達、太母、芸術の創造性の研究へと、枠を広げていった。しかしそれらの研究の底を流れる基本的発想と、基礎概念はすべて本書をもとにしている。ノイマンの翻訳はすでに多いが、それらの内容を理解するためには、個々の神話素が全体の中でいかなる意味づけを与えられているかを本書によって理解することが必要であろうと思われる。本書がノイマンの業績全体の構想の中で中心的基礎的位置を占めることは、全体を読まれた人なら誰もが納得されることと思う。

以下、本書についてやや詳しく解説し、よりよい理解への一助としたい。

I　本書の特徴と意義

一　意識化重視の視点

本書の表題が『意識の起源と歴史』でなく『意識の起源の歴史』となっているのはなぜであろうか。内容を見れば明らかであるが、本書は決して意識の誕生や、その源泉であるウロボロスや太母についてのみ書かれているのではない。意識が生まれてから十分に発達し、ついには再び無意識と再結合を果たして個性化を為し遂げる可能性までも描かれているのである。それなのにあえて『起源の歴史』と名づけた真意は著者自身に聞くよりないが、ただ本書の内容から判断して、著者が人類のこれまでの意識の発達はまだほんの緒についたばかりであって、これ以後未来に向けてなお壮大な発達をとげていくものと考えていたことは確かである。その意味で、これまでの人類の全史が、なお生まれたばかりの状態であり、「起源史」であるということなのであろうか。ともあれ、本書が人間意識の長い雄大な発達を見事に描き切っているとすれば、その全体を「起源」と呼ぶのは謙遜というべきか気宇壮大というべきか、いずれにせよここに著者ノイマンのなにらかの思いがこめられているように感じられるのである。

それはともかく、本書が意識の誕生から個性化にまで到る発達の歴史を扱っているのである限り、意識ないし意識化ということを重視しているのは当然のことである。しかしユング派の重鎮である著者が、多くの著作の基礎的なものとして、量的にも質的にも最も重量感のある著作のテーマに「意識化」を選んだことの重大性を、まさに今十分に意識化しておくことが必要であると思われる。

ユング自身が意識を重視していたということは——なるほど彼は生涯をかけて無意識のことを多く論じたとはいえ、それは無意識についての開拓者であるから当然のことであって、意識の大切さについても『自伝』をはじめ随所で論じていることは——ユングを少しでも知る者なら誰もが承知していることである。それだからこそ意識と無意識の「結合」とか「個性化」という目標も考えられるのである。ここまではおよそユング派をもって自認するほどの者なら常識の部類に属するであろう。しかし、そういう人々に、「では意識の発達とはどういうことなのか」、「意識の発達した状態とはどういう状態を言うのか」と質問してみるならば、満足な答えのできる人はごく少ないのではなかろうか。無意識についてはは多くを論ずる人でも、意識については沈黙してしまう。しかしそれでは本当に意識と無意識の両方を重んじているとは言えないのである。

意識を発達させるということは、本書でもノイマンが論じているように、ある意味では攻撃性を増大させることであり、感情を押し殺すことであり、秩序やルールや道徳を確立し守ることである。このことは母権的意識でも同じであって、バッハオーフェンが明らかにしたように、母権的社会もまた無意識の混沌に対する意識の支配体制の確立を意味していたのであり、その社会もまた特有の秩序とルールと文化と道徳とをもっていたのである。このように言うと、ユング派の人々の中には多少とも反撥を感ずる人が少なくないと思われる。「そのようなものの支配をこそユングは批判したのではないか」と。そのとおり、そういう意識が専制的に支配している状態をこそユングは批判したのであるが、「攻撃性」とか「感情を排除する」といった「悪い」性質も含めて、意識の性質そのものまでも否定したのではないのである。意識と無意識を統合しているとは、それぞれの内容・機能を十分にもっていて、使うべきときに使える、出すべきときに（必要なら組み合わせて）出せるということであって、なるほど（たとえば人格）全体の性格は変化しているとはいえ、その構成要素となっているもとの意識や無意識の内容までもがまったく別のものに変化しているわけでは決してない。この点ユング心理学はきわめて弁証法的な総合《ジンテーゼ》を考えているのであって、以前の対立するモメントを保存し、新しい第三のものの中に生かしているのである。ユングが批判したのは尊大化して無意識を一面的に否定するに到った意識のあり方であって、意識のもっている性質そのものまでも否定したのでは決してないのである。日本人のユング好きの人々の中には、あまり意識を発達させてもいないのに、まして意識とか自我についてあまり考えたこともないのに、無意識好きの人を時折見かけるが、それはユング心理学への大きな誤解と言わざるをえない。そういう人にこそ、自我－意識の何たるかを明らかにしている本書を読んでもらいたいと思う。

二　歴史的－社会的視点

　ところで、意識の発達について研究するとなると、どうしても発達心理学のようなことを考えがちであるが、本書の魅力はそうした次元をはるかに越えて、広い視野と雄大な構想力を示している点にある。著者は意識の発達を個体発生と系統発生の両方の視点から二重写しに見ているのであり、とくに系統発生の見方からは、はっきりと人類史の視点が打ち出されている。人類史の視点をもつとは、人間を歴史的かつ社会的に見ていることを意味している。著者は一方では意識の発達度に応じて、世界中のあらゆる時代の神話的イメージを分類し、それを低い段階から高い段階へと並べている。これは決して前の段階から次の段階へと必然的に発展するという、いわゆる発展段階説をとっていることを意味しない。つまり段階から段階への「発展」は決して因果関係にあるわけではなく、むしろ元型的・継起的・目的論的なものであるが、この点は次節で述べる。著者はこれらの諸段階を表わすイメージを、狭義の神話はもとより、宗教・文学・美術等の広い分野から収集し、それを大きくウロボロス、太母、英雄の誕生、英雄の戦いと勝利、対立の結合による個性化、の各段階に分類したのである。このように意識の諸段階を表わすのに神話的イメージを使うというのは独創的でブリリアントであるが、その着想の背後には人類史という歴史的な視点があって初めて可能であったという点を見落としてはならないであろう。

　次に人類史の視点は、他方で社会的な見方を含んでいる点が注目されなければならない。もともとユングには、集合的意識という注目すべき概念があり、意識のあり方を社会的な次元で扱うことを可能にする基礎が置かれていた。ノイマンはこの視点を受けつぎ、とくに付論において独立に論じているように、これを大衆社会論の観点より集団と個人のダイナミズムの問題として取り出し、集合的状態からの個人の発達・独立と、再集合化・原子《アトム》化の過程とを、意識の発達と再無意識化の過程とに重ね合わせて解明しているのである。この視点は現代の大衆社会論に貴重な示唆を与えるものであると思われる。

こうして著者のもっている優れた歴史感覚と現代社会への批判的視点とは、ユング自身の豊かな同様の感覚を見事に受けつぎながら、個人の心理療法をこえて「文化の心理療法」という人類全体の心理療法が必要であるとの考え方を提示している。最近のユング派の中でそうした観点がややもすると薄れがちである点を考えると、本書はその意味でも貴重なものと言わなければならないであろう。

三　元型的－目的論的発達の視点

本書の思想的背景をなすものとして第三に注目すべきは、著者が意識の発達を段階的・目的論的なものと見ている点である。もともとユングにはロマン主義的な傾向が強く見られ、それはノイマンにも受けつがれて、「原－〇〇」といった表現がふんだんに使われることにも現われているが、同じ思想は目的論的な発達という見方にも影響を与えているのである。目的論とは、生物なり人間の発達が生得的に決まったコースを辿ってなされるという見方であり、ユングの場合この見方と元型の概念とが結びついて独特の人間観を形成した。つまり、人間が成長していく各段階で体験する心理は、生まれつき元型的に決められており、したがって人間の経験することも予めセット（anlegen）されている（今日なら遺伝子の中にプログラミングされているというところであろう）というのである。経験とは、単に外からの刺激によって与えられるものではなく、内的生得的な心の働きのパターンがあり、それに合致したことだけが経験として認知され、記憶されるのである。知覚も心的体験も、予め存在する内的パターンの範囲内でのみ、またそれに合致したもののみ、可能となるのである。このことは「経験」とか「認識」ということの哲学的意味づけにとって重大な問題を提出しているが、この問題については拙著『ユング思想の真髄』（朝日新聞社、一九九八年）第五章「学問方法論」を見られたい。

このように、ユングもノイマンも、人間の心的体験が生得的目的論的に、各段階ごとに内発的に起こってくるという立場に立っていたのであり、これは私が「元型の継起的目的論的発動」と呼んだものに当たる（前掲拙著、一二六頁以下）。それはちょうど、身体の諸器官とその働きがある年齢に達すると自動的に機能し始めるように、心の働きもまたある年齢において自律的元型的に働き出すという意味である。この点は意識の発達についても言われており（例えば四八二頁）、各段階の新しい意識の発現もまた元型的な生得的なものであり、決して「意識的な」ものではない。このことは意識もコンプレックスの一つであるという言い方と同様に、その自律的な働きを表わすものである。

ところで意識が元型的目的論的に発動するといっても、周囲の世界と無関係に出てくるわけでは決してなく、環境世界との密接で微妙な関係の中で、その順調なあるいは歪んだ発現の仕方を、きわめて個性的に表わすのである。環境世界とは、たとえば幼児のときは母親であり、少年少女の場合は同性集団であり、青年の場合は異性が重要な役割を果たすなど、さまざまな形をとりうるが、それがその時点での元型の発動を刺激し、促進させるのである。この間の事情をノイマンはとくに『子供』（一九六三年）の中で具体的に論じている。たとえば子供には生得的に「秩序志向」が種に特有の元型的なものとしてセットされているが、それは母のアニムスによって呼び覚まされ、発動すると述べている（『こども』北村晋、阿部文彦、本郷均訳、文化書房博文社、一九九三年、一二二～三頁）。この母のアニムス面は子供に対しては「干渉する男性的なもの」・恐ろしいもの・として現われるが、これに耐え、これを受け入れることができるのは、母子一体関係としての「原‐関係」を望ましい形で体験できた子供であると述べている（同右、一一六～一二四頁）。

このような見方は、各段階での人間の心の働きが、予めセットされていて現われるものであり、そして各段階ごとに特有の心理が十全に発動され、十分に体験し尽されることによって、次の段階にスムーズに移っていかれるという考え方となって表現されている。ある段階が周囲の世界の障害によって乱されたり、その段階に異常に強く固着したりすると、人間の発達はそこでストップしてしまうというのである。このような立場に立った上で、ノイマンは、各段階で体験される内容とはどのようなものであり、そこにどのような危険があるかを、逐一明らかにしていくのである。

四　中心志向

さて、以上のことをふまえて、ここでノイマン独特のきわめてユニークな概念である「中心志向」Zentroversion について説明しておこう。この造語の仕方から見て、「中心志向」とはもともとは「外向」Extraversion と「内向」Introversion の両者の中心に位置して、両者のバランスをとる志向というところから命名されたものと推測されるが、しかしその意味はさらに広い重要な思想を含んでいるように思われる。その意味自体は別にむずかしいものではなく、内向や外向のように対象との対決に向かうのではなく、自己形成つまり人格の全体性の構築を目指すという意味であるから、本質的にはユングの補償作用に当たるものであり、「自己」や「超越機能」と同様に、全体性を実現し、各機能や判断中枢がバランスよく働くための制御作用を司る全体性の中枢とでも言うべきものである。一言で言えば「自己」の調整作用である。したがってそれはユングの「自己」を、その働きの面で命名したものであり、そのさい「中心」という言葉と「志向」～version という言葉を組み合わせたところが、内容を表現するのに巧みであり、また適切であると言うことができる。

ノイマンは「中心志向」を次のように定義・説明している。「中心志向とは、全体がその各部分を一つにまとめ、分化した各部分をまとまりをもった体系に統合しようとする傾向である。」心が現れる以前の生物体においては、「中心志向」は「全体がもつ調整作用・補償的な平衡と組織化の傾向・として現われ」、「統合傾向と呼ぶ」ことができる。心が現われたのちは、「中心志向」は「指導的な中心、すなわち意識の中心としては自我の姿で、

心の中心としては自己の姿で現れる」。(三四八頁)

このように「中心的志向」は自己として現れるのみならず、自我としても現れるのである。ここに自我と自己の関係についてのノイマンの独自な理解の仕方がクローズアップされている。

ユングはどちらかというと、意識を無意識と対立するものと見ていた傾向があり、意識は無意識を否定し、少なくとも自らを無意識からはっきり区別することによって成り立つものと見ていた。ノイマンももちろんその側面を否定するものではなく、むしろその面を「原両親の分離」とか「英雄の戦い」として中心的に論じているのであるが、しかし他面で自我意識は「自己＝全体性」の中心志向を実現するために生まれた「自己の器官・支店・出先機関」のようなものだとも述べているのである。自我と自己はどちらも本質的に中心志向をもっているのである。それがたまたまヨーロッパの発達においては、自我意識が特別に無意識を敵視し、否定して、自らを一面的に狭隘化・盲目化していったのであるが、本来は全体性機能の担い手であると考えられており、「幼児期の自我形成においては最初は意識の中に中心化の作用が生じ、そのさい自我が全体性を代表する器官になる。思春期においては自我としての個人は自分自身を集団の全体性を代表するものと感じる」(四八三―四八四頁)と述べている。このように自我意識は本来全体性の代理機関であり、したがってもともとは中心志向をもつものだと理解されているが、この見方はきわめてユニークであり、興味深いものである。ノイマンは意識とは本来中心志向をもつものであり、そのことを自我が自己意識化することこそ自我と自己との一体化であり、それが個性化であると理解しているのである。

このように、自我と自己とが必ずしも対立するのではなく、むしろ本質的にはどちらにも「中心志向」があり、協力し合うことができるという視点は、彼の最晩年の著作『子供』において「自我‐自己‐軸」という概念を生み出した。自我と自己はそれぞれ意識と無意識の中心であるが、両者は同じ軸の上で離れたり近づいたりしているというイメージである。自我は大きな自己に包まれながら、その持ち分を果たし、ときには対立するが大きくは分業し協力し合っているというイメージである。この関係がうまくいっているとき、子供の心は健全に発達していくことができるのである。

五　父権的発達

このように本書は、自我が全体性の中心志向を実現する代理機関として生まれてから、やがて全体性と対立し、最後に再び全体性と結合するまでの全発達過程を体系的に描いたものであるが、これがヨーロッパ的自我の発達過程を描いたものであるかのような誤解がかなり広く認められるので、その点についてここで考えておきたい。

本書がヨーロッパ的自我の発達を描いているという言い方は、必ずしも誤りとまでは言えないかもしれないが、少なくとも不正確と言わざるをえない。本書が探求しているのは自我の父権的な発達である。ヨーロッパの自我はその中の特殊な、一面的に極端化した形であって、必ずしも父権的発達の典型とは言いがたいのである。その証拠に、著者が材料として取り上げている神話は、ほとんど古代のギリシア、エジプト、中近東などの神話であって、本来のヨーロッパとも言うべき中世以後のヨーロッパのものはほとんど皆無と言ってよい。なるほど古典古代のギリシアはヨーロッパ精神成立の一つの基礎には数えられるが、それはギリシア・ローマが父権的意識を確立したが故であって、その父権的意識を一つの基盤にしてヨーロッパ精神が成立したのである。しかし両者の内実は必ずしも同一ではないし、その上なによりもノイマンが取り上げているのは古典時代のギリシアではなく、それより以前に成立した神話モチーフであり、ギリシアでさえも父権制が成立したのは古典時代よりはるか以前のことなのである。

ノイマンの考えによれば、自我の発達はすべて、たとえ女性の自我であっても、必ず男性性の発達と密接に関わり合っている。この男性性によってのみ、自我は世界や無意識から自らを区別し・独立させ、対象を分節化し・分析し・認識し・変形利用することができるのであり、そのために必要な精神性と強さを獲得できるのである。そしてこの男性的精神が父から息子へ受けつがれていくのを父権制と呼んでいるのである。この父権制はエジプト・カナン・バビロニア・中国・日本、どこであれおよそ文明と言われるものが発生していた所ならどこにでも——創造神話と英雄神話のあるところならどこにでも——存在していたのである。

中世以後のヨーロッパの発達は、この父権制の上になされたものではあるが、それは男性性を極度に一面化し、固定化・化石化させていく方向であり、女性性との間に結合や調和の関係をもつ可能性を閉ざしていくものであって、個性化への道とはほど遠いものであったと言わざるをえない。それだからこそノイマンも個性化（変容神話）の典型を決してヨーロッパには求めないで、むしろ古代エジプトのオシリス神話に見出したのである。もちろんその個性化は意識的なものではなく、無意識的に表現されているにすぎないけれども、そこには「上なるもの」と「下なるもの」との結合と、それによる不死化・永遠化のテーマが明瞭に表われているのである。こうして本書は決してヨーロッパの自我を典型や模範として描いているのではなく、むしろそのあり方を批判するものとして構想されている点が留意されねばならない。この点はとくに「付論」Ⅰ、Ⅱにおいて明瞭に論じられている。しかしまたノイマンは父権的発達を人間の自我の発達にとって絶対に必要なものと理解しており、それを十全に発達させた上で、さらにそれを越え出ていくこと、あるいは相対化させ、あるいは他の要素と総合させていくことを考えていたのである。

なお、ノイマンは自我の発達のプロセスを描いた第二部のBにおいて、

（1）元型が細分化され、具体的なイメージで現われること
（2）情動的な要素が薄れ、合理性と客観性が増大すること
（3）超個人的な要素が収縮し、個人化が進むこと
（4）快と不快の感覚が逆転すること

（5）自我が確立するにつれて無意識の中に影・アニマなどの形姿が形成されること

（6）自我の世界像や文化規範が形成されること

といった特徴を指摘している。

面白いことに、もちろんこれらの特徴を前提にした上であろうが、『子供』では、さらに「父権的な自我の確立の諸段階」として、「男根‐地中的な自我」「男根‐魔術的な自我」「魔術‐好戦的な自我」「太陽‐自我」の四つの段階に細分している。その上で父権的発達におけるトーテミズム（精神性の発達）の重要性をとくに強調している。この点は本書においても重視されている。

Ⅱ　内容の概説と注釈

本書は浩瀚な内容と、ありとあらゆる神話的イメージの博引旁証から成り立っており、第一部では神話的モチーフを意識の発達度に従って段階的に配列し、それによって人類の意識発達の一大パノラマを展開しているのに対して、第二部ではその心理学的意味を理論的に整理するという形をとっており、しかもそれを個人意識と人類意識の発達を二重写しにしながら行なっているという、壮大な構想を示している。そのため読む側にとっては時に筋を見失い、とくに第一部と第二部との対応関係が分からなくなることもあろうかと思われる。そこで読者の便宜のため、第一部と第二部の対応関係を明らかにしつつ内容の大筋を示し、あわせて要所ごとに注釈を加えておきたいと思う。

一　始源の一体性と中心志向――ウロボロスと太母

1　ウロボロスと母子一体の原‐関係

生まれたばかりの意識は乳幼児の状態に比せられるが、これは身体的には母から分離しているものの、心理的・感覚的にはなお母の胎内にいるのと同じ状態と考えられ、それゆえこの時期は『子供』では「後‐子宮的胎児期」と呼ばれている。そして、これと、本当の胎児の状態である「内‐子宮的胎児期」とを合わせて、意識の胎児的または胚芽的状態とされる。これは母と子が身体的にも心理的・感覚的にも一体になって融合している状態であり、子は母にすっぽりと包まれて、その中で自足しており、楽園の中にいる状態である。ウロボロス・シンボルはこの状態を表現しているのである。

ウロボロスは蛇が自らの尾を食べていることによって自足を表わし、また円をなすことによって完全な一体化の状態、すべてのものが未分離のうちに融合し、渾然一体をなしていることを象徴している。したがって意識と無意識、母と子が一体となっている「原‐関係」を表わすのにまことにふさわしいシンボルと言うことができる。

この時期は生物的な次元において、身体的感覚的に母の身体に完全に覆われている状態であり、空腹や寒さやその他の不快をただちに解消してもらうという形で、身体的感覚の世界に生きており、その世界が母の全体性の中に包まれ安全に保護されている。この時期は第二部では「身体‐自己」と呼ばれているが、第一部では「身体図のシンボル体系」として述べられている。ただし例に挙げられているのが、心臓や肝臓が世界の中心とされるといったことなので、必ずしも適切とは言えないように思われる。このように世界を身体の各部分で表わし、しかもそれに階層序列をつけることは、すでにある程度発達した意識のなすことであり、本当の原初的・胎児的意識は身体の各部分を区別していない。これは渾然一体をなした全体としての身体であり、各部分を識別してもなお優等と劣等といった序列はないはずである。たとえば『古事記』においてイザナミに斬られたカグツチの神の身体各部分から神が生まれるとき、身体の各部分が神を生むほどのマナを持っているということが重要であって、どの部分から生まれた神が上位とか下位ということはなく、無差別に生まれてくる様子が、この「身体的ウロボロス」の状態をよく示していると思われる。

これと密接な関係にあるのが「食物ウロボロス」である。胎児的な自我にとっては、「腹部の心理」たる空腹が中心であり、養分に関わることが最大の欲求・関心事である。そこで食物を摂取することと排泄すること、それに関わる身体部位（口と肛門）が中心的なシンボルとして現われてくる。ただし乳幼児の心的世界がそのままシンボルとして現われるわけではなく、原初人の大人の世界のすべてがこの食物ウロボロスの感覚と心理によって感じとられ、シンボルによって表現されるのである。それゆえ出産は排泄として、またセックスは食べさせ食べることとして表現される。ここから、乳を与える母は授精する能動的なものとして「男」とされ、乳房が男根で表わされたり、子供は受動的な「女」とされるという、一見奇妙なシンボルが現われることになる。

この身体ウロボロスと食物ウロボロスが一つになっているのがハイヌウェレ型神話であり、そこでは殺された女神の身体の各部位から穀物などの有用な植物が生えてくるとされる。『古事記』でもオオゲツヒメが口や尻から食物を出してスサノヲをもてなそうとして怒ったスサノヲに殺され、その身体の各部分から稲・粟・小豆・麦・大豆が生えてきたとあり、これは身体＝自己と食物ウロボロスの結合したシンボルと考えることができる。

要するにウロボロスとは胎児的自我が無意識としての母に完全に包み込まれ、「融即」状態の中で一体性をなしている「原-関係」を表現しているのである。

2　父性的ウロボロス

ところがウロボロスの中に「父性的ウロボロス」というのが登場するので、ウロボロスとは母性的であると思っている読者はとまどいを感じてしまうことと思われる。これはなかなか理解しにくい概念であるから、少し丁寧に説明しておく。

正確にいうとウロボロスの中には母性的ウロボロスと父性的ウロボロスとがあって、これまで述べてきたのは母性的ウロボロスのことであった。ウロボロスの中に父性的なものと母性的なものを識別することはすでに自我の誕生を前提としているが、ウロボロスの中においてはこの両者は結合して一体をなし、それは「別ちがたく抱擁し合った原両親」というシンボルによって表わされている。母は産むものであるが、その前に最初の発生、創造ということがなければならない。この最初の創造は性的結合によるシンボルでは表現されない自己創造、自己授精の性格をもち、また舌・言葉・息吹によって象徴される精神《ガイスト》の性質をもつ。それは生成の開始、歴史・時間の始まり、つまりは意識の始まりへとつながっていく原理であり、自己回転する車輪や、円を描いて上昇する螺旋などによっても象徴される。要するにこれは男性的な精神・創造の原理・の最も太古的な最初のシンボルということができる。

したがってこれは意識が最初に発生することに対しても恐らく重要な役割を果たすものと思われるが、それと同時に女性心理にとっても重要な意味をもっている。すでにユングは「個性化過程の経験について」(『個性化とマンダラ』林道義訳、みすず書房、所収)において、X夫人の絵の分析の中で、夫人自身が岩の中に封じこめられている状態を打ち破るものとして稲妻が登場し、それが魔法使いの姿をしたユング自身としてイメージされたことを明らかにしている。これは後にノイマンが、女性の自我を母性的ウロボロスから切り離す役割を演ずる父性的ウロボロスと呼んだものであり、女性の自我の自立のきっかけを与えるものである(『女性の深層』松代洋一ほか訳、紀伊國屋書店)。これは女性に対して、神的‐超越的な恐ろしいもの、侵入するもの、襲うものと感じられる男性的なものであり、雨・稲妻・光線などによってシンボルされる非常に強烈な男性性であるが、単に男性的であるに留まらず、父・魔神・神のイメージと結びついた「上なる」超越的なものであるため「父性的」

と呼ばれるのであろう。

もう一つ重要なのは子供に対する母の心の中にこれが現われる点である。子供の意識の発達を促すのは初めは父ではなく母であるが、母はそれを父権的な意識によって遂行する。女性の中のアニムスが子供の意識に対して働きかけ、秩序や規則を教える構えをとるのである。ところが、この父権的なアニムスの背後には父性的ウロボロスがひかえていて、それが強烈さやエネルギーを供給しているように感じられるのである。このことをノイマンは、父権的アニムス層の下に「母権的意識」があり、その中で「父権的ウロボロス」が君臨していると表現している（『こども』一〇八頁以下）。

以上によって明らかなように、この「父性的ウロボロス」は意識の発生や発達と強い関係をもっていることが分かる。もともと「精神《ガイスト》」元型が意識化と強い関係があり、意識化が革命的に進むときには「精神」元型が現われやすいのである（拙著『ユング――人と思想』清水書院、一四四～五頁参照）が、「父性的ウロボロス」もまた「精神」の性格をもつことが、その意識との関わりの強さを一層暗示しているのである。要するに「父性的ウロボロス」とは混沌としているが強烈で力強く、神的な恐ろしさをもった「原‐男性性」とでも言うべきヌミノースな力であると言うことができる。

3　ウロボロスの、および自我の、中心志向

こうしていよいよ自我は無意識＝ウロボロスから分離し、独立への道を歩み始めるのであるが、ここで注目すべきは、自我の最初の機能として中心志向が挙げられている点である。この中心志向はウロボロス段階では「身体＝自己」や「食物ウロボロス」として現われ、心身の同一化した全体性機能を直接的に表現している。この段階においては「自分自身」とは身体のことであり、身体の部分は即ち身体全体とイコールであり、身体感情は即ち人格感情であり、全体の調整と平衡は無意識的になされている。

ところが意識が生まれると、その最初の機能は、この全体性の中心志向を受けつぎ、その代理器官として働く点にある。もちろん自我は生まれるや否や世界や無意識との対決の中に入って行き、一方では外的世界と対決する外向的態度をとったり、他方では内的世界と対決する内向的態度をとるが、しかしそうした対象との対決ではなく、内向と外向の間の平衡を図りつつ、両者の対象を利用しながら、自己形成と人格の全体性の確立を目指す働きをも持っているというのである。「自我は中心志向の器官」であり、「全体性の代理人」である。このように自我－意識体系は全体と対立する性質だけをもつのではなく、全体の代理器官としての意味をもつのであるが、しかしその本性上、すなわち一点に集中し・区別し・明晰化しなければならないという性質のため、無区別の混沌とした無意識と対立せざるをえないという側面も次第に強くなってくる。

4　自我の分離と恐母

以上の胎児的自我にとっては、太母は基本的に善母として現われていた。子の身体＝自己は母の身体＝自己と融即し、それに守られ、つねに心地よい楽園状態を保証されていた。ところが、自我が発達するにつれて、太母は悪母ないし恐母としても感じられるようになる。すでに述べたように、教育者（しつけ係）としての母の中には「恐ろしい男性性」が機能しているが、自我が太母に逆らい、離れようとするや否や、太母は子供を取って食い、殺す「恐ろしい母」に変貌する。この段階で初めて太母の巨大な姿が神話の世界に登場するのである。

ここで「太母」の概念について注意しなければならないのは、著書『太母』の中の「太母」と、本書の「太母」とがニュアンスを異にすることである。『太母』の「太母」は女性自身のもつ本性とでもいうべき性質をシンボルによって具体的に明らかにしているものであるが、本書の「太母」はあくまでも子供としての自我＝意識から見たイメージとして捉えられているのである。したがって『太母』の定義や説明をそのまま本書に当てはめて読むと少し混乱するかもしれないので注意を要する。本書の「太母」は意識の一つの段階を表わしており、つまりウロボロスが自我を支配下に置いている段階を示す一つの術語と解すべきである。だからこそ表題も「太母、すなわちウロボロスの支配下にある自我」となっているのである。

太母は息子としての自我を目の中に入れても痛くないように可愛がっており、これは女神の「息子＝愛人」としての少年神のイメージによって表現されている。まだあまり反抗しないで、なすがままに寵愛されている状態はアドニス、アッティス、タムズなどの植物神、穀物神として表わされており、彼らは決して大人にならないで夭折し、再び産み返されるが、これは穀物が地中に蒔かれ（死んで埋葬され）、再び芽を出して収穫される（殺される）ことを表わしている。それでも彼らも母神以外の女神を愛したかどで殺されたり、去勢される例が多い。これがもう少し自立してくると、少年は動物の姿で表わされ、女神から逃亡する者として描かれる。水浴中のアルテミスを見たため動物の姿で逃げまわるが、雄鹿の姿になったときに自分の猟犬によって八ッ裂きにされるアクタイオン（本文一二四頁）がその典型である。ペルセウスも初期のギリシア芸術では、ゴルゴの首を取った後、ゴルゴの姉妹から追いかけられて逃げる様子がよく描かれた（本文二六六頁）が、この場合は逃げ切るので英雄になることができるのである。さらに自立が強まると「反抗者」としてのイメージが現われ、ときに英雄的に太母に立ち向かい、太母の側も自分だけでは手に負えず、手先として「恐ろしい男性」（雄猪、雄牛など）を前面に出して応戦するようになる。しかし「太母」段階ではまだ少年は太母に勝てず、英雄的に戦っても結局「破滅型英雄」として殺されてしまう。ヒッポリュトスがその典型である（本文一三七頁以下、訳注A－Ⅱ－113）。

二　自我の自立と男性性——英雄の戦い

自我は強化されるにつれて太母に対する独自性を主張し、逃亡したり反抗したりするが、これまでの段階では太母の圧倒的な力に勝てず、自己去勢や自殺に追いこまれたり、去勢されたり殺されてしまう。しかしやがて英雄が戦いに勝つときが来る。勝利する英雄とは、誕生のときに迫害され、殺されそうになりながらも、「神の息子」であるという超人性によって生きのび、奴隷状態などの苦難に耐え、ついに母＝竜を打ち倒す者である。「竜との戦い」を考える前に、まず「自我の強化」とはどういうことなのかを整理しておこう。

1　自我の強化と体系化

思春期になると元型がにわかに活性化する。元型はいろいろな具体的な姿をとって若者を襲う。あたかも英雄神話に登場するような多様なイメージをもって意識に対して出現する。これを著者は元型が分解・細分化・形象化して個人に体験される、と表現している。その最初の現われが原両親の分離であり、太母も細分化して、お伴の動物、迫害の手先である伯父・雄猪・野牛など、魔女やその姉妹、といった多様な姿をとるようになる。これはじつは自我が強化されたことに対応しており、自我が元型の世界を具体的に区別し、その中の対立を体験し認識できるようになったことを示しているのである。

自我の強化はまず脱＝情動化と付随的個人化として現われてくる。前者はヌミノースな情動性が後退し、代わって物事を客観的に合理的に見ることができるようになってくる。これは感情に対する理性の優位へとつながっていく方向である。もう一つの付随的個人化とは、超個人的なものを自分の心の中に取り入れ、消化して、個人的な次元のものとして再イメージ化して、いわば自分の大きさに合わせて意識化することを意味している。たとえば、わけの分からない物凄い神的悪魔的なものは、個人化・人間化されて「ギリシアの神々」となる。日本の例を示せば、鬼は古代においては、ただ人間を取って食う、単純に恐ろしい対抗できない強大なものであったが、そのうち次第に「人間化」して人間によって退治されうるものとなり、ついには人間が怨念や悲しみによって化身したものとなってくる。次第に意識によって捉えられるものへと変化してくるのである。

自我が強化されるにつれて、快－不快の葛藤が現われてくる点も注目されなければならない。自我の感ずる快－不快と、無意識が感ずる快－不快が正反対になるからである。その典型的な例が原両親の分離または親殺しに伴うマイナスの感情である。この業《わざ》を成し遂げた英雄は一方では意識的には快を感じ、生を肯定する気分になるが、しかし打ち負かされ切り裂かれた無意識の側は不快と苦しみをもつ。この無意識の苦悩が意識に感じ取られたとき、それは思春期に特有の苦悩や世界苦として現われ、また思想的には楽園喪失や原罪として神学化される。

次に重要な意味をもつのは、自我が発達するにつれて、さまざまな判断中枢が分化・形成されてくることである。ペルソナと影が分化し、太母からアニマが分化し、父性的ウロボロスからアニムスが分化してくる。これらの諸判断中枢の統一が人格であり、これらの働きを調整し、統一する働きが中心志向である。自我がこの統一する働きをするときには自我が中心志向をもっているということができるが、西洋的自我の場合には自我はいくつもある諸中枢の中の一つの中枢としての意味のみをもち、他の判断中枢と対立するに到ってしまったため、他の中枢はすべて無意識の中へ追いやられ、ユングによって無意識の像として認識されることになったのである。

ノイマンは中心志向は全体性の機能であると言いながら、しかし自我もまたその機能をもち、全体性の中心志向も結局は自我によって知覚され、意識化されることによって人格に統合されるのであると、再三にわたって強調している。自我はつねに必ず無意識と対立するというわけではなく、もともとは無意識の中の一部に形を与え、摂取しつつ自らを形成しているのであり、自我は自己との間に自我－自己－軸を作り、初めから自己との間に協力関係をもつ可能性をはらんでいるのであるが、これが最後には自我と自己との結合、息子と父との一体化、「我と父は一つなり」によって表わされる総合をもたらすことにもなるのである。

2　自我の強化に対する男性性の意義

自我の強化の意味を以上で簡単に整理したので、次にその強化をもたらす重要な要因としての「男性性」について考察してみたい。こうした意味をもつ男性性としてノイマンはロゴス原理、攻撃性、男性集団（＝精神原理《ガイスト》）の三つぐらいを考えているようである。

まずロゴス原理とは、異なるものを異なるとして区別して認識するという機能を基にしており、そこから論理的合理的な思考機能が生まれ、ついには合理主義的な自然科学の世界を生み出したものである。これはすべてが「神秘的融即」の中に融合し合っているウロボロス－太母の世界に対する明確な対立原理であり、それへの強烈な否定と批判を意味している。この区別の論理は初め呪術的宗教の形をとって登場した。原因としての呪術的行為とその結果という形で必然的に結びついている因果系列とそうでないものとの区別、タブーの設定――善と悪の、浄と穢の、ハレとケの区別――がその典型である。その能力がやがて自と他の区別から自己意識の確立へとつながっていく。自我の強化にとって大切な意味をもつことになるのである。

次に攻撃性であるが、これは英雄が太母側の迫害と攻撃に対して対抗し、ついには「竜との戦い」によって太母を倒さなければならないとすれば、自我の自立にとって決定的な意味をもつことが理解されるであろう。実際この攻撃性が不足している「自我の少年段階」においては、自我は反抗し逃亡しても、結局は太母の圧倒的な力によって去勢・八ッ裂き・自己去勢・自殺へと追いこまれてしまうのである。自己去勢や自殺もある意味では積極的な行動原理の現われであるとはいえ、自己否定・自己破滅をもたらす結果となってしまう。「英雄の誕生」という心的出来事によって少年が英雄へと生まれかわり、支配意志と強さと攻撃性をもったとき、太母＝竜を倒す力を手に入れるのである。これをノイマンは太母の破壊傾向を「転用する」とか「矛先を転ずる」と、つまり太母の破壊傾向を受けついで、それを自分に向けるのでなく太母に対して向ける、と表現している。この言い方は誤解を招きやすいので注意が肝要である。この表現によると、自我によって使われる攻撃性と太母のそれとが、同じ性質と受けとられる惧れがあるが、決してそうではない。男性的な自我の攻撃性の特徴は単に攻撃の強さにあるのではなく、それをコントロールし、必要に応じてセーブできる、「自らの制御の下に用いることができる」

（三八三頁）点にあり、その点、いったん始めれば無際限な残酷さを発揮する歯止めなき太母的な攻撃性とは明確に区別されるべきものである。このことは、子供でもしっかりした（自我の発達した）子供では攻撃性をかなりコントロールできるようになることを見ても実証できるであろう。その意味では最近の「いじめっ子」の陰惨で歯止めのない「いじめぶり」は、まさに太母的な攻撃性を示しており、自我の正常な発達が阻害されていることを示唆しているように感じられるのである。攻撃性と聞くと、単純に強烈で恐ろしいとのみ思う人は、真の男性的な攻撃性は現われる形はむしろ穏やかになりうるし、必要以外は使われないものであることをよく認識する必要がある。本当に強い自我は現実の母親に暴力をふるうようなことにはならないし、ましてや殺すことなど絶対にありえないのである。読者の中に、太母から独立するために攻撃性が必要であると言うのなら、自分は自我の発達や独立などいらないと言って、むやみと攻撃性に反発する人がいるとすれば、その人はまだ発想が太母的な攻撃性の圏内にいるものと言うべきであろう。

　第三に著者が恐らく最も重要視しているのが精神原理《ガイスト》であり、それの基盤である男性集団である。男性集団とは女性と子供を排除した成人男性だけの結社である。ニューギニア高地人などの未開部族では成年男子は女性や子供とは別の小屋に住み、一線を画しているが、そうした名残りは戦前の日本でも若衆宿として残っていた。これがさらに宗教儀礼によって意味を明確にしているのが参入儀礼、トーテム儀礼であって、これによって参入者は「上なる」精神的存在と同一化し、結社の成員となるのである。ノイマンはトーテム集団の動物＝先祖がこの精神的存在であり、それがやがて「天」の原理としてさらに純化されていくものと捉えている。この「上なる」精神原理の獲得は英雄神話では英雄の父が神であることによって表わされており、その意味で英雄には天上と地上の「二組の両親」がいることになる。この精神原理こそ、太母の「下なる」原理の対極として、太母から独立する際に決定的な役割を果たすものであり、この発達が不十分な場合には、あるいはこうした参入儀礼が欠如している場合には、バールラッハの『死んだ日』に見られるように、結局は太母に再び呑みこまれてしまうというのである。この原理は男性同士の友情の契りとしても現われ、本文に挙げられているスパルタの戦士やギリシア神話、ギルガメシュ＝エンキドーの例のほかにも、中国でも刎頸の交わりとか、『三国志』の劉備玄徳・関羽雲長・張飛翼徳の「桃園の誓い」として美しく描かれている。これは中国で「天」の原理が早くから現われていることと関係があるものと思われる。

3 「竜との戦い」――母殺しと父殺し

このようにして男性性が確立し、十分に強い自我＝英雄が誕生すると、いよいよ「竜との戦い」がなされることになる。この段階を表わす神話素は「母殺し」と「父殺し」である。この部分は意識発達の一つのクライマックスであり、また著者の方法が試される正念場でもある。

ユングを多少とも学んだ者は「竜」が太母を意味し、「竜との戦い」が太母との戦いであると思っているので、父との戦いも「竜との戦い」の中に入ると言われると、いささかとまどいを感ずるかもしれない。しかしノイマンは「竜」を単に太母とのみは見ないで、ウロボロスが原両親となって、父と母とが分離してくる段階のものと捉え、その分離に応じて「竜との戦い」も重層的・段階的になっていると見ているのである。いわばこの段階の理論的整理は著者自身のよく発達した自我＝意識の機能を使って綿密になされているのであり、その意味ではこの部分を十分に理解できるかどうかによって読む側の意識の発達度が測られるとさえ言えるかもしれない。ここではフロイトとユングの仮説との対決がなされ、ノイマンの独特の仮説が提示されているのである。

周知のようにフロイトのエディプス・コンプレックスの理論は、息子が母親との近親相姦願望をもち、それにとって邪魔物である父親を殺す願望をもつというものであった。それゆえフロイトにとっての英雄は父を殺し母と結婚する者であった。それに対してユングが提出した仮説は、母との近親相姦は心理的には母殺しと同じ意味をもち、母＝竜に打ち勝つことを意味しているということであった。英雄の近親相姦は死んで生き返る再生を表わしており、それは竜の体内に呑みこまれてもこれに打ち勝って生還（再生）する「夜の航海」と同じ意味をもつものであると言うのである（そしてこの戦いの相手の「母」とは個人的な母親ではなく、元型的なものである点も、もちろんユングの明らかにした点であった）。このユングの解釈はまさにフロイトに対するコペルニクス的転回とも言うべき革命的なものであった。

しかしユングの仮説にもなお理論的に未整理な部分が残されていた。たとえば母との近親相姦が再生を表わすと言い切ってしまうと、しかし再生を意味しない（母に呑みこまれてしまう）近親相姦も存在するのをどう考えたらよいか、また父殺しをどう位置づけたらよいのか、といったまだ未解決の問題が残されていたのである。これらの問題はまさしくノイマンの段階的発達の理論によって見事に解決されたのである。

ノイマンはまず近親相姦にも三つの層があることを明らかにする。一つはウロボロス近親相姦であり、これは生まれたばかりの自我が再び平安なウロボロスの中に溶けこんでしまうものであり、幸福感を伴うかわりに自我の死滅を意味する。次は母権的近親相姦であり、これは少年段階の反抗する自我が強大な太母によって圧殺されることを意味している。最後が太母を倒すことを意味する英雄近親相姦である。ユングが母殺しと同一視したのはこの段階の近親相姦であったということになる。

こうしたノイマンの重層的・段階的な見方さえのみこめば、「母殺し」の章は容易に理解できる。その意味そのものは簡単で、英雄の完全な自立ということであるが、むしろこの章で重視されているのは「上なる去勢」の危険である。「上なる去勢」とは太母の反撃によって英雄の精神面を表わす目・頭部・頭髪が切り取られることであり、ここでもまた英雄の勝利にとって精神面の十全な発達がいかに大切かが強調されているのである。とくに興味深いのは、この見方によってエディプス神話もフロイトとはまったく異なるように解釈されることである。つまり母殺しに当たるのはスフィンクスを打ち負かすことであり、次の母との近親相姦は英雄の勝利を意味するのではなく、むしろその結果がオイディプスの破滅（とくに盲目化）であるように「上なる去勢」（したがってむしろ母権的近親相姦に近いもの）であった。これはオイディプスの父殺しが無意識のうちに（父とは知らずに）なされたことと相呼応している、ということになる。要するにオイディプスの神話は、まだ意識の発達が完全でない「挫折」のタイプを表わしているというのである。自我の完全な発達－勝利のタイプはむしろ『オレステイア』において、息子が父の側に立ち、母に殺された父の復讐のために母を殺すというモチーフによって表現されているのである。

このように（前にもふれたように）息子が父と同一化し、あるいは父を相続する、父権制の確立によって自我－意識の発達が頂点に達するとしたら、それでは父殺しとは何を意味するのであろうか。

この点を明らかにするためには、英雄と戦う「父＝竜」が、同じ竜とはいっても「母＝竜」とはまったく異なる性格をもつことに注目しなければならない。この「父」とは文化規範の代表者としての父であり、文化の担い手、継承者、道徳・習俗・教育の守護者・遂行者であり、ユングの言う「集合的意識」の代表者である。これは母権制のもとでは母方の伯父によって代表されるが、父権制のもとでは「父たち」によって代表され、この父たちから息子たちへと文化規範が受けつがれていくのである。しかし「偉大なる個人」（↓付論Ⅰ）としての英雄は、この父から子への平和的な移行に甘んじることができない。それは英雄は神の子としてこの世俗的な「父たち」に対抗して「新しい法」を体現し、もたらす者だからである。つまり英雄は神の「声」に導かれて、古い集合的な父たちの文化規範を否定しなければならない。ここに「父殺し」の心理的な意味があるというのである。したがって、同じ英雄の行為とはいえ、母殺しと父殺しでは、「英雄」の意味にもかなりの違いがあると言わなければならない。母を殺す心理はより普遍的で、いわばかなり平均的で集合的な心理として人類に広く存在していると言えるが、父を殺す心理は「付論Ⅰ」でも論じられているように、「偉大なる個人」として集合的な文化と対立し「古い石板の破壊者」となるようなカリスマ的な心理にのみ現われるものであって、決して母殺しの心理と同次元のものではないのである。それゆえ著者が「父殺し」も「竜との戦い」問題「原両親」問題に属すと述べているにもかかわらず、意識発達のより高次の（より後期の）段階に・その文化的な段階に・属すという面も見逃されてはならない。（なおここで一つ注意しておかなければならないのは、「良心」という用語がユングの用い方と異なっていることである。ユングの場合には、「良心」は「声」と同様に「神の声」と同義であり、慣習的な道徳律とは対立する元型的な作用である（「心理学から見た良心」、『心理療法論』林道義訳、みすず書房、所収）。しかしノイマンの「良心」は集合的な道徳規範を意味しており、フロイトの超自我に当たるものである。私は「良心」はユングのように元型的な働きと捉え、ノイマンが「良心」と呼んでいるものは「道徳律」または「道徳規範」と呼んだ方がよいと思う。）

以上を要するに、ノイマンは英雄の「竜との戦い」を「原両親との戦い」として捉え、原両親が分離して母と父に分かれるため、母＝竜との戦いと父＝竜との戦いとに重層化し、さらに父母の像が神的な両親と世俗的な両親とに二重化し、さらに近親相姦や「恐ろしい男性」も意識の発達段階に応じてその意味やイメージが変化していく様を、立体的構造的に明らかにし、理論的に明快に整理したのである。ここにはノイマンの明断な意識の肯定的な面が花開いていると言えるであろう。

三　体系分離への補償作用、そして危機――「偉大なる個人」、そして「大衆化」

さて、次に第一部Cの「変容神話」（第二部のC・D）に当たる部分に進んでいこう。しかしその前に、ここで本書の構成全体を眺めておくことがCの部分の理解にとって必要であると思われる。本書は大きく分けて三つの部分より成っており、いずれも著者が自慢してよい会心の内容である。最初のウロボロスと太母の分析は、ユングが羨望をまじえて称賛しているように、ノイマン独特の研究領域であり、ノイマンと言えばグレートマザーと言われるほどに有名であり、とくに母性が大きな問題となる日本では多くの人々の強い関心と共感を呼んでいる。次の自我の自立を段階的に整理した「Ｂ　英雄神話」の部分はいま述べたようにノイマンの優越機能の結実であってまことにすばらしいものであった。しかし私見によれば、著者自身がひそかに自慢にしたいのは恐らく「Ｃ　変容神話」、なかでもオシリス神話の解釈の部分ではないかと感じられるのである。このようにエジプトの神話や儀礼、それにジェド柱などのシンボルの、いろいろな特徴を一つに結びつける解釈はすばらしい直観機能のひらめきなしには生まれえないであろう。こうして特徴づけると、Ａは外向的な機能、Ｂは内向的思考機能、Ｃは直観機能が強く働いているということができるように思われる。

ところで「Ｃ　変容神話」を見るとき、まず最初に読者には二つの疑問がわいてくるはずと思う。一つは第二部の目次において、Ａには副題として「神話的段階――ウロボロス、および太母」とあり、Ｂには同じく「神話的段階――世界両親の分離、および『竜との戦い』」として、対応関係が明確に示されているのに対して、ＣとＤにはそれが明示されていないことである。この問題は内容的に対応関係を見ると明らかになるのであって、第二部Ｃ－一「体系分離の補償――平衡状態にある文化」は、第一部Ｃ－Ｉ「囚われの女性と宝物」にのみ対応しており、第二部のＣ－二はその補償作用がうまく働かなくなった場合を論じているため、第一部の中にこの部分に対応する神話段階を見つけることができないからであろうと思われる。第二部のＤになると、その最後の個性化を論じている部分だけがわずかに、第一部Ｃ－Ⅱに対応しているだけである。

さてもう一つの疑問というのは、「囚われの女性」も「宝物」も英雄神話の重要な構成要素であり、英雄の勝利とは同時にこれらを獲得するものであるのに、なぜ一括して「Ｂ　英雄神話」の中で扱われないで、この部分だけ「Ｃ　変容神話」の中に入れられているのかという問題である。この疑問も第一部Ｃ－Ｉが内容的に第二部Ｃ－一に対応していることが分かると氷解すると思われる。そこで早速、内容を見ていくことにしたい。

1　平衡状態にある文化——「こころ《ゼーレ》」＝「囚われの女性」の発見と救出

英雄が竜を倒し、太母の世界から完全に自立することによって父権制が確立する。父権制とは、「父たち」が設定し守っている文化規範と教育によって、個人の人格が形成されていく体制である。初めは英雄＝「偉大なる個人」によって獲得された元型的な「天」＝「声」＝「精神」の世界は以後集合的な価値世界として、男性集団を通じて個々人に与えられるものとなる。これが父から息子への相続の形をとるため父権制と呼ばれるのである。ノイマンはこの英雄の勝利と父権制への移行を「外向的な」過程と呼んでいる。これはいわば意識と無意識とが分離し、切りはなされる過程であり、個人が現実に適応していく過程と呼応している。父たちによる規範の監督と教育とはこの分離した関係を画一化・集合化し、固定化する傾向をもつのである。要するに父権制というのは無意識の世界と切れた関係になる傾向をつねにもっているのであり、それは自我－意識に初めから備わっている性質から来るものである。

この危険を補償するのが元型的なシンボルの働きであり、それに伴う情動の活性化であって、その仲介によって意識は無意識と交流し、平衡を保ち、化石化を免れることができる。いわば無意識の中にある「こころ《ゼーレ》」の世界を発見し、獲得することが、人格の平衡を保つ上で——とくに父権制の段階に達した意識にとってはきわめて重要なことなのである。つまり父権制は自我－意識の発達の中では最高段階であり、それゆえ無意識からの分離も最も徹底するとはいえ、無意識との平衡を保った体制を作り上げる可能性もまた存在しているのである。この可能性は神話では「囚われの女性と宝物」の獲得というシンボルによって表現されており、ノイマンはこれを内向的過程と呼んでいる。つまり「囚われの女性」の救出は「こころ」の世界の発見であり、「宝物」の「得難い貴重な性質」は「こころ」の創造的な働きを象徴しているのである。これを獲得するというイメージは、太母像からアニマ像が分離し、人格の中にアニマの世界が形成されることを表わしているのである。こうして典型的な英雄神話には「竜との戦い」という外向過程と、女性の救出・結婚（および宝物の獲得）としての内的価値の取り込みという内向的過程とが共に表現されていると言える。この両方の過程を内包する型の神話は、父権制の確立が補償作用を同化しながら、心や文化の平衡を保つ形でなされる場合を表わしていると言うことができる。しかし英雄神話がつねに女性や宝物の獲得に成功するとは限らず、たとえば日本のヤマトタケル伝説は女性との関係づけに失敗した例と見ることができる。ギリシア神話でもペルセウスはアンドロメダを救出して妻とするのに対して、テセウスは一度はアリアドネを助け出すが、なぜかナクソス島に置き去りにして別れてしまう。アニマ＝「こころ」の世界との間に「聖なる結婚」が成り立たない形で英雄が勝利し父権制が成立すると、次に述べるような「文化の危機」へ導かれやすい分裂状態の人格になっていると考えられるのである。

ところで、この「こころ」の世界の獲得は英雄＝偉大なる個人によって成し遂げられるのであって、父権制の成立そのものが偉大なる個人によってなされるのみでなく、父権的な集団が成立してから後も、集団がつねに日常化し、画一化・集合化し、化石化するのに対して、偉大なる個人は絶えず「こころ」＝アニマの世界を獲得することによって集団－文化の再活性化と平衡をもたらすものとなるのである。この問題はとくに「付論Ｉ」において論じられている。偉大なる個人は元型に襲われ憑かれることによって、集団の集合的価値と対立し、新しい価値観を提示する。集団はこの偉大な個人をたいていは排除するが、結局はその価値観を取り入れ、祀り、個人は彼を模範にして人格形成を行なうようになる。それゆえ文化の平衡が保たれるか否かは、集団が偉大なる個人を排除してしまわないで、この直接的な内的体験をもつ英雄の創造性をどれだけ受け入れ模範にすることができるか否かに関わっているのである。

このように、「囚われの女性」の救出と結婚のシンボルは、父権制の枠内においてではあるが、「こころ」を獲得し、新しい価値観を確立する、人格の変容を表わしており、そのような意味を読みとって著者は、父権制を確立する段階とは異なる次元の問題としてこのテーマをCの中に入れたものと思われる。

2　危機にある文化――「偉大なる個人」、「集団」、「大衆化」

父権制というのは、本質的に「こころ」を失い、集合化・非個性化していく傾向をもっているものであり、創造的な英雄の悲劇的な戦いの犠牲のもとに、かろうじて平衡を保つ運命にあり、平衡状態にある方が稀有のことと言うべきなのかもしれない。だからこそ西洋のおとぎ話では「王子と王女との結婚」が繰り返し補償として語られてきたのであろう。しかもそれさえも今日では蔑視され、忘れ去られようとしているのである。その意味では本書の下巻C－二「体系分離から体系分裂へ――危機にある文化」の章は、「付論Ⅱ」とともに、単に西洋文化の末期的危機の分析であるに留まらず、父権制そのものの批判であり、今日の大衆文化の危機の根源を抉《えぐ》り出していると言うことができる。

著者が「集団」というときには、それは個人が情動的に結合したものであり、彼らはそれぞれ「偉大なる個人」を模範にして内的体験を得ようとしており、「集団」と「偉大なる個人」との間には創造的な相互関係が成り立っている。ところが体制が日常化し、平均化・官僚化してくると、偉大なる個人は疎外され、そのため「集団」全体が「こころ」の世界から疎外されてしまう。こうなると意識は硬直化し、個人は個性をなくして原子《アトム》となり、「大衆《マス》」となる。これを著者は「再集合化」と呼び、原始的な「神秘的融即」への退行と解釈している。こうして高度に発達した自我－意識をもつ諸個人が互いに創造的な関係を結んでいる「集団」から、原子《アトム》化した大衆社会への退化は、父権制社会の宿命とさえ言えるのではなかろうか。その結果、元型的なものは貶価され、情動は遮断され、全体性機能は失われ、孤立した私的空間が肥大化し（マイホーム主義）、個人は細片化・無気力化し、無視された元型が制御を失ってあばれ馬のように襲ってくる。意識化は逆転して、再び無意識化が世界を覆い始める。これは父権制の必然的な結果であって、その意味では父権制の枠内では解決はありえないのである。補償の担い手である「偉大なる個人」はもはや「大衆《マス》」社会では圧殺されてしまっているからである。父権制そのものを打ち倒し、それを越える原理を啓示する新しい英雄が生まれて再生をもたらすより他に道がないように思われる。その道を示唆してくれるのがオシリス神話である。

四　中心志向と「自己」体験――オシリス神話

1　年齢段階ごとの中心志向

意識の働きを、全体性の中心志向との関連において見るという視点は、すでに述べたようにノイマンに独特な視点であった。この視点から見ると、意識が代表する中心志向のあり方は当然、意識の発達度に応じて変化するはずである。ノイマンは中心志向と年齢段階との関係を大きく三つぐらいに分けて考えているようである。第一は幼児期で、このときは幼児の中心志向は母親の全体性である自己とほとんど一致しており、直接的に全体の中心志向が働いていると見ることができる。間歇的に現われる意識も全体性と異なる傾向をもつというよりは、むしろ全体性の機能・目的・傾向を代弁するような働きをするのである。ところが少年期から思春期において頂点に達する意識の自立過程においては、意識は次第に全体から分離し、ときには全体と対立し、一面化していく。このとき中心志向は意識によって代表されるのではなく、分化した各々の判断中枢（自我コンプレックス以外の影とかアニマ・アニムスなどはたいてい無意識化されている）の間の補償作用として働いている。いわば意識と無意識の補償作用であるが、ただしその無意識の作用としての影・アニマ等々も、じつは意識の発達によって元型が分化し、各判断中枢として布置されたものなのである。これらの働きによって無意識のうちに補償が働いている（それは囚われの女性の救出と宝物の獲得としてシンボル化されていることはすでに見てきた）間は、中心志向が働いていると言えるわけである。人生後半の個性化・自己実現とは、この中心志向を意識が意識化すること、言い換えれば無意識の働きと結合することだと著者は言うのである。これは自我が不滅の全体＝自己と一体であるという体験であり、心の各部分の結合・一体化である。この「自己」体験を最も典型的に――ただし無意識のうちに――表現しているのがオシリス神話である。

2 オシリス神話に見られる変容と「自己」体験

エジプトのオシリス神話には、著者が見事に解明しているように、精神史的に見て非常に興味深い特徴が見られる。それは各発達段階――具体的に言うとくに母権制と父権制――の特徴がいずれもはっきりと残されているという点である。しかも、各々が単に並列的に保存されているというのではなく、各々のモチーフが一つの体系の中でそれぞれ所を得て、意味の上で有機的に結合しているのである。

たとえばオシリス神の最も古い層と考えられるのは、穀物＝少年神としてのオシリスであり、これは授精力＝男根としての意味をもつ母権的な豊饒神であり、八ッ裂きにされて大地にばらまかれ、再び生き返る「太母の息子＝愛人」のタイプである。死体を八ッ裂きにするという儀礼や埋葬方式は、死者の生還を恐れる原始的な思想に対応している。ところが自我意識が強化されてくると、魂があの世に行っても生きながらえると考え、そのためには身体もまた完全なまま保存される必要があるとの思想も発達してくるが、この思想にとっては死体の八ッ裂きは最も危険なことである。したがって、通常の母権制から父権制への発達の中では、八ッ裂きの儀礼や、それに伴う神話は絶滅されてしまい、オシリスの死と再生、オシリスは不滅であるという神話のみが伝えられるようになるはずである。ところが、エジプトでは、この両者をうまく結合して、儀礼の最初にオシリスの身体（とみなされるもの）を八ッ裂きにしてばらまき、それを松明で探し集めて、再び一つに結合するという儀礼を作り出したのである。

同じことはジェド柱というシンボルと、その形成過程にも見られるのであって、ジェド柱は一方では仙骨を意味する部分をもち、仙骨は背骨の下部として男性の生殖力を表わすものであり、下なる男根的なものを表わしている。しかし他方ではそれが木幹の上部に置かれることによって下なるものの「高まり」を示し、「上なるもの」

と「下なるもの」の結合を示している。同様の特徴は、オシリスがブシリスからアビドスにまで進出していったとき、死の神としてのオシリスが太陽神ラーと結合してオシリス＝ラーとなったことにも現われている。このようにエジプトでは、母権的な豊饒神から父権的な太陽神への発達が、後者が前者を否定・撲滅するという形をとらず、前者を保存し、取りこんで、両者が結合して一つの体系をなすという形で進んでいったのである。これは当時のエジプト人の中に、無意識のうちにではあるが、全体性を目指す心の補償作用が働いていた（しかもそれを妨害するような強い一面化志向＝一神教的傾向が存在しなかった）ためであると見ることもできよう。この点は日本神話や、ひいては日本の精神史の特徴を理解するためにも、貴重な示唆を与えてくれるように思われる。この点については拙著『日本神話の英雄たち』（文春新書）第四話「エジプト神話と日本神話」において論じている。

さて、こうした異質なものの結合という特徴の中で、とくに注目を引くのは、一見奇妙なモチーフ、「死んだオシリスによる授精」あるいは「木製の祭礼用男根による授精」のモチーフである。著者によればこれは自然の豊饒性に対抗する精神《ガイスト》の豊饒性と永遠性を表現しているのであり、この性格はオシリスのミイラ化・永遠化と関連している。しかもこの不滅性の特徴はオシリス像のごく初期のころから見られたと言われる。この「死の克服者」としてのオシリスの性格こそ、八ッ裂きに抗して自己の身体の各部分を再結合し、自己を完成させていく原動力となったのである。こうしてオシリス神話には精神《ガイスト》への「高まり」「上昇」のテーマと、その高まった原理と下なる豊饒の原理との結合のテーマとが、ともに不可欠の要素として一つに結ばれているのであり、それによってオシリス神話は変容の神話となり、ユングの言う個性化過程を表現するものと考えられるのである。

3　人類の未来を示すオシリス神話

オシリス神話に見られる結合の原理は、ギリシア神話になると、それほど明瞭には見られなくなるように思われる。本文一二五頁以下で論じられているように、なお多くの箇所にその痕跡が残されているとはいえ、太母の豊饒神話に属する特徴はすでにエピソード的なものとなり、ゼウスを頂点とする父権的なオリンポスの体系が中心を占めるようになる。父権制と母権制が対等な形で結びつくという性格は失われていくのである。さらに西欧中世においては、自らと異なるものを徹底的に影の国へと追いやるユダヤ教、キリスト教の本質とも関連して──ゲルマン神話のヴォータンを暗い不気味なイメージに変えてしまった──自我‐意識の一面化が極端にまで進んで行ったのである。

そのヨーロッパ文化の中で育った著者が、神話の発達度の分析の中で、最も発達したものとして最後に提示したのが、ヨーロッパに残されている神話やおとぎ話ではなくオシリス神話であるのは、きわめて意義深いことと言わねばならないであろう。著者はヨーロッパの意識の発達の仕方は「付論Ⅱ」で示された「分離から分裂へ」進んでしまったものと捉え、それを模範にするのではなく、それを越えるものを模索してオシリス神話を発見したのである。それは人類の意識の発達がこれから進んでいくべき道を指し示しており、その中に無意識のうちに表現されているものを意識化していくことこそ、人類の未来への希望の原理である。著者の言う「文化の心理療法」の意味とはまさにこのことを意味しているのである。

オシリス神話が模範を示すものであるとすると、それはわれわれ日本人にも大きな希望を与えてくれるものであろう。われわれは『古事記』という、母権制と父権制がほとんど対等の形で体系化されている、世界のうちでも珍しい神話をもっているばかりでなく、その後の歴史の発展においても、男性性と女性性、父性と母性の両方が、微妙な形で交錯する文化を作り上げてきたのである。それがなお対立したままなのか、あるいはどの程度体系的に一体化しているのかという問題はしばらく措くとしても、とにかく両方の原理が強く存在しているということは、両者を結合した体系を意識的に作り上げる可能性を豊かに持っているということを意味しているのではなかろうか。本書はそうした問題を考える上にも、多くの材料を提供してくれるように思われるのである。

Ⅲ　他の業績との関係

以上で概観したように、本書はきわめて体系的な構想をもっており、理論的にもよく整備されていて、そのために本書は著者の他の著作に対して思想的にも概念・用語の上でも基軸としての意味をもっており、著者は本書を基盤にしてその後大きく言って三つないし四つの領域に研究を伸ばしていった。一つは子供論であり、これは本書の直接的な応用である。いま一つは女性論であり、これは内容的に本書を補うものであるが、著者にとって内面的には本書以上に重要なものであったかもしれない。この領域と密接に関わるのが芸術の創造性の問題であり、著者は絵画・彫刻・文学・歌劇等に造詣が深く、生き生きとした分析は読む者を引き込まずにはいない。第四の領域は文化論であり、これは本書の「文化の心理療法」の観点から文化の発達を論じたもので、社会的な意識の発達を扱っている。

第一の子供論としては『子供――人格生成の構造と力学』(一九六三年)(邦訳前掲)がある。これは『意識の起源史』をそのまま適用して子供の発達を論じたものであり、母子一体の「原-関係」から始まって、母権的心理から父権的意識への発達を段階的に捉えている。ノイマンの子供論は『意識の起源史』の体系的な段階的把握をふまえた理論的枠組のしっかりしたものであるが、ただし臨床的な具体例は示されていない。内容的には、母子一体の原初的な「原-関係」をきわめて重視しており、それが好ましい体験としてあることが、その後の子供の心理発達にとっていかに大切かを、それぞれの段階の意識発達の具体的内容にそって明らかにしている。

第二に女性論であるが、これは著者の業績の中で最も豊饒な領域である。私見では内容的には『意識の起源史』が方法論的にも最も充実し、まとまっていると思うが、それは著者が西洋的自我を強く発達させ、それをいわば「優越機能」として駆使しているからであると思われる。それに対して女性論はいわば著者自身にとって補償作用とも言うべきであるが、しかし「劣等機能の開発」と言うにはあまりに見事なものである。まずあげられるべきは『太母』（一九五五年）（邦訳名『グレート・マザー』福島章他訳、ナツメ社）である。これは単なる母性の研究ではなく、女性性全般の研究と言うべきであり、太母からアニマに到る、女性性の肯定面と否定面、そして女性が精神性を獲得して、どこまで高まり変容することができるかを示唆してくれる。男性にとっては女性というものの内容を具体的に豊富に教えてくれるし、女性にとっては自身の肯定面と否定面、そして変容の可能性とを明らかにしてくれるものである。

次に女性の心理的発達に関する一群の著作があり、この系統のものは『女性の心理学』（一九五三年）（邦訳名『女性の深層』松代洋一他訳、紀伊國屋書店）と、『アモルとプシケー』（邦語名『アモールとプシケー』河合隼雄監訳、紀伊國屋書店）の二冊にまとめられている。前者の第一論文は女性心理の段階的発達を論じており、本書で男性的な意識の発達を論じた著者が、女性の意識の発達をどう見ているか興味をもたれるところである。著者の見解を簡単に言えば、男性の意識化は必ず母性との対立を経験するが、女性は一生のあいだ母との同一化の中にいることも可能であり、そのままで「自己」に到達することも可能である。しかし現代のようにアニムスが刺激され活性化する条件が多い中では、きわめて多くの女性が父権的な意識の発達へと促され、女性は母との同一性を打破していく道を選ぶ。これは第一に父性ウロボロスの作用と、第二に英雄イメージに助けられて進行するが、こうして発達した父権的意識をもつ女性は、そのあとどうなっていくのであろうか。その答えを著者は直接的には明言しないが、第二論文の「月と母権的意識」が答えを暗示しているようである。それは一口で言えば女性のもつ本来の女性性を自覚化することである。女性本来の性質とは月によって象徴される「母権的意識」であり、これは周期的に変化するリズムと結びついた生命的なもの、抽象的論理的な「頭脳－意識」ではなく、質的・一回的・具体的な「心臓－意識」である。アニムスに目覚め、父権的に意識を発達させていく女性は、こうした「母権的」部分を無意識の中に追いやっていく傾向にあり、本能的生理的な面で障害を起こしやすいのである（『元型論』一一七〜八頁参照）。アニムスの発達を追及した女性が最後に自らの女性性を発見する様は『アモールとプシケー』の最後にも、ただ美しくなりたいばかりに禁じられた小箱を開けるという形で描かれている。

ただしこれらの著作を読む場合には、「母権的意識」という概念が必ずしも一義的でない点に注意を要する。著者は一方で「母権的意識」とは意識の発達が低く、無意識に支配されている段階の意識であると言っておきながら、他方ではそれは意識・無意識の区別とは別の次元の、女性的な生のあり方に対応した心のあり方を意味している。本書で使われている意識の母権的段階とは、意識が太母に支配されている「太母」段階であるが、女性論の中で使われている意味は事実上は、すでに生得的に存在している女性的な心のあり方（月によって象徴される）が、無意識的にも存在しうるし、意識化されることもありうるという問題であって、それ自体が意識発達のある段階を示すのではない。この点ノイマンの用語法に混乱が見られるので、本書の定義をただちに女性論に当てはめて読むことのないよう注意を促しておきたい。

第三に、以上の女性論と密接な関連にあるが、一応別の分類として芸術論を挙げておく。一つは『ヘンリー・ムーアの元型的世界』（一九五〇年）である。これはムーアの彫刻には母‐大地をテーマにしたものが多いが、それは現代の父権的な文明への補償であること、そしてそのテーマが次第に母子テーマから最後には家族テーマへ変化していく様が興味深く分析されている。いま一つは『芸術と創造的無意識』（一九五九年）（氏原寛他訳、創元社）であり、この中には「永遠の少年」元型の視点から「レオナルド・ダ・ヴィンチと母元型」が論じられ、その他に「芸術と時間」「マルク・シャガールに関するノート」が収められている。著者には他にモーツァルトの『魔笛』（『女性の深層』松代洋一訳に所収）やカフカなどに関する評論もあり、ユングの「ユリシーズ」「ピカソ論」（『こころの構造』江野専次郎訳、日本教文社）とともに、無意識の創造性に関わる問題を具体例に即して明らかにしている。ただし、ノイマンの解釈はやや公式主義的であり、男性性と女性性の両方が出てくると簡単に「自己」「全体性」を意味すると結論してしまう傾向が見られる。それに対する異なる見方が拙著『ユングと学ぶ名画と名曲』（朝日新聞社、二〇〇三年）において示されている。

第四の領域は文化論である。これは本書の意識の発達史の問題を、社会的な規模で、文化の発達の問題として見たものであって、付論における「集団」の心理学と最も強い関連をもっている。この系列に属するのは一つは『深層心理学と新しい倫理』（一九四九年）（石渡隆司訳、人文書院、一九八七年）であり、これは個の発達と、自由で創造的な個人が結ぶ共同体の問題が論じられていて、この問題は本書の「文化の心理療法」の観点へとつながっていくものである。いま一つは『文化発達と宗教』（一九五三年）であり、「儀式の心理学的意義」「神話的世界と個人」などの論文において、個人と集団の弁証法の中で文化の発達と人間の心の発達がどのように対応しているかが論じられている。これは本書の「付論」に対応しており、ユング心理学を社会学や宗教学の分野に応用する場合にも貴重な示唆を与えるものであろう。

改訂版　訳者あとがき

人間の精神的営みに関心のある人ならば、本書を読んで興奮や感動をおぼえない人はいないであろう。私的な感興を記すことを許してもらうならば、三十年前にドイツ留学の折に初めて本書をひもといた時の感動は今も思い出に鮮かである。しかし他方では、自分が本当に評価できるもの、心から惚れこんだものを理解し、紹介する喜びが、この書の翻訳という難業を完成させる原動力となってきたと言うことができる。

訳文・訳語について、いくつか心得ておいていただきたいことを述べる。

底本はワルター出版社一九七一年版の第二版一九七四年である。

訳文については、まず中グロ・を使うという新しい試みをした。これは同格や並列を表わすものである。一つには単語を並列するときに読点とはっきり区別できるためである。次に一つの単語にかかる修飾句が二つ以上ある場合、それを明確にするために用いた。この方法は慣れないうちは違和感をおぼえるかもしれないが、慣れればかえってわかりやすいと考えて敢えて試みた次第である。

訳語については、次の諸点に留意されたい。

①「儀礼」「祭礼」「儀式」の原語はそれぞれ Ritual, Kult, Ritus である。「儀礼」は個々の「祭礼」「儀式」をすべて含めた集合名詞である。「祭礼」は十日なり一週間なり続く祝祭の全体を表わす。「儀式」はその中の個々の儀式——戴冠、ジェド柱の建立など——を指す。

②「男性」「女性」と訳した語は、大部分正確には「男性的なるもの」「女性的なるもの」das Männliche, das Weibliche である。これは男性・女性自身のほかに、男性的・女性的な動物その他のシンボルを表わしてい

るが、あまりに煩雑になるので、特別の場合を除いて単に「男性」「女性」と訳した。「男性性」「女性性」と訳したのはMännlichkeit, Weiblichkeitである。

③「父」「母」という訳語は超個人的な意味のとき、「父親」「母親」は個人的な意味をもつときに使ってある。これは『元型論』の中でもそうしてあるので、ついでに御承知おき願いたい。

④ Gottheitは人格的な神とは区別される神的な存在を表わし、ユダヤ－キリスト教圏の人々はその区別に敏感なので、ノイマンも両者を区別して使いわけている。しかし我々日本人にはどちらも「神」と訳して差し支えないと考え、特別に「神格」「神性」と訳す必要を感じた場合のほかはすべて「神」と訳してある。

⑤「竜との戦い」「こころ《ゼーレ》」は、どちらも原文にはカッコはついていない。前者は原語はDrachenkampfで一つの術語であるが、「竜闘争」という訳語は違和感があって使いたくなかったし、そうかといってカッコぬきで「竜との戦い」と訳すと、上下との続き具合で、一つの術語として理解されない場合もあるので、便宜上カッコをつけた。カッコのついていないのはKampf mit dem Drachenである。「こころ《ゼーレ》」については訳注、および『元型論』の本文と解説を参照されたい。

⑥ 人名、とくに神話の神の名には、原則として音引をはぶいた。たとえばデーメーテールが正しいらしいが、煩わしいのでデメテルとした。ただしセメレーとかバウボーなどのように語呂がよい場合や、ヘーラー・イーオー・バー・カーなどのような一字・二字のものは発音しやすいため音引を用いた。

⑦ Instanzを第一部（とくにB－Ⅲ「父殺し」）では「権威」と訳し、第二部（とくにB－五「人格の判断中枢の形成」）では「判断中枢」と訳した。第一部ではこの語が「父たち」によって創出され管理される文化的社会的な価値規範を意味しているのに対して、第二部では心の中の判断機関を意味しているからである。英訳は一貫してauthorityと訳しているが、第一部については当てはまるが、第二部になると問題ではないかと思われる。

⑧　Gemeindeを「共同体」、Gemeinschaftを「共同態」と訳した。著者は截然と区別して使い分けているわけでもなさそうであるが、どちらかというとGemeinschaftは一次的な血縁的・地域的集団、Gemeindeはその一次的集団から外に出た個人が二次的に作った集団を意味しているようである。しかしGemeinschaftの中には、未開人や古代文化の狂躁的な祝祭、および民族的な帰属意識の強い集団が例示されている一方で、「精神的に「創立される」トーテム集団も示されているように、かなり広い概念として使われている。

⑨　Kollektivは厳密にはGruppeと区別すべきであるが、ほとんど「集団」と訳してある。とくに区別すべきときは「集合」「集合的」と、あるいは特別に人類種を意味するときは「種」などと訳してある。

次にプリンストン大学出版部の英訳本をもっていて、対照して読む人がわりあい多いようなので、英訳本について私見を述べておく。はっきり言ってこの英訳本はあまりよいものとは言えないと思う。訳語がはっきりと誤りまたは不適切な箇所が無数に発見され、全体として独語を単純に英語に置きかえたものでありながら、ところどころ大胆な意訳を試みているが、そういう所に限って大きな間違いを犯していると私には思われた。その上、見出しの切り方に関しては（とくに第二部）私とは大きく見解を異にしている。なかでも第二部AとBの副題（全体のテーマを示す）を、序論的な前書きの部分の見出しとして使っているが、これは大きな間違いと思う。この他大切な箇所（と私には思われる――たとえば「トーテムの精神《ガイスト》面」）をときどき大きく省略しているが、これは学問的良心に反する処置と思われる。以上のように全体として非常に雑な仕事であり、私はこの英訳をあまり信用していない。もし対照するなら独語版の原著と対照していただくことをお願いする。

さて、本書を出版して二十年が経ち、その間、大学のゼミやその他の研究会・読書会でテキストとして用いて、多くの人々とともに勉強してきた。その中で訳語・訳文を訂正しなければならない箇所も見つかった。旧版の上巻についてはは増刷のたびごとに訂正してきたが、下巻はほとんど手つかずであった。今回、上下巻を通して大幅に改訂したので、その分、読みやすくなったと思う。さらに『元型論』と訳語を統一したので、利用しやすくなったことと思う。

なお本文中には、イメージによる理解を助けるために原著にはない図版を挿入した。旧版では六六枚であったが、今回の改訂版では八七枚プラスカラー口絵四枚、計九一枚の図版を収録した。また巻末に訳注と地図を附した。訳注をできるかぎり充実させたのはもちろんであるが、本文中に出てくる地名の位置関係も重要であるから、これらを活用してゆっくり味わいながら読み進んでいただきたいと思う。

索引は原著をそのまま訳したものではなく、異なる様式をとり、まったく新しく作成した。利用にさいしてとくに留意してほしいことは、以下の通りである。①あまりに頻出する「ウロボロス」「太母」「自我」「意識」「偉大なる個人」などは除いてある。②「水」「牛」「猪」「木」「光」などといった、一見普通名詞と思われる項目を多く作ったのは、これらがシンボルとして重要な意味をもっているからであり、夢解釈や心理療法に応用価値が高いと考えたからである。③訳注や図の番号も入れてあるので、上手に利用していただきたい。

なお本訳著および今回の改訂版出版にさいしては紀伊國屋書店出版部の水野寛氏が懇切なお世話をして下さった。氏に心から御礼を申し上げる。

この名著が多くの読者に愛蔵され、かつ味読されることを切に願うものである。

二〇〇六年八月三一日

訳者記す

［ら行］

[や行]

［ま行］

［は行］

[な行]

［た行］

［さ行］

［か行］

事 項 索 引

＊印は本文中の注の中にあることを示す．
イタリック体の数字は訳注のある頁を指し，その後の番号は訳注番号を示す．
図版番号は関連図版があることを示す．

［ま行］

［や行］

［ら行］

人　名　索　引

＊印は本文中の注の中にあることを示す.
イタリック体の数字は訳注のある頁を指し，その後の番号は訳注番号を示す.

著　者

Erich Neumann
（1905~1960）

1905年ベルリンに生まれる。エルランゲン大学で Ph.D. を取得後、さらにベルリン大学で医学を学ぶ。1934年ドイツを去り、チューリッヒのユングのもとで学んだのち、テル・アヴィヴに移り、分析心理学者として活躍。元イスラエル分析心理学会会長。邦訳されている著書には、『アモールとプシケー』『女性の深層』（以上、紀伊國屋書店）、『グレート・マザー』（ナツメ社）、『こども――人格生成の構造と力学』（文化書房博文社）、『深層心理学と新しい倫理』（人文書院）、『芸術と創造的無意識』（創元社）などがある。

訳　者

林《はやし》 道義《みちよし》

1937年長野県に生まれる。東京大学法学部卒業、同大学院経済学研究科修了。経済学博士。東京女子大学元教授。日本ユング研究会元会長。著書に『父性の復権』『母性の復権』『家族の復権』（以上、中公新書）、「ユング心理学入門シリーズ」全三巻（PHP 新書）、『図説ユング』（河出書房新社）、『ユング思想の真髄』『ユングと学ぶ名画と名曲』（以上、朝日新聞社）、『日本神話の英雄たち』『ユングでわかる日本神話』（以上、文春新書）、訳書にユング『元型論』（紀伊國屋書店）、同『タイプ論』（みすず書房）などがある。

意識の起源史〈改訂新装版〉

2006年10月 5日　　第1刷発行
2025年 5月27日　　第2刷発行

発行所　株式会社 紀伊國屋書店
東京都新宿区新宿 3-17-7
出版部（編集）電話 03(6910)0508
ホールセール部（営業）電話 03(6910)0519
東京都目黒区下目黒 3-7-10
郵便番号 153-8504

ISBN 978-4-314-01012-2 C1011
Printed in Japan by Kinokuniya Company Ltd.
定価は外装に表示してあります

装幀　谷本由布

印刷・製本　シナノパブリッシングプレス